칼 바르트는 자유주의 신학이 지배하던 19-20세기 유럽의 풍토 속에서 신정통주의 혹은 변증법적 신학을 개척한 인물이다. 그가 쓴 12권의 『교회교의학』은 20세기 신학에서 가장 위대한 작품으로, 계시론, 삼위일체론, 하나님 인식론, 예정론, 그리스도론, 창조론, 인간론, 죄론, 칭의론, 성화론, 화해론, 성령론, 교회론, 종말론, 복음과 종교, 율법과 복음 등 신학의 중요한 문제들을 거의 망라하고 있다. 이처럼 포괄적인 바르트의 저서 내용을 일목요연하게 개관해주는 『위대한 열정: 칼 바르트 신학 해설』이 우리말로 번역·출간되는 것을 진심으로 축하한다. 이 책은 바르트의 신학이 다루는 주요 주제들을 충실히 소개함으로써 하나님의 진리에 대한 보다 넓고 깊은 통찰을 우리에게 제시한다. 책을 번역한 박성규 교수와 책임 편집한 신준호 박사의 인내와 노고를 높이 치하한다. 바르트의 신학은 깊은 통찰력과 인내력이 없다면 참으로 독파하기 어렵다. 이처럼 충실한 번역과 편집이 가능하였던 것은 바르트의 신학에 대한 깊은 지식이 있었기 때문이리라. 이 책을 통해 우리는 바르트의 신학을 쉽고 충실하게 개관하는 동시에, 그의 신학이 이른바 "자유주의 신학"이 아니라 종교개혁의 전통을 따르는 "정통주의 신학"임을 보게 될 것이다.

■ **김균진** 연세대학교 신학과 명예교수

칼 바르트가 세상을 떠난 지 반세기가 지났건만 그의 신학의 폭과 깊이를 균형감 있게 소개하는 한국어 자료는 이제껏 턱없이 부족한 수준이었다. 바르트의 제자이자 마지막 비서였던 에버하르트 부쉬는 스승의 서거 30주년에 『위대한 열정: 칼 바르트 신학 해설』(*Die grosse Leidenschaft: Einfuhrung in die Theologie Karl Barths*)이라는 제목의 탁월한 바르트 입문서를 세상에 내어놓았다. 오랜 기다림 끝에 이 책이 한국어로도 출판된다는 것은 참으로 흥분되고 기쁜 일이 아닐 수 없다. 부쉬의 글에는 바르트에 대한 깊은 애정과 그의 신학에 대한 폭넓은 이해, 개혁신학에 대한 진실한 헌신이 조화롭게 공존한다. 바르트 사상의 다채로움으로 인해 상당히 복잡하게 전개되는 역사적 배경을 꼼꼼하게 읽어내는 부쉬의 시각은 경이롭고, 교의학과 영성의 관계를 풀어내는 어조는 큰 공감을 끌어내며, 그리스도인의 정치적 실존에 대한 호소력 있는 외침은 냉소주의와 패배주의에 잠길 뻔했던 우리 마음을 뜨겁게 달군다. 부쉬는 바르트 신학의 복잡다단한 구조를 교의학의 핵심 주제를 중심으로 재구성함으로써, 이 책이 바르트 입문서를 넘어 조직신학 입문서로도 활용될 수 있게 만들었다. 부쉬의 목소리를 통해 전달되는 바르트의 삶과 사상을 가득 채웠던 "위대한 열정"이 교회를 개혁하고 사회를 정의롭게 변화시킬 우리의 뜨거운 열정으로 이어지기를 기대한다.

■ **김진혁** 횃불트리니티신학대학원대학교

존귀하신 하나님에 대한 인간의 신학은 더듬거릴 수밖에 없다. 그럼에도 그 대상이 아름다움의 총화이시기에 가장 아름다운 학문일 수밖에 없다. 이것이 바르트의 생각이다.

하나님을 마음대로 다루려 하는 자유주의의 오만과 하나님을 경직된 사고의 틀에 가두려 하는 정통주의의 고루함에 대응하여 바르트는 하나님의 실존 앞에서 예배와 기도의 호흡으로 빚어지는 신학, 교회의 선포로 꽃피는 신학을 선보였다. 바르트 신학의 수려함과 방대함, 그 논리의 치밀함과 탁월함은 여러 면에서 그와 신학적인 입장을 달리하는 나 같은 보수주의자들마저 경탄을 금치 못하게 한다. 그의 신학에 동의하든 반대하든 현대 신학의 거대한 흐름을 주도한 바르트의 신학을 모르고는 오늘날 신학의 향방을 분간하기 어렵다. 그러나 방대할 뿐 아니라 난해하기도 한 바르트의 교의학 전집을 읽고 소화하기가 그리 쉽지 않다. 그의 신학을 해설한 책만도 수없이 많고 해석의 관점도 다양하여 어떤 책을 봐야 할지 난감하다. 그런 애로를 느끼는 이들에게 이 책을 추천하고 싶다. 바르트에게 친히 배우고 그를 가까이서 조력한 사람답게 저자는 자신의 주관적인 해석으로 일관하기보다 바르트 자신의 목소리를 최대한 살려내 마치 독자들에게 바르트가 조곤조곤 말하듯 전해준다.

■ **박영돈** 고려신학대학원 교의학 교수

칼 바르트 신학의 크기는 저작의 방대함과 논리적 치밀성뿐 아니라, 그 시대 사회와 교회에 대한 그의 실천적·역사적 응답성에서 드러난다. 그 크기 중 일부분만으로도 많은 사람들에게 신학적 영감을 풍성히 제공하지만, 바르트의 신학을 접한 사람들에게는 그 크기 전체에 대한 조망과 음미에 대한 갈망이 항상 존재한다. 이 책이 그런 갈망을 해소해줄 수 있을 것으로 기대한다. 탁월한 칼 바르트 전기를 저술하기도 한 에버하르트 부쉬는 바르트의 생애와 신학을 총체적인 관점에서 조망할 수 있는 능력을 갖추었다. 이 책에서 발휘된 그의 솜씨에 힘입어서 칼 바르트의 신학이 그 크기에서, 그 넓이에서 전체를 조망할 수 있는 자리를 내어주고 있다. 바르트 신학이 담고 있는 주제의 치밀한 체계적 구성을 그의 치열했던 삶의 자리와의 밀접한 연관성 속에서 소개하되, 특히 그의 후기 신학적 관점을 중심으로 전체를 조망케 하는 이 책은 우리에게 바르트 신학의 "위대한 열정"을 전해주기에 충분하다.

■ **오성현** 서울신학대학교 기독교윤리학 교수

에버하르트 부쉬가 쓴 『위대한 열정: 칼 바르트 신학 해설』의 번역·출간을 중요하게 평가한다. 지금까지 한국교회에 소개된 바르트 관련 자료들은 영미권에서 나온 책 일색이었는데, 본서는 바르트의 신학이 형성되고 해석되어온 본고장 신학자의 손에서 나왔기에 바르트의 신학이 어떤 고민에서 비롯되었는지를 느끼게 해주기 때문이다. 네덜란드의 바르트학회를 이끌었던 나의 박사논문 지도교수는 개인적인 대화에서 바르트를 "직진의 신학자"라고 평가한 바 있다. 자연신학과 같은 우회로(detour)를 통하지 않고 곧바로 복음의 핵심으로 진입한 신학자라는 의미일 것이다. 바르트는 "하나님께서 말씀하셨다"(Deus dixit)라는 사실에 근거하여 곧바로 계시로 진입하고, 그곳에서 자신을 세 번 다른 방식, 곧 성부와 성자와 성령으로 계시하는 한 분 인격적 하나님을 대면한다. 한 인격적인 하나님은 "영원한 자기 결정"에 근거하여 화해를 위한 배경으로서 세계와 화해의 중심으로서 그 인간을 창조하기로 결심하고, 그 인간 안에서 세계를 자신과 화해시키기로 노정한다. 그 인간, 곧 그리스도 예수 안에서 한 인격적인 하나님은 세계와 모든 인류를 자기 자신에게로 화해시키고, 교회를 소명함으로써 그 화해 사실의 공적인 실현을 모색한다. 교회는 종말론적으로 개방된 공동체로서 그리스도 안에서 일어난 하나님의 자기 결정을 실현하는 핵심부를 차지하게 된다. 이런 의미에서 바르트는 교회의 신앙을 해명하는 일에 힘쓴 교회의 신학자로서 화해의 직무를 수행하는 핵심 기관인 교회를 소중하게 여겼으며, 교회를 통하여 세상의 일에 구체적으로 참여하기를 원했다. 이런 지평에서 "말씀의 신학자", "교회의 신학자"라는 평가를 받지만, 바르트가 헤겔의 절대정신의 자기 전개의 과정에 성서의 하나님을 지나치게 이입하여 해석함으로써 이를 성령의 사역을 통하여 극복하려는 야심찬 시도에도 불구하고 보편적 화해를 지나 보편적 구원에 이르지 않았는가 하는 비판에 직면한다는 약점이 남아 있기도 하다. 환언하자면, 구원론을 축으로 볼 때 영원한 자기 결정을 집행하는 한 분 인격적 하나님이 성령의 존재 양식 안에서 해체되는 결과에 이르거나, 구원의 결정에 있어서 인간의 주체적 자기 결정권을 상정하지 않을 수 없는 아르미니우스주의에 떨어지거나 하는 신학적인 문제를 남겼다는 사실도 독자는 기억할 필요가 있을 것이다. 누군가는 바르트가 칼뱅이 남긴 "이중예정론의 문제"를 이로써 완전하게 해결한 신학자라고 평가하지만, 아마도 바르트가 자신의 신학에 남긴 가장 취약한 지점이 되지 않을까 싶다. 그럼에도 개혁신학이 성경을 읽는 한 방식을 경험한다는 의미에서 독자의 일독을 권하며, 비판적인 관점을 유지할 경우 다양한 유익을 경험할 수 있을 것이다.

▪ **유태화** 백석대학교 신학대학원 조직신학 교수

오늘날 바르트의 신학은 한쪽으로부터는 너무 자유주의적이라고 비판받는가 하면, 다른 쪽으로부터는 너무 정통주의적이라고 외면당한다. 그러나 어느 쪽에서건 그의 방대한 저작을 다 읽거나 올바로 이해하고 비판하는 경우는 매우 드물다. 특히 한국교회 상황에서 그의 신학에 대한 대부분의 비판(특히 자유주의적이라는 비판)이 매우 왜곡된 이해로부터 비롯되었다는 점은 무척 안타까운 일이 아닐 수 없다. 이러한 상황에서 바르트 신학의 주요 주제들과 통찰들을 적확하고도 간결하게 소개한 이 책이 한국어로 번역된 것은 참으로 반가운 일이 아닐 수 없다. 이 책이 바르트를 새롭게 만나고 올바로 이해하는 계기가 되기를 기대한다.

▪ **윤철호** 장로회신학대학교 조직신학 교수

칼 바르트는 현대 신학의 거대한 산이라고 할 수 있다. 이후 신학자들은 누구나 직간접적으로 그 영향을 받았고, 최소한 그 산을 보기라도 해야 신학을 할 수 있었다. 20세기는 개신교가 융성하게 발전한 시기였는데 그 바탕에는 바르트의 신학과 열정이 숨어 있다. 특히 하나님의 말씀과의 관계에서, 세계와의 관계에서, 교회 자신과의 관계에서, 개신교회가 바르트로부터 얻은 영적이고 지적인 통찰력은 거의 결정적이다. 그러나 산이 높은 만큼 오르기가 힘들듯이, 바르트 신학을 읽고 알아나가기란 여간 어려운 게 아니다. 그가 40년 동안 수많은 밤을 새우며 공식적 "본업"처럼 저술해나갔던 『교회교의학』의 방대함과 치밀함은 그 책을 반드시 읽어야만 하는 사람들마저도 열었다가 덮기를 되풀이하게 할 정도다. 그러나 에버하르트 부쉬의 『위대한 열정: 칼 바르트 신학 해설』은 그런 바르트의 생애와 저작들, 그리고 그 속에 담긴 사상을, 굵직굵직한 주제들을 중심으로 잘 소개해주고 있다. 바르트의 제자로서 그의 가르침과 저서들뿐만 아니라 정신이나 내면까지도 깊이 이해하고 있는 저자는 스승의 사상을 지적 얼개 속에서 재구성하는 것으로 만족하지 않고, 그의 삶과 특히 그가 살았던 격랑의 20세기, 히틀러 국가사회주의와 참혹한 세계대전, 전후 유럽과 냉전 시대 등의 문제들과 관련지어 설명한다. 그럼으로써 바르트의 신학을 먼지가 쌓인 유물이 아니라 오늘 우리에게 말을 걸어오는 새롭고 풍부한 영적 자산으로 잘 살려놓았다.

■ **이오갑** 케이씨대학교 조직신학 교수

바르트는 자신의 신학을 한 두 마디의 명제로 환원하거나 혹은 이 명제로부터 도출되는 일련의 체계로 이해하려는 시도들을 불편해 하였다. 하지만 불가피하게 바르트 신학의 내용과 방법을 간단명료하게 묘사하자면, 아마도 "시작과 더불어 시작함"(mit dem Anfang anfangen)이라고 할 수 있으리라. 하나님에 대해 인간이 사유하기 전에 먼저 인간에게 자기 자신을 개방하면서 다가오시는 하나님, 그래서 우리로 하여금 하나님에 대한 사유 그 자체를 가능케 하는 하나님의 활동을 날마다, 어느 순간에나 새롭게 다시 사유하는 것이야말로 바르트 신학의 내용과 방법의 특징이다. 이것이 바로 바르트가 마주했던 "사태"이며, 바르트의 글들이 끊임없이 우리에게 말하고자 했던 "살아 계신 하나님" 혹은 "하나님의 현실"이다. 그래서 바르트의 언어는 위대한 설교처럼 우리의 가슴을 뛰게 한다. 이제 번역·출간되는 에버하르트 부쉬의 책은 바로 이러한 바르트의 신학을 가장 가까이에서 함께 호흡했던 사람이 들려주는 바르트에 대한 보고다. 이 책은 너무 빨리 노쇠해버린 오늘날 한국교회를 향해 바르트가 어떻게 "시작과 더불어 시작했"는지를 들려줌으로써, 우리가 지금 여기서 그 시작과 더불어 시작할 수 있는 길을 제시해 주고 있다. 책장을 넘기다 보면 어느 샌가 우리 가슴이 하나님으로 인해, 하나님에 대한 바르트의 열정으로 인해 다시 뛰고 있는 것을 느끼게 될 것이다.

■ **이용주** 숭실대학교 기독교학과 조직신학 교수

천재는 문제를 잘 푸는 사람이 아니라 문제 자체를 바꾸는 사람이다. 그런 면에서 바르트는 천재다. 계몽주의와 과학의 시대가 도래하면서 사람들은 "우리가 어떻게 하나님을 믿을 수 있는가?" 하고 물었다. 하지만 바르트는 질문 자체를 바꿨다. "하나님이 어떻게 우리를(인간을) 믿을 수 있는가?" 바르트 신학의 요체는 인간의 선함에 대한, 그리고 이성의 가능성에 대한 모든 허접한 낙관주의의 종말이다. 이 신학은 20세기 초 자유주의 신학과의 대결에서만 유효한 것이 아니다. 과학기술의 힘으로 호모 사피엔스가 지구 전체의 주인이자 생태계의 파괴자로 군림하며 신처럼 행세하는 오늘날, 인간의 이성이 아니라 성서 안에 있는 하나님의 말씀으로 돌아가자는 바르트의 신학은 여전히 유효하다. 이 책의 저자는 바르트가 우리를 바르트의 제자가 아니라 "성서의 제자"로 만들려 했다는 점을 잘 간파한다. 바르트에게 있어서 성서는 "하나님에 대한 인간의 생각"이 아니라 "인간에 대한 하나님의 생각"이다. "여호와 나의 하나님이여 주께서 행하신 기적이 많고 우리를 향하신 주의 생각도 많아 누구도 주와 견줄 수가 없나이다"(시편 40:5). 바로 이 하나님의 생각 앞에 인간을 대면시키는, 참 필요한 책이 나왔다.

■ **장윤재** 이화여자대학교 기독교학부 조직신학 교수

칼 바르트는 "하나님이 말씀하셨다"(Deus dixit)라는 신학의 정신을 열정적으로 구현한 20세기 신학의 교부이자 위대한 현대 신학자다. 그는 "하나님"을 관념과 망상으로 추방하려 했던 시대정신에 투쟁적으로(J. Calvin), 그리고 부드럽게(W. A. Mozart) 저항하였다. 칼 바르트에게 하나님은 온전히 살아 움직이는 현실성이며, 교회를 넘어 세계를 지탱하는 거룩한 힘이다. 하나님의 말씀이 인간, 사회, 정치, 문화, 사상, 우주의 자리에서 어떻게 긴밀하게 약동하는지를 그는 창조적으로 보여주었다. 우리는 어쩌면 칼 바르트를 거치지 않고는 현대 신학으로 진입할 수 없으며, 개신교 신학과 그리스도교의 핵심 정신을 쉽게 만나지 못할지도 모른다. 그럼에도 칼 바르트 신학의 방대함과 장중함으로 인해 그의 신학 세계의 탐구와 모험이 쉽지 않은 면이 있다. 그러나 칼 바르트의 수제자이자 마지막 조교였던 에버하르트 부쉬는 이 책에서 그의 신학과 사상을 매우 쉽고 명료하게 소개한다. 더 나아가 바르트의 인생 여정에 스며 있는 위대한 열정의 발자국을 매우 섬세하고 탁월하게 복원한다. 특히 그는 바르트 신학과 연결된 당대의 문화, 사회, 신학의 조건들을 다각도로 조명하며 바르트 신학의 정수를 밝혀낸다. 그는 시대의 격랑과 도전 앞에서 칼 바르트가 하나님의 말씀을 세계의 지평과 어떻게 연결시켰는지를 매우 입체적으로 잘 정리하였다. 이는 마치 바르트 자신이 그의 열정적인 신학과 삶의 주요 키워드를 우리에게 실감나게 증언하고 있는 듯하다. 바르트가 걸어갔던 신학의 여정을 독자는 이 책의 도움으로 편안하면서도 생생한 느낌으로 만날 수 있다. 하나님의 말씀과 씨름하였던 칼 바르트는 과거로 사라졌다. 그러나 그가 남긴 "위대한 열

정"(Die grosse Leidenschaft)의 유산과 영감은 우리의 현재를 새롭게 조명하고, 우리의 미래를 창조적으로 열어줄 것이다.

■ **전철** 한신대학교 조직신학 교수

한국 개신교의 약 70퍼센트를 차지하는 장로교회는 마르틴 루터가 아니라 스위스의 종교개혁자 홀드리히 츠빙글리와 장 칼뱅에게서 비롯되었다. 장로교의 내용과 체계는 굳이 장로교회뿐 아니라 우리나라 개신교의 거의 모든 교단에서 받아들이고 있기 때문에 그 내용에 대해 제대로 이해하는 것은 우리에게 아주 중요한 일이다. 이 스위스 종교개혁자들의 사상을 재해석하고 현대적으로 가장 잘 접목시킨 인물은 단연 스위스의 신학자 칼 바르트다. 종교개혁 500주년을 기념하는 2017년, 교회의 개혁이 사회의 개혁으로 이어져야 하는 중대한 과제를 진실성 있게 고민하고 행동으로 옮겨야 하는 이 시점에서 칼 바르트의 신학을 알기 쉽게 접근할 수 있는 책이 우리말로 번역된 것은 아주 반가운 일이다. 무엇보다도 이 책은 칼 바르트의 수제자이자 조교였던 에버하르트 부쉬의 역작이기 때문에 주저함 없이 적극 추천할 수 있다. 부쉬만큼 바르트의 방대한 신학을 알기 쉽게 요약적으로 설명할 수 있는 신학자가 없기 때문이다. 바르트의 원저를 직접 읽고 그의 사상의 깊이에 빠지면 제일 좋겠다. 그러나 그러한 작업을 할 여건이 마련되지 않는다면 이 책으로부터 시작하여 바르트에 다가가면 좋을 것이다. 그리고 나서 바르트의 책을 더 찾아 읽어보고 싶은 마음이 절로 생길 것을 더욱 기대한다.

■ **정미현** 연세대학교 연합신학대학원 교수·교목

바르트의 신학이 우리에게 어떤 의미를 갖는가라는 질문은 사실상 불필요한 것이다. 그의 신학은 지금 우리가 살아가는 21세기에도 여전히 퍼내야 할 것이 무한한 자원으로 남아 있다. 에버하르트 윙엘이 "그의 신학이 나의 신학보다 할 말이 더 많다"라고 표현했던 바로 그 상황이라는 것이다. 그런데 실제로 우리가 바르트의 신학을 이해한다는 것이 그리 쉬운 작업은 아니다. 이번에 에버하르트 부쉬의 해설서가 출간되는 것은 그런 의미에서 더욱 뜻 깊은 일이 아닐 수 없다. 저자는 오랜 기간 바르트의 조교를 역임했던 교수로서 바르트의 신학에 가장 정통한 학자 중 하나다. 그의 해설서와 더불어 우리는 바르트의 사상이라는 바다에서 안전한 항로로 무사히 목적지에 도착하게 될 것이다. 명저가 믿음직한 번역을 통해 우리 한국 신학의 미래를 풍성케 하는 놀라운 자원으로 자리 잡을 것을 확신한다.

■ **황덕형** 서울신학대학교 조직신학 교수

Eberhard Busch

Die grosse Leidenschaft

Copyright ⓒ 1998 by Eberhard Busch
Originally published in German under the title *Die grosse Leidenschaft: Einführung in die Theologie Karl Barths* by Christian Kaiser, Germany.

This Korean Edition is Translated and used by permission of Eberhard Busch through arrangement of rMaeng2, Seoul, Republic of Korea.

This Korean Edition Copyright ⓒ 2017 by Holy Wave Plus Publishing Company.

이 한국어판의 저작권은 알맹2 에이전시를 통하여 Eberhard Busch와 독점 계약한 새물결플러스에 있습니다. 신 저작권법에 의하여 한국 내에서 보호 받는 저작물이므로 무단 전재와 무단 복제를 금합니다.

위대한 열정 *Die grosse Leidenschaft*

칼 바르트 신학 해설

에버하르트 부쉬 지음
박성규 옮김 | **신준호** 책임 편집

차 례

서론 ——— 15

I. 칼 바르트의 생애와 사상

1 ▪ 프로필 ——— 21

그가 받은 영향들 | 가리키는 손 | 날림공사는 이제 그만! | 예배드리는 신학

2 ▪ 그가 나아간 길 ——— 43

계속 반복되는 시작 | 인간의 사유를 가능케 하는 하나님의 말씀
교회에 대한 투쟁 | 갱신과 화해

3 ▪ 대표 저서 ——— 83

『교회교의학』 | 서론(프로레고메나) | 창조론 | 화해론

II. 바르트 신학의 주제와 통찰들

1 ▪ 시작의 기적―계시론과 하나님 인식론 ——— 115

당황 | 하나님이 우리와 함께 시작하심 | 자연신학의 배격
대-상-성(對象性, Gegen-ständlichkeit) | 뒤따라-성찰하기(Nach-denklichkeit)

2 ▪ 성취된 계약 ─ 이스라엘/기독론 ─────── 161

하나님 이해의 문제 ǀ 인간성의 하나님 ǀ 신적 속성에 상응하는 인간
이스라엘과 맺은 하나님의 계약 ǀ 예수 그리스도

3 ▪ 하나님의 자유 ─ 삼위일체론과 예정론 ─────── 203

위협하는 그리고 위협받는 자유 ǀ 하나님이 자기 자신을 공존으로 규정하심
인간을 자유로 규정하심 ǀ 하나님의 자유의 유일무이한 특성

4 ▪ 낯선 진리 ─ 종교의 문제 ─────── 243

진리 질문의 어려움 ǀ 진리란 무엇인가? ǀ 허상의 권세 ǀ 종교의 기만
진리의 증언

5 ▪ 복음과 율법: 윤리학 ─ 진지한 요청과 함께 주어지는 권고 ─────── 283

복음과 율법의 관계 ǀ 하나님과 맘몬의 대립 ǀ 성취된 율법 ǀ 책임성
"세상" 안에 있는 그리스도인들의 행동

6 ▪ 선한 창조 ─ 창조의 근거와 보존 ─────── 323

하나님 없이 생각된 창조의 위험성 ǀ 계약의 하나님이 바로 창조자이시다
창조에 대한 하나님의 지속적인 긍정 ǀ 피조물 ǀ 이웃-인간성

7 ▪ 죄론과 칭의론 ─────── 359

죄의 억압 ǀ 불쌍히 여기시는 심판자 ǀ "은혜의 정의" ǀ 화해의 효력

8 ▪ 승리의 영 ─ 성령론 ─────── 393

성령을 잊어버림? ǀ 성령의 신성 ǀ 성령의 현재
구별 ǀ 파송 ǀ 밖으로 나가기

9 ▪ 함께 나아가기 – 교회론 ──────── 431

궁지에 몰린 교회 ｜ 교회다운 참된 교회 ｜ 교회들의 연합
성숙해가는 교회 공동체 ｜ 울타리 너머로 열려 있는 무리

10 ▪ 제한된 시간 – 시간과 영원의 종말론 ──────── 469

시간의 상실 ｜ 영원하신 하나님은 시간을 가지신다 ｜ 참된 시간의 선물
시간 위에 두는 은혜로운 제한 ｜ 그리스도교적인 희망

참고문헌 ──────── 513

Ⅰ. 칼 바르트의 일차문헌 ｜ Ⅱ. 칼 바르트에 관한 이차문헌들

성구색인 ──────── 525

인명색인 ──────── 527

주제색인 ──────── 531

Leidenschaft *Die grosse Leidenschaft*

서 론

얼마 전에 나는 칼 바르트의 저서를 연구한 몇 편의 새로운 논문을 논평했다.[1] 바르트에 **대하여** 말해진 많은 내용은 흥미로웠고, 나를 다시 한 번 바르트 **자신**의 저서들로 새롭게 이끌었다. 바르트의 저서들은 내 삶이 거쳐 왔던 여러 단계의 여정에서 이미 나와 함께했었다. 1959년 바젤에서 신학 공부를 시작했을 때, 나는 바르트가 『교회교의학』 IV/4의 앞부분 내용을 미리 강의하는 것을 들었고, 그와 동시에 나는 그 당시에 방금 출판되어 신선했던 IV/3에도 심취해 있었다. 이제 나는 그때 듣고 읽었던 내용들이 내게 새롭게 말하기 시작한다는 느낌을 받고 있다. 그 내용은 나의 모든 주의력을 끌어당겼으며, 그 안에 담긴 고유한 사고와 진술은 나를 다시 한 번 놀라게 만들고 있다. 새롭게 들려오는 그 음성에 또한 많은 질문이 동반되는 것은 당연한 일이다. 그 질문들은 바르트가 세상을 떠난 이래로 특별히 많은 이차문헌들 속에서도 던져졌다. 하지만 우리는 바르

---

[1] E. Busch, *Weg und Werke Karl Barths in der neueren Forschung*, ThR 60 (1995), 273-299; 430-470.

트의 저서들 안에서 그 모든 질문이 직접 대답되지는 않는다는 사실을 불가피하게 받아들여야 한다. 왜냐하면 바르트는 자신의 저서 안에서 그런 질문들 너머에 있는 어떤 다른 것을 묻고 있고, 어떤 다른 것을 말하기 때문이다. 바르트의 신학은 그때처럼 또한 오늘날에도 몇 가지를 우리에게 묻고 말하려고 한다. 그러나 그때처럼 또한 오늘도 그의 신학은, 이제는 아마도 새로운 방식으로, 내용에서 튀어나온 귀퉁이, 날카로운 모서리, 정점을 이루는 부분을 갖고 있다. 그런 모난 곳을 단지 다듬기만 하는 것은 아직은 바르트 신학을 실행하는 것이라 할 수 없고, 그 신학을 이어받는 "후속 작업"도 될 수 없다. 이와 마찬가지로 바르트 신학과 단지 갈등만 일으키는 것, 그의 신학을 제한하여 일정한 거리를 둔 뒤 자신의 진보적인 신학이 그의 신학을 "넘어섰다"고 주장하는 것은 그의 신학과의 그 어떤 결실 있는 만남도 기대할 수 없게 만든다. 나아가 우리가 위치해 있고 우리 자신에게 허용해야 한다는 어떤 새로운 "패러다임"을 외치는 것도 우리에게 들려오는 바르트의 음성을 막을 수는 없다. 그의 음성은 우리보다 앞선 믿음의 선조들의 합창에 속하며, 그 합창은 예수 그리스도의 교회 안에서 각각 현재하는 시대와 나란히 서서 함께 말할 수 있는 정당한 권리를 갖고 있다. 우리가 잊어서는 안 되는 특별한 기억이 있다. 그것은 바르트가 우리를 **바르트 자신**의 제자가 아니라, **성서**의 제자로 만들려고 했다는 사실이다. 바르트는 이것을 "위대한 열정"을 가지고 직접 가르쳤다. 위에서 말한 바젤의 강의(CL, 180ff.)는 바로 그 "열정"으로 가득 차 있었으며, 그 열정은 그의 신학에 특별한 인상을 남겼다. 그것은 "하나님을 경외하기 위한 열심"으로 가득 찬 열정이었고, 이 열심은 하나님께 대한 경외를 하나님의 "인간 친근성"(Menschenfreundlichkeit) 안에 위치시켰다. 바르트 신학은 바로 그 하나님에 대한 증언이다. 나는 그 증언을 듣고 이해했다고 생각한 것을 이제 이 책에서 전할 것이다. 나는 아직도 많은 사람이 그 내용에 흥미를 가질 것이라고 생각한다.

주요 내용에서 나는 『교회교의학』(KD)을 인용할 것인데, 인용의 표기는 교회교의학의 약자인 KD(Die Kirchliche Dogmatik)와 인용된 문장의 쪽수를 함께 괄호로 묶어 본문 안에 적는 방식으로 하겠다(예를 들어 KD I/1, 100—역자 주). 쪽수만 괄호 안에 적힌 것은 앞에서 인용된 KD 표기에 연속되는 것이다. 드레베스와 윙엘(H.-A. Drewes und E. Jüngel)이 출판한 바르트의 유고집 "그리스도교적인 삶"(KD IV/4, Zürich 1976)은 CL(Das Christliche Leben)이라는 약자로 표기되었다. 나는 신학생인 볼프람 엘렌브뢰커(Wolfram Ehlenbröker)와 나의 비서 마그레트 레스너(Magret Lessner)에게 감사한다. 이들은 이 책의 원고를 완성하는 데 많은 도움을 주었다.

괴팅엔, 1998년 1월
에버하르트 부쉬

Die grosse Leidenschaft

I. 칼 바르트의 생애와 사상

Die grosse Leidenschaft

1 ▪ 프 로 필

그가 받은 영향들

바르트는 영국인을 존경했고, 그들의 민주주의 전통, 셰익스피어의 인간이해, 세이어스(D. Sayers)의 추리소설에 나타나는 그들의 생활방식을 높이 평가했다. 바르트는 독일인을 "사랑"했으며,[1] 독일 땅에서 15년을 살았다. 그러나 1933년에 에마누엘 히르쉬(E. Hirsch)는 바르트가 독일 민족주의에 그다지 열광하지 않았으며, 그 이유는 바르트가 "머리끝부터 발끝까지 독일 사람"이지는 **않았기** 때문이라고 지적했다.[2] 이에 대해 바르트는 자신이 어떤 점에서 **스위스 사람**인지 잘 알고 있다고 대답하면서 고트프리트 켈러(Gottfried Keller)의 문구를 인용했다. "만세! 자유로운 사람들이 아직도 여전히 열정적으로 자유롭게 말하고 있다니!"[3] 이것은 과도한 규제에 무척이나 비판적인 알레만 사람(서남부 독일 사람에 대한 호칭)의 말이다. 이런 분위기의 목소리는 바르트의 큰 조카가 자주 인용했던 야콥 부르크

---

1 A. Koechlin bei der Entgegennahme der Stuttgarter Schulderklärung, nach: *Greschat, Schuld der Kirche*, 100.
2 *Das kirchliche Wollen der Deutschen Christen*, 7.
3 *Götze*, 69.

하르트(Jacob Burckhard)의 글에서도 들려온다. "권력은 그 자체로 악한 것"이다.[4] 그런 목소리는 바르트 자신의 글에서도 들을 수 있다. "성령은 군중 집회들 위로 불지 않는다."[5] 1933년, 자신의 베를린 강연에서 바르트가 낯선 권력에 대항하여 투쟁했던 젬파흐(Sempach) 시민들의 말을 공개적으로 인용했을 때, 동일한 목소리가 들려온다. "그들의 무기인 창을 부러뜨려라. 그것들은 속빈 창일 뿐이다!"[6] 그 목소리는 히틀러에게 점령된 프랑스인들에게 쓴 바르트의 편지 속에서도 들려온다. "현실이 바다처럼 넘칠지라도…그것이 한 방울의 진리"를 의미하지 못할 수도 있다.[7]

칼 바르트는 1886년 5월 10일 스위스 **바젤**에서 태어났다. 헤른후트 형제단(Herrnhuter)에 속한 어떤 사람의 표현에 의하면 바젤은 그 당시에 "하나님 나라 안에서…가장 풍성한 결실을 맺는 곳"이었다.[8] 그곳에는 자유주의라기보다는 "실증적" 노선을 띤 활발한 그리스도교 단체들이 있었고, 바르트의 부모님도 거기에 속했다. 그러나 바젤은 또한 인문주의 전통의 도시이기도 했다. 그곳에 있는 "바젤-뮌스터" 대성당의 강단에서 설교자들은 에라스무스(Erasmus)의 무덤을 내려다볼 수 있었고,[9] 1886년에는 니체(F. Nietzsche)가 바젤 대학에서 막 주목을 끌기 시작했다. 칼 바르트의 아버지요 신학자였던 프리츠 바르트(Fritz Barth)는 김나지움 학생 시절에 니체를 스승으로 존중하라고 배웠다. "다른 사람들의 급진주의적 성향과 자유분방한 행동에 대한 은근한…욕망"이 바젤 사람의 전형적인 특징이었고,[10] 아들 바르트도 그런 욕망을 자기 방식대로 충족시켜 나갔다. 그 결

4　*Römerbrief* 1, 501.503. *Dogmatik im Grundriß*, 54.
5　비교. Gespräch mit Mennoniten 1967, in: *Gespräche 1964-1968*, 424.
6　*Reformation als Entscheidung*, 24.
7　Eine Schweizer Stimme, 150.
8　K. Kupisch, *Karl Barth*, 16.
9　*Gespräch in Bièvres 1963*, unveröff.

과 바르트는 학창 시절에 부모님이 속해 있었던 "실증적"인 노선으로부터 멀어져 열렬한 자유주의에 점점 더 빠져들었다. 바젤 사람들에게서 찾아볼 수 있는 또 하나의 전형적인 특징은 풍자적인 웃음이다. "바젤 사람의 헐뜯는 입"이라는 말에 대해 바르트는 다음과 같이 해명한다. 그것은 바젤 사람들이 "이 땅의 모든 무상함에 대해 예로부터 많이 성찰했기" 때문이다.[11] 비록 네 살 이후에는 베른(Bern)에서 자랐고 거기서 학교를 다녔지만, 바르트는 언제나 자신을 바젤 시민으로 생각했다.

나중에 바르트는 자신의 서재에 항상 두 장의 사진을 "같은 높이에 나란히"[12] 걸어 두는 것을 특별한 일로 여겼다. 하나는 칼뱅(J. Calvin)의 사진이었고, 다른 하나는 모차르트(W. A. Mozart)의 사진이었다. 이런 습관은 바르트의 성격 가운데 어떤 한 면을 드러내준다. 그의 성격 안에서는 매우 상이한 두 가지 측면이 이른 시기로부터 일생동안 서로 투쟁하고 교차했다. 그 가운데 한 면은 앞서 말한 풍자적 웃음에 동반되는 강한 **호전성**이었다. 그 호전성은 유년시절의 길거리 싸움에서 드러나기 시작했는데, 바르트는 거기서 무조건 이기려고 했다. 좀 더 나이가 들어서도 바르트는 항상 자기가 옳다고만 주장한다는 지적에 대해 "내가 하…항상 맞지요!"[13]라고 대꾸했다. 열 살이 되어 실러(Schiller)의 문학작품을 감동적으로 읽었을 때 그런 충동은 순화되기 시작했고, 실러에 고무된 바르트는 자유를 갈망하는 희곡을 직접 쓰기도 했다. 54세가 되었을 때 바르트는 히틀러 무리에 대항하여 민주주의를 옹호하기 위해 스위스 군대에 자원입대했다. 그는 개방성을 사랑했고 위선을 혐오했다. 그는 타협을 몰랐

---

[10] *Protestantische Theologie*, 124.
[11] *Fürchte dich nicht!*, 267, 300f.
[12] *Götze*, 209.
[13] E. Busch, *Lebenslauf*, 410.

으며 과감하게 결단했다. 그는 "저 끔찍한 '그리고'와 '동시에'(simul)를 넘어서기를 열망했고, 유지될 수 없고 견딜 수 없이 균형을 이룬 전체 세계, 곧 최고로 불가피한…형태 안에 있는 그 세계를 넘어서기"(CL, 298)를 추구했다. 그리고 바르트는 자신의 교의학의 중심에서 이렇게 말할 수 있었다. "정원에 난 길은 순환하는 길이다. 그렇기에 그 길은 올바른 길이 아니다. 옳은 길은 시작과…목표를 지니고 있다"(IV/1, 622). 바르트는 나무들에게 감동을 받았다. 왜냐하면 나무들은 "올곧게 서려는"(III/1, 173) 성질을 갖고 있기 때문이다. 바르트는 자신이 망설이거나 주저하는 일이 없었다고 나이 들어서 말한 바 있다. 그는 뜨겁게 달궈진 쇠를 손으로 잡았고, 폭풍 가운데서도 평온함을 느꼈다. 그는 자신에 대한 반대에도 아랑곳하지 않았다. 그러나 바르트는 시의적절하지 않은 일의 시작은 배척했다. 그는 이렇게 말했다. 우리는 "밀가루를 잘 말려서 보관해야 한다." 그래야 필요할 때 적절하게 사용할 수 있다. 그와 동시에 바르트는 위험을 감지해 내어 그것에 처음부터 완벽하게 대처하는 특별한 감각도 지니고 있었다. 그래서 그는 매사를 냉철하게 처리할 수 있었다. 그 결과 칼뱅의 동시대인들이 칼뱅에게 던졌던 것으로 보인 질문은 또한 바르트의 동시대인들이 바르트 자신에게 던지는 질문이 되었다. "당신은 우리처럼…좀 더 즐길 줄 아는 사람이 될 수 없습니까?"[14]

바르트의 성격의 두 측면 속에는 이런 면과는 전혀 다른 부드러운 면도 있었다. 그는 평화를 사랑했고 조화와 아름다움을 좋아했다. 바르트는 어머니 안나(Anna, 결혼 전 이름은 사르토리우스, Sartorius)쪽의 족보로는 취리히의 매우 평화적인 종교개혁가 불링거(Heinrich Bullinger)와 친척이었다. 이 사실로 미루어볼 때 그의 부드러운 성정은 우연이 아니었다. 바르트

---

14 *Calvin*, 389f.

는 벽에 걸린 그림이 기울어져 있을 때면 짜증을 냈다. 바르트는 "온유"라는 단어를 좋아했다. "상상력이 없는 인간이란 한 쪽 다리를 잃어버린 사람보다 더 안 좋은 의미에서 무가치한 사람이다!"(III/1, 99) 바르트 자신도 온유한 사람이었다. 그런 감정 속에서 그는 진심으로 웃고 또 진심으로 울 줄 아는 사람이었으며, 진심으로 경청하고 진심으로 참여할 줄도 아는 사람이었다. 바르트는 자신을 찾아온 방문객들을 의도적으로 가장 잘 보이는 곳에 앉도록 권했다. 그렇지만 막상 자신은 거울에 비친 자기 모습을 보는 것도 싫어했다. 이런 부드러운 마음을 얻게 된 것은 바르트가 다섯 살때 그를 내면 깊은 곳에서 끌어당겼던 모차르트의 음악과 만나면서 시작되었다. 후에 바르트는 매일 연구에 들어가기 전에 먼저 모차르트의 속삭임을 들었다. "모차르트는 연주하고 또 연주하기를 그치지 않는다." 어둠의 시기에 직면해서도 그치지 않는다. "그는 작곡하기 전에 먼저 들었다." "그에게는 주관적인 것이 한 번도 주제가 된 적이 없다." 이것은 바르트가 좋아했던 르네상스 시대의 화가 보티첼리(Botticelli, 1445-1510)의 경우와 비슷하다.[15] 미묘하고 신비로 가득한 "일"에 어린아이처럼 빠져드는 것은 또한 바르트의 특징이기도 했다. 그것은 그 자체로는 그다지 중요하지 않고 또 비극을 감수하면서까지 수용하지 않아도 되는 일이다. 사람이 마땅히 일해야 하거나 혹은 옳은 일에 투신하는 것처럼, "바로 그렇게" 바르트는 마땅히(soll) "편안하게 즐기려고 했다"(III/4, 427). 여기서 그는 또한 "자조(自嘲)의 웃음"을 웃을 수 있는 것이 진정한 평안에 속한다고 여겼다. 그 외에도 그는 승마를 즐겼고, "말과 함께 자라나 정말로 말을 잘 타는 사람"은 "절대로 하나님이 없는 사람이 될 수 없을 것"이라고 말했다(400).

전자의 성격과 후자의 성격 사이에서 "자가당착에 빠진 이 사람"은 곧

---

[15] *Mozart*, 37, 39, 49, 15.

바로 **그리스도교적 믿음**의 세계 속으로 끌려들어 갔다. 그의 어머니 안나(Anna)는 어린이 찬송가의 예수님 이야기를 자주 노래로 들려주곤 했는데, 그 찬송은 "바로 오늘 아침에 우연히 바젤에서 연주되는 것"(IV/2, 125)처럼 생생하게 들리는 친숙한 "자명성"(Selstverständlikeit)을 담고 있었고, 이것이 바르트에게 각인되었다. 그와 같이 바르트는 예수님의 현존을 확신하게 되었으며, 소년 바르트는 예수님이 바젤 시내로 들어오시는 광경을 직접 볼 것을 고대하면서 종려주일을 보냈다. 바르트는 자신의 부모님 집의 분위기를 "관대한 경건주의"[16]라고 표현한 바 있었다. 이 말은 역사비평 그리고 사회적·여성주의적 질문의 긍정이 보여주는 바르트 자신의 입장으로부터 어느 정도 물러선 것을 뜻한다. 한 때 주일학교에서 너무 생생하게 지옥을 그리게 했기 때문에 부모님이 바르트를 그곳으로부터 조퇴시켰던 적이 있었는데, 그 기억이 바르트에게 강하게 남아 있었다. 또 다른 기억으로는 바르트가 어떤 병든 사람을 돕기 위해 저금통을 깨뜨린 일이 있었다. 그 이유는 아버지가 야고보서 4:7의 말씀, 즉 "그러므로 사람이 선을 행할 줄 알고도 행하지 아니하면 죄니라"를 읽어주셨기 때문이었다. 야고보서는 바르트에게 결코 "지푸라기 서신"(마르틴 루터)이 아니었다.

가리키는 손

위와 같은 세 번째 측면은 이미 이른 시기부터 바르트의 삶에 각인되었다. 그것을 분명히 보여주는 하나의 그림이 있다. 그것은 바르트의 신학 여정의 초기부터 그의 책상 앞에 걸려 있었던 그뤼네발트(Grünewald)의 십자가 그림이다. 이 그림에서 요한의 손은 낮아지신 하나님의 아들을

---

[16] 비교. *Nachwort*, 292.

"거의 불가능한 방식으로"―"그는 흥하여야 하겠고 나는 쇠하여야 하리라"―가리키고 있다. "이 손은 바로 성서에 기록된 손이다."[17] 이 손은 자기 자신을 가리키지 않고 어떤 사상이나 프로그램을 의미하지도 않으며, 전적으로 인간을 향해 오시는 하나님을 향해 있다. 바르트의 인식에 따르면 모든 올바른 신학은 그 손을 본받아야 하며, 어쨌든 바르트 자신의 신학은 그 손을 닮고자 한다. 바로 그렇게 가리키는 일을 결단코 행하는 것, 그 무엇보다도 바로 그 한 가지 일을 항상 또 다시 행하는 것이 "자가당착에 빠져 있던" 바르트가 자신이 부르심을 받은 목적이라고 생각했던 것이다.

바르트는 신학자로서의 긴 여정에서 그렇게도 자주 새로운 시작을 감행하고 빈번하게 방향을 전환했다. 그것은 그가 무엇보다도 우선적으로 바로 그 가리키는 손의 임무수행을 끊임없이 새롭게 시험해야 한다고 믿었기 때문이었다. 다른 한편으로 바르트의 신학 여정에서 매우 자주 일어났던 변화에도 불구하고 일관성 있게 관철된 상수가 있었던 것도 그가 위의 그림에서 요한이 가리켰던 것으로부터 벗어나지 않았기 때문이다. 바르트가 자신의 시대에 **하나의** 염원을 가졌다면, 그것은 중심에서 다시 한 번 저 세례 요한의 모습을 열심히 닮도록 교회와 신학을 초대하고, 그들에게 간청하고, 그들을 재촉하며 힘을 북돋우는 일이었다. 만일 오늘날 바르트의 신학을 기억해야 할 이유 가운데 단순히 역사적인 이유 이상의 어떤 것이 있다면, 또한 미래에 "많은 사람들이 기쁨으로 바르트의 가르침을 재발견하게 되는 시대가 있게"[18] 된다면, 그것은 무엇보다도 바로 위의 그림 속에 표현된 유언과도 같은 그 말씀 때문일 것이다.

그리스도교 신학자로 회심한 순간에 관하여 바르트는 한 번도 언급

---

17 *Wort Gottes* 79f., 85f.
18 W. A. Visser't Hooft, *Gedenkfeier*, 54.

하지 않았다. "나와 나의 개인적 그리스도교는 내가 선포하는 케리그마(Kerygma)에 속하지 **않는다**"(IV/3, 776). 그렇다면 바르트는 왜 신학을 공부했는가? 바르트가 짧게 설명한 바에 따르면 바로 그 "스핑크스"와 직면하는 "호기심"[19] 때문이다. 그러나 25세의 나이로 신학적으로는 아직 철저한 자유주의자였던 바르트가 아르가우 주에 있는 자펜빌(Safenwil) 지역의 목사가 되었을 때, 이미 그의 메시지는 그만의 고유한 목소리를 내기 시작했다. "목사이기 때문에 내가 하나님에 관해 말하는 것이 아니라, 하나님에 관해 말**해야만**(muß) 하기 때문에 나는 목사다."[20] 생각의 이와 같은 역전, 곧 영적인 "의무"(Müssen)의 강조는 이후로도 계속해서 바르트의 특징이 되었다. 바르트가 젊은 목사였던 시절에 그에게 식사를 대접했던 교회 공동체의 한 지체는 수십 년이 흐른 뒤에도 그가 매주일 설교 전에 어떻게 아침식사를 하러 왔는지를 생생하게 전했다. 그는 창백한 얼굴로 말없이, 마치 천둥이 치기 직전의 상태처럼 극도로 긴장하고 집중하면서, 잔 하나를 집어든 다음 식탁을 한 바퀴 돌고, 그다음에는 아무것도 먹지 않은 채로 서둘러 식탁을 떠났다고 한다. 젊은 본회퍼(Bonhoeffer)는 이제 막 대학교수가 된 바르트의 세미나에 처음으로 참석한 후에, 바르트에 관해 다음과 같이 썼다. "바르트는 자신의 저서들보다 더 깊고 높은 곳에 서 있다." "그곳은 반대 의견에 대해 열려 있고 준비되어 있었다. 왜냐하면 그런 의견도 중심 내용에 도달하는 것을 목표로 삼기 때문이다. 그리고 주제를 향한 집중력과 격렬한 충동도 있었는데, 그것을 향해 사람들은 자부심 있게 또는 겸손하게, 당당하게 또는 매우 불확실하게 각각 의견을 말할 수 있었으며, 확실한 것은 그 모든 것이 바르트 신학에 우선적으로 봉사하도

---

[19] Bw. B., 303. (*Briefwechsel*, Bultmann.)
[20] E. Busch, *Lebenslauf*, 73.

록 결정된 것은 아니라는 점이었다."²¹ 75세의 나이가 되어 바르트는 "위대한 열정"에 대한 글을 썼다. 하나님을 알게 된 사람은 그런 열정에 "충만하고 추진되고 인도되고 사로잡히게" 된다는 것이다(CL, 180.184).

바르트의 내면에서는 바로 그런 열정의 불이 타올랐다. 그 불길이 타오를 수 있었던 것은 "하나님"이라는 단어가 공허한 개념이 아니라 완전히 살아 움직이는 현실성, 곧 모든 것을 결정짓는 순수한 현실성이기 때문이었다. 그렇다. 그 단어는 교회만이 아니라 "세계"를 지탱하는 힘이고 무한히 중요한 개념이며, 그 중요성은 우리가 추가한 것이 아니라 본래 있었던 것이다. 1917년의 설교에서 바르트는 "하나님은 누구신가?" 하고 물었다. 하나님은 "차의 다섯 번째 여분의 바퀴가 아니라, 넷 중 하나로서 다른 것들 모두를 추진하는 바퀴이시다. 멀리 떨어져 있는 어떤 신성한 장소가 아니라, 존재하는 모든 것의 중심에 위력적으로 개입해 들어오는 거룩한 영역이시다. 하나님은 구름들 속에 숨어 있는 어두운 힘, 인간을 그저 노예로 삼을 뿐인 그런 힘이 아니시며…확연한 자유의 권능이시다. 이 권능은 만물 위에서, 만물 안에서, 무엇보다도 먼저 인간 속에서 영광을 받기를 원하신다. 하나님은 사상이나 견해가 아니라, 죽음의 권세를 극복하는 생명력이시며…세계의 장식품이 아니라, 세계 속으로 개입해 들어오는 지렛대이시다. 하나님은 우리가 가지고 노는 감정이 아니라, 진지하게 여겨야 할 사실성(Tatsache)이시다. 우리는 모든 정황에서도 그 사실성 위에 두 발로 딛고 설 수 있고, 그 사실성을 일용할 양식으로 삼을 수 있다. 우리는 튼튼한 성벽과도 같은 그 사실성으로 다시 되돌아갈 수 있으며, 포위된 자들처럼 그곳으로부터 다시 뛰쳐나올 수도 있다. 그 사실성은 타자들을 위해 모든 방향으로 즐겁게 출격을 감행한다." 즉 그분은 "살

---

21 E. Bethge, *Bonhoeffer*, 216f.

아 계신 하나님"이시다. 그래서 흔히 하는 말처럼 "우리가 하나님을 '소유한다'(haben)"는 것은 불가능하다. "우리가 하나님에 관하여 무엇인가 말하기를 시도할 때, 그 모든 것은 서투른 탄식과 더듬거림이 아니고 또 무엇이겠는가!"[22]

이미 1914년에 바르트는 다음과 같이 썼다. "'하나님이 계신다!'라는 짧은 문장은 혁명을 뜻한다."[23] 그렇기 때문에 앞서 말한 탄식과 더듬거림은 바르트에게는 교회에서 말하는 아멘처럼 확실히 신학에 속하는 개념이다. 왜냐하면 그 "짧은 문장"은 우리 자신을 끈질기게 따라다니는 사고방식과 계속해서 충돌하기 때문이다. 우리의 사고방식에 따라 우리는 어떤 신적인 것을 붙들고, 그것이 우리 자신의 견해와 의도에 봉사하도록 만든다. 그러나 그 "짧은 문장"은 그런 사고방식을 ("혁명적으로") 뒤집는다. 그 문장은 우리를 지속적으로 하나님의 **"새로운 세계"** 앞에 세우며, 그 결과 이제는 거꾸로 하나님이 우리를 향해 손을 펴시고 우리를 하나님 자신을 위해 봉사하게 만드신다. 하나님에 관한 진술이 언제나 또 다시 앞서 말한 사고방식으로 세차게 되튀는 신학, 그리고 "자기 자신을 관철시키시는"(Sich-selbst-zur-Geltung-Bringen) 하나님께 의존할 수밖에 없는 신학이 어떻게 그런 탄식과 더듬거림 없이 자신의 일을 올바로 수행할 수 있겠는가? 1933년에 유대인 신학자 쉐프스(H. J. Schoeps)는 바르트의 신학이 특별하다고 보았는데, 그것은 그의 신학이 하나님에 관한 **인간적인** 진술에 담긴 "위험"을 직감하는 내용으로 가득 차 있기 때문이었다. 그 위험 때문에 우리는 "진리를 바르게 표명"하려는 매 순간마다 두려움 앞에서 떨어야 한다. 바로 이것이 "바르트가 자신의 교의학의 첫 일백 쪽에서 오직 하

---

22 *Suchet*, 102f.
23 *Predigten 1914*, 168.

나님의 말씀에 관해서만 진술하려고 생각하게 된" 이유다.[24]

그러나 하나님께서는 바로 그와 같은 우리의 탄식과 더듬거림 안에서, 바로 그러함에도 불구하고, 하나님 자신이 우리에게 인식되도록 해주신다. 바르트의 근본명제는 이렇게 말한다. "인간은 하나님 **앞에** 섬으로써 하나님을 인식한다"(III/1, 8). 그 탄식과 더듬거림이 신학을 "틀린 것"으로 만들지는 않는다. 그러나 신학이 "하나님 앞"이라는 자기 자리를 수용하지 않는다면, 다음과 같은 일이 벌어지게 된다. 신학은 자신이 목표로 삼는 것을 미리 앞서서 알고 있다고 가정하고, 자신이 이미 선하다고 생각하는 것을 그저 그렇게 선하다고 지칭하기 위해 하나님을 추가적으로 이용하려 들게 된다. 아니면 신학은 자신이 충분히 잘 이해하고 있다고 믿고, 이제는 자신이 파악한 것 가운데 어떤 것을 어떻게 적용하고 분배할지에 대해서만 생각하려고 하게 된다. "하나님 앞"이라는 자기 자리를 떠나게 되는 것은 신학이 어떻게 그 자리에 이르게 되었는지를 간과하거나 망각하기 때문이다. 다시 말해 우리는 그 자리에 서려는 우리의 자의적인 결단을 통해서가 아니라, 오직 하나님이 스스로 인간 앞에 서시고, 스스로를 인간 **앞에 소개하시기**(vor-stellen) 때문에 그 자리에 있을 수 있다. 오직 그렇게 해서만 인간은 하나님 앞에, 바로 그 하나님 앞에 **세워진다**. 인간은 스스로의 힘으로 그 자리에 설 수 없는 것처럼, 스스로의 힘으로 그 자리를 떠날 수도 없다. 만일 그렇게 하려고 한다면 그 인간은 자기 자신을 그리스도교 신학자로 만들어주는 그 모든 것을 상실하게 될 것이다. 오직 그와 같이 "하나님 앞"에 선다는 사실이 **분명**해질 때, 그만큼 더 많이 우리는 하나님을 인식하게 된다.

---

[24] *Streit um Israel*, 110f.

날림공사는 이제 그만!

신학자로서의 삶을 시작한 이래로 바르트는 줄곧 교회 및 신학과 싸워왔다. 왜냐하면 그는 교회와 신학이 현실적으로 하나님 앞에 서지 않고 그 앞에 머무르려고 하지도 않으면서, 단지 하나님을 다루려고만 시도한다고 보았기 때문이다. 다시 말해 그는 교회와 신학이 앞에서 말한 사고의 역전을 실행하지 않은 채 하나님에 관해 말하고 있다고 보았다. 바르트가 투쟁했던 교회와 신학은 우리 인간이 미리 앞서 제시하고 명문화한 사상들과 목표를 위해 "하나님"을 끌어들이거나, 또는 하나님을 교회와 교회적 신학의 손 안에서 마음대로 처리할 수 있는 자본금처럼 다루는 것으로 보였다. 바르트는 앞서 언급한 탄식과 더듬거림과는 한없이 거리가 먼 어떤 확신 및 "쾌활함"과 투쟁했다. 왜냐하면 그런 확신과 "쾌활함" 속에서 사람들은 "신적인 것들"을 착각하며 말하게 되는데, "마치 우리가 그것들에 **대하여**(über, 중립적인 위치에서 – 역자 주) 상대적으로 거리낌 없이 말할 줄 알기 때문에 그것들의 **내용도**(von, 계시적·실존적으로도 – 역자 주) 말할 수 있는 것처럼"(I/1, 168f.) 착각하게 된다. 바르트는 이미 신학 여정의 초기부터 "거짓 예언자"를 그와 같은 의미에서 대적했다. 거짓 예언자란 **하나님께 옳게 보이려고 하기보다** "사람들에게 옳게 보이려고 한 목사"였다.[25] 하지만 인간에게 어떤 것이 정말로 옳게 보이도록 만드는 분은 바로 하나님뿐이다. 이런 오류가 일어나는 한, 교회는 아무리 다른 일에 정상적인 기능을 수행한다고 해도 "허구적 교회"(Scheinkirche, IV/2, 698)가 되고 만다. 그곳에서 "개신교회의 본질에 대한 반역"[26]이 일어난다. 먼 외부로부

---

25 Der Pfarrer (1916).
26 Götze, 28.

터 교회를 공격해 들어오는 그 어떤 무신론도 교회의 담장 안에서 일어나는 이런 반역만큼 교회를 위협할 수는 없을 것이라고 바르트는 언제나 강조한다. 왜냐하면 바로 거기서 "하나님"이라는 말은 아무리 화려하게 사용되었다고 해도 공허한 개념이 되기 때문이다. 이것은 무신론보다 더 나쁜 일인데, 왜냐하면 여기서 사용되는 하나님의 이름에서 바로 "하나님"이 비워지기 때문이다. 거기서 하나님에 관하여 말하는 것은 실상은 "어느 정도 더 큰 목소리로 인간에 관하여 말하는 것"에 불과하다.[27] 그런 상황에서 이미 현존하는, 잘못된, 나아가 하나님-없이 사유된 "현실"에 대해 하나님의 말씀을 통해 더해지는 것이라고는 주어진 현실 자체를 과도하게 높이고 강화하는 것 외에 근본적으로 아무것도 없다.

이와 비교할 때 바르트의 투쟁은—그리고 그의 사랑은—이름값을 하는 교회와 신학, 그리고 그들의 하나님에 관한 진술에는 효과가 있었다. 바르트는 1934년 파리에서 연극을 관람하고서 이렇게 썼다. "나는 다시 한 번 옛 물음을 떠올렸다. 왜 교회는 노래하고 연기하고 춤추는 세상 자녀들만큼만이라도 자기 일을 잘 하려고 하지도 않고, 최소한 그런 **의지**라도 드러내지 않는 것일까?"[28] 바르트가 다른 곳에서 베벨(A. Bebel)의 글을 인용했을 때, 이 물음은 새로운 변화를 겪게 된다. "엄밀히 말하면 건강을 위협하는 미아스마 병균(Miasma)으로부터 인류를 보호하기 위해 하수구를 퍼내는 노동자는 사회에 매우 유익한 일원이다." 반면에 "초자연적이고 초월적인 교리로 사람들의 머리를 흐릿하게 만들려고 시도하는 신학자"는 "극단적으로 해로운" 존재다. 이에 대해 바르트는 다음과 같이 말한다. "여기서 신학자의 행동이라고 말해진 것을 우리가 행하게 되지 않

---

27 *Wort Gottes*, 164.
28 E. Busch, *Lebenslauf*, 256.

도록 조심하자!"(III/4, 612). 1961년 자신의 마지막 강의에서도 바르트는 물었다. "신학이 중요하게 여기는 것" 그리고 "신학을 둘러싸고 있는 나머지 인류의 오류와 혼동들, 고통과 비명의 바다 사이"에는 "놀라우리만치 불균형이 있지 않는가?…신학이 하나의 사치스러운 일이 되는 것은 아닐까? 신학과 함께 우리는 살아 계신 하나님으로부터 도망치고 있는 중은 아닐까?"[29]

바르트에 의하면 신학이 "살아 계신 **하나님**"을 따르는 대신에, 어떤 지점에서 하나님을 옆으로 제쳐두거나 혹은 뒤로 미뤄두고서 어떤 "다른 과제"에 헌신하고자 한다면, 신학은 정말 어리석은 짓을 하고 있는 것이다. 그러나 신학이 사치스러운 일에 몰두하면서 "궁극적으로 하나님, 인간, 세계는 어떤 관계가 있을까?"에 대해 추상적이고 일반적인 사색만 하고 살아 계신 하나님께 신실하게 봉사하지 않는다면, 그때도 신학은 마찬가지로 어리석은 짓을 하고 있는 것이다. 여기서 봉사는 교회로 하여금 "위기와 희망의 때마다 각각 특정한 시대의 교회"가 되도록 하는 것(I/2, 941)을 뜻한다. 1920년대 이후로 바르트에게 가해졌던 많은 비판의 대부분은―다양하게 변주되기는 하지만―핵심에서는 하나의 이의제기로 압축될 수 있다. 즉 바르트가 지시했던 바로 그것이 정작 바르트 자신의 신학에 결여되어 있다는 것이다. 다시 말해 하나님을 그런 식으로 일면적으로만 진지하게 여김으로써, 정작 바르트는 "수용하는 자들" 즉 인간, 역사, 현대성, 그리고 우리가 살고 있는 세상과 현실을 소홀히 하거나 억압했으며, 그래서 바로 그 수용자들에게 "하나님"을 어떻게 전달할 것인가라는 "방법"의 문제를 진지하게 다루지 못했다는 것이다.

이와 같은 이의제기는 정당한가? 이 문제에 대해서는 아마도 신학의

---

29 *Einführung*, 154f.

외부자가 더 분명하게 보았던 것 같다. 유대인 철학자 요나스(H. Jonas)는 왜 바르트의 신학에서 "세계 전체의 외부에 놓인 관점이…바로 그 세계의 사물들에 대해 단호하면서도 '현실적인' 판단을 내릴 수 있는 것으로 보이는지, 그리고 그 판단이 어떻게 순수한 세계 내재성만을 신봉하는 사람들을 부끄럽게 만들 수 있는지"[30]에 대해 생각해볼 가치가 있다고 말했다. 달리 말하자면 페루의 신학자 구티에레즈(G. Gutiérrez)는—바르트의 신학과 불트만의 신학을 비교하는 중에—그와 같은 생각이 철저한 의미를 갖는다고 보았다. "한 사람(칼 바르트—역자 주)은 '위로부터', 즉 하나님으로부터 시작하여 지옥과 같은 이 세계에 살고 있는 사람들과 공감하며 함께했다. 그러나 다른 사람(바르트 비판자—역자 주)은 '아래로부터', 즉 인간으로부터 출발했지만 세계가 처해 있는 착취의 상황에 거의 유념하지 않는다."[31] 요나스와 구티에레즈의 이와 같은 진술은 핵심을 통찰한 것으로 보인다.

실제로 바르트는 근본적으로 교회와 신학의 과제란 많지 않으며, 많은 과제들 사이의 관계를 중재하는 것이 아니라고 확신했다. 오히려 교회와 신학의 과제는 오직 한 가지다. 그것은 바로 세례 요한의 과제 곧 가리키는 과제이며, 앞에서 말한 그림에서 제시되었다. 히틀러 정부의 초기에 바르트는 **정언적으로**(定言的, kategorisch, 정언은 제약이나 조건이 없는 명제를 뜻한다—역자 주) 이렇게 선언했다. "교회 안에서 우리는 일치된 의견을 갖고 있다. 그것은 세상 전체에서 하나님의 말씀이 선포되고 들려지는 일보다 더 시급한 요청은 없다는 의견이다. 그 어떤 대가를 치르더라도 이 요청은 충분히 수행되어야 한다."[32] 그 외에도 여러 가지 과제들이 있을 수

---

30 Eine Schweizer Stimme, 293.
31 Historische Macht, 202.
32 Theologische Existenz heute!, 1, 4.

있으나, 그 모든 것은 바로 이 하나의 과제 **안에서**, 이 하나의 과제의 연속 선상에서만 취급될 수 있다. 여기서 바르트가 말하는 요점은 다음과 같다. 만일 교회가 언제 어디서나 시급한 이 과제를 이차적인 것으로 삼거나 뒤로 미룬다면, 그때 교회는 저 춤추는 세상 자녀들의 뒤편에 머물면서 "날림공사"(Pfuschwerk, III/4, 606)를 하고 있는 것이다. 그렇다! 그때 교회에게는, 앞서 베벨(Bebel)이 말했던, 사회에 해악을 끼치는 사람에 관한 비판이 적중한다. 그는 사회에 대한 책임을 전혀 행하지 않는 사람이다. 그때 교회는 어떤 사치스런 업무에 매달린 셈이 되며, "살아 계신 하나님으로부터 도피"하는 가운데 동시에 또한 "고통과 희망 안에 있는" 인간도 등한시하게 된다.

바르트의 이와 같은 요점은 신학의 과제가 정말로 "초자연적이며 초월적인 가르침"에 있지 않다는 사실이 분명해질 때, 또한 신학이 그런 가르침들을 어떤 사람에게 전하려고 시도하지 않을 때, 비로소 빛을 발하게 된다. <u>스스로 실제 삶에 근접했다고 주장하지만, 그러면서도 자신의 유일한 과제로부터 멀어진 신학에게는 신학의 "대상" 자체가 삶에 대한 그런 근접을 배제한다.</u> 왜냐하면 신학의 대상은 바로 세례 요한이 가리켰던 그곳에 계시기 때문이다. 그분은 가장 깊은 곳에 이르기까지 자신을 인간에게 선사하시는 하나님이시다. 그분은 단순히 "위"에만 계시지 않고 "아래"에도 계신다. 그러하신 분으로서 그분은 "살아 계신 하나님"이시다. 하나님은 그러하신 분으로서 인간에게 현재하시기 때문에, 그 하나님이 현재하시도록 만드는 것은 우리의 일이 아니다. 우리의 일은 그 하나님이 현재하시는 것을 믿고, 인식하고, 증언하는 것이다. 그렇기에 자신을 향한 비판가들에 대한 바르트의 생각은 다음과 같았다. 바르트 자신에게 결여되었다고 생각하는 것, 다시 말해 하나님을 인간에게 중재하는 것은 교회와 신학의 과제가 전혀 아니다. 오히려 그 과제는 하나님이 어떤 점에서 자신을 인간에게 전달했고 또 새롭게 전달하시는지를 이해하고 체득하는 것이다. 다시 말해 하나님은 "사상이나 견해"가 아니다. 하나님은 "구름 속에 갇힌 어두운 권세"가 아니시다. 오히려 하나님은 "이 세상 속으로 개입해 들어오시는 권능"이시다. 1956년에 바르트는 이렇게 표현한다. "올바르게 이해된 하나님의 **신성**은 그분의 **인간성**을 그 안에 포함한다."[33] 오직 하나님만, 바로 그 하나님만 지시하는 것이 신학과 교회의 시급하고 유일한 과제라고 한다면, 그 과제는 하나님이 자신을 선사하신 인간과 함께하는 것도 동시에 포함할 수밖에 없다. 그때 신학과 교회는 하나님이 인간을 찾고 발견하신 바로 그 가장 깊은 심연에 이르기까지, 인간을 주목한다. 그때 신학과 교회는—하나님은 살아 계신 하나님이시기에—"위기와 희망들이 교차하는 각각의 특정한 시간마다" 인간의 곁에 서야만 한다. 그때 신학과 교회는—"인문주의자들보다 더 인문주의적으로"[34]—인간을 아무리 진지하게 여겨도 충분할 수 없고, 심지어는 자기 자신보다 더 진지하게 여길 수 있다. 왜냐하면 하나님이 인간을 받아들이셨다는 사실을 도외시하고서는 인간성은 인식될 수 없기 때문이다.

바르트는 교회가, 나름대로는 또한 그리스도교 신학도 증인의 직무로 부르심을 받았다고 보았는데, 이제 그 직무가 어떻게 이해되어야 하는가에 관한 윤곽이 보다 더 뚜렷해졌다. 그것은 성서의 증인들을 뒤따르는 것이며, 그뤼네발트가 그렸던 세례 요한의 지시하는 손과 같아지는 것이다. 이와 함께 바르트는 자신도 예수 그리스도의 교회의 한 지체로서 그 직무로 부르심을 받았다고 생각했다. 바르트에 의하면 신학은 교회 안에서 교회에 낯선 작업을 하지 않는다. 왜냐하면 교회의 모든 지체는 자신

---

[33] *Die Menschlichkeit Gottes*, 10.
[34] *Wort Gottes*, 53.

들이 믿는 그분을 인식하도록 부르심을 받았고, 이 점에서 그들 모두 역시 신학자로 부르심을 받은 것이기 때문이다. 다시 말해 바르트는 교회가 자체의 "직무"를 수행하지 않는 위험과 위기에 빠졌다고 보았기에, 자기 자신이 직접 아주 특별한 방식으로 신학자가 되었다. 바르트는 신학적 성찰의 영역에서 **자신이** 그러한 증인의 임무에 동참했고, 그런 방식으로 교회로 하여금 교회의 임무를 수행하도록 요청했다. 그는 그와 같은 특별한 신학자였다. "신학의 과제와 설교의 과제는 하나다." 바르트는 1923년 당시 자유주의 신학의 노장이었던 하르낙(A. von Harnack)과 기억할 만한 논쟁을 벌이던 중에 그렇게 선언했다. 이렇게 해서 바르트의 위대한 신학 저작들이 형성되기 시작했고, 그 중심에는 방대한 『교회교의학』이 자리를 잡고 있다.

예배드리는 신학

바르트 신학의 고유한 특성을 무엇에 비유할 수 있을까? 그의 신학을 접할 때, 우리는 곧바로 아주 아름답고 밝고 넓은 공간으로 이루어진 교회에 들어서는 느낌을 받는다. 그의 신학은 그런 특성을 가지고 있다. 그 교회에는 밖을 향해 열린 창문들이 많고 정문도 열려 있어서 사람들을 들어오도록 초대하며, "세상의 일상"을 향해서도 열려 있다. 그 교회에서는 예배가 거행된다. 그것은 바르트가 제1차 세계대전의 시기에 어떤 가톨릭 성당에 관해 설명했던 것과 같이, 지붕을 뚫고 포탄이 터진 이후에도 마리아 찬미가의 합창이 중단되지 않고 계속 이어졌던 예배다.[35] 그 예배에 대한 바르트의 존경심은—그리고 개신교 예배였다면 그와 다르게 진행되

---

35 *Wort Gottes*, 109.

었을지도 모른다는 그의 걱정은—포탄의 위험성이나 이 시대의 다른 징조들의 위험성을 민감하게 느끼지 못하는 것과는 아무런 관계도 없다. 오히려 바르트는 이렇게 확신하며 출발한다. 만일 교회가 자신의 예배 곧 **하나님**을 섬김으로부터 벗어나 한눈을 팔거나 예배를 중단함으로써 인간을 섬기고, 그렇게 하여 다가오는 위협들을 방어하려고 한다면, 교회는 그 일을 바르게 수행할 수 없다.

바르트의 신학은 그와 같은 교회의 예배를 목표로 삼는다. 그의 신학 자체가 하나의 예배다. 사유의 영역에서 드려지는 예배다. 이것은 종교개혁자들에게 친숙했던 문구다. 물론 거기서 지성이 무시된다는 의미는 아니다. 자신의 신학에서 이성이 차지하는 의미에 대해 질문을 받았을 때 바르트는 다음과 같이 대답했다. "나는 그것을 필요로 합니다!"[36] 그에게는 사고의 태만 곧 "어리석음도 죄다"(IV/2, 462). 그것과 반대로 신학은 성령으로 살며, 성령은 "건강한 인간 지성의 특별한 친구다."[37] 그래서 신학은 사유의 영역에서 드리는 예배(하나님-섬김)다! 신학이 그런 예배를 실행하게 되는 것은 자신이 바로 "기도 안에서 수행되는 작업"이어야 한다는 사실을 분명히 자각할 때다.[38] 그러므로 바르트가 『교회교의학』의 시작 부분에서 토마스 아퀴나스가 『신학대전』(Summa theologiae)을 시작하며 드렸던 기도를 이어받아 서술하는 것은 단순히 경건한 말잔치가 아니다. "자비하신 하나님, 당신의 마음에 합한 것을 내가 뜨겁게 열망하게 하시고, 지혜롭게 연구하게 하시고, 진실하게 인식할 수 있게 하시고, 당신의 이름을 찬양하기에 부족함 없도록 완전히 채워주소서!"(I/1, 23)

교회의 예배가 **아름다운** 예배가 되어야 할 충분한 이유가 있는 것처

---

36 *Briefe 1961-68*, 474.
37 *Christus und wir Christen*, 10.
38 *Einführung*, 177.

럼, 학술 작업과 기도가 함께 행해지는 신학도—여전히 탄식하고 더듬거리면서도—"독특하게 **아름다운** 학문, 아니—아마도 이렇게 조용히 표현할 수 있다—모든 학문 가운데 가장 아름다운 학문"일 수 있다. "신학이 어떤 사람에게 무료한 일이 된다거나 그럴 수 있다는 것은…얼마나 큰 원초적인 야만성이겠는가? 우리는 그저 기꺼운 마음으로, 기쁨 가운데 신학자일 수 있고, 그렇지 않다면 전혀 신학자가 아니다. 언짢은 표정, 불쾌한 생각들, 지루한 진술방식은 바로 이 학문에서는 도저히 견딜 수 없는 것들이다"(II/1, 740).

바르트의 신학은 신학의 영적인 내용(Substanz)만을 묻지 않는다. 바르트 신학은—신학에 제기될 수 있는 모든 물음에서—그 **자체**의 어떤 **특성**(Format)을 가지고 있다. 그의 신학은 현대적인 곳에서도 현란한 유행을 멀리하며, 교회의 전통 안에 있으면서도 새로운 것을 경작한다. 그의 신학은 바로 자신에게 해당하는 것을 말하면서도 주관적인 장광설이 되지 않도록 자제하며, "엄격하게 객관적으로" 생각하면서도 심장박동을 느낄 정도로 가슴으로 말한다. 그의 신학은 기초적인 것을 말할 때도 판에 박힌 말투를 기피하며, 세부적으로 자세히 말하면서도 불필요한 것은 말하지 않는다. 그의 신학은 신앙이라는 한 가지를 겨냥할 때도 그것을 각각 다른 구체적인 관점 아래서 고려하며, 개별적인 내용을 다룰 때도 전체적인 시야를 잃지 않는다. 그의 신학은 내용들을 뿌리까지 다루면서도 동시에 가능한 모든 필요한 결과들을 염두에 둔다. 그의 신학은 "그것이 실제로 그러한지"를 성서를 통해 부단히 검토하면서도 "우리는 무엇을 행하여야 하는가?"라는 윤리적인 질문을 (교의학으로부터) 분리시키지 않는다. 그의 신학은 **확정된** 인식을 대변하지만, 그렇다고 독단적인 원칙주의자가 되지는 않는다. 왜냐하면 그의 신학은 아무런 목적도 없이, 숨 돌릴 여유도 없이 배회하는 것이 아니라 긴 행군처럼 꾸준히 앞으로 나아가기 때문이다. 그의 신학은 난해한 사고를 하면서도 믿음의 천진난만함을 잃지 않으며, 믿음으로부터 출발하여 부단히 통찰을 꿰뚫고 "계몽"에 대해 묻는다. 그의 신학은 문제들을 피해가지 않으며, 망각된 문제제기들도 기억해낸다. 그의 신학은 사유과정에서 가능한 반대의견들을 사전에 고려하며, 그 밖에도 최근에 일어나는 도전들을 통과해가는 용기도 갖고 있다. 왜냐하면 — 그가 자신의 스승인 비정통주의자 블룸하르트(Chr. Blumhardt)의 방식이라고 높이 평가했던 것처럼 — "바르트 자신에게는 다른 것이 중요하기"[39] 때문이다. 바르트의 신학은 시대의 문제에 관여할 때 (바람에 이리저리 흔들리는) 풍향계가 아니라, (나아갈 방향을 지시해 주는) 나침반의 바늘이다. 그의 신학은 하나님의 영원한 진리를 성찰할 때 흔들의자에 앉아 말하지 않고 "투쟁하는 교회"(ecclesia militans)의 참호에서 말한다. 그의 신학은 하나님의 영원한 진리의 현재를 꿰뚫어보며, (역사의) 지평 너머를 바라본다. 왜냐하면 그의 신학에는 역사적인 전체 그리스도교의 연합(Ökumene)이, 다시 말해 그리스도교 선조들의 역사가 현재해 있기 때문이다. "이미 오래 전에 창고에 버려진 독특한 것들을 수없이 지나치면서, 나는 다시 말해질 가치가 있는 것이 그것들 가운데 어디나 흩어져 있다는 것을 알게 되었다."[40] 또한 바르트의 신학은 앞을 내다보면서, 교회로 하여금 "세상에서 인정받는 것"에 그치지 않고 오히려 작지만 활발한 형제 공동체로 존재하도록 힘을 북돋아준다(IV/4, 184). 그의 신학은 오직 그것의 인식 대상에만 예속될 줄 앎으로써, 스스로를 "자유로운 학문"[41]으로 이해한다. 그러한 예속됨 안에서 자유로운 공기가 그의 신학을 맴돌고, 그 자유로운 공기 속에서 그의 신학은 또한 비(非)그리스도교인들의 견해에도

---

39 *Suchet*, 176.
40 *Bw.Th*. II, 302.
41 *Einführung*, 15.

관심을 기울일 줄 안다. 바르트의 신학은 자기 논리를 강요하는 것에 회의적이며, 그런 사유의 노력이 혹시 "살아 계신 하나님으로부터의 도피"는 아닌지를 묻는다. 동시에 그의 신학은 자신의 일에 확신을 가지면서 하나님의 우선성(Vor-gabe)에 관하여 수없이 묻지만, 그것을 의심하지는 않는다. 바르트의 신학은, 니체(Nietzsche)의 표현으로 말하자면, 그 나름의 방식으로 또한 "즐거운 학문"(fröhliche Wissenschaft)이다. 바르트는 칼뱅과 관련하여 그의 실수에 대해 침묵하지 않으면서도 이렇게 말했다. 칼뱅 신학은 앞으로 나아가는 "추진력"을 갖고 있다.[42] 바르트 신학에 대해서도, 비록 우리가 약간의 약점들을 볼 수 있다고 해도, 바로 그렇게 말할 수 있을 것이다.

---

[42] *Calvin als Theologe*, 3.

2 · 그가 나아간 길

계속 반복되는 시작

바르트의 신학을 공부하는 사람은 어떤 사유-건축물 안으로 들어서는 것이 아니라 길을 가게 된다. 바르트에 의하면 그것은 신학의 "대상"과 관련이 있다. 왜냐하면 그 대상은 한 번 요행히 파악된 다음에 이제는 그저 전개만 하면 되는 어떤 원칙이 아니기 때문이다. 그 대상은 신학이 주목하면서 항상 새롭게 뒤따라야 하는 살아 계신 하나님이다. 1947년에 바르트는 이렇게 썼다. "항상 그래왔던 것처럼, 내가 언제나 또 다시 같은 것을…말하기를 계속했다면, 그것은 사람들이 흔히 말하는 것처럼 내가 '나의 일' 즉 나의 체계에 충실했다는 말이 될 것이다. 그러나 여기서 충실했다는 것은 '체계'의 일에 대한 것이 아니라 살아 있는 말씀인 하나님의 말씀에…충실했던 것을 뜻한다."[43] 1957년에는 이렇게 썼다. "나의 신학 여정에서 내가 바로 다음에 해야 할 일보다 한 발자국이라도 더 앞선 것을…생각해 본 적이 없다.…나는 내가…(한 가지) 주제 앞에 세워져 있다고 느꼈고…내가 그 주제를 붙잡으려고 했다기보다는 그 주제가 나를 붙

---

[43] *Götze*, 116.

들었다. 그런 다음에 나는 그 새로운 대상 앞에서 가능한 한 오래 머물려고 노력했다.…나는 프로그램과 같은 것을 한 번도 계획하거나 실행해 본 적이 없다. 오히려 나의 생각, 저술, 강연은 내게 다가왔던 사람들, 사건들, 관계들과의 만남 속에서 이루어졌고, 그들이 던지는 질문과 수수께끼 속에서 진행되었다.…나는 일용할 양식을 위해 기도했으며, 그것을 얻었고 먹었다. 그리고 내일 염려는 내일로 넘겨 두었다."[44] 그리고 바르트는 1962년에도 다음과 같이 썼다. 신학을 연구할 때 우리는 "결코 이미 해결된 물음들, 이미 완성되어 확실시된 결과들에 힘입어 가벼운 짐을 지고 출발할 수 없으며…어제 축적해둔 자본의 이자로 오늘을 살 수는 없다." 오히려 신학 연구는 "매일, 아니 매 시간 **처음 시작**으로 되돌아가 새롭게 출발해야…한다. 신학이라는 학문에서 앞으로 나아간다는 것은 언제나 또 다시 반복하여 처음 시작으로 돌아가 출발하는 것을 의미한다."[45]

바르트는 외적으로나 내적으로나 폭넓고도 극적인 삶의 길을 걸었다. 그 길 위에서 바르트의 신학적 실존도 외적인 것과 내적인 것이 언제나 서로 교차하는 것이었다. 그 길은 뜻하지 않게 굽이치는 길이기도 했고, 갖가지 이유로 끊어지고 변화하며, 그다음에 다시 새롭게 시작하는 길이기도 했다. 물론 그 길에는 틀림없이 연속성이 있다. 처음 것은 유지되었고, 나중 것은 처음에 가볍게 다루었던 핵심을 비로소 드러내기도 했다. 그 길에는 일찍이 등장했다가 그다음에 사라진 것도 있었는데, 그것은 다음 단계에서 새로운 방식으로 다시 다루기 위해서였다. 이 모든 것 때문에 바르트 신학을 이해하는 것은 쉽지 않다. 특히 그의 저작으로부터 어떤 문장을 의미 있게 인용하는 것은 더욱 쉽지 않다. 다른 한편으로는 이

---

[44] E, Busch, Lebenslauf, 436.
[45] Einführung, 182.

모든 것 때문에 바르트 신학이 매우 상이하게, 심지어 정반대로 해석되는 일도 일어난다. 그의 저작에 대한 수많은 이차문헌들이[46] 그것에 대한 증거다. 물론 바르트가 직접 쓴 저작도 이미 엄청난 분량이다.[47] (『교회교의학』 하나만 하더라도 약 1만 쪽의 분량에 도달한다!) 하지만 분명한 것은 바르트의 작품을 이해하기 위해서는 바르트가 걸어갔던 내적인 그리고 외적인 길을 시야에서 놓쳐서는 안 된다는 사실이다.

성인이 된 이후 바르트의 길은 신학 수업(1904-1909)과 함께 시작되었다. 그는 베를린에서는 하르낙(A. von Harnack)의 제자였고 마르부르크(Marburg)에서는 헤르만(W. Herrmann)의 제자였다. 그런 다음 "그리스도교 세계"(Christliche Welt)라는 잡지사에서 라데(M. Rade)의 협력자로서 자유주의 신학의 단호한 추종자가 되었다. 바르트는 헤르만에게서 칸트 철학과 슐라이어마허의 "종교"를 독특하게 조합하는 방법을 배웠다. 그 당시 바르트의 이해에 따르면 그 방법은, 누구도 손댈 수 없는 현대적 자율성의 개념에 어울리는 것은 오직 "비판적 합리주의의 지식" 밖에 없고 따라서 성서적 정경을 포함한 모든 "권위적인" 교리들은 거부되어야 한다[48]는 것을 뜻했다. 반면에 신앙이란 "개인적인 생동성", "내적인 체험", "영원한 내용이 우리의 자의식에 심어준 인상을 받아들이는 것", "선험적인 기능 속에 주어진 의식 가능성의 현실화" 정도로 표현되었다.[49] 이에 따르면 하나님은 우리를 위해 "외적인 규범이 아니라, 개인적이고 내면적인 확신"으로서 존재한다.[50] 하나님이 살아 계신다는 사실은 "스스로 살아 있는

---

[46] 비교. M. Wildi, *Bibliographie Karl Barth*, Bd. 2.
[47] 비교. H.-A Drewes/M. Wildi, *Bibliographie Karl Barth*, Bd. 1.
[48] *Der christliche Glaube*, 17.
[49] 같은 곳, 63, 59, 72, 51.
[50] *Antwort an D. Achelis*, 485.

자만이 경험한다."⁵¹ 앙겔루스 실레지우스(Angelus Silesius)는 이렇게 표현했다. "그것은 밖에 있지 않습니다. 어리석은 자는 그것을 밖에서 찾습니다. 그것은 당신 안에 있습니다. 당신은 그것을 영원히 산출하십시오."⁵² 좀 더 조심스럽게 표현하자면 그것은 우리에게 "생명을 얻은 사람들을 통해…전해진다."⁵³ 그들은 우리에게 "그리스도가 너의 내면에 살아 계시려고 한다"⁵⁴는 말도 어떻게든 전해준다. 젊은 시절의 바르트처럼 자유주의 신학을 평가하는 사람은 자유주의 신학에 대한 후기 바르트의 비판을 오해할 일이 없을 것이며, 또한 그 비판을 단순히 거부하지도 않을 것이다. 마찬가지로 우리 역시 바르트가 자유주의 신학 속에서 보았다고 생각하는 결함도, 그리고 바르트가 노선을 바꿔 새로운 길을 가려 할 때 보여준 전환의 진지함도 결코 오해할 수 없다. 바르트를 초기 이해로부터 돌아서게 만들었던 것은 종교적 인간에 대한 인식 때문이었다. 종교적 인간은 그의 "수용성"(Empfänglichkeit)이 아무리 강조되더라도 여전히 고독한 "자아-인간"(Ich-Mensch)일 뿐이다. 그런 "자아-인간"은 스스로 위협을 받고 있는 만큼 또한 위협적이기도 하다. 이런 인간에게 어떻게 현실적인 대상을 제시할 것인가 하는 것이 바르트의 과제였다. 그 과제에 대한 단서는 **하나님**이 그런 인간에게 대상이 되신다는 사실이 재발견할 만한 가치가 있다는 통찰이었다.

바르트는 제네바에서 (칼뱅의 설교단에서) 협동 설교자로서, 그리고 1911년 이후에는 자펜빌(Safenwil)에서 목사로서 처음에는 자유주의 노선에 서서 설교했다. 그러나 바르트는 자신의 교회에 속한 노동자와 농부들이 처

---

51 Predigt Nr. 47, 7.8.1910(unveröff.).
52 Predigt Nr. 21, 21.11.1909(unveröff.).
53 *Der christliche Glaube*, 66.
54 Predigt Nr. 43, 3.7.1910(unveröff.).

해 있는 경제적 어려움을 통해 처음으로 현실적인 삶의 "현실적 문제와 접촉"하게 되었고, 그 결과 그의 설교는 변화를 일으킨다.[55] 그는 남녀 노동자들의 편에 섰고, 그들을 정치적으로 교육시켰으며, 파업의 대변인으로도 나섰다. 나아가 "목사 동지"로서 사회주의 정당의 당원이 되었고, 노조를 설립해서 그 지역의 공장주들과 갈등 관계에 빠져들었다. 바르트는 그렇게 해야 했던 이유를 다음과 같이 서술한다. "하나님과 그분의 나라를 믿고 싶었기 때문에, 나는 하나님 나라의 어떤 부분이 돌입해오는 것을 볼 수 있는 곳"을 향해 나아갔다. 오늘날 그 장소는 소위 "종교성"을 지닌 교회가 아니며, 오히려 비종교적인 사회주의 곧 권리를 빼앗긴 자들과 연대하며 새롭고 의로운 사회를 희망하는 사회주의다.[56] 여기서 바르트는 자유주의적 입장과 최종적으로 결별하고 있다. 앞서 바르트가 "종교"라고 불렀던 것, 즉 개인적이고 내적인 삶은 이제 부정적인 것이 된다. 그런 종교는 자기 자신을 "**현실의 삶**"으로부터 격리시켜 악한 현실을 승인할 뿐만 아니라, 하나님을 배신한다. 그 하나님은, 바르트가 이미 1911년에 언급했던 것처럼, 예수께서 선포하신 "약자와 연대하는 사회적인 하나님"이시다.[57] 이 하나님이 등장하고 "돌입"하신다는 것은 자기 자신만을 위해 살아가는 개인들이 형성하는 악한 현실을 깨뜨리는 것을 뜻한다. 그것은 사회주의적인 나라를 희망하는 것이며, 이 희망의 힘을 통해 일깨워진 인간적 연대를 형성하는 것을 뜻한다. 바로 그 하나님과는 교회 안의 종교적인 사람들보다 교회 밖의 비종교적인 사람들이 더 가까운 관계에 있다. 이로써 바르트는 당시 스위스에서 라가츠(L. Ragaz)와 쿠터(H. Kutter)가 주도하던 종교사회주의 운동(die religiös-soziale Bewegung)에 가입하게 된다.

---

55 Bw. B., 306.
56 Unveröff. Vortrag *Religion und Sozialismus*, 7.12.1915.
57 *Vorträge 1909-1914*, 405.

그러나 그때도 바르트는 여전히 자신의 초기 원칙에 충실하고 있었다. 그것은 하나님의 살아 계심은 인간 자신이 살아 있을 때만 파악된다는 원칙이다. 다만 지금 그것은 개인적인 삶이 아니라 사회적인 삶으로 이해되고 있다. 그러나 이 원칙조차도 흔들리는 다음 단계가 다가온다.

그런 관점에 서 있었던 바르트는 1914년에 그의 자유주의 스승들이 독일 사회주의자들과 함께 제1차 세계대전에 찬성하는 것을 보았을 때, 충격을 받게 된다.[58] 물론 당장 그에게 어떤 새로운 관점이 보였던 것은 아니다. 하지만 그 충격은 바르트로 하여금 길고도 깊은 **탐구**의 여정을 떠나도록 만든다. 이제 새로워진 것은 그가 그 충격을 다루는—전형적인 바르트적 특징으로 남게 된—질문 방식이었다. 바르트는 "잘못된" 윤리적 결정들에 (라가츠처럼) 어떤 "올바른" 결정을 대립시키지 않았다. 오히려 바르트는, 하나님 또는 사회주의적인 하나님 나라를 언급하면서도 최종적으로는 열악한 현실을 긍정하는 것 외에 아무것도 더하지 못하게 만드는 (잘못된) 내용적 전제들을 물었다. 그리고 그 물음에 대한 대답으로 다음과 같은 인식이 점점 더 뚜렷해지기 시작했다. 그런 윤리가 지금 현존하는 현실을 단지 확증하는 것에 그칠 뿐인 것은 그것이 "종교적인" 혹은 사회주의적인 인간 **자신이 스스로 설정한** 조건 아래 있기 때문이다. "종교"도 사회주의도 깨뜨릴 수 없었던 현대인의 핵심 문제로서 바르트에게 점점 더 분명하게 다가온 것은 바로 인간적 주체성이라는 문제였다. 인간의 주체성은 주어진 현실에 결코 대항할 수가 없다. 왜냐하면 인간적 주체성 자체가 바로 주어진 현실의 한 부분이거나 산물이기 때문이다. 현존하는 현실에 근거해서는 그 어떤 새로운 것도 설정될 **수 없다**. 우리가 그 현실에 "혁명적으로" 대항하는 것조차도 "옛" 세상으로부터 획득된 것이

---

[58] Bw. B., 306.

다.⁵⁹ 이런 비판적인 통찰은 바르트가 1915년에 바트 볼(Bad Boll)지역에 있는 블룸하르트(Chr. Blumhardt)를 방문했을 때, 그의 종말론을 통해 얻게 된 긍정적 인식의 뒷면이었다. 말하자면 "하나님"이라는 말은 사실상 참된 "혁명"⁶⁰을 가리키는데, 그것은 주어진 현실과 마주 서 있는 현실이며 "**새로운 세계**"다. 옛 세상은 그런 새로운 현실을 스스로 설정할 수 없다. 그래서 새로운 현실은 옛 세상의 **외부로부터** 설정되고, 하나님을 통해 옛 세상에 주어진다. 오직 하나님만이 새로운 현실을 설정하실 수 있다. 왜냐하면 하나님만이—이것은 절대적으로 새롭게 이해되어야 한다—인간에 의해 만들어진 **전제**(Voraus-Setzung, 앞선 **설정**)가 아니시기 때문이다. 하나님께서는 인간의 현실보다 앞서 **자기 자신**을 먼저 규정하신다. 말하자면 하나님께서는 인간의 현실에 자신을 대립("심판")시키는 동시에 인간의 현실과 관계("은혜")를 맺으신다. 그런 의미에서 바르트는 후에 하나님이 신학의 "대상"이라고 부른다. 바로 그 현실성, 즉 하나님의 "새로운 세계"가 세계의 현실성에 대해 외부로부터 설정될 때, 새로운 세계는 현존하는 세계의 현실성에 대한 비판적인 물음인 동시에 새롭게 하리라는 약속이 된다.

1916년 1월에 바르트가 선언했던 과제는 근본적인 의미를 갖는다. "우리가 하나님을 전적으로 다시 하나님으로 인정하는 것이 무엇보다도 중요하다. 이 과제에 비하면 문화적, 사회적, 국가적인 모든 과제란 어린이 장난과 같을 뿐이다."⁶¹ 여기서 우리가 주목해야 할 점은 이제 바르트 자신이 이 과제를 수용하는 방식이다. 그것은, 나중에 바르트가 회상하며 말했던 것처럼, "서서히 성서에 주목하게 되었던"⁶² 방식이었다. 바르트

---

59 *Römerbrief* 1, 42f.
60 *Predigten 1914*, 168.
61 *Wort Gottes*, 15.
62 *Letzte Zeugnisse*, 19.

는 이 방식에 끝까지 충실했다. 그는 후에 "교의학자"로서 항상 주석적인 강의들을 우선적으로 행하였으며, 심지어 주석들을 자신의 교의학 안으로—이 점에서 다른 어떤 교의학도 비교할 수가 없다—수용했다. 1916년 여름에 바르트가 사과나무 아래서 바울의 로마서를 읽기 시작했을 때, 그 본문은 완전히 새로운 방식으로 말하기 시작했다. 이때 바르트는 성서가—만일 사람들이 성서 속에서 이전에 주입했던 것만을 단순히 재발견하기를 원하지 않는다면—바로 "우리의 친숙한 옛 세계" 속으로 앞서 말했던 "새로운 세계, 곧 하나님의 세계"를 가져다준다는 사실을 발견했다. 다시 말해 성서는 "하나님에 관한 인간의 올바른 생각들이 아니라, 인간에 대한 하나님의 올바른 생각을, 그리고…우리가 하나님께로 가는 길을 발견하는 것이 아니라, 어떻게 하나님이 우리에게로 오시는 길을 추구하셨고 또 발견하셨는가"[63]를 알려준다. 이것이 성서를 읽는 새로운 방식이었다. 바르트는 역사비평적 주석에 비판을 가한 것이 아니라, 오히려 "내가 볼 때 역사비평주의자들은 지금보다 더욱 비판적이어야만 한다!"[64]라고 말했다. 이것은 비평가들 자신이 직면하고 있는 것, 즉 "인간의 말들 가운데 숨어 있는 말씀"[65]을 외면한 채로 성서 본문을 분석하는 그들의 방법들에 대해서도 비판적이어야 한다는 말이다. "말씀"은 그 당시의 과거라는 껍질 속에 들어 있는 어떤 무시간적인 씨앗도 아니고, 우리가 마음대로 가치평가를 내릴 수 있는 역사적 과거인 것만도 아니다. 그것은 그 당시와 그곳에서 말씀하셨던 것처럼(그리고 말씀하셨기 때문에), 오늘 여기서도 **말씀하시는** 하나님의 말씀이다. 이 말씀을 이해하는 것이 무엇보다도 우선적인 성서 해석의 과제다. 우리가 (과거로 사라진 상대적인 인간의 말을 현

---

[63] *Wort Gottes*, 21, 24, 28.
[64] *Römerbrief* 2, XII.
[65] 같은 곳, XIII.

실화하려고 시도하기보다) 말씀이 **말하는** 것을 들을 때, 예를 들어 우리가 "바울에 관한 여러 가지를 경험하려는" 것이 아니라 "바울과 함께" 듣고 "사고하기"를 시도할 때,[66] 그 말씀은 이해될 수 있다.

바르트의 『로마서 강해』는 바로 그런 방식으로 듣는 가운데 생겨난 책(1919)이었다. 하지만 바르트는 곧바로 이 책이 불충분하다고 생각했고, 1920/21년에 걸친 11개월 동안에 완전히 새로운 제2판을 "마치 술 취한 사람처럼"[67] 썼다. 바르트는 바울에게서 "어떤 근원적인 것, 원시적 고대 근동의 사상, 형언키 어려운 빛나는 것, 야성적인 것, 독창적인 것"을 발견했다.[68] "어느 정도 야성적인 것"(Etwas Wildes)은 동시에 바르트의 문체이기도 했다. 자펜빌에서 전설과 같은 일이 일어났다는 소문이 떠돌았다. 그 무렵에 서재의 열려 있던 창문 사이로 마른하늘로부터 번개가 들이쳤다는 것이다. 바르트를 유명하게 만든 『로마서 강해』 제2판은 광야에서 외치는 예언자의 목소리처럼 큰 영향을 미쳤다. 『로마서 강해』는 그리스도교를 향해 근본적으로 회개하라고 촉구했다. 바르트의 눈에는 당시의 그리스도교는 모든 방향에서 길을 잃고 있었기 때문이었다. 『로마서 강해』의 비판에 따르면 교회는 "하나님"을 말한다고 하면서 실제로는 오직 "거짓-신"(Nicht-Gott)을 말하고 있었으며, 거울에 비친 인간 자신의 모습만을 주장하고 있었다. 이에 대해 『로마서 강해』는 **하나님**이 모든 자칭 우상들과 구별되어야 한다는 사실을 날카롭게 지적했다. 그 책은 신앙심이 좋은 자들의 "종교"란 환상에 불과하다고 말했다. 종교란 자신 만큼은 모든 죄인의 연대로부터 예외라고 착각하기 때문이며, 하나님 앞에서 우리 모두는 "인간"일 뿐이라는 사실도 망각하기 때문이었다. 나아가 그 책은 하나

---

[66] *Römerbrief* 1, 644.
[67] Bw. B., 306f.
[68] 같은 곳, 236.

님으로서의 하나님과 인간일 뿐인 인간 사이의 **관계**, 하나님의 구원, 그리고 우리의 하나님의 자녀 됨은 인간적인 가능성의 내부에서는 그저 불가능성이며, 오직 하나님으로부터 동터오는 "**새로운 세계**"의 시작에서만 가능하다고 강력하게 못 박았다. 이런 삼중적인 논증의 핵심은 이미 제1판에서도 말해졌다. 그러나 거기서 바르트는 그것을 다음과 같은 방식으로 말했다. 즉 신적인 것을 인간에게 요구하여 그 결과 그것을 인간들이 서로에게 확증하는 개인주의 안으로 몰아가는 대신에, 신적인 것은 "그리스도 안에서" 인간들 속에 주어지는 생명력으로서 "유기체적으로" 작용해야 한다는 것이었다. 이때 신적인 것은 하나님을 거스르는 개인주의를 인간들의 "유기체적 조직"(Organismus)의 성장을 통해 극복하게 된다고 했다. 하지만 『로마서 강해』 제2판은 바로 이와 같은 견해와 논쟁한다.[69]

신적인 것은 그 어떤 인간적인 소유도 정당화하지 않으며, 오히려 그것을 제정신이 아닌 것(Wahn)으로 보고 파괴한다. 신적인 것은 옛 세상, 타락한 세상을 확장하거나 연장하는 보충이 아니라, 오히려 옛 세상의 지양(Aufhebung)이다. 신적인 것은 철저하게 새로운 것이며, 그 새로운 것은 "유기체적으로도" 옛 세상 안에서는 성장하지 않는다. 오히려 그것은 언제나 옛 세상에 대해 철저하게 새로운 것이며, "철두철미 그리고 남김없이 종말론"으로 **남아 있다**.[70] 이를 위해 사용된 "보이지 않는 것"(Unanschaulichen)[71]이라는 개념은 슐라이어마허의 개념인 "종교의 최고 형식", 즉 "직관"(Anschauung)[72]이라는 개념을 비판적으로 겨냥하고 있다. 이 직관은 신적인 것이 단지 경건한 자의식 속에 "이미 앞서서 함께 설

---

[69] 비교. *Römerbrief* 2, 223.
[70] 같은 곳, 298.
[71] 같은 곳, 67.
[72] Über die Religion, 2. Rede.

정되었을 때만"⁷³ 그것을 안다. 그러나 "보이지 않는 것"은 또한 "유기체적인 것"이라는 개념과도 대립한다. 왜냐하면 "유기체" 개념은 신적인 것이 의식 속에 **차후에** 함께 설정되었다는 결과가 되기 때문이다. 이제 비판은 더 이상 개인주의를 겨냥하지 않고(제1판), "종교"를 향한다(제2판). 우리는 결코 종교를 벗어날 수 없지만,⁷⁴ 그것을 통찰해야 한다. 종교는 하나님의 존재가 우리 안에 이미 함께 설정되었다(Mitgesetztsein)고 주장함으로써, 즉 소유를 주장함으로써, 죄의 극치를 달린다. 하나님은 우리에게 "**낯선 분**"이 되심으로써, "**전적 타자**"⁷⁵가 되심으로써, 그런 주장을 조롱하신다. 하나님은 우리가 만들어 그분께 적용할 수 있는 개념들 중 하나가 아니다. "하나님은 하나님이시다."⁷⁶ 그분은 그저 단순한 피안이 아니다. 오히려 하나님은 "'차안' 그리고 '피안'의 피안이시다."⁷⁷ 하나님은 그저 단순히 멀리 계신 분이 아니라, 우리에게 가까이 다가오심**으로써** 낯선 분이시며, 스스로를 우리에게 계시하심**으로써** 은폐되시는 분이다. 하나님은 우리와 "절대적인 역설"의 관계를 만들어 가시는데, 그 관계는 "불가능한 가능성"⁷⁸이며, "허공에 서는 것"⁷⁹이며, "텅 빈 공간"⁸⁰이다. "위로부터 아래로 수직으로"⁸¹ 내려와 우리를 발견하실 때, 하나님은 우리 안에서는 그 어떤 적절한 자격도 발견하지 못하신다. 하나님은 우리를 죄인으로 폭로하심으로써 우리를 의롭다고 인정하신다. 하나님은 우리의 현재 "생명"을 강

---

73 *Der christliche Glaube*, 57.
74 *Römerbrief* 2, 237, 105, 163.
75 같은 곳, 90; *Wort Gottes*, 85.
76 *Römerbrief* 2, 324, 326.
77 같은 곳, 118.
78 같은 곳, 69, 80, 175, 186, 197, 316.
79 같은 곳, 68.
80 같은 곳, 32.
81 같은 곳, 25, 77.

화하시는 것이 아니라, 오히려 인간의 **죽음**이시다. 이것은 인간이 스스로 알고 있는 것과 같다. 하나님은 새로운 인간의 부활이시며, 그 새로운 인간은 우리에게 전적으로 낯선 존재로 머물러 있다.

이 모든 것은 루터의 새로운 발견이었고, 또한 키에르케고르와 오버베크(F. Overbeck)의 영향 아래서 형성되었으며, 모차르트의 돈 조반니[82]에 나오는 "완고한 손님"도 그것에 동조한다. 이런 방식으로 바르트는 19세기 자유주의 신학에 거의 숙명처럼 되었었던 인간중심적 사고를 밀쳐 넘어뜨리고 나아갔다. 바르트는 이렇게 출발했던 길을 과연 성공적으로 끝마쳤을까? 모든 인간적 가능성을 부정하는 무한한 사슬을 수단으로 해서?『로마서 강해』제1판에서 등장했던 복음의 흔적은 제2판에서는 무시무시한 심판의 배후로 사라졌다. 그러나 복음을 추상화하는 심판이 **하나님**의 심판일 수는 없다. 여기서 의도되는 부정들로부터는 그 어떤 긍정의 결과도 나올 수 없다. "'내가 아니라 하나님!'이라는 바르트의 외침은 모든 시선을 하나님이 아니라 그 **자신**에게로 집중시킨다."[83] 그가 이미 알고 있던 내용,[84] 즉 "내가 아니다"라고 말하는 것은 언제나 여전히 나라는 사실을 그는 진지하게 생각했는가? 그 "나"는 극복하기를 희망했던 나, 하나님의 상대편이라고 지칭되고 "고립되어 외로운" 현대적 자아라는 사실을 그는 진지하게 생각했는가? 그 "나"는 결국 "교회의 지체들"에 속한 한 사람이 아니었다.[85] 그 스스로가 곧바로 감지했던 것처럼 바르트는 같은 것을 다시 한 번 매우 다르게 말해야만 할 필요를 느꼈다. 그래서 바르트는 다시 한 번 새로운 **탐구**의 길을 나서야만 했다.

---

82 *Wort Gottes*, 133.
83 H. U. von Balthasar, *Karl Barth*, 92.
84 *Römerbrief* 2, 84.
85 So A. Schlatter, *Karl Barths Römerbrief*, 218.

이번 **탐구**는 『로마서 강해』(제2판)에 고무되어 일어난 새로운 신학운동과 함께 시작되었다. 그 운동에는 1921년 괴팅엔(Göttingen) 대학의 개혁신학 교수가 되었던 바르트 자신 외에 그의 스위스 친구인 투르나이젠(E. Thurneysen), 불트만(R. Bultmann), 고가르텐(F. Gogarten), 브룬너(E. Brunner), 메르츠(G. Merz), 그리고 어느 정도 거리가 있기는 하지만 틸리히(P. Tillich)도 속해 있었다. 정기간행물이었던「시간들 사이에서」(Zwischen den Zeiten)를 통해 이 신학 운동은 폭넓은 청중을 확보했다. 이 신학 운동의 참여자들은 소위 "신(新)개신교주의"에 대한 비판에서 서로 의견이 일치했다. 그것이 하나님에 관해 말한다고 하고서는 실제로는 "하나님이 아니라, 인간을 다루었다"[86]는 것이었다. 우리는 이 그룹의 신학을 "변증법적 신학"이라고 부른다. 그것은 그들의 당혹스러운 성찰 때문이다. 즉 항상 하나님만이 자신을 우리에게 전제하실 수 있고 우리는 하나님을 전제(voraus-setzen)할 수 없다면, 우리는 오직 "변증법적으로"만, 오직 "역설적으로"만 하나님에 관해 말할 수 있다. 바르트의 표현대로 하면 "우리는 신학자로서 하나님에 관해 말해야 한다. 그러나 우리는 인간이며, 인간으로서의 우리는 하나님에 관해 말할 수 없다. 우리는 이와 같이 '해야 한다'는 우리의 당위성(Sollen)과 '할 수 없다'는 우리의 무능함(Nicht-Können) 둘 다를 알아야 하며, 바로 그렇게 해서 하나님께 영광을 돌려 드려야 한다."[87]

인간의 사유를 가능케 하는 하나님의 말씀

이와 같은 변증법은 바르트가 더 깊은 숙고 끝에 다음 사실을 인식함으

---

[86] R. Bultmann, *Glauben und Verstehen*, Bd. 1, 2; 비교. K. Barth, Römerbrief 2, 20.
[87] *Wort Gottes*, 158.

로써 열리기 시작했다. 우리가 하나님에 관해 말할 수 없는 **이유**는 하나님에 관해서는 오직 하나님 자신만이 말씀하실 수 있기 때문이다. 그러나 **그 말씀에 근거할 때** 우리는 마땅히 "말해야만 한다"는 것에 그치지 않고, 우리의 방식으로 하나님에 관해 말할 수 있게 된다. 이와 같이 "인간을 향한 하나님의 말씀"[88]은 저 변증법적 그룹의 신학에서와 마찬가지로 바르트 신학의 중심이 되었다. 바르트는 이제 **설교**를 "교의학의 출발점과 목표"로 이해했고[89], 바로 그 점에서 바르트가 행한 교의학 첫 강의는 독창적이었다. 교의학은 (신프로테스탄트주의처럼) 경건한 의식의 자기 표현도 아니며 (『로마서 강해』 제1판처럼) 개인적인 사유의 노력도 아니다. 신학의 자리는 바로 교회다. 이런 인식의 차원은 1925년에 바르트가 뮌스터(Münster)에서 조직신학 교수가 되었을 때, 로마 가톨릭신학과 만나며 생긴 영향력의 결과였다. 바르트는 가톨릭신학을 대하는 그 당시 개신교의 지배적인 입장을 "불가능한" 것으로 보았다. "왜냐하면 한편으로 개신교적 입장에서 우리가 가톨릭신학과 공동으로 주장해야 할 필연적인 것이 너무 많이 희생되고 있고, 다른 한편으로 로마 가톨릭적인 요소가 소리 없이 너무 많이 수용되어서 그것에 반대하는 것이 우리의 의도가 아닌 것처럼 되어버렸기 때문이다."[90] 바르트가 포기해서는 안 될 것으로 본 것은 바로 신학의 자리로서의 교회였다. 신학의 교회성은 바르트에게 다음과 같은 사실에 근거한다(이것은 계속해서 바르트 신학의 특징적인 개념이 되었다). 신학은 교회적 실천을 전제하고 그 실천과 비판적인 관계를 맺으며, 새로운 교회적 실천을 목표로 삼은 뒤 그 실천을 조직적으로 준비한다. 여기서 실천이란 핵심에서 하나님의 말씀의 선포를 의미한다. 신학의 관건은

---

[88] *Ethik I*, 19f.
[89] *Unterricht I*, 28.
[90] *Lebenslauf*, 85.

"하나님이 말씀하셨다"(Deus dixit)를 진술하는 것이다.

"하나님이 말씀하셨다"(Deus dixit)[91]라는 중심 공식은 『로마서 강해』의 삼중적인 기본인식을 다음과 같이 새롭게 해석한 것이다. (1) 신학이 경건의 주체로 환원되는 것에 반대하여 『로마서 강해』가 하나님의 대상성을 더 많이 요청했다면, 이제는 그 의도했던 것이 분명히 드러난다. 하나님이 말씀하셨다(Deus dixit)는 것은 하나님 자신이 자유로운 **주체**시라는 것을 의미한다. 하나님은 인간의 객체가 아니라, 오히려 고유한, 능동적인, 말씀하시는 자아(Ich)이시며, 영원한 자아이시며, 인간이 만든 창조물이 아니라 인간의 창조주시며, 창조주로서 하나님은 인간에게로 향하시며, 인간으로 하여금 들을 수 있게 하시며, 그렇게 하여 인간을 수신자 즉 말씀을 듣는 자요 하나님을 인식하는 자로 창조하신다. (2) "하나님이 말씀하셨다"는 것은, 선포가 그렇듯이, 물론 현재형의 의미도 갖고 있다. 그러나 이 현재적 의미는, 모든 교회적 행위보다 앞서는 가운데, "하나님이 **말씀하셨다**"는 **완료형**에 근거한다. 다시 말해 말씀의 현재적 의미는 근원적으로 신구약성서가 증언하는 이스라엘과 예수 그리스도의 **구체적이고 특수한** 역사에 근거한다. 이 사실의 인식은 성서적 진리가 "가능"하다는 것을 입증하기 위해 그 진리를 **일반적인** 사상들의 틀 속에 분류해 넣는 "현대" 신학에 대한 거부를 의미한다. 그렇게 할 때 현대 신학은 자기 자신 안에서 "가능"하다고 여기는 것 곧 자신이 그렇게 분류해 놓은 것만 이해하거나, 아니면 앞서 말한 구체적인 역사를 이미 알려진 일반적인 진리에 대한 하나의 "사례"나 "상징"으로 이해하게 된다. 그 과정에서 구약성서가 상실되는 일이 전형적으로 일어난다. (3) "하나님이 말씀하셨다"라고 할 때 그 하나님은 추상적인 의미에서 홀로 계신 존재(An-sich-Sein, 즉자적

---

[91] Unterricht I, 53ff.

존재)가 아니라, 스스로 인간과 **관계를 맺으시는** 하나님으로 생각되어야
한다. 따라서 그리스도교 신학의 주제는 하나님이 주도하셔서 기초가 놓
인 그 관계의 실행이며, 신구약성서가 통고하는 하나의 "계약"[92]의 실행이
다. 따라서 신학의 주제는 우선 하나님 그 자체만도 아니고, 인간 그 자체
만도 아니며, 그런 **다음에야** 하나님과 인간 사이의 관계를 파악하는 것이
아니다. 하나님에 관해 말하는 것은 즉시 인간에 관해서도 말함으로써 가
능하다. 여기서 인간은 하나님이 말씀해 오시고 전권을 취하시는 존재다.
이 점에서 윤리학도 교의학에 속한다. 이것은 교의학을 윤리 속에서 해체
시키려고 하거나 윤리학을 세속성에 넘겨주려고 했던 신(新)개신교주의
의 경향과는 대립된다.

바르트가 1920년대에 획득한 이와 같은 인식은 후기 바르트에 이르
기까지 근본적인 것으로 남는다. 하지만 그 이후 바르트는 그 인식을 불
충분한 사전작업으로 이해했고, 그래서 자신의 첫 교의학 강의를 출판하
지 않았다. 두 번째 교의학 강의(『그리스도교 교의학』, *Die Christliche Dogmatik*)
도 제1권은 출판했으나 그 직후에 곧바로 중단했으며, 1928/29년 윤리
학 강의의 출판도 유예했다. 이유는 위의 세 가지 요점이 아직 잘 정리되
어 분명히 표현되지 못했다고 보았기 때문이었다.[93] 그 사이에 "변증법적
신학의 주도자들이 마치 "중국의 혁명군 장교들처럼" 일치된 의견을 찾
지 못했던"[94] 상황도 바르트로 하여금 그런 불명확성을 제거하도록 추궁
했다. 바르트의 변증법적 신학의 동지들에게 긴급히 대두되었던 물음은
인간에게 향해진 하나님의 말씀이 인간들이 그와 관련하여 동반하는 전
제들과 어떤 관계에 있는가 하는 것이었다. 여기서 그들은 이런 전제들

---

92 *Unterricht II*, 381.
93 비교. seine Selbstkritik *KD* I/1, 128ff., 177ff.
94 *Götze*, 64.

을 먼저 그 자체로 탐구하고 그다음에 하나님의 말씀을 그 전제들과 관련시킴으로써, 말씀을 "이해할 수 있는" 것으로 만드는 것이 자신들의 과제라고 보았다. 이에 대해 바르트는 신학 밖의 인식들이 잘못하여 하나님의 말씀을 위한 지침이 될 수도 있다는 염려를 즉시 갖게 되는데, 이것은 아마도 이 개혁주의 신학자가 칼뱅에게서 배웠기 때문일 것이다.[95] 하지만 바르트는 그 당시에 이 물음에 대해 열려 있었고, 그것은 틀림없이 그의 역설적인 사유의 범주 때문이었을 것이다. 인간에게 향해지는 하나님의 말씀은 역설적이다. 다시 말해 하나님의 말씀은 인간의 기대를 거스르면서 전해진다. 그렇다면 그 과정이 순수한 불합리성에 그치지 않으려면, 먼저 인간적인 기대들이 서술되어야 하며, 그다음에 하나님의 말씀이 그런 기대들과 의미 깊은 관련을 맺게 되는 방식으로 규명되어야 한다.

그 무렵에 바르트는 실제로 다음과 같이 말했다. "하나님의 계시는…인간이 자신의 현존재 안에 있는 모순의 극복을 묻는 물음의 대답이다. 인간은 그 모순을…자신이 책임져야 할 사실로, 그리고 그 모순의 극복은 불가능한 것으로 인정해야만 한다."[96] 이 표현은 나중에 틸리히(P. Tillich)의 고유한 특징으로 남게 된다. 바르트는 자신의 윤리학(1928/29)에서 그와 같은 의미로 그때까지 쓸모없다고 버려졌던 "창조 질서"의 개념을 다루었다.[97] 여기서 "인간학이…하나님의 말씀에 관한 결정적인 명제들을 위한, 말하자면 인식론적 근거가 되어야" 한다. 이로써 "나는 그 당시에…거짓 신들에게 경의를 표한 셈이 되었다"(I/1, 30). 왜냐하면 하나님 인식을 **외면한 채** 신학을 구성하려는 인간학이 신학의 전제가 되는 곳, 신학이 인간을 인식하는 과정에서 그저 잠시라도 하나님 인식을 보류하는 곳,

---

95 *Die Theologie Calvins*. 1992, z.B. 170f.
96 *Unterricht I*, 82.
97 *Ethik I*, 365-367.

그런 곳에서 신학은 하나님의 학문(Theo-logie)을 신학 자체의 하나님 인식을 지배하게 될 조건들 아래 종속시키고 만다. 나아가 그런 조건들은 인간적으로 미리 획득하는 신적인 것에 대한 사전지식이라는 특성을 갖게 된다. 여기서 인간은 스스로 하나님에 관하여 잘 알 수 있다고 인정하고 있다. 하지만 그런 어떤 하나님은 인간에게 자신의 말씀을 주시는 분과는 필연적으로 다른 분이다. 그렇게 되면 하나님의 말씀은 인간이 스스로 마련한 그런 정보를, 비록 그것이 단지 "하나님에 관한 질문"에 그친다고 해도, 그저 수정해야만 할 뿐이다. 그때 하나님이 말씀 속에서 인간을 향해 다가오시는 사건은 하나님에 관한 우연한 세부 규정으로 이해된다. 이에 따라 하나님의 말씀은 단지 인간이 기획한 또 하나의 신상(神像)일 뿐이요 "거짓 신들" 중의 하나일 것이라는 의심 속으로 끌려 들어가게 된다.

앞서 언급했던 세 가지의 긍정적 인식들을 어느 정도 이해하게 되었을 때, 바르트는 자신의 인식의 형식을 즉시 바꾸지 않을 수 없었다. 이 변경에서 "'변증법'은 '유비'(Analogie)로"[98] 전환되었고, 이 점에서 "변증법적 신학"의 그룹은 근본적으로 해체되었다. 바르트는 본(Bonn) 대학의 교의학자로서 자신의 책인 『이해를 추구하는 신앙』(Fides quaerens intellectum, 1931)을 통해 그 전환을 실행했다. 그 과정에서 바르트가 논제로 삼았던 안셀무스(Anselm von Canterbury)의 "존재론적 신 존재 증명"은 그것에 대한 데카르트(R. Descartes)의 표현 방식으로 인해 심각한 도전에 부딪치게 되었다. 말하자면 **내가** 최고 존재를 **생각**할 수 있다는 사실로부터 ─ 만일 그렇지 않다면 그는 최고 존재가 아닐 것이다 ─ 그가 **존재한다**는 사실이

---

[98] H. U. von Balthasar, *Karl Barth*, 71. 다른 견해로는 M. Beintker, *Dialektische Theologie*를 보라.

도출된다. 바르트는 그렇게 이해된 증명에 대한 칸트(I. Kant)의 비판이 옳다고 보았다. 이런 식의 증명은 하나님이 존재한다는 것을 증명하는 것이 아니라, 단지 생각하는 사람 **자신이** 하나님을 (개념적으로) 생각하고 있음을 증명할 뿐이다. 바르트에게 데카르트는 현대적인 신 인식을 위기로 몰아넣은 원조였다. 왜냐하면 여기서 하나님은 하나님을 생각하는 인간, 즉 자기 자신을 의식하는 인간의 자아에 종속되기 때문이며, 그렇게 됨으로써 하나님은 그런 인간적 자아의 한 계기가 되기 때문이다. "그와 같은 하나님은 아무런 희망도 없이 그 안에, [인간 안에], 존재할 뿐이고"(III/1, 412), 인간의 구성물이며, 하나님이 아니다.

바로 이와 같은 "사유"를 **극복**하기 위해 바르트는 안셀무스의 증명을 다시 붙들었고, 그것을 다음과 같이 정확히 거꾸로 읽어냈다. 여기서 실행된 것은 하나님이 단지 자신이 사유되었다는 것으로부터는 증명될 수 없다는 사실을 **가리켜** 제시하는 것(*Nachweis*)뿐이다. 왜냐하면 하나님이 단지 생각되었을 뿐이라고만 생각되는 것은 불가능하기 때문이다. 이것의 이해를 위한 열쇠가 되는 문장이 바로 "이해를 추구하는 신앙"이다. 그런 인식은 인식하는 나에게서 시작될 수 없고, 오직 "이해"(*intellectus*)가 "믿음"(*fides*)을 뒤따르는 방식으로만 시작될 수 있다. 인식의 "이해하는 행위(*intelligere*)는 그보다 먼저 말해지고 긍정된 '나는 믿는다'(*Credo*)를 **차후에 성찰함으로써 일어난다.**"[99] 다시 말해 인식의 이해 행위는 "신앙의 유비"(I/1, 11.25ff.) 속에서, 즉 참된 것으로 믿어진 것과 상응하는 가운데 사유의 영역에서 뒤따름(*Nachfolge*)으로서 발생한다. 이것은 "그리스도인인 내가 신학자인 나에게 나의 학문의 가장 고유한 대상"[100]이라는 것을 의미

---

99 *Fides*, 26.
100 So J. C. K. von Hofmann, nach: K. Barth, *Protestantische Theologie*, 555.

하지 않는다. **내가** 믿는다는 사실도, "**교회**"가 믿는 것도, 나아가 맹목적으로 받아들여야만 하는 교회의 교리도 진리로 여겨질 수 없다. 그러나 그리스도의 교회가 믿는 **대상**, 곧 믿음에 전제되며 믿음을 비로소 불러일으키는 것, 다시 말해 하나님의 말씀이란 바로 하나님께서 자신이 인식되도록 내어**주신** 자리다. 인식이 믿음에 뒤따라온다는 것은 믿음이 하나님의 말씀을 들음으로부터 온다는 사실과 일치한다.

그러나 **인식**이 믿음과 일치하는 것은 믿음의 근거가 되는 것, 그리고 믿음이 승인하는 것(an-erkennt)이 **진리**이기 때문이다. 그것은 바로 우리에게 자신을 드러내는 진리로서의 하나님이다. "우리는 하나님이 **진리**이심을 믿는다"(*Deum veritatem esse credimus*).[101] 인간이 자기 자신으로부터 이미 진리를 가지고 있고 또 그 진리에 근거하여 하나님의 진리를 진리로 확정할 수 있는 것이 아니다. 하나님과의 만남에서 인간은 진리와 비로소 **관계**를 맺게 되고, 그 인간은 이제 **인식**을 추구함으로써 자신을 그 진리와 일치시켜야 한다. 따라서 하나님께서 진리를 개방시키심으로써 촉발되는 믿음, 그 진리를 참인 것으로 인지하고 승인하는 믿음, 그리고 하나님께 응답하는 **믿음** 안에서가 아니라면, 우리는 하나님을 인식할 수 없다. 우리의 하나님 인식은 다음 사실을 인정함으로써 살아간다. 즉 우리가 하나님을 생각하는 것은 오직 진리이신 하나님이 자신을 우리에게 내어주셔서 우리로 하여금 생각할 수 있도록 해주시기 때문이며, 우리가 하나님을 생각하기 때문에 하나님이 하나님 되시는 것이 아니다. 믿음이 인식보다 앞선다는 것은 인식이 여기서 유일한, 전적으로 참되고 진실한 **특정** 대상과 관계하고 있음을 의미한다. 인식은 결코 그와 같은 대상의 근거가 될 수 없으며, 그 대상을 증명할 수도 없고 그 대상을 스스로 설정할

---

[101] *Fides*, 17.

수도 없다. 왜냐하면 그 대상이 인식에게 자신을 전제하고, 스스로를 증명하며, 그 인식의 근거가 되기 때문이다. 바로 그렇기 때문에 인식은 믿음이 승인한 개방된-진리를 뒤따를 수 있을 뿐이며, 그 진리를 "확인"[102]하고 그 진리와 일치되려고 시도할 수 있을 뿐이다. 물론 이때 인식이 제기할 수 있는 물음은 사실이 그러한지 아닌지에 관한 것이 아니라, 오직 **"어떤 한도에서 그러한지"**, 그리고 **"사실**이 실제로 그렇다는 것"을 우리가 어떻게 그리스도교적으로 믿을 것인지의 물음이다.[103] 그러므로 이제 하나님의 **존재**에 관해서도 이와 다르게 말할 수 없다. 하나님의 진리가 우리의 사유로부터 추론될 수 없는 것과 마찬가지로, 우리는 하나님의 존재를 우리의 존재로부터 도출할 수 없다. 역으로 말하면 하나님이 진리이시기 때문에, 그리고 바로 "그 사실에 근거하여 하나님은 현존하신다."[104] 하나님은 우리에게 하나님 자신을 진리이시고 또 진리 안에 **거하시는** 분으로 계시하신다. 바로 이 사실이 우리의 인식 **그리고** 존재의 근거가 된다. 따라서 우리는 믿음이 승인하는 그분에 상응하여 **인식**할 뿐만 아니라, 또한 그분에 상응하여 **존재**한다. 그렇기 때문에 우리는 여기서 **하나님**이 누구신가 뿐만 아니라, 우리 **인간**이 누구인가도 인식한다.

바르트의 안셀무스 연구서는 바르트 자신의 "대작"(opus magnum)이라 할 수 있는 『교회교의학』을 위한 인식론적 토대를 마련해주었다. 그러나 이 대작은 "중세의 대성당들"과 비슷하게 "미완성 작품"(opus imperfectum)으로 남았다(IV/4, VII). 1932년에 첫 권이 출판되었고, 바르트가 세상을 떠나기 일 년 전인 1967년에 방대한 전집의 열두 번째 책이 출판되었다. 바르트는 자신의 생애의 대부분을 수없이 "밤을 지새우며 이루어진 바

---

102 W. Ulmann, *Barths zweite Wende*, 79.
103 *Fides*, 17.
104 같은 곳, 94.

로 이 저작"¹⁰⁵에 투자했다. 이 일을 이루어내는 것이 그에게 공식적인 "**본업**"(Beruf)이 되었다. 바르트는 이렇게 말했다. "다른 모든 것보다 내게 중요했던 것은", 그것들은 사정이 허락했다면 다루어졌을 것이지만, "내가…여기서 수행해야 하는 바로 이 운동이었다."¹⁰⁶ 그래서 사람들은 바르트를 "골방 안의 히에로니무스"라고 불렀다(비교. IV/1, I). 그것은 뒤러(Dürer)의 그림 제목이었는데, 사자가 발 앞에 앉아 있고, 눈앞에는 해골이, 뒤에는 모래시계가 있는 어떤 학자를 그린 그림이었다. 미스코테(K. H. Miskotte)¹⁰⁷는 바르트의 저작을 "백경"(Moby Dick)이라고 불렀다. 이것은 단지 바르트의 저작이 거대한 분량이었기 때문만이 아니라, 멜빌(Melville)의 소설에 나오는 전설적인 고래, 곧 불굴의 의지로 잡히지 않으면서 활기차고 침착하게 바다 깊은 곳을 가로질러 나아가는 어마어마한 고래를 떠올렸기 때문이었다. 바르트 자신은 이 저작을 어느 때 "풍성한 치마를 두르고 있는 여인"이라고 불렀다. 그것은 천천히, 그러나 품위 있게 몸을 돌려 방향을 바꾸며 앞으로 나아가기 때문이었다.¹⁰⁸

바르트의 『교회교의학』은 "미완성"으로 남았다. 왜냐하면 바르트의 생각으로는 교의학의 과제란 "모든 소재들을 다 열거하는 것"이 아니라, "그 소재들을 **운동하게 만드는 것**"(I/1, 298f.)이기 때문이다. 교의학에는 여러 가지 대상이 아니라, 오직 하나의 동일한 대상이 있을 뿐이다. 그것은 성서가 증언했고 교회가 지금도 증언하는 하나님의 계시다. 따라서 교의학은 모든 지점에서 각각의 특정한 관점 아래서도 항상 그리스도교 신앙고백의 전체성과 유일성을 시야에서 놓치지 않는 방식으로 진행되어야 한

---

105 Mündlich.
106 *Götze*, 198f.
107 Über Karl Barths *KD*, 7.
108 K. Kupisch, *Karl Barth*, 106.

다. 교의학은 이미 말해진 것으로 되돌아가라고 거의 지시하지 않으면서도, 이미 말해진 그것을 계속해서 다시 한 번 새롭게 말하려 하고, 그렇게 하기 위해 그 말해진 내용에 집중한다. 왜냐하면 이미 말했듯이 교의학의 "대상"은 정적이지 않고 언제나 또다시 새롭게 말하며, 살아있고 스스로 운동하기 때문이다. 그렇기 때문에 교의학은 자신의 대상을 항상 새로운 관점에서 고찰해야 한다. 단지 "시간은 변화하고 우리는 그 시간 안에 있다는 이유로" 그렇게 해야만 하는 것이 아니다. 오히려 그 대상이 매우 운동력이 있기 때문에, 교의학의 대상은 그 대상을 추구하는 교의학을 지속적인 운동 상태에 놓는다. 그 운동은 끝이 없고 어떤 "결과"에 도달하지 않으며, 어떤 체계가 되는 법이 없고, 오히려 언제나 또 다시 개방된 곳으로 접어든다(I/2, 860). 『교회교의학』은 항상 동일한 것만 말하는 것도 아니고 항상 다른 것만 말하는 것도 아니며, 오히려 언제나 또 다시 **동일한 것을** 말하면서도 그것을 항상 **다른 방식으로** 말한다.

이와 같이 생각한다면 자신의 중심 저작을 집필하기 시작했을 때, 바르트는 많이 준비한 사전작업에 근거한 탐구 과정을 통해 이미 발견한 것을 그저 늘려서 확대하기만 하면 되는 행복한 종점에 도달했던 것이 아니었다. "아니다! 특이하게도 이제야 비로소 삶이 본래적으로 시작되었다."[109] 그 삶은, 바르트가 자주 말했던 것처럼, "미지의 영역"(terra incognita)을 향해 수고스럽게 한 걸음씩 손을 더듬으며-앞으로-나아가는 것(Sich-vorwärts-Tasten)이었다. 『교회교의학』의 마지막 권을 시작했을 때, 바르트는 한숨을 쉬며 다음과 같이 탄식했다고 한다. "기이한 일이다. 73세가 되었는데도 여전히 처음 시작점에 머물러 있다니!"[110] 그러나 그런 탐구의

---

[109] *Götze*, 182.
[110] E. Busch, *Lebenslauf*, 457.

길이 맹목적으로 여기저기 쑤시고 다니는 것은 아니었다. 몇 가지 기본적인 결정사항이 바르트에게 분명해졌다. 그는 "훨씬 이전에 배운 적이 없는데 그것에 상응하여 말했다는 것이 어떻게 가능한지, 그리고 가장 중요한 주제를 다룰 때 우리는 어떻게 그렇게도 느릴 수 있는지"[111] 놀라워했다. 이와 같이 하여 그는 몇 가지 신학적 가능성들도 배제했다. 그것들이 잘못된 길이고 다른 방향으로 빠진 것이라고 여겼기 때문이다. 비록 상세한 "계획"을 손에 쥐고 있지는 않았지만, 그는 나아갈 방향을 발견했고, 모든 준비를 갖춘 채 언제나 또 다시 경이로운 느낌 속에서 자신을 수정했으며, 그렇게 그 방향으로 한 발자국씩 나아갔다.

1927년에 처음 시도했던 교의학의 제목은 "**그리스도교** 교의학"이었지만, 바르트는 이번에는 자신의 저작에 "**교회**교의학"이라는 제목을 붙였다. 이 제목의 지정은 다음과 같은 사실을 시사한다. 신학은 개별적인 "그리스도교" 개인이 스스로 진리라고 인정할 수 있는 것을 고안해내는 것이 아니다. 오히려 그리스도교 신학의 성찰은 언제나 예수 그리스도의 교회에 속한 한 지체로서의 책임성 안에서만 수행될 수 있다. 이것은 바르트가 각각 그런 성찰을 실행하는 **특정** 교회의 "종파적인 혹은 신앙고백적인" 형태를 긍정하고 있음을 의미한다. 바르트는 당시에 "의도적으로 갈라져 나간 교회(Sonderkirche)는…교회가 아닌 것(Unkirchliche)"으로 보았고(I/2, 925), 이후에 그는 다음과 같이 더욱 분명히 밝혔다. 신학의 교회성은 "교회일치적(에큐메니칼) 교회" 안의 책임성을 의미한다(IV/2, 6). 그러나 여기서 바르트가 말하고자 하는 것은 교권적인 교의학이 아니고, 교회 안에서 지배하는 의식 상태의 총합도 아니며, 그리스도교 전통에 파묻히는 것도 아니다. 바르트는 자신이 여기서 "교회의 전통뿐만 아니라 심지어

---

[111] *Götze*, 185.

종교개혁자들과도 다투는 가장 강한 의미에서의 **비판적** 논쟁"에 들어갔다고 말한다.[112] "교회적"이라는 말의 의미는 신학이 자신의 대상을 스스로 설정할 수 없고, 오히려 그 대상이 신학보다 앞서 주어짐으로써 신학이 수용하게 됨을 뜻한다. 그 대상은 하나님을 믿는 교회의 믿음에 상응하여 주어진다. 하나님은 자신의 말씀 속에서 하나님 자신이 인식되도록 내어주시는 분이시며, 그분의 말씀을 증언하는 것이 교회의 의미요 과제다. 신학은 바로 그와 같은 "교회의 기능"(I/1, 1)으로서 "교회적"이다. 교회 안에서 신학은 교회의 증언이 교회가 증언하는 믿음의 대상과 일치하는지를 검증하며, 그렇게 함으로써 자신의 증언의 새로운 방향을 예비한다.

『교회교의학』에서 이전보다 더 분명해진 다른 한 가지는 신학의 "대상", 즉 바르트가 "말씀" 또는 "계시"라고 부르는 것이 **예수 그리스도**의 인격과 동일시된다는 사실이다. 물론 그 인격에는 이스라엘과 교회 안에 있는 예수의 사람들도 함께 속한다. 그러나 그 사람들 한가운데에는 바로 그분의 인격이 위치한다. 그 인격은 삼위일체 하나님의 사역으로부터 분리되지 않으며, "하나님의 말씀이 육신이 되시는 사건" 안에서 바로 그 삼위일체 하나님의 계시를 통해 나타난다. 하나님은 예수 그리스도 안에서 단순히 어떤 것을 "계시"하시는 것이 아니다. 오히려 하나님 자신이 바로 거기서 행하시는 그것으로서 존재하신다는 사실을 계시하신다. 그와 같은 하나님은 인간을 받아들이는 하나님이시고, 다른 어떤 신이 아니다. 하나님은 예수 그리스도 안에서 자신의 말씀을 그저 인간**에게** "주기"만 하시는 것이 아니라, 그 인간을 그곳에서 그에게 수여되는 바로 그것으로서 존재하라고 규정하신다. 하나님이 받아들이신 인간은 바로 그런 인간이며 다른 어떤 인간이 아니다. 그래서 "요한복음 1:14은 모든 신학의 중

---

112 같은 곳, 186.

심이요 주제"다. "…나는 그 어떤 그리스도론적인 원칙이나 방법도 가지고 있지 않다. 오히려 나는 모든 개별적인 신학적 질문에서…언제나 새롭게…그리스도론적인 교리가 아니라 예수 그리스도 자신(살아 계시고 통치하시며 승리하시는 주님![vivit! regnat! triumphat!])께 향하려고 노력한다. 거기서 나는 모든 개별적인 특수한 질문에 대답하기 위해 언제나 또 다시 특별한 길을 가야만 하며, 나아가 내가 바라보려고 하는 그곳이 각각의 특별한 방식으로 나를 이끌도록 해야 한다. 따라서 방법론은 거기서 항상 다시 갱신되고 변경되며 수정되어야 한다. 이런 의미에서 나는 푸아티에의 힐라리우스(Hilarius von Poitiers)의 말을 매우 좋아한다. 현실이 언어에 종속되는 것이 아니라, 언어가 현실에 종속된다(Non sermoni res, sed rei sermo subjectus est). 이 문장 속에는 신학적으로 완전히 혁명적인 것이 숨어 있다. 만일 사람들이 그 혁명적인 것에 주의를 기울였다면, 신학에서 행하여진 수없이 많은 오류들, 결실 없음, 무료함은 결코 발생할 수 없었을 것이다. 그리스도론적인 신학의 문제는 우선적으로 **삶의** 문제다. 다시 말해 그것은 신학이 현실(res)과 대면하는 것이다. 그것은 보이지 않는 하나님의 형상이요 모든 피조물보다 먼저 나셨으며 몸 된 교회의 머리이신(qui est imago Dei invisibilis, primogenitus omnis creaturae, caput corporis ecclesiae) 그분과의 만남의 문제다."[113] 예수 그리스도는 명제들이 도출되는 근거인 어떤 원리가 아니시다. 오히려 그분은 우리의 인식이 오직 열린 자세로 운동하며 **뒤따를** 수 있을 뿐인 살아 계신 분이시다. 또한 예수 그리스도는 우리가 만들어 놓은 다음, 거기에 갇혀 있어야 하는 그런 전제조건도 아니시다. 오히려 그분은 우리를 위해 하나님께서 미리 앞서 내리신 좋은 결정이며, 우리와 함께 행하는 시작이신데, 우리 편에서는 오직 그 시작으로 되돌

---

[113] Lebenslauf, 394; 비교. KD III/3, V;IV/3, 199f.

아가 항상 다시 **시작할** 수 있을 뿐이다. 그렇게 하여 "신학적 사유 안에서는…살아 계신 예수 그리스도의 인격적 존재에 집중하는 것에…무조건적인 **우선성**이 부여되어야 한다." 이것은 그분의 빛 안에서 모든 다른 것을 통찰하고 숙고하기 위해서다(IV/3, 200). 그렇기 때문에 내게는 "예"를 말하는 것이 "아니오"를 말하는 것보다…훨씬 더 중요하다."[114] "이와 같은 집중 가운데서 나는 모든 것을 이전보다도 훨씬 더 분명하고 확실하게, 훨씬 더 단순하고 신앙고백에 일치하도록, 그러면서도 동시에 훨씬 더 자유롭고 개방적이며 포괄적으로 말할 수 있게 되었다. 이전에는 그렇지 못했다. 이전에 나는…철학적인 체계의 껍질 속에 적어도 부분적으로는 속박되어 있었다."[115]

교회에 대한 투쟁

주요 저작인 『교회교의학』을 집필하던 바로 그 즈음에 바르트는 또한 외적으로 그 어느 때보다 많은 책임감의 압박을 받았다. 하지만 바르트는 정확한 요점을 지적하면서 대담하게, 자주 도전적인 자신의 입장을 취하며 요청된 책임에 임했다. 물론 『교회교의학』 집필과 외적 책임감에 따른 그의 활동 사이에는 동시에 진행된 어떤 연결선이 존재한다. 외적 활동의 노선에서 그에게 발생했던 것이 그가 내적인 노선에서 헌신했던 것에 대한 일종의 논평이다. 1920년대까지 바르트는 그런 입장의 표명에 소극적이었는데, 그것은 그가 아직은 그런 도전을 받고 있다고는 생각하지 않았기 때문이다. 그렇다고 해서 바르트가 신(新)개신교주의에 대한 그의 비

---

[114] *Götze*, 191.
[115] 같은 곳, 186.

판을 통해 당시 일으켜졌던 반(反)자유주의적인 권위주의를 옹호했다거나, 그렇게 하여 당시의 바이마르 공화국을 함께 전복시켰다는 말은 아니다.[116] 이미 『로마서 강해』에서 바르트의 국가윤리는 "진정한 인간성"을 위한 객관적인 노력과 "정치적 상대주의 속에 있는 '의'와 '불의'에 관한 사유"를 조용히 행하는 것만을 목표로 삼지 않는다.[117] 그의 신(新)개신교주의에 대한 비판, 즉 자기 자신을 "절대적인 것"으로 삼는 인간적 주체의 사상에 대한 비판은 그 인간적 주체성을 제한하기 위해 (히르쉬[E. Hirsch]와 고가르텐[F. Gogarten]이 그랬던 것처럼) 인간의 권위를 요청하지 않았다. 오히려 바르트의 신(新)개신교주의에 대한 비판은 **하나님**의 말씀의 **영적인** 권위에 호소했다. 모든 인간적인 파악을 벗어나는 하나님의 말씀이 인간이 설정하는 모든 자기 절대화를 의문스럽게 만든다는 관점에서 바르트는 그 비판을 수행했던 것이다. 바로 그 이유에서 바르트는 1933년에 일어났던 도전들에 대해 스스로 무장했다는 사실을 제시한다. 왜냐하면 바르트의 명제에 따르면 그 당시에 막 등장했던 권위적 정권은 "자유주의"에 타격을 주는 ("합법적인") 반격이 아니라, 오히려 이전에 이미 비판했던 사상, 곧 자기 자신을 (절대화해서) 설정하는 인간의 사상이 야만적이고 공격적으로 변한 결실이었기 때문이다. 그래서 바르트는 옛날의 오류의 역사(바이마르 공화국-역자 주)를 문제 삼는 동시에 새로운 행패(나치정권-역자 주)에 대해서도 오직 저항만 있을 뿐이라고 생각했다.[118]

나치-정부가 유대인들에 대한 공격을 감행하기 이전에 비판적인 야당 세력들의 숙청이 이미 시작되고 있었기 때문에, (파울 틸리히[119]와는 달

---

116 F. W. Graf, *"Der Götze wackelt?"*, 443ff.; K. Scholder, *Neuere deutsche Geschichte*. 510-536.
117 *Römerbrief* 2, 474.
118 특별히 분명한 곳은 *Der deutsche Kirchenkampf*, 1937이다.

리) 독일 사회 민주당의 당원으로 계속 남아 있었던 바르트는 자신의 본(Bonn) 대학 교수직이 곧바로 박탈될 것이라고 예측하고 있었다. 이때 바르트는 자신의 남은 시간을 교회 안에서 선언서를 발표하는 일에 활용하고자 했다. 그 즈음에 독일의 모든 교회가 새로 등장한 나치 정부에 남김없이 동의했는데, 바르트는 나치 정부 자체보다도 교회의 그런 동의에 더 놀라워했다. 바르트는 1933년 3월에 제1계명에 따라 하나님과 다른 권세들 사이에서 마음을 둘로 나누지 말 것과, 그런 권세들을 "계시의 척도에 비추어 해석해야지, 계시를 그런 다른 권세들에 의해" 해석하면 안 된다고 선언했다. 바르트는 후자의 방식을 택한 것을 "자연신학"이라고 불렀다.[120] 그해 6월에 들려진 바르트의 외침인 "마치 아무 일도 일어나지 않았던 것처럼"[121]은 지금은 신학을 수행해야 할 때라는 외침이었다. 이 외침은 그 당시에 바르게 이해되었고, 새로운 정치적 구호들이란 그리스도교적인 사유에 대해 그 어떤 구속력도 가질 수 없다는 사실을 날카롭게 드러내 주었다.[122] 이와 같은 바르트의 외침이 우선적으로 향했던 공격대상은 "독일 그리스도인 연맹" 운동이었다. 그들이 나치-정부에 순응한 것에 대해 바르트는 "전(全) 교회를 문제 삼는 논쟁을 해결하는 열쇠"로 한 가지 물음을 던졌다. 그것은 "신학 자체가 정치적인 판단을 내릴 수 있는지"가 아니라, "오히려…이런 정치적 판단이 신학적으로 정당한 방식을 통해 내려졌는지"라는 특정한 물음이었다.[123] 바로 이 물음에 대해 바르트는 "아니오"라고 대답했다. 왜냐하면 거기서 신학적으로 구속력 있는 규범이 신

---

119 Briefwechsel mit ihm darüber im April 1933, 비교. K. Kupisch, *Karl Barth*, 75f.
120 *Theologische Fragen und Antworten*, 136, 139, 143.
121 *Theologische Existenz heute!*, 3.
122 비교. Thomas Mann, *Tagebücher 1933-1934*, 167.
123 K. Scholder, *Die Kirchen und das Dritte Reich*, 1, 547.

학에 낯선 규범을 통해 더 이상 작용하지 않게 되었기 때문이다.

바르트의 이와 같은 행동을 바르게 이해하기 위해 우리는 먼저 교회 중심부에 대한 그의 비판을 보아야 한다. 바르트는 1933년에 독일 그리스도인 연맹에 대항해서 교회중심부와는 어느 정도 거리를 두었지만, 그곳을 향해 상당히 고독하게 진행되었던 그의 투쟁은 그곳에 대한 "적지 않게 날카로운"[124] 비판을 동반했다. 당시 교회 중심부는 국가가 교회의 존립에 개입하는 것에 대해서는 방어적인 자세를 취했지만, 정치적인 영역에서 국민적인 영도자가 통치하는 국가에 대해서는 단연코 환영의 자세를 취했다. 그 결과 교회 중심부는 유대인 그리스도교 목사들이 교회에서 해임되는 것에 대해서는 거부했지만, 그와 동시에 국가의 반(反)유대 법률은 환영했다. 그들의 이런 태도를 바르트는 1933년 4월에 — 새로 등장한 국가가 유대인과 사회주의자들에게 자행하는 불의를 목도하면서 — "기만으로 가득한 이 시대의 최악의 기만들 중 하나"라고 불렀다. 정치적으로는 "히틀러 정부를 긍정"하는 가운데 "'독일 그리스도인연맹'과…의견 일치"를 이루고, 그런 다음에는 "그들과 반대로 순수한 교회가 될 수 있으리라"[125]는 것은 최악의 기만에 불과하다는 것이었다. 교회가 하나님의 말씀을 자신의 유일한 규범으로 삼고, 그 규범을 나치 정부에 대한 입장 안에서도 유보하지 않을 때, 비로소 교회는 그렇지 않았다면 "즐거운 긍정"[126]의 자세로 대했을 국가 안에서 단지 교회 자체의 유지만을 변호하려는 태도로부터 자유롭게 될 것이다. 그때 교회는 국가에 **대해서도** 하나님의 말씀을 자유롭게 증언할 수 있을 것이다. 당시에 이렇게 말했던 바르트를 이끌었던 말씀은 마태복음 6:24의 말씀인 "너희가 하나님과 재물을

---

[124] *Theologische Existenz heute!*, 30.
[125] W. Koch, *Karl Barths erste Auseinandersetzungen*, 500f.
[126] *Theologische Existenz heute!*, 31.

겸하여 섬기지 못하느니라"였다.

이와 같은 의미를[127] 담은 것이 바로 1934년 5월에 바르트가 거의 대부분을 작성했던 (바르멘) 신학선언이었다. 이 선언은 예수 그리스도를 교회가 듣고 신뢰하고 순종해야 할 "하나님의 **유일한 말씀**"으로 고백했다.[128] 이 신학선언은—이 선언으로부터 "고백교회"(Bekennende Kirche)가 형성되었다—바르멘에서 열린 독일 개신교회의 제1차 전국총회에서 만장일치로 인정받게 되는데, 이것은 놀라운 일이었다. 왜냐하면 이 신학선언은 독일 그리스도인 연맹의 사고방식뿐만 아니라, 앞서 언급했던 교회 중심부의 사고도 배격했기 때문이다. 바르트는 그 신학선언의 고백이 국가에 미치는 결과를 보여주기 시작했다. 이어서 국가 공무원(독일의 대학은 전부 국립대학이고 대학교수는 국가 공무원임—역자 주)이었던 그가 "개신교에 속한 **그리스도인으로서**" 당시 무조건적으로 요구되던 히틀러에 대한 충성서약을 행할 수 없다는 자신의 입장을 강조했을 때,[129] 바르트와 고백교회 사이에 갈등이 일어났다. 왜냐하면 고백교회는 바르멘 신학선언 이전에 교회 중심부가 취했던 노선으로 되돌아가려고 시도했기 때문이었다. 1934년 11월에 바르트는 교회 지도부로부터 축출되었고, 국가는 그의 교수직을 박탈했다. 쾰른(Köln)의 한 법정은 그에게 국가반역적인 "흉계"를 꾸몄다는 이유로 유죄를 선고했고, 그 증거로서 무엇보다도 유대인 인종차별에 대한 바르트의 비판을 제시했다.[130] 1935년 6월에 고백교회조차도 바르멘에서 개최된 총회에서 바르트를 제외시켰을 때, 그는 더 이상 독일에 머

---

127 비교. *Texte zur Barmer Theologischen Erklärung*, 20.
128 A. Burgsmüller/R. Weth (Hg.), *Die Barmer Theologische Erklärung*.
129 Nach H. Assel, *Barth ist entlassen*…, 77-99, hat damals besonders E. Hirsch diese Bedeutung der Eidesverweigerung Barths verstanden und darum seine Absetzung betrieben.
130 H. Prolingheuer, *Der Fall Karl Barth*, 286ff.

무를 자리를 찾을 수 없었으며, 결국 바젤대학의 초빙을 받아들이게 된다. 1935년 가을에 부퍼탈(Wuppertal)에서 독일 고백교회를 향해 고별연설을 한 후 바르트는 체포되어 추방당했다. 이 연설에서 바르트는—고백교회 안에 아직도 "정권"을 하나님의 율법(창조 질서—역자 주)의 표현으로 여기는 생각이 만연한 것에 반대하여—하나님의 "복음과 율법"은 분리될 수 없이 서로 결합되어 있으며, 따라서 국가적 현실에 대해 그 둘 모두가 고백되어야 한다고 선언했다.

스위스로 돌아왔을 때, 바르트의 활동 반경이 마냥 축소된 것만은 아니었다. 피서르트 호프트(W.A. Visser't Hooft)와 맺은 친분 덕분에 바르트에게 처음으로 에큐메니칼 운동의 지평이 열렸고, 또 에큐메니칼 지평 위에서 바르트 신학의 길이 펼쳐지게 되었다. 또한 바르트는 유럽의 여러 국가들을 여행하면서 그곳의 교회들이 이제 바르멘 신학선언의 노선 위에 굳게 서서 흔들리지 않도록 용기를 주었다. 바르트는 독일 고백교회와도 여전히 관계를 유지하면서 스위스에 고백교회를 위한 "협력기구"를 창설했고, 그 협력기구가 "인종 차별"의 억압을 받던 피난민들을 점점 더 많이 수용하도록 도왔다. 1938년에 이와 같은 그의 인식은 첨예한 정치적인 "적용"[131]에 도달했다. 스코틀랜드에서 행한 강연들에서 나타난 "정치적 예배"[132]라는 문구를 바르트는 한 걸음 더 나아가 "칭의와 법"(Rechtfertigung und Recht)이라는 논문에서 다음과 같이 표현한다. 복음에는 민주정치의 법치국가가 상응하며, 이를 거스르는 위협에 대한 저항은 정당하다는 것이다.[133] "크리스탈나흐트"(1938년 11월 9일, 나치 당원이 유대인의 교회 상점 주택을 무차별 파괴하고 거리에서 유대인을 때리고 죽인 날—역자

---

[131] *Götze*, 186f.
[132] *Gotteserkenntnis und Gottesdienst*, 203ff.
[133] *Rechtfertigung*, 42f.

주) 이후에 바르트는 히틀러를 반유대주의자라는 이유에서 적그리스도라고 공식적으로 선언했다.[134] 이 선언의 배경에는 곧 이어서 바르트의 선택론(예정론)에서 전개될 인식이 자리를 잡고 있었다. 그것은 이스라엘과 교회가 함께 하나님이 선택하신 하나의 공동체(KD II/2, 218)이며, 그렇기 때문에 유대인들에 대한 공격을 통해 교회 역시 자신의 "뿌리"로부터 공격을 당하게 된다는 인식이다. 바르트의 이와 같은 견해에 따르면, 히틀러의 권력에 대해서는 군사력을 동원해서라도 저항**해야** 하며, 그리스도인들은 이 사실을 다른 어떤 다른 사람들보다도 더욱 분명히 알아야 한다.[135] 이에 따라 바르트는 온 힘을 다해 독일군에 저항하는 전쟁을 지원했다. 또한 그는 이 전쟁이 독일인들을 "위해서도" 수행되어야 하는 "경찰 활동"이라고 확신했다. 그것은 "의로운 국가를 수호하고" 또한 "공동의 잘못으로 손상을 입고 파괴된 질서를 회복시키기 위한 경찰 활동"이다.[136] 이 모든 것으로 인해 바르트는 당시 골리앗과 같은 독일이 원하는 것을 대폭 수용했던 스위스 정부와도 갈등에 빠지게 되었다. 스위스 정부는 바르트의 모든 정치적 발언을 금지시켰다.

갱신과 화해

독일의 패전 전망이 뚜렷해졌을 때, 바르트는 이번에는 만연해 있던 독일인 증오에 반대하여 물결을 새롭게 거슬러 올라갔다. 바르트는 이제 독일이 아닌 외국에서 "모든 일에도 불구하고 (독일인들의) 친구"가 되어 줄 것

---

[134] Eine Schweizer Stimme, 69ff.
[135] Eine Schweizer Stimme, 102ff.
[136] 같은 곳, 279f.

을 권유했다.[137] 이것은 독일의 잘못을 대수롭지 않게 여기는 것이 아니고, 전쟁 이후에 서둘러 일상의 질서로 돌아가기 위한 것도 아니었다. 오히려 여기서 관건은 어떻게 독일인들이 가장 우선적으로 자신들의 잘못을 **책임지는 존재**가 될 수 있는가 하는 것이었다. 1945년 10월에 행해진 슈투트가르트 책임선언(Stuttgarter Schulderklärung)의 산파 역할을 수행한 다음[138] 바르트는 1947년의 다름슈타트 선언(Darmstädter Wort)을 더욱 강력하게 후원했다.[139] 이 선언은 이렇게 진술했다. 강요된 회개를 통해 비로소 획득되는 소위 하나님의 화해가 아니라 이미 유효한 하나님의 화해의 조건 아래에서만, 인간은 자신의 잘못을 인식하고 그 잘못으로부터 벗어나 새로워질 수 있다. 막연한 회개의 강제는 죄의 억압감, 또는 이전의 관습적 행동방식으로의 복귀, 또는 맞소송에 이르게 된다는 것이다.[140] 동시에 바르트는 독일이 오랫동안 참아왔고 당장 필요로 하는 "아래로부터"의 민주주의의 학습을 위해서도 싸웠다.[141] 여기서 관건은 가장 우선적으로 잘못을 뉘우칠 능력이 있는 책임성을 실천적으로 실현하는 것이었다. 이것은 세속 세계 안에서 화해에 상응하는 것은 바로 민주주의라는 바르트의 명제를 다시 한 번 예시해준다.

화해가 회개보다 앞선다는 핵심적 명제는 바르트가 1948년 암스테르담에서 열린 제1차 세계교회협의회(WCC)에서 행한 주(主)강연에서도 드러났다. 바르트는 그 회의의 주제였던 "세계의 무질서와 하나님의 구원 계획"이라는 순서를 바꾸어 "하나님의 구원 계획과 세계의 무질서"로 읽

---

[137] 같은 곳, 305 (Mitte 1944); 비교. schon 297(1942).
[138] M. Greschat, *Im Zeichen der Schuld*, 10f.
[139] 같은 곳, 82f.
[140] Eine Schweizer Stimme, 357-361; *Die christliche Lehre*, 38-41.
[141] Eine Schweizer Stimme, 372ff.

었다. 바르트에 의하면 오직 그렇게 함으로써 우리는 "세계의 무질서"가 일으킨 실제적인 손상을 알게 될 것이고, 그다음에 하나님이 세계를 다스리고 계시며 "악한 세계를 선한 세계로 바꾸는 것"은 우리가 아니라는 치유의 사실도 알게 될 것이다. "하나님은 자신의 통치권을 우리에게 양도하지 않으셨다. 이 세계의 정치적·사회적인 무질서의 한 복판에서 우리가 그분의 증인이 된다는 것, 그것이 우리에게 요구되는 전부다."[142] 이때 우리에게 요구되는 것이 그리 작은 것이 아니라는 사실은 에반스톤(Evanston)에서 개최된 제2차 세계교회협의회에서 행해진 바르트의 강연에서 제시되었다. 왜냐하면 이스라엘의 희망에 참여하는 교회는 큰 희망, 곧 "오시는 왕을 이미 여기서 굶주리고 목마르고 낯설고 벌거벗고 옥에 갇힌 그분의 형제들"과 자매들 속에서 영접하리라는 큰 희망의 증인이기 때문이다.[143]

바르트가 제2차 세계대전 이후에 제기된 것으로 보았던 특별한 주제의 맥락에는 서독이 재무장하고 동서 냉전에 참여하는 문제에 관한 그의 핵심을 찌르는 입장들도 포함되어 있었다. 그 입장은 너무 큰 반발을 불러일으켜서 바르트는 스위스에서 오랫동안 소위 "공산주의자"로 배척되었다. 하지만 바르트는 공산주의에 대해서도 입장을 표명했다("누가 공산주의를 원하는가?…아무도 공산주의를 원하지 않는다"[144]). 말하자면 그 당시의 히스테리적인 시기에는 아무도 그것에는 귀를 기울이지 않았다. 이것은 바르트가 당시 동유럽 지역의 교회들에게 그들의 국가적 이데올로기에—물론 드물기는 하지만 속아서—적응하지 않도록 강력하게 경고했던 것에 아무

---

142 *Evanston Dokumente*, 55.
143 *Götze*, 154.
144 비교. *Offene Briefe*, 274-289.

도 귀를 기울이지 않았던 것과 마찬가지다.[145] 그런데 왜 바르트는 서구교회에게는 "반공산주의"가 훨씬 더 (왜냐하면 훨씬 더 가까이에 있기 때문에) 위험하다고 경고했을까? 왜 바르트는 이전에 나치를 화나게 했던 "갈색(나치)=빨강색(공산주의)"이라는 비유[146]를 더 이상 사용하지 않았을까?[147] 왜 바르트는 교회들을 향해—중립주의처럼 들리는—"자유"로 향할 것을 외치면서, 과거의 잣대를 가지고 동유럽과 서유럽 중 어느 한쪽 편을 들지 말고 양측의 대립이라는 새로운 상황을 새롭게 평가하라고 촉구했을까?

결정적인 이유, 곧 하나님의 화해로부터 사유했던 이유는 다음과 같은 사실이었다. "국가 질서를 지키기 위한 '최후의 수단'(ultima ratio)…이 아닌 전쟁 그 자체는 살인과 살해 행위이며, 전쟁을 막는 대신 전쟁의 발발을 위해 수행되는 모든 것도 또한 그렇다."[148] 이런 생각의 배후에는 전쟁이란 그 전쟁이 발발하기 이전 시기에 존재했던 비인간성에 뿌리를 두고 있고, 전쟁은 그런 비인간성의 폭로에 지나지 않다는 명제가 자리를 잡고 있다(KD III/4, 525; KD IV/2, 474). 이와 같은 명제는 **군사적인** 약세가 침략자를 불러들이기 때문에, "평화"는 오직—언제나 더 많이—무장함으로써 "보장"될 수 있다는 논리에 비판적으로 대응하는 것이었다. 그러나 "평화를 원한다면, 전쟁에 대비하라"(Si vis pacem, para bellum)는 논리는 기만에 지나지 않는다(KD III/4, 517). 이런 논리는 전쟁을 유발하는 성향을 띠고 있으며, 자신이 입게 될 비인간적인 손상을 회피하는 방법은 상대편을 먼저 비교적 저렴한 비용으로 고소한 뒤 용서를 구하는 것이라고 생

---

145 비교. Kerrl und die Bekenntniskirche.
146 *Die Kirche zwischen Ost und West*, 19f.
147 *Götze*, 153.
148 *Offene Briefe*, 444. 국가사회주의와 같이 사도신경 세 조항 전부의 부정(Eine Schweizer Stimme, 246).

각할 때, 그런 전쟁 유발의 성향은 배가된다. 그런 논리는 비인간적인 동시에 진정한 신성모독[149]이기도 하다. 바르트는 바로 그런 비인간성이 핵무장 속에서 드러나고 있다고 보았다. 왜냐하면 핵무장은 자신의 "안전"을 약속해주는 것을 얻기 위해 모든 것의 파괴를 감수할 준비가 되어 있기 때문이다.[150] 바르트는 냉전을 바라보며 이런 논리를 구체적으로 역전시켰다. "전쟁을 원하지 않는다면, 평화를 준비하라"(Si non vis bellum, para pacem)(KD III/4, 517). 인간적인 관계가 결핍될 때 전쟁이 일어나는 것이라면, 전후 시대에는 군비확장도 군비축소도 "최우선적인 과제(cura prima)가 될 수 없고, 오직 모두에게 의미 있고 올바른 삶의 질서를 회복하는 것만이 최우선적인 과제"가 된다. 이 과제는 하나님의 화해에 상응하여 "국가를 민주주의로, 그리고 민주주의를 사회주의적 민주주의로 만드는 일"이다(525f.). 이것은 곧 "공산주의에 대하여…원칙적으로 오직 긍정적인 방어만이 있을 뿐이며, 그 방어란 모든 계층의 국민들에게 의롭고 유용한 사회적 관계성을 창조하는 것"임을 의미한다.[151] 이런 통찰이 바로 바르트가 그 당시에 최소한 그리스도교에게 외쳤던 "자유"였다.

이와 같은 의지를 표현했던 시기는 바르트가 자신의 교의학의 중심인 "화해론"에 도달했던 시기와 일치한다. 화해론은 "그리스도교 공동체가 전해 받았고 자신에게 사명을 위탁한 복음의 **중심**"이었다. 앞서 언급한 바르트의 공적인 의사표현에서 드러난 윤리적인 논증들은 바로 화해의 소식으로부터 나온 결과적 표현들이고자 했다. 바르트에 의하면 화해론은 "신실하신 하나님의 (자유로운) 행동"을 다루는데 "그 행동 안에서 하나님은 타락한 인간의 일을…예수 그리스도 안에서 자신의 것으로 삼으

---

[149] *Offene Briefe*, 206f.
[150] *Offene Briefe*, 274-289f.
[151] *Götze*, 153.

시고, 그것을 목표로 이끄시며, 바로 그렇게 해서 이 세상 안에서 하나님 자신의 영광을 주장하시고 보여주신다"(*KD* IV/1,1). 이와 같은 화해에는 우리를 화해의 소식의 전달자로 부르시는 **소명**, 그리고 우리를 하나님의 **요청** 속에서 성숙한 존재들로 만드는 윤리가 포함된다. 그런 성숙한 존재들은 "하나님의 영광을 위한 열정" 가운데 그리고 "인간들의 정의를 위해 투쟁"하는 가운데 하나님 나라를 바라본다. 그 나라는 예수 그리스도 안에서 다가오고 있고 만물을 새롭게 하는 나라다. 바로 이 지점에서 바르트의 『교회교의학』은 멈춘다. 76세가 된 바르트는 이제 가르침의 활동을 마감했다. 그는 지금까지 세계에서 온 수많은 학생들을 가르쳤고 그들과 함께 연구했다. 그의 마지막 강의는 "개신교신학 입문"(Einführung in die evangelischen Theologie)이었고, 이 강의는 "사랑"(die Liebe)에 관한 단락과 함께 끝을 맺는다.

정년퇴임 이후 바르트는 미국으로 강연여행을 떠났으며, 거기서 "자유의 신학"(theology of freedom)에 관한 연구 작업에 초대를 받았다. 자유의 신학은 자의적인 자유("liberty")를 비신화화하고 하나님이 열어주시는 공존 속의 자유("freedom")를 향해 길을 내는 것이었다.[152] 이 작업은 그 무렵에 바르트가 표명했던 "성령의 신학"[153]과 같은 전망 안에 있었다. 성령의 신학에서 바르트가 의도했던 것은 어떤 "패러다임 전환"이 아니라, 지금까지 애써 추구해왔던 그 동일한 것을 지금까지 할 수 있었던 것과는 다르게 다시 한 번 새로운 언어로 말하리라는 기대였다. 40년 전에 이미 바르트는 성령에 관하여 진술한 바 있다. "오소서, 창조자 성령이시여(*Veni creator spiritus*)!…만일 여러분이 바로 이 탄식 소리를 들었다면, 여러분은

---

[152] *Gespräche 1959-1962*, 279, 489.
[153] *Nachwort*, 301-312.

'나의 신학' 안으로 들어선 것입니다."[154] 바르트는 말년에 바젤의 교도소에서만 설교했는데, 그때의 마지막 설교들 중 한 편에서 이렇게 말했다. "'내 은혜가 네게 족하다'라는 네 마디의 작은 말씀이 내가 작업해 온 전체 원고더미보다 훨씬 더 많은 것과 훨씬 더 좋은 것을 말해준다. 그 은혜가 충분하다. 이것은 내가 쓴 책들에 대해서는 전혀 그렇게 말할 수 없는 것이다."[155]

1966년 가을에 바르트는 두 번째 여행, 즉 자신의 생애의 마지막 장거리 여행을 하면서 "사도좌 정기방문"(Ad Limina apostolorum, 가톨릭 교회법에 따라 각국의 모든 교구의 주교들이 5년마다 교황청을 공식 방문하는 일―역자 주)[156]에 참석했다. 이것은 제2차 바티칸 공의회의 결과에 대해 바티칸과 대화를 나누기 위한 것이고, 이 대화는 로마 가톨릭교회와 신학을 "조소적이고 비판적으로"[157] 다루어왔던 바르트의 연구에 왕관을 씌워주었다. 바르트는 제2차 바티칸 공의회를 1960년대에 비친 희망의 표징으로 보았다. 그 이유는 거기서 "'회심'의 형태"가 새롭게 이해되고 있는 것을 발견했기 때문이었다. 거기서 회심은 "다른 종파에 속한 교회로의 회심이 아니라, 하나의, 보편적, 사도적 교회의 주님이신 예수 그리스도께로의 회심"이었으며, "그분의 교회 안에서 오직 한 분이신 주님 예수 그리스도에 대한 믿음과 그분께 대한 봉사로 부르심"을 받을 준비가 되어 있는 회심을 의미했다.[158] 모든 측면에서 실행되는 그와 같은 갱신만이 분리된 종파들을 연합으로 이끄는 약속 가득한 길이 된다는 것이다.[159] 바르트는 그와 상응하

---

154 *Wort Gottes*, 123.
155 *Rufe mich an!*, 79.
156 So der Titel seines Berichts darüber: Zürich 1967.
157 A, a, O., 41.
158 같은 곳, 18.
159 *Kirche in Erneuerung*, 1968, 161-170.

는 것을 개신교 쪽에서도 찾으려고 애썼다. 이러한 염려는 바르트의 마지막 유언에도 해당한다. 그는 자신의 생애 마지막 날인 1968년 12월 9일 저녁에 오랜 친구 투르나이젠(Thurneysen)에게 다음과 같은 말을 남겼다. "용기를 잃어서는 안 된다! 절대로! 왜냐하면 (주님께서) '다스리시기' 때문이다."[160]

---

[160] K. Kupisch, *Karl Barth*, 135. Das Zitat war auch das letzte Wort von J. C. Blumhardt.

3 ▪ 대표 저서

『교회교의학』

『교회교의학』에 좋은 평가를 내리는 사람들조차도 광범위한 분량 때문에 이 책에 두려움을 느끼며, 읽기도 전에 낙담하곤 한다. 아마도 많은 사람들은 이 교의학의 외양을 보고서는 내용으로는 도저히 접근하기 어려운 독보적 존재 혹은 시간을 초월한 하늘의 형이상학[161]이라는 인상을 받았을 것이다. 그래서 어렵게 발견되는 독자 가운데는 이 교의학 안의 여기 저기서 몇 가지 표제어들과 형식적 문구들을 주워 모은 다음에, 그것들을 미처 이해하지도 못한 채 이러저러하게 독서를 마치는 사람들도 있었다. 『교회교의학』스스로가 자신에 대한 접근을 막고 있다고 할 수 있다. 그러나 그와 함께 우리는 이렇게도 말해야 한다. 패스트푸드와 같은 것을 원하는 시대, 곧 시간이 믿기 힘들 만큼 빠르게 흐르는 어떤 시대는 바르트의 거대한 저작에 접근하는 길을 쉽게 찾을 수 없을 것이다. "시간이 없어서" 바르트『교회교의학』의 표제어들만 읽고 지나치려는 사람은 차라리 읽지 않고 지나가는 것이 좋다. 그러나 시간을 가지고 연구하려는 사람을

---

[161] 비교. H. Zahrnt, *Die Sache mit Gott*, 141-154.

위해 그 책에 접근하기 위한 몇 가지 참고사항을 소개하고자 한다.

(1) 이미 말한 대로 바르트의 『교회교의학』은 동일한 내용을 항상 또 다시 다르게 말하려고 한다. 모든 요점에 대한 각각 상이한 관점 아래서도 중요한 것은 언제나 그리스도교 신앙고백의 유일성 및 전체성(das Eine und Ganze)이다. 바로 이 유일성 자체의 활동력이 더 넓은 시각에서 언제나 새로운 숙고를 하도록 독려한다. 여기서 우리는 『교회교의학』의 독특한 사고방식과 문체를 이해하게 되는데, 그것은 때로는 소우주를 형성할 정도로 긴 문장들에서 뚜렷이 나타난다. 그런 사고방식과 문체 속에서 바르트는 자신의 연구 "대상"의 주위를 계속 새롭게 맴돌면서 점차 앞으로 나아가며, 바르트 특유의 추진력으로 그 대상을 추적해간다. 바로 그런 이유로 바르트의 『교회교의학』은 어느 곳을 열고 처음 시작해도 이해하기에는 비교적 무방하다. 따라서 『교회교의학』에서는 많은 것을 피상적으로 읽기보다는 적은 내용이라도 이해하면서 읽는 편이 낫다. 그러나 적은 내용이라 할지라도 그 특징적인 서술방식을 따라잡고, 대상의 주변을 맴도는 길을 바르트와 함께 걸으면서 함께 생각하기 위해서는 느리고 긴 숨쉬기가 필요하다. 그의 교의학으로부터 단순히 자기가 인용하려는 목적으로 깨진 돌조각과 같은 한 문장을 찾으려는 사람은, 그 동기가 자신이 인정받기 위함이든 아니면 자신의 관점을 위한 배경을 찾기 위함이든 관계없이 『교회교의학』으로부터 아무것도 배우지 못하게 될 것이다. 그런 사람에게 바르트의 열두권짜리 저작은 단지 "자신의 관(棺)"이 될 뿐이며, 바르트가 한 때 칼뱅을 염두에 두고 말했던 다음과 같은 진술을 이해할 수 없을 것이다. "그(칼뱅)는 과거에 **말했던 것** 속에서 과거에 **말하고자 했던** 그것을 지금도 여전히 계속해서 말하고 있다."[162] 단순히 바르트의 저서를

---

[162] *Calvin*(1922), 9.

이해하는 것이 아니라, 그 저서와 함께 그것을 생성시킨 동력을 함께 이해할 때, 우리는 『교회교의학』을 비로소 올바로 이해하게 된다.

(2) 자신의 교의학을 여전히 계속 또 계속해서 집필하고 있었던 노년의 바르트를 향해 폰 발타자르(H. U. von Balthasar)는 "그대, 영원한 풍요의 뿔(Füllhorn)이여!"[163*]라고 외쳤다. 만일 우리가 바르트의 글쓰기 작업을 지속시켰던 영혼(psychischen)의 원동력을 이해하려고 한다면, 반드시 다음 한 가지 사실을 분명히 알아야 한다. 바르트를 연구한 많은 이차 문헌들보다 이 한 가지를 더욱 분명히 알지 못한다면, 우리는 『교회교의학』이 다루는 내용도 이해할 수 없을 것이다. 그것은 바로, 만일 이 교의학의 저자가 여기서 끝없는 독백만 늘어놓았다면, 그래서 다양한 방면의 지속적인 **대화**를 이끌어내지 못했다면, 이와 같은 규모의 저작은 얼마 못가서 조용히 사라지거나 헛수고에 그쳤을 것이라는 사실이다. 이 사실을 간과하지 않는 독자라면 바르트의 교의학을 읽을 때 바르트가 거명하거나 조용히 말을 건네는 대화 상대를 판독해낼 수 있을 것이다. 그때 바르트의 교의학이 획일적인 내용(monolithisch)으로 구성되어 있다는 인상은 사라질 것이다. 우선 중요한 것은 대화다. 대화 속에서 저자는 전적으로 이해하려는 사람, 듣는 사람, 수용하는 사람이고, 그에 따라 말하고 대답하고 성찰하고 되묻는 사람이다. 바르트의 신학에서 기도와 신학 작업은 일치한다. 그렇기 때문에 그의 신학 안에서는 우선 하나님과의 대화가 먼저 행하여지고, 동시에―교의학자에게는 특별히 많은 과제인―신구약성서와의 대화가 뒤따라오며, 또한 동시대의 그리스도인들, 세속적인 사람들, 신문에 게재된 것, 특히 바르트에게서 배우는 사람들과의 대화가 이루

---

[163] E. Busch, *Lebenslauf*, 391. 비교. KD IV/1, 83ff. * 역자 주) 그리스 신화에 나오는 풍요를 상징하는 나팔로서 상처 입은 뿔의 형태를 갖추고 있고 그 속에 과일들과 꽃들이 가득 차 있다. 폰 발타자르가 바르트의 『교회교의학』의 엄청난 분량을 두고 비유로 말한 표현이다.

어진다. 이런 대화는 특별한 강도로 신학사와 정신사 속의 인물들과의 대화이기도 했다. 왜냐하면 바르트는 우리보다 앞서간 사람들이 "죽은 것이 아니라 살아 있고, 그들은 아직도 말하고 있다"고 보았기 때문이다. 그래서 우리는 신학 속에서 "그들로 하여금 함께 말하도록 해야" 하는데, "단지 선호하는 목소리들뿐만 아니라" 또한 "전혀 환영받지 못했던 목소리들"도 우리에게, 그리고 또한 "스스로 자처하는 비그리스도교인들"에게도 말해지도록 해야 한다.[164]

(3) 바르트의 교의학은 "단순히" 교의학에 그치지 않는다. 이 사실이 강조되어야 한다. 왜냐하면 그의 교의학은 상세하고 풍부한 성서주석들을 담고 있기 때문이다. (예를 들어 창조론의 대부분은 창세기 1장과 2장의 주석이고, II/2에서 전개되는 소위 바르트의 "이스라엘론"도 로마서 9-11장에 대한 광범위한 주석이다). 다른 한편으로 『교회교의학』은 광범위하고 섬세한 문체로 표현된 신학사 및 철학사적인 해설도 담고 있다. 또한 폭넓은 윤리도 『교회교의학』에 포함되어 있다. 마지막에 별도의 한권으로 만들어진 찾아보기 책이 성서구절 순서를 정리하여 설교 준비와 명상을 위한 관련 내용들을 제시하는 것에서 바르트의 교의학이 설교를 위해 사용되려는 목적도 볼 수 있다. 이 교의학의 풍성한 내용은 신학의 거의 모든 분야를 상호 연결시켜 서로 의존하게 만든다. 물론 각각의 분야에 설정된 과제의 상이성이 무시되지는 않는다. 그러나 신학의 각각의 분과들이 "분열"을 일으켜 "서로 무관심하게 되거나 잠재적 혹은 명시적인 갈등 관계에 빠지게 된다면", 그런 신학은 "건강한 신학이 될 수 없고 유용하기보다는 오히려 해롭게" 될 것이다. 바르트의 교의학은 그 사실을 분명히 밝힌다. "신학이 건강하고 유익한 것이 되려면, 모든 분야(분과)에서… 신학적인 문제와 주제에

---

164 *Protestantische Theologie*, 3.

흔들림 없이 집중해야 한다"(KD IV/3, 1009). 바르트의 교의학 안에서 신학 분과들은 서로 맞물려 상호 관계를 형성한다. 그래서 이 교의학은 다양한 관점들 아래서 유용하게 사용될 수 있다. 예를 들어 설교준비를 위해 사용되는 것은 널리 알려진 일이다.

(4) 이미 말한 대로 『교회교의학』은 "어떤 체계"를 제시하지 않으며, "전체에 대한 어떤 관점, 어떤 최종적인 마무리, 종합, 결론"(KD I/2, 971)을 제공하지 않는다. 바르트의 교의학은 대화의 장을 열기를 원하고 대화 안에서 어떠한 최종 결론을 얻어내려고 하지 않는다. 물론 바르트의 교의학은, 이제 강조되어야 하듯이, 우연한 사유의 파편들을 혼잡하게 모아 놓은 것이 결코 아니다. 그러나 그것은 수많은 서랍들로 짜인 서랍장에 비유되기를 원하지 않는다. 왜냐하면 뒤따를 수 있는 적절한 방식으로 사유를 진행시켜서 독자들로 하여금 스스로 따라올 수 있도록 하는 길을 가기 때문이다. 이런 사유과정으로부터 개별적인 문장을 분리시키는 것은 잘못 이해될 경우 흔히 유해한 것이 되고 만다. 오히려 바르트 교의학 안의 진술들은 특유의 운율 구조를 지니는 내적인 맥락에 따라 형성되었다는 것에 주목해야 한다. 이 운율이 바르트의 교의학의 표현들을 특별히 아름답게 만들어준다. 다시 말해 바르트의 교의학은 진술하는 내용들을 조화롭게 배합된 순서를 통해 구성한다. 그렇기 때문에 그것의 적절한 이해란, 사람들이 이 점을 잘 인지하지 못하지만, 내용과 함께 바로 그 질서도 알아차리는 것이다. 이것은 "어떤 내용"이 특정한 맥락에서 말해지거나 혹은 "어떤 내용"은 아직 말해지지 않는 자리를 알아채는 것이며, 교의학적 내용이 형태를 취하는 대략적인 혹은 세련된 구조를 알아채는 것이다. 바르트의 교의학은 첫 눈에 보기에는—실제로 많은 사람들이 그런 첫 인상을 넘어서지 못하고 있다—상당히 낡은 책처럼 보인다. 그 구조는 신중하게 말해도 별 주목을 끌지 못한다. 그것은 프로레고메나(KD I/1-2), 신론

(II/1-2), 창조론(III/1-4), 화해론(IV/1-4), 그리고—집필되지 못한—구원론(V)으로 구성되어 있다. 하지만 조금 더 상세하고 정확하게 관찰하면, 바르트 교의학의 독창성이 눈앞에 드러난다. 그것은 개별적인 "소재들"이 이리저리 움직여 헤아리는 관점들 속에서 드러나며, 숙고되어야 하는 각각의 소재를 성찰하는 가운데 언제나 그보다 앞서-진행(vor-gegangen)되는 일련의 발걸음, 즉 바르트 특유의 전형적인 발걸음 안에서도 드러난다. 크리스토퍼 프라이(Chr. Frey)는 바르트와 틸리히를 비교하면서 다음과 같이 말했다. 틸리히는 "새로운 목재들을 가지고 낡은 건축구조를 축조하는 반면에…바르트는 낡은 목재들을 사용하여 새로운 구조물을 만들어낸다."[165] 다른 비유로 말하자면, 우리는 이제 『교회교의학』이 움직였던 지형들로부터, 그 지형 위에서 그것이 앞으로 나아갔던 길들로부터, 하나의 지도를 그려보려고 시도할 것이다.

서론(프로레고메나)

교의학은 "프로레고메나"(Prolegomena, 서론)로 시작한다. 19세기의 교의학은 그것을 일반적·인간적 그리고 인간적·종교적인 전제들, 곧 "신앙론"을 **가능하게 만드는** 전제들을 미리 서술하는 것이라고 이해했다. 하지만 바르트는 자신의 교의학에서 프로레고메나를 이와 정확하게 반대로 이해하면서 곧바로 북소리를 크게 울리기 시작했다. 프로레고메나에서 중요한 것은 "(믿음의 전제 아래서) **내용과의 연속성 안에서 단지 앞서**(zuerst) 말하는 것이며, (믿음의 전제 없이 이성적으로) **내용과 독립적으로**(vorher) 믿음을 해명하는 것이 아니다"(KD I/1, 41). 신학은 처음부터 (믿음

---

[165] *Theologie Karl Barths*, 239f.

에 기초한) "본론"으로 시작하지 않으면, 언제까지나 서론에 붙들려 머물러 있게 된다. 신학은 첫 단어부터 이미 사안을 다루지 않으면, 결코 사안에 도달하지 못한다. 나아가 하나님이 인간에게 하나님 자신에 관해 말하기를 **시작**하지 않으신다면, 신학이 하나님에 관해 말한다는 것 자체가 불가능하다. 신학은 "언제나 또 다시" 바로 그 시작(KD I/2, 971)으로 "시작할 때", 하나님에 관해 말할 수 있다. 그래서 우리가 "가장 먼저 말해야 하는 것"은 **하나님**께서 먼저 말씀하시고, 먼저 말씀하셔야만 한다는 사실을 존중하고 진지하게 여기는 것이다. 이와 같은 이해를 배경으로 하여 바르트의 "프로레고메나"는 교의학 전체를 핵심적으로 요약한다. 더 정확하게 말하면 그의 "프로레고메나"는 포괄적인 **하나님의 말씀론**이다.

바르트에 의하면 하나님의 "말씀"—또는 계시—은 "하나님께서 말씀하시는" 사건이며, 그래서 하나님의 음성이 들려지는 사건이다(I/1, 136ff.). 하나님의 말씀은 단순히 하나님이 "어떤 것"을 말하신다는 것이 아니라, "말씀하시는 하나님 자신을 의미한다"(141). 하나님의 말씀은 하나님과 구분되는 어떤 것이 아니라, 바로 하나님 자신이다. 하나님은 말씀 안에서 자기 자신을 규정하신다. 그래서 우리는 말씀 속에서 하나님 자신과 관계하게 되며, 그 하나님은 말씀 속에서 자신을 드러내시는 하나님과 다른 어떤 분이 아니시다. 나아가 하나님의 말씀은 듣는 자, 들을 능력이 있는 자, 들을 준비가 되어 있는 자의 현존을 전제하지 않고, 듣는 자를 발견하게 될 가능성을 열어두는 것도 아니다. 오히려 하나님의 말씀은 말씀이 도달하게 될 인간이라는 대상을 창조한다. "계시는 하나님의 말씀이 육신이 되는 것을 의미한다"(175). 이것은 말씀이 한 인간으로 변화된다는 것이 아니라, 한 인간 속에서 말씀이 인간 존재(Menschsein)를 **수용**(annehmen)한다는 것, 그 결과 그 인간에게 **인지**(vernehmen)된다는 것을 의미한다. 마지막으로 하나님의 말씀은 사건 곧 행동이다. 이것은 하나의 행동이 말씀 없이 일어난다거나 그분의 순수한 말씀이 행동을 통해 보충된다는 것이 아니고, 오히려 "하나님의 말씀 자체가 하나님의 행동"이라는 것을 의미한다(153). 그 결과 말씀을 수용하는 자의 편에서도 들음, 행위, 존재는 분리될 수 없게 된다! 바르트는 계속해서 세 가지를 강조한다.

(1) 하나님의 말씀은 우리에게 하나님 자신이 인식될 수 있게 하셨고 지금도 그렇게 하시는 **현실성**이다. 이 현실성은 예수 그리스도의 **구체적인** 역사다. 이 역사 안에는 이스라엘의 역사가 총합으로 요약되어 있고, 그 역사는 성령을 통해 우리에게 전달된다. 이것은 성서가 우리에게 **증언하는 것**이며, 교회가 성서에 근거하여 **선포하는 것**이다. 바로 이와 같은 내용이 바르트의 삼중 형태의 말씀론이다(114). 따라서 하나님의 말씀 혹은 계시는 어떤 이념이 아니다. 예를 들어 증언되고 선포된 내용 속에서 우리가 때로는 모범적으로 예시되었다고 생각하지만 그러나 항상 단지 부분적으로만 실현되었다고 여기게 되는 어떤 이념이 아니다. 오히려 하나님의 말씀 혹은 계시는 증언되고 선포되는 사건 속에서 하나님이 **말씀하시는** 현실성과 동일하다. 따라서 우리의 하나님 인식이 **가능해지는** 것은 오직 우리가 그분을 실제로 **인식할 때**다. 그러나 우리가 하나님을 실제로 인식하게 되는 것은 **우리의 능력**으로 그분을 인식할 수 있기 때문이 아니라, 하나님께서 말씀하시는 가운데 우리에게 하나님 자신이 인식되도록 **해주시기** 때문이다.

(2) 그러므로 하나님의 말씀은 인간 그 자체가 하나님을 인식할 가능성을 지닌다는 주장에 대한 항변이다. 인간은 스스로의 힘으로는 참하나님이 인간 자신에게 은폐되어 계신다는 사실조차 알지 못한다. 또한 이 사실도 하나님의 말씀을 통해 인간에게 말해진다. 그런 한에서 "하나님은 자신을 계시하시는 동시에 자신을 은폐시키신다"라고 말할 수 있다(342; 비교. 175). 하나님의 은폐와 계시는 서로 분리되는 두 국면이 아니다. 하

나님은 바로 자신의 계시 **안에서** 은폐되신다. 그렇지 않다면 계시는 바르트가 강조하는 것처럼 **하나님의** 계시가 아닐 것이다. 다시 말해 하나님이 은폐되신 것은 인간적 인식의 불충분성 때문이 아니다(그런 경우라면 인식의 불충분성은 부분적으로—단지 부분에 그치겠지만—계시를 통해 수정될 것이다). 오히려 하나님의 은폐성은, 만일 인간이 하나님과의 만남 안에서 정말로 하나님과 관계를 맺게 된다면, 그것은 오직 **하나님의** 가능성이며, 앞으로도 그럴 뿐이라는 사실에 근거한다. 이렇게 이해된 하나님의 은폐성이 없다면, 인간은 계시 속에서 실제로 하나님과 관계를 맺지 못한다.

(3) 하나님께서 실제로 말씀하시는 가운데 인간이 하나님과 관계를 맺게 되고 하나님이 인간과 관계를 맺는 일을 가능케 하시는 분은 하나님 곧 오직 하나님뿐이며, 이에 대해 인간은 아무런 가능성도 갖지 못한다. 다시 말해 **하나님**은 오직 하나님을 **통해서**만 인식되신다. 이때 하나님은 하나님을 통해 참되게 인식되실 **수 있다**(312; 비교. II/1, 200f.). 바로 이 명제는 바르트의 삼위일체론의 특성을 표현한다. 따라서 삼위일체론은 교의학에서 "먼저 말해져야 하는 것"(프로레고메나)에 속하는 것으로 강조된다. 바르트는 삼위일체론이 "계시에 대한 **필수적이고 적합한** 분석"이라고 이해한다. 그다음에 바르트는 "아버지, 아들, 성령"이라는 삼위일체론적인 개념을 계시자(Offenbarer), 계시(Offenbarung), 계시됨(Offenbarsein)이라는 삼중구조로 옮겨 표현한다(310). 그 구조에 따르면 하나님은 계시의 주체이실 뿐만 아니라, 계시의 행동 그리고 계시의 목표도 되신다. 이 점에서 하나님은 "삼중적"으로 이해될 수 있다. 이와 같은 삼위일체로서 하나님은 인간이 할 수 없는 것을 행하실 수 있다. 하나님은 그것을 계시 가운데 행하셨다. 그것은 하나님이 자기 자신을 인간에게로 향하신 것과 인간을 하나님 자신에게로 향하도록 만드신 것이며, 그렇게 함으로써 인간이 하나님을 인식할 수 있도록 하나님 자신을 **보여주시고**, 그래서 하나님 자신

이 인식될 수 있도록 하신 것이다. 하나님이 **자신이** 인식되도록 **내어주시며**, 그렇게 함으로써 인간에 의해 인식**되시는 것**은 세 번에 걸쳐 동일한 은혜, 곧 자유롭고 선하시고 효력이 있는 은혜다.

우리는 "신학은 언제나 또다시 처음으로 되돌아가 다시 시작한다"라고 말했다. 이 말은 이제 하나님께서 우리에게 앞서 말씀하신 것이 무엇보다도 최우선적으로 우리에게 말해지도록 한다는 것을 의미한다. 그 이유는 우리가 그렇게 말씀된 것을 항상 다시 성찰하고 뒤따르고 추구하기 위해서이며, 또한 우리의 생각을 우리 생각보다 앞서 말씀하신 것에 따라 틀로 형성하고 각인하기 위해서다. 폰 발타자르(H. U. von Balthasar)는 바르트 교의학에서 "삼위일체는…어떤 구성적인 역할"도 하지 않는다고 비난한 바 있다.[166] 이것은 바르트가 교의학의 구조를 **삼위일체론**으로부터 구성하거나 확대하는 것을 사실상 거부한다는 점에서 옳다고 할 수 있다. 하지만 바르트가 그것을 거부하는 것에는 이유가 있다. 그렇게 구성한다면 교의학의 대상은 어떤 "체계"를 세우기 위한 "사용할 수 있는 원리"가 되고 말 것이기 때문이다. 하지만 바르트에게 교의학의 대상은 "자신의 사역과 행동 안에 있는 하나님의 존재"다. 다시 말해 그 대상은 "모든 교리와 모든 직관보다 앞서는 동시에 오직 자기 자신 안에만 근거하는 하나님의 말씀의 사건"이다(I/2, 983). 그런데 이것은 "**삼위일체**" 하나님의 말씀 사건이라는 의미를 함축하고 있다.

바르트는 자신의 교의학에서 제시되는 각각의 주제를 파악할 때, 바로 그와 같은 "말씀과 사역 안에 있는 하나님의 존재"를 뒤따라 성찰(nachdenken)할 수 있는 관점으로부터 출발한다. 그다음에 그는 자신의 사고과정을 크고 작은 세 단계의 구조로 구성한다. 이것은 물론 자유롭

---

166 *Karl Barth*, 272.

게 시도되지만 그러나 또한 언제든지 다시 인식될 수 있는 일관성을 갖는다. 이런 세 단계는 분명 바르트가 이해하는 삼위일체론의 의미에 따라 형성되었다고 할 수 있다. 그 과정에서 바르트는 보통 하나님의 말씀하심과 행하심의 주체에 대해 먼저 언급하고, 그다음 그 행위 자체를 언급하며, 그런 다음에 그것의 목적에 대해 언급한다. 이와 같이 그의 사고과정은 계속 또 계속해서 하나님께서 인간에게 다가오시는 길과의 지속적인 일치를 추구한다. 그 길에서 하나님께서는 스스로 인간에게 향하시고, 인간을 하나님 자신에게 향하도록 만드신다. 하나님께서는 인간에게 자신을 열어 보이시고, 인간을 하나님 자신을 향해 개방시키신다. 이때 바르트가 매번 "위로부터" 곧 하나님으로부터 출발하는 것은 우연이 아니다. 바르트가 강조하는 대로 **우리는** 그렇게 출발할 수 없다. 그러나 우리는 하나님께서 이미 그 길을 가셨고 자신의 말씀을 통해 이미 우리에게 말을 건네고 계신다는 현실성에 근거해서 그렇게 해야만 한다. 바로 그런 이유에서 바르트는 대개의 경우 자신의 세 단계의 사고 앞에 "해석학적"인 논의를 앞세우는데, 이 논의를 통해, 물론 먼저 주어지는 계시의 현실성 안에 근거해서, (위의 세 단계로) 전개된 내용의 인식이 어떤 한도에서 주어지고 제시될 수 있는지를 각각 설명한다.

인간에게 다가오시는 하나님의 길을 그와 같은 삼중구조로 이루어진 사고과정 속에서 성찰함으로써, 바르트는 삼위일체 하나님의 사역에 관해 숙고하기를 시도한다. 하나님은 모든 것에서 삼위**일체** 하나님이시기 때문에, 하나님은 존재하고 말씀하고 행동하시는 모든 것에서 삼위일체이면서 언제나 또한 동시에 한 분 하나님이라고 생각되어야 한다. 바르트의 인식은 바로 그 삼위일체 하나님께 상응하고자 시도한다. 그 결과 바르트가 전개하는 사고과정은 **앞뒤 순서로**(nacheinander) 삼중적일 뿐만 아니라 동시에 **옆으로도 나란히**(nebeneinander) 세 부분의 구조로 구성된다. 그의 사고과정의 본래적인 구조는 그와 같이 드러난다. 그 구조 속에서 세 가지로 나뉜 수직선이 세 가지로 나뉜 수평선과 서로 연결되고 서로 상응한다.

이렇게 서술한 구조를 예로 들어 바르트의 신론(II/1, II/2)의 내용에 적용하여 도표로 그리면 다음과 같다.

신론	II/1: 하나님의 현실성	II/2: 하나님의 은혜의 선택(예정)	II/2: 하나님의 계명
하나님의 현실성	행동 속에 있는 하나님의 존재	하나님이 자신과 인간 사이에 계약이 맺어지도록 하나님 자신을 규정하심	하나님의 향하심 안에 포함된 (우리에 대한) 요청
하나님이 인간에게 향하심	하나님의 사랑의 완전성	은혜의 선택(예정)이 시간 안에서 실행됨	하나님의 결정의 선하심
하나님의 요청	하나님의 자유의 완전성	은혜의 선택(예정)을 수용하는 자들	하나님이 죄인들을 하나님 자신의 사람들로 규정하시는 심판

바르트의 사고과정은 위와 같이 수직과 수평으로 이루어진 특징적인 삼중구조를 갖는다. 이 구조가 어떻게 세부적인 주제도 형성하는지를 다음의 두 번째 도표가 보여준다. 이것은 위의 도표의 중간 칸(예정론)의 하위구조를 예시한다.

은혜의 선택(예정)론	하나님의 선택	계시/은혜의 선택에 대한 증언	은혜의 선택의 수용자
하나님의 선택	하나님의 영원한 계약과 결의	하나님의 자유로운 은혜의 증인: "이스라엘/교회"라는 하나의 공동체	선택된 자와 유기된 자의 연대
선택의 계시/증언	시간 속에서 실행되는 계약	은혜의 선택의 증언: 들려지고 믿어진 증언	은혜의 선택의 증인으로 선택(예정)된 자
선택의 수용자	계약의 파트너인 인간	증언의 목표: 하나님을 더 이상 거부하지 않는 인간	은혜의 선택에 대한 증언의 수용자인 유기된 자

바르트의 신론의 구조를 이와 같이 분명하게 표현할 때, 우리는 바르트가 여기서 제기했다고 본 내용과 과제도 함께 이해할 수 있다. 바르트가 『교회교의학』 III-V에서 삼위일체 하나님의 삼중적 사역(창조, 화해, 구원)을 다루고자 했다는 사실과 관련하여 II/1과 II/2로 서술되는 "신론"이 그보다 앞서 위치하고 있다는 것이 특징적이다. 이와 같은 주제 배열은 오직 우리가 **먼저** 하나님을 그분의 사역의 **주체**로 인식할 때 비로소 **우리에게 관계되고 우리를 위한 것이며 우리와 함께 하는** 하나님의 **사역**에 관해 바르게 말할 수 있다는 사실을 의미한다. 다시 말해 위와 같이 인식하지 않는다면, 우리는 삼위일체 하나님의 삼중적인 사역을 **하나님의** 사역으로 인식할 수 없게 된다. 그러나 신론을 이렇게 하나님의 사역에 관한 교리 앞에 위치시키는 것은 그와 함께 바르트가 하나님의 사역의 배후에 놓인 어떤 "즉자적"인 신적 존재를 ("형이상학적으로") 파악하고 있다는 사실을 의미하지 않는가? 나아가—자주 등장하는 이의제기에 따르면—그때 우리가 끝없는 사변에 빠지지 않고서 그런 어떤 신적 존재에 관해 진술하는 것이 도대체 가능한가? 왜냐하면 우리 **인간**은 (다른 모든 것과 마찬

가지로) 하나님을 **우리와의** 관계 속에서가 아니면 달리 인식할 길이 없기 때문이다.

물론 바르트는 하나님에 관해 말할 때, 철저히 우리와의 관계 안에 계신 하나님에 관해 말한다. 그러나 바르트가 문제 삼는 것은 그 관계가 인간적 인식의 약점들 또는 제약성에 근거한다는 사실이다. 바르트는 그와 반대되는 것을 강조한다. 그리스도교 신학이 정말로 말해야 하는 그 관계는―다시 한 번 인간적 인식의 한계성을 넘어서서―하나님이 은혜 가운데 인간과 관계를 맺어주신다는 사실에 근거하고 있다(비교. II/1, 204.217). 그렇게 하지 않고 인간적 인식의 약점과 제약성 위에서 사고한다면, 한편으로는 만물을 바로 **자기 자신**과 연관시키는 인간이 신학적 사고의 중심이 될 것이며, 다른 한편으로는 앞서 바르트에게 향해졌던 이의제기와 똑같은 비판이 제기될 것이다. 그것은 인간이 하나님을 오직 자기 자신에게 관련시킬 수밖에 없는 한, 하나님은 그 자체로 추상적인 "즉자적" 존재로 생각될 수밖에 없을 것이라는 비판이다. 바르트는 전적으로 다른 관계, 즉 인간 안에 근거하지 않고 하나님 안에 그리고 하나님을 통해 근거되며 하나님이 은혜로써 창조하신 관계를 말한다. 이 점에서 바르트가 신론(II)을 하나님의 사역론(III-V) 앞에 앞세우는 의미가 분명해진다.

그 의미란 하나님의 사역의 배후에 놓인 어떤 추상적인 신적 존재를 말하는 것이 아니라, 하나님이 자유로운 은혜 안에서 자신의 사역의 **행위자 및 주도자**시라는 주장이다. 다시 말해 하나님 자신이 그분의 행동의 주체이시며, 그 주체란 하나님의 행동의 외부에 "있지" 않고, 그 주체 없이는 하나님의 행동은 하나님 **자신의** 행동이 아니게 된다. 이와 같은 주체에 먼저 집중하지 않는다면, 우리와 하나님과의 관계에서 우리가 실재하시는 **대상**(Gegenüber), 무엇보다도 우선 우리의 근거가 되어 주시는 대상과 관계하고 있다는 사실이 의심스럽게 될 것이고, 그 관계는 오직 하나님의 순수한 은혜를 통해서만 현존한다는 사실도 부정될 것이다.

이제 앞서 살펴본 도식이 보여주는 것처럼 왜 바르트가 자신의 신론을 삼위일체론적인 구조로 구성했는지도 이해될 것이다. 이러한 구성을 통해 자신의 사역의 주체가 되시는 하나님은 단순한 "즉자적" 존재가 아니시라는 사실이 예시된다. 그런 존재는 인간과 관계를 맺기 위해 인간을 필요로 하고 또 인간에 의존하는 존재에 그친다. 어떻게 그런 관계가 순수한 은혜일 수 있겠는가? 오히려 하나님은 그분 자신 안에서 관계에 부요하시며, 관계적 본질이시다. 그렇기 때문에 하나님께서는 자신의 은혜의 자유 속에서 자신과 인간과의 관계를 설정하고 그 관계를 주도하실 수 있다. 이와 같이 이해한다면 세 장(障)으로 나뉘어 서술되는 신론의 내용이 일관성 있게 삼위일체론적으로 전개되는 것은 충분한 의미를 지닌다.

(1) 신론은 하나님의 **현실성**을 다루며, (1.1) 하나님이 "존재하신다"(ist)는 사실을 서술한다. 하나님의 존재는 일반적인 존재 개념 안에 놓이는 하나의 특별한 경우가 아니다. 왜냐하면 하나님이 "**존재**"하는 것이 아니라, "**하나님**"이 존재하시기 때문이다. 신론은 하나님의 존재를 어떤 정적인 존재인 것처럼 말하지 않으며, 그런 존재에 대해 그분의 행동은 없어도 무방한 피상적인 것처럼 설명하지도 않는다. 오히려 하나님은 자기 자신 안에 존재의 근거를 지니고 자기 자신을 통해 움직이는 존재이시기 때문에, 그리고 그런 존재임으로써(303, 339) 하나님의 존재는 "행동 안에 있는 존재"다. 하나님은 "오직 자신의 행동 안에서 바로 그분 자신으로서 **존재**하는 하나님"이시다(305). 자신의 **행동**의 **주체**이시고, 그 주체는 자신의 행동의 외부에 "존재"하지 않으며(305), 그 주체가 없다면 그 행동은 **하나님의** 행동일 수 없다. (1.2) 하나님의 "**속성들**"은 그분의 무수한 완전성들로 이해된다. 완전성들은 하나님께 외적으로 첨가된 것이 아니다. 오히려 하나님은 그 완전성들 안에서 "영원히 부요하신 하나님"으로

서 자신의 고유한 본질이시다. 그러한 완전성은 크게 두 가지로 나누어지는데, 하나는 그분의 **사랑하심**의 완전성이다. 이것은 하나님께서 바로 자신의 행동 속에, 곧 사역 속에 계시면서 관계와 연합을 성취하고 수립해가심으로써 가능한 것이다. (1.3) 다른 하나는 그분의 **자유**의 완전성들인데, 여기서 자유는 그분의 사랑하심과 대립되지 않으며, 그렇다고 자의적인 자유도 아니다. 자유 속에서 하나님은 자신의 사랑하심을 지양하지 않으시고, 오히려 하나님은 자유 속에서 전적으로 사랑 안에 있는 자기 자신이시며, 자유 속에서 그분의 사랑하심은 전적으로 **하나님 자신의** 사랑이 된다. 사랑 안에서 하나님은 자신의 사랑하심이 무엇인지, 그 사랑하심을 어떻게 사용하실 것인지를 자유롭게 규정하신다. 이와 같이 하나님의 존재는 "자유 속에서 사랑하시는 분으로서의 존재"다(288).

(2) 신론은 두 번째로 **은혜의 선택**("예정론")의 장을 다루는데—이것은 바르트 교의학 전체의 정점을 형성한다—하인리히 바르트(Heinrich Barth)의 표현에 따르면 이 장은 "모든 시대의 그리스도교 사상 전체가 경악하게 되는 사건"이다. 바르트는 예정을 철저히 은혜의 선택으로, 나아가 "복음의 총화"(II/2, 9)로 이해한다. 다시 말해 (2.1) 예정론은 외부를 향한 하나님 자신의 모든 길의 시초에 취해진 자기 규정, 곧 하나님께서 인간과 연합되시기 위한 자기 규정으로 이해된다. 하나님의 이와 같은 자기 규정은 그 자체로 하나님의 인간 규정을 내포하는데, 여기서 인간은 하나님과의 연합으로 규정된 인간이다. (2.2) 은혜의 선택은 이스라엘 백성과 맺으신 하나님의 계약이 예수 그리스도 안에서 성취됨으로써 시간적으로 실행된다. 은혜의 선택은 하나님이 죄인들과의 연합을 선택하시는 것이며, 그 연합 속에서 하나님은 죄의 심판을 자기 자신에게로 돌리시고, 생명을 죄인에게로 돌리신다. 하나님의 은혜의 선택은 버림받은 자들에게 "하나의 공동체"를 통해 구원을 증언하며, 하나의 공동체는 유대인들로

구성된 이스라엘과 이방인들로 구성된 교회라는 이중의 형태를 지닌다. (2.3) 은혜의 선택을 수용하는 자는 바로 버림받은 죄인들이다. 하나님께서 예수 그리스도 안에서 죄인을 자신과의 계약의 파트너로 선택하시고, 이 사실의 증언을 위해 선택된 "하나의 공동체"가 그에게 증언한다.

(3) 교의학이 자체 안에 윤리를 포함한다는 것은 바르트에 의하면 은혜의 하나님이 또한 명령하시는 하나님이기도 하다는 사실에 근거한다. 은혜의 선택이 하나님의 사랑에 상응한다면, 하나님의 **계명**에 관한 장은 하나님의 자유에 상응한다. 여기서 하나님의 자유는 하나님의 주님되심과 동일하다(II/1, 338). 하나님의 계명은 (3.1) 인간에 대한 하나님의 **요청**이다. 그 요청은, 복음이 율법을 함축하고 있고 은혜 전체는 동시에 인간에 대한 하나님의 의를 함축하고 있기에 정당한 것이다. 그렇기 때문에 하나님의 계명은 동시에 (3.2) 인간을 위한 하나님의 **은혜로운 결정**이다. 따라서 그 결정은 인간이 맹목적으로 견뎌내야만 하는 하나님의 처분이 아니다. 왜냐하면 하나님의 계명은 우리에게 **좋은** 것을 요청하며, 그것에 대한 하나님의 설명이기 때문이다. 동시에 하나님의 계명은 (3.3) 계명을 듣는 자인 인간에 대한 **심판**이기도 하다. 하나님의 심판은—바르트는 여기서 심판 개념을 신학적으로 새롭게 정립한다—은혜로운 것이다. 왜냐하면 심판 안에서 하나님은 죄인을 죄로부터 분리시키시며, 그렇게 하심으로써 하나님 자신을 인간과 분리시키지 않으시고 오히려 인간을 자기 사람들이라 부르고 주장하시기 때문이다.

창조론

총 4권으로 이루어진 『교회교의학』 제III권은 창조론을 다룬다. 비록 이 교의학은 나머지 책들처럼 명확한 구조를 보여주지는 않지만(III/3, V), 여기서도 바르트가 앞에서 하나님의 은혜의 계시를 이해할 때 인식했던 형식적 원칙이 감지된다. 바르트가 이해했던 창조론의 내용은 다음과 같은 원칙 안에서 드러난다. 만일 우리가 **창조자**를 알지 못한다면, 만일 우리가 **하나님**을 세계의 창조자로 인식하지 못한다면, 만일 우리가 하나님에 대한 **믿음** 안에서 세계를 인식하지 못한다면, 우리는 세계를 "창조"로 인식할 수 없다. 그러나 하나님께서 자기 자신을 계시하셨다면, 그 결과 그와 같은 관계 속에서 다음과 같은 이중적 의미의 인식이 주어진다. 첫째, 여기 창조론에서도 계시와 말씀 속에서 자신을 열어 보이신 바로 그 하나님 외에 다른 어떤 하나님이 주관하시는 것이 아니라는 사실이 진지하게 숙고되어야 한다. 그러므로 창조자 하나님은 화해자 그리고 구원자 하나님과 대립되는 어떤 하나님이 아닐 뿐만 아니라, 또한 말하자면 부분적으로만 하나님인 어떤 신도 아니다. 다시 말해 우선은 단순한 "아버지 하나님"이고, 그다음에 그리스도의 계시 안에서 창조 가운데 일어났던 첫 번째 계시를 보충하면서 비로소 자신을 완전히 드러내는 그런 하나님이 아니시다. 오히려 삼위일체 하나님이 하늘과 땅의 창조의 주체이시다(III/1, 52ff.).

다른 한편으로 모든 사역에서 하나님은 동일한 하나님이신데, 어떤 한도에서 그 하나님이 창조의 사역에서는 화해나 구원의 사역에서와는 다른 어떤 것을 행하시는지가 설명되어야 한다. 바르트에 의하면 이것은 오로지 창조가 계시로부터 이해될 때, 다시 말해 창조가 창조 안에서 실행된 하나님과 인간 사이의 계약으로부터 이해될 때, 설명될 수 있다. 여기서 계약은 성서가 증언하는 이스라엘과 예수 그리스도의 역사 속에서 하나님께서 인간과 맺으신 계약이다. "바로 창조를 바라보는 관점에서도 우리는 예수 그리스도를 지나치는 것은 **불가능**하다"(49). 성서가 진술하는 "말씀을 통한" 창조가 그것을 의미한다. 이때 말씀은 신약성서에서는 예수 그리스도와 동일시된다. 우리는 창조를 계약으로부터 **이해해야** 한다. 왜냐하면 계약이 창조보다 실질적으로 **앞서기** 때문이다. 피조물에 대한 하나님의 긍정(Ja)이 피조물의 현존재보다 앞선다. 따라서 하나님의 긍정은 타락한 피조물의 부정으로 인해 무효로 되지 않는다. 오히려 하나님이 화해의 계약 속에서 타락한 피조물을 긍정하신다는 사실로부터 하나님께서 피조물의 현존재를 무한히 긍정한다는 사실이 인식될 수 있다.

그 사실로부터 하나님의 창조는 하나님의 계약 의지와 계약 결의에 상응하는 하나님의 사역으로 이해된다. 이 의지와 결의는 인간의 타락이 부정할 수는 있으나 지양할 수는 없다. 이 사실은 바르트가 자신의 창조론의 내용을 전체적으로 혹은 세부적으로 형성하는 데 바탕으로 사용했던 사고구조에서 잘 드러난다. 또한 이 구조도—마찬가지로 지평선과 수직선으로 전개되면서—세 단계로 이루어져 있다(25ff.). (1) 하나님께서 자신과 구분되고 상이하며 독특한 현실성에게, 즉 실재하는 대상에게 현존재를 부여하고 허락하고 보장하신다는 의미에서 하나님은 창조자가 되신다. (2) 피조세계의 현존재, 특별히 인간의 현존재는 전적으로 바로 그와 같은 하나님으로부터 유래하기 때문에, 그 자체가 허락받은 현존재이며, 하나님의 선하신 행동을 드러내는 현존재다. (3) 이와 같이 이중적이지만 그러나 하나인 현실성은 역사, 곧 성서의 증언에 따르면 하나님이 자신을 우리에게 계시하시는 역사를 통해 우리에게 알려지는 진리다. 이 세 단계는 이제 창조론 전체의 토대를 결정한다.

III/1은 창조의 주체 곧 창조자에 관하여 말하며, 그분 자신의 행위 곧 창조의 행동 안에 계신 창조자에 관하여 말한다. 이것도 계속해서 세 단계로 말해진다. (1) 창조자에 대한 신앙은 "세계"를 창조자의 창조 작품으로 말할 수 있게 하는 조건이 된다. (2) 창조자의 행동, 그분의 창조 행위는 창조와 계약 사이의 관계를 세분화하여 다룸으로써 제시될 수 있다.

다시 말해 창조 행위는 창세기 1장과 2장의 상세한 주석을 통해 제시된다. 나아가 (3) 하나님의 행위는 무언의 행위가 아니라 하나님의 말씀과 연결되어 있고, 말씀 속에서, 다시 말해 자신의 피조물에 대한 하나님의 긍정 안에서, 하나님은 자신의 작품의 선한 의미를 열어 보이신다는 사실이 서술된다.

III/2는 하나님이 창조하신 것으로부터 나온 것, 즉 피조물을 다룬다. 피조물은 바르트에 의하면 결정적으로 인간이다. 그 이유는 다른 피조물보다 뛰어나서가 아니라, 인간이 하나님의 말씀 안에서 그 말씀에 가장 먼저 "응답-할 수 있는" 즉 책임질 수 있는 말씀의 수용자이기 때문이다. 바로 그렇기 때문에 인간 존재의 구조들은 인간 존재 그 자체로부터는 인식될 수 없고, 오로지 하나님 자신의 말씀 안에서, 구체적으로 말하자면 "참하나님"이시며 동시에 "참인간"이신 말씀 안에서 인식될 수 있다. "참인간"이란 바르트의 표현으로는 "현실적 인간"(wirklicher Mensch)이다. 이와 같은 두 번째 단계에서는 그 외에도 하나님의 창조의 선함에 대해서도 깊이 생각된다. 바르트는 창조의 선함은 인간이 홀로 존재하지 않고 본질적으로 관계 속에 존재한다는 사실에 있다고 본다. 다시 말해 인간은 먼저 하나님과의 관계 속에 존재하며, 나아가 육체적-영적 생명체로서 이웃 피조물과의 관계 그리고 자기 자신과의 관계 속에 존재하며, 마지막으로 유한한 시간과의 관계 속에 존재하는데, 그 시간 안에서 있는 그대로의 피조물은 각각 실존한다.

III/3의 주제는 창조자와 피조물 사이에 일어나는 역사다. 이 역사 안에서 창조의 현실성과 선함이 입증되고 진실임이 분명해진다. 여기서 바르트가 진행해 나가는 세 단계는 다음과 같다. (1) 하나님은 ("아버지"로서는) 사랑 안에서, 그리고 ("주님"으로서는) 자유 안에서 자신의 피조물을 유지, 동반, 통치하시는 분이다. 하나님은 자신과의 계약으로 선택된 자기 사람들에게 먼저 그렇게 행하시며, 바로 그 점에서 위와 같은 하나님이시다. 이것이 소위 "섭리론"의 의미다. (2) 바르트는 여기서, 즉 세 단계로 전개되는 그의 사고과정에 따르면 하나님의 행위의 선하심에 관한 논의가 진행될 것으로 기대되는 바로 이곳에서, "악"을 서술한다. 이것은 처음에는 놀랍게 느껴질 수 있다. 그러나 바로 여기가 악에 관한 것을 다루기에 적절한 곳이다. 왜냐하면 바르트는 악을 "무"(das Nichtige)로 이해하기 때문이다. "무"는 하나님이 처음부터 부정하신 것을 뜻한다. 무는 그 자체로는 하나님으로부터 온 것도 아니고, 하나님의 피조물도 아니다. 그래서 그것은 창조 안에서 그 어떤 정당한 자리도 갖지 못한다. (3) 바르트는 한 번 더 우리를 놀라게 한다. 앞서 말한 (선한 그리고 악한) 이중적인 현실성의 역사적 서술과 상세한 설명이 기대되는 곳에서, 바르트는 하늘나라와 하나님의 사자들, 곧 천사들에 대해 서술하기 때문이다. 그러나 이 내용이 여기에 삽입된 것 또한 충분한 의미를 갖는다. 왜냐하면 여기서 다음과 같은 내용(III/3, 426)이 주요 관건이기 때문이다. 하나님은 (하늘이라는) "상층 세계", 곧 그 자체도 피조물이기는 하지만 땅의 피조물에게는 원칙적으로 도달이 불가능하고 거꾸로 땅의 피조물들과의 경계를 형성하는 "상층 세계"를 하나님 자신을 위해 요청하시며, 바로 그곳으로부터 하나님 자신의 계시와 뜻의 권위 있는 증인들인 메신저들을 땅으로 보내신다.

    III/4에서는 **창조윤리**가 뒤따라온다. 여기서 창조윤리는 일반적으로 널리 통용되는 "창조 질서들"을 대신하고 있으며, 자유라는 주도적 개념 아래서 전개된다. 이것이 의미하는 것은 인간에 대한 자유로운 긍정이다. 즉 인간은 특정한 근본관계들 속에서 인간적이기에 그는 하나님의 선한 피조물이다. 여기서 관건은 창조자의 선하신 뜻의 긍정인데, 이 사실은—의무적인 윤리나 규범으로서의 윤리와는 달리—안식일 계명이 윤리의 정점에 놓인다는 점을 통해 매우 강조된다. 안식일 계명의 의미는 자신의 생존권을 스스로-획득-해야 한다는 굴레로부터의 해방이다. 그 해방의 결과, 우리에게 명령된 행동은 이미 우리에게 은혜로 주어져 있는 생존권으로 말미암아 자유롭고 해방된 행동으로 이해될 수 있다. 인간을 피조물로 규정하는 근본관계들에 따르면 인간은 그 근본관계들에 상응하라는 요청을 받는다. 상응한다는 것은 인간이 자신의 자유를 하나님과의 연합 안에서 행동으로 입증하는 것, 또한 이웃 인간, 자기 자신, 나아가 자신의 유한한 시간과의 관계 안에서도 그렇게 입증하는 것을 의미한다.

화해론

『교회교의학』 제IV권을 구성하는 네 권은 화해론을 다루고 그 내용은 『교회교의학』의 내적인 중심을 형성한다. 바르트는 화해론에 관해 최고의 형식을 갖춘 예술성 있는 계획안을 꿈속에서 본 후, 깨어나자마자 곧바로 그것을 종이에 옮겨 적었다고 한다.[167] 이번에는 세 가지 수직적인 단계가 각각 세 개의 지평선과 두 번에 걸쳐 교차한다. 이런 배치 구조를 도식으로 묘사하기 전에, 먼저 화해론의 이해를 위한 몇 가지 설명이 요청된다.

(1) 원래 바르트는 이 책들에게 **계약론**(Lehre von Bund)이라는 이름을 붙이려고 했다. 실제로 계약은 화해론의 내적인 주제이며, "임마누엘" 곧 "우리와 함께 하시는 하나님"(IV/1, 2ff.)이라는 공식적인 문구로 요약되어 있다. 바르트는 예수 그리스도를 "참하나님 그리고 참인간"으로 표현하는 고전적인 문구를 이제는 그분 안에서 맺어진 계약의 표현으로 이해한다. 예수 그리스도는 이스라엘과 맺은 "옛" 계약에 대한 "새로운" 계약이 아니라, 그 계약의 **성취**이시다. 하나님은 그 계약을 이스라엘과 맺으셨지만,

---

[167] E. Busch, *Lebenslauf*, 391. 비교. KD IV/1, 83ff.

이제 그것은 그분 안에서 성취됨으로써, 모든 사람을 위해 완성된 계약이 되었다.

(2) 예수 그리스도 안에서 발생한 계약의 성취는 죄로 인해 그 동기가 비로소 유발된 것이 아니며, 오히려 피조물들에 대해 하나님이 본래 가지고 계셨던 선한 의지의 실행으로 이해되어야 한다. 하나님의 계약이 **단지**(nur) 죄에 대한 반응에 불과하다면, 그 계약은 죄의 조건 아래 있게 되며, 그렇게 된다면 죄의 극복 자체가 일어날 수 없을 것이다. 하지만 만일 계약이 **또한**(auch) 죄에 대한 반응이 아니라면, 그때 계약은 계약 당사자의 한쪽 편인 인간을 상실하게 되어서 결코 "성취"되지 못할 것이다. 그러나 바르트의 말처럼 계약이 **또한**(auch) 죄에 대한 반응이기도 하다면, 그때 죄는 사실상의 "우발사건"(Zwischenfall)(72)이라고 특징적으로 표현된다. 이 우발사건은 하나님의 본래의 계약의지를 저지할 수 없고, 오히려 죄에도 불구하고 계약은 **우선적으로 올바르게** 성취된다는 것을 나타낼 수 있을 뿐이다. 계약의 성취는 말하자면 하나님의 **행동**이다. 이 행동은 죄에 직면하여 실제로 반작용의 형태를 취한다. 이것은 죄인들이 하나님과 이루는 **화해**라는 형태를 뜻한다.

(3) 화해의 사건 안에서 예수 그리스도의 **인격과 사역**은 분리될 수 없다. 바르트는 소위 그리스도의 "**양성론**"(참하나님 그리고 참인간)에 대해 소극적인 입장이다. 예수 그리스도의 "본성"은 그의 실제의 **행동** 안에 존재한다. 그렇기에 우리는 그분의 인격을 그 인격이 실행하는 사역 안에서가 아닌 다른 어느 곳에서 인식할 수가 없다. 물론 그리스도의 인격이 그분의 사역 안에 지양된 것으로 우리에게 여겨진다면, 우리는 그분의 사역 또한 올바로 인식할 수 없을 것이다. 이것은 우리가 그분의 인격을 혼동될 수 없고 대체될 수 없는 그분의 사역의 주체로 인식하지 못할 경우에도 마찬가지다. 이와 같이 그리스도의 인격과 그의 사역은 서로 구분될

수 없다. 좀 더 분명하게 말하자면 그리스도의 사역 안에는 진정한, 신적인, 인간이 되신 대상이 우리에게, 우리를 위해, 우리와 함께 행동하시며, 이것이 일으켜내는 것은 그 대상의 순수하고 은혜로운 주도권에 근거한다.

(4) 예수 그리스도의 인격을 이해함에 있어 바르트는 고전적인 교리 안에서는 서로 연결되지는 않은 채 단지 나란히 다루었던 세 개의 교리를 내적으로 결합시킨다. 그것은 a) **하나의 위격 안에서 참하나님이시요 참인간**이라는 그리스도의 두 본성에 관한 교리, b) 낮아지심과 높여지심이라는 그리스도의 두 신분에 관한 교리, c) 제사장, 왕, 예언자라는 그리스도의 세 직무에 관한 교리다. 이 교리들은 다음과 같이 연결된다. a) 그리스도는 스스로 **낮아지시고** 그렇게 하심으로써 **제사장으로서** 우리에게 행동하신다는 점에서 **참하나님**이시다. b) 그리스도는 하나님이 하나님 자신과의 연합으로 **높이시고** 그래서 **왕으로서의** 인간이 되신다는 점에서 **참인간**이시다. c) 그리스도는 자신이 자신의 존재와 행하신 것에 대한 **보증인과 증인**으로서 **성령** 안에서 자신을 우리에게 알리시며, 그렇게 하여 **예언자로서** 활동하신다는 점에서 **한분** 위격이시다.

(5) 바르트는 자신만의 독특한 **죄론**을 전개한다. 그것은 그리스도 안에서 발생한 하나님의 사역이 죄에 의해 제약된 것이 아니고, 그 사역은 단지 차후에 죄에 대해 반작용한 것이라는 이해에 기초한다. 죄는 그것의 본질에서 신적인 혹은 인간적인 법을 어기는 어떤 잘못된 행위가 아니라, 죄인들과의 화해를 위해 은혜와 사랑 가운데서 그들과 만나시는 하나님께 대한 반역이다. 그러므로 죄란 단순히 금지된 것에 그치는 것이 아니라 절대적으로 근거가 없는 것이며, 그럼에도 불구하고 감행된 죄의 현실성 안에서 완전히 밑바닥을 상실한 것이어서, 오직 하나님의 화해만이 그것을 능가할 수 있다. 따라서 죄는 오직 하나님이 자신의 선하신 뜻 가운데 그것과 대적하여 서는(논쟁하는, auseinander-setzen) 곳에서만 인식될 수

있다. 따라서 죄론은 그리스도론보다 앞서는 것이 아니라 그리스도론의 바로 뒤에서 다루어진다.

(6) 예수 그리스도 안에서 발생하는 하나님의 행동이 관철될 때 그것은 죄에 대해 반작용하는 형태를 취하기 때문에, 그 행동은 또한 죄가 입히는 손상을 치유하는 수단도 포함한다. 고전적인 교의학이 구원론이라고 부르던 것, 곧 구원에 관한 교리가 바로 그 치유를 다룬다. 고전적인 방식으로 말하면 여기서는 하나님에 의한 죄인들의 칭의와 성화가 서술된다. 바르트는 이 두 가지 주제들을 아주 중요한 세 번째 관점으로 보충한다. 그것은 인간이 하나님의 화해에 대한 증인으로 부르심을 받는 소명의 관점이다.

(7) 고전적인 교의학에서는 구원의 수여(Zueignung)에 관한 위의 교리 뒤에 믿음 안에서 우리가 개인적으로 구원을 **수용**(Aneignung)하는 교리가 뒤따라 서술된다. 하지만 바르트는 이것을 몇 가지 관점에서 수정한다. a) 바르트는 이 두 가지 국면 모두를 결정적으로 **성령**의 사역으로 이해한다. b) 바르트는 구원이 성령을 통해 그리스도교 공동체(Gemeinde)에 먼저 알려지며, 그래서 개인은 오직 공동체 안에서만 그리스도인일 수 있다는 점을 강조한다. c) 동시에 이 사실은 "교회"(Kirche)가 그리스도와 개별 인간들 사이에 서는 구원의 중재자가 아니라는 점을 강조한다. 따라서 교회는 교회적 성직과 평신도라는 두 가지의 본질적으로 구분되는 계층으로 분리될 수 없다. 모든 지체는 교회 안에서 성년이다. d) 교회 안의 그리스도인들은 항상 단지 잠정적으로만 다른 사람들과 구분된다. 그리스도인을 다른 사람들로부터 구분하는 것은 그리스도 안에 있는 구원이 그들에게 알려져 있다는 사실이지, 구원이 그들에게만 유효하고 다른 사람들에게는 유효하지 않다는 사실이 아니다. 따라서 그리스도인들은 구원을 다른 사람들에게 증언해야만 한다. e) 이제는 오로지 믿음만이 올바르고 책임

적인 "구원의 수용"이 아니라, 사랑과 희망도 믿음과 마찬가지로 그 수용에 속한다.

이와 같은 설명에 근거해서 바르트의 화해론이 갖고 있는 형식적인 구조도 이해될 수 있다. 그 구조 안에서 삼위일체 하나님과 그 하나님으로부터 인간에게로 나아가는 바르트적 사고 형식의 길이 다시 한 번 드러난다.

예수 그리스도의 인격	IV/1: 하나님이 인간에게로 향하심	IV/2: 인간이 하나님께로 방향을 전환함	IV/3: 그분의 계시/증언
두 가지 본성(주체)	예수 그리스도, 참하나님	예수 그리스도, 참사람	자신의 위격의 통일성 안에 계신 예수 그리스도
두 가지 신분(행동)	자기 자신을 인간에게로 낮추시는 분	하나님에 의해 높여지시는 분	화해의 보증인
삼중의 직분(목표)	인간을 제사장으로서 화해시키시는 분	왕으로서 하나님과의 연합 안에 있게 되시는 분	우리를 그분 자신의 행동에 참여시키시는 분, 화해의 예언자적 증인
예수 그리스도의 사역	(하나님이 인간으로 낮아지심)	(하나님에 의해 인간이 높여짐)	(화해의 계시)
우리의 거역에 대한 하나님의 판결	교만의 죄	태만의 죄	기만의 죄
우리의 거역을 하나님이 전환시키심	칭의	성화	소명
성령을 통한 그 방향 전환의 작용	a) 공동체를 불러 모음 b) 믿음	a) 공동체의 건립 b) 사랑	a) 공동체의 파송 b) 소망

다시 한 번 말하지만 『교회교의학』은 체계가 되기를 원치 않으며, 정해진 "결과"를 향해 진행되는 것도 아니다. 이 교의학에서 중요한 것은 개

별적인 "소재"를 각각 그때마다 진행시켜 나가는 방식이다. 이 교의학은 실제로 끝까지 서술되지 못했고, 화해론에 이어지는 화해의 윤리를(IV/4) 집필하는 중에 중단되었다. 화해의 윤리는 "그리스도교적 삶"이라는 주제 아래서, 그리고 화해에서 성취된 "계약"이라는 주제에 상응하여 하나님과 우리 사이 및 우리와 하나님 사이의 **교제**를 다루며, 그 교제 안에서 그리고 그 교제를 향해 우리에게 은혜 가운데 명령되는 행동을 다룬다. 그 내용 또한 세 개의 장으로 나누어진다.

(1) 그리스도교적 삶의 **근거**로서의 **세례**. 세례는 죄에 대해 저항하는 가운데 인간이 자신의 옛 삶을 **거부**하는 것이며, 하나님께서 인간에게로 향하시고 낮아지심으로써 가능하게 되었다. 세례는 인간에 대한 하나님의 이와 같은 행동에 상응하여 그것에 대한 인간의 **성숙한** 긍정(Ja)이며, 하나님께서 인간에게 은혜로 주신 새로운 삶에 대한 인간의 대답이다. 그와 함께 세례는 개인이 공동체의 모임에 소속되는 것을 뜻하기도 한다.

(2) 윤리의 중심부분은 그리스도교적 삶이 하나님께 **기도**하는(말을 건네는) 가운데 실행된다고 이해한다. 바르트에게 기도는 화해된 인간의 모든 행동의 총괄개념이다. 왜냐하면 기도 속에서, 다시 말해 예수 그리스도 안에서 성취된 하나님의 은혜로운 계약에 대한 인간의 응답 속에서, 하나님과의 교제는 또한 인간의 편에서도 사실상 성취되기 때문이다. 이와 같이 이해되는 윤리 안에서 "기도하라! 그리고 일하라!"는 모토가 가장 밀접하게 연관되며, 그러한 윤리의 전개는 인간의 응답을 가능케 하고 열어주는 예수의 기도, 즉 주기도문을 따르게 된다. 물론 바르트 신학에서 기도가 실천을 대신하지는 못한다. 그러나 실천은 기도를 통해 철저하게 특성화되는데, 그것은 화해에 응답하며 또 화해에 의존하는 행동으로서의 실천이다. 주기도문의 처음 두 가지 기도와 관련된 단락, 즉 "하나님의 영광을 위한 열정" 그리고 "인간의 의를 위한 투쟁"이라는 두 단락과 함께 『교

회교의학』은 중단된다.

(3) 화해의 윤리에 관한 장들이 끝까지 집필되었다면, **성만찬**이 다루어졌을 것이다. 아마도 성만찬은 유월절에 약속의 땅을 향해 떠나는 것의 유비로 이해되었을 것이며, 그리고 그 출발은 성만찬을 통해 강하게 된 공동체의 진군으로 이해되었을 것이다. 다시 말해 성만찬은 도래하는 하나님 나라를 향해 나아가는 출발이요, 그 교회를 둘러싼 세계를 향해 나아가는 출발의 유비로 이해된다.

바르트의 『교회교의학』 제V권에서는 종말론적인 구원이 주제가 되었을 것인데, 바르트는 V권에 대한 어떤 기록을 남기지 않았다. 물론 바르트는 종말론도 삼위일체론적으로 전개했을 것이고, 이 교리 역시 윤리와 연결되었을 것은 틀림없다.[168] 바르트가 특별히 성령이 불러일으키시는 종말(Eschaton)을 "묵시적"으로 이해했다는 사실은 잘 알려져 있다. 다시 말해 바르트는 그 종말을, 영원 전에 결정되었고 시간적으로는 예수 그리스도 안에서 성취된 (하나님의) 선하신 결의로, 그리고 자기 피조물과 맺은 그분의 계약의 결정적·총체적·보편적 "계시"[169]로 이해했다. 나아가 그 종말의 때에 계약에 대한 모든 거역은 영원히 유효하게 제거될 것이며, 그와 함께 계약의 영원한 진실성이 입증될 것이다. 그 결과 하나님의 사역은 자신의 모든 피조물이 감사 찬양을 올려드리는 가운데 "목표-에-도달"하게 될 것이다.

---

[168] 바르트는 이미 자신의 초기 윤리학(*Ethik* 1928/29, Bd. 2, 359ff.)에서 그렇게 설명했다.
[169] 비교. *KD* IV/3, 1053ff.

Leidenschaft *Die grosse Leidenschaft*

II. 바르트 신학의 주제와 통찰들

1 ■ 시 작 의   기 적

계 시 론 과 하 나 님 인 식 론

당황

"당황 외에 다른 어떤 것이 신학의 근거가 될 수 없다."[1] 바르트는 신학의 길을 시작하면서 프란츠 오버베크(F. Overbeck)의 이 문장을 인용했다. 하지만 바르트는 여기서 문제가 어디에 놓여 있다고 보았는가? 그는 이렇게 말했다. "'하나님'이라는 단어는 많은 것을 의미할 수 있다. 그 결과 많은 신학들이 존재한다. 의식적으로 혹은 무의식적으로 아니면 절반쯤만 의식한 채로, 하나님이나 신들을 자신의 큰 갈망 혹은 신뢰의 대상으로, 또한 자신의 가장 깊은 의무와 책임의 근거로 삼지 않고 있는 사람은 없다. 그런 의미에서 신학자가 아닌 사람은 없다."[2] 많은 신학들 안의 다원주의가 바르트를 방해했을까? 그래서 바르트는 그것에 대항하여 자신의 그리스도교 신학을 유일하게 지배적인 신학으로 만들려고 했을까? 그러나 바르트에 의하면 이런 생각은 모든 개개의 신학이 스스로를 "유일하게 옳은 신학으로 여기지는 않는다고 해도, 최소한 자신이 많은 신학들 가운데 최

---

1   *Die Theologie und die Kirche*, 23.
2   *Einführung*, 9.

선의 신학이라고 여긴다는 의미에서 **모든** 신학의 각각의 특성을 일컫는 말이다." 바르트는 신학의 과제가 "신학들이 벌이는 그런 경쟁에 참여"[3]하는 데 있지도 않고, 그렇다고 모든 신학에 대해 무조건적인 겸양과 관용의 태도를 갖는 데 있지도 않다고 보았다. 오히려 그는 문제가 다른 곳에 놓여 있다고 보았다. 바르트는 다른 때에 다음과 같이 말했다. "'하나님'? 그 이름은 무엇을 의미하고, 내게 무엇을 말해주며, 나는 그 이름으로 무엇을 시작해야 하는가? 위대한 철학자 한 사람은 하나님이 죽었다고 말하지 않았던가? 이제…많은 사람들에게, 그리고 종종 우리 모두에게도, 하나님이 정말로 죽은 하나님처럼 생각된다고 해도, 그것은 하나님이 실제로 죽었다는 것과는 거리가 멀다. 어쨌든 그런 주장에 뭔가가 담겨 있기는 하다. '하나님'이라는 단어는 죽었다고는 할 수 없다고 해도 병이 든 것은 사실이며, 그것도 심각하게 병들었다고 할 수 있다. 왜냐하면 그 단어는 너무도 자주 잘못 사용되고 오용되어"왔기 때문이다.[4]

어떤 의미에서 그 단어는 심각하게 병들었는가? 현대의 많은 다양한 신학들이 다음과 같은 의혹의 그림자에 빠져들었다는 점에서 그렇다고 할 수 있다. 즉 그 신학들은 하나님에 관하여 말할 때―심지어 대단히 열정적으로 말하면서도―실제로는 하나님에 관하여 말하지 않고 **인간**에 관하여 말한다. 그 신학들은 진정한 신적인 대상을 가리키는 것이 아니라, 오로지 인간 자신의 사상, 소원, 욕구만을 대상으로 삼는다. 여기서 하나님이 초월적 존재인지 아니면 인간 안에 현존하는 존재인지의 문제는 어떻게 생각되든 무관하다. "신학은 오래 전에 이미 인간학이 되었다." 이렇게 선언했던 사람은 바르트가 태어나기 한 세기 전에 사망한 포이어바흐

---

3 같은 곳, 10.
4 *Rufe mich an!*, 7.

(L. Feuerbach)였다.⁵ 신학이 자신이 이용했던 "하나님"이라는 개념 속으로 끌어 들여 강독했던 것이 소위 가장 고상한 인간의 감정들과 관심사였다는 것을 포이어바흐는 전적으로 인정한 것이다. 포이어바흐는 그 모든 것 중 아무것도 버리려 하지 않았고, 오히려 모든 것을 보존하고 유지하려고 했다. 그러나 그것에 한 가지 조건이 있었다. 그것은 "하나님"이라는 개념이 인간 자신 외에는 다른 아무것도 말하지 않는다는 것을 신학이 스스로 시인하는 것이었다. "나는 종교가 스스로 말하게 한다. 나 자신은 단지 종교가 말하는 것을 듣는 자 그리고 통역하는 자가 될 뿐이다.…내가 아니라 종교가 인간을 숭배한다.…신학이 그것을 부정한다고 해도 그렇다.… 나는 다만 그리스도교 종교의 비밀을 폭로하고 있을 뿐이다." 바로 "무신론이…종교 자체의 비밀이다." 즉 "단순히 피상적인 것에 기초한 종교"가 아니라 "자신의 참된 본질 안에 있는 종교라면, 그것이 믿는 것은 인간의 본질이 지닌 진리와 신성 외에 다른 아무것도 아니다."⁶

그리스도교 신학은 이와 같은 선한 양심의 번역가에게 어떤 대답을 할 수 있을까? 만일 신학이 슈트라우스(D. F. Strauß)처럼 파산선고를 하지 않으려면 말이다. 슈트라우스는 "우리는 여전히 그리스도인인가?"와 "우리는 여전히 종교를 가지고 있는가?"라는 두 가지 물음에 대해 전자는 단숨에 부인하고 후자만을 긍정했다!⁷ 마우트너(F. Mauthner)의 주장, 곧 신학에 대한 그와 같은 해석을 불러일으킨 근대의 "무신성"은 "실제로는 지난 모든 세기의 그리스도교를 통해 유럽의 정신적 지층 속에 계속 은폐되어 있다가…이제 강력하게 활기를 띠게 된 바로 그 사상의 발현일 뿐"(KD IV/1, 681)이라는 주장이 옳다면, 일은 어떻게 되겠는가? 그리스도교 신학

---

5 *Das Wesen des Christentums*, 35; 비교. K. Barth, *Die Theologie und die Kirche*, 225.
6 L. Feuerbach, 같은 곳, 46; 비교. K. Barth, ebd.
7 *Der alte und neue Glaube*(1872), 94,146f.; K. Barth, *Protestantische Theologie*, 497.

의 진술들은 **계시**에 근거해 있기 때문에 인간적인 환상일 수 없다는 확언으로 포이어바흐의 자극적인 도전에 대응해야 하는가? 하지만 그런 대응은 바르트에게는 즉각 불가능한 것이었다. 왜냐하면 포이어바흐의 불붙는 공격적 주장이 가장 먼저 향했던 것이 바로 계시라는 신학적 공통자산이었기 때문이다. 어쨌든 바르트는 자유주의 노선을 택했던 초기 시절에 "계시에 대한 권태감"(Offenbarungsmüdigkeit)(II/1, 78)까지 말하면서 계시 개념의 사용에 적극 동참했었고, 심지어 괴테나 베토벤 같은 인물들까지도 하나님의 계시라고 말했다.[8]

그러나 1914년 자신의 자유주의 스승들이 "전쟁(제1차 세계대전)을 대단히 진지하게 하나님의 **계시**"라고 공언하는 것을 듣게 되었을 때, 바르트에게 계시 개념의 그런 사용은 의문시되기 시작했다.[9] 이미 1914년에 그랬던 것처럼, 이후 1933년에 독일 그리스도인 연맹이 "독일의 시간"(Deutsche Stunde, 1933년 바이에른의 라디오 방송—역자 주)을 어떤 새로운 하나님의 계시로 이해했던 것과 관련해서도[10] 바르트는 정치적 입장의 정당성이 아니라 다음과 같은 종교적 진술의 **신학적** 정당성을 물었다. 즉 전쟁 혹은 "독일의 시간"이라는 표현은 이러한 사건들을 통해 인간이 어떻게든 이미 가지고 있는 생각에 무엇을 더 추가할 수 있는가? 그런 표현은 인간이 자신의 생각을 허가하는 것에 불과하지 않은가? "계시"라고 부르는 것 안에는 이전에 이미 계시 없이 형성된 인간적 사상과 관심만이 반영되어 나타나지 않는가? 뛰어난 신학자들이 그런 식으로 말할 수 있다는 것은 이것이 작은 결함이 아니라 오히려 오래 전부터 단단히 왜곡되어 실행되어 온 익숙한 사고 습관의 결과임을 말해주지 않는가? 바르트

---

[8] *Der christliche Glaube*, 69f.
[9] *Predigten 1914*, 523.
[10] 비교. *Lutherfeier 1933*, 20.

는 "(계시) '개념'이라는 마법의 열쇠를 인간의 손에 쥐어줌으로써" 인간으로 하여금 그 열쇠를 도구로 삼아 "마침내 스스로를 계시하시는 하나님마저도 완전히 제 맘대로 좌지우지하게 만드는"[11] 그런 신학에 대해 **경고했다**. 사람들은 자주 바르트에게 계시신학자라는 칭호를 붙였다. 하지만 이에 대해 다음 사실이 언급되어야 한다. 바르트는 근대 신학의 계시 개념을 비판적으로 수정했으며, 오직 그렇게 함으로써 계시 개념이 신학적으로 사용 가능한 개념이 될 수 있다고 판단했다.

바르트는 근대 신학이—"근대 신학만이 아닌" 것은 포이어바흐가 특별히 루터를 "편애"하며 인용하기를 즐기기 때문이다[12]—어떤 형태를 취하든지 관계없이 포이어바흐의 비판을 견뎌내기 어렵다는 점을 두려워했다. 포이어바흐는 "현대 신학의 몸에 가시"와 같은 존재다.[13] 그러나 이제 바르트의 사상에서 독특한 점은 그가 포이어바흐의 비판을—그리고 이미 이런 이유에서 근대 신학은 자신이 가장 옳은 신학이라는 경쟁에 참여할 수 없게 된다—결정적으로 바로 근대 신학 자체를 향한 것으로 여겼다는 사실이다. 여기서 두 가지 염려 사이의 불균형이 바르트를 혼란스럽게 만들었다. 하나는 "**형식상** (하나님)에 관하여 말하고 있는 그것이 **정말로** 하나님에 관해 말하고 있는지"라는 물음을 그다지 진지하게 취급하지 않는다는 사실이며(I/1, 169), 다른 하나는 신학이 단지 형식상 하나님에 관해 말할 뿐이지 실제로는 인간에 관해서만, 즉 인간의 소망들과 만족, 인간의 목표들과 그것에 도달할 수 있는 (타고난 또는 획득된) 능력에 관해서만 말하고 있다는 큰 의혹이었다. 그 결과 바르트는 근대 신학—바르트에 의하면 슐라이어마허가 대표하는 신학—이 "하나님에 관해 말한다는 것은 높

---

11 *Die Theologie und die Kirche*, 227f.
12 같은 곳, 229f.
13 같은 곳, 231.

은 목소리로 인간에 관해 말하는 것과는 **다른 무엇**이라는 사실"[14]을 불분명하게 만들었으며, 나아가 그런 의심을 살 만한 충분한 원인을 제공했다고 믿었다. 거기서 사람들이 하나님의 이름 아래 "쉬지 않고" 전력을 다한 그 '일'이 "정말로 **하나님**의 일인지, 그리고 **하나님**이 그 모든 것을 원하시는지에 관해서는 그 누구도 진지하게 묻지 않으려고 했다. 왜냐하면 그것은 언제나 위험한 질문이었기 때문이다. 그 질문은 언제나 이미 하나님 없이 끝나 있었다. 하나님은 인간들이 스스로 시작한 것을 항상 관철시켜 주시고 또 그것에 왕관을 씌워주시는 좋은 분이어야 했다. 주님에 대한 경외가 우리의 지혜의 시작점에 객관적으로 서 있는 것이 **아니라**, 오히려 사람들은 항상 지나가는 길에 주님의 동의만 재빠르게 낚아채고자 했다." 그러나 만일 바로 그 "시작점"에 주님에 대한 경외가 빠져있다면 "거기서 도출되는 그 어떤 것도 하나님께 속한 새로운 것이나 도움을 줄 수 있는 것이 될 수 없고, 기껏해야 하나님의 관점에서 볼 때는 도움보다는 오히려 해로울 뿐인 낡은 옛 세계상의 갱신 또는 그것의 단순한 새로운 장식에 그칠 것이다."[15]

물론 바르트는 자신이 마음속에 그리는 신학에 대해 대단히 조심스러웠다. 그 신학이 실제로 말하는 것이 바르트 자신이 듣고 이해했다고 생각하는 것과는 다른 내용일 수도 있기 때문이었다. 그래서 그렇게 이해된 "하나님"에 대한 그의 비판은 혹독할 정도로 철저했다. 그에 따르면 "**그런** 하나님에 대해서는 이제 철저하게 의심하는 자, 회의하는 자, 야유하는 자, 최종적으로 무신론자가 될 만한 시기가 무르익었다. 우리가 바벨탑을 쌓아 올려 도달하고자 했던 **그런** 어떤 신은 하나님이 아니라고 고백할

---

14 *Wort Gottes*, 164.
15 *Römerbrief* 1, 299.

때가 되었다. 그런 신은 우상이다. 그런 어떤 하나님은 죽었다." 왜냐하면 거기서는 살아 계신 하나님의 자리에 단지 "우리의 인간적인 생각의 불확실하고 서투른 작품"이 서 있기 때문이다. "그러므로 거기서 중요한 것은 무엇보다도…우리가 하나님을 하나님으로 다시 한 번 전적으로 인정하는 것이다.…이것이 우리의 중심적 과제이며, 그 외에 모든 문화적, 사회적, 국가적 과제들, 그리고 모든 '윤리적-종교적인' 노력들은 아이들 놀이에 불과하다." 여기서 관건은 우리가 "하나님과 함께 새롭게 시작하는 것"이다.[16] 담대한 태도를 취하는 것 외에 신학을 재건할 길은 사실상 없다. 신학이 그렇게 할 수 있는 것은 오직 "'너는 주 하나님의 이름을 망령되이 일컫지 말라'는 계명을 어느 때보다도 철저하고 날카롭게 지킬 수 있는"[17] 상황 안에 설 때다.

바르트는 이러한 과제를 흡사 보덴제(Bodensee, 독일과 스위스 국경의 호수 이름-역자 주)에서 말을 달리는 사람과 같은 것이라고 했다. 말하자면 "그것은 한 마디로 위험한 시도이며…그 시도에서 가장 적절한 것은 모든 이름 가운데 가장 높으신 이름을 부르는 최종 해결책(ultima ratio)을 단지 시작에서만 행하는 것이 아니라 또한 중심과 끝으로도 삼는 일"이다. "우리는 그와 같은 시도에 결정적인 전제조건, 즉 토마스 아퀴나스라는 사람 그리고 그의 앞에서는 아우구스티누스라는 사람과 그의 뒤에는 칼뱅이라는 사람이 너무도 조용히 자명하게 여겼던 전제조건들을 우선 부분적으로라도 그 이름에 따라 다시 배워야만 하는 세대다." "이제 그 **과제**는 이전 세대에게와 마찬가지로 **우리에게도** 주어졌다. 동시대인들이 보여주는 그 어떤 비웃음이나 고개저음도, 그리고 우리 자신의 그 어떤 낙

---

16 *Wort Gottes*, 14f.
17 *Die Theologie und die Kirche*, 3.

담도 우리가 그것을 어쨌든 우리의 과제로 **인정하는 것**을 방해해서는 안 된다. 우리가 그렇게 인정한다면, 그 다음에 우리는 어떤 방식으로든 그 일을 위해 **노력해야** 할 것이다."[18]

하나님이 우리와 함께 시작하심

우리는 어떻게 하나님을 **인식**하게 되는가? 바르트의 대답은 이 질문을 거꾸로 뒤집어놓은 것이다. 우리는 하나님에 대한 인식에 도달할 수 없으며…우리가 하나님 인식에 도달하고자 시도하는 한, 언제나 우리는 스스로 하나님에 관한 상(像)들을 만들게 되고, 그런 형상들 속에서 우리는 사실상 단지 우리 자신의 반사체만 보게 될 뿐이다. 그러나 우리가 하나님 인식에 도달할 수 없다는 말이 곧 인간의 자기 인식의 절망적 명제는 아니다. 다만 그 인식에 도달하기 위해서는 반드시 다른 어떤 방법을 취해야 한다는 명제가 도출될 뿐이다. 왜냐하면 우리는 우리의 의지로는 하나님 인식에 도달할 수 없다는 사실을 우리 자신으로부터는 언제나 부인할 것이기 때문이다. 설령 스스로 그 사실을 부인하지 않는다고 하더라도, 인간은 언제나 그런 당위적 요청을 가지고 여전히 자신의 반사체들과 관계된 경계선에 머무를 것이기 때문이다. "우리는 하나님을 인식하는 데 도달할 수 없다"는 부정적인 명제는 바르트에 의하면 오히려 그것에 선행하는 긍정적인 명제, 즉 "오직 하나님이 우리에게 오심으로써 우리는 하나님을 인식하게 된다"는 명제를 통해 비로소 이해될 수 있다. "우리의 하나님 인식의 시작은…**우리가 하나님과 함께** 실행할 수 있는 시작이 아니다. 그 시작은 오직 **하나님이 우리와 함께 이미 실행하신** 시작일 수만 있

---

[18] *Unterricht in der christlichen Religion*, 3-5, 7.

다"(II/1, 213). 하나님은 우리의 하나님 인식의 전제조건이다. 그것은 우리가 인식하는 과정에서 스스로 설정하는 전제조건이 아니며 또 그 과정 안에 우리를 전제조건으로 설정한다는 의미도 아니다. 오히려 하나님이 **자기 자신을** 우리의 전제로 설정하시며(voraussetzen), 그와 함께 우리가 하나님을 인식할 수 있도록, 그것도 현실적으로 인식할 수 있도록 규정하신다(setzen). 오직 그렇게 하여 우리의 믿음의 인식은 하나님 자신과 관계할 수 있게 되고, 인간의 자기 자신의 반사체와는 무관하게 된다.

진정한 하나님 인식의 가능성과 현실성은 말하자면 전적인 **은혜**의 행위다. 우리가 하나님에 관하여 인식하게 되는 바로 **그 내용**이 은혜인 것이 아니라, 우리가 하나님을 인식할 수 있다는 **사실** 그 자체가 이미 은혜다. 왜냐하면—하나님이 우리와 더불어 말씀하시는 **내용**이 은혜인 것이 아니라 "하나님이 우리와 더불어 말씀하신다는 **사실** 그 자체가 모든 경우에 이미 은혜이기 때문이다."[19] 바르트는 여기서 이렇게 생각했다. 신학은 물론 종교개혁자들의 은혜 인식을 넘어서서는 안 될 것이지만, 하나님 인식의 현대적인 문제와 관련해서 은혜 인식을 "종교개혁자들 자신이 행했던 것보다 더 첨예하게 이끌어내야" 한다. 왜냐하면 종교개혁자들은 "칭의 문제와 하나님 인식의 문제 사이의 관계, 즉 화해와 계시 사이에 놓인 결정적인 관계를 전체 맥락에서 분명하게" 볼 수 없었기 때문이다. "종교개혁자들이 신학적인 사유에 근거한 지성적인 공로-칭의의 가능성을 직시하고 공격했던 것은 사실이다. 하지만 그들은 그리스도교적인 삶에 근거한 도덕적인 공로-칭의의 가능성에 대해서는 위와 마찬가지로 폭넓고 날카롭게, 그리고 철저하게 공격하지 못했다."[20] 전자(지성적인 공로-칭의)

---

[19] *Evangelium und Gesetz*, 4.
[20] *Nein!*, 38.

의 가능성에 한계를 정하는 것은 사람이 자신의 공로를 통해 할 수 없는 것만큼 자신의 인식능력을 통해서도 하나님과의 관계 안으로 들어가기가 어렵다는 것을 의미하며, 하나님과의 관계는 인식의 관점에서도 마찬가지로 하나님의 순수하고 자유로운 은혜 덕분임을 의미한다. 바르트는 "어떻게 내가 은혜로운 하나님을 얻게 되는가?"라는 종교개혁적인 질문이 협소화될 때 사회적 관계를 약화시키는 "나르시시즘"(Narziβmus)이 나타날 수 있다는 위험성을 감지하기는 했다(IV/1, 588). 그러나 그는 "16세기의 사람들이 **은혜로운** 하나님에 대해 물은 것이 사실이지만, 현대인이 하나님에 관한 질문 **전반에** 훨씬 더 철저하게…사로잡혔다"라는 주장이 "피상적"일 뿐인 상투적인 문구 중 "하나"라고 여겼다(591). 왜냐하면 만일 하나님이 우리에게 은혜롭지 않으시다면, 우리는 하나님과의 관계 자체가 불가능했을 것이며, 또 하나님을 결코 인식할 수 없을 것이기 때문이다.

이것은 **부정적인 측면**에서는 우리가 하나님 인식에 그 어떤 전제도 동반하지 않는다는 것을 의미한다. 만일 동반한다면 하나님 인식은 그런 전제 위에서 어떻게든 이미 설치된 토대를 구축할 것이고, 그때 하나님 인식은 그런 전제와 같이 움직이는 어떤 조건에 종속될 것이기 때문이다. 이런 생각에 대해 바르트는 급진적으로 "아니오!"(Nein!)를 말했다.[21] 그러나 바르트의 "아니오"는 인간의 이성이 자신의 고유한 가능성에 대하여 갖는 회의(Skepsis), 곧 일반적으로 통찰될 수 있고 그다음에는 상대화될 수도 있는 회의에 대한 판단이 아니다. 나아가 그 "아니오"는 유한한 정신이 무한을 궁극적으로 파악할 수 없다는 플라톤적인 보편적 지혜도 아니다. 그것은 "**믿음**의 명제의 내용"이며, 그래서 이미 진정한 하나님 **인식**의 내용이다. 이 명제는 "하나님을 인식할 수 있는 능력이 바로 계시를 통해

---

21 비교. seine Schrift: *Nein!* (1934).

우리로부터 박탈되었다"(II/1, 206f.)는 사실을 인정한다. 이것은 인간적인 하나님 인식 안에 있는 펠라기우스주의에 반대하는 한계선을 긋는 것이다. 바르트는 더 나아가 반(半)펠라기우스주의도 거부한다. 그것은 인간이 천성적으로 타고난 인식능력을 통해서는 아니라고 해도, 은혜를 통해 자신에게 주입된 인식능력을 통해서는 스스로 하나님을 인식할 수 있다는 생각이다. 물론 우리는 "하나님이 우리로 하여금 하나님 자신을 인식하게 해주시는 것에 근거하여" 하나님을 인식하게 된다. 그러나 여기서 하나님은 "우리로 하여금 하나님 자신을 인식하도록 해주실 때만 우리가 그분을 인식하게 되는 그런 분으로 여전히 **머물러 계신다**"(43f.). 이와 같이 우리는 하나님이 약자인 우리의 인식에 더해주시는 가산점(Vor-gabe)에 **지속적으로 의존해 있다**. 하나님 인식은 우리 손에, 우리의 능력 안에 이미 주어진 소여성(所與性)으로 바뀔 수 없으며, 그런 어떤 주어진 능력 덕분에 하나님이 자신을 우리에게 한 번 전제하신 다음에는 우리 편에서도 하나님을 우리의 전제로 삼을 수 있다거나 우리의 인식의 규정으로 **만들 수 있게** 되는 것이 아니며, 그 결과 우리가 그 규정을 다룰 수 있게 되는 것도 아니다. 바로 이와 같은 하나님 인식의 결정적 전제의 관점에서 신학은 항상 빈손으로 서 있다. 신학은 이와 같은 자신의 전제의 근거를 마련할 수도 없고, 그것을 증명할 수도 없으며, 산출한다는 것은 더욱 말이 안 된다. 하나님 자신이 그 전제를 놓으시되, 언제나 그것이 하나님의 규정이 되도록 정하신다. 오직 하나님만이 그렇게 정하실 수 있으며, "인간이 어떤 제2의 실체, 타자, 자신에 대해 마주 서 있는 것"이 하나님에 관한 자신의 진술의 근거와 정당성이라고 "말할 때, 그것이 꿈꾸는 것"이 아니라고 보증해줄 수 있는 분도 하나님뿐이다.[22] 따라서 하나님에 관한 우리의 진

---

22 *Die Theologie und die Kirche*, 221.

술이 "자칭 하나님에 관해 말한다고 하는 것이 정말로 하나님에 관한 언급인지"(I/1, 169)의 질문에 대해 필연적·무조건적으로 개방되어 있지 않다면, 그것은 이미 하나님과 관련이 없는 것이다. 오히려 신학은 **항상** "시작과 더불어 시작할 수" 있을 뿐이다.[23] 다시 말해 모든 올바른 하나님 인식은 인간이 하나님과 더불어 실행하는 시작이 아니라, 오직 하나님께서 인간과 더불어 행하시는 시작에 의존하여 살아간다. 신학은 이 사실로부터 출발할 수 있을 뿐이다.

위에서 말한 부정적 명제들은 **긍정적인** 진술의 결과라고 할 수 있는데, 이 긍정문은 저 부정적 결과 없이는 이해될 수 없다. 다시 말해 모든 올바른 하나님 인식은 하나님께서 자신을—인식되도록—**내어주심**이라는 앞선 행위(Vor-Gabe, 가산점)에 근거하며, 따라서 "하나님의 선물"(II/1, 220)이다. 그러나 이 말은 무엇을 뜻하는가? 이와 같은 설명에서 우선 계시를 어떻게 이해할 것인가의 문제가 나타난다. 계시란 단순히 하나님이 우리에 의해 인식되는 사건을 의미하지 않는다. 물론 계시를 통해 인간은 "하나님 자신"과 관계하게 되고, 또 하나님과 관계함으로써 그 밖의 다른 어떤 것과도 관계하지 않는다는 사실을 알기 시작한다. 그러나 결정적인 것은 계시의 계속되는 다른 정의이며, 그것은 "우리가 하나님 인식에서…**하나님 자신에 의해** 하나님 자신과 관련을 맺게 된다는 사실"이다. "하나님은 하나님을 통해 인식되신다"(202). 이것은 우선 우리가 우리 자신을 통해, 즉 우리 자신이 소유한 능력을 통해 하나님과 관계를 맺게 된다는 것을 배제한다. 이러한 배타성을 바르트는 계시 안에 있는 하나님의 은폐성이라고 부른다. "하나님과 우리 사이의 연합은 하나님의 **은혜**를 통해 근거되고 존속하기 때문에 하나님은 우리에게 은폐되어 있다. 그렇기 때문

---

[23] 비교. *Einführung*, 182.

에 하나님을 우리 자신으로부터 파악하려고 하는 우리의 모든 수고들은 좌초한다"(211). 그러나 계시가 **은혜**라는 사실은, 더 상세하게 말하면, 그와 같은 은폐성 속에서 하나님은 자신이 자기 자신을 통해 인식되도록 하시며, 하나님 자신이 우리를 위해 우리 가운데 수단으로 등장하심으로써 우리에게 인식되신다는 것을 의미한다. 다시 말해 계시 속에서 우리가 "하나님 자신을 통해" 하나님과 관계를 맺게 된다는 사실은 "비록 우리가 하나님이 아니고 인간일지라도 하나님 자신을 인식하는 진리에 **참여**하게 된다는 사실"(55)을 의미한다. 이와 같은 사실을 얼마나 잘 이해하는지와는 관계없이 우리는 하나님의 계시가 신뢰할 만한 것이고, 또 그 계시 안에서 하나님은 어떤 내용만이 아니라 바로 하나님 **자신**을 인식하게 하시며, 그래서 하나님은 바로 자기 자신을 인식하도록 허락하시는 분이라는 사실을 확고히 붙들 수 있게 된다.

바르트에 의하면 그와 같은 계시는 먼저 전제된 뒤, 그다음에 마치 어디엔가 "있는" 것처럼 찾아보게 되는 것이 아니다. 여기서 모든 인식의 시작은 하나님이 우리와 더불어 행하시는 바로 그 시작이다. 이것은 하나님이 실제로 우리와 더불어 그런 시작을 행하셨다는 **현실성**에 근거하는 결과-명제다. 그러므로 하나님이 그런 시작을 행하셨다는 것은 그런 비슷한 종류의 사건들이 갖는 일반적인 가능성으로부터 언제나 추론이 가능한 관념에 속한 한 가지 사례가 아니다. 오히려 그 시작은 그런 의미로 설명되고 해석되는 사건에 근거한다. 바르트에 의하면 이 사건은 **부활 사건**이다. "만일 그리스도교적·신학적인 공리가 있다면, 그것은 바로 '예수 그리스도가 부활하셨다. 그는 진실로 부활하셨다!'는 것이다." 이 말씀은 "성령의 조명하는 능력 안에서" 우리에게 먼저 말해졌고, 그래서 우리가 뒤따라 말하게 된 "성서적 증언들의 중심적 진술"(IV/3, 47)이다. 이 진술은 "그 사건(부활)에 대한 신약성서의 증인들에게는…그분" 곧 예수 그리스도 안에 있는 "하나님의 계시"였고, "그리스도 안에 나타난 하나님의 **계시** 그리고 나아가 계시 전체의 본래적·근원적·표준적인 형태였다. 그 계시 안에서 하나님의 다른 모든 계시됨(Offenbarwerden)과 계시된 존재(Offenbarsein)가 (그리스도 안에서 그리고 전체적으로) 비로소 명확하게 조명된다. 그 계시는…하나님의 확실하고 새로운 행동 안에서 다음과 같은 분명한 인식을 전달한다. 그것은 **하나님**이 그리스도 안에 계셨다는 인식이다. 하나님 **자신**이 인간 예수 안에서 활동하셨고…죽으셨으며, 그런 죽음에도 불구하고가 아니라 오히려…바로 그러한 가장 깊은 낮아지심 속에서―바로 그 인간과 함께 전적으로 철저하게 죽으셨던 바로 그곳에서―스스로 유일하게 한 분이신 높으시고 참된 하나님으로서 행동하셨고 스스로를 그렇게 증명하셨다"(IV/1, 322). 이것이 바로 신약성서의 증인들에게 계시였고, 그렇지 않았으면 그들에게 가려졌을 인식의 전달이었으며, 이 계시가 없었다면 그 인식은 우리에게도 계속 닫혀 있었을 것이다. 만일 우리가 그 증인들이 말한 본문들을 계시의 증언으로 받아들이지 않는다면, 그 인식은 최근에 일반화 되어 있는 "역사적으로" 확인된 찢겨진 조각들에 대한 날조된 해석의 형태로 우리에게 가려져 있을 것이다. 바로 **이** 사건(부활)이 관건이기 때문에, 만일 우리가 그 사건 속에서 그 자체로는 적절하게 "역사적으로 파악될 수 없는…선역사의 사건"(prähistorische Geschehen)만을 찾는다거나(371), 또는 단지 "사실사적"인 이해만을 시도한다면, 그 사건은 즉시 잘못 이해된다.

신약성서의 증인들에게 그와 같은 인식이 전달된 것은, 예수 그리스도께서 "그들 가운데 다시 나타나셨기 **때문이다**. 이전과 같은 존재의 인간으로서 그분이 현재하신 것은…**배타적으로** 그리고 **분명하게** 그 어떤 인간적인 의지나 행위의 구성요소들 없이 오로지 하나님만의 행동이었고 또 그럴 수밖에 없으며…배타적으로 그리고 분명하게…그것에 봉사하는 그 어떤 인간적인 증언의 도움도 없이 바로 그 인간 (예수) 안에 나타난 하나님의 자기 증언이다.…그리스도 안에 계신 하나님께서 **직접적인** 현재와 행동이라는 바로 그런 **파악될 수 없는** 형태 안에서 그들에게 **파악되셨다.**" 그와 같은 직접적 현재와 행동은 그 증인이 인식했던 대상과 근원이 다른 모든 매개 작용을 배제한 채 나타나신 것을 뜻한다(333). 왜냐하면 "'죽은'이라고 말하는 사람은 누구라도 이전에 있었던 사람 또는 어떤 것이 더 이상 존재하지 않는다고 말하는 것이기 때문이다. 또한 그는 경계선을 표시하는데…그 경계선의 저편에는 창조자 하나님 외에 그 누구도 그 무엇도 존재하지 않고, 그곳에 만일 피조물이…있다고 한다면, 그것은 오직 하나님으로부터 그리고 하나님을 위해서만 현존할 수 있다"(IV/3, 358). 증인들은 여기서 어떤 말씀을 들었다. 그 말씀은 "절대적인 **침묵**으로부터 밖으로 말해진 것이며, 그 말씀 속에서 인간의 다른 모든 말은 끝나게…된다. 그 말씀은 바로 그 인간(예수)의 **죽음**이라는 침묵으로부터 나온 말씀이다. 이와 같은 침묵을 깨고 말씀하실 수 있는 분은…생명과 죽음의 유일하신 주님이신 하나님뿐이다.…그리고 이제 십자가에 못 박히셨고 죽으셨으며 무덤에 장사지내지신 예수 그리스도께서 말씀하신다. 그의 말씀을 듣는 자는 하나님의 말씀을 듣는 것이다"(474).

여기서 하나님께서 인간이 들을 수 있도록 말씀하신다는 것, 이것은 순수한 은혜다. 첫 번째 이유는 그 말씀을 자기 자신의 힘으로 들을 수 있는 자는 바로 여기서는 존재하지 않기 때문이다. 저 한 분(예수 그리스도)의 죽음 속에서 하나님은 그런 인간을 끝장내셨다. 그러나 하나님께서는 부활의 방식으로 말씀하심으로써, 하나님의 말씀을 들을 수 있는 인간을 동시에 은혜로 다시 살리셨다. 두 번째 이유는 하나님이 여기서 말씀하시는 것은 단순히 중립적인 말씀이 아니기 때문이다. 그것은 "십자가의 말씀"이다. 하나님의 말씀이 **바로 그런** (십자가의) 말씀이기에, 그 말씀은 십자가 사건이 **하나님의 사역**임을 말해준다. 그 말씀 안에서 하나님은 자신으로부터 분리된 인간성에 대한 부정을 하나님 자신 안으로 받아들이셨기 때문에, 그와 같은 사역으로서의 하나님의 말씀은 인간에 대한 하나님의 무조건적 긍정의 말씀(Jawort)이다. 그것은 "평화 조약을 체결"하는 말씀이며, 그 체결 속에서 "하나님은 자신과 인간 사이에 맺은 계약을 저쪽에게나 이쪽에게나 모두 성취하셨고, 인간을 그리고 인간 안에서 모든 피조물을 무(das Nichtige)의 쇄도로 인한 위험에 빠지지 않도록 막으셨으며, 그들을 하나님 자신의 영원한 생명에 참여하도록 구원하셨다." 세 번째 이유는 여기서 오직 하나님만이 배타적으로 말씀하시며, 그분의 은혜로운 긍정의 말씀은 **어떤 하나의** 말씀이 아니라 **유일무이한** 말씀이기 때문이다. "저 **행동** 속에서 하나님은 **자기 자신**을, 다시 말해 하나님 자신의 가장 내적인 것, 자신의 마음, 자신의 신적 위격, 자신의 신적 본질을 있는 그대로의 하나님 자신으로 확증하셨다. 그렇게 행동하시는 분으로서 하나님은 모든 일반적인 신들, 곧 인간이 고안하고 기획한 신상들 및 신 개념들로부터 온 어떤 '하나님' 혹은 신들로부터 스스로를 구분하셨다. 이런 일을 행하시는 분으로서 하나님은 유일하고 참된 하나님이시다. 하나님은 예수 그리스도라는 인간의 죽음 안에 계신다!" 그렇게 "하나님은⋯자신의 사역 안에서 그리고 그 사역과 함께 자기 자신을, 신적인 위격을, 신적인 본질을 **계시하신다**.⋯그러한 사역을 계시하기 위해서는, 나아가 자기 자신, 신적인 위격, 신적인 본질을 계시하기 위해서는 하나님 자신이 필요하다"(475f.).

이와 같은 사역과 일치하는 가운데 십자가에 못 박히셨던 살아 계신 분은 "우리가 사나 죽으나 듣고 신뢰하고 순종해야 하는 유일한 말씀"이시다. 그래서 그분의 교회는 "참하나님이 그 말씀 이전이나 이후에, 그 옆이나 그 외에 말씀하셨거나 혹은 교회가 선포하기를 바라셨을 것 같은 그 어떤 다른 말씀"도 고려할 수가 없다. "그때 교회는 그리스도 안에서 전적인 위로의 말씀, 전적인 계명의 말씀 그리고 하나님의 전적인 능력의 말씀을 듣게 된다.…그다음에 교회는 창조와 세계의 진행, 인간의 본성과 인간의 위대함 혹은 비참함을 해석하며" 하나님 나라의 약속도 해석하는데, 이것은 "그리스도로부터, 그분의 빛 안에서" 해석하는 것이지 거꾸로는 아니다. 그때 교회는 그분의 음성 외에 다른 어떤 음성도 필요로 하지 않는다. 왜냐하면 다른 모든 음성들의 정당성은 어느 정도로 그분의 음성의 메아리인지 아닌지에 달려 있기 때문이다. 바로 이 질문을 던짐으로써, 교회는 분명 다른 모든 음성들에 대해서도 열린 자세를 취할 수 있게 되고, 두려움 없이 들을 수 있는 허락과 그렇게 하라는 명령도 받게 된다. 그런 음성들은 그분의 음성의 메아리로서 그 음성의 권위에 참여할 수 있다. 그러나 교회는…무엇보다 그분 자신의 본래 음성을 들으려 하고 스스로 그 음성에 봉사하려고 하는 곳으로 언제나 또다시 되돌아가게 된다"(IV/1, 383).

 그 음성은 성서의 증언을 통해 교회에게 들려진다. 성서는 "발생한 하나님의 계시"를 증언한다. 여기서 성서는 발생한 계시에 의해 운동하며, 이것은 "베데스다 연못의 물이 동했던 것과 같다"(I/1, 114). 성서의 증언은 발생한 계시와의 관계 속에서 기대의 증언 및 기억의 증언이라는 두 부분으로 이루어진다(I/2, 77). (성서 문자주의적인 정통주의가 생각했던 것처럼) 성서 저자들이 그렇게 말하기 때문에 하나님이 자신을 계시하시는 것이 아니라, 하나님이 자신을 계시하셨기 때문에 성서 저자들은 증인이 되는 것이다. 여기서 증언한다는 것은 "자기 자신을 넘어서서 특정한 방향으로 어떤 다른 것을 지시한다는 것"을 의미하며, 이때 "인간을 증인으로 만드는 것은 바로 증언되는 것 그 자체다"(I/1, 114f.). 따라서 우리가 성서 저자들이 증언한 것에 **참여하고** 있지 않다면, 우리가 증인들의 하나님을 "**바**

로 우리 자신의 하나님으로" 알지 못한다면, 그리고 "성서 저자들에게 말씀하셨던 성령이 그 말씀을 듣는 이들과 읽는 이들에게 현재적으로 말씀하지 않으시는 곳"(III/1, 101)에서는, 성서 말씀에 대한 진정한 이해가 일어날 수 없다. 만일 우리가 성서의 본문들을 그 의도에 반하여 그와 같은 본질로부터 분리시킨다면, 성서는 지나간 과거의 다양한 종교적 관점들을 뒤섞어 놓은 문서에 그치게 될 것이다. 그렇게 되면 "우연한 역사의 진리들"과 오늘날 우리에게 구속력이 있는 것 사이에 뛰어 넘을 수 없는 "혐오스런 협곡"(G. E. Lessing)이 놓이게 된다(IV/1, 316ff.). 그때 성서 본문들이 갖는 현재적인 의미는 오직 주관적인 선택에 의해 또는 우리가 그 본문들에 부여하는 가치판단에 의해 획득된다. 그때 신약성서와 구약성서 사이의 포기될 수 없는 결합관계는 불분명해진다. 그러므로 바르트가 볼 때 레싱의 질문은 잘못 제기된 것이다. 왜냐하면 성서가 증언하는 "발생한 계시"는 **단번에 영원히**(ein für allemal)일어났다는 점에서, 그저 단순히 그 당시의 일이 아니기 때문이다. 그 계시는 발생한 사건으로서 살아 계신 예수 그리스도의 능력으로 계속해서 "오늘"도 발생할 것이라는 약속을 내포하고 있다. 바로 이 약속은 성서가 교회에 증언해준 계시가 교회 안에서 **선포**될 수 있는 근거가 된다(I/1, 114. 이것이 바르트적인 하나님 말씀의 삼중형태론이다). 다음 사실은 여기서도 적절하다. 교회가 선포하기 때문에 계시가 현재화되는 것이 아니라, 예수 그리스도께서 살아 계시고 그분 자신을 현재화하시기 때문에, 발생한 계시는 교회 안에서 성서의 증언대로 발생한 것으로 선포된다. 그로 인해 앞서 말한 "레싱의 질문"은 역전된다. 즉 무겁게 압박해 오는 문제는 "그 당시의 역사로 우리는 오늘날 무엇을 시작할 수 있는가?"가 아니라, 우리가 "부정한 입술을 가지고" 우리에게 현재하시는 계시자 앞에서 "그릇 행하고" 있지는 않은가? 라는 질문으로 바뀌게 된다(IV/1, 319). 만일 거기에 하나님이 "우리와 더불어 행하신" 저 시작이 없다면, 하나님이 우리를 "깨끗케" 하시지 않고 그분을 선포하는 말씀을 우리 입술에 넣어 주지 않으셨다면, 우리가 어떻게 하나님에 관하여 더듬거리고 막히는 식으로라도 도무지 말할 수 있겠는가! 그렇게 말할 수 있게 되었을 때, 우리는 "경탄하면서" 즉 "경탄하기를…결코 멈추지 못하면서" 말하는 것 외에 어떻게 달리 말할 수 있겠는가! 여기서 "경탄한다는 것은 우리가 관계하게 되고 또 우리의 근거로 삼는 그 현실성의 특성에 놀라움을 금치 못하는 것, 또 우리를 조명해주고 우리에게 동기를 부여하는 예기치 못한 사건에 놀라는 것, 우리를 자유롭게 하여 거기로부터 더 나아가도록 하시는 은혜에 감사하는 것, 그리고 우리가 그와 같은 자유를 사용하여 기도하는 것을 의미한다." 바로 이 지점에서 "교회와 신학 안에서 진지하고 효과적이며 경건한 그리스도교적 사상과 진술의 길들이 단지 겉으로만 경건하거나 학문적이고 근본에서는 (또한 실제의 작용에서도) 진부하고 통속적이며 지루한 그리스도교적 변민과 잡담의 길로부터 구분된다"(IV/3, 330f.).

자연신학의 배격

"우리가 들어야 하는 유일한 말씀"으로서의 예수 그리스도라는 표명은 1934년 5월에 발표된 "바르멘 신학 선언" 제1조의 인용이다. 당시 이 문장에는 성서가 증언하는 계시 외에, 1933년 바이에른의 라디오 방송인 "독일의 시간"(die deutsche Stunde)에서 일종의 하나님의 계시를 보았던 독일 그리스도인 연맹에 대한 거부가 내포되어 있다. 바르트는 그 거부를 항상 "자연신학"에 대한 거부로 이해했고, "단지 지금 구체적인 논쟁거리가 되고 있는 **새로운** 자연신학만이 아니라 **모든 종류의** 자연신학으로부터 교회를 정화하는 것"(II/1, 197)으로 이해했다. 이와 같은 거부는 신학이 사도신경 제2항 그리스도의 화해에 관해 언급하는 것 외에 또한 제1항 창조자의 사역과 제3항 성령의 사역에 대해서도 진술해야 한다는 사실과 대립하지는 않는다. 왜냐하면 그 거부는 사도신경의 세 가지 조항 **모두**에 대한 올바른 이해를 묻기 때문이다. 또한 그 거부는 하나님이 **배타적으로** 부활사건에서만 자신을 계시하셨으며 그 밖의 다른 모든 하나님의 사역에서는 계시하지 않으셨다고 주장하는 것이 아니다. 그리고 하나님의 "말씀"이 유일회적인 것이어서 하나님이 다른 것들에서는 단지 침묵만 하신다고 주장하는 것도 아니다. "하나님은 러시아의 공산주의를 통해서도, 플루트 연주회를 통해서도, 만발한 꽃밭을 통해서도, 심지어 죽은 개를 통해서도 우리에게 말씀하실 수 있다"(I/1, 55). 고백교회가 바르멘 신학 선언을 공식적으로 채택한 직후 바르트는 이렇게 말했다. "세계 전체와 세계 안의 이러저러한 형상들, 사건들 권력들은 하나님께서 자신의 손 안에 두고 계시며 또 하나님은 그런 것들 속에서도 자신을 계시하신다는 명제를 우리가 부인하는 것은 아니다."[24]

그렇다면 바르트는 무엇을 거부하고 있는가? 우리는 방금 인용했던 문장의 계속되는 부분에 주목해야 한다. **그러나** "우리는 하나님을 그런 형상들, 사건들, 권력들 속에서 인식함으로써 마치 우리가 '하나님은 여기 계시다'라고 손가락으로 가리킬 수 있다거나, 그런 인식이 예수 그리스도 안에서 주어지는 하나님 인식과 나란히 설 수 있는 또 하나의 하나님 인식이 될 수 있다고 생각하지 않는다. 예를 들어 라디오 방송 '독일의 시간'의 인식이 그렇게 주장한다! 하지만 우리는 그런 인식에 대해 아는 바가 없다. 하나님은 **유일한 한 곳**에서만 분명하게 말씀하셨다. 만일 우리가 '하나님의 말씀이 어디에 있는가?'라고 묻는다면, 우리는 하나님이 말

---

[24] *Texte zur Barmer Theologischen Erklärung*, 19.

쏨하신 **그 한 곳**을 확고히 붙잡는다. 이것을 넘어서는 모든 종류의 말씀은 교회를 배반하는 것을 의미한다.…그런 어떤 말씀에 손가락만 갖다 대어도 우리는 모든 것을 포기한 셈이 된다. 만일 그와 같은 어떤 두 번째 계기, 즉 유일한 계시의 원천 외에 어떤 두 번째 계시의 근원이 등장한다면, 신앙고백들은 아무런 소용이 없다."[25] 바로 이것이 우리가 오직 차후적으로(nachträchlich)만 인식할 수 있다는 의미다. 다시 말해 하나님이 자신이 인식될 수 있도록 분명하게 자신을 드러내주신 그곳에서 우리가 하나님을 인식한 후에야 비로소, 어떤 한도에서 하나님이 또한 다른 곳에서도 자신을 계시하실 수 있는지 또는 우리가 거기서 하나님을 마귀와 혼동하고 있지는 않은지를 인식할 수 있다는 뜻이다. "후속적으로"라는 말은 우리가 그런 "형상들"을 어떤 신적인 속성과 관련시켜 놓은 뒤에 그것들을 하나님의 계시라고 여긴다는 뜻이 아니다. 오히려 성서의 증언에 따르면 자신을 계시하시는 하나님이 자기 자신을 그런 형태들과 관련시키시며, 그래서 그것들을 하나님 자신과의 관계 안에 놓으시는 것이다. 그것에 근거하여 우리는 그런 것들 속에서도 하나님을 인식할 수 있고, 아마도 우리에게는 새로운 관점 아래에서 하나님을 인식하게 될 것이다. 그러나 이때도 우리는 자신을 저 유일한 장소(부활)에서 분명하게 드러내셨던 바로 그 **동일한** 하나님 외에 다른 어떤 하나님을 인식하지는 않는다.

자연신학과 계시에 의존하는 신학 사이의 사실상의 차이는 최소한도로 말하자면, 계시신학에서는 하나님이 오직 **하나의** 사건에서만 인식되시는 반면, 자연신학에서는 하나님이 **어디서든** 인식되실 수 있다는 사실이다. 그 차이는 하나님이 두 가지 신학 안에서 정반대로 대립하는 방식으로 인식되신다는 사실에 있다. 이것은 그 둘 사이에 상호 대립하는 인

---

25 Ebd.

식의 원칙들에서 드러난다. 계시에 의존하는 신학에서는 (1) **가능성에 대한 현실성**의 무조건적인 우위가 인정된다.[26] 다시 말해 우리가 하나님을 인식하는 것은 하나님이 우리로 하여금 하나님 자신을 인식할 수 있도록 자신을 **내어주셨으며** 또 **지금도 내어주신다**는 사실에 근거한다. 우리는 오직 이와 같은 사실의 연장선상에서만 어떤 한도에서 하나님 인식이 "가능한지"를 이해하려고 시도할 수 있다. 그러나 자연신학은 이 관계를 역으로 뒤집는다. 자연신학은 하나님 인식 혹은 "계시"의 일반적 가능성이라는 구조를 인간의 손에 척도로 쥐어주며, 그 결과 그 기준의 측정에 따라 거기서 현실적인 것과 그렇지 않은 것이 결정된다. 또 그렇게 되면 "계시"는 그 기준에 굴복하게 되고, 그 기준을 다루는 인간 앞에서 책임을 떠맡아야 한다. 또 그렇게 되면 계시는 이미 가능한 하나님 인식이라는 구성 개념에 접근할 수 있는 많은 "가능한" 접근방식들 가운데 하나로 이해될 수밖에 없다. 그렇게 되면 계시의 현실성은 그런 측정 기준을 소유한다고 여겨지는 인간이 부여하는 정당성에 의존하게 된다. 그렇다. 여기서는 인간이 먼저 누가 자신에게 하나님 "일 수 있는지"(kann)를 결정한다. 그 후에야 비로소 인간은 그 하나님께 기도할 수 있다. 하지만 이것은 하나님이 다른 어떤 것이 아니라 자신이 만드신 것에 굴복하신다는 것 외에 다른 무엇을 뜻하는가?

계시에 의존하는 신학에서는 (2) **구체성**이 **보편성**보다 무조건적인 우위를 점한다. 이것을 바르트는 다음 문장을 통해 강조했다. 하나님은 인간의 보편적 범주에 속하지 않으신다(Deus non est in gerene! [II/1, 349]). 보편적인 것 안에는 위험이 잠복해 있다(Latet periculum in generalibus! [II/2, 51]). 하나님 인식이 하나님의 자기 알림에 근거하고 있다면, 이때 하나님 인식은

---

26 K. H. Miskotte, *Über Karl Barth* KD, 39

그 자기 알림에 대해 성서가 증언하는 구체적인 "그때" 및 "그곳"과 연결되어 있다. 바로 그때 및 그곳에 근거해서 우리는 비로소 어떤 한도에서 그 유일한 사건이 "단 번에 영원히" 발생한 것인지를 물을 수 있다. 하지만 조심해야 한다! 그때에도 구체성은 단순한 껍질에 그치는 것이 아니다. 즉 껍질을 벗기고 나면 우리가 어떤 무시간적인 관념을 손에 쥐게 되고, 그런 다음 바로 **우리가** 그 관념을 어느 정도 "구체적인" 것으로 만들어야 하게 되는 그런 껍질을 의미하지 않는다! 오히려 하나님 인식은 바로 그 "그때" 및 "그곳"과 불가분의 관계에 있다. 그렇기 때문에 바르트에게 그리스도의 계시는 이스라엘의 역사와 뗄 수 없는 관계에 있다. 반면에 자연신학에서는 이스라엘을 교회로부터 분리시키는 것이 특징적이다. 그렇게 함으로써, 다시 말해 보편적인 것을 구체적인 것보다 앞세우는 틀 안에서, 자연신학은 신약성서도 오해하게 된다. 이때 자연신학은 구체적인 것을 인간이 미리 확정한 보편적인 가치의 맥락 속으로 분류해 넣는다. 자연신학이 "객관적 비판에 의해" 축소해버린 성서는 그런 보편적 가치를 단지 확인해주는 사례들을 제시할 뿐이다.

계시에 의존하는 신학에서 (3) 앞의 두 원칙에 상응하는 다른 하나의 원칙이 있다. 그것은 "존재는 행위에 뒤따라온다"(Esse sequitur operari [II/1, 91])는 원칙이다. 계시에 의존하는 신학은 인간을 향해 다가오시는 하나님의 **행동**이라는 구체적인 현실성 안에서 하나님을 인식한다. 구체적 행동의 현실성 속에서 하나님은 사실상 "계시의 행동 속에 계신"(293) 바로 그 하나님이다. "왜냐하면 인간에게 행하시는 사역과 역사의 주체로서 하나님의 존재와 다른 어떤 하나님의 존재란 성서 그 어디서도 찾아 볼 수 없기 때문이다. 다시 말해 이스라엘의 하나님, 예수 그리스도의 아버지이고 육신이 된 말씀이며 성령이기도 하신 그 하나님, 곧 즉자 및 대자적 본질(An-und-für-sich)에서 하나님이신 그분이 아닌 다른 어떤 하나님은 성서 그 어디에도 없다"(91). 반면에 자연신학은 이와 같은 근본원칙을 거꾸로 뒤집는다. 자연신학에 따르면 하나님은 즉자 및 대자적 본질(An-und-für-sich)에서 어떤 다른 분, 곧 그와 같은 행동이 자신에게 본질적이지 않은 하나님이고, 거기서 행동하셨던 것과는 완전히 다르게 존재하실 수도 있는 하나님이며, 나아가 인간 쪽으로 향하는 행동 없이도 인간에게 접근할 수 있는 하나님이다. 그런 어떤 하나님은 자연신학이 "하나님"에 대해 만드는 특정한 상(像)과 잘 일치한다.

이와 같은 두 가지 신학은 각각 다른 인식방법을 취하지만 단순히 서로 다른 길을 가는 것은 아니며, 서로 구분되는 절차적 과정에도 불구하고 동일한 하나님을 말하고 있다. 물론 양자의 서로 다른 접근방식은 각각 **다른** 하나님을 가리킨다. 자연신학에서 우리의 하나님 인식의 시작은 "우리가 하나님과 더불어 실행하는" 시작이다. 반면에 계시 의존적 신학에서 그것은 오직 "하나님이 우리와 더불어 이미 실행하셨고" 지금도 실행하고 계시는 시작이다. 말하자면 자연신학에서 하나님 인식은 인간에게 언제나 가능하며 얼마든지 접근 가능하다. 자연신학의 하나님 인식은 인간 편으로부터 열려 있고 스스로 열 수도 있는 것이다. 이때 인간이 하나님을 점진적으로 알아가게 되는지 혹은 단번에 명백히 알게 되는지는 상관없으며, 그렇게 할 인간적 능력이 선천적인지 아니면 후천적인지의 문제도 무관하다. 어떻게든 인간은 하나님을 인식하게 되지만, 그 인식은 "하나님을 통해" 이루어지는 것이 아니라 "예수 그리스도 안에서 발생한 하나님의 계시 없이도 성립되는 결합, 곧 인간과 하나님 사이의 결합"(189)에 근거한다. 자신의 인식에서 전적으로 하나님의 은혜에 의존하는 계시 의존적 신학과는 달리 자연신학은 "(인간이) 하나님의 은혜 **없이**" 하나님을 인식할 수 있다는 "주장"에 근거한다(150). 이런 신학은 인간, 곧 하나님의 은혜 없이 살려고 하고 은혜에 닫혀 있으며 은혜를 자신의 적으로 여기며 미워하는 **인간**의 작품**이다**. "이런 토대와 공기 속에서 그와 같은 인간은 자연신학에 도달한다"(151). 그 결과 이 신학은 말로는 하나님을 향해 열려 있다고 하지만 실제로는 하나님의 은혜의 계시를 향해 열려 있지 않은 인간의 **폐쇄성**에 대한 "불가피한 신학적 표현"이다(150).

바르트는 여기서 한 걸음 더 나아간다. 우리의 하나님 인식이 시작되었던 그곳, 즉 하나님이 계시 안에서 은혜를 통해 우리와 함께 실행하셨던 그 시작의 장소에서 우리가 **실제로 하나님**과 관계를 맺는다면, 그것은 우리가 자연신학적인 하나님 인식이 시작되는 곳에서는 단지 가상으로만 하나님과 관계를 맺고 있다는 사실을 폭로한다. "마치 하나님 없이도 자신을 이해할 수 있고 또 자신을 다스릴 수 있다고 생각하는 인간은 다음과 같은 것을 인생의 의미와 내용으로 삼는다. 그것은 자기 자신과 세계에 통달하는 것, 그와 같은 자신의 노력의 목표와 근원을 처음과 마지막 곧 자신의 하나님으로 삼는 것이다." 그러나 그런 어떤 하나님은 인간이 스스로 선택하고 만들어낼 수 있는 어떤 지고의 존재의 총괄개념에 그친다. 그런 어떤 하나님이란 실상은 인간 자신의 고유한 존재의 한 가지 "요소"이고, 거짓-신이며 "우상"이다. 그런 어떤 신을 "인간은 물론 인식은 할 수 있을 것이지만…그러나 그 신은 우상으로서 인간을 참하나님의 인식으로 결코 인도하지 못할 것이며…오히려 그 참된 인식으로부터 멀어지게 만들 것이다. 그런 우상으로서의 신에 대한 인식은…인간을 참하나님의 적으로" 만들 것이고(94) "참된 하나님에 대해 언제나 눈을 멀게"(99) 할 것이다. 따라서 하나님의 계시는 이런 자연신학의 인식과 "연계할" 수 없다. 그렇게 된다면 "마치 우상숭배가…참하나님께 드리는 예배의 어느 정도 불완전한 예비형태인 것처럼"[27] 될 것이다. 하나님의 계시는 자연신

---

[27] *Nein!*, 19; 비교. *KD* II/1, 96.

학의 그런 시도들을 단지 중단시킬 수 있을 뿐이며, 다른 새로운 시작을 실행할 뿐이다. "참하나님은 그분 자신이 인식되는 곳에서 자연인을 그의 모든 가능성들과 함께 (죽이시는데), 이것은 그를 살리기 위해서다"(99). 이때 하나님은 말하자면 자신을 죽은 자와 결합시키신다(IV/1, 535).

하나님이 우리와 더불어 시작하신 저 시작으로서의 계시가 우리와 만나는 바로 그곳에서 자연신학은 스스로 끝나는데, 오직 그때가 되어서야 끝난다. "스스로를 올바로 이해한 하나님의 말씀의 신학을 근거로 삼을 때, 우리는 자연신학 그 자체와 대립하여 싸우게 되지는 않는다." 오히려 사정은 언제나 그와 정반대다. "자연신학의 인간은 하나님의 은혜 밖에 있는 바로 그런 상태에서도 자신이 결코 하나님 없는 자가 아니라는 사실"을 주장하기 위해 투쟁하며 "그런 자신을 변호하려고 시도한다." 이런 인간이 그렇게 하지 못하도록 하려면, 그가 실제로 존재하는 것과는 다른 존재라는 사실을 먼저 설득하는 수밖에 없다. 다시 말해 그는 "그 자신에게 그렇게 필연적이라고 여겨지는 (자연신학의) 시도를 자유롭게 단념할 수 있는 존재이며…스스로 환상으로부터 깨어나…자기 자신을 자연신학으로부터 해방시킬 수 있는 존재"임을 설득해야 한다. "우리 자신이 스스로 선택할 수 있다고 주장하는 은혜는 예수 그리스도 안에 나타난 하나님의 은혜가 아니다. 우리 자신이 스스로 깨어날 수 있다고 생각하는 환상은 모든 환상들 가운데 가장 큰 환상이다. 자연신학이 수행되지 못하도록 말릴 수 있다고 생각하는 신학은 또한 그 자체가 자연신학임이 틀림없다." 인간에게 도움이 되는 것은 "오직 이것뿐이다. 그것은 예수 그리스도의 은혜가 스스로 계시 가운데 승리하면서 인간에게 다가오고 인간을 그의 환상으로부터 깨어나게 하시며, 그와 함께 자연신학으로부터도 해방시키신다는 사실이다"(II/1, 189f.).

계시 의존적인 신학이 맞서 싸워야 하는 것은 오직 **특별한** 경우, 곧 자연신학이 하나님의 은혜와 계시에 근거한 신학을 지배하는 "독점적 지위"를 가지겠다는 자신의 의도를 "감추면서" 스스로를 "그리스도교적인 자연신학"으로 위장하는 경우다. 이런 자연신학은 계시 의존적인 신학과 자연신학 둘 다를 하나의 지붕 아래 종합하려고 시도하며, 하나님의 계시의 은혜로부터 하나님을 인식할 가능성 옆에 다른 하나의 가능성을 "나란히 세우고자 한다." 그 신학은 예를 들어 중심적 본론에 대한 "단지 예비적인 이해만을 제공하는" 서문과 같이 위장하는 가능성이다(152f.). 이와 같은 시도는 거부되어야 한다. 왜냐하면 그런 시도는 계시가 열어놓은 선택권을 안개로 흐려놓기 때문이며, 그 결과 보통은 계시에 이르기보다는, 오히려—자신은 의식하지도 못한 채—계시로부터 멀어지기 때문이다. "자연 곁에 나란히 서 있는 계시는, 그것이 아무리 자연보다 우월한 자리에 있다고 해도, 분명 더 이상 하나님의 은혜가 아니며 단지 인간 자신이 <u>스스로에게 부여하는 은혜</u>에 그친다. 인간 그 자체에게 이미 주어져 있는 하나님 인식과 나란히 서 있는 하나님의 계시는, 아무리 그것이 그저 학문적 서론(Prolegomenon)인 것처럼 여겨진다고 해도, 분명 더 이상 하나님의 계시가 아니며, 오히려 인간이 자기 자신의 거울상에서 만나는 계시에 대한 하나의 새로운, 차용된, 또는 훔쳐서 자기 것으로 삼은 표현일 뿐이다"(154f.).

바르트에 의하면 이와 같은 자연신학은 다양한 얼굴을 하고 나타날 수 있다. 첫 번째 얼굴로는 "**존재의 유비**"(analogia entis)와 관련된 로마 가톨릭 교회의 교리를 예로 들 수 있다. 바르트는 이 교리를 "적그리스도의 **특별한 고안**"으로 여겼다(I/1, VIII, 비교. 또한 II/1, 90). 바르트가 그렇게 했던 것은 하나님의 자기 인식과 인간의 하나님 인식 사이에 있는 "유사성" 그 자체를 배격했기 때문이 아니다. 오히려 그 이유는 하나님과 인간 사이에 미리 주어져 있다고 전제되는 **존재적** 동질성에 근거하여 그 유사성이 있다고 주장하기 때문이며, 그래서 인간이 자기 자신으로부터 스스로 하나님과 연결될 수 있다고 주장하기 때문이다. 만일 그런 유비가 존재한다면, 그것은 하나님이 그것을 선사하시기 때문이며, 하나님이 자신의 말씀을 통해 우리의 인식을 하나님 자신의 인식에 상응하도록 만드시기 때문이다(II/1, 254ff.). 두 번째 얼굴은 **상황**(kontextuelle) 신학 프로그램이다. 여기서도 바르트는 신학이 비신학적인 상황들과 관련을 맺는 것 그 자체를 배격하지 않는다. 다시 말해 신학이 "계시를 이성, 실존, 창조, 또는 그 외의 다른 어떤 주체와의 관계 속에 있다고 보는 것—그리고 생각하고 말하면서 그것들과 관련짓는 것"—그 자체를 거부하는 것이 아니다. 오히려 바르트는 계시를 상황과 "관련시켜야만 한다!"고 말한다. 그러나 "신학은 계시를 기준으로 삼아 다른 주체들을 해석해야지, 다른 주체들을 기준으로 삼아 계시를 해석하지 말아야 한다."[28] 바르트는 이 점에 맞서 투쟁했다. 자연신학의 세 번째 얼굴은 **상관관계**(korrelativ)의 신학(P. Tillich)인데, 이것은 계시를, 인간이 자신의 실존에 대해 사전에 스스로 정의한 의문성에 대한 대답으로 이해하려고 한다. "그렇게 되면 하나님의 말씀은 인간이 계시를 받기 위한 어떤 긍정적인 가능성을 어떻게든 갖게 된다고 권유하는 역할을 하게 될 것이며, 반면에 인간은 그와 동시에 자신이 거대한 부정적인 가능성만을 가지고 있다고, 심지어 그래야만 한다고 스스로를 설득하게 될 것이다." 그러나 실제로 이런 일은 일어나지 않는다. 하나님의 말씀이 오히려 우리에게 후자를 말할 것이며, 그 결과 인간을 정말 곤궁하게 만들 것이다. 왜냐하면 "이러한 곤궁함은…**성령의** 선물이며 **예수 그리스도의 사역**"(I/2, 287f.)이기 때문이다. 자연신학의 네 번째 얼굴은 인간 자신이 앞서 제기하는 "전이해"(Vorverständnis)를 배경으로 하여 인간의

---

28 *Theologische Fragen und Antworten*, 139f.

새로운 자기 이해를 주제로 삼는 신학(R. Bultmann)이다. "물론 우리 모두는…우리가 가능하고 올바르고 중요하다고 여겨야 하는 것, 그리고 우리가 이해할 수 '있다'고 생각하는 것의 총괄개념을 가지고 작업한다." 따라서 우리는 복음서의 생소한 본문을 "우리의 '전이해'라는 제약의 틀에 맞추려고" 시도하게 된다. 그러나 이러한 절차가 "원칙과 방법론"이 될 수는 없다. 왜냐하면 본문 자체가 "인간의 자칭 표준적인 자기 이해의 틀 안에서 이해되기를 원하지 않고, 오히려 인간이 본문 속에서 자기 자신을 이해했다고 느끼는 방식으로서의 본문 이해를 요구하기 때문이다. 그와 같은 자기 이해 안에서 인간은 바로 그 본문도 항상 더 잘 이해할 수 있게 된다."[29] 결론으로 요약하자면, 하나님의 말씀은 **모든** 형태의 자연신학을 배격한다.

대-상-성(對象性, Gegen-ständlichkeit)*

바르트는 하나님을 신학의 "대상"이라고 부른다. 그렇다. 그에 따르면 "대상이 되는" 하나님 인식만이 진정한 하나님 인식이다. "성서적인 믿음은 하나님의 대상성으로부터 살아간다"(II/1, 13). 이 사실을 도외시한다면—신학 안에서 하나님이 단지 스스로를 절대화하는 인간의 상(像)에 그칠 때 신학은 실제로 그렇게 한다—그때 신학은 말 그대로 근거 없는 것(gegenstandlos, 대상이 없는 것)이 된다(76f.). 만일 신학적인 하나님 인식이

---

[29] Rudolf Bultmann, 49f.
* 역자 주) '대상성'을 의미하는 독일어 합성어 'Gegenständlichkeit'를 의도적으로 낱말 분열하여 'Gegen(마주하여 혹은 반대하여)-ständlichkeit(서 있을 가능성)'으로 표기함으로써 하나님이 단순히 우리의 인식론적 대상에 그치는 것이 아니라, 실제로 '우리와 대면하여 마주 서 계시는 상대'라는 의미를 드러내고 있다.

대상이 없는 하나님 인식이라면, 바르트에 의하면 두 가지 문제가 제기된다. 이때 신학은 **"하나님"**을 인식하지 못하고, 하나님을 **"인식하지도"** 못한다. 하나님이 대상으로서 신학의 "객체"로 지칭되신다는 것은 물론 한편으로는 하나님이 어떤 것 혹은 사물이어서 인간이라는 주체가 마음대로 자기 손으로 처분하거나 능숙하게 다룰 수 있다는 뜻이 아니다. 오히려 그와 반대다. 대상이 되시는 하나님은 그런 인간적인 접근을 일시적으로만이 아니라 지속적으로 벗어나시며, 바로 하나님 자신의 계시 안에서 그와 마주-서시고(entgegen-steht), 마주-대응하시는(sich entgegen-setzt) 상대자(das Gegenüber)이시다. 따라서 우리가 말씀을 완벽히 파악하였다고 생각하고, 이제는 단지 그 말씀을 다른 사람들에게 적용 또는 전달하는 문제만 물으면서 "하나님의 말씀에 대해 소위 등을 돌리는"(I/1, 249) 순간에, 신학은 대상을 잃게 된다(근거 없는 것이 된다). "자연신학이 이성, 자연, 역사 같은 소위 자신의 소재들을 다루어왔던 것과 동일한 방식으로 내가 하필이면 은혜와 계시를 취급한다면, 다시 말해 마치 사람이 그것을 호주머니에 지니고 있는 것처럼 다룬다면, 가장 순수한 은혜의 신학과 계시 신학이라 할지라도 그것이 내게 무슨 도움이 되겠는가?"[30]

하나님을 신학의 "대상"으로 이해하는 것은 다른 한편으로 하나님의 현실성에 객관적 "성격의 초월적인 폐쇄성"을 부여하지 않는다는 것을 의미한다.[31] 오히려 여기서 질문은 이것이다. 그 대상이 마주 서 계신다는 것은 "그 어떤 순간에도 하나님에 의해서가 아니고서는 결코 폐기되지 않는" 특성으로 이해되고 있는지, 그리고 "인간이 자신의 타고난 성향으로든 또는 후천적인 습득으로든 (그 마주 서 계심을) 스스로 폐기할 수 있는 능

---

30 *Nein!*, 14.
31 J. Moltmann, *Theologie der Hoffnung*, 48.

력을 지니고 있다"³²고 (잘못) 생각하고 있지는 않는지가 질문되어야 한다. 그러니까 여기서 목표가 되는 대상은 **관계** 속에서 드러나는데, 그 관계는 바로 그 대상에 의해 구성된 것이다. 그 관계 속에서 그 대상은 타자들에 대해 철저히 "자기 초월적으로 소통하는" 존재이긴 하나(IV/3, 9), 그럼에도 그 관계는 오직 하나님의 은혜에 근거해 있다. "하나님의 **대상성은**… 바로 그분의 계시 속에서…**은혜**로 증명되며"(II/1, 232), 그 은혜 덕분에 인간은 하나님을 인식할 수 있다. 그래서 대상의 개념은 "마주 서 있음"과 함께 "**마주 다가옴**"의 계기도 담고 있다. 신학이 이와 같은 이중적인 의미에서 하나님을 대상으로 갖는다면, 그때 신학의 수고는 "**하나님**"이 그 신학 속에서 인식되실 뿐만 아니라, 또한 하나님이 그 신학 속에서 "**인식되신다**"는 약속을 갖게 된다. 이것에 대해 좀 더 자세한 이해가 필요하다.

초기 바르트는 "대상" 개념을 하나님께 적용하는 것을 거부했다. 그것은 칸트(I. Kant)의 논증에 근거한 것이었다. 우리는 오로지 경험적 인식을 통해 "대상들"을 안다. 대상들은 언제나 직관과 개념이라는 인식의 형식들 속에서 우리에게 유한한 현상들로 주어진다. 따라서 칸트에 의하면 하나님이 우리의 경험적 인식의 대상이 되실 가능성은 없다. 바르트는 이것을 다음과 같이 받아들였다. "대상에 대한 **사유** 없이는 **대상**도 없다. 어떤 특징적인 개념을 우리 손에 쥐어주는 앞선 지식이 없이는, 우리가 어떤 대상에 대해 확정할 수 있는 특징도 있을 수 없다. 다시 말해 만일 하나님이 이 세계 안에 있는 대상이라면, 그런 우월한 앞선 지식으로부터 유래하지 않는 어떤 하나님에 관한 진술은 없다.…하나님이…많은 대상들 중 하나라면…하나님은 분명 하나님이 아닐 것이다."³³ 후기 바르트는 이와

---

32 *Die Theologie und die Kirche*, 192.
33 *Römerbrief* 2, 56f.

같은 초기 바르트와 대립하는 것처럼 보이며, 그와 함께 초기의 비판은 후퇴하는 듯이 보인다. 이제 바르트에게 계시는 다음을 의미한다. "하나님은…마치 대상들이 등장하는 것처럼…인간의 직관과 이해의 장 안으로 들어오신다"(II/1, 13). 그러나 실제로 바르트는 자신의 초기 인식을 보다 더 상세하게 설명하고 있을 뿐이다. 왜냐하면 다음 사실이 여전히 타당하게 남아있기 때문이다. "이와 같은 대상의 인식은…그 대상을 마음대로 처분할 수 있다는 것을 결코 의미할 수 없다. 우리는 하나님을 대상으로 가지기는 하지만, 그러나 그것은 우리가 다른 대상들을 갖는 것과 같지 않다.…우리는 말하자면 먼저 우리 자신을 가짐으로써, 다른 모든 대상들을 갖는다. 우리는 우리가 사전에 앞서 정해 놓은 우리 자신의 실존적 규정들을 통해 그 대상들을 소유한다"(21f.). 왜냐하면 "우리가 이해할 수 있는 것은 우리와 **비슷한 것**이고 우리가 마음대로 **제어할 수 있다는 것**이며, 또 우리는 우리가 이해하는 그것과 함께 근원적 및 본래적으로 **하나이기**" 때문이다(211f.).

이와 같은 비판적 숙고에도 불구하고 바르트는 "대상" 개념을 여전히 유지한다. 첫 번째 이유는 하나님의 계시 안에서 인간은 고유한 속성을 지닌(sui generis) 대상, 아니 가장 참된 종류의 진정한 대상과 관계를 맺게 되기 때문이다. 그 대상은 우리에게 자신을 내어주지만, 그렇다고 우리가 그 대상을 마음대로 처리할 수 있는 것은 아니다. 그 대상이 자신을 열어 보이는 것은 우리로 하여금 그것을 통해 그 대상의 고유한 비밀을 있는 그대로 존중하기를 배우게 하려는 것이다. 하나님의 "자기-계시"에 특징적인 사실은 그분의 "이름의 계시(출 3:13f.)가 사실상 내용적으로는 이름의 거부라는 사실이다"(I/1, 335). 그래서 하나님의 계시는 동시에 하나님의 은폐되심이기도 하다(비교. II/1, 209f.). 그러한 은폐성은 마치 하나님이 자신의 계시 안에 전적으로 현존하시지 않는 것(H. Golwitzer)처럼 이해되어서도 안 되고, 그것이 인간의 인식 능력의 부족으로 인한 것(W. Pannenberg)처럼 이해되어서도 안 된다. 오히려 그 은폐성은 **하나님**께서 자유로운 은혜의 계시 안에서 자신을 인간의 하나님 인식의 대상으로 삼으실 때, 인간은 그 인식에 대한 어떤 권리도 그럴 능력도 갖지 못한다는 사실로부터 온다. 다시 말해 하나님은 하나님이시기에 인간 스스로가 하나님을 제 것으로 삼는 것에 반대하여 맞서신다(ent-gegensteht). 하나님이 계시 안에서 이와 같은 의미에서 스스로 대상이 되어주시지 않는다면, 그때 우리는 그 안에서 하나님과 관계를 맺을 수 없을 것이다.

바르트가 "대상" 개념을 포기할 수 없었던 두 번째 이유가 있다. 만일 하나님이 계시 속에서 인간적 직관과 개념의 장 안으로 등장하지 않거나 우리와 마주하여 다가오지(entgegen-kommen) 않으신다면, 그래서 많은 "대상들 가운데 하나의 대상"이라는 의미에서 우리의 대상이 되지 않으신다면, 하나님은 그곳에서 우리에게 **인식되실 수** 없을 것이다. 그 대상이 아무리 직관되거나 파악될 수 있다고 해도, 하나님은 우리에게 단지 간접적으로만 직관되고 인식되실 수 있다는 사실이 언급되어야 한다. 다시 말해 하나님 자신이 스스로를 직관하고 인식하듯이, 또 하나님 자신에게 스스로 "대상"이 되시듯이 그렇게 직접적으로 우리에게도 대상이 되시는 것은 아니다(62). 여기서 "간접적으로"의 의미는 (1) 하나님이 자기 자신을 보고 이해하시는 그 인식에 우리가 참여하도록 허락해주지 않으신다면, 우리는 하나님을 직관하거나 이해할 수 없다는 것이다. "간접적으로"의 또 다른 의미는 (2) 하나님은 이 땅의 특정한 "대상들"을 하나님 자신을 위해 택하시고, 그것들 안에서 우리에게 직관되고 이해되시는 방식으로 우리로 하여금 하나님 자신의 인식에 참여할 수 있게 하신다는 것이다. 이와 같이 하나님이 우리에게 마주 다가오시는 것은 하나님의 계시 속에서 새로운 의미를 갖는 하나님의 "은폐"다. 말하자면 그것은 우리를 위한 하나님의 낮아지심이다(59). 그것은 하나님이 바로 그렇게 간접적으로, 곧 이 세상의 대상들 가운데 자신을 은폐하심으로써 우리에게 직관되고 이해되신다는 것을 의미한다. 이때 인간은 "직접적으로 하나의 **다른 대상 앞에**" 서게 되는데, 그것은 "일련의 다른 대상들 가운데 하나의 대상이다.…바로 이 다른 대상은…하나님이 인간으로 하여금 하나님 자신을 인식할 수 있게 해주시는 수단이며, 그 수단을 통해 인간은 하나님을 인식한다." "간접적"이라는 말이 마지막으로 의미하는 것은 (3) 그 대상이 자동적으로 그런 수단이 되는 것은 아니라는 것이다. 그 수단이 하나님을 위한 것이 되는 것은 "하나님이 그것을 자신의 옷, 성전, 또는 표적으로 결정하고 또 그렇게 만드시고 그 자체로 사용하신다는 한에서이며, 특별한 의미에서, 즉 그런 수단이 자신의 실존을 넘어서서(이것도 마찬가지로 하나님의 사역이다!) 하나님의 대상성을 증언하고 그럼으로써 하나님의 인식을 가능하고 필연적인 것으로 만드는 일에 당연히 및 마땅히 봉사하도록 허락받는다는 한에서다." 하나님을 그렇게 인식하는 사람은 "자기 마음대로 대상들을 선택해놓고, 그것들을 표징으로 삼지 않으며, 그렇게 해서 인간적 자의성에 근거한 하나님 인식을 고안해내지 않는다." 그것은 우상숭배다! "그 사람은 하나님 **자신**이 선택하신 대상들을 수단으로 해서 하나님을 인식한다"(16f.).

그와 같은 이 세상적인 "대상들"에 해당하는 것은 우리의 "인간적인 직관들, 개념들, 단어들에 상응하는데…이런 것들은 그 자체로는 오직 피조물인 것에만 적용될 수 있다"(257). 이런 것들이 어떻게 하나님의 속성을 표시할 수 있는가? 혹은 우리가 그것들이 그렇게 할 수 있다고 믿는다고 해도, 그 표시된 것들은 실제로는 하나님을 가리키는 것이 아니라, 언제나 단지 **우리 자신**의 모습들, **우리 자신**의 표상들이지 않는가? 그렇게 되면 하나님의 자리에 우리의 개념이라는 우상을 대신 옮겨놓게 되지 않는가?

아니면 단지 "비(非)본래적으로"만 하나님을 말하고 "본래적으로"는 언제나 우리 자신만을 말하게 되지 않겠는가? "하나님은—하나님이시다"라는 초기 바르트의 명제[34]는 그다음에 예상되는 절차, 즉 하나님을 표현하기 위해 우리가 고안해냈거나 우리에게 이미 오래 전부터 알려져 있는, 혹은 우리가 가장 강하게 열망하는 어떤 가치개념을 "하나님"으로 제시하고 하나님의 자리에 앉히려는 절차에 대한 저항이다. 그런 가치개념에는 예를 들어 하나님=사랑, 영, 권능, 아버지, 어머니 등이 있다. 그와 같은 개념들을 하나님께 적용할 때 우리가 이미 사전에 (하나님 없이!) 가치 있고 변호할 만하고 추구할 필요가 있다고 확정한 것이 하나님께 투영되는 것은 아닌가? 그런 개념들을 하나님께 적용함으로써 우리가 얻는 것은 이미 우리가 하나님 없이 사전에 알고 있던 것의 확증 외에 다른 무엇일 수 있는가? 따라서 그와 같은 절차에서, 그런 개념들을 하나님께 적용할 때 우리는 실제로는 하나님이 아니라 단지 우리 자신을 의미하기에, 마침내 하나님은 불필요해지지 않는가?

바르트는 사안을 거꾸로 세워 이 문제를 해결하고자 한다. 하나님이 다만 "간접적으로" 우리의 대상이 되시는 것과 마찬가지로 우리의 개념들이 하나님을 단지 "간접적으로"만 표현할 수 있다는 것은 확실하다. 그러나 여기서 "간접적"이라는 말은 그런 개념들이 하나님을 "본래적으로" 표현할 수 없다거나, 언제나 우리 자신과 우리의 피조적 현실만을 표현한다는 뜻이 아니다! 우리는 하나님이 계시 속에서 "자기 소유인 이 세상" 안으로 오셨다는 사실을 우리의 개념들과 연관시켜야 한다. 따라서 "하나님께서는 우리 자신과 우리의 모든 직관들, 개념들, 단어들에 대해 그것들의 최종적이고 본래적인 대상은 바로 하나님 자신이라고 주장하시며, 그 주

---

[34] *Römerbrief* 2, 324, 326.

장은 완전하고도 가장 적절한 근거를 갖는다.…그러나 이것은 그것들이 그 대상에 적합해서가 아니고, 그것들이 어떻게든 근원적으로 하나님을 의미하기 때문도 아니다. 우리 자신에 속한 것들로서 그것들은 그런 일을 할 수가 없다. 하나님이 그것들을 요구하실 때, 확증되는 것은 우리가 아니라 하나님 자신이다.…우리의 단어들은 우리의 것이 아니라 하나님의 것이다.…그 단어들이 사용될 때 그것은 말하자면 비본래적이거나 그저 단순히 비유적인 사용이 아니라 본래적 사용법이다. 만일 우리가 우리에게 적합한 것들의 제한성 안에서 그 단어들을 피조물에 적용한다면, 그때 우리는 그것들을 단지 비본래적으로, 또 비유적으로 사용하게 된다. 그러나 우리가 그 단어들을 하나님께 적용할 때, 그것들은 자신들의 근원적인 대상에게로…인도되는 것이다"(257-259). 이렇게 인도되는 것은 우리의 하나님 인식에서 우리를 한 가지 영속적인 과제 앞에 세운다. 그것은 우리의 개념들과 직관들을 그것들의 일반적인 의미에서 하나님께 적용하는 것이 아니라, 오히려 그것들을 거듭 계시의 빛 속에서 **수정**되도록 만드는 과제다. 그렇게 해서 가능한 한, 어떤 "하나님"이 그런 개념들이 말할 수 있는 것에 상응하는 것이 아니라, 오히려 그 개념들이 하나님의 말씀에 상응하도록 해야 한다! 이것이 바로 바르트가 높이 평가했던 힐라리우스(Hilarius)의 명제가 지시하는 과제다. "현실이 언어에 종속되는 것이 아니라, 언어가 현실에 종속된다(Non sermoni res, sed rei sermo subjectus est)." "누구든지 이 명제를 방법론의 공리로 삼지 않는 사람은, 더 이상 신학자일 수가 없고 신학자가 되지도 못한다"(I/1, 374).[35]

---

[35] 비교. E. Busch, *Lebenslauf*, 394.

뒤따라-성찰하기(Nach-denklichkeit)

하나님의 계시는 인간의 하나님 인식에 근거를 마련해 주는 것을 목표로 한다. 다시 말해 하나님에 관해 말할 때 우리가 모든 간접성에도 불구하고 참으로 하나님을 말하게 되고, 사실상 우리 자신에 관해 말하게 되지 않는 것을 목표로 한다. 그렇다. 여기서 관건은 하나님이 자신을 인식하는 바로 그 인식에 우리가 참여하는 것이다. 여기서도 마찬가지로, 하나님은 언제나 이미 자기 자신에게 계시되시기 때문에, 하나님이 인간에게 자신을 계시하심으로써 얻는 것은 아무것도 없다. 여기서 유익을 얻는 것은 인간이다. 인간이 얻는 것은 그저 단순한 (또 다른 몇 개의) 지식이 아니다. 여기서 인간은 하나님과의 연합 속으로 들어가야 한다. 계시는 **은혜**이며, 하나님의 화해의 계시다. 하나님은 그 연합을 자신의 사역이 되게 하심으로써, 자기 자신을—바로 그것을 원하고 그렇게 할 능력이 있는 자로서의 자신을—계시하신다. 그렇기 때문에 하나님과의 연합은 하나님 인식을 의미한다. 은혜는 또한 **계시다**.

여기서 인식(Erkennen)은 단순히 "인간과 마주치는 존재자에 대한 중립적인 정보나 지식, 곧 문장이나 원리나 체계를 통해 작성되는 정보나 학문적 지식을 습득하는 것이 아니며, 현상 세계 저편에 위치하는 어떤 존재에 대한 수동적인 관조 안으로 입장하는 것을 뜻하지도 않는다. 오히려 인식은 특정한 사건…특정한 **역사**를 의미한다. 역사 안에서 한 인간은—관찰하고 사유하는, 그리고 자신의 감각, 지성, 상상을 동원하고 또한 자신의 의지, 행동, '마음'을 동원하기도 하는, 말하자면 전인(全人)으로서의 인간은—어떤 **다른 역사** 즉 우선 밖으로부터 낯설게 다가오는 역사를 구속력 있는 방식으로 알아채게 된다. 구속력 있는 방식이란 그 역사에 대한 자신의 중립성이 지양되는 것을 의미하며, 자신의 편에서 그 역사를 향해 개방되고 그 역사에 헌신하게 되는 것을 의미한다. 그 결과 그는 역사의 부르심을 받고 역사 속에서 만나는 법칙에 따라 방향을 정하며, 역사의 과정에 참여하게 된다. 요약하자면 하나님 인식에서 '인식'이란 인간이 이와 같이 다른 역사를 알아가는 과정을 그에 상응하는 **자신**의 존재, 행동, 태도의 변화를 통해 입증하는 것을 의미한다"(IV/3, 210). 그러므로 바르트에게 **인식**이란 **돌이킴**(Umkehr)을 뜻한다(226ff.). 그것은 인간이 인간 자신과 더불어 "어떤 것"을 시작하시는 하나님을 통해 바로 그 하나님께로 돌이키는 것을 의미하며, 그렇게 성취된 돌이킴에 근거하여 자기가 자기 자신과 더불어 실행하는 시작으로부터 계속 멀어져 하나님께서 그와 함께 실행하시는 시작으로 돌아가는 것을 뜻한다. 여기서 인식은 인식하는 주체가 인식되는 객체를 점유하는 것이 아니다. 오히려 인식은 "그 인식 속에서 주도권을 갖고 인도하는 대상에 의하여…**전인**(全人)이 자신의 **모든** 가능성, 모든 경험들, 모든 행동방식과 함께 180도 돌이키는 것, 즉 그분을 향해, 인식의 대상을 향해 완전히 돌아서는 것, **전적**으로 그분 쪽으로만 방향을 취하는 것"(251)을 의미한다.

앞에서 말했듯이 바르트에 의하면 하나님 인식의 경우에는 인식하는 주체가 사전에 미리 현존하지는 않는데, 그것은 다양한 내용들로 얼마든지 채워질 수 있는 현존하는 형태로서의 주체, 예를 들어 하나님을 임의로 선택이 가능한 인식대상으로 삼아 스스로를 채울 수 있다고 잘못 생각하는 주체를 뜻한다. 그런 주체는 실제와 정반대되는 것을 추구한다. "우리가 미리 앞서 우리 자신을 소유함으로써" 다른 대상들도 소유하게 되며, 그것도 "앞서 전제된 우리 자신의 실존에 대한 규정들로서" 소유한다(II/1, 21f.)—이로써 현대적 주관성(Subjektivität)이 추구되고 있는 셈이다! 그러나 우리는 어떤 경우에도 하나님을 그런 식으로 가질 수 없다. 그렇다면 우리는 우리 "자신을 미리 앞서 소유하지" **않고**, 오직 우리가 먼저 하나님을 통해 우리 자신을 받아들이게 됨으로써, 또한 하나님을 대상으로 받아들이게 된다. "여기서 전적으로 고려되어야 하는 '사전에'(das Vorher)는…그 대상의 앞섬일 뿐이다. 오직 하나님이 하나님 자신을 대상으로 규정하실 때만, 인간도 하나님을 인식하는 자로 세워진다." 말하자면 "인식 대상에 대해 인식하는 인간이 서 있는 위치는 근본적으로 지양될 수 없이 그렇게 규정된 '**차후**'(das Nachher)적 위치다…그와 같은 '차후'적 신분은 인간의 '사전'(앞섬)에 의해 결코 바뀌거나 곡해될 수 없다. 그곳은 바로 **은혜**의 자리다"(같은 곳). 여기서 관건은 ─ 계시는 곧 은혜이기 때문에! ─ 은혜론을 하나님 인식의 물음에 적용하는 것이다. 여기서도 인간보다 앞서는 하나님의 은혜가 있으며, 따라서 여기에도 은혜보다 선행하는 인간(*homo gratiae praeveniens*)은 없다. 오직 은혜를 뒤따르는 인간(*homo gratiae sequens*)이 있을 뿐이다. 하나님 인식의 문제를 조명하기 위해 이 명제가 적용될 수 있는 영역을 서술해보기로 하자!

(1) 우리 편에서 하나님 인식에 도달하게 되는 것은 하나님께서 자신의 말씀을 ─죽은 자들로부터 부활로 깨우심 안에서(99)─ 공표하시는 가운데 우리를 그 말씀의 수용자로 만드시기 때문이다. "하나님의 말씀의 인식 가능성은 바로 하나님의 말씀 안에 있고 그 밖의 다른 어느 곳에도 없다." 만일 "이 말씀을 인식할 수 있는 능력이 인간 그 자체에 고유하게 주어진 인식 가능성"이라고 한다면 "하나님의 말씀은 더 이상 은혜가 아니게 된다"(I/1, 201f.). "오히려 믿음이 자신의…무조건적인 시작을 말씀 속에서 취하되 인간의 선천적이거나 후천적인 속성들 및 가능성들과는 독립적으로 취하는 것처럼, 또한 믿음은 한 순간도…말씀 외의 그 어떤 것으로는 살 수 없는 것처럼, 하나님의 말씀에 대한 인식 가능성도 모든 부분에서 그러하다." 우리가 이 말씀을 떠나서 우리 자신을 주목하거나 우리 자신에게서 말씀에 대한 개방성을 발견하려고 할 때, 우리는 말

쏨의 인식 가능성을 깨닫지 못한다. "말씀의 인식 가능성을 깨닫게 되는 것은 오직 우리가 믿음 안에, 그리고 믿음의 인식 안에 **굳게 설** 때, 다시 말해 우리가 우리 자신으로부터 돌아서서 하나님의 말씀에…귀를 기울일 때다"(249). "객체가 등장하는 순간, 그 객체 자체가 자신을 인식할 주체를 우선적으로 창조한다"(II/1, 22). 그러므로 계시는 신적 대상을 통한 그리고 그 대상을 향한 "인간적 주체성을…개방시키는 것"과 "그 개방 가운데 인간적 주체성에게 새로운 근거를 마련해주는 것"(127)을 뜻한다. 그 결과 인간적 주체성은 자기 자신으로부터가 아니라 하나님께 대한 자신의 관계로부터 새로운 근거를 확립하게 되고, 그렇게 함으로써 자신의 왜곡된 본질로부터 벗어나 자신의 참된 본질을 회복한다. 이와 같이 계시는 인간에게 하나님 인식의 가능성과 함께 인간 자신을 인식할 가능성도 동시에 부여한다. 이에 따라 인간은 자신을 새롭게 인식하게 되는데, 이것은 그 인간이 이전에는 알지 못했던 것이며, 하나님으로부터 비로소 현실성을 얻게 된 존재의 인식이다.

(2) 위의 가능성은 인간에게 주어진 **자유**, 곧 인간이 이전에 잘 할 수 있다고 스스로 주장했지만 실제로는 할 수 없었던 것을 이제 행할 수 있는 자유에 놓여 있다. 인간은 이 사실을 바로 그 자유가 선물로 주어짐으로써 비로소 깨닫는다. 그와 같은 "할 수 없음"(Nicht-Können)의 근거는 죄에 있었다. 그것은 피조물의 자연적인 한계, 곧 인간이 하나님을 인식하기 위해 피해야만 하고 또 어떤 새로운 신체적 기관을 얻어야만 하는 한계와 동일시되어서는 안 된다. 바르트는 하나님 인식에 접근하는 인간 그 자체가 아무것도 적혀 있지 않은 백지가 아니라, 생물학적·역사적·사회학적·심리학적·경제적·정치적인 다양한 요소들로 형성된 존재라는 사실을 간과하지 않았다(III/4, 710ff.). 이런 것들로 형성되었다는 것은 인간이 인간에게 가능한 것과 가능하지 않은 것이 불분명하게 혼합된 앙상블의

존재라는 사실을 의미한다. 분명한 것은 인간의 피조적인 가능성 그 자체는 아직 하나님을 인식할 능력을 갖지 못한다는 사실이다. 하나님이 인간에게 선사하시는 저 자유 없이 인간은 하나님을 인식할 수 없다. 하지만 이제는 (자유가 주어진 상황에서는) 피조적인 불가능성과 위의 요소들로 인한 인간적 제약성도 하나님 인식을 방해하지 못한다. 앞서 말한 자유는 그런 요소들로 인한 "제약성 안에 있는 자유"(648)이며, 그 제약성들로부터 벗어나는 자유가 아니고 또 그런 자유여서도 안 된다. 바로 이 자유 속에서 인간은 "피부로 둘러싸인 인간적 경계선을 넘어서려고 열망할 필요가 없으며"(717), "인간 자신의 자리와 그 자리가 갖는 한계들, 문제들, 위기들, 과제들로부터 도피하지" 않아도 된다. "오히려 그는 그보다 앞서 지정된 그 자리에, 그 자리로부터 그리고 그 자리를 향해 지속적으로 (자유롭게) 운동하게 된다." 왜냐하면 인간은 그곳에서는 "갇힌 존재 혹은 고문당하는 존재가 아니고, 그 인간의 현존하는 위치는 무덤이 아니라 요람으로 이해될 수 있기 때문이다"(714f.).

(3) 그러나 하나님 인식에 필요한 자유는 하나님의 말씀을 통해 우리에게 **선사되는** 자유다. 우리는 자유 그 자체를 소유할 수 없고, 그것을 우리 자신으로부터 취할 수도 없다. 하나님 인식은 하나님께서 우리와 더불어 실행하신 바로 그 시작에 근거해 있다. 따라서 자유가 그 기본행동에서 특정한 인정(認定, Anerkennen)에, 혹은 바르트의 표현에 따르면 특정한 순종(Gehorsam)에 근거한다는 사실은 그 자유와 대립하지 않는다. 만일 대립한다면 그 자유는 방종에 불과할 것이다. 자유는 하나님께서 우리와 더불어 실행하신 시작을 인정하는 것이며, 그 시작에 순종하는 것이다. 믿음은 본질적으로 "~**에 대한**" 믿음이고, 대상을 통해 근거를 얻게 된다. 그러나 믿음의 대상은 인간이 설정한 상대가 아니다. 오히려 그 대상이 스스로 자신을 인간과 관련지으며, 그렇게 해서 인간을 믿음의 존재로 세운

다. 이와 마찬가지로 믿음의 인식 또한 "~에 대한" 인식(An-erkennen) 즉 인정이며, "하나님의 말씀 속에 일어나는 사실에 대한 존중"(I/1, 215)이다. "하나님 인식은 하나님에 대한 **순종** 가운데 이루어진다."(II/1, 38). 그러나 이와 같이 대상을 인정하는 순종은 순종의 일반적 의미의 틀 안에서 권위 있는 주인(主)이 다른 더 권위 있는 주인으로 대체되는 것을 의미하지 않는다. 하나님 인식이 하나님이 우리와 더불어 실행하신 시작에 힘입고 있다면, 그 인식은 우리에 대한 하나님의 은혜에 전적으로 근거하고 있는 것이다. 우리는 바로 그 은혜로운 시작을 우리의 하나님 인식의 시작이 되도록 함으로써, 즉 하나님을 인정함으로써, 하나님을 인식한다. 그러나 하나님이 우리와 함께하신 그 시작의 은혜는 "우리의 인간적 주체성"의 지양이 아니라 "그것의 새로운 근거를 놓는 것"을 목표로 한다. 다시 말해 우리의 인간적 주체성은 하나님이 인간과 맺으시는 관계 안에 근거를 마련하는 가운데 참된 주체성을 회복하게 된다. 이 주체성은 우리 편에서 앞서 말한 인정의 행위를 실행하지만, 그것에 제약되는 것은 아니다. 따라서 우리의 인정의 행위는 맹목적인 굴복이 아니며, 인정하는 가운데 그 자체가 이미 인식하는 행위다. 따라서 우리의 순종은 "자유로운 순종"이다. 우리의 순종은 노예 됨을 비정상적으로 긍정하는 것이 아니고 오히려 우리의 자유를 행동으로 확증하는 것이며, "바로 그렇게 하는 가운데 이루어지는 현실적인 순종"(39)이다. 그에 따라 우리는 다른 모든 부자유한 순종 혹은 강요된 순종은 자유와 충돌할 뿐만 아니라 참된 순종과도 충돌한다고 주장한다. 왜냐하면 하나님께 대한 순종은 우리가 "들음으로써 속하게 되는"(ge-hören, '듣다[hören]라는 동사 앞에 ge-라는 접사가 붙음으로써 속하게 된다는 뜻의 gehören이 된다—역자 주) 그분의 음성을 듣는 것이며, 그분을 통해 우리는 우리 자신에게도 속하게 되기 때문이다. 모든 올바른 하나님 인식이 하나님이 우리와 더불어 실행하신 시작의 은혜에 근거한다면, 그때 인간적인 하나님 인식의 가능성에 대한 질문은 우리가 하나님을 인식하기 전에는 대답될 수 없다. 그때 우리는 먼저 하나님을 **인식함**으로써(사실성) 또한 하나님을 인식할 수 있게 된다(가능성)는 순환 논리가 성립한다. 그때 우리는 먼저 하나님 인식으로부터 유래함으로써 하나님 인식에 도달하게 되며, 먼저 하나님을 인식하려고 추구함으로써 그 인식으로부터 유래할 수 있게 된다.

(4) 신학적인 인식은—앞서 말한 자유로운 순종 가운데—하나님이 우리와 더불어 실행하신 시작 안에서 우리를 배려해서 더해주시는 가산점, 곧 우리의 인식보다 하나님이 앞서 가시는 것을 부단히 **뒤따르고, 뒤따라** 추격하며, **뒤따라** 사유하는 것이고, 하나님의 말씀 가운데 인간에게 먼저 말해진 것을 **뒤따라** 말하는 것이다. 이와 같은 인식행위 속에서 인간은 저 차후(Nachher)적인 특성을 확증한다. 여기서 인식하는 주체는 대상, 곧 그 주체에게 자신이 인식되도록 스스로를 내어주시는 대상에 의해 자신의 근거를 얻는다. 어쨌든 바르트에게는 다음의 명제가 신학의 진리다. "사유한다는 것(Denken)은 곧 차후(次後)적으로 성찰한다는 것(Nachdenken)을 의미한다."[36] 신학은 "로고스" 즉 하나님의 말씀에 인간적으로 응답하는 논리다. 로고스와의 관계에서 신학은 "단지 인간적 유비(Ana-Logie)*일 뿐이며…창조행위가 아니라, 자신의 창조자와 그분의 창조에 가능한 한 신실하게 응답하는 찬양이다."[37] 다시 말해 바르트는 유비(Analogie) 개념을 거부하지 않는다. 하나님과 인간을 "존재"라는 포괄

---

[36] So in Zürcher Woche (14.6.1963).

* 역자 주) Analogie는 원래 "유비"라는 뜻이다. 이 단어를 "무엇을 향하여" 또는 "무엇에 일치하는"을 뜻하는 "ana"와 논리 또는 로고스라는 뜻을 함축하는 "logie"로 분리하여 "로고스에 일치하는" 또는 "논리에 일치하는"이라는 의미를 드러내고 있다.

[37] *Einführung*, 25.

적 괄호 안에 묶어놓고, 그 힘으로 인간 자신으로부터 하나님께 접근할 수 있다고 상정하는 존재의 유비(analogia entis)와는 달리, 그 유비는 "믿음의 유비 또는 관계의 유비"(analogia fidei sive relationis)(III/3, 59; 비교. I/1, 257)로 이해될 수 있다. 다시 말해 그 유비는 계시의 "양식"(Modus) 또는 "하나님의 은혜의 작품"이다. **하나님**께서 피조물에게 "자연적으로는 가질 수 없는 어떤 것"을 주신다. 그것은 피조물이 피조성 안에서 창조자 자신에 대한 유비의 특성을 갖게 되는 것을 뜻한다. 여기서 관건은 "하나님의 계시를 통해 약속되고 수여되는 유사성", 유비, 혹은 일치이지, 인간이 "자기 자신의 능력으로 발견했거나 주장하는" 그런 것이 아니다. 하나님과 인간 사이에 어떤 유사성이 존재하도록 만드는 어떤 제3의 "중립적 존재(es)", 곧 하나님과 인간 밖의 어떤 존재란 없다. 오직 자신을 계시하시는 하나님이 말씀하심으로써 피조물과 하나님 자신 사이의 상응 관계(Entsprechung)를 스스로 불러일키신다. 그 관계는 신학이 믿음으로 인식할 때만 인식될 수 있다. 신학적인 인식은 오직 그 신학이 갖고 있는 개념들 자체가 하나님의 계시에 상응할 때, 하나님을, 또한 그와 같은 피조적인 상응 관계를 적절하게 인식할 수 있다.

(5) 어떻게 신학이 행하는 믿음의 인식이 믿지 않는 자들 혹은 다른 신앙을 가진 사람들에게도 전달될 수 있는가? 바르트는 이 질문을 "내용(was)을 묻는 질문"과 구분하여 "방법(wie)을 묻는 질문"이라고 부르고, 신학이 이와 같은 이중적 질문 앞에 "끊임없이" 서게 된다는 "당위성"을 부인하지 않는다.[38] 하지만 바르트는 이 질문에 대한 만연한 잘못된 해결책을 문제 삼는다. 그것은 우리가 내용을 묻는 질문에 대한 해명을 완료한 다음에야 비로소 방법을 묻는 질문을 당연한 문제로 삼는다거나, 또

---

[38] *Nein!*, 57.

는 우리가 어떤 것을 어떻게 말해야 하는지에 관한 올바른 방법을 적용할 때 비로소 무엇을 말해야 하는가 하는 것이 저절로 드러나게 된다는 식의 해결책이다. 내가 하나님이 우리와 더불어 실행하신 시작을 뒤따라 (次後) 성찰함으로써 하나님을 인식하게 된다면, 나는 하나님에 관해 말하기를 중단할 수 없고 중단을 바라지도 않으며, 이와 같은 차후적 사고 (Nachdenken)로부터 결코 벗어날 수 없게 된다. 그때 나는 마치 이미 발견한 결과를 손에 쥐고 있기나 한 듯이, 그리고 이제는 그것을 전달하는 문제를 별도로 독립적으로 다룰 수 있기나 한 듯이 행동할 수 없다. 바르트에 의하면 그 문제는 다른 방식으로, 즉 "신학자와 세상 사람들 사이의 연대를 전제하는 가운데"³⁹ 해결되어야 한다. 여기서 관건은—"죄인인 동시에 의인"이라는 종교개혁적인 명제와 유비를 이루는—이중적인 연대성이다. 이 연대성은 한편으로는 신학자가—하나님 인식의 시작은 우리가 하나님과 더불어 실행하는 시작이 아니라는 것을 고백해야 한다는 사실에 직면해서—처음부터 먼저 다른 사람들에게 다가가지 않아도 된다는 사실을 말해준다. 왜냐하면 신학자는 이미 그런 사람들과 함께 있고 "믿음 없는 자를 가장 우선적으로 그리고 무엇보다도 자기 자신 안에서" 발견하기 때문이다(II/1, 104f.). 이중적 연대성은 다른 한편으로 다음 사실도 말해준다. 신학자는—하나님 인식의 시작은 하나님이 우리와 더불어 실행하시는 시작이라는 것을 고백해야 한다는 사실에 직면해서—다른 사람과 우선적으로 "관계를 맺지" 않아도 된다. 왜냐하면 그것은 하나님의 일이기 때문이다. 그 다른 사람은 그 나름대로 자신에게 임하는 하나님의 말씀에 힘입어 밖에 선 방관자가 되는 대신 "안으로" 영접될 것이다. 그렇기 때문에 신학자는 그 다른 사람을 희망 가운데 대할 수 있다. 이제 이와 같은 이

---

39 *Fides*, 65.

중적 연대성을 숨긴다면, 이중의 위험이 발생하게 될 것이다. 즉 신학자는 그와 같은 믿음의 "수신인"을 자기 힘으로 도우려는 "후견인"이 되려고 하거나, 아니면 그 "수신인"을 "무시"하는 위험에 빠지게 될 것이다(IV/3, 949ff.).

2 • 성취된 계약

이스라엘 / 기독론

하나님 이해의 문제

1962년에 바르트는 "신학이라는 용어"가 개신교신학의 과제를 표현하기에 충분치 않다고 선언했다. "신-인간학(Theoanthropologie)이라는 개념이 신학이 누구와 무엇에 관계되는지를 보다 더 잘 말해줄 수 있을 것이다."[40] "신-인간학"이라는 표현은 하나님과 인간에 관한 말, 신-인(神人)에 관한 말을 뜻한다. 그 의미는 신학이 인간을 희생시켜 하나님에 관하여 말할 수 없고, 오히려 하나님에 관하여 말할 때 인간도 즉시 염두에 두게 된다는 것이다. 그러나 또한 다음도 의미한다. 신학은 하나님을 희생하고서는 인간에 관해 올바르게 말할 수 없고, 무엇보다도 우선 하나님에 관해 말함으로써 비로소 인간에 관해서도 올바르게 말할 수 있다. 이와 같은 의미를 바르트는 디도서 3:4에 따라 "하나님의 인간성"(Menschlichkeit Gottes)[41]이라고 표현했다. 이 표현은 바르트 신학에서 성서적 개념인 **계약**(IV/1, 2-4)과 동일한 뜻이며, 또한 "**임마누엘**"(IV/1, 2-4)이라는 구약성서

---

40 *Einführung*, 18.
41 *Die Menschlichkeit Gottes* (1956).

의 표현과도 같은 의미인데, 임마누엘은 마태복음 1:23에 따르면 예수의 이름이고 그것을 "번역하면 우리와 함께하시는 하나님"이다.

바르트에 의하면 "임마누엘"은 "이스라엘의 하나님이 자신의 모든 행동과 명령 속에서 자신을 계시하신다는 인식의 총괄개념"이다. 즉 "하나님은 자기 백성 없이 혼자 계시지 않고 오히려 자기 백성의 하나님으로서, 따라서 그 백성의 희망으로서 존재하고 활동하고 행동하시는 하나님이시다"(4). 예수를 "임마누엘"이라고 불렀다면 그것은 앞서 말한 저 인식이 어떤 이념의 "총괄개념"이 아니라, 오히려 하나의 **이름** 안에 포함된 인식이며, 그 이름 안에서 "우리와 함께하시는 하나님"은 이스라엘과 모든 민족을 향해 육체로 구체화되어 있다. 물론 그리스도교 신학은 "그 이름을 즉시 해석해야 하며, 해석하도록 허용되어 있다. 그리스도교 신학은 그의 **이름** 안에서 그 **이름**과 함께 즉시 그 이름에 담긴 **내용**을 언어로 표현해야 하고, 그렇게 하도록 허용되어 있다." 그러나 그것은 "전적으로 **그분의** 내용이다. 그 내용은 그분의 이름…밖에서는 그 어떤…고유한 가치도 갖지 못한다. 그 내용에 관한 모든 진술은 그것이 그분의 **이름**을 어느 정도 분명히 반영하고 있는가에 따라 평가된다.…그렇기 때문에 그리스도교의 메시지가 본래…목표로 삼는 것은 그 내용일 뿐이고 그분의 이름은 단지 그 내용의 전달자에 불과한 것으로 만든다는 것은 있을 수 없는 일이다"(21).

바르트는 "하나님"이라는 말이 "인간"처럼 많은 것을 의미할 수 있다는 사실을 알고 있었다. 그러나 이와 같은 다의성이 그리스도교 신학에서 그 개념을 임의대로 처리해도 되는 특허증서를 의미하는 것은 아니다. 이 사실은 바르트에게 특별히 분명했다. 그리스도교 신학이 진지하게 주목해야 하는 것은 바로 그 "임마누엘"이라는 개념이 어떤 하나의 불확실한 가능성이 아니라, 특정하고 유일무이하게 우리에게 지시된 하나님 인식과 인간 인식을 의미한다는 사실이다. **오로지** "우리와 함께하시는 하나님"만이 하나님이시고, **오로지** "우리"에 포함된 인간만이 인간이다. 그리스도교 신학은 그렇게 말해야 한다. 그러나 구약성서에서 "야웨의 유일무이성"이 단순히 "공표"된 것이 아니라 "오히려 논쟁적으로 **설명**"되는 것(IV/3, 117)처럼, 신약성서에서 선포되는 예수 그리스도의 이름도 단순히 "유일무이한 하나님의 말씀"으로 주장될 수는 없다. 어떤 점에서 이 말씀이 "자신의 특별한 **내용**을 통해 다른 모든 말로부터 구분되는지"가 제시되어야 한다. 그리고 신학은 그 일을 결단코 부끄러워해서는 안 된다. "우리는 조용히 주변의 소리에 귀를 기울여야 한다! 우리는 종교들, 시와 신화들, 철학들과 세계관들의 전체 역사가 우리에게 말하도록 해야 한다"(120f.). 거기서 우리가 단지 어둠만을 보는 것은 아니다. 오히려 우리는 바로 거기서 예수의 이름이 – 그 이름 안에 담겨있는 내용으로 인하여 – 모든 다른 이름보다 뛰어나게 능가하는 것을 비로소 올바로 발견하게 된다. 신학은 바로 그와 같은 내용을 "논증적으로 설명"해야 한다.

여기서 바르트의 신학이 현대 세속주의의 무신론과 논쟁하고 있다는 것은 윙엘(E. Jüngel)의 통찰이었다.[42] (무신론과 더불어 "종교"와도 논쟁하는데, 종교가 근본적으로 무신론을 강화시켜 주는 것이기에 바르트는 무신론과의 논쟁에서 종교는 굳이 등장할 필요가 없다고 여겼다는 점에서 그렇다!) 지금은 이미 많은 사람들이 무신론과 논쟁했다. 흥미로운 것은 그의 신학이 **어떻게** 그 논쟁을 수행하는가 하는 것이다. 왜냐하면 바르트 신학은 무신론에 대해 "신은 존재한다"는 유신론적 주장을 대립시키는 것은 의미가 없다고 보았기 때문이다. "마치 어떤 **일반적인** 신 그 자체가 존재하는 것처럼! 마치 그런 신에 대한 질문이 어떤 의미를 갖는 것처럼!"(IV/1, 591) 오히려 무신론도

---

[42] E. Jüngel, *Barth-Studien*, 332ff.

옳을 수 있고, 특정한 방식으로는 정당하기도 하다. 따라서 젊은 바르트는 그런 어떤 "중립적으로" 존재하는 신보다는 차라리 "무신론자가 되기를"[43] 요청할 수 있었으며, 그 당시의 노동운동의 맥락에서 "백성, 그 매우 무례한 녀석이 징징거릴 때, 하늘로부터 그들을 달래는 자장가"[44]라고 신을 조소했던 하이네(H. Heine)의 생각에 동의할 수 있었다. 하지만 바르트가 그리스도인의 하나님을 구해낼 높은 목적으로 무신론자들과 연합하여 "종교의 신들"은 죽었다고 말했던 것은 아니며, 자아를 상실한 신학자처럼 그와 같이 무신론자들에게 아첨했던 것도 아니었다.

그런데 바르트는 무신론에 무슨 옳은 것이 있다고 느낀 것일까? "사람들은 대단히 자주 '하나님'을 말하면서도 정작…머릿속으로는 내용도 없이 텅 비어 있는, 근본적으로 심히 지루한 소위 '초월'을 그리고 있다. 이때 초월이란 인간의 진정한 대상이라기보다는 인간적 자유의 공상적인 성찰에 훨씬 더 가까우며, 그 자유가 대상도 없는 빈 공간 안으로 투영된 것으로 해석된다"(III/4, 549). 무신론이 거부하는 신은 사실은 인간의 형상일 뿐이고 하나님이 아니다. 바르트는 이 명제를 좀 더 자세히 설명한다. 무신론은 일반적으로 신이 존재한다는 유신론적인 전제와 다음과 같은 확신을 공유한다. 그것은 블로흐(E. Bloch)의 표현으로는 "하나님"이라는 단어가 "인간이 존재하지 않는 저 위의 높은 곳"[45]에 관해 말한다는 것이다. 여기서 블로흐의 표현은 교회 안에 깊이 뿌리 내리고 있는 전통적 사고와 관계가 있다. 그 사고에 따르면 하나님은 자신에 대한 사고의 피안으로, 즉 인간성의 피안으로서 더 많이 생각되면 될수록 그만큼 더 순수하게 사고되었다고 여겨진다. 이렇게 하여 그 신은 최고의 존재, 절대적

---

[43] *Wort Gottes*, 14.
[44] Heine, *Werke*, 2, 95; 비교. K. Barth, *Vorträge 1909-1914*, 394
[45] Nach Jüngel, 같은 곳, 334.

존재, 인간과는 분리되고 인간 없는 존재가 된다. 여기서 인간은 자기 자신을 하나님으로부터 철저히 배제하는 가운데 하나님을 인정하는 식으로 하나님에 관해 생각한다. "과거에 신하가 절대적 권력을 가졌던 군주를 인정해야만 했지만, 바로 그 인정하는 행위를 통해 그 신하는 군주의 최고 권력으로부터 철저히 배제되었던 것처럼" 말이다.[46]

이런 생각은 신학에 깊은 흔적을 남겼다. 인간을 배제하는 존재로서의 신으로부터 출발한 신학이 나중에 어떻게든 그 존재를 인간과 관련시키게 되든지, 아니면 신학이 특정한 하나님 인식에, 예를 들어 하나님이 우리에게 나타나지만 하나님 **그 자체**(Gott an sich)는 어디까지나 타자 곧 절대적 존재로 머문다고 전제하는 인식에 스스로를 국한시키든지, 어쨌든 두 가지 경우 모두에서 하나님 자신은 언제나 "인간이 존재하지 않는 저 위의 높은 곳"일 뿐이다. 바로 이것이 신론적인 하나님 이해다. 이와 같은 하나님 이해로부터 무신론은 자신의 결론을 이끌어낸다. 만일 신 **그 자체**(Gott für sich)가 인간 없는, 나아가 비인간적인 "저 위의 높은 곳"이라면, 인간은 그런 신으로부터 해방되지 않고서는 자기 자신에게 도달할 수 없다. 인간은 신으로부터 풀려남으로써 자기 자신을 해방시킨다. 인간이 존재하지 않는 저 위의 높은 곳에 대항하여 무신론은 하나님이 존재하지 않는 저 아래 낮은 곳을 주장한다. 따라서 신 그 자체가 인간을 배제하는 지고의 존재로 여겨지는 한, 무신론에 대해 단순히 "하나님"으로 대응하는 것은 바르트에게는 무의미했다. 여기서 바르트는 자신의 사고에 특징적인 방향전환을 행한다. 그는 근대의 문제성을 **신학적으로** 연구한다. 바르트는 무신론을 **직접** 비판하지 않고, 오히려 자아 비판적으로 그리스도교 **신학**을 비판함으로써 무신론과 논쟁한다. 이와 같이 바르트는 무신

---

46 Jüngel, 같은 곳, 334.

론을 그 뿌리로부터 공격하며, 무신론이 자체의 결론을 이끌어낸 바로 그 신학적 전제로부터 무신론을 공격한다. 바르트는 하나님을 절대자(das Absolute, 분리되어 홀로인 존재-역자 주)로 이해하는 사상, 즉 인간에 대한 추상적인 반대개념으로 이해하는 사상을 공격한다. 이런 신은 바르트에 의하면 거대한 악이고 전혀 하나님이 아니다.

이제 바르트는 이와 같은 신론적인 하나님 이해에 대한 비판 속에 다른 한 가지 비판을 등장시킨다. 그것은 자칭 "하나님"이라고 하지만 실제로는 **인간의** 형상일 뿐인 어떤 "하나님"에 대한 비판이다. "인간이 존재하지 않는 저 위의 높은 곳"으로서의 하나님은 인간이 자신을 하늘로 투영시킨 자기 투사다. 그것은 위로 올라서려고 하고 스스로의 힘으로 존재하려고 하는 인간이 고안해내는 거짓 신들의 본질이다. 바로 "그것들의 비세계성, 초자연성, 피안성" 속에서 그런 신들은 하나님이 아니다. 오히려 바로 그렇게 해서 그런 신들은 인간의 교만의 자아상이며, "저기 아래에 있는 것을 향해…스스로 낮아지지 못한다"(IV/1, 173). 창세기 3장에 따르면 교만은 하나님처럼 되려고 하는 죄다. 하지만 바르트에 의하면 여기서 정말로 악한 것은 인간이 자기 자신을 평가할 때 저지르는 과대평가가 아니다. 오히려 악한 것은 인간이 **하나님**께 대해 심각한 오류에 빠져 있다는 사실이다. 인간은 하나님을 오로지 자기 자신만을 원하는 존재, 독립적이고 절대적이며 오로지 자기 자신만을 위한 존재라고 생각한다. 그렇게 되기를 원하는 것은 분명 인간이다. 따라서 인간은 자신의 희망에 따라 하나님의 상을 그린다. 그러나 바로 그렇게 하여 인간은 하나님을 잘못 이해한다. 참하나님은 인간 없이 존재하기를 원하지 않으신다. 하나님은 인간이 스스로 닮고자 하는 어떤 독립적인 존재, 그래서 인간 자신의 비참한 본질과 매우 유사한 그런 어떤 존재가 아니시다. 바로 이것이 렌토르프(T. Rendtorff)가 바르트를 비판하며 지적했던 하나님 표상으로서, 인간 위에 군림하며 스스로 절대적인 존재가 되고자 하는 어떤 하나님의 표상이다.[47] 그러나 바르트에 의하면 이 표상은 하나님과 아무런 관계가 없다. 오히려 그와 같은 표상은 "하나님을 마귀로 만든다"(469).[48] "왜냐하면 마귀가…'있다'고 한다면, 그 마귀는 자기가 홀로 자기 자신을 규정하고 홀로 의도하고 혼자서만 영광을 받고 그렇게 해서 '절대적인' 어떤 지고의 존재와 동일할 것이기 때문이다. 마귀는 오직 독립적인 비존재(Unwesen)라고 정의내릴 수밖에 없는 어떤 존재다"(같은 곳.).

하나님에 관한 이런 오류의 심각한 결과는 인간 자신이 그 오류로부터 받게 되는 손상 속에서 드러난다. 인간이 **스스로** 독립적이고 절대적인 존재가 되려고 함으로써, 그는 하나님만이 아니라 자기 자신도 상실한다. 인간이 하나님을 "마귀로 만들고" 자기 자신은 하나님처럼 되고자 함으로써, 그는 결국 스스로를 "마귀로"[49] 만든다. 무신론의 비판이 그런 어떤 독립적인 존재로서의 하나님을 인간이 만든 인간 존재 자체의 투영으로 폭로하는 한에서, 바르트는 무신론의 비판이 옳다고 인정한다. 그러나 바르트는 그와 같은 정당성 부여와 함께 무신론에 대해 신학적인 비판도 가한다. 왜냐하면 인간이 거기서 하늘로 투영하는 것은 참하나님의 본질이 아닐 뿐만 아니라, **참인간**의 본질도 아니기 때문이다. 포이어바흐(L. Feuerbach)는 이렇게 생각했다. 인간은 자기 자신에게 도달하기 위해 그와 같은 과정을 투사(投射)로 폭로해야 한다. 하지만 바르트에 의하면 그와 같은 망상으로부터의 각성은 하나의 새로운 망상(Illusion)에 근거한다. 그것은 인간이 인간 자신에게 갖는 망상이다. 그러한 망상은 인류를 자기 소외로부터 치유하지 못하고, 오히려 인류의 **자아**를 제대로 소외시킨

---

47 T. Rendtorff, *Radikale Autonomie*, 164ff.
48 비교. *Dogmatik im Grundriß*, 54.
49 Ebd.

다. 인간이 홀로 자기 자신을 위해서만 존재한다는 어떤 본질에 관한 터무니없는 표상을 하나님 위에가 아니라 이번에는 자기 자신 위에 옮겨 놓을 때, 더 나아질 것은 아무것도 없다. 그때 인간은 설상가상의 상태에 빠진다. 단지 인간의 마음을 투영한 것에 불과한 그와 같은 표상은 신학적으로 말하자면 타락한 인간의 산물이다. 그런 표상은 끔찍한 망상이다. 왜냐하면 그런 표상을 추종하거나 추구하는 인간은 하나님과 자기 자신으로부터 **동시에** 소외되기 때문이다. 인간이 하나님이 아니라 바로 자기 자신이 그런 독립적인 존재라고 자처할 때, 그는 저 감옥의 사슬 안으로 한 걸음 더 나아갈 뿐이다. 그렇게 함으로써 인간은 하나님의 상(像)으로부터 자신을 해방시키기는 한다. 그러나 인간은 그 상(像)을 자기 자신의 것으로 삼음으로써, 앞서 말한 저 구원 없는 절대적인 비(非)존재로부터 벗어나지 못한다. 그때 인간은—단지 새로운, 이번에는 적나라한 방식으로—자기 자신으로부터 소외된 채 머문다. 유신론과 무신론은 동일한 악에 시달리고 있으며, 오직 함께 치유될 수 있다.

인간성의 하나님

바르트가 근대에 대한 자신의 분석에 근거하여 유신론과 무신론의 입장을 난제로 지적한 뒤, 양자의 너머에 있는 어떤 입장을 요청하지 않은 것에는 합당한 이유가 있다. 그렇게 하면 또 하나의 어떤 하나님 상(像)이 사변적으로 구성될 것이기 때문이다. 그러나 우리는 이미 가능성보다 현실성이 앞선다는 근본 법칙을 배웠다. 명제적 요청(Postulat)이 아니라 사실성(Faktum)이 바르트 신학의 출발점이다. 그것은 하나님과 인간 사이의 만남의 사건이라는 사실성이다. 이 만남이 인류의 저 소외를 치유한다. 사상이 치유하는 것이 아니다. 그러나 여기서 치유는 인식을 열어주는데, 그것은 근대의 문제가 구원이 어떤 독립적이고 절대적인 존재에 달려 있다고 잘못 확신하는 것에서 온다는 바른 인식이다. 거기서 인간이 그런 절대적 존재가 하나님이라고 말하든지, 혹은 자기 자신이라고 주장하든지는 관계가 없다. 그 치유는 또한 전망도 열어준다. 그것은 인간이 존재하지 않는 "저 위의 높은 곳"의 수용과 마찬가지로 하나님이 존재하지 않는다고 주장하는 "저 아래 낮은 곳"의 수용도 잘못된 전제에 근거하고 있다는 사실을 통찰하는 전망이다. 또한 그 치유는 이런 잘못된 전제들의 치명적인 결과를 바라보는 관점도 열어준다. 그 결과는 하나님이 마귀로 뒤바뀌고 인간은 그 마귀가 되는 것이다. 바르트는 "지금 우리의 그리스도교 시대보다도 더 심각한 정도로 진실을 속였던 시기, 이렇게 거대한 양식과 수준으로, 이렇게 비열한 거짓으로 속였던 시기는 역사에 없다"(IV/3, 521)는 사실을 알아챘다. 그래서 바르트는 이렇게 말했다. 오직 하나님과 인간의 결합 관계에 대한 소식이 분명히 들려지는 곳에서만, 그런 가혹한 모순에 대한 강력한 저항이 있을 수 있다. 그곳에서만 그런 어떤 소위 절대적인 존재의 주장에 대한—그것이 하나님이든지 인간 자신이든지 관계없이—강력한 저항이 일어날 수 있다.

우리와 만나시는 하나님의 현실성은 그런 모순에 어떻게 대처하는가? 하나님의 현실은 그런 소위 절대적 존재와 맞서 어떻게 하나님 및 자기 자신으로부터 소외된 인간을 치유하는가? 바르트는 이렇게 표현한다. "하나님 없는(Gottlosigkeit) 인간은 있을 수 있으나, 화해의 말씀에 따르면 인간 없는(Menschenlosigkeit) 하나님은 있을 수 없다"(IV/3, 133). "하나님 없는 인간"이 실제로 "존재하는지", 확실한 존재 상태에 있는지 대해서는 좀 더 질문되어야 한다. 어쨌든 바르트의 명제에 따르면 유신론으로부터 무신론이 생겨났다는 역사적인 명제에 반대하여 다음과 같은 핵심적 명제가 주장되어야 한다. "하나님 없는 인간"은 인간이 전혀 존재하지 않는다는 어떤 곳, 곧 어떤 절대적이고 신적인 "저 위 높은 곳"이라는 전제가 의문시되었을 때 비로소 터져 나올 수 있었다. 그 전제는 의문시될 만한 것이고, 또 반드시 의문시되어야 한다. 그렇지 않으면 그리스도교는 자신이 고백해야 하는 하나님을 잊게 될 것이다. 바르트에 의하면 저 유신론은 사실상―"신은 존재한다!"는 그것의 모든 주장에도 불구하고―하나님을 망각한 신학이며, 그렇기 때문에 무신론에 대해 무기력하다. 오히려 그리스도교가 고백해야 하는 하나님은 **인간과 함께하시는** 하나님, 곧 임마누엘이시다. 이 하나님은 인간과의 관계 외에 다른 어떤 관계 안에서도 생각될 수 없는 하나님이시다. 그리스도교는 "신은 존재한다"라는 명제에는 "어떤 관심도" 갖지 않는다(IV/1, 591). 오히려 그리스도교는 "인간 없는 하나님이란… 있을 수 없다"는 명제에 모든 관심을 쏟는다.

이 명제는 결과를 함축하는데, 그것은 우선적으로 하나님 이해에 관한 것이다. 신학은 하나님을 오로지 자기 자신만을 원하고 인간과의 분리를 통해 규정되는 존재로 여기는 모든 생각을 마지막 한 조각에 이르기까지 제거해야 한다. 그때 하나님의 존재는 만남과 연결 안에 있는 존재로 이해될 것이다. 이에 대한 이유를 우리의 **인식론적인 한계**에서 찾으려는 것은 잘못이다. 다시 말해 우리는 인식의 한계로 인해 만물을 오직 우리와의 관계 속에서만 인식할 수밖에 없고, 하나님도 우리가 그분을 파악할 수 있다고 보이는 대상으로만 인식하게 된다는 것이다. 이것이 잘못인 이유는 하나님과 우리의 만남은 우리가 일반적으로 이해할 수 있는 것들, 나아가 우리가 언제나 주관적으로만 파악할 수 있는 많은 것들의 내부에 놓인 한 가지 경우가 아니기 때문이다. 그것이 잘못인 다른 이유는 바로 그때 **다른** 어떤 하나님의 존재가 생각될 수밖에 없기 때문이다. 그때 우리에게는 현현하지 않고 우리와 관계하지 않으며 우리에게 숨겨진 어떤 "하나님 그 자체", 즉 인간으로부터 분리된 어떤 하나님의 존재(II/1, 206ff.)

가 등장하게 된다. 바르트가 말하고자 하는 것은 단순히 우리에게 나타나는 하나님만이 임마누엘인 것이 아니라, 우리가 생각하기도 전에 존재하시는 있는 그대로의 하나님, 하나님 **그 자체** 곧 **스스로 계시는** 하나님이 이미 임마누엘이라는 것이다. 여기서 우리는 자연신학에 대한 바르트의 거부도 새로운 빛에서 이해하게 된다. 말하자면 바르트는 자연과 역사 속에서, 곧 계시에 대한 교회의 증거 밖에서 일어나는 하나님의 계시를 부정하는 것이 아니다.[50] 바르트가 문제 삼는 것은 "임마누엘"의 계시를 추상화하는 하나님 인식이 어떤 **다른** 하나님을 인식하는 것과 관련되어 있다. 그것은 모든 관계에서 "우리와 함께하시는 하나님"이 **본질을 이루지 않는** 하나님, 그러면서도 어떤 "하나님" 또는 임마누엘의 사전단계로 여겨지는 하나님이고, **우리와의 관계를 통해** 비로소 우리를 위한 하나님이 된다는 어떤 불특정한 보편존재를 의미한다.

하나님이 본질적으로 "우리와 함께하시는 하나님"이라는 사실을 우리는 어떻게 말할 수 있는가? 그것은 하나님 자신을 **계시하셨고**—이와 관련하여 우리는 가능성보다 현실성이 앞선다는 사실과 함께 출발했다—자신이 행하신 것을 통해 계시하셨다는 사실을 얼마나 올바로 이해하느냐에 달려 있다. 다시 말해 우리는 하나님의 행동의 계시에 근거하는 것 외에 다른 어떤 방법으로—그 밖의 다른 모든 경우에 하나님은 인간 자신의 투사가 되고 말 것이다—하나님을 알 수가 없다. 하나님 **그 자신!** 그저 단순히 그분 자신의 한 "부분"이 계시되신 것이 아니다. 만일 그렇다면 우리는 그분의 다른 부분들을 다른 곳에서 찾아야 할 것이며, 처음의 한 부분을 찾고 그다음에는 그것을 보충하고 배열하고 상대화해야 할 것인데, 그렇게 하는 것은 실상은 수정하는 것을 뜻한다. 그 결과 우리는 그 한 부분에

---

50 *Texte zur Barmer Theologischen Erklärung*, 19

서 믿을 만할 정도로 하나님과 관련을 맺지 못하게 될 것이고, 여전히 "임마누엘"과는 다른 어떤 하나님을 고려해야만 할 것이다. 나아가 다른 모든 곳에서와 마찬가지로 여기서도 하나님은 **언제나** 부분적으로만 나타나고, 그래서 언제나 하나님 "그 자체"는 자신을 인간에게 알리시는 하나님과는 다른 어떤 하나님이다. 이와는 달리 하나님이 자신을 계시하신다는 말은 곧 하나님이 믿을 만하게 말씀하신다는 것을 의미한다. 하나님은 우리에게—우리에게는 물론 또한 하나님 자신에게도 구속력을 가지면서—자신이 누구시며 우리에게 어떤 분이 되시는지, 또 우리는 그분께 누구인지를 말하자면 항상 어디에서나 유효하도록 **규정하신다**. 그러므로 하나님께서 **자기**를 계시하신다는 것은 하나님이 단순히 "어떤 것"을 알리신다는 뜻이 아니다. 오히려 계시 속에서 하나님은 바로 **자기 자신**을 우리에게 알리신다. 자기 자신을 계시하실 때, **하나님**은 **우리**와 만나시고, 그분 자신의 본래적 존재를 우리에게 말해주신다. 그분은 바로 우리에게 다가오셔서 우리와 만나시는 하나님이시다.

여기서 결정적인 것은 하나님이 "인간과의 관계에 대해 하나님 자신을 구속(拘束)하신다"(IV/1, 172)는 사실이다. 우리와 맺으시는 하나님의 관계가 우리의 인식론적인 한계에 근거한다고 여겨지는 곳에서는 그와 같은 결정적인 사실이 드러날 수 없다. 왜냐하면 거기서는 하나님이 자신을 구속하시는 것이 아니라, 단지 우리가 하나님을 우리의 인식론적 가능성 안으로 속박시키기 때문이다. 그렇게 될 때 거기서 우리에게 나타나지 않는 하나님이 어떤 분으로 여겨지는지와는 관계없이, 그런 하나님은 우리와 관계없는 하나님이며, 스스로를 인간에게 속박시키는 하나님이 아니다. 하나님이 우리와의 만남 속에서 "인간에 대해 자기 자신을 속박시키시는" 하나님으로 계시되실 때, 그분은 우선 인간이 존재하는 "저 아래 낮은 곳"에서 홀로 등장하지 않으신다. 그때 하나님은 그곳에 "등장"하시지만, 그러나 홀로 오시는 것이 아니라 오히려 인간과 **함께**하시는 하나님으로서 오신다. "**참**하나님이 자신을 입증하시는 것은 그분이 낯선 이 길을…가실 수 있고, 가기를 원하며, 그럴 준비가 되셨다는 사실을 통해서다"(173). 그 길은 **낯선 곳**으로 향하는 길이다. 스스로를 위해 존재하는 인간이 자기 자신에 일치하는 어떤 하나님 상(像)을 지닌 채 하나님으로부터와 마찬가지로 또한 자기 자신으로부터 소외되어 있는 곳이라는 점에서 그렇다. 그리고 그 길은 낯선 곳을 향한 길이다. 바로 그 길은 소외 가운데 있는 인간으로 하여금 본향을 찾도록 만들고, 그를 소외로부터 끌어내어 본향으로 이끄는 것을 목표로 삼기 때문이다. 하나님께서 이렇게 하실 수 있는 이유는 하나님께서 일반적으로 전능하시기 때문이 아니라, 오히려 "**우리와 함께**하시는 하나님"으로서 인간을 만나시고, 그럼으로써 이중적 측면의 소외를 제거하시기 때문이다. 여기서 하나님은 이와 같은 만남을 통해 비로소 "우리와 함께하시는 하나님"이 **되시는** 것은 아니다. 하나님이 우리를 그렇게 만나시는 것은 하나님이 그렇게 "하실 수 있고 그것을 원하시고 그럴 준비가 되어" 있으시기 때문이며, 하나님이 처음부터 "우리와 함께하시는 하나님"이시기 때문이다. 그렇기 때문에 하나님이 낯선 곳으로 가실 때, 인간과 함께하시는 것은 하나님의 본성에 낯선 일이 전혀 아니다(196). 그렇게 하실 때도 하나님은—마치 하나님이 "하나님이기를 포기하실 수" 있는 것처럼(173)—자기 자신으로부터 소외되지 않으신다. 오히려 그렇게 하심으로써 하나님은 언제나 이미 인간을 향해 계신 하나님이심이 입증된다. 이것은 하나님이 계신 "저 위의 높은 곳"에 이미 인간성이 있으며, 또한 **그렇기 때문에** 인간이 존재하는 "저 아래 낮은 곳"에도 하나님이 존재하신다는 사실을 말해준다. 만일 하나님이 **자기 자신**을 인간에게 속박시키신다면, 그때 하나님 자신이 인간과 함께 **계신다**.

여기서 바르트는 세심하게 표현한다. 바르트는 헤겔(G. W. F. Hegel)처럼 인간 자신이 하나님 안에서 영원하다고 말하지 않는다. 그렇게 말하는 것은 인간을 신격화할 것이고, 하나님을 "비신격화"하는 것이다. 또한 그렇게 말하는 것은 하나님과 인간의 결합이 하나님의 **자유로운-은혜의 결정** 덕분이라는 사실을 부인하는 것이다. 물론 하나님은 자신을 인간과 결합시키지만, 그러나 하나님은 인간의 포로가 아니시다. 하나님이 자신을 인간과 연결시키시는 것은 하나님이 시간 속에서 실행하셨으나 그럼에도 모든 시간보다 앞서는 하나님의 영원한 결의에 근거한다. 따라서 그 연결은 우연히 결정된 것이 결코 아니며, 무분별한 임의적 처리, 즉 "절대적 법령(decretum absolutum, 약정)도 아니다"(II/2, 172). 오히려 그 결의는 하나님의 영원한 **사랑**에 일치하는 결정이며, 그럼으로써 처음부터 자신 밖의 타자를 배려하는 (또는 신중히 대하는) 결정, 즉 "구체적 법령"(decretum concretum)(173)이다. 다시 말해 그 결정 **속에서** 하나님은 이미 혼자가 아니라 타자와 자신을-결합할 준비가 되어 있으시다. 그 결정은 하나님께서 인간이 현존하기 이전에 이미, 그것도 "영원 전부터"(III/2, 173f.) 인간과 함께하기로 결정하신 하나님이심을 의미한다. "그렇다. 우리는 신성의 그 어떤 깊이에서도 이와 다른 어떤 하나님을 만날 수 없을 것이다. (인간이 없는) 어떤 즉자적 신성이란 존재하지 않는다"(II/2, 123). 그리고 시간이 시작된 태초 이래로 "하나님이 인간의 계약의 파트너로 존재하지 않았던 시간은 없었다"(III/2, 260).

하나님이 인간의 하나님이시라는 진술은 무엇보다도 **하나님**에 관한 진술이라면, 다시 말해 처음부터 **자신**을 인간과 결합"시킬 수 있고 그것을 원하시고 그럴 준비가 되어 있으신" 바로 그 하나님, 그리고 인간에 대해 자기 자신을 "제한하기"(IV/1, 172)로 결정하신 바로 그 하나님에 관한 진술이라면, 우리는 하나님에 관한 우리의 생각 가운데 몇 가지를 바꾸어야 한다. 그렇다면 우리는 하나님을 무제약적인 "절대적" 힘으로 생각하지 않아도 된다. 물론 바르트는 하나님의 "절대성"이란 개념을 완전히 포기하지는 않았다. 그러나 그것은 앞서 말한 저 결의를 내리신 하나님이 전적으로 스스로를 규정하는 주체라는 의미에서 그러했다. 그러나 이 절대성이 단순한 독립적 존재이고자 하는 의지만을 의미한다면, 그때 하나님은 자신 외의 타자를 부정하거나, 아니면 자신을 그 타자로부터 경계 짓기 위해 도리어 그 타자에게 종속될 것이다. 그렇게 되면 우리는 우리가 "우리 자신에게 부여하고 싶은" 것만을 규정하게 될 것이며, 나아가 그것을 하나님께 전가하려고 하면서 오로지 "인간 자신의 거울상"(II/1, 347)만을 말하게 될 것이다. 그러나 "참하나님"은 바로 그런 거울상과 대립하신다. 하나님은 그런 의미에서 절대적인 분이 아니시다. 하나님은 자기 자신이기 위해 타자와 자신 사이에 경계선을 그으실 필요가 없다. 오히려 하나님은 자기 자신의 존재를 "사용하셔서" 그들과의 관계를 설정하신다.

물론 하나님의 권능은 부정될 수도 없다. 그리고 하나님이 무능하다고 선언한다고 해도 그것으로 악한 권세가 아직 부인된 것은 아니다. 악한 권세란 인간의 저 거울상을 만들어 내는 것 외에 자신이 하나님과는 독립적인 존재라고 선언하는 인간의 또 다른 형식이다. 하나님은 권능을 소유하시지만, 그러나 그 힘은 하나님 자신으로 **존재하시는 것**과 하나님으로서 **행하시는 것**에 제한되어 있다. 그렇게 제한될 때 그 권능은 제약된 것이 아니라, 오히려 하나님은 "**모든 현실적인 권능**"(II/1, 597)을 소유하신다. 그러나 바로 이 점에서 하나님의 권능은 "하나님이 '모든 것을' 하실 수는 **없다**"는 것을 뜻하며, "불가능한 것의 가능성은…하나님의 본질과 사역으로부터 배제되어 있다"(599)는 것을 의미한다. **하나님**은 권능을 지니시되 자신의 "전적으로 **구체적인** 능력"으로서 지니신다. **권능**을 지니신다는 사실이 하나님을 하나님으로 만들지는 않는다. "힘 그 자체는 악한 것이다"(589). "하나님이 실제로 보이신 의지 및 행동과는 다른 어떤 내용의 전능성을 고려하지 말아야 한다면", 그때 그와 같은 "현실적인 의지와 행동"과는 별도로 **독립적인** 힘을 지녀야만 한다는 루터의 "은폐되신 하나님"이라는 생각(609f.)은 부정되어야 한다. 그래서 우리는 하나님과 하나라고 규정되는 "절대적 능력"(potentia absoluta)이라는 중세의 사상에 반대하여 이렇게 주장해야 한다. "하나님이 무한한 힘으로 무한대의 영역에서 통치하신다는 것"이 하나님을 "신적인 통치자로 만드는 것이 아니다. 하나님은 그런 일을 전혀 행하지 않으신다." 오히려 그런 일을 하는 것은 "하나님이 아닌 또는 하나님과는 반대되는 모든 통치 주체의 특징이다. 오히려 하나님은 특정한 힘으로 특정한 영역에서 다스리신다.… 하나님을 신적인 통치자로 만드는 것은 그분의 통치가 특별히 **규정**되어 있고 **제한적**이라는 사실이다. 그 통치는 하나님 자신에 의해 규정되며, 하나님 자신에게 속박되는데", 바로 인간의 하나님이 되시고자 하는 하나님의 "원초적 결의"(Urentscheidung, II/2, 52-54)에 속박된다. 그래서 하나님의 권능, 그리고 실제적인 의지와 행동의 실행 안에서 "인간성 없는 하나님은 없다"는 사실이 참이 된다.

신적 속성에 상응하는 인간

바르트는 "하나님 없는 인간"이 있기는 있다고 말한다. 그러나 하나님 없는 인간은 "인간 없는 하나님이 있을 수 없는 것"과 마찬가지로 현실적으로 존재할 수는 없다. **왜냐하면** 인간성 없는 하나님은 없기 때문이다. "인간이 존재하지 않는 저 위의 높은 곳"에 대한 비판이라는 무신론의 전제가 부정된다면, 그때 단순히 "저 위의 높은 곳" 자체가 존재하지 않게 된다. 그렇게 되면 하나님이 배제되었을 "저 아래 낮은 곳"도 없다. 그때 무신론은 자신의 고유한 영역, 곧 "하나님이 없는 저 아래 낮은 곳"에서 공격을 받게 된다. 그것도 단순히 사유의 추론을 통해서가 아니라 하나님의 인간성이라는 사실을 통해 공격을 받는다. 하나님께 인간성이 없지 않기 때문에, 인간에게 하나님이 없다는 것은 의문시된다. 그래서 이제 이렇게 말할 수 있다. "인간은 여기서 의문시되는 저 불합리한 가능성 안에서… 상대적으로 하나님 없이 있을 수는 '있겠지만'(kann), 그러나 절대적으로, 존재론적으로 하나님 없이 존재할 수는 없다. 인간이 전자의 경우처럼 존재할 수 있다거나 사실상 그런 존재가 되는 것은 이미 충분히 나쁜 일이다." 하지만 인간은 "자신의 하나님 없음을 통해…하나님을 인간 없는 하나님으로 만들 수"는 없다(IV/1, 543). 이와 같이 바르트는 모든 인간이 각각 본질적으로 하나님과 관계되어 있다고 가르치며, 그 관계는 하나님의 은혜에 근거해 있는 것이지 인간의 "본성" 곧 인간 안에 내재해 있다는 어떤 선한 상태에 근거해 있는 것이 아니라고 보았다. 그 관계는 인간 안에 있다는 죄에 물들지 않은 어떤 씨앗의 낙관적인 과대평가에 근거한 것이 아니라, 오히려 하나님 없는 인간이 하나님을 인간 없는 하나님으로 결코 만들 수 없다는 사실에 근거해 있다.

"상대적인 하나님 없음"이라는 상대성은 무조건적으로 인간과 맺으시는 하나님의 **관계**에 놓여 있고, 이 관계는 하나님을 부정하는 인간이 폐기할 수 없다. 그렇다고 해서 인간의 하나님 없음이 상대적으로 무해한 것이 되지는 않는다. 인간의 하나님 없음은 그 자체로도 "대단히 해로운 것"이다. 왜냐하면 하나님으로부터 완전히 풀려나지 못한 자가 하나님 없이 존재한다는 것은 있을 수 없기 때문이다. 나아가 하나님 없음은 따라서 단지 하나님께 대한 인간의 명백한 저항일 뿐만 아니라, **인간** 자신이 지닌 인간성의 부정이기 때문이다. 현실적으로 하나님 없는 인간은 단지 "무언가"가 결여되어 있는 인간에 그치지 않는다. 그는 자신의 인간성을 의문스럽게 만든다. "하나님 인식이 없는 인간성은 아무리 고상한 형태를 취한다고 해도 비인간성의…핵심을 그 자체 안에 담고 있으며, 그것을 언젠가는 드러내고 말 것이다"(IV/2, 474). 왜냐하면 바르트에 의하면 하나님 없는 자는 그 자체가 **자기 자신을 절대화**하는 인간으로 **존재**하기 때문이다. 그 인간이 자기 생각을 보편적으로 타당한 것이 아니라 단순히 자기 자신에 대해서만 타당하다고 주장할 때, 그리고 이런 의미에서 스스로 "상대화"될 때, (계속되는 환상이 풍요해지는 것 외에) 그 인간에게 그 어떤 것도 달라지지 않는다. 또한 이것도 인간의 하나님 없음을 폐기하지 못한다. 왜냐하면 그 인간이 **하나님**으로부터 분리되어 존재하는 것, 바로 그것이 그를 소위 절대적인 존재로 **만들기** 때문이다.

하나님 없이 살아가는 사람의 자기 절대화는 바르트에 의하면 단순히 악한 성향의 자만심에 그치지 않는다. 물론 인간이 다음과 같은 월권에 빠지는 것은 "충분히 나쁜" 것이다. 그때 인간은 거의 불가피하게 원래 하나님께 속한 것을 자기 것으로 주장하게 될 것이며, 자신이 마치 창조자, 화해자, 구원자인 것처럼 행세하게 될 것이며, 거룩한 삼위일체를 자신이 이해한 세계사의 법칙인 것처럼 곡해할 것이며, 자기 자신을 인간의 심판자와 섭리의 운영자 자리에 위치시킬 것이다. 분수를 넘어선 이 모든 칭호들은 파괴적인, 그것도 자기 파괴적인 의미를 갖는다. 그렇게 되는 것은 우연이 아니다. 왜냐하면 자기 절대화는 단순히 월권을 행하는 존재만을 뜻하는 것이 아니라, 그보다도 우선 "타자"의 부정이며, 그래서 **홀로 있는-존재** 즉 **고독**을 의미하기 때문이다. 그러한 월권행위 뒤에는 고독한 한 사람이 서 있다. 그는 "잠재적인 형태로, 혹은 어떤 세련된 또는 조야한 형태로 다른 모든 사람의 실제적인 적이 된다"(IV/2, 474). 왜냐하면 고독은 협소함, **두려움**을 의미하기 때문이며, 이때 인간이 그 두려움을 갖는 것이 아니라 오히려 그 두려움이 인간을 소유한다(IV/3, 770). 다시 말해 인간은 그 두려움으로부터 언제나 거듭 벗어나려고 하지만, 그것은 결코 성공하지 못한다. "인간은 스스로 (그 두려움을) 성공적으로 쫓아버렸다고 생각하지만, 실제로 그는 끔찍한 결과와 함께 자신의 두려움에 의해 쫓겨 다니는 자다"(IV/2, 523). 하나님으로부터 이탈한 인간은—자신이 유발한 고독과 두려움 가운데—자신의 인간성마저 파괴하게 되며, 자기 자신은 물론 이웃도 함께 붕괴시킨다. 고독한 사람은 "비인간적"이며(477), 그래서 그는 자신의 육체적-영적 추진력을 분리시켜 따로 작동시킴으로써 비-호감(Un-hold, 원래 Unhold는 악마, 사악한 존재를 의미한다. 그러나 여기서는 Un-hold로 음절을 분리시켜 "비-호감"의 악마적 의미를 드러내고 있다—역자 주)의 존재가 된다(514).

"이와 같은 두려움 속에서 인간은 **경건하게 될 수도 있다.**" 이것은 "(그리스도교를 포함한!) 종교들 그리고 위장된 종교들의 역사와 현상에서 구체적으로 증명될 수 있다." 한 마디로 말하면, 두려움이 신들을 만들어 낸다(*timor fecit deos*, IV/3, 924). 바르트는 이것을 역설로 말하고 있다. 경건성 또한 절대화된 인간, **하나님**으로부터 분리된 인간의 한 가지 가능성이라는 것이다. 다만 문제는 인간이 그렇게 해서 가질 수 있는 신들은 인간 자신의 고독과 두려움의 산물이며, 그런 신들은 그 인간을 인간 자신의 두려움과 고독 속에 붙들어두고, 인간을 분리시켜-홀로(ab-solut, 원 의미는 "절대적으로") 있게 만든다. 바르트는 신개신교주의에 대해 다음과 같은 의혹을 품고 단호하게 반대했다. 그것은 신개신교주의가 스스로를 절대화하는 인간 곧 상대적인 하나님 없음의 상태에 있는 인간을 극복하려 할 때, 그런 인간의 심리적인 구성요소에는 종교적 성향도 포함되어 있다는 주장을 통해 극복하려고 한다는 의혹이었다. 이 의혹이 옳다면 그런 주장으로 스스로를 절대화하는 인간을 극복하려는 시도는 성공할 수 없다. 그런 시도는 오히려 신앙심 있는 그리스도인의 "데카르트주의"(자신의 믿음을 확실성의 근거로 삼는 간접 데카르트주의—역자 주)를 통해 절대적 인간의 "데카르트주의"를 심화시키게 될 것이다(I/1, 123). 이와 동시에 그런 시도가 자신을 절대화하는 인간의 체계 안에 여전히 갇혀 있다는 사실은 은폐될 것이다.

그런 인간을 치유하는 것은 인간 자신이 아니다. 비록 인간이 자신 안에 신성이 내재하고 있다고 해석한다고 해도 마찬가지다. 오히려 그런 인간을 치유하는 것은 인간성을 지닌 하나님이시다. 인간의 고독을 제거해 주는 것은 하나님께서 인간을 인간 자신에게 홀로 버려두지 않으신다는 사실이다. 인간의 하나님 없음을 지양하는 것은 하나님이 인간을 놓아 보내지 않으신다는 사실이다. "인간 없는 하나님은 없기" 때문에, 비록 인간은 자기 자신을 절대화할 수 있을지는 모르나 자신의 하나님 없음을 절대화할 수는 없다. 물론 상대적인 혹은 주관적인 하나님 없음은 "있다." 그런 하나님 없음도 너무 커서 인간 자신의 힘으로는, 즉 "주관적으로는" 그것을 제거할 수 없으며, 예를 들어 "절대적" 인간의 영혼 속에 "종교적 영역"이 있다는 주장으로는 제거할 수 없다. 하지만 인간의 절대적인 혹은 "객관적인" 하나님 없음이란 있을 수 없다. 이 주장은 철저히 하나님이 확정하신 것에 근거한다. 그것은 하나님은 인간의 하나님이시며, 그렇기 때문에 인간은—바로 이것이 인간의 "객관적인" 하나님 관련성이다—하나님의 인간이라는 확정이다. 후자의 내용이 하나님이 확정하신 것에 **포함되어** 있기에, 스스로를 절대화하는 인간이 주장하는 영역에서 인간은 자신의 본질에 모순되는 주장을 하고 있는 셈이다. 여기서 하나님은 어떤 "절대적인" 권능의 행사가 아니라, 오히려 인간의 인간성이 구원 받았다고 주장하신다.

다시 말해 인간이 하나님과 동등하게 되기 위해 하나님 안으로 절대적인, 즉 오직 자기 자신만을 향해 존재하는 본질의 상을 투사할 때, 인간은 "자기 자신에 관한…오류"(IV/1, 467)에 빠진다. 그런 방식으로 자신을 신격화하려는 인간은 하나님께만 대적하는 것이 아니다. 그런 인간은 비인간적이고, 인간의 원수이며, 인간을 멸시하는 자다. 그와 반대로 하나님께서는 인간의 하나님이 되심으로써 자신이 참하나님이심을 입증하신다. 그와 함께 참인간도 하나님의 인간이라는 사실이 제시된다. 따라서 인간은 "하나님을 대략 하나님 자신의 영역에서 하나님이 되게 한 후에 인간 자신의 영역에서 스스로의 힘으로 추상적인 인간이 되고자" **할 수 없다**. 하나님이 "인간을 위해 인간이 되심"으로써, 인간은 "소멸될 수 없는 표지"(character indelebilis)를 지니도록 결정되었다. 하나님이 "처음부터⋯ 인간의 하나님이 되고자 하셨던 것"을 계시하심으로써, "인간은 **하나님의** 인간이며, 그분에게 속하고, 그분과 연결되어 있으며, 그분에게 의무를 진다는 사실도 공개되었다. 인간 곧 하나님이 그를 위해 인간이 되신 그 인간은 하나님께 대해 처음부터 중립적일 수가 없고, 오직 하나님의 행동의 파트너로서만 그분과 마주설 수 있다"(IV/1, 46f.). 참인간 즉 하나님과 함께하는 인간은 하나님과 자기 자신으로부터 소외된 절대적인 인간보다 더 근원적이다. 참하나님이 인간을 결코 **놓아 보내지** 않으시는 하나님과 다르게 생각될 수 없다면, 참인간도 하나님으로부터 결코 **떠날 수 없는** 인간으로 생각되는 것 외에 다른 가능성은 없다.

참하나님은 **현실적**(wirkliche)인 하나님이시다. 따라서 하나님께 의지하여 현존하는 참인간도 **현실적**이며, 노력을 통해 획득되는 이상이 아니다. 그렇기 때문에 하나님이 인간의 하나님이라는 사실, 하나님이 인간을 홀로 버려두지 않고 하나님 자신으로부터 떠나보내지도 않으신다는 사실은 분리되어-홀로(절대적)인 인간, 자기 자신을 하나님으로부터 소외시키는 그의 상대적인 하나님 없음, 그리고 그를 그 자신으로부터 소외시키는 고독을 의문시하고 언젠가 제거하게 될 효과적인 잠재력이다. 그러나 그 고독이 제거될 때, 인간성을 조작하여 임의로 취급하는 일은 일어나지 않는다. 그렇게 된다면 그 일은 비인간적인 것이 될 것이며, 절대적 인간이 인간적이라고 고백하는 셈이 될 것이다. 오히려 인간의 **상대적인** 하나님 없음은 인간 자신이 하나님의 인간임을 스스로 **긍정**하는 곳에서 비로소 극복된다. 하나님은 **인간의** 하나님으로서 그와 만나심으로써, 그리고 **하나님께** 속하게 된 인간이 **참인간**임을 분명히 제시하심으로써 인간을 **설득**하신다. 그러나 "하나님은 강제하지 않고 압력을 가하지 않으시며 그를 마비시키지도 않으신다." 하나님은 다만 그 사실에 관해 인간을 설득하시고, 인간 자신의 자유로운 동의를 기대하신다. "하나님은 소위 난폭한 '누미노제'가 아니시다. 누미노제는 인간에게 '무제약적으로 관련되기' 때문에, 그것 앞에서 인간은 그저 경직되고 침묵할 수밖에 없으며, 그것에게 자신의 의지와는 관계없이 자리를 내어줄 수밖에 없다. 하나님은 인간을 굴종시키지 않고 모욕하지도 않으신다. 하나님은 인간을 단순히 구경꾼으로 만들지 않고, 인간을 인형으로 만드는 일은 더더욱 있을 수 없다"(IV/3, 607). 하나님은 인간과 "성숙한 성인으로 대화하시며, 성숙한 성인으로 대접하신다"(IV/4, 25).

하나님과 함께하는 인간이 참인간이라는 사실은 바르트에 의하면 바로 그 인간이 - **인간**이라는 사실에서 증명된다. 물론 그는 인간성을 지니신 하나님이 열어주신 **관계** 안에 있다. 그 관계 안에서 인간의 자기 소외는 제거된다. 그 하나님을 통해 인간은 자신의 하나님 없음의 상태로부터 벗어나 하나님과의 관계 속으로 들어가게 되는 것만이 아니다. 하나님이 인간에게 오심으로써, 인간은 이제야 비로소 올바르게 **자기 자신에게로** 돌아가게 된다. 인간은 자신을 주체로 여기지 않으며, 하나님도 그를 객체로 대하지 않으신다. 하나님이 인간과 맺으시는 **관계**를 통해 인간은 주체가 **된다**. 그는 혼자서 자기 자신이 되지 않는다. 하나님의 존재에 상응하여 인간은 관계 속의 존재, 곧 하나님께 대한 관계와 또한 이웃 인간에 대한 관계 속에 있는 존재다. "따라서 하나님의 인간 되심에 구원론적으로 상응하는 것은…인간의 인간 됨이다(*homo homini homo*)."[51] "하나님 자신이 인간이 되신 이후에, 인간은 이제 **만물**의 척도다."[52] 따라서 우리는 하나님의 인간성의 인식 속에서 "처음부터 '인문주의자들'"(CL 463)이다. 하나님의 인간성은 하나님의 많은 얼굴들 가운데 단지 **하나의** 얼굴인 것이 아니다. 오히려 하나님 **자신**이 인간을 향해 다가오시는 하나님이다. 그렇다면 인간을 하나님께 속한 인간으로 이해하는 것은 인간적 본질의 과장된 표현도 아니고, 우연히 인간에게 덧붙여진 것도 아니다. 다시 말해 그것 없어도 인간이 여전히 인간일 수 있는 그런 인간적 규정을 의미하지 않는다. 그렇다면 **바로 이** 인간(하나님께 속한 인간)이 인간 그 **자체**다.

저 "인문주의자들"이 신뢰할 만한 것은 그들에게는 "자신들의 생각, 말, 의지의 선험성은…하나님이 사랑하신 **인간**이며 그 인간의 권리, 생명, 존엄(이기 때문이다). 오직 그 인간이다!"(CL 464) 그래서 그들은 한편으로 인간을 인간 위에 덮어씌운 체계 아래 굴복시키는 것에 저항한다. 인간을 철저히 "어떤 도식 안에서 관찰"함으로써 "인간들이 상호 간에는 볼 수 없게 만드는" 관료주의는 "비인간성"의 전형적인 사례다(III/2, 302). "어떤 이념도, 어떤 원칙도, 전승되었거나 새로 설립된 어떤 기관이나 조직도, 오래되거나 새로운 그 어떤 경제적, 국가적, 문화적 형식도…그 어떤 타당한 도덕, 관습, 또는 규례도, 그 어떤 유아교육과 학교교육의 사상도, 또한 그 어떤 교회의 형태도, 그리고…또한 다른 이념들과 그에 상응하는 사회구조에 대한 그 어떤 부정과 투쟁도" 인간 위에 군림해서는 안 된다. 그렇게 군림한다면 그 모든 것은 **인간**으로부터 벗어난 절대성이 되어버릴 것이다. "인간이 인간에 대해 어떤 절대성의 이름으로…맞서야 한다고

---

[51] E. Jüngel, *Barth-Studien*, 345.
[52] *Christengemeinde und Bürgergemeind*, 33.

주장하는 곳이 아니라면, 다른 어느 곳이 인간이 인간에 대해 잔인한 방식으로 늑대가" 되는 곳이겠는가?(CL 464f.)

다른 한편으로 저 "인문주의자들"은 인간이 스스로를 포장하곤 했던—공허하거나 가련한 혹은 공격적이거나 무절제한—"복장들과 가면들"로 인간을 얽어매는 것도 반대한다. "인간이 그런 것들을, 특히 고려의 대상이 되는 것들 가운데 특정한 이것 혹은 저것을 걸치게 되는 것은 결코 우연이 아니다. 인간의 모습을 보려면, 인간을 그와 같은 위장 속에서 보는 것이 도움이 될 것이다." 그러나 그리스도인들은 "여기서 멈출 수 없다." 왜냐하면 그런 가면들은 "인간 그 자신이 아니기 때문이다.…인간 그 자신은 자신을 둘러싸고 있는 그런 장치들 전체 아래, 속에, 그리고 그것들과 함께 있고…보통은 저 뒤편에 깊숙이 숨어 있다. 이와 같은 존재는 (하나님이 그곳에서 자신의 편에 계심을 알든지 모르든지) 바로 자신의 권리를 회복하기를 원하며, 존엄 가운데 살기를 원하며, 자유와 평화와 기쁨을 누리기를 원한다." 이때 인간은 "부적당한" 그리고 "악한" 구부러진 길로 접어들게 되고, 그다음에는 자신이 그렇게 해서는 "자신이 목적한 것에 이를 수 **없다**"는 사실에 남몰래 고통을 받는다. 그러나 "그는 마치 고통 받지 않는 것처럼 행동한다. 이것이 바로 위장의 의미다. 바로 이렇게 고통 받는 자가 하나님께서 사랑하시는 인간 그 자신이다." 가면 뒤에 숨어 있는 바로 그런 인간 자체를 자비롭게 바라보는 것, 바로 그것이 "인문주의자들"의 과제다(466-469).

마지막으로 인간이 "하나님을 자기 자신과, 자기 자신을 하나님과 동일시하려는 시도 속에서 **하나님**을 알지 못하게 되고" 그때 인간은 "또한 자신의 **이웃 인간**도 알지 못한다"는 맥락을 저 "인문주의자들은" 직시한다. "이때 인간은 **이웃 인간**을 주체인 자신의 선택과 재량에 따라 관계를 맺거나 맺지 않을 수 있는 대상으로 여긴다. 인간은 이웃 인간을 다른 많은 대상들처럼 스쳐지나가거나 아니면, 특별한 문제가 없다면, 자신에게 가능한 대로 적당한 경계선을 긋고 대하게 된다." 그러나 인간이 하나님을 안다면, 그때 그는 "하나님이 필연적으로 그의 곁에 세우시는 동료 주체"도 알게 된다. "그는 하나님과의 관계 속에서 그 동료 주체와도 필연적으로 연결되어 있다. 그래서 그는 자신의 편에서 그 동료 주체와 분리되어서는 결코 주체가 될 수 없으며, 인간일 수도 없다"(216).

이스라엘과 맺은 하나님의 계약

인간성을 지니신 하나님의 진리는 단순한 **관념적** 진리가 아니다. 그렇기에 그런 진리를 단지 생각하는 것만으로는 앞서 말한 무신론의 신학적 전제와 그 전제의 결과인 무신론 그 자체를 제거할 수 없다. 여기서 모든 사유는 바로 그 진리가 특정한 **현실**의 진리라는 사실에 대한 차후적 숙고(ein Nachdenken)일 뿐이다. 이 현실에는 무신론의 전제뿐만 아니라 무신론 자체를 제거할 능력이 있다. 이 현실성 속에서 우리는 인간과 분리되지 않은 하나님, 그리고 하나님과 분리되지 않은 인간이라는 **사실**(das Faktum)을 만나게 된다. 여기서는 아무것도 명제로 상정되지(postulieren) 않는다. 여기서 중요한 것은 바르트가 즐겨 말하는 것처럼 이쪽 사실의 현실로부터 저 진리를 "읽어내는 것"이다. 그 현실은 우리로 하여금 저 진리를 사유하게 하고, 그것과 함께 무신론의 전제 및 그 전제의 결과를 부정할 줄 알게 만든다. 바르트에게 이 사실의 진리는 무엇보다도 하나님이 이스라엘과 맺으신 계약이다. 이 계약에 근거하여 이스라엘은 많은 민족들 가운데 특별한 민족으로 살았고 지금도 그렇게 살고 있다. 이 계약은 인간적인 하나님과 하나님께 속한 인간이라는 **일반적인** 생각을 설명해주는 단순한 하나의 사례가 아니다. 오히려 그 반대다. 하나님과 이스라엘의 계약이라는 가장 **특수한** 사실이 우리에게 그와 같은 생각을 비로소 **가져다준다**.

바르트가 강조하는 것처럼 이 사실은 성서와는 독립적으로, 다시 말해 그 밖의 세계사 한 가운데에서 간과될 수 없는 현상으로서 우리와 만난다. "여기서는 사실상 세계사의 한 부분이 가장 직접적으로…성서가 증언하는 하나님을 위해 증언한다"(I/2, 567). 이 특별한 민족의 특수한 존재 속에서 우리는 하나님과 조우하게 되며, 이 민족은—나타났다 사라져 간 다른 민족들 곧 자주 강력한 힘을 지녔던 민족들과는 달리—결코 제거될 수 없었고, "제3제국"은 바로 이 민족을 말살하려고 했기 때문에 **필연적**으로 좌초해야 했다.[53] "유대인들은 모든 흩어짐과 모든 박해와 무엇보다도 모든 동화(同化)에도…불구하고 항상 그리고 언제나 또 다시 현존해왔다"(III/3, 329f.). 물론 우리는 **현대에** 와서도 이 현상과 부딪치지만, 이제 그것은 이스라엘 백성이 하나님에 관해 증언하는 그 특수함을 부인하기 위함이다. "자유주의의 해법"이 그런 시도를 했는데, 특히 "간과함"(I/2, 567)을 통해 그렇게 했다. 즉 오직 하나님의 은혜를 통해 선택된 하나님의 백성이라는 그 백성의 특수성이란 인간적으로 얼마든지 가능한 종교적 이해들이라는 일반성으로 지양시켰다. 반유대주의라는 "페스트와 같은 병"(III/3, 249)은 유대인들을 그 특수성의 이유로 배제하는 맹목적 분노의 형벌을 통해 그렇게 시도했다. 그러나 그들은 "반유대주의는 유대인들을 배척함으로써 하나님을 배척하고 있다"(I/2, 567)는 사실을 볼 수 없었다. 아무튼 이스라엘이 자신의 특수성을 통해 증언하는 바로 그것을 "반유대주의자들과 자유주의자들 모두는 거의 볼 수 없었다"(같은 곳.). 그래서 바르트가 볼 때 두 가지 "해결책들"은 상호 연관되어 있으며, 따라서 페

---

53 Eine Schweizer Stimme, 321f.

스트와 같은 이 질병은 "자유주의적인 해법"을 통해서는 치유될 수 없다. 그래서 그 두 가지에 대해 다음과 같은 판결이 내려졌다. "반유대주의는 하나님의 **은혜**, 곧 **계약의 은혜**를 거부하고 있다."[54] 따라서 유대인들로부터 분리된 그리스도교 신학 속에는 한편으로 인간성을 지닌 하나님과 반대되는 어떤 신 곧 근원에서 은혜가-없는 어떤 "전능자"에게 바치는 제의의 씨앗과, 다른 한편으로는 동료 인간성과 반대되는 비인간성 곧 자신만을 주장하는 자기 중심적 비인간성을 숭배하는 제의의 씨앗이 함께 숨어 있다. 이스라엘의 실존이 바로 저 사실적인 현실성, 곧 인간과 결합하신 하나님 그리고 하나님과 결합된 인간의 진리를 증언하는 현실성이기에, 이스라엘을 제거하려는 시도는 하나님께 대한 대적과 비인간성의 뿌리이며, 또한 그렇기에 교회가 전하는 복된 소식을 파괴하는 것이다.

많은 민족 가운데 이 민족의 실존적 비밀은 이에 관해 충분한 전문적 정보를 제공할 수 있는 성서적인 하나님의 말씀 없이는 이해될 수 없다(III/3, 256). 왜냐하면 그 성서가—"필연적으로"(I/2, 566)—바로 그 유대인들에 의해 쓰였기 때문이다. 그렇다. 이 비밀을 이해하기 위해서는 여기서 주요관건이 되는 것을 먼저 성서의 증언으로부터 배워야 한다. 그것은 "이 백성의 실존을 통해 밝히 말해지는 것은 하나님이 선택하신 백성이 독일인도 아니고, 프랑스인도 아니고, 스위스인도 아니라 하나의 다른 백성 즉 바로 이 유대인이라는 사실"이다. 밝히 말해지는 것은 "인간은 자신의 편에서 선택받기 위해 좋든 싫든 자신이 유대인이 되거나 아니면 이 유대 민족에 속해야 한다"(III/3, 255)는 사실이다. 이 사실이 분명해지는 것은 우리가 이 백성의 실존의 가장 내적인 비밀을 보게 될 때다. 그 비밀은 하나님이 모든 민족들 가운데 이 민족을 선택하신 이유가 하나님이 그

---

54 같은 곳, 90.

민족과 맺은 **계약**에 놓여 있다는 사실이다. 계약은 무엇을 의미하는가? 우리는 계약 개념의 의미를 "성서 전체가 증언하는 **계약의 역사**로부터 읽어내야" 한다. 다시 말해 어떤 앞서 주어진 계약 개념을 계약의 역사 안으로 "끌어와서는" 안 된다(IV/1, 59). **은혜**의 계약이란 말은 계약에 관한 일반적인 개념의 관점에서 보면 터무니없는 것처럼 보일지도 모른다. 일반적인 계약 개념 가운데 핵심은 곧 은혜의 계약이다. 그것은 은혜의 계약이 **본래적인** 그리고 **근원적인** "계약"이기 때문이다.

여기서 계약은 무엇을 의미하는가? "구약성서의 증언에 따르면 자유롭게 선택하시는 사랑 속에서 야웨는 이스라엘과 계약을 맺으셨다." **선택**의 주체는 "이스라엘이 아니며, 하나님이 이스라엘을" 선택하셨다(IV/2, 871). 이스라엘 자신의 선택은 이미 맺어진 계약을 차후에 승인하거나 혹은 그렇게 하지 않는 것에서만 성립된다. 이 계약은 하나님이 이스라엘과 맺은 결합 속에—이스라엘이 그럴 자격이 있는지와는 관계없이, 이스라엘이 그것에 어떤 입장을 취하는지와도 관계없이—이스라엘이 하나님과 맺은 결합이 내포되어 있는 점에서 이중적인 계약이다. 계약은 "구약성서에서 주요 관건이 되고 있는 역사적 현실(Realität)"이다. "구약성서가 이 개념으로 계약을 지칭하든 아니든 간에 그렇다." 그와 같은 역사적 현실은 "나는 너희의 하나님이 되고 너희는 나의 백성이 되어야 하리라"(렘 7:23; 11:4; 30:22; 31:31, 33; 32:38; 겔 36:28)는 하나님의 약속에 근거한다(VI/1, 22). 이 약속 안에서 하나님께서는 바로 바르트가 근대성의 문제에 적용했던 그것을 규정하신다. "하나님은 계약의 하나님이 아닌 그 어떤 다른 분도 아니시며", "또한 인간도 계약의 인간이 아닌 그 어떤 다른 인간도 아니다"(40.45). 이 약속 안에서 하나님께서는 자신을 이 민족과 결합시키시고, 그와 함께 **자기 자신**에게 어떤 의무를 부과하셨다. 다시 말해 하나님은 자기 자신을 그 계약에 속박시키셨다. 또한 이 약속 안에서 하나님께서는 **이 민족**을 하나님 자신과 결합시키셨고, 그와 함께 이스라엘 민족의 실존, 즉 하나님의 계약의 파트너요 **하나님의** 백성으로 만드셨다. "이 계약은 이전에 이미 현존했던 어떤 이스라엘을 발견하는 것이 아니다. 오히려 계약이 이스라엘을 **창조한다**"(I/2, 88).

그러나 이 계약은 "하나님과 인간의 행동으로부터 분리되어 있는 소여성(所與性)이 아니다." 오히려 그 계약은 **계약의 역사**로서 성취된다. 그래서 "구약성서에서 계약의 수립은 **일련의 많은** 계약 체결 중 하나로 묘사된다." 그 계약은—"이렇게 해서, 오직 이렇게만 그 계약은 지속된다—신적인 그리고 인간적인 선택의 **사건**이다. 이것은 야웨 자신이 자신의 본질의 가장 깊은 곳에 이르기까지 ('인격적으로') 살아 계시고 활동하고 행동하고 말씀하시는 하나님으로서 **존재**하시는 것과 마찬가지이며, 또한 야웨의 인간적 파트너 즉 그분의 '이스라엘'도 철저하게 오직 자신의 역사 속에서, 자신의 선하고 악한 행동 속에서, 자신의 인간들의 적극적 행위와 고통당함 속에서 현실적인 것과 마찬가지다"(IV/1, 23f.). 이렇게 해서 계약은 **지속적인** 계약이 된다. 그래서 "평화의 계약"에 관한 말씀이 굳게 서며 "그 계약은 야웨와 이스라엘의 관계 속에서 발생하는 것 **전체**를 넘어서며…흔들리지 **않게** 된다(사 54:10)." 이 말씀의 근거는 오직 자신의 약속을 지키시는 하나님의 신실성에 놓여 있다. 하나님의 계약의 파트너 편에서 보이는 그 어떤 불성실함도 그 계약을 "폐기할 수 없다"(23). 하나님은 바로 그 인간의 "계약의 파트너가 되기를 포기하지 않으신다." 그렇기에 그 인간도 하나님의 "계약의 동반자가 되기를 결코 그치지 않는다.…인간이 계약을 수립한 것이 아니다. 그렇기에 인간은 그 계약을 파기할 수도 없고 또 자신만 그 계약에서 탈퇴할 수도 없다"(IV/2, 547). 따라서 바르트에게 예레미야 31:31ff.의 "새 계약"의 약속은 다른 계약을 통해 이스라엘의 계약이 폐기되는 것을 의미하지 않는다. 오히려 그것은 "하나님이 이스라엘과의 계약 속에서 언제나 의도했고 또 실제로 행하셨던…그것에 대한" 하나님의 "확증"일 뿐이다(IV/1, 34). 그러나 그 약속은 "계약의 구조변경"을 목표로 한다. 계약은 ─ 왜냐하면 **계약의 역사**이기에 ─ 구조변경을 수행할 "능력"이 있고, "종말에는 다음과 같은 구조변경에 참여하게 될 것이다"(32). 계약은 은혜를 통해 "성취"될 것이며, 그와 함께 "인류 전체를 위해 이와 같은 이스라엘 계약이 체결되었고 효력을 발한다는 사실"이 계시될 것이다(35).

계약은 처음부터 **은혜의** 계약이다. 그렇기 때문에 ─ 어떤 우월한 하나님과 열등한 인간 사이의 추상적인 구분 때문이 아니라 ─ 계약은 **대등하지 않은** 당사자들 사이에 맺어진 계약이다. 양쪽이 대등하지 않은 것은 "하나님은 긍휼의 주님이시고 인간은 그 하나님의 긍휼하심에 참여하는, 그러나 또한 그런 하나님의 긍휼을 필요로 하는 계약 상대자"이기 때문이다(III/1, 177). 따라서 계약은 그 계약에 대한 인간의 적합성에 근거하지 않으며, 또한 인간의 부적합성이 그 계약을 폐기할 수도 없다. 따라서 이 계약의 양면성은 그 계약이 전적으로 하나님의 은혜를 통해 형성되고 존속한다는 사실에 근거한다. 이것은 물론 하나님께는 가혹한 일이다. 계약의 상대편이 타자여서가 아니라 긍휼히 여겨야 하는 자라는 점에서 그렇다. 그러나 "하나님께서는 인간이 이길 수 있도록 기꺼이 져주려고 하신다"(III/2, 177). 하나님은 자기 자신을 인간의 "파트너"로 만드심으로써 인간을 "하나님 자신의 파트너로" 만드시며, 그 결과 인간은 승리한다(IV/1, 53). 이때 은혜는 두 가지다. 하나님이 인간을 하나님 자신과 연합할 자격이 있다고 여기셨다는 것, **그리고** 그 계약이 오직 하나님의 선하심에 근거하는 것이지 인간의 어떤 가치에 근거하고 있지 않다는 것이 은혜다. 그러므로 은혜의 계약에서 계약 당사자의 비대등성은 그 계약을 위태롭게 하지 못한다. 따라서 성서 안의 이스라엘 역사에서 하나님의 심판의 표식들은 계약에 속한다는 표식이고, 계약이 무효가 되었다는 표식이 아니다(II/1, 438). "하나님이 바로 그와 같은 심판 속에서도 자기 사람들을 **받아들이신다**는 것은 확실하다"(II/2, 820).

은혜의 계약을 위협하는 것이 무엇인지는 다음 사실에 유념할 때 드러난다. "이스라엘을 둘러싼 그 밖의 고대 세계의 신들도 자신들의 특별한 **백성**을 가지고 있었지만", 그 신들과 각각의 백성들은 "상호 간의 연대관계와 서로에 대해 재량껏 처분할 수 있는 관계"(IV/2, 871)에 있었다. 하나님과의 관계가 그렇게 생각되고 형성되는 바로 그곳에서 **은혜**의 계약은 부정된다. 바로 거기서 "자연신학"이 추진되며(112), 자연신학은 오직 이스라엘만이 은혜의 계약으로 선택된 것을 부인할 수밖에 없다. 그것은 은혜의 계약이 자연신학을 거부할 수밖에 없는 것과 마찬가지다. "절대적으로 동등할 수 없는…양편의 계약 당사자"가 맺는 은혜의 계약이 "어떤 연속적인 공존 사상"에 의해 대체되는 바로 그 곳에서—그 일이 심지어 그렇게 "추진하는 능력"인 성령에 근거한다고 할지라도!—인간은 은혜의 계약을 거역하게 된다(IV/3, 512f.). 그러나 만일 이스라엘 자신이 하나님과의 관계를 그렇게 이해한다면 일은 어떻게 되는가? 그때 "이스라엘은 하나님께서 그 백성을 자기 백성으로 선택하신 것과 이스라엘 자신이 그 하나님을 선택한 것에 **신실하지 못한** 것이며, 바로 그렇게 해서 이스라엘은 이미 낯선 신들에게로 타락하고 하나님의 모든 계명을 어기는 시점에 서게 된다"(IV/1, 26). 바르트에 의하면 바로 이것이 계약의 백성 한가운데서 일어난 **계약의 파기**다. 이스라엘은 바로 그렇게 계약을 파기하는 행위를 구약성서의 무대에서 끊임없이 저지르다가, 그리스도를 거부함으로써 그것을 확증했다. 그렇게 해서 이스라엘은 다른 민족들과 같이 되었다. 계약 파기는 자연법(lex naturae)의 기준에서 본 어떤 도덕적으로 잘못된 행위가 아니라, 바로 하나님이 인간과 맺으신 계약의 근저에 놓인 은혜를 부정하는 것이다. 바로 **이 같은** 죄는 바르트에 의하면 오직 계약의 지반 위에서만 성립된다. 그 죄는 하나님이 불신실한 계약 파트너에게 **그럼에도 불구하고** 끝까지 신실하지 않으셨다면 반드시 그 계약을 파기하고야 말았을 것이다(IV/2, 547). 하나님이 신실하시다는 것은 상대편의 불신실함을 무기력하게 참아내는 타성적인 끈기를 뜻하지 않는다. 오히려 그것은 새롭게 행동하는 신실하심이며, 계약을 은혜를 통해 **비로소 올바르게** 성취하는 신실하심을 의미한다.

예수 그리스도

계약이 은혜를 통해 비로소 올바르게—종말론적으로—성취되는 일은 **예수 그리스도** 안에서 발생했다. 이것이 바르트의 근본 명제다. 바르트에게 중요한 것은 바로 그것이지, 예수 그리스도 안에서 이스라엘 계약이 다른 어떤 계약으로 **대체**되었다는 것이 아니다. 또한 "구약성서에서 일련의 **많은 계약체결들의 연속으로**" 묘사되는 계약(IV/1, 24)이 지금 **결정적으로** "성취"되기에 또 다른 형태의 계약으로서 계속 이어진다는 것도 아니다. 오히려 그리스도 사건은 이스라엘 계약의 "확증"이다(71). 그것도 그 사건이 없다면 이스라엘 계약은 "공허해질" 뿐일 정도로 강한 의미의 확증이다. 이스라엘의 계약은 공허해지지 않는다. 왜냐하면 그 계약은 은혜를 통해 **비로소 올바르게** 성취되는데, 이때 은혜는 "잃어버린 **죄인들을 위한 은혜**로 예시되고 확증된다"(73). 이에 따라 하나님은 자신에게 신실하지 않은 계약 파트너에게 이제 끝까지 신실함을 보여주신다. 그렇기 때문에 비그리스도교적인 이스라엘이 예수 그리스도 안에서 발생한 자신의 고유한 계약의 성취를 부정하는 것도 그 계약을 폐기할 수 없고, 오히려 확증할 뿐이다. 이스라엘의 계약이 **그런 방식**으로 성취되었기 때문에—그리고 이스라엘이 계약을 부정함으로써 그 계약의 독특한 성취를 확증했기 때문에—계약은 이제 이스라엘 **밖**에 있는 **다른** 죄인들에게도 개방되며, 그 결과 "하나님과 (전체) 인간 사이"(22)의 계약이 된다. 그러나 그리스도 안에 하나님과의 어떤 다른 계약이 있어서 그것이 타민족들을 위해 체결된다는 뜻이 아니다. 여기서 "핵심은 오직 타민족들이 바로 그 유일한 계약 안으로 편입된다는 것이다"(I/2, 115). 이와 같은 편입에 근거하여 유대인과 이방인으로 모여 구성된 **예수 그리스도**의 교회는 오직 이스라엘의 **영원한** 선택을 동시에 고백할 때만 자신과 관련된 "잃어버린 죄인들을 위한 은혜"의 타당성에도 확신할 수 있게 된다(II/2, 225). 바르트에 의하면 이러한 이스라엘의 영원한 선택의 근거가 되는 그리스도 사건은 **세계**를 하나님의 은혜의 계약 안으로 편입시키기 위한 근거도 된다. 그래서 여러 민족들 가운데 저 특별한 한 민족의 존재가 하나님의 **은혜의 계약**을 증언하는 것처럼, 열방 가운데 그리스도의 교회의 존재는 그 계약의 **성취**를 은혜를 통해 비로소 올바르게 증언한다.

이와 같은 내용은 어느 정도까지 예수 그리스도에 대해서도 말해질 수 있을까? 바르트는 구약성서와 신약성서의 맥락에서 이렇게 말한다. "거기서…하나님이 인간과 맺으신 계약이었던 그것이 여기서는 성취되어 하나님이 인간이 되시는 사건(성육신)이 된다"(I/2, 114). 이것은 그곳과 이곳 사이의 어떤 대립이 아니라, 오히려 이전의 계약과 밀접하게 연결된 계약의 사건 자체를 표현한다. "하나님 자신"이 예수 그리스도의 이름 아래서 "이 백성과 자신이 연합되도록 자신을 내어주시는 일을…실현시키셨다"(II/2, 57). "성육신"은 하나님과 이스라엘이, 이스라엘과 하나님이 연합하는 급진적인 형태로서 계약의 성취다. 그러나 거기서 하나님이 인간으로, 또는 인간이 어떤 하나님으로 **변화**했다는 것은 아니다(IV/2, 68). 성육신 속에서 하나님은 인간의 형태를 **취하시지만**, 그 인간은 단순히 **어떤**

한 인간이 아니라 오히려 예수라는 특정하고 유일한 인간이며(51f.), 그 결과 바로 이 한 분 속에서 인간은 전적으로 하나님에 의해 취**해지고 수용되며**(an- und aufgenommen), 나아가 인간 자신도 하나님을 받아들이는 일이 일어난다. 이 사건이 예수 그리스도와 분리될 수 없게 결합되어 있음으로써, 예수 그리스도는 바르게도 "임마누엘"이라는 **이름**을 갖게 되며, 이 이름이 의미하는 바를 성취하고 완성한다. 이 이름도 마찬가지로 이름과 분리될 수 없게 결합되어 있는 **역사**가 설명됨으로써 공표된다. 그것은 그분 곧 하나님의 아들이 "자신의 신적 본질 속에서 인간적 본질에 참여하는" 역사다. 그 참여는 "너무도 철저하고 총체적인 것이어서, 하나님의 아들은 자신의 존재가 나사렛 예수라는 한 인간의 존재가 되게 하시며, 그 인간으로서 실존하신다. 그리고 그렇게 하심으로써 하나님의 아들은 나사렛 예수의 인간적인 본질이 자기 자신의 본질, 즉 아버지 그리고 성령과 동일한 영원하신 아들의 본질에 참여할 수 있게 하신다"(67). 하나님이 그와 같이 인간을 수용하시고 그 결과 인간이 그렇게 하나님에 의해 수용되는 일치 안에서, 하나님은 **인간성** 그 자체를 취하신다. 하나님이 이렇게 하시는 것은 인간이 그르쳐 놓은 그것을 바로잡기 위해서다. 더 정확하게 말하자면 그 이유는 계약의 위반이 일어나서 그 계약이 "폐기"될 위기에 놓인 바로 그 자리(IV/1, 22)에서 그 위반을 치유하고 계약 폐기의 위험을 제거하기 위해서다.

이와 같이 그리스도 사건은 이스라엘 계약의 틀 안에서 "신적인 필연성으로서"(184) 발생한다. "말씀은 단순히 '육체'가 되신 것이 아니고, 낮아지고 고통당하는 어떤 한 인간이 되셨으며, 일반성 안의 어떤 인간이 아니라 오히려 유대적인 육체가 되셨다. 이 사실을 어떤…우연적인 규정으로 여긴다면, 그때 교회의 성육신론과 화해론 전체는 이미 추상화되고 값싼 것이 되며 무의미한 것이 되고 만다. 하나님의 아들이신 예수 그리스도에 관한 신약성서의 증언은 구약성서의 바탕 위에 서 있으며, 구약성서로부터 분리될 수 없다"(181f.). 신약성서의 증언이 오직 구약의 바탕 위에 있기 **때문에**, 바로 구약의 바탕 위에서 이루어지는 계약의 **성취**를 증언하기 때문에, 증언되는 사건은 **단지** 유대인에게**만** 해당하는 것이 아니다. 다시 말해 하나님은 그 사건의 유대적인 육신 속에서 **모든** "육체"를 취하시며, 그와 함께 그 사건은 계약의 역사의 종말이 되고 "다른 모든 종말을 배제"한다(III/3, 239). 예수 그리스도는 "**이스라엘**의 메시아로서 **세상의 구원자**"이시다(IV/2, 288). 왜냐하면 바로 하나님 자신이신 그 말씀이 유대적인 육체가 되심으로써, 그리고 그 유대적인 육체를 하나님 자신과의 연합 안으로 받아들이심으로써, 하나님은 바로 그 "육체"에서 **비로소 올바르게** 은혜를 드러내시기 때문이다. 이 사실은 은혜가 또한 이제 이방인들을, 그 은혜를 받을 자격이 **전혀 없는** 이방인들도 받아들인다는 사실에서 입증된다. 이런 이방인들의 존재는 다시 역으로 성육신 사건을 되돌아 지시하고 "기억"한다. 성육신 사건에서 일어난 것은 구약성서의 토대에서는 아직 "성취되지 않았으나", 거기서 체결된 계약 **안에서는** 이미 "기대"되고 있었던 것이다(I/2, 77. 112; IV/3, 54).

계약이 구약성서의 토대에서 "아직-성취되지-않았다"는 것은 그 계약이 파기될 수 있다는 의미는 아니다. 계약이 성취되었다는 것도 그 계약이 다른 계약에 의해 대체되었다는 것을 뜻하지 않는다. 계약의 성취는 계약의 당사자인 인간이 가한 그 계약에 대한 위협을 무해하게 만드는 확증이다. 하나님의 성육신은 하나님이 이스라엘과 맺으신 계약과 다른 무엇이 아니며, 그 계약 이상도 이하도 아니다. 성육신은 이스라엘뿐만 아니라 인간성 그 자체와 맺으신 하나님의 계약이라는 점에서 전적으로 옳고 "완전한 계약"(IV/1, 34)이다. 성육신 속에서 우리와 만나시는 분은 바로 자신을 이스라엘과 결합시키신 "계약의 하나님"이시며, 그와 다른 어떤 분이 아니다. 오히려 하나님이 스스로를 "계약의 하나님"으로 정의하시는 것은 바로 성육신 속에서 **확정**되며, 바로 여기서 가장 **심화된** 의미로 구체화된다. 예수 그리스도 안에서 하나님은 자신을 참하나님(vere Deus)으로 입증하신다. 그러므로 예수 그리스도 안에서 일어나고 행해지고 고난당한 것은 "아버지 하나님의 마음을 비춘 것"(루터)이다(CL, 106). 여기서 참하나님은 결코 인간 없이는 존재하지 않으시고, 스스로 인간을 향해 **낮아지는** 하나님이시다. "한분 참하나님이 누구시며 또 그분이 어떤 존재이신지, 즉 하나님으로서의 그분의 본질이 무엇이며 신성이…무엇인지 하는 것은…바로 하나님 자신이 또한 참인간이기도 하다는 사실 즉 그분이 인간의 본성에 참여하고 계신다는 사실로부터, 그분의 성육신으로부터…그리고 그 하나님이 인간으로서 육체 속에서 행하신 일과 당하신 일로부터 읽어낼 수 있다"(IV/1, 193). 그렇다. "선택하시는 영원한 하나님 자신이 버림받고 소멸해가는 인간이 되셨다"(191). 하나님은 인간과 그렇게 연대하셔서 인간의 자리에 대신 서신다. 그 자리에서 그분은 인간을 그분 자신으로부터 분리시키는 것을 떠맡고 극복하시며, 그럼으로써 자신과 인간의 분리에 효과적이고 은혜롭게 **대항**하시고, **그와 동시에** 계약파기의 근원도 반박하신다. 그리고 하나님의 계약이 하나님을 위한 인간의 가치와 능력에 근거한다는 잘못된 이해에도 반박하신다. 단지 부분적으로만 그렇게 근거한다고 말해도 그것은 은혜에 적대적인 이해가 된다. 성육신은 결국 하나님의 그와 같은 낮아지심 속에서 하나님의 신성이 감소되는 것이 아니라 오히려 증명되는 것을 뜻한다.

자신의 참된 신성을 증명하는 바로 그 동일한 사건 속에서 하나님께서는 참인간(vere homo)이 누구인지도 증명하신다. "하나님이 인간에게로 내려오심으로써…하나님이 인간이 되심으로써, (인간은) **하나님께로 높여지며**, 하나님의 우편에서, 물론 하나님과 동일시되지는 않지만, 하나님과의 참된 연합을 이루게 된다"(IV/2, 4). 어떤 "즉자적 그리고 대자적인"(an und für sich) 인간, 우리가 우리 자신으로부터 알고 있는 그런 인간은 소외된 인간이고 참된 인간이 아니다. 그것은 인간의 하나님이 아닌 어떤 "즉자적인 신"이란 소외된 인간이 꾸며낸 허상에 불과하고 참하나님이 아닌 것과 마찬가지다. 그런 어떤 "즉자적·대자적" 인간은 자기 소외의 형태를 바꿀 줄은 알지만, 그것을 제거하지는 못한다. 이것은 그런 인간이 어떤 "즉자적 신"을 마음속에 꾸며내어 "소유"할 수는 있지만, 그 신으로부터 벗어날 수는 없는 것과 마찬가지다. 따라서 참인간은 저 멀리 떨어져 있어서 우리가 추구해야 하고 조금씩 접근하면서 끝없이 계속 도달해야 하는 어떤 이상이 아니다. 참인간은 **현실적**(wirkliche) 인간이다. 그는 예수 그리스도 안에서 발생한 하나님의 **성육신** 안에서 현실적이다. 예수는 참인간(vere homo)이다(29). 이것은 단지 그가 우리와 같기 때문이 아니라 오히려 우리와 "다름"으로써 비로소 그러하다. 그러나 예수가 우리와 "다르기" 때문에 우리는 그 안에서 그리고 그처럼 참인간이 될 수 있다. 성육신 속에서 하나님이 현실적으로 **받아들이신** 인간은 참인간이다. 예수께서 우리의 자리에 대신 서시고 우리를 변호해주심으로써, 우리에게는 새롭고 참된 인간, 곧 하나님이 받아들이신 존재로 고양된 인간이 **저항할 수 없는** 은혜 속에서 현실적으로 **주어졌다**. 그렇기 때문에 "참인간"(vere homo)이라는 말은 예수 그리스도와 분리될 수 없다. 왜냐하면 "참인간"은 성육신에서 성취된 계약 안에 불가분 "내포"(4)되어 있기 때문이다. "예수 안에서 하나님이 인간을 위해 낮아지신 그곳보다 더 낮은 곳으로 인간은 타락할 수 없다"(IV/1, 534). 그렇기 때문에 인간이 정말로 현실적으로 타락한다는 것은 불가능하다. 오히려 그 과정에서 인간은—이 단어의 긍정적인 의미에서—지양된다(auf-gehoben, 위로 들어 올려진다). 인간의 인간성은—단순히 차후적·부수적으로가 아니라(그것 없이도 인간이 될 수 있을 것처럼)—본질적으로 하나님이 받아들이셨기에 존속한다는 사실이 그 지양에서 입증된다. "하나님이 처음부터…인간의 하나님이 되시려고 했다는 사실이 예수 그리스도 안에서 계시된다. 그와 함께 인간은 하나님의 인간이며 하나님께 속한 존재란 것 또한 계시된다"(46f.).

바르트는 "하나님의 성육신"이 **십자가 사건**의 "다 이루었다"(요 19:30)는 말씀 속에서 결정적으로 완성되었다고 본다. "그의 십자가 죽음은 말씀의 성육신을 **완성하는**, 또한 하나님의 아들의 낮아지심과 사람의 아들의 높여지심을 **완성하는** 실행이었고 지금도 그러하다"(IV/2, 157). 십자가에서 **두 가지**가 동시에 일어났다. 하나님의 아들의 깊은 곳으로의 헌신(요 3:16; IV/1, 76), 곧 "우리를 위한" 그리고 우리의 죄로 인한 그분의 고난 가운데(고후 5:21; IV/1, 80) 하나님이 자신의 신성을 입증하신 일, 그 결과 인간이 하나님으로부터 버림받은 상태(막 19:34; 비교 IV/2, 187. 693)에서 벗어나 하나님에 의해 받아들여져서 하나님과 끊을 수 없는 단일성 안으로 "고양"되는 일이 일어났다(325). 그렇다면 **부활의 사건**은 무엇을 의미하는가? 그것은 단지 십자가 사건의 "인식론적인 뒷면"에 그치는 것이 아니다. 다시 말해 여전히 **은폐되어** 있는 저 (부활의) 현실성이 이제 그 "인식론적인 뒷면" 속에서 인간들에 의해 믿어지고 인식된다는 뜻이 아니다. 물론 그것도 중요하기는 하지만, 그러나 그것은 나중의 일이다. 만약에 단지 그것만이 중요하다면, 그때 그런 신앙과 인식은 **우리 자신**이 단순히 성금요일에 덧붙인 그 사건에 대한 **해석**에 지나지 않을 것이다. 그렇지 않다. 여기서 모든 신앙과 인식은 부활이 "**하나님의** 새로운 **행동**"(같은 곳)이라는 사실에 근거해 있다. "그분의 부활은…그분의 죽음의 의미를 **확증**해주었다. 부활은 그분의 죽음에 대한 하나님의 **대답**이었으며…예수 그리스도에 대한, 즉 그분의 삶과 죽음에 대한 하나님의 **고백**이었으며…그리스도의 죽음과 고난이 하나님 없이 또는 하나님에 반대하여 일어난 것이 아니라 오히려 하나님의 거룩하고 선한 의지에 따라서 일어난 것이며, 무엇보다도 그것은 우리의 자리에서 발생한 그분의 죽음으로서 헛된 것이 아니라 전적으로 **타당한** 것이며, 우리의 멸망이 아니라 **구원**을 위해 일어났다는 사실에 대한 하나님의 법률적인 확정판결이다"(336f.). 그분의 부활은 "인도하심"(Weisung)이며, 예수 그리스도 자신이 우리를 향해 "손을 뻗치시며" 인도하시는 사건이다. 그 인도하심 안에서 우리가 그리스도 안에서 새로운 인간이자 참인간이라는 사실이 우리에게 "말해지며"(IV/2, 338), 그 결과 우리는 그리스도 안에서 발생한 사건을 믿고 인식하게 된다.

바르트에 의하면 위의 내용의 의미는 이렇다. 참인간은 하나님이 받아들이신 인간이며, 그와 함께 자신의 편에서도 하나님을 **받아들이는** 인간이다. 그러나 인간이 하나님을 받아들이기 때문에 참인간이 **되는 것**은 아니며, 그 결과 계약이 쌍무적인 것으로 **되는 것**도 아니다. 인간은 단지 하나님이 홀로 정하신 계약의 쌍무적 성격에 상응할 뿐이고, 그래서 그 계약의 "증인"이 될 수 있을 뿐이다(III/4, 80). 그렇기에 인간이 하나님을 받아들인다고 해도, 그때 인간은 그리스도 안에서 이미 하나님이 받아들이신 자로서 참인간임을 인정할 수 있을 뿐이다. 그러나 어쨌든 인간도 자신의 편에서 하나님을 받아들인다. 그렇게 함으로써 인간은 하나님이 받아들이신 인간으로서 동시에 하나님을 받아들이는 인간이신 예수와 상응하게 된다. 예수께서 우리의 자리, 곧 계약을 파기했고 또 파기하고 있는 자의 자리에서 하나님의 계약의 인간적 파트너로서 하나님께 끝까지 신실하심으로써, 다시 말해―자신의 "자유로운 선택!" 가운데―"십자가에서 죽기까지 순종"(빌 2:8; IV/1, 212)하심으로써 "계약의 지금까지의 형태 속에서 인간 쪽을 향해 개방되어 있는 영역"(IV/1, 33)이 드러난다. 자유로운 "순종" 안에서 그 개방된 영역이 드러난다. 그 개방된 영역 안에는 참인간, 곧 그의 인간적인 신실함이 하나님의 신실하심에 상응하고 또 하나님의 신실하심에 응답하며 그와 함께 하나님과 교제하는 참인간이 있기 때문이다. 바르트에 의하면 계약이 체결되고 참인간이 하나님의 계약의 파트너로서 성숙하게 반응하는 결정적인 행동은 예수의 **기도**다(II/2, 134). 하나님의 계약은 최종적으로 **대답**을 요청받고 있는 성숙한 인간적 계약 상대자를 목표로 한다. 그리고 하나님은 그 대답이 **기도**로 하나님 자신에게 전해지기를 원하신다. 계약은 기도 속에서 종결된다. 왜냐하면 하나님은 "그렇게 인간과 관계를 맺으시며 또 인간이 하나님 자신과 그렇게 관계를 맺어오기를 원하신다는 사실을 통해 비로소 하나님이 되신다는 것을 인간 **스스로**가 기도 속에서 하나님께 요청하는 셈이 되기 때문이다. 여기서 (기도 속에서) 우리는 하나님과 인간 사이에 맺어진 **계약**의 가장 친밀한 형태 앞에 서게 된다"(III/4, 102). 예수의 기도에 기대어 바로 우리 **자신**이 하나님의 계약의 파트너로서 나서게 되고, 그리스도 안에서 이미 이루어진 참인간으로서 **성숙하게** 계약을 수행하게 된다. 그래서 바르트는 이렇게 말한다. 기도 속에서 "모든 그리스도교적 윤리의 근원적 및 근본적 형태가 사건"으로 발생한다(CL, 144). 왜냐하면 기도는 가장 처음의 것이면서 "계약의 인간"의 다른 모든 실천을 특징짓는 "순종의 사역"(III/4, 103)이기 때문이다. 여기서 순종은 하나님의 사역에 대한 인간적 상응을 뜻한다.

하나님이 예수 그리스도 안에서 인간을 **실제로** 받아들이셨다는 사실은 하나님에 의해 그리고 하나님을 통해 불러 모아진 "공동체" 곧 세계 안에서 하나님이 **받아들이신 자들**의 가시적인 "공동체" 안에서 증명된다. 공동체는 자신들이 하나님께 속했다는 것을 나머지 세계에 **증언하는** 사람들의 모임이다. "'그리스도'를 말하는 자는 언제나 '그리스도와 그분의 사람들'을…말하는 것이며, 충만함 안에 그리고 충만함과 함께 계신 그리스도를 말하는 것인데, 충만함은 교회공동체다. 따라서 교회 공동체는 그분의 공동체(그의 몸!)로서" 하나님이 자신의 계약 안에서 그리고 계약의 성취 안에서 공동체에게 행하시는 것의 "단지 수동적인 대상에 그칠 수는 없다"(IV/2, 714). 따라서 바르트가 다음과 같이 강조할 때, 그것은 놀랍기는 하지만 바르트의 사고과정에서 모순된 것은 아니다. "그리스도의 탄생 이전과 이후(ante et post Christum natum)의 전체 역사 속에 있는 이스라엘 민족과 오순절에 출현한 그리스도의 교회는 두 가지 형태이지만…서로 분리될 수 없는 **하나의** 교회다. 바로 이 하나의 교회는 예수 그리스도께서 취하시는 자신의 지상적·역사적 존재형태(Existenzform)이며, 그 하나의 교회를 통해 예수 그리스도는 세상 전체에 증언되며, 세상 전체는 그분에 대한 믿음으로 부르심을 받는다. 왜냐하면 지금 있는 그리스도교의 교회는 이전에 이미 이스라엘이었고 또 지금도 그렇기 때문이다. 그 하나의 교회 즉 교회와 이스라엘은 **그분의** 소유(요 1:11)요 **그분의** 몸이었고 지금도 그러하기 때문이다.…이스라엘 민족은 이 하나의 계약 전체를 활시위처럼 팽팽하게 당기는 활 몸체의 한쪽 부분이다.…만일 누가 이스라엘 민족과 교회 사이의 바로 **이와 같은** 일체성을 부인하려고 한다면, 그는 예수 그리스도 자신을 부인해야만 할 것이다"(IV/1, 747-749). 만일 교회가 이스라엘 전체와의 일체성을 고백하지 않고, 오히려 스스로를 "이스라엘과 분리된 것"으로 이해하려고 한다면, 바로 예수 그리스도를 고백하는 교회가 예수 그리스도를 부인하는 셈이 될 것이며, 교회의 증언은 "근거 없는 것"이 될 것이다(II/2, 257. 318). "왜냐하면 교회가 가진 것 가운데서 회당(롬 9:4-5!)이 이미 교회가 있기 오래 전부터 갖고 있지 않았던 것이 무엇이겠는가? 예수 그리스도 자신이 그것에 대한 우선적인 모범이 아니신가? 그분은 이스라엘 출신이시고 이스라엘의 메시아이시며, 바로 그런 분으로서 교회의 주님이 아니신가?"(IV/1, 749) "모든 시대와 모든 나라의 이방인 그리스도교 공동체 전체는 이스라엘의 집에서는 손님일 뿐이다"(IV/3, 1003). 그리고 이미 말한 대로 양자 모두는 그리스도 사건의 단순히 수동적인 대상에 그치지 않고, 오히려 양자 모두가 그리스도 사건을 **증언**한다. 계약으로 선택되었으나 그 계약의 성취와 확증을 부인하는 이스라엘도 그리스도 사건을 증언한다. 그렇다. 유일한 은혜의 계약 안에서 서로 구분되는 입장으로부터—이것이 바르트의 주제다(II/2, 215-336)—하나의 공동체가 세상에 증언되며 세상을 향해 증언한다. 두 가지 형태의 공동체가 서로 함께 유일한 은혜의 계약의 이중적인 형태를 다음과 같이 증언한다. 이스라엘의 실존이라는 형태 속에서 계약은 오직 다음과 같은 사실에 근거하고 있다는 점이 증언된다. 즉 계약은 공동체를 이루는 하나님의 은혜로운 자기 규정에 근거하고 있으며, 하나님은 계약을 파기하고 은혜를 적대시하여 무가치해진 계약 상대에 대한 부정을 돌이켜 하나님 자신에게 되돌릴 준비가 되어 있으시다. 교회의 실존이라는 형태 속에서는 모든 인간의 죄와 계약으로부터의 소외가, 그럼에도 불구하고 인간을 받아들이고 인간의 공동체를 귀하게 여기시는 하나님을 방해할 수 없다는 사실이 증언된다. 그 결과 인간에게는 자신의 편에서 하나님을 받아들이는 것 외에는 다른 어떤 가능성도 남지 않게 된다. 두 가지 증언 모두가 서로를 필요로 한다. 서로 공명하는 가운데 하나의 공동체가 유일한 은혜의 계약을 증언한다. 하지만 수수께끼와도 같이 이 둘이 아직도 하나의 목소리를 제대로 내지 못하고 있다. 바르트에 의하면 이 사실은 "그리스도의 몸에 난 상처요 구멍이다." 그러나 이것이 "유대인 선교"를 통고하는 것은 아니다. 오히려 교회가 먼저 "자신의—앞으로 이루어야 하는 것이 아니라 이미 존재론적으로 확정되어 있는—일체성", 즉 유대교 회당과의 일체성을 진실하게 고백해야 한다는 것을 뜻한다(IV/1, 749).

3 ■ 하나님의 자유

삼위일체론과 예정론

위협하는 그리고 위협받는 자유

바르트가 행한 한 가지 사상적 전환은 큰 논란을 불러일으킨 바 있다. 그 전환은 바르트의 일련의 사상 전체를 통해 나타난다. 그것은 하나님이 하나님이시기 위해 인간을 필요로 하지 않으신다는 사상이다. 바르트의 다음과 같은 문장 속에서 그 사상은 하나님의 절대성 개념에도 과감하게 사용된다. "하나님은…그것들 모두(다른 모든 존재)에게 절대로 종속되지 않으신다. 다시 말해 다른 모든 존재가 없어지거나 혹은 다르게 존재하더라도 하나님은 하나님보다 작은 존재가 된다거나 다른 존재로 변하는 일은 없다.…그것들이 하나님께 속하고 또 하나님도 그것들에게 속한다고 할 때, 이와 같은 이중적인 귀속성은 하나님의 본질로부터 요청되는 것이 아니다. 오히려 하나님의 본질은 그것들이 하나님께 속하지 않는다고 해도, 그리고 하나님이 그것들에게 속하지 않는다고 해도 상관없이 동일하다.…그런 관계와 결합이 없을지라도 하나님은 있는 그대로의 하나님이시다"(II/1, 350). 우리는 이에 대해 무엇이라 말해야 하는가? 이로써 바르트는 자신이 앞의 장들에서 분명히 말했던 모든 내용을 폐기하고 있지 않은가? 이제 와서 하나님의 비인간성을 말하고자 하는 것인가? 이제 와서 우리와 아무런 관계도 없는 은폐된 하나님과 우리와 관계를 맺는 계시된 하나님 사이를 구분하려는 것이 아닌가? 만일 우리가 임마누엘이 아닌 다른 어떤 하나님을 여전히 고려해야 한다면, 그때 하나님의 계시는 신뢰할 수 없는 것이 아닌가? 여기서 하나님은 "인간이 존재하지 않는 저 위의 높은 곳"으로, 어떤 절대적이고 독립적인 존재로 여겨지고 있지 않은가? 그렇다면 바르트 자신이, 그의 다른 곳의 진술들을 기준으로 삼아 말한다면, 하나님을 악마로 만들고 있지는 않은가? 그렇다면 바르트는 하나님을 자율적인 하나님으로 사유한 끝에, 그 하나님과 자율적인 인간 사이의 경쟁 속에서 인간의 자율성을 종식시키고 있다는 비판은 옳은 것이 아닌가?[55] 그렇다면 바르트의 하나님은 인간을 통치하려고만 하고 그 어떤 상호관계도 허용하지 않는 전제군주적이며 권위적인 하나님이라는 또 다른 비판도 옳지 않은가?[56]

이 모든 물음에 대해 그 안에 담긴 모든 의구심을 떨쳐버리게 할 수 있는 한 가지 대답이 있다. 이 대답은 바르트가 앞에서 서술했던 인식에 중요한 설명을 더 해줄 것이다. 여기서 우리는 특히 바르트가 이해하는 "자유" 개념을 살펴보아야 한다. 여기서 주의할 것은 그의 신학이 위의 신론적 서술을 통해 근대의 무신론 문제뿐만 아니라 계몽주의의 문제와도 논쟁하려 한다는 사실이다. 계몽주의의 슬로건은, 렌토르프(T. Rendtorff)뿐만 아니라 바르트 자신도 말하듯이, 사실상 자율성 곧 인간의 자유로운 자기 규정이다. 또 한 가지 주목해야 할 것은 여기서 바르트가 위의 서술이 말하는 20세기 인간이 직면한 파괴적인 위협과도 논쟁한다는 사실이다. 여기서 인간은 "마귀화"되어간다는 인상을 준다. 바르트는 이러한 위

---

[55] T. Rendtorff, *Die Realisierung der Freiheit*, 170.
[56] J. Moltmann, *Schöpfung, Bund und Herrlichkeit*, 191ff.

협이 인간의 자유에 대한 특정한 현대적 이해에서 생기는 것으로 보았다. 그러나 이와 같은 논쟁에서 바르트의 주된 관심은 자유를 단죄하는 것이 아니라, 잘못된 형태의 자유에 대한 비판이었다. 바르트는 그런 잘못된 형태의 자유는 오직 올바로 이해된 **자유**를 통해 극복될 수 있다고 생각했다. 바이마르 공화국 시대의 권위적인 독일 신학의 사고에 책임을 느끼며 응답했던 책[57]인 『로마서 강해』에서 이미 바르트는 이렇게 말한다. **하나님** 나라는 "자유로운 사람들, 즉 해방된 사람들의 나라"이며, 그 나라 안에서 인간은 "자신의 자유로운 의지로 자기 자신을 발견"한다.[58] 그러나 여기서 바르트가 앞서 말한 잘못된 형태의 자유 개념에 원칙적으로 동의한 것은 아니고, 그런 다음에 단지 차이점만 나중에 밝히려고 했던 것이 아니다. 오히려 여기서의 관건은 자유란 무엇인가에 관한 철저한 싸움이다.

바르트는 근대적 사고의 근저에 깔려 있는 인간의 잘못된 자유를 갈림길에 서 있는 헤라클레스의 "선택의 자유"(Wahlfreiheit)라고 부른다(비교. IV/1, 834; 499f.). 여기서 자유는 무규정적이고 내용 없는 빈 것이어서, 어떤 순수한 형식적 가능성을 뜻한다. 이런 자유는 "자유롭게" 선한 것도 선택할 수 있고 악한 것도 선택할 수 있다. 다시 말해 이쪽인지 저쪽인지는 인간의 임의적인 선택에 달려있다. 이런 자유 속에서 인간은 자신을 독립된 개체로서의-나(Einzel-Ich), 즉 개인(Individium)으로 이해한다. "나는 존재한다'—이것이야말로 우리 모두가 납득하고 확신하는 강력한 규정이며, 이 규정의 중요성과 긴급성에는 그 어떤 것도 비교될 수 없다. 그것은 우리 자신에 대한 규정이다.… '나는 존재한다'는 말은 내가 멈출 수 없는 충동, 곧 우선은 나 자신을 유지하고 그다음에는 나 자신에게서 무

---

[57] K. Scholder, *Neuere deutsche Geschichte*, 510ff.
[58] *Römerbrief* 2, 156f.

엇을 시작하여 나 자신을 전개해 나가려는 충동 아래 서 있다는 것을 의미한다.…'나는 존재한다'는 말은 계속해서 내가 밖을 향한 모든 자기 유지와 활동 가운데 그 어떤 대가를 치르더라도 나 자신을 스스로 주장하고 관철시키겠다는 의지와 의무를 뜻한다.…'내가 존재한다'는 말은 곧 나는 살기 원하고 살려는 의지를 갖고 있다는 것을 의미하는데, 이때 나는 물질적인 세계에서뿐만 아니라 정신적인 세계에서도 삶을 실현하고자 한다. 나는 즐기고 일하고 놀며, 구성하고 소유하고 권력을 획득하고 행사하기를 원할 뿐만 아니라 그렇게 할 의지를 갖고 있음을 뜻한다. 이것은 나의 한계 안에서—이 한계가 어디까지인지를 누가 알겠는가?—나는 이 땅의 일들과 인간적 지식 및 능력의 풍성함에 참여하기를 원한다는 것을 의미한다.…하지만 내적으로…나 자신은 철저하게 홀로이며 또 홀로 남겨져 있다. 우주 전체에 대한 자유 속에 있는 나,…내게 무엇이 필요하고 무엇이 필요하지 않는지를 스스로 질문하는 나,…내가 나 자신의 의사인 나, 주권적인 건축가요 지휘자인 나, 내 땅과 내 하늘, 내 우주, 나의 신, 나의 이웃 인간의 책임자인 나,…처음부터 끝까지 나로서 철저히 홀로 있는 나. 이러한 사고 전체 안에서 다양한 윤곽이 무한대로…반복한다는 것은 자명하다. 다만 전체의 관점에서 볼 때 그것은 어디서나 동일하다"(III/2, 274-276).

이와 같은 "나"는 말하자면 최종 현실성으로서 "사물들"을 마음대로 처리할 능력을 지니며, 그 능력 속에서 그 사물들을 나 자신이 자유롭게 처분할 수 있는 "대상들"로 취급"할 수 있다." 여기서 자유란 "내가 나라고 느끼는 바로 이 사람에게 각각 모든 사물에 대해…비밀리에 재판관이 되고 지배자가 되는 능력이 주어짐"을 의미한다. 이와 같은—스스로에게 한계를 둘 줄 모르는—자유는 인간에게 "외부의 사물, 즉 인간의 대상들을 내면화하게 만드는 가능성과 권리를 부여한다. 이때 그 대상은 자신의 대상성을 박탈당하게…된다." 또한 그 자유는 역으로 "인간이 자신의 내면을 외부로 투사하여 그것을…대상에게 강요하고 자기 자신을 그 대상과 동일시하는 외화"의 가능성과 정당성을 인간에게 부여한다. 이렇든 저렇든 대상은 인간의 소유로 취득되며 사유화된다.[59] 바르트는 "사적인"(privat)이라는 단어를 라틴어의 "빼앗다"(privare)라는 단어로부터 유도한다(비교. IV/2, 498). "빼앗다"라는 말은 원래 내가 마음대로 처분할 수 없는 것을 개인적인 선택의 자유에 근거하여 내가 마음대로 할 수 있는 것으로 변환시키는 것을 의미한다. 나는 그것을 강탈하여 내 것으로 삼을 수도 있고, 아니면 빼앗은 다음에 내게 쓸모없는 것으로 여겨질 때 버릴 수도 있다.

바르트는 과학적·기술적으로 세계를 장악하려는 현대적인 사역들에서 그와 같은 생각들을 읽는다. 그리고 이런 장악의 시도는 가능한 어떤 일이 필연적인지 묻지 않으며, "더 나쁜 것은" 마치 인간에게 가능한 모든 것이 필연적인 것처럼 작동한다는 점이다(II/2, 733). 그런 장악의 시도는 우선 세계를 하나의 거대한 기계로 여기고 나서, 그다음에 세계를 "이론적 및 실천적으로" 그런 "기계적 세계"로 변환시키려고 한다(III/1, 466).

바로 이와 같은 근대의 기술문명 속에서 "자연의 재료들과 힘들을 이용하고 통제할 수 있는 인간의 능력과 역량은" 인류에게 마치 "기적처럼" 등장했다. "…마치 폭풍처럼 그런 권력에 상응하는 욕망이 일어났고, 그 욕망을 충족시키려는 시도가 모든 영역에서 뒤따라 일어났으며, 최고로 환상적인 미래의 전망이 열리는 가운데 계속 진행되는 것처럼 보인다. 하지만 이 모든 진보들 가운데서도 한 가지만큼은 전혀 진전을 이루지 못했는데, 그것은 그 모든 능력과 의지가 어떤 삶의 필연성을 지니고 있는가라는 단순한 질문에 대한 확실한 대답이었다.…수많은 기술적인 가능

---

59 *Protestantische Theologie*, 92f.

성들은…그에 상응하는 많은 욕구들을 초래했다. 그러나 우리의 현대적 욕구들 가운데 과연 몇 가지나 지금 필연적인 것이라 할 수 있는가? 다시 말해 의롭거나 건전하거나 또는 정말로 필요하다고 느껴지는 욕구인가?"(III/4, 450) 그럼에도 불구하고 사람들에게 이 모든 것의 중심에는 "그들이 자기 자신의 주(主)가 되려고 하는"(355) 문제가 놓여 있다고 말한다면, 그들은 과연 그 질문만이라도 허용할 것인가?

바르트는 개인의 임의적 처분 능력이라는 의미를 지닌 어떤 자유의 표상이 현대 사회 전반에 걸쳐 작동하고 있다고 보았다. 현대사회 안에서 자유란 곧 개인적 독립성을 의미하며, 이것은 개인적인 소유의 상태를 확실히 보장하려는 의지와 결부되어 있다. 따라서 그 자유의 본질은 **경쟁**이며, 자유의 지속 여부는 일반적인 생존경쟁에서 다른 참가자의 요구들에 대한 그 개인의 요구의 제한에 달려 있다. 다시 말해 "여기서 생존경쟁들을 마찰 없이 조직하는 것에 대한 최고로 우연적인 타협이 모두가…존중해야 하는 평화로 여겨진다."[60] 여기서 경쟁은 다음 사실을 뜻한다. "한 사람이 다른 사람보다 더 잘 수행해내기를 원한다. 왜냐하면 그는 다른 사람보다 더 좋은 것을 가지기 원하기 때문이다. 더 낫게 수행해냄으로써 그가 바라는 것은 말하자면 다른 사람도 추구하는 바로 그것을 더 쉽게, 더 많이, 더 풍부하게 얻으려는 것이다. 그가 그렇게 하는 이유는 자신의 이득을 위해서이며, 그때 타자는 양자가 모두 얻고자 하는 그것으로부터 부분적 혹은 전체적으로 배제되는 불이익을 피할 수 없게 된다.…따라서 여기에는 그 어떤 즐거움도 없으며, 여기에는…심각한 다툼과 투쟁 그리고 전쟁이 일어나게 된다"(III/4, 619).

개인적 독립성의 추구로 이해되는 이와 같은 자유는 다양한 개인들의

---

[60] *Römerbrief* 2, 462f.

경쟁적 투쟁을 의미하게 된다. 물론 이 투쟁이 마찰 없이 잘 조정되는 한, 경쟁적 투쟁은 그것이 실상은 전쟁이라는 사실을 은폐한다. 그러니까 그 투쟁(냉전)이 뜨거운 전쟁으로 터지게 되는 것은 전혀 우연이 아니다. 바로 그런 경쟁적 투쟁 자체 안에 전쟁이 항상 반복해서 "저 추악한 이방인의 격언이 말하는 것처럼 실제로 '만물의 아버지'"가 될 잠재력이 놓여 있다(IV/1, 500f.). 그렇다. 이 자유는 그와 같이 필연적으로 사회를 경쟁이라는 공통분모 위로 올려놓고, 그만큼 필연적으로 그 사회는 **자유**를 위협하는 세력들을 양산한다. 그렇게 만들어진 세력들에 의해 인간은 "사람들이 많은 줄에 매달아 조종하는 마리오네트 인형이 되고 만다. 이 마리오네트는 개인적 독립성이라는 망상 가운데 스스로 비독립적인 존재가 되어버린 인간들의 불특정한 그룹을 형성한다"(IV/1, 517). 바르트에 의하면 그 어떤 "단순히 형식적인 민주주의"도 이 사태를 막지 못한다. 바르트는 민주주의에 대해 다음과 같은 질문을 제기했다. "당신들이 당신들의 자칭 자유 가운데 마음대로 춤추고 또 당신들이 일할 수 있을지 없을지…말하자면 살아남을 수 있을지 없을지가 최종적으로 결정되는 당신들의 그 큰 벤치가 아니라면 어디서 조정이 가능하겠는가?"[61] 바르트 비판가들이 평가절하 했던 바르트의 인간관, 즉 자칭 자유하다고 하지만 사실은 단지 복화술자(인형의 움직임에 따라 입술의 흔들림 없이 배로 말하는 인형 조종자―역자 주)의 손에 들린 "손 인형"에 불과한 인간,[62] "하나님의 장기판"에 놓인 언제든지 대체될 수 있는 "장기 돌"에 불과한 인간[63]으로 보는 인간관을 바르트 자신은 오히려 대단히 위험한 것으로 보았다. 근대적인 자유 개념을 비판적으로 분석하고, 자유가 무엇인지에 관해 자신의 다른 신학적인 인

---

61 *Die Kirche zwischen Ost und West*, 13f.
62 W. Härle, *Sein und Gnade*, 121.
63 D. Sölle, *Stellvertretung*, 116. W. Krötke, *Partner*는 그것에 반대한다.

식을 전개하는 중에, 어떻게 바르트가 그런 인간관을 신학적으로 인정할 수 있었겠는가!

바르트에게 중요한 것은 개인적 처분 능력으로서의 자유가 차후에 우연히 비로소 잘못되는 것이 아니고, 이미 그것이 어떤 잘못된 것을 선택하는 순간 그렇게 된다는 것을 정확하게 통찰하는 것이다. 만약 차후에 그렇게 된다고 한다면 앞서 말한 (개인적 자유 속에 잠재되어 있는) 경쟁적 투쟁 안에도 그런 잘못을 억제하고 정화하는 능력이 있다고 신뢰할 수 있다. 그렇게 정화하는 일은 일시적 혹은 부분적으로 성공할 수 있을지 모르지만, 그러나 이 경쟁 속에 본질상 들어 있는 파괴적 잠재성을 배제할 수 없다. 그보다 중요한 것은 그러한 자유는 이미 그 자체로 잘못되었고 악하며 폭군적이고 파괴적이라는 사실을 직시하는 것이다. 그와 같은 처분의 자유가 지닌 의미에서 내게 선하고 옳게 보이는 것을 내가 <u>스스로</u> 선택할 수 있다고 생각하는 순간, 다시 말해 내가 그런 의미의 자유 안에서 <u>스스로</u> 선한 것과 악한 것, 의로운 것과 불의한 것에 대해 결정을 내릴 수 있는 결정권자가 되는 순간, 비록 내가 선한 것만 선택하려고 했다고 주장한다고 해도, 이미 "나는…불의를 선택하고 있으며", "객관적인 악은…이미 일어나고 있다." 이미 "그렇게 하는 순간 나는 나와 타자 사이의 공동체 관계를 파괴한다." "우리 자신이 위엄 있는 심판자가 되는 가능성에…눈을 뜰 때, 우리는 사실상 정의와 불의에 대해 맹인이 된다. 그다음에는…만인에 대한 만인의 도덕적 투쟁이라는 전적인 비참이 시작되며…그 투쟁 속에서 우리는 불화의 자식들로서 언제나 불화의 씨앗을 파종하고 불화의 열매를 거두게 될 것이다"(IV/1, 500f.). "인간이 자기 <u>스스로</u>를 자신의 주님과 명령자로 삼는 것보다 자유에 대한 더 심각한 위협이 존재하는가? 바로 우리 자신의 가슴 속에 들어 있는 그런 신(神)보다 더 악하게 우리를 압제하는 존재가 있는가? 이러한 최초의 결정적인 압제에

이어 도대체 얼마나 많은 압제들이 뒤따라오는가?"(I/2, 749)

이제 바르트에게 중요한 것은 이와 같이 문제가 있는 자유의 이해에 대해 그리스도교 신학은 참된 자유, 즉 이제야 비로소 **올바로** 이해된 자유를 관철시켜야 한다는 것이었다. 바르트의 물음은 자유가 어떻게 제한될 수 있겠는가가 아니라, 어떻게 자유가 올바른 토대에 놓일 수 있는가 하는 것이었다. 1935년에 바르트가 다음과 같은 구호를 진지하게 외쳤을 때, 그것은 바로 그런 의미였다. "우리는 자유주의자들보다도 **더 자유롭게** 되는 법을 배워야 한다!"[64] 바르트는 고가르텐(F. Gogarten)이나 히르쉬(E. Hirsch)와 같은 신학자들처럼 반자유주의적인 전선으로 방향을 선회하지 않았다. 1933년에 그들은 개인적 독립성이라는 의미에서 추진된 자유에 대한 열망이 히틀러 정부의 권위주의에 의해 좌절된 것은 하나님의 섭리에 따른 것이라고 주장했다. 하지만 바르트는 그 당시에 이렇게 썼다. "오히려 교회는 세상에 대한 자신의 선포와 행위 속에서 오늘날 세상의 영역에서 억압받고 탄압되는 자유의 사상을 받아들여야만…한다." 교회는 "오늘날 세상에서 홀대받고 있는 진리―이것은 바로 자유 사상의 진리다―의 은신처가 되기를 게을리하지…말아야 한다. 잘못된 자유 사상에 대항하는 교회의 투쟁이 힘과 신뢰를 얻기 위해 교회는 세속적인 자유주의에 대한 세속적인 억압에 참여하지 않아야 하며, 또한 그러한 자유주의의 편에 서서…세속적인 독재주의에 대항하여 상대적인 정의를 가지고 항거함으로써 말하자면 함께 연루되지 말아야 한다"(I/2, 745).

물론 이것이 앞에서 말한 교회의 "투쟁"을 외면하라는 뜻은 아니다. 바르트는 나치-권위주의를 개인의 임의적 자유를 제한할 수 있는 수단으로 볼 수 없었다. 왜냐하면 바르트는 그 권위주의 자체가 바로 "잘못된 자

---

64 Bekennen, 67.

유사상"의 결실이라고 판단했기 때문이다. 1937년에 바르트는 이렇게 서술했다. 자유가 "우월한 자에게 길을 비켜주라는 슬로건 아래서 벌어지는 개인들, 체제들, 이념들 사이의 자유로운 경쟁"이라는 이름으로 살아가는 곳에는 언제나 이미, 비밀리에 혹은 공개적으로 "만인의 만인에 대한 투쟁이 자리 잡고 있으며…이 투쟁에는 가혹함과 고통이 동반되지 않을 수 없으며", 그곳에는 이미 "언젠가는 저 아래서 권위주의로 끝나게 될…경사면"에 발을 내디딘 셈이 된다.[65] 후에 바르트는 이런 비판을 공산주의와 연결시킨다. "서양의 개인주의는 공산주의라는 개념의 형성에", 다시 말해 전체주의적 통치 내지는 그 지도자라는 개념의 형성에 "결코 책임이 없을 수 없다." "일체의 잔인성, 일체의 살인적인 찬탈자의 파렴치함이 처음부터 그 개념 속에 시종일관 놓여 있었다"(II/2, 342). 여기서 찬탈자란 임의적 자유의 모든 규정을 오로지 자기 자신에게만 두는 사람이며, 그렇게 하여 다른 사람들의 자유를 빼앗아 그들이 이제는 사회적 대중 또는 "인민"(Volk)이 되도록 만드는 사람을 가리킨다. 그러나 대중이나 인민 속에서 개인들은 몰락하며, 그럼으로써 찬탈자의 충직한 조력자가 된다. 여기서 충직하다고 말하는 것은 그들이 그들 모두가 암암리에 원하는 것을 단지 찬탈자의 형태 속에서만 재인식하기 때문이다.

하나님이 자기 자신을 공존으로 규정하심

바르트는 잘못된 자유 개념과 **신학적으로** 논쟁한다. 신학은 바로 그 자유 개념의 형성에 책임이 있기에 그렇게 논쟁하지 않을 수 없다. 만일 자주 등장했던 이 명제[66]가 옳다면, 우리는 인간의 자유 개념의 형성을 앞에서

---

65 *Der deutschen Kirchenkampf* (1937), 7f.

상술한 의미에서 중세 후기의 유명론이 말하는 하나님 개념에 대한 반작용으로 이해할 수 있을 것이다. 유명론은 하나님을 절대적 자유의 총괄개념으로 이해했다. 다시 말해 하나님은 "절대 능력"(potentia absoluta), 즉 어떤 법칙을 통해서도 구속되지 않는 전능한 신적 임의성과 독립성으로 이해되었다. 하나님은 말하자면 바르트가 선택의 자유라고 부르는 것의 완전한 담지자이다. 앞에서 말한 명제에 따르면 계몽주의적 인간은 그런 하나님에 대항하여 철저히 반항함으로써 그 하나님으로부터 분리되었다. 그러나 그 분리는 이전에 하나님의 속성으로 간주했던 것을―우선적으로 인간 자신이 하나님의 형상을 지니고 있다는 사상을 매개로 하여―이제는 인간 자신의 속성으로 간주하는 방식으로 일어났다. 그에 따라 인간이 이제 자기 것이라고 주장하는 자율성과 자유 속에는 절대 능력(potentia absoluta)의 특성들이 깊이 스며들게 되었다. 이 이해가 옳다면, 그것은 근대적 자유 개념에 대한 바르트의 해석에 상응하는 것이다.

실제로 바르트는 이렇게 말했다. 신학이 신학적으로 고유한 유산 속에 절대적 능력으로서의 하나님이라는 표상을 가지고 있는 한, 신학은 그 표상에 상응하는 자의적 권한으로 자신을 무장시킨 현대인에 저항할 수가 없다. 그래서 바르트는 일차적으로 그와 같은 절대적 권능의 의미에서 하나님을 이해하는 것을 비판했다. 그런 하나님 이해를 비판함으로써, 인간의 잘못된 자유 개념을 왜곡시키는 신학적 뿌리를 공격할 수 있고, 나아가 인간의 가장 참된 자유의 새로운 규정을 위한 토대도 마련할 수 있다고 했다. 바르트의 이와 같은 비판은 종교개혁자들을―특히 칼뱅을―향하기도 했다. 왜냐하면 바르트가 보기에 종교개혁자들은 "절대적 능력에 대한 모든 이론적인 저항에도 불구하고" 앞서 말한 신학적 유산을 개

---

66 예를 들어 G. Howe, *Gott und die Technik* (1971).

신교신학 속에 도입했기 때문이다(II/2, 52). 여기서 바르트는 다음과 같은 하나님 이해를 비판하고 있다. 그것은 하나님을 절대적 능력으로 무장하신 분으로 생각하거나, "구속받지 않은…어떤 추상적으로 자유로운 하나님"으로 생각하거나, 그의 본질이 **추상적인 절대성, 벌거벗은 주권성**으로 생각하는 이해다. "마치 하나님의 자의성 그 자체가 신적 본질인 것처럼, 그래서 세계통치의 원리나 되는 것처럼!" "하나님을 생각하기 위해 어떤…절대적으로 통치하는 본질 개념을 생각할 필요가 있다는 것"은 근본적으로 잘못된 것이다(53). 하나님의 비인간성이란 없다는 명제에 대하여, 여기서는 신적인 절대 법령(decretum absolutum, 절대 약정, 172)이란 없고 하나님만이 홀로 행하는 어떤 순전한 능력행사도 없다는 명제가 정확하게 일치한다. 이 명제들은 바르트의 예정론에서 유래하는데, 예정론에서 바르트는 하나님을 임의적 자유와 전능하신 권력 행사의 공통분모로 이해하는 것을 비판한다.

그러나 바르트는 절대적 능력이라는 표상에 대한 비판을 아주 신중하게 수행한다. 그 표상은 하나님께 적용되었을 수도 있고 인간의 자유의 토대로 생각되었을 수도 있다. 어쨌든 바르트는 그 비판을 철저히 실증적이고 신학적인 일련의 명제를 전개하는 과정을 통해 수행한다. 말하자면 바르트는 신학적 분석 이전에 근대를 먼저 분석하고, 그다음에 제기된 문제들에 적합한 신학적인 개념들을 찾는 방식으로 수행하지 않는다. 만일 그렇다면 바르트 자신이 극복해야만 한다고 믿었던 바로 그 신학을 바르트 자신이 수행한 셈이 된다. 그렇게 했다면 신학이 하나님에 관해 말해야 하는 것을 비신학적인―문제가 될 수도 있는―세계 해석의 정당성에 의존하도록 만든 셈이 된다. 그렇게 했다면 바르트의 실증적·신학적 명제는 시대의 문제들에 대해 마치 모든 것이 달라질 수 있을 것처럼 또는 달라져야 하는 것처럼 그저 단순한 이론만 늘어놓고 있다는 의혹을 받게 되었을 것이다. 바르트에 의하면 신학은 자신의 작업을 나중에 적당한 기회에 다시 시작하기 위해 단지 잠시 동안만이라도 중단할 수 없다. 지금까지 우리의 연구는 바르트의 신학이 텅 빈 공간에서 이루어진 것이 아니라는 사실, 그리고 그의 신학이 오늘의 현실에 대한 심오한 분석적 시각을 가능케 해준다는 사실을 보여준다. 다만 바르트의 신학은 소위 중립적·분석적 관찰을 수행한 다음에 그것들을 신학적인 주제와 관련짓는 식으로 전개되지 않는다. 오히려 바르트에 의하면 그와 반대로 신학은 주어진 과제의 수행에서 자신의 인식을 주변 세계와 관련시켜야 한다. 이렇게 해서 바르트의 실증적인 명제는 숙명적인 발전을 목도하게 되는 선명한 통찰을 그에게 선사하는데, 선명함이란 왜곡된 신학 사상의 시초에서 중심을 벗어나 치우친 약점들을 발견해내는 것을 뜻한다. 바르트의 주제는, 하나님이 예수 그리스도 안에서 어떻게 하나님 자신을 우리에게 계시하셨는지를 앞서 말한 숙명적인 발전들과의 상호 모순 속에서 보는 법을 배웠다는 점에서 힘을 얻는다. 그리고 그 주제는, 하나님의 계시가 우리의 삶과 모순되기 때문에 우리의 삶은 하나님과 일치되기에 이르러야 한다는 인식 속에서 힘을 얻는다. 바르트는 그렇게 진행된 신학이 결과적으로 근대적 사상의 필연적인 전향을 불러일으키게 된다고 확신했다.

나아가 바르트는 다음과 같은 사실도 대담하게 믿었다. 현대 세계 안에서 인간 자신이 고삐를 풀어놓은 파괴적인 힘들의 한복판에서 인간의 참된 구원과 희망이 되는 것은 새로운 자유 개념도 아니고 하나님께로 투사된 자유 개념도 아니며, 오직 **자유로운 하나님**이시다. 자유로운 하나님은 결코 절대능력으로 이해되어서는 안 된다! "예수 그리스도 안에서 발생한 계시에 따른 하나님의 통치를 신적인 것으로써 다른 통치들로부터 구분하는 것이 무엇인지를 묻는다면, 우리는 다음과 같이 대답해야 한다. 하나님의 통치는 자유로운 통치다.…물론 다른 통치들도 **있기는** 하지만,

그러나 자유는 **하나님의** 통치가 갖는 최우선권이다"(II/1, 339). 하나님의 자유란 단순히 다른 존재, 다른 강제, 다른 필연성에 종속되지 않는다는 것만을 뜻하지 않는다. 오히려 그것은 바르트에게는 무엇보다도 하나님이 자기 자신을 통해서도, 그리고 자기 자신의 자유를 통해서도 구속되지 않는 분이심을 뜻한다. 하나님은 "자신의 그와 같은 자유에 **대해서도** 자유로우시다"(341). 그러므로 하나님께서는 자신의 자유에 의해 규정되시는 것이 아니라 오히려 하나님께서 자신의 자유를 규정하신다. 다시 말해 "하나님이 '**자유로운**' 것이 아니라 오히려 '**하나님**'이 자유로우시다"(360). 따라서 하나님의 자유는 하나님 자신이 구속되도록 사용하신 자유 안에서 가장 잘 예시되며, 바로 그런 사용에 근거하여 하나님께서 우리에게도 스스로 속박되시는 것이 인식될 수 있다. 하나님의 자유는 "이제 (하나님과 구분되는 파트너와의) 연합을 이루는데, 이때 하나님은 그 자유에 굴복하지 않으시고…오히려 자유를 확증하시며…그 자유에 봉사하신다. 그와 같은 연합 속에서 앞서 말한 **신실함**이 입증되며, 그에 따라 하나님은 참으로 자유롭게…되실 수…있다. 하나님은 그 연합을 받아들이심으로써, 자신의 무제약성 안에서 또한 스스로 제약되실 수 있고 또 그것을 원하신다.…하나님의 행동 속에서…이와 같이 입증되는 바로 그 능력이 **그분의 자유다**"(341).

하나님이 자유를 사용하실 때, 그 사용이란 무엇인가? 바르트의 근본적인 명제인 그것은 다음과 같다. 하나님이 이스라엘과 그리스도 안에서 자신을 우리에게 계시하셨고, 한 가지 특정한 **선택**을 행하는 방식으로 계시하셨다. 그 선택은 후에 다시 취소할 수 있는 우연한 선택이 아니며, 오히려 하나님이 자신의 모든 길의 시초에 자신과 구분되는 현실성에 대해 미리-계획하신 것이라고 표현할 수 있는 구속력 있는 선택(예정)이다. 말하자면 마치 하나님이 처음에는 (아무런 결단력 없이) 정태적인 존재로 머물러 있다가 나중에 가서야 그런 선택을 행하신 것이 아니다! 오히려 하나님의 존재는 이 선택의 행동 속에 있고, 이 행동 안에 하나님이 "계신다"(291). 거기서 하나님이 행하시는 선택은 바로 다른 모든 것에 선행하고 우선하는 선택(예정)이다. 우리는 하나님을 계시 안에서 생각할 수 있는 것과 결코 다르게 생각할 수 없다. 계시 안에서는 하나님의 선택(예정)이 발생한다. 선택하다는 것, 혹은 전통적인 표현대로 "예정한다는 것"(praedestinare)은 바르트에게 자유, 자기 규정, 자율성의 현대적 개념들과 동의어다. 선택은 자유 혹은 자기 규정의 근원적 행동(Urakt)이다. 선택하지 않는 자는 낯선 규정의 존재이며 자유롭지 못하다. 자유로운 자는 선택한다. 하나님은 어떻게 선택하시며 또 무엇을 선택하시는가? 바르트의 대답은 이렇다. 하나님의 선택은 **은혜**의 선택(예정)이다. 은혜의 선택은 "하나님이 자기 자신에 대해서는 인간과의 연합을 선택하셨고", 동시에 "인간에 대해서는 하나님 자신과의 연합을 선택하셨다"(II/2, 177)는 사실을 뜻한다. 이것이 바로 자유가, 아니 자유로우신 하나님이 어떻게 이해되어야 하는지에 관련된 바르트의 근본 명제의 요약이다.

바르트의 근본 명제의 첫 번째 부분에 따르면 하나님은 자신의 자유의 행위 곧 선택 안에서 "무엇보다도 자기 자신"을 규정하신다(176). 이것의 의미는 하나님의 자유가 이미 이와 같은 최초의 계기부터 하나님이 어떤 타자에 대해 마음대로 처분을 내리는 자의적인 것이 아니라는 사실이다. 오히려 하나님의 자유는 최초의 시점부터 불가피하게 임의로 처리하는 객체들로 다루어야 하는 타자들에 대한 규정이 아니다. 도리어 하나님의 자유는 시초에 자신의 자유로부터 자의성을 배제한다(비교. II/1, 358). 자유 안에서 하나님은 자기 자신을 규정하신다. 그러나 이때 하나님은 자기 자신을 어떤 **특정한 존재**(etwas Bestimmte)로 규정하신다. 이런 특정한 존재의 선택(예정)은 그의 자유와 모순되지 않는다! 왜냐하면 하나님의 자유는 하나님이 자기 자신을 바로 그 특정한 존재로 규정하여 자신을 그 존재에 구속시키는 것에서 입증되기 때문이다. 바르트는 이렇게 직선적으로 말한다. 하나님은 "자기 자신에 대해…제약되는 것"을 선택하신다(II/2, 108). 말하자면 하나님의 자유는 절대 능력(potentia absoluta)에 대한 하나님 자신의 저항이다. 여기서 이와 같은 모순이 하나님의 부자유를 의미하지는 않는다. 하나님께서는 그런 전능성, 그런 어떤 무제약적인 전횡 능력을 배제하신다는 바로 그 **사실**에서 진정으로 자유로우시다. 하나님의 자유는 정녕 자기 규정이기는 하나, 하나님 자신을 어떤 자의적인 존재로 마음대로 규정하는 것이 아니다. 오히려 하나님의 자유는 본질에서 **연합**(Gemeinschaft, 공동체)으로의 자기 규정이다. 여기서 자유는 독자성(Unabhängigkeit)과는 근본적으로 다르다. 독자성은 다른 사람과의 공존을 오직 경쟁이라는 공통분모 위에서만 허용한다. 여기서 자유는 다른 존재들을 오직 자신의 임의처분의 대상으로만 아는 전횡 능력과는 다르다. 그리고 여기서 자유는 임의로 행하는 선택의 자유와도 다르다. 그런 선택의 자유는 그 자체로는 중립적인 행위이며, 선에 대해서도 악에 대해서도 열린 입장을 취한다.

연합을 이루는 자유인 하나님의 자유는 본질상 **소통하는**(kommunikativ) 자유이며, 이웃과 연대하는 사회적인 자유다. 이와 같은 하나님의 자유는 경쟁이 아니라 공존하는 자유이고, 타자를 희생시켜서 얻는 자유가 아니라 타자를 배려하는, 그들을 위한, 그들과 함께하는 자유다. 또한 하나님의 자유는 타자에 반대하여 자신을 관철시키기 위한 독단적인 자기 주장이 아니다. 나아가 하나님의 자유는—우리가 하나님의 공존의 대상이 바로 죄인임을 생각한다면—"인간을 사랑하셔서 하나님 자신을 전적으로 그리고 가장 진지하게 의문에 처하게" 하시려는 준비된 자세를 내포하고 있다(179). 하지만 이것은 마조히즘(피학대 음란증)의 이타적 자기 희생을 의미하지 않는다. 그것은 하나님의 **자유**이며, 그렇게 실현되는 하나님의 자기 규정이지만, **사랑**으로의 자기 규정이다. 그렇게 해서 바르트에게 하나님은 "자유 가운데 사랑하는" 존재가 된다(II/1, 288). 반복하자면 바르트에게서 관건은 계시 속에 있는 하나님의 행동을 설명하는 것이다. 계시는 하나님이 그 속에서 자기 자신을 정의하는 것을 의미한다. 그래서 우리는 공존을 위한 자유 외에 어떤 다른 것을 하나님의 자유로 고려할 수 없다.

그러나 공존 곧 사랑 안에서의 존재는 자유를 해체하거나 지양하지 않는다. 하나님이 마치 자신의 선택에 이르기까지는 자유롭다가, 그다음에는 얽매이게 되는 방식의 어떤 공존을 말하는 것이 아니다. 하나님은 공**존을 향해** 자유로우시지만 또한 공존 **안에서도** 자유로우시다. 후자의 경우에 하나님이 자신이 선택하신 것, 곧 연합을 계속 반복해서 의문시할 수도 있는 그런 자유를 의미하지 않는다. 오히려 여기서 관건은 하나님이 공존 안에서 자유로우시다는 것인데, 즉 하나님이 누구시며 그분의 파트너가 어떤 분이 될지, 그리고 그 파트너와의 연합은 어떤 형태를 갖추게 될지를 하나님이 스스로 결정하실 때 하나님은 여전히 자유롭게 **머물러** 계신다는 것이다. "하나님은 자유롭게 진노하실 수 있고, 자유롭게 자비를 베풀 수 있으시며, 자유롭게 축복하기도 하시고 자유롭게 벌을 내리기도 하신다. 우리를 죽이는 데도 자유로우시고 살리는 데도 자유로우시며, 우리를 하늘나라로 올리는 데도 자유로우며 지옥으로 떨어뜨리는 데도 자유로우시다. 자유로우신 하나님은 피조물에게 전적으로 내적으로 현존하실 수 있고, 그와 동시에 하나님 자신인 채 그대로 완전히 외적으로 현존하실 수도 있다.…이 모든 것이 하나님 자신이 선택하시고…창조하신 형태, 곧 하나님과 피조물 사이의 **관계와 연합**의…형태다.…예수 그리스도 안에 있는 하나님의 계시 그 자체가 표면상으로는 상호 구분되어 보이고 모순된 것처럼 보이는 이 **모든** 가능성을 포함하고 있다. 이 모든 것이 바로 **하나님의** 가능성이다! 만일 이것들 가운데 어느 하나라도 부정한다면, 우리는 예수 그리스도를, 그리고 그와 함께 하나님 자신을 부정하게 된다. 그때 우리는 실제로 증명된 하나님의 자유에도 불구하고 하나님께 속박하는 부자유를 부과함으로써, 하나님을 인식하고 하나님께 기도하는 대신 하나님을 우상으로 만들게 된다. 그렇게 부과되는 부자유성이란 우리 자신의 완고함이며, 그것은 그 자체로 하나님을 부인하는 것이고 또 스스로 하나님의 자리에 앉으려고 하는 것이다"(354).

인간을 자유로 규정하심

이와 같은 "연합을 향한 그리고 연합 안에 있는 하나님의 자유"는 바르트에 의하면 어떤 이상, 곧 인간이 예를 들어 근대의 문제성을 다스리기 위해 모범으로 삼고 추구할 가치가 있는 이상(理想)으로 이해되어는 안 된다. 오히려 그와 같은 자유의 "개념"은 하나님이 창조하신 **현실**을 표현한다. 만일 그 자유가 단순히 이상에 불과하다면, 인간은 그런 이상을 언제나 앞서 말한 선택의 자유 속에서 마주 대할 것이며, 그때 인간은 그 이상을 임의로 취하거나 버릴 수 있게 된다. 그러나 그 자유가 현실이라면, 바르트에 의하면 그 현실은 인간의 규정을 해소될 수 없는 계기로서 자신 안에 내포한다. 인간이 그것을 아는지 혹은 알아채려고 하는지 않는지는 바르트가 볼 때 인간적인 측면에 대해 단순히 열려 있다. 왜냐하면 여기서 인간이 스스로 선택할 수 있기 전에, 하나님이 자기 자신을 위해서와 마찬가지로 또한 인간을 위해서도 선택하셨기 때문이다. 다시 말해 하나님이 자기 자신을 위해 인간과의 연합을 선택하시는 동시에 "인간을 위해서는 하나님 자신과의 연합"을 선택하셨다(II/2, 177).

그러나 이것은 인간에 대한 하나님의 — 그리스도론에 근거한 — 권위적

재량처분을 의미하지 않는가? 바르트에 의하면 (비교. IV/3, 98ff.) 그것은 우리가 그 과정 전체를 바깥으로부터만, 구체적으로 말해 앞서 말한 선택의 자유의 영역에서만 일어나는 것으로 이해하고 그 내용은 고려하지 않을 때, 그렇게 말하게 된다. 그 내용은 다음과 같은 공식으로 표현될 수 있다. "하나님의 선택은 곧 우리의 자유다."[67] 물론 여기서 "우리의 자유"는 우리의 선택이 아니라 하나님과 그분의 선택에 빚지고 있다. 즉 진정한 자유는 인간이 스스로의 힘으로 소유할 수 있다거나, 그것을 소유하기 위해 단순히 취하기만 하면 된다고 생각하는 그런 자유가 아니다. 진정한 자유란 우리에게 주어지는 자유이며, 우리에게 **선사되는** 자유다.[68] "아들이 자유케 하는 사람은 진정으로 자유롭다"(요8:36, 비교. IV/1, 832). 왜냐하면 만일 자유가 하나님이 우리에게 행사하시는 자유(공존을 향한 그리고 공존 안에 있는 하나님의 자유)라면, 우리는 우리의 자유를 우리 자신으로부터 가지는 것이 아니다. 오히려 그 자유는 우리에게 주어지는 자유다. 하나님이 우리와 연합의 관계를 열고 그 관계를 돌보아주실 정도로 자유로우심으로써 우리에게 주어지는 자유다. 자유는 오직 **해방**(Befreiung)에 근거해서 우리에게 존재한다. 그리고 해방은 하나님이 우리와 연합을 유지하신다는 사실에 근거해서 우리에게 존재한다. 그렇다. 바르트에 의하면 이 사실의 빛에서 볼 때 그와 같은 해방으로부터 분리된 어떤 "절대적"이고 자의적으로 실행되는 자유는 "노예화"할 뿐이라는 사실이 드러난다(483, 499f.). 그것은 그런 자유 속에서 임의로 다루어지는 사람들뿐만 아니라, 거기서 자신이 임의로 처분할 능력이 있다고 생각하는 사람들까지도 노예로 만든다. 그들의 선택의 자유는 노예의지(*servum arbitrium*)다. 그런 선택의 자유

---

[67] P. Eicher, *Aufbrechen—Umkehren—Bekennen*, 31.
[68] *Das Geschenk der Freiheit*.

속에서 현실적으로 고립되어 홀로 서 있는 자아-인간(Ich-Mensch)은 그 자체로 말하자면 동굴에 갇혀 있는 것과 같다. 그는 "자신의 자의성의 감옥"(108)에 갇혀 있는 것이며, 그곳으로부터 인간은 "혼자 힘으로는" 나올 수 없고 오직 하나님이 그를 꺼내주심으로써만, 즉 하나님이 우리와의 공존을 위해 자신의 자유를 실행하심으로써만 나올 수 있다.

하나님이 우리를 꺼내셔서 우리가 얻게 되는 자유(**목적점에서의 자유**)는 하나님이 우리를 꺼내실 때 우리가 가지고 있었던 자유(**출발점에서의 자유**)보다 조금도 덜한 자유가 아니다. 오히려 전자의 자유는 앞서 말했던 선택의 자유와 비교할 때 진정한 **자유**가 된다. 하나님의 자유가 타자들과의 공존을 향한 자유라면, 하나님께서는 바로 그렇게 하심으로써 그 타자들도 공존의 능력이 있고 자립적이며 자유로운 타자들이 되기를 **원하시며**, 또한 그들에게 그렇게 될 수 있는 **토대**를 놓아 주신다. 그래서 하나님께서 자신을 인간과의 연합으로 규정하실 때 그와 동시에 일어나는 인간의 규정은 인간에 대한 추상적인 재량처분의 자유가 아니라 오히려 인간을 자유로 규정하는 것이다. 그러한 자유에는 "사상의 자유, 의지의 자유, 거주 이전의 자유, 행동의 자유"가 있다(IV/3, 1080). "선택하시는 하나님 그분 자신이 인간을 대상화하시며, 그 대상은 그분을 선택하도록…허락된다.…말하자면 하나님의 영원한 선택(예정)의 행동 속에서…정당한 현실성이 되는 것은…포괄적으로 볼 때 피조물의 자율성이다." 물론 이것은 하나님의 주도권에 근거하고 있다. 그러나 그렇게 함으로써 "(하나님) 나라의 건립은 하나님의 어떤 독재적인 이기심과는 전혀 관계가 없이 이제는 정말로 밖을 향해 자신을 내어주는 사랑이며, 피조물에 대한 하나님의 헌신이다.…하나님은 자신으로부터 구분되는 피조물의 현실성 그 자체를 원하고 인정하심으로써, 그 피조물에게 자신 곁에 피조물 고유의 독자적인 공간을 주고 허락하심으로써, 하나님은 자기 자신을…원하고 성취하신다. 물론 이것은 하나님의 선하심을 통해 피조물에게 선사되고 허락된 바로 그 고유한 속성과 독립성 안에서만 가능하다.…그래서 다른 모든 개별적인 속성과 자율성은 단지 악마적인 본성만 지닐…뿐이다." 그러나 이런 내용이, 하나님이 자신의 피조물과의 공존을 원하시기에 그와 동시에 피조물에게 그것의 고유한 독립성을 주고 허용한다는 사실을 지양하지는 않는다. 즉 "피조물이 하나님으로부터 부여받은 그 독립성이 하나님 없이 혹은 하나님께 반대하여 소유하는 것이 아니라는 것은 말할 것도 없고…오히려 그것은 하나님을 위해, 하나님 나라 밖에서가 아니라 그 안에서 소유하는 것이며, 하나님의 주권성과 경쟁하는 것이 아니라 오히려 그것을 영화롭게 한다." 이때 영화롭게 되는 하나님의 사랑은 "기계주의적 폭력을 행사하는 사랑도 아니고…마리오네트나 노예를 지배하는 사랑도 아니고…단순히 그 폭력에 복종하려는 사랑도 아니며, 오히려…하나님을 위한 인간의 자유로운 결정 속에서 승리하기를 원하는 사랑"이다(II/2, 194f.). "하나님의 위대함은 자신의 피조물을 억압하는 것이 아니다"(III/2, 131). "예수 그리스도와의 만남 속에서 효력을 발휘하고 가시화된 하나님의 관심은 하나님의 편에서 해방시키는 인간에 대한 관심이지, 인형이나 장기판의 말에 대한 관심이 아니다"(IV/3, 515).

그러한 자유는 하나님의 선물이다. 하나님은 **바로 그것을** 선물하신다. 그것은 하나님의 은혜라는 개념을 새롭게 생각하도록 요청한다. 바르트는 인간이 하나님의 은사에 함께 협력할 수 없다는 종교개혁의 은혜론 뒤로 후퇴하지는 않는다. 그러나 바르트는 하나님의 은혜가 어떤 공통분모 위에서 생각될 수 있다고 본다. 이 점에서 그는 종교개혁의 은혜론을 넘어서고 있다. 다시 말해 하나님이 주시고 인간은 단지 수동적으로 받는 자에 그치는 것이 아니라, 하나님이 말씀하시고(spricht 또한 주시고) 그리고 인간은 그 말씀을 따른다(entspricht, 또는 응답)한다는 것이다. 바르트에 의하면 하나님과 인간의 연합은 오직 하나님의 은혜에 근거하지만, 여기서 인간이 단순히 수동적인 대상에 그치고 성숙한 주체로 나서지 못하는 한, 그것은 진정한 연합일 수 없다. 바르트에 의하면 우리는 실제로 하나님의 은혜와 관련하여 "마치 신적인 산사태가 일어난 것처럼 그것에 유린당하거나 뒤덮이지" 않으며, "신적인 홍수가 밀려오는 것처럼 그것에 휩쓸리지" 않는다. 우리의 "자유로운 결정이 하나님의 압도적인 활동과 말씀에 의해 배제되고 대체되고 무익한" 것이 될 가능성은 "단지 부분적으로라도⋯일어나지" 않는다. 오히려 바로 그 하나님의 은혜를 통해 우리는 "인간의 능동적인 주체성"으로 인도된다(IV/4, 179). 그럼으로써 하나님의 계시는 "하나님과 인간 사이의 진정한 **교제**의 사건" 안에서 완성된다. 이때 인간이 자신의 근원을 하나님의 주도권 안에 두는 것이 확실한 것처럼, 또한 그가 "하나님의 주도권 안에서 하나님의 독립적인 피조물로서 진지하게 수용되고" 자유롭게 되는 것도 확실하다(25). 바르트에게는 특별히 기도할 수 있도록 허락되어 있다는 것이 그 사실에 대한 증거다. 왜냐하면 기도 가운데 우리는 우리 자신을 "하나님에 의해 조종되는 마리오네트들"로 만드는 "고독한 행위"가 하나님의 본질인 것이 아니라, "자신의 행동을⋯자녀들의 행동을 통해 함께 결정되도록 허락"하실 준비가 되어 있는 하나님의 사랑이 하나님의 본질임을 생각하는데, 그것을 우리의 편에서 당연히 그리고 마땅히 진지하게 생각하게 된다(CL, 167f.).

이와 같은 자유에는 한계가 없다. 그러나 그 자유의 **본질**은 그것이 하나님의 자유 그 자체에 상응하여 하나님과의 연합을 향한 자유, 그 연합 안에서의 자유라는 사실에 있다. (만일 이 본질이 자유를 제한하는 것이나 어떤 낯선 규정으로 이해된다면, 그 자유는 처음부터 오해된 자유에 불과하다.) 자유는 하나님의 자유에 **상응**할 때(entspricht)만, 또는 바르트의 성서적 개념에 따라 말한다면 하나님의 자유에 "순종"할 때만 자유다. 인간의 참된 자유는 순종이다. 그것은 어떤 막연한 통치권에 대한 순종이 아니라 자기 자신을 인간과의 공존을 위한 존재로 규정하시는 하나님께 대한 순종이다. 바로 그렇기에 하나님께 대한 순종은 또한 자유이기도 하다(IV/1, 283). "그 인간은 자유롭다. 그는 자유롭게 생각하고 행동한다.…만일 하나님이 그를 위해 선택하신 것이 그에게 자명한 것이고 유일한 가능성이라면 말이다. 그리고 그가 그와 같은 하나님의 선택에 대해…먼저 자기 자신의 선택을 통해 그 유효성을 검증하려 들지 않고 하나님의 선택을 우선 고백한다면, 그와 같은 하나님의 선택에 철저하게 만족한다면 말이다. 다시 말해 자신의 결정이 순전하고도 철저하게 이미 성취된 하나님의 결정을 따르는 것이라면, 그는 자유인이다"(499). "자유는 하나님의 주권적인 자유에 대해 인간 자신의 자발적이고 의지적인 일치의 상태에 있는 것을 뜻한다"(108). "그렇다면 인간의 자아란 동굴 속 거주자가 아니며, 이따금 동굴 밖으로 나와 사냥도 하고 물고기를 잡으러 길을 나설 수 있는 자아가 아니다. 인간의 자아란 부르심을 받은, 동굴로부터 이미 불러냄을 받은, 다시 말해 하나님께 대한 책임 가운데 행동하는 자아다." 여기서 관건은 "하나님 앞에서 책임성과 함께 사용되고 행동으로 표현되는 자유다.…물론 그 자유는 선택의 자유다. 하지만 그것은 하나님이 선물로 주신 자유이며, 발생하는 행위의 자유로서 **바른 것**을 선택하는 자유다. 바른 것은 하나님의 자유로운 선택에 상응하는 것을 뜻한다." 그 자유는 "인간에게 주어진 두 가지 가능성 가운데" 하나를 선택하는 것이 아니라 "그의 유일한 가능성과 자신의 고유한 불가능성 사이, 다시 말해 자신의 존재와 비존재 사이, 그래서 자신의 자유의 존속과 무효화 사이"에서 하나를 선택하는 것이다(III/2, 233-235). 그 때문에 인간의 자유가 제한되는 것은 아니지만, 실제로는 처음부터 부자유였던 거짓 자유가 배제된다. 그와 동시에 자의적인 선택의 자유도 배제되는데, 그것은 소위 선과 악을 선택한다는 공허하고 단순한 능력을 말한다. 바르트에 의하면 자유는 물론 선택하는 것이지만, 그러나 그 선택은 하나님이 먼저 선택하신 것만 선택할 수 있다. 내가 스스로 선택할 수 있는 모든 것은 이미 그 자체가 부자유한 행동일 뿐이다. "죄를 행하는 사람은 (자신의 자유를 행위로 입증하는 것이 아니라 오히려) 죄의 노예다"(요 8:34).

바로 이 지점에서 소위 하나님의 속박으로부터 해방되었다는 개인주의적인 자유개념에 대한 바르트의 비판적 시각이 이해될 수 있다. 그와 같은 노선 위에 선 인간은 불가피하게 고립된 자, 외로운 자다. 그의 고독 속에는 최고로 상반된 감정이 병존한다. "다른 사람들과 이루는 공동체 속에서도" 그런 인간은 여전히 **"자기 자신의 소원과 걱정"**을 도모할 뿐이다. 여기서 "모든 사람도 사정은 그와 마찬가지"이므로, 조직 관계는 서로에 대한 불신과 실망으로 인해 깊이 방해받거나 파괴된다. "그러한 실망과 불신 뒤에는 언제나 이미 적대관계가 도사리고 있다"(IV/2, 539). "고독한 자는 다른 모든 사람들의 잠재적인 적이며, 세련된 혹은 조야한 형태 안에서 실제적인 적이다"(474). 그 결과 그런 사람은 다른 사람들에 대한 공격자가 될 수도 있고, 그 자신이 다른 사람들에 의한 희생양이 될 수도 있다. 그리고 그는 최종적으로는 "그가 진정으로 원했던 것"과는 정반대, 즉 소위 개인주의적인 자유 속에서 "하나의 조종된 장기판의 말"이 되고 만다. 그는 "능동적으로 살아 있는 자가 아니라 수동적으로 삶에 끌려가는 자"가 되고 만다. 그는 "바로 자신의 개인성을 상실하고 만다"(IV/1, 518).

그러나 우리의 자유가 하나님의 자유와 일치하게 되면, 그 자유는 하나님의 자유와의 유비 안에서 다음과 같은 두 가지 측면을 갖게 된다. 첫째, 그 자유는 하나님과의 연합뿐만 아니라 이웃 인간들과의 연합을 **향한** 자유가 된다. 그 자유는 고립된 독립성을 뜻하지 않는다. 그런 독립성은 그 자체로 이웃 인간성이 없는 행위이며, 그것에는 경쟁이라는 공통분모 위에 놓인 사회가 상응한다. 그 사회는 서로 지치게 하고 서로 찔러 파괴하려는 의지의 사회이며, 그다음에는 상호 불신과 상호 두려움이 지배하는 사회다. 그러나 하나님이 선물로 주신 자유 안에서 인간은 저 "고독…이라는 동굴"로부터, 그리고 "노골적인 사적 실존"으로부터 나와 "넓게 개방된 공동체의 땅"으로 들어가게 될 것이다(IV/3, 761). "그는 마치 동굴에서 사는 사람이 밖으로 나가듯이 공적인 자리로 나오되 약간은 눈부셔 하면서 나올 것인데, 그곳에는 태양이 환하게 비칠 것이기 때문이며, 또 약간은 주저할 것인데, 그때 바람이 불거나 비가 올 수 있기 때문이다. 어쨌든 그는 나온다." 이때 그의 삶은 "자신의 중심을 자기 밖에다 두는 외심의 (이타적인) 삶"이 된다(IV/2, 893). 그는 다른 사람을 통제하는 대신 사랑하게 될 것이며, 이웃의 위기에 대해서도 헌신 가운데 공적으로 **사랑**하되, 그 이웃을 차지하려는 의도가 아니라, 또한 그 이웃도 똑같은 일을 내게 할 수 있다는 두려움에서가 아니라, 오히려 **기쁨** 가운데서 사랑한다. 이 점에서 바르트는 두려움에 맞서는 용기의 중요성을 본다. "진정으로 사랑하는 사람은 틀림없이 또한 기뻐하는 사람이다.…진정으로 기뻐하는 사람은 틀림없이 또한 사랑하는 사람이다." 그리고 이것은 "사랑받는 그 사람이 마치 철벽처럼 아무런 응답을 보여주지 않거나 또는…냉랭한 반응이 돌아온다고 해도 변함이 없다. 응답을 얻으려는 것이 아니라 하나님으로부터 그렇게 행할 자유를 얻었기 때문에, 그는 다른 사람을 사랑한다"(895). "우리는 다음 사실을 아무리 엄격하게 가르쳐도 지나치지 않을 것이다. 사랑하는 사람은 무엇을 얻을 목적으로…사랑하지 않는다. 사랑하는 사람은 아무것도 바라지 않고 단지 사랑할 뿐이며, 점점 더 많이…헌신하고 사랑하는 사람과 결합하려고 한다. 거기서 그가 어떤 작은 계획이라도 가지고 있다면, 또 어떤 의도를 가지고 있다면, 그것이 자신에게 아무리 고귀한 의미를 주는 것이라고 해도, 사랑의 배반과 종말이 되고 말 것이다"(894). 진정한 사랑 안에서 "자유로운 인간들은…아직 여전히 자유롭지 못한 수많은 사람들을 위한 희망과 위로와 용기의 표징이 된다."[69] "만일 그리스도인에게 이런 인간적인 면이 없다면, 만일 그리스도인이 유일한 가능성인 자유 안에서…다른 사람들을 위해 기꺼이 함께하지 않는다면, 하나님의 용서에 관한 모든 지식이 그에게 무슨 소용이겠는가!"(III/2, 339f.)

다른 한편으로 인간의 자유는, 하나님의 자유와 일치하면서, 공동체 **안에 있는** 자유다. 자유가 몰락한 공동체는 군중이 되고 만다는 특성을 갖는다. 군중 속에서 소위 "자유로운 시민"으로서의 개인은 "기계주의 안에서 능동적 혹은 수동적으로 돌아가는 톱니바퀴"가 되며, 양심과 깨달음은 물론 자신의 삶의 요구와 함께…마지막에는 육체적으로도 몰락하고 만다(II/2, 343). 그리스도인들이 오직 공동체 안에서만 자유로울 수 있다면, 그들은 반드시 공동체 속에서 실제로 **자유롭게** 되어야 한다. "그리스도인들은 자신들을 움직이는 그 위치로부터 출발하여 크고 작은 일들 속에서 자신만의 길을 가야 할 것이며, 생각하고 말하고 주장하는 것 속에서…근본적으로는 언제나 사람들이 불쾌감을 느낄 만한 많은 동기를 제공하는 낯선 이방인이 될 것이다. 그들은 일부 사람에게는 지나치게 금욕적으로 보일 것이고, 다른 사람들에게는 지나친 낙천가로 보일 것이며…여기서는 권위 신봉자로 저기서는 자유로운 영혼으로, 여기서는 부르주아로 저기서는 무정부주의자로 보일 것이다. 그들이 주변세계를 지배하는 다수 가운데 발견되는 일은 드물 것이다.…대다수가 자명하게 여기는 것들은 그들에게는 절대적인 효력을 갖지 못할 것이다. 물론 그렇다고 그

---

[69] *Freiheit*, 3f.

것들을 무조건 부정하는 것은 아니며, 그리스도인들이 모든 혁명가들에게 찬동한다고 말하기는 어려울 것이다. 그리고 그리스도인들은 자신들의 자유를 드러내지 않는 자유로운 생각 속에서만 행사하는 것이 아니라 오히려 자유로운 실천과 행동방식 속에서 드러내는데, 그러나 그 실천을 통해 사람들 사이에서 정당성을 얻지는 못한다"(IV/2, 690). 그리스도인들은 "매우 경직된" 사람은 아니기에 자신에 대해 자유로울 수 있고, 따라서 "자신에 대해서도 어느 정도 웃을 수" 있다.[70] 그와 함께 그들은 "이미 해결된 질문, 이미 내려진 결론들, 이미 안전이 확보된 결과들을 토대로 삼아 부담 없이 나아가는 일은 결코 없을 것이며", 오히려 "매 순간 새로운 **시작**으로 시작할"[71] 준비가 되어 있을 것이다.

하나님의 자유의 유일무이한 특성

하나님의 자유가 인간과의 공존을 향한 그리고 공존 안에 있는 자유라고 말한다면, 여기서 한 가지 물음이 이제야 비로소 진지하게 제기된다. 그것은 하나님이 우리와의 "관계 혹은 결합" 없이도 여전히 "동일한 하나님"이시며, 나아가 아무 피조물이 존재하지 않는다고 해도 "여전히 하나님"이시라는 바르트의 저 말은 무엇을 의미하는가라는 질문이다. 바르트에게 관건은 방금 앞에서 언급한 내용과의 모순이 아니라 그 내용에 대한 불가피한 설명인데, 이 설명이 없다면 앞서 말한 모든 내용은 틀린 것이 된다. 우리가 이 부분에 주목해야 할 것은 바르트 신학이 권위적이라는 비난은 원칙적으로 여기서 바라보는 관점과 관련이 있다는 사실이다. 이렇

---

[70] *Götze*, 160f.
[71] *Einführung*, 182.

게 말할 수도 있다. 바르트의 명제가 근대의 반(反)권위적인 개념에 가까운 것처럼 보인다면, 그것은 바르트가 여기서 그런 개념들을 비판하고 있기 때문이다. 이때 바르트가 논쟁하려는 것은 예를 들어 자유로운 공존이라는 개념이 여기서 문제가 되는 파트너들이 따라야만 하는 사상적인 **원리**를 의미하는지, 아니면 하나님이 홀로 자기 자신으로부터 인간과의 자유로운 연합을 이루시는 **행동**을 의미하는지의 문제다. 다시 말해 공존의 개념이 우리(하나님과 인간) 모두가 따라야만 하는 보편적인 "상위 개념"(비교. II/1, 349)인지, 아니면 바르트의 주장처럼 하나님께서 인간에게로 향하시는—바르트가 묘사하는—현실성을 통해 형성된 개념인지의 문제다. 여기서 말하는 "자유로운 공존"이 이미 주어진 어떤 개념으로부터 도출된 것이라면, 그때 하나님은 인간과의 그런 공존에 대한 여러 가능성에 속한 것 중 한 가지 가능성의 수신자가 될 뿐이다. 그렇다면 그 일은 하나님 없이도 생각될 수 있고 또 실현될 수 있다. 그러나 여기서 말한 내용이 하나님이 인간을 향해 오시는 사건을 통해 형성된 것이라면, 그때는 말해진 모든 내용에 다음의 명제가 동반되어야 한다. "하나님과 인간 사이의 영원한 상관관계는, 하나님의 계시 속에서 볼 수 있는 것과 같이, **오직 하나님 안에 근거하며, '하나님 그리고 우리'** 안에 근거하는 것이 아니다"(315).

이 명제 안에는 다음과 같은 내용이 내포되어 있다. 하나님의 자유에 관해 말할 때 우리는 유일무이한 자유, 오로지 하나님께만 속하는 독특한 자유에 관해 말해야 한다. 바르트에게 이 자유는 하나님을 "주님"으로 표현하는 성서적 내용과 일치한다(338f.). 우리는 하나님의 그와 같은 특수한 자유를 고려해야 한다. 왜냐하면 "하나님의 계시 속에서 볼 수 있는 것처럼", 하나님과 자유로운 파트너로서의 인간 사이의 상호관계 속에는 한 가지 근본적이고 제거될 수 없는 차이가 존재하기 때문이다. 그것은 창조주는 하나님이시고 인간이 아니라는 사실, 곧 인간은 하나님의 피조물이고 인간 자신이 창조주가 아니라는 사실이다. 또는 바르트의 표현대로 한다면, 하나님은 "자기 자신을 통해 그리고 자기 자신 안에 근거되어 계시며, 자기 자신을 통해 규정되고 움직이시고"(339), 그러한 한 하나님 자신의 외부에 있는 타자에 의해 규정되거나 운동하지 않으신다. 하나님의 외부에 어떤 타자가 있다면, 그것은 그 타자가 자기 자신을 통해서가 아니라 오직 하나님을 통해 근거를 지닌다는 사실에 힘입은 것이다. 하나님과 인간 사이의 이와 같은 차이는, 말하자면 인간의 죄라는 사실성에 근거하여 비로소 생긴 것이 아니다. 만일 그렇다고 한다면 그 차이는 인간의 죄가 제거될 때 사라질 것이다. 물론 그 차이는 죄의 사실성에 의해 분명 극단적인 면을 지니게 된다. 왜냐하면 죄의 결과로 상호관계 속에 있는 파트너의 한편은 죄에 빠져 있고 또 죄에 사로잡힌 인간, 다른 한편은 그런 인간을 홀로 죄로부터 해방시키실 수 있고 또 은혜로 해방시키시는 하나님이 되기 때문이다. 그리고 그 차이는 또 다른 극단적인 측면도 지닌다. 그것은 하나님이 자신이 근거를 마련해준 피조물 그리고 하나님 자신이 해방시킨 죄인을 그것들 스스로에게 버려두지 않으시며, 오히려 하나님과 함께 하나님의 선한 의지를 수용하라고 요청하신다는 차이다. 그렇게 요청하심으로써 이제 두 파트너는 양자의 상호관계 속에서 은혜로 계명을 주시는 하나님, 그리고 그 하나님이 책임을 향해 부르신 하나님의 자녀들로 이해될 수 있게 된다. 하나님의 저 유일무이한 자유에 관해 말하는 것은, 바르트에 의하면 분명 이와 같은 제거될 수 없는 차이를 고려할 때만 가능하다. 이와 같은 차이에도 불구하고 지금까지 말한 그러한 상호관계가 성립한다면, 그것은 하나님의 이러한 특별한 자유와 그 자유의 주도적인 능력에 근거한 것이다.

하나님과 인간 사이의 상호관계를 말하면서 우리가 바로 그와 같은 차이를 간과할 때 우리는, 바르트에 의하면, 그 상호관계를 이끌어내고 유지하는 성서적 증언의 사건을 간과하게 된다. 그때 우리는 그 상호관계와 관련하여 불가피하게 성서에서 증언되는 것과는 다른 것을 말하게 된다. 그때 인간은 하나님의 자유로운 파트너가 **되기 위해** 하나님의 특별한 관심과 은혜를 필요로 하지 않게 될 것이다. 그때 인간은 언제나 이미 스스로 하나님의 파트너가 **되어 있으며**, 하나님과 동등한 지반에 서게 된다. 그때 하나님과 피조물, 화해자와 죄인, 계명을 주시는 분과 그의 자녀 사이의 차이가 희미해진다. 바르트에게 그것은 원칙적으로 만유재신론(Panentheismus)의 관점이다. 만유재신론은 이미 그리스 철학의 이오니아 학파 초기에 뿌리를 두고 있으며, 만유는 이미 만유 자체를 관통하여 흐르는 세계정신(Weltseele)이신 하나님 안에 있거나 혹은 그 하나님을 통해 침투되어 있다고 주장한다. 바르트는 이런 세계관이 지닌 본래적인 문제를 다음과 같은 반론을 통해 지적한다. "하나님은 그 어떤 타자와도 함께 전체를 구성하지는 않으신다"(351f.). 물론 이 명제는 하나님이 타자와 함께하신다는 사실 자체를 부정하지는 않는다. 그러나 이 명제는 그런 관점의 주장, 즉 하나님이 피조물인 어떤 타자와 함께함으로써 비로소 하나님이 **된다**는 주장, 그리고 하나님이 **하나님** 되기 위해 인간을 필요로 한다는 주장을 배격한다. 그런 주장을 따른다면 하나님이 인간과 결합되는 것은 하나님이 인간을 사랑하시기 때문이 아니라 오히려 하나님이 자기 자신을 반드시 실현시켜야 하기 때문이며, 하나님이 우리는 물론 하나님 자신보다도 더 높은 곳에 있는 "전체성"이라는 어떤 강제적인 법에 복종해야 하기 때문일 것이다. 이것은 곧 인간만이 하나님과 그분의 은혜에 의존하는 것이 아니라, 하나님도 인간과 그 인간의 은혜에 그 인간과 함께 의존해야 한다는 것을 뜻한다. 이로써 인간은 자기 자신을 신격화한다. 바로 앙겔루스 실레지우스(Angelus Silesius)의 신비주의가 그렇게 주장한다.

"나는 나 없이는 하나님이 한 순간도 살 수 없음을 안다. 내가 없어진다면, 하나님은 필연적으로 그 영을 포기하셔야 한다"(316). 인간이 이렇게 자신을 신격화하는 만큼 "하나님의 탈신격화는…불가피한 결과로서 다가온다"(ebd.).

이제 바르트의 저 의문의 명제, 곧 우리가 없더라도 하나님은 여전히 동일하신 하나님이라는 명제는 이해될 수 있다. 물론 이 명제의 핵심은 하나님의 추상적인 독립성을 새삼스럽게 주장하려는 것도 아니고, 하나님이 우리와 함께 공동체적 연합을 이루도록 하나님 자신을 규정하신다는 사실을 부인하려는 것도 아니다. 오히려 이 명제는 "하나님과 인간 사이의 상호관계"는—처음에만 방법론적으로 그런 것이 아니라 지속적으로—"**오로지** 하나님 안에 근거하고 있다"는 맥락에서 이해되어야 한다. 오로지 하나님 안에만! 이 진술이 없다면 우리는 앞서 말한 만유재신론의 신비적 세계관에 빠지고 말 것이다. **그 상관관계의 성립을 위해** 하나님은 인간을 "필요로 하지" 않으신다. 이 말은 하나님이 인간을 원하지 않으신다는 뜻이 아니다. 오히려 하나님은 인간을 원하시며, 인간을 파트너로 원하시며, 인간에게 신뢰할 만한 파트너가 되고자 하신다. 오히려 그 말은 이런 의미다. 그런 상관관계가 현실적으로 발생하는 것은 바로 하나님이 그렇게 원하시기 때문이며, 이때 하나님은 자신보다 더 높은 곳에 있는 어떤 필연성의 강요 아래 계시지 않는다. 또한 그 말은 하나님이 하나님 되기 위해 인간을 "필요로 하지"는 않으신다는 것(물론 인간을 부정하실 필요도 없다는 것)을 의미한다. 하나님은 인간을 창조하는 데에도, 인간과의 관계를 설정하는 데에도, 인간에게 자비로운 하나님이 되시는 데에도 인간을 필요로 하지 않으신다. 이 사실을 부인하는 것은 곧 하나님의 **신성**을 부인하는 것이다. 만일 그렇게 된다면 하나님의 신성은 하나님에 대해 인간이 취하는 올바른 자세에 의해 구성된다고 이해되기 때문이다. 그렇게 되면 하나님의 **은혜**도 부인되고, 은혜의 능력 곧 죄에 사로잡혀 있는 우리를 해방시키고 새롭게 출발하도록 하는 능력도 부인될 것이다. 인간은 그 모든 것에서 항상 자기 자신으로 출발하는 것이 아니라, 하나님이 인간과 함께 시작하셨고 또 지금도 시작하시는 바로 그 시작과 함께 출발할 수 있을 뿐이다. 그러나 하나님께서는 자신의 존재와 행위의 모든 것에서 하나님 자신 외에 아무것도 전제하지 않으신다. 그것이 하나님이 하나님 되시는 일이든지, 하나님 자신과는 다른 현실성을 창조하시는 일이든지, 피조물과 관계를 형성하는 일이든지, 죄를 제거하고 인간에게 계명을 주시는 일이든지 관계없이 그렇다. 이 모든 것에서 하나님께서는 언제나 "자기 자신과 함께 시작"하실 뿐이다(342). **바로 이것**이 하나님의 유일하고 독특한 자유다. 바로 여기에 바르트의 다음과 같은 명제의 의미가 놓여 있다. 하나님께서는 우리와 관계를 맺지 않더라도, 우리가 존재하지 않더라도, 여전히 동일하신 하나님이다.

그렇다면 하나님은 누구신가? 이에 대한 바르트의 결정적인 대답은 여전히 "**동일하신 하나님!**"이다. 바르트의 대답은 이렇다. 하나님은 홀로 존재하시는 분이 결코 아니고, 앞서 말한 고립되고 고독한 "나는 존재한다"의 거울상도 아니다. 이것은 바르트가 왜곡된 현대성 안에 있는 자의적 자유의 뿌리에서 관찰했던 것이다. 또한 하나님은—어떤 절망한 채 혹은 고집부리면서—자족하는 자가 아니며, 무관계의 신도 아니고, 변덕스런 의지의 신도 아니다. 오히려 그분은 "**사랑의 하나님**"이시다. 하나님은 하나님이기 위해 인간을 필요로 하지 않으신다. (하지만 인간은 인간이기 위해 하나님이 필요하다.) 왜냐하면 하나님은 자기 자신을 통해 존재하시기 때문이다. 그러나 하나님은 이와 같은 점에서 단지 인간과 구분만 되시는 것이 아니라, 그분은 인간을 **사랑하신다**. 그러나 하나님은 **사랑**을 위해서도 인간을 필요로 하지 않으신다. 왜냐하면 하나님은 자기 자신 안에서 이미 사랑이시기 때문이다. 그렇기에 하나님은 외부를 향해, 우리를 향해 사랑하실 때, 신뢰할 수 있는 분이다. 만일 하나님이 인간을 필요로 하신다면, 그렇게 해서 더욱 공동체적인 존재가 되고 더 많이 사랑할 수 있다면, 하나님 그 **자신**은 고립되고 고독하며 사랑이 없는 존재라는 말이 되기 때문이다. "타자와 협력하는 체계 안에 있는 어떤 하나님은 단순한 절대자, 보편자, 숫자 1, 혹은 개념에 불과하다"(III/3, 157). 이런 하나님은 그 자신이 스스로 할 수 없는 어떤 것을 행할 수 있도록 우리가 도와주기 전에는 사랑할 수가 없다. 이런 하나님은 자유로운 은혜 안에서 자신의 피조물을 실제로 긍휼히 여길 수가 없다. 이런 하나님은 타자와의 자유로운 공존을 결정하거나 창조할 수 없고, 앞서 말한 "나는 존재한다"라는 고립된 인간을 왜곡된 자의성의 자유 안에 폐쇄된 상태로부터 해방시킬 수가 없다. 그러나 하나님께서 자기 자신 안에서 이미 사랑으로서 **존재**하신다면, 그분은 이 모든 것을 **행하실** 수 있다. 그분은—그것을 행하기 위해— "스스로 시작하실 수 있다." 이와 같은 "할 수 있음"은 바르트에게 하나님의 자유를 의미한다(비교. I/1, 337). 이 자유는 이럴 수도 있고 저럴 수도 있는 중립적인 자의성의 자유가 아니다. 하나님이 그분과 구분되어 그분 밖에 있는 피조물과 공존하실 수 있고 그것들을 사랑하실 수 있는 자유는 하나님이 그것을 필연적으로 행하셔야 하는 것이 아님을 의미한다. 왜냐하면 하나님께서는 오직 자기 자신을 통해서만 그렇게 하는 쪽으로 움직이기 때문이다. 이와 같은 하나님의 순수한 은혜의 인식은 하나님 자신의 존재에 관한 교리에 적용되어야 한다. 만일 하나님이 그것을 필연적으로 행하셔야만 한다면, 그때 하나님은 그것을 스스로 행하시는 것이 아니라 그분께 낯선 어떤 법칙에 굴복하는 가운데 행하시는 셈이 된다. 그러나 하나님이 스스로 행하신다면, 그것은 하나님 **자신**이 자유롭고 넘쳐흐르는 **은혜** 안에서 행하시는 것이다. 이렇게 행하실 때 하나님께서는 어떤 변덕스런 자의성을 따르지 않고, 오직 그분의 본질에 상응하는 것을 행하실 수 있다. 이와 같이 하나님께서는 자신의 존재 그 자체인 사랑을 외부를 향해서도 행하실 수 있다.

바르트의 **삼위일체론**은 바로 이 내용을 다룬다. 삼위일체론은 하나님의 자유를 말한다. 하나님은 자유로우셔서 하나님 **자신**이 은혜로부터 현실적으로 **우리의** 하나님이 되실 수 있고, 우리를—죄에도 불구하고—그분의 자녀들로 만드실 수 있다. 삼위일체를 문제시하는 사람은 바로 이 내용을 문제 삼는 것이다. 바르트에 의하면 삼위일체론은 성서가 증언하는 계시, 곧 예수 그리스도 안에서 발생한 하나님의 계시에 대한 가장 적합한 교회적인 해석이다(325). "삼위일체론은 우리의 하나님, 말하자면 계시 안에서 자신을 우리의 것으로 만드시는 하나님이 **참하나님**이심을 말한다"(401). 영원에서 영원으로 존재하시는 분이 시간적인 형태, 곧 낮아지신 자의 형태를 취하실 수 있고, 자신을 죽음에 내어주실 수 있고, 그렇게 하여 우리를 구원하신다면, 그 하나님은 도대체 어떤 분이신가? 명백하게도 그분은 "자기 자신과 다른 존재가 될 수 있고", 그 다른 존재 안에서도 하나님이기를, 전적으로 하나님이기를, 하나님 자신이기를 그치지 않는 분이시다(337). 명백하게도 타자성(Andersheit) 그 자체는 하나님께 낯선 것이 아니다. 타자성은 하나님이 추방해야 하거나 혹은 하나님을 하나님 자신으로부터 소외시키는 어떤 것이 아니다. "하나님께 타자성이 있기 위해 하나님의 외부에 세계가 반드시 필요한 것은 아니다. 하나님께서는 모든 세계가 있기 이전에…영원부터 영원 안에서 이미 하나님 자신 안에 타자성을 소유하고 계신다"(356f.). 이 명제는 하나님의 추상적인 독립성을 말하는 것도 아니고, 피조물에 대한 하나님의 무관심을 말하는 것도 아니다. 그 명제는 하나님이 자신의 피조물에 대해 행하실 수 있는 능력, 곧 피조물을 창조하고 하나님 자신과 관계를 맺게 하며 그것에게 하나님 자신을 계시하시는 능력을 가리킨다. 그것은 이중적인 의미에서 하나님의 "능력"이다. 그 능력은 한편으로 하나님의 존재와 행동에서, 하나님이 원하고 원하지 않는 것에서, 하나님이 말씀하고 말씀하지 않는 것에서 오로지 하나님 자신을 통해서만 규정되는 존재로서의 자유를 의미한다. 이 모든 것에서 하나님의 자유는 침해되지 않고, 오히려 그것들 안에서 자유는 행위를 통해 확증된다. 그 모든 것 안에서도 하나님을 하나님 되시도록 하는 것, 하나님으로서 지속적으로 존재할 수 있게 하는 것은 결코 상실되지 않는다. 바로 그 특성에 근거하여 우리는 그분의 낮아지신 형태 안에서도 흔들림 없이 한분 하나님과 관계하게 되며, 다른 어떤 신으로 혼동하지 않는다. 그 특성에 근거하여 우리 자신이 그분과 활동적인 관계를 맺을 수 있게 된다. 이와 같은 의미에서 우리는 삼위일체론의 명제를 말한다. "하나님은 자기 자신을 주님으로(자유로우신 분으로) 계시하신다"(323).

다른 한편으로 하나님의 "능력"은 하나님께서—이것이 하나님의 주권적 존재를 자의적인 통치로 오해하는 것을 막는다—외부, 곧 자신이 규정해서 자신과 구분되는 현실성과의 관계에서 하나님 자신의 능력에 적합하게 상응하는 것을 행하시고 그 능력 안에 있는 것을 "반복"하신다는 것을 뜻한다(III/2, 261). 하나님께서 외부와의 관계를 규정하고 그것을 하나님 자신과의 관계로 설정하실 수 있는 것, 나아가 하나님께서 사랑하실 수 있는 것은 하나님이 "먼저 자기 자신 안에"(zuvor in sich selber, I/1, 404) 타자성(他者性)을 갖고 계시기 때문이며, 그 관계 안에서 사랑과 관계성은 하나님의 원초적인 존재에 속하고 그분께 낯선 것이 아니기 때문이다. 바르트에 의하면 우리는 "절대자"나 "숫자 1"의 의미와 같은 하나님의 표상, 혹은 절대적 **단일** 군주와 같은 어떤 하나님의 관념과는 결별해야 한다. 왜냐하면 삼위일체론은 이렇게 말하기 때문이다. 하나님께서는 "이미 자기 자신 안에서, 이미 영원으로부터…고독한 존재, 자족하는 존재, 자신 안에 고립된 존재"를 부정하신다. "바로 자기 자신 안에서, 영원으로부터, 자신의 절대적인 단순성 안에서 하나님께서는 타자를 향하시고, 타자 없이 존재하지 않으려고 하시며, 자기 자신을 타자와 함께, 나아가 타자 안에서 소유하려고 하신다. 이와 같이 하나님은 아들의 아버지이시고, 아들과 함께 사랑이신 영을 생성하시며, 자기 자신 안에서 사랑이신 영으로서 존재하신다.…사랑은 화해 안에서, 그곳으로부터 뒤돌아본다면 이미 창조 안에서 우리와 만난다. 이 사랑은 참된 사랑이고 최고의 법이며 최종적인 현실성이다. 왜냐하면 하나님이 먼저 자기 자신 안에서 사랑이시기 때문이다"(507).

잘못된 표상들과 결별하기 위해 "단일신론"이라고 부르는 것을 상세하게 이해할 필요가 있다. "하나님이 한분이시다"는 것은 인간의 모든 신격화에 대한 논쟁에서 확실히 참이다. 1940년 히틀러의 권력이 정점에 달했을 때 바르트는 이렇게 말했다. "아돌프 히틀러의 제3제국은 바로 그 진리에 부딪쳐 수치를 당해야 한다"(II/1, 500). 그러나 그 진리가 "유일성의 이념을 절대화"하려는 것은 아니다. 그렇게 하는 것은 반역하는 프로메테우스를 필연적으로 불러들이게 될 것이다. 그렇기에 유일성의 이념이 "인간 개인의 지배권 주장의…거울상이 되는 것" 혹은 "여러 종류의 세상적 권세가 되는 것"은 필연적이다(504f). 하나님은 한 분이시며, 타락한 피조물에게로 향하시는 역사 안에서 그리고 그 피조물을 하나님 자신에게로 고양시키는 역사 안에서 살아 계신 자로서 한 분이시다. 그분은 삼위일체 하나님으로서 자기 자신 안에서 그렇게 할 수 있는 자유를 갖고 계시기에 한 분이시다. 세 가지 "존재양식" 사이의 관계와 행위 안에서 "하나님은 하나님이시다." 하나님은 그 존재양식을 지나쳐서 "그것들에 대해 중립적인 어떤 신성이 아니시다. 그런 어떤 중립적인, 순수한, 공허한 신성, 그리고 그런 신성이 본래적인 신성이라는 권리 주장은 잘 알려진 추상적 '단일신론'의 현혹이다. 이교적 종교들, 신화들, 철학들이 최고로 발전한 정점에서 그것은 사람들을 흔히 최고의 바보들로 만들어왔다. 그러나 참되고 살아 계신 하나님과 그분의 신성은 **역사** 안에 현존한다." 역사 안에서 하나님은 "한 분, 영원하신 분, 전능자, 거룩하신 자, 긍휼히 여기시는 자, 자유 안에서 사랑하시는 자 그리고 사랑 안에서 자유로우신 자이시다"(IV/1, 222).

바르트에 의하면 **예정론**은 삼위일체론과 관계가 있다. 예정론은 하나님이 인간에게로 향할 때 행하시는 것을 말해주고, 하나님이 (만물보다 앞선 태초에) 원하셨던 것, 그분이 (영원 안에서) 행하실 수 있었던 것에 근거한다. 하나님이 행하기를 "원하셨던 것"은 그분과 구분되는 시간적 피조물의 현실성과 관계를 맺는 것이다. 자기 자신 안에서 영원히 사랑하시는 자, 그리고 고독하지 않으신 자이신 그분이 그러한 자신을 **외부를 향하여** 나타내기를 "원하시고", 그것을 위해 바로 그 다른 현실성을 설정하신다. 이 현실성은 그분의 의지 곧 하나님의 선택의 결정에 근거한다. 이와 같은 영원한 선택을 생각하지 못할 때, 사람들은 그 다른 현실성 자체가 영원하고 신적이라고 생각하거나, 아니면 근원에서 하나님과 분리된 것으로 생각하게 된다. 우리가 하나님이 원하시는 것과 그분이 하실 수 있는 것을 알게 되는 것은 하나님이 가능하다고 **보여주신 것** 그리고 원하는 대로 **실행하신 것**으로부터다. 그것은 성서가 증언하는 것처럼 하나님이 인간에게로 향하시고 인간이 하나님께로 돌이키는 사건이다(II/2, 158ff.). 그러나 그렇게 행하시는 분이 **하나님**이시기에, 여기서 하나님이 행하는 것이 우연한 것이 아니라는 인식이 강조되어야 한다. 그것은, 하나님께서 그 모든 것을 시간적으로 실행하기 이전에, 나아가 이 세상의 어떤 객체들이 존재하기도 전에, 하나님께서 그보다 앞서 원하셨고 선택하셨던 것이다.

"하나님의 모든 길과 사역이 정해지기 이전에, 그 모든 것보다 앞서 하나님 자신이 원하셨고 규정하신 것이 아닌 어떤 '외부 존재'란 없다. 그 자체로 하나님의 은혜의 선택 안에 자신의 근거와 의미를 갖지 않는 어떤 '외부 존재'란 없다"(102). 그러므로 모든 이 세상적·시간적 현존재보다, 또한 모든 인간적 자기 규정보다 앞서고 그 이전에 오는 "만물의 시초에, 하나님 자신과 구분되는 현실성에 대한 하나님의 모든 행동의 시초에" 하나님이 "자유롭고 무조건적인 자기 규정 안에서" 그 현실성과 공존하고 그것을 사랑하는 것을 원하고 결정하셨으며, 그 결정을 위해 하나님은 현실을 구성하는 현존재를 원하고 창조하셨다. 그와 함께 그 현실성에 고유한 "제약성"을 그와 같은 선하신 의지로 긍정하고, 그분의 의지를 거역하는 것은 부정하고 배척하기로 결정하셨다(108f.).

바르트는 이와 같은 하나님의 의지적 결정을 "예정" 곧 하나님의 **"은혜의 선택"**이라고 부른다. 예정은 두 가지 요소를 갖는다. 예정은 참된 **선택**이고 "하나님의 자유로우신 결정"이다. 하나님이 자유롭지 않으시다면, 그래서 그 선택이 **필연적**이어야 한다면, 하나님은 하나님이 아니실 것이다. 그런 하나님은 행하기로 결정하신 그것을, 자신에게 부과된 어떤 강제성에 따라 혹은 어떤 인간적인 요구에 근거하여 행하는 셈이 될 것이다. 하나님의 선택의 자유가 지닌 특성은 그것이 **우선적으로** 하나님의 자기 자신에 대한 규정이라는 사실이다. 오직 그 규정에 근거해서 그 선택의 파트너를 그에 상응하는 자기 규정으로 결정할 수 있다. "자유로운 자기 규정 안에서 하나님께서는 자기 자신을 통제하실 수 있고 또 자신을 제약하실 수도 있다. 아무런 필연적 의무도 없지만 하나님께서는 자신을 인간에 대해 책임을 지도록 **만드셨다**"(108). 그렇기에 하나님의 자유로운 선택은 그분의 **은혜**와 상충하지 않는다. 하나님은 선택을 실행하실 때 어떤 강제성 아래 있지 않으시고, 그 선택 안에서 어떤 "독재자의 자의적 의지"를 행사하시는 것도 아니다. 하나님께서는 "모든 경우에 이와 같은 자유 안에서" 행하시는데, 그것은 "하나님의…가치에" 그리고 그분 자신 안에 있는 영원한 삼위일체적 사랑에 상응하는 것이다. 그분은 그것을 그분의 행동의 파트너에게 주어지는 시간적인 계시 안에서 신뢰할 수 있게 실행하신다(22). 하나님의 자유로운 선택은—우리가 절대적이라고 결정하는 어떤 "최고의 선택"과는 반대로—"그분의 **사랑**의 확증이다.…그것은 선택하는 사랑으로서 어떤 경우에도 증오가 아니고 무관심도 아니며, 오직 사랑이다. 하나님의 사랑은 행동으로 확증된다. '**이와 같이**' 하나님은 **세상**을 사랑하셨다. 그분의 독생자 아들을 '세상에 주셨으니 이는 그를 믿는 자마다 멸망하지 않고 영생을 얻게 하심이라'(요 3:16)"(25f). 예정론에 대한 전통적인 이해는 너무도 큰 어둠에 둘러싸여 있었고, 하나님의 선택의 결의는 맹목적인 운명의 자의적인 지배와도 비슷하게 보였다. 그렇기에 바르트에게 예정론은 그만큼 더 순전하게 "기쁜 소식"을 내포한 교리이고, 나아가 "복음의 총합"이다(11.13). 예정론은 하나님의 독특한 자유에 관하여 말한다. "그 자유 안에서 하나님께서는 영원히 사랑하는 자"이시다(9). 예정론은 능력에 관하여 말한다. 그 능력 안에서 하나님께서는 홀로 자신과 피조물 사이에 계약을 세우신다. 그것은 자유 안에서 공존할 수 있고 또 공존 안에서 자유로울 수 있는 계약이다. 하나님께서는 능력으로 그 계약을 지키신다.

4 ▪ 낯선 진리

종교의 문제

진리 질문의 어려움

바르트는 "진리를 사랑하는 자들에게" 헌정된 크리스티안 볼프(Chr. Wolff)의 책인 『하나님, 세계, 인간의 영혼…에 관한 이성적 숙고들』(1720)의 표제 그림을 보고 깊은 사색에 잠겼다. 그 그림은 "산, 들판, 도시, 마을 위에 드리워진 검은 구름들 사이로 문득 내비치는 밝은 햇빛"을 보여준다. "그 햇빛은 강렬한 후광을 머금고 있는데, 그러나 그 중심은 인간의 눈이 감당할 수 없을 정도는 아니다. 그 후광은 대단히 친절하면서도 약간은 포근하게 미소 짓는 사람의 얼굴 형태를 보여 주기 때문이다. 그 얼굴을 지닌 사람은 하늘과 땅 어디에서나 뒤로 물러나고 있는 어두운 그림자를 한없이 기뻐하는 듯이 보인다."[72] 바르트에게 이 작품은 **계몽주의** 정신을 나타내는 그림이었으며, 그 안에서 위에 말한 "진리를 사랑하는 자"는 선입견과 가식, 미신과 광신, 그리고 무지로 가득한 어둠 속에 빛을 비추려고 시도한다. 칸트(I. Kant)의 설명에 따르면 계몽주의는 "인간 자신에게 책임

---

[72] *Protestantische Theologie*, 16.

이 있는 미성숙함으로부터의 탈출"이다.[73] 이 진술과 함께 계몽주의는 진리 질문을 근대적 사고의 의사일정(議事日程)에서 가장 우선적인 의제로 삼았다. 계몽주의는 학문 안에서 자유로운 진리탐구를 구호로 외쳤다. 그러나 또한 계몽주의는 언론과 대중매체의 시대도 열었다. 바르트가 볼 때 이것은 우연한 일이 아니었다(CL, 388).

신학은 이에 대해 어떤 입장을 취해야 하는가? 바르트는 이렇게 생각했다. "각각의 시대에 현존하는 염려와 희망을 알지 못한 채 혹은 완고하게 지나치는 것은 교회를 위한 신학에게 기대하고 요청하는 것이 결코 아니다. 그러나 특정한 시대의 관심사―비록 그것이 악마적인 것이라고 해도―에 대해 개방적인 태도를 취하는 것과, 그 관심사를 자기 것으로 삼고 그것의 광기에 사로잡히는 것은 별개의 문제다. 후자는 신학이 결코 행해서는 안 될 일이다"(I/2, 319). 이와 같이 바르트는 근대 세계가 진리 질문을 주제로 삼았던 방식에 대해 변증법적인 입장을 취했다.

그것은 한편으로는 **긍정적인** 입장이다. 그것이 긍정적인 이유는 진리 질문이 역사의 힘에 의해 피할 수 없게 되었기 때문이 아니다. 바르트에 의하면 그리스도교 신학에서 그런 어떤 최종적 불가피성이란 존재하지 않는다. 오히려 그 이유는 진리 질문이 이전 시대에는 그저 정당한 것으로 인정되었을 뿐이고 그렇게 중요하게 취급되지는 않았기 때문이다.[74] 이미 26세에 바르트는 이렇게 말했다. 교회는 "진리가 말해지고 들려지는" 장소여야 한다. 진리는 "치장되지 않은 진리다. 거기서 사람들은 두려워하지 않으며, 아무것도 숨기지 않으며, 아무것도 미화하지 않으며, 아무것도 곡해하지 않는다. 거기서는 어떤 문구나 말들도 근거 없이 발설되지 않는

---

[73] 같은 곳, 238.
[74] 비교. *KD* IV/3, 32ff.

다. 비록 일상의 삶에서는 그런 것을 끊임없이 들을 수밖에 없지만 말이다. 거기서 우리는 있는 그대로 말한다." 왜냐하면 "본래 인간성은 일용할 양식보다 진리를 더 필요로 하기 때문이다."[75] 후에 바르트는 이렇게 말했다. 따라서 설교는 "그것이 도대체 정말인가?"라는 질문에 대답해야 한다.[76] 따라서 우리는 "인간 그 자체"를 보는 법, 그리고 인간을 숨기는 "치장이나 가면"에 사로잡히지 않는 법을 배워야 한다(CL, 466f.). 따라서 "신학의 영역에서도 자유로운 진리 탐구라는 근본원칙에 대해서는… **어떤 것**도 반대할 수 없고, 이것에 반대하는 사람은… 필연적으로 그리고 정당하게 수준 낮은 인물의 인상을 주게 될 것이다"(I/2, 317). 같은 이유로 바르트는 1948년에 앞서 말한 칸트의 구호를 인용하면서 희망을 이렇게 표현했다. "20세기의 전반기가 우리에게… 그렇게도 심각하고 암울한 광기를 가져다준 뒤에, 20세기 후반기는… 그로 인한 '계몽'의 시대가 된다면, 그것은 좋은 일일 것이다."[77] 바르트는 1941년에도 스위스의 출판검열과 관련하여―그 검열의 특징은 "그것이 검열이 아니라는 주장"이었다―이렇게 선언한 바 있다. "출판의 자유를 위해서는, 그리고 공적인 언론의 자유를 위해서는… 전쟁의 위험도 감수할 만한 가치가 있다."[78] 간단히 말해서 교회는 "공허하고 쓸모없고 위험한 말들이 난무하게 될 위험을 감수하고서, 바른 말이 크게 들리게 되는 기회가 없지 않다는 사실을 표방해야 한다."[79]

다른 한편에서 볼 때, "계몽"에도 불구하고 "그렇게도 많은 암울한 광

---

[75] *Predigten 1913*, 594f.
[76] *Wort Gottes*, 106.
[77] *Christliche Gemeinde im Wechsel*, 12f.
[78] *Eine Schweizer Stimme*, 222f.
[79] *Christengemeinde und Bürgergemeinde*, 39.

기"는 어디서 오는가? 왜 계몽주의 시대는 동시에 절대주의 시대였는 가?[80] "계몽주의 시대가 한편으로는 그토록 열정적으로 어둠에 대항하여 이성의 빛을 대립시켰던 반면, 다른 한편으로는 그 어둠을 **또한** 원하기도 했다면, 그것은 그 시대의 기이한 특성이 아닌가?"[81] 진리가 구호로 외쳐진 이후에, 그것은 빛을 밝혔다기보다는 오히려 어둠을 일으켜내지 않았던가? 그 결과 진리를 가리키려는 사람은 대부분 "물결을 거슬러 헤엄쳐야만" 했다.[82] 근대의 학문들이 인간의 뼛속 깊이까지 훑고 지나간 후, 막상 "인간 자신"은 온갖 종류의 "치장과 가면" 속에 은폐되지 않았는가? 자유로운 진리 탐구가 바로 신학의 영역에서 이루어낸 것은 무엇인가? "신학의 자유로운 진리 탐구의 결과들이라고는 사실상 **전혀 그렇게 말할 수 없는**" 것들을 볼 때, 무슨 말을 할 수 있는가!(I/2, 318) 미디어 매체들과 그것들의 언론의 자유는 어떠한가? 그것들은 "일반적인 환영을 생산하고 있으며 심지어 그 작업에서 앞서고 있다."[83] "어떤 일방적인 관심사에 봉사하는 해석들, 아첨들, 고무찬양들, 비방들을 사용함으로써, 언제나 특정한 여론의 노예가 되는 동시에 폭군이 됨으로써", "우리 모두의 머리와 마음과 양심에 매일같이 … '강압적으로 주입하려고' 하는 출판물을 사용함으로써"(IV/3, 521; 비교. 881f.), 대중매체들은 일반화된 환영을 만들어내고 있다. 그래서 바르트는 제3제국이 특별히 교활했던 면을 "조직적인 기만" 속에서 보았다. "제3제국의 언론출판은 조직적인 기만으로 독일의 삶 전체를 중독"시켰다.[84] 그러나 바르트에게 그 현상은 광범위한 문제의 한 가지

---

80 Protestantische Theologie, 19.
81 같은 곳, 18.
82 *Predigten 1913*, 595.
83 같은 곳, 594.
84 *Kirchenkampf*, 64.

증상에 불과했다. 여기서 왜 근대에 들어서서 진리가 추구되었는지, 또한 왜 "선전"(Propaganda)이 꽃을 피우게 되었는지를 이해하는 것이 중요하다. "선전"이란 이데올로기의 특별한 기술이며 작품이다. 선전은 "각각의 이데올로기들이 자신의 경쟁 상대들은 완전히 무가치하고 파멸적이라는 것을 증명해 보이려는 의도를 배후에 두고, 자신의 우수성과 유용성을 체계적으로 제시하려는 것이다"(CL, 388). 진리는 공표되었지만, 그만큼의 기만도 승리를 거두었고, 그 기만 속에서 "인간의 악함과 우둔함, 그리고 인간이 계속 반복해서 자초하는 모든 위기는…정점에 도달한 듯이 합작하여" 기승을 부렸다(IV/3, 500).

계몽주의가 사물들에 빛을 가져다주려고 의도했을 때―그것이 발견해 낸 모든 올바른 것들에도 불구하고―진리는 새로운 암흑 속으로 사라질 위기를 맞게 되었다. 바르트가 볼 때 이 사실은 우연이 아니었다. 그 이유는 계몽주의가 자신의 정당한 의도를 실현시키고자 했던 방법에 있었다. 무엇을 진리로 여길 수 있는가에 대한 설명을 인간이 하나님의 손으로부터 자기 자신의 손으로 취함으로써, 진리는 인간 자신의 생각과 의도에 따라 마음대로 형성할 수 있는 것으로 탈바꿈했다. 그래서 인간은 그런 진리를 전혀 확신하지 못하거나 혹은 확신한다고 상상할 뿐이었다. 그래서 진리는 상대적인 견해 또는 기술적으로 유용한 목적 적합성으로 해체되기 시작했다. 만일 사람들이 그와 같은 곤경에 직면하여 신학 밖에서, 그다음에는 신학 안에서 "관용이라는 진부한 계명"을 (세운다면), 그것은 바르트가 볼 때 **바로 그와 같은** 위기로부터 어떤 덕목을 만들어내려는 시도일 뿐이다. 그때 그 계명은 "모든 '절대화'를 중단하라는 계명이며, 실제로는 구속력을 갖는 어떤 진리 내용 혹은 지시에 관한 모든 긍정적인 진술을 회피하라는 계명이다"(III/4, 549; 비교. IV/3, 97ff.). 여기서 "모든 긍정적인 진술들"은 진술된 모든 내용이 상대적인 진리 및 가능한 견해들에 불과하며, 그것들 곁에는 언제든지 다른 견해들이 나타날 수 있다는 판결을 내린다. 그렇기에 그런 계명은 진리의 내용에 대한 물음을 간과한다. 바르트는 그 계명을 가리켜 "최악의 비관용"이라고 불렀다.[85] 하지만 이런 계명에 따라, 우리에게 자신의 권리를 인정할 것을 요청하는 진리는 한 인간 안에 내재한 진실성으로 대체되었다.[86] 다시 말해 무엇이 진리인가라는 물음은 포기되고 **그 사람**이 참이라고 **여기는 것**이 진리를 대신하게 된 것이다. 그래서 그러한 계명은 진리의 관점에서는 현대적 위기의 한 가지 증상에 불과하며, 그 위기에 아무런 도움이 되지 못한다. 그러한 계명과 함께 인간은 그 위기의 원인과 극복에 대해서는 묻지 않은 채, 단지 그 위기 안에 정착하고 있다.

바르트가 볼 때 여기서는 오직 한 가지 질문뿐이다. 그것은 어떻게 진리를 기만으로부터 구분하는가라는 질문이다. 바르트에 의하면 근대가 진리 질문을 주제로 삼으면서 생긴 **근본적인** 문제는 "진리"로서 장식되고 남발되며, 기만적으로 진리와 유사하게 보이고, 나아가 진리보다 더욱 매력적으로 보이는 유사 진리로부터 우리가 실제 진리를 구분하지 못한다는 사실에 있다. 바르트에게 유사 진리란 기만이 취하는 고유하고 위험한 형태다. 그러한 기만에 대처하기 위해 절대적인 "절대성 요구"를 상대적인 "절대성 요구"로 축소하는 것은 아무런 도움이 되지 못한다. 진리가 무엇인가라는 질문을 포기하고 자신들이 진리로 여기는 것을 붙듦으로써, 사람들은 아무런 보호도 받지 못한 채 기만에 넘겨지고 말았다.

이와 같은 진리 질문의 근원적인 문제, 곧 진리로부터 기만을 구분하지 못하는 것처럼 보이는 문제는 어떻게 시작되었는가? 대답은 이렇다.

---

[85] *Römerbrief* 1, 546f.; 비교. *KD* I/2, 326.
[86] 비교. *Briefe 1961-1968*, 508f.

우선 사람들이 근원적 원칙(Urgrundsatz)을 진지하게 여기지 않고, 그다음에는 그것을 외면했기 때문이다. 바르트는 그 근원적 원칙의 빛에서 위에서 말한 문제를 가장 우선적인 문제로 인식했다. 그 원칙은 다음 사실을 가리킨다. "하나님이 **진리**이시다.…하나님은 **유일무이한** 진리이시고 여럿 가운데 하나의 진리가 아니시다!"(II/1, 73) 하나님이 단순히 어떤 "하나의 진리"로 이해되자마자 곧바로 불행이 일어난다. 왜냐하면 그때 사람들은 하나님으로부터 독립적인 진리를 받아들이게 되고, 그 진리를—가설적으로만이 아니라 원칙적으로도—하나님으로부터 분리된 것으로 확정할 수 있기 때문이다. 그렇게 되면 그런 진리에 따라 사람들은 하나님의 존재조차도 여럿 가운데 하나의 진리로, 아마도 그중 최고의 진리로 이해하게 될 것인데, 그 진리는 언제나 사람들이 하나님으로부터 추상화하여 세운 진리일 것이며, 그것의 기준과 표준은 일차적으로 우리를 위해 하나님 없이 확정될 것이다. 여기서 관건은 인간이 자신의 손으로 발견할 수 있다고 생각한 나머지 마침내 자신의 손에 거머쥔 진리다. 그렇게 진리를 자신의 손에 붙듦으로써, 그것은 이제 인간이 마음대로 처리하고 능숙하게 다룰 수 있는 대상이 된다. 아니, 이미 그렇게 취급되었다. 그런 진리는 실상은 속이고 미혹하는 유사 진리이며, 기만 그 자체라는 사실이 항상 주의를 끌었던 것은 아니다. 왜냐하면 유사 진리는 겉모습을 진리로 가장하는데 성공했기 때문이다. "진리가 유사 진리로부터…구분되지 않는다." "혼신의 힘을 다해 속이는 사기꾼이 가장 높은 소리와 가장 엄숙한 분위기 가운데서 진리를 고백하지만, 그것은…단지 비진리가 될 뿐이고, 그것은…단지 그가 붙잡아 획득한 진리, 그가 영감을 불어넣고 지휘한…진리"일 뿐이다(IV/3, 505.503). 그가 자신의 사역 안으로 받아들인 진리, 그것은 그가 **자신만의** 진리로 **만든** 진리이고, 그 자신에게 적합하고 또 그가 자기 자신에게 적합하도록 만든 진리인데, 바르트에 의하면 그것은 **정**

확히 비진리다. 그런 진리는 걱정을 불러일으킨다. 왜냐하면 그것은 "진리"의 얼굴을 하고 있고, 너무 쉽게 인간에게 도달하기 때문이다. 바로 이것이, 도대체 왜 그렇게도 진리를 추구했던 계몽주의가 "그렇게 많은 암울한 광기"를 막지 못했는지, 막지 못했을 뿐만 아니라 오히려 제대로 불러일으켰는지에 대한 설명이지 않는가? 그리고 왜 그렇게 일으켜진 문제가, 진리를 개인적인 진실성으로 축소하는 것에 의해서도, 절대적 진리 요청을 상대적 "진리 요청"으로 환원시키는 것에 의해서도 단지 은폐되었을 뿐이고 제거될 수는 없었는지에 대한 설명이지 않는가? 그런 개인적 진실성을 위한 가장 큰 노력에서도 마치 유사 진리에 기만당하지 않을 수 있는 것처럼! 마치 상대적인 "진리 요청"이 언제나 인간이 제기하는 "요청"이 아닌 것처럼! 여기서 인간이 제기하는 "요청"은 더욱 철저히 빛 뒤의 어둠으로 인도할 뿐이다. 왜냐하면 그 요청은, 바로 여기서도 인간이 진리에 대한 인간적인 장악을 통해 진리를 왜곡시키는 유사 진리와 관계하고 있다는 사실을 불투명하게 만들기 때문이다.

진리란 무엇인가?

현대에 와서 제기되었고 동시에 위기에 **빠진** 진리 질문은 더 근원적으로, 즉 **신학적으로** 이해되어야 한다. 그 질문은 "복음의 빛 안에서 일으켜지는 계몽"을 필요로 한다.[87] "하나님은 진리이시다"라는 명제가 타당하다면, 진리는 **하나님**의 것이지 우리의 것이 아니다 (II/1, 233). 그렇다면 진리는 하나님 자신과 마찬가지로 우리가 장악할 수 있는 대상이 아니다. 만일 그렇게 하려고 한다면 자기 기만이라는 대가를 치르게 될 것이다. 그

---

[87] E. Jüngel, *Karl Barth zu Ehren*, 48.

렇다면 진리는 언제나 자기 편으로부터 와서 우리를 사로잡는다. 이 말은 "인간이 자기 자신으로부터 진리를 붙잡으려고 한다면, 처음부터 진리를 벗어나 그 옆에 있는 어떤 것을 붙잡게 된다"는 뜻이다(I/2, 330). 그렇다면 오직 진리만이 항상 우리에게 자신을 진리로 주장할 수 있으며, 우리는 절대적으로든 상대적으로든 진리 주장을 할 수 없다. 그렇다. 하나님이 진리이시라는 사실로부터, 다시 말해 우리가 진리를 부분적으로라도 장악할 수 없고 역으로 오직 진리가 자기 편에서 우리를 "사로잡는다"는 사실로부터 위에 말한 요청이 분리되는 한, 상대적인 요청 또한 "절대적인" 요청이 된다. 그러나 앞서 말한 것처럼 진리와 기만을 구분하지 못하는 무능력을 제거하기 위해 우리는 그럼에도 불구하고 진리를 "소유"해야 하지 않는가? 진리와 기만을 구분하지 못하면, 유사 진리를 진리라고 말하는 기만이 나타나지 않는가? 그런 유사 진리에 대항하기 위해, 그리고 그것의 정체를 폭로하기 위해 그리스도인들은 진리를 "소유"해야 하지 않는가? 물론 진리가 스스로를 알리는 곳에서만 진리는 유사 진리로부터 구분될 수 있고 유사 진리의 정체도 폭로될 수 있다는 것은 틀림없다. 바로 그 조건 아래서 우리는 "우리가 거짓말쟁이"라고 진실로 말할 수 있다. 다른 한편으로 진리의 공표는 우리 자신이 거짓 속에서 단지 허상으로만 진리 속에 살고 있다는 사실, 그리고 우리는 실상은 거짓말하는 자들이라는 사실을 내포한다. 하나님이 우리에게 진리로 "계시"되신다면, 또한 그 계시가 "진리 중의 진리"(II/1, 73)라면, 그것은 "하나님이 진리이시고 모든 인간은 거짓말하는 자들"(롬 3:4; 비교.II/1, 234)임을 밝히 드러내는 데서 계시로 입증된다.

이와 같은 사실은 바르트에 의하면 이러한 그리스도인이 스스로 진리를 소유하는 자들로서 다른 사람과 맞설 수 있는 가능성을 배제한다. 그리스도인들에게 주어지는 계시의 진리는 유사 진리 속에서 살고 있는 그들의 삶의 가면을 벗기고 폭로한다. 그렇다. 바르트는 이렇게 말한다. 바로 계시 속에서 진리가 우리와 직접 관계되기에 "죄의 특수한 **그리스도교적인 형태**"인 기만은(IV/3, 432) "도덕적인 형태로 불리는 모든 기만보다 더 악하고 더 위험하다"(500). 그리스도교적인 기만과 비교한다면 모든 세속적인 기만은 단지 "겉으로 드러난 현상"(Epiphänomen)일 뿐이다. 그래서 그리스도인들은 여기서 "먼저 자신의 가슴을 쳐야 하며, 그런 다음에야 비로소 세계의 기만을…기만으로 부를 수 있게 되고, 세속적인 진리들을 진심으로 수용할 수 있게 된다"(522). 그리스도인들은 다른 사람들에게 단지 진리의 증인이 될 수 있을 뿐이다. 그들이 "…자신들 곧 그리스도인 안에 인간의 불신앙, 미신, 거짓신앙을 지니고 있고, 자신들 안에 인간적 기만의 원형이 놓여 있다는 사실"을 조건 없이 분명히 인지하는 경우에 증인이 될 수 있다. 그렇게 해서 그리스도인들은 "모든 교만을 방지하게 되고 어떤 경우에도 다른 사람에게 돌을 던지지 않게 될 것이며, 오히려 그들과 함께 그리고 그들을 위해 그들에게 진리를 말할 자격을 얻게 될 것이고, 칭의와 성화를 바라보게 될 것이다. 칭의와 성화는 다른 사람들뿐만 아니라 그리스도인들 자신도, 오히려 그들보다 먼저 필요한 것이며, 다른 사람들과 마찬가지로 그리스도인들 자신도 자기 스스로에 대해서는 주장할 수 없는 것이다"(520). 그러므로 진리가 무엇이냐 하는 물음은 바르트에게는 이렇게 대답된다. 그리스도인들은 자신의 손 안에 있는 (절대적인 혹은 상대적인) 진리 소유 혹은 자기 자신들의 정직성을 진술하는 대신에, 계시 안에 있는 하나님의 진리가 거짓말하는 자, 곧 유사 진리 뒤에 숨어 있었으나 이제는 정체가 폭로된 그리스도교적인 "기만자"와 투쟁하는 과정을 묘사하게 된다. 그리고 이 투쟁이 진리와 비진리에 대한 세상의 이해를 돕기 위한 모범적인 의미를 지닌다고 주장하게 된다.

진리란 무엇인가? "하나님이 진리"이시라면, 진리는 하나님을 추상화하고서는 인식될 수 없다는 것, 나아가 진리는 하나님이 우리를 추상화하지 않으실 때만, 또 하나님이 우리에게 진리를 알게 해주실 때만 인식될 수 있다는 것에 대답이 주어질 수 있다. "진리는 비은폐성을 뜻한다"(II/1, 73). 진리이신 하나님이 자기 자신을 우리에게 계시하신다는 사실은 하나님이 자신의 비은폐성을 우리에게 간접적인 방식으로 드러내어 보이신다는 것을 뜻한다. 왜냐하면 그 드러남은 우리가 진리를 하나님 없이, 하나님을 도외시한 채로 소유하고 싶어 하고 그 결과 진리 속에 살고 있지 않다는 사실과 투쟁하기 때문이다. 진리는 무엇인가? 유사 진리 속에 숨어 있는 거짓말하는 인간의 "계시 거부"(IV/3, 432)와 투쟁하는 가운데 하나님이 자기 자신을 우리에게 진리로 드러내시는 바로 그 방식이다! 우리가 "하나님의 진리 그 자체를 말할 수 없다"는 사실은 변함이 없다(II/1, 219). "진리를 성취하는 일은 언제나 하나님의 사역이지, 우리의 일이 아니다"(234). 오직 하나님이 자신을 드러내어 주심으로써, 하나님이 우리의 인식에 진리를 부여해주심으로써, 우리는 우리의 기만에 대적하는 진리의 투쟁 속에서 우리의 기만에도 불구하고 진리를 인식할 수 있다. 우리의 기만적 정체를 폭로하며 그것과 논쟁하고 그것을 분리시키는 것, 바로 그것이 진리다. 바르트는 진리를 세 가지 관점에서 상세하게 설명한다.

(1) 진리는 그 진리를 증언하는 특정한 **인격**과의 동일성 안에서 우리와 만난다(IV/3, 507). 그러므로 진리는 "어떤 사상이나 원리나 체계가 아니며(그것이 관찰이나 직관의 구성이든지 아니면 개념들의 조합이든지…와는 관계없이), 올바른 것들의 직물도 아니고 교리도 아니다"(434). 만일 진리가 그런 것이라면, 우리는 진리를 장악할 수 있을 것이고 그 진리는 우리가 마음대로 조작할 수 있는 재료에 불과할 것이다. 그 결과 "바로 기만이…특별히 좋아하는 교리, 사상, 원리, 체계라는 옷"으로 치장하고(같은 곳), 진리와 인격의 동일성을 "비동일성"으로 날조하게 될 것이다(508). 그러나 진

리가 인격이라면, 그런 일은 배제된다. 그렇다. 진리는 우리와 만나는 상대이고, 그것도 자신의 편으로부터만 우리와 만날 수 있다. 그래서 우리는 진리가 우리와 만난다고 해도 그 진리를 "소유"할 수 없다. 그 진리는 우리에게 드러날 때도 여전히 내부로부터만 개방되는 비밀로 머물고, 반드시 의무적으로 개방되어야 하는 것도 아니며, 우리에 의해 개방될 수 있는 것도 아니다. "예수께서 이르시되 내가 곧⋯**진리**⋯이니"(요 14:6). 바르트에게 이 말씀은 앞서 말한 부정적인 것을 넘어서 두 가지 긍정적 의미를 지닌다.

한편으로 진리는 한 사람의 인격 곧 특정한 인격과 동일하다. 그렇기에 진리는 무언의 명제가 아니며, 우리의 온갖 해석을 통해 비로소 말로 표현되는 것이 아니다. 그렇게 되면 우리는 진리와의 만남 속에서도 단지 우리의 해석과 관계하는 셈이 된다. 오히려 진리는 말하는 것이며, "자기 자신을 위하여" 스스로 말한다(KD IV/3, 472; IV/1, 158). 진리는 우리의 변증에 의존하지 않고 오히려 스스로를 도우며, 자기 스스로 언어로 표현한다. 그렇다. 진리는 "우리 모두가 진리를 말한다고 하고서 실제로는 횡설수설하거나 웅얼거리는 곳에서" 정말로 말한다(IV/3, 472). 그렇다. 진리는 "다른 모든 사람의 말을 끝장내는 죽음의 경계를 넘어서면서", "그의 죽음의 침묵을 깨면서⋯오직 하나님만이 말할 수 있는 권능을 가지시는 바로 그곳으로부터" 실제로 말한다(474). 따라서 "진리로부터 존재한다"는 말의 의미는 "하나님과 만나고 그분을 마주 보는 가운데 우선 **그분의** 음성을 듣는 것"이다(IV/1, 277).

다른 한편으로는 진리는 그분의 인격과의 동일성에 근거하여 특정한 내용 곧 바로 그 인격이 말씀하시는 것과 분리될 수 없다. "그분은⋯하나님의 사역에 관하여⋯말씀하신다.⋯그분은 자신의 고난과 죽음 속에서 발생하는 하나님과 세상의 **화해**에 관하여 말한다"(IV/3, 475). "옳은" 것이 모두 진리는 아니다. "인간에게 진리를 은폐하곤 했던 것은 다름 아니라 바로 위대한 정당성들이다. 나아가 인간이 진리를 피하여 자신을 숨겼던 곳도 다름 아니라 바로 그 정당성이다"(IV/1, 446). 진리는 임의적인 내용들로 채울 수 있는 형식, 생각나는 것을 무엇이든 표현할 수 있는 어떤 형식이 아니다. 진리는 바로 그 유일무이한 기쁜 소식의 내용으로 채워져 있는 한에서 진리다. 그것은 진리가 은혜이고 "은혜가 진리"라는 소식, 다시 말해 "그 진리가 최초이자 최종적인 진리여서 그 진리 뒤에는 그 어떤 다른 종류의 진리도 은폐되어 있지 않다"는 소식, 그리고 인간이 "단연코 그 진리로부터 존재하고 살아갈 수 있도록 허락되어 있다"는 소식이다(54).

(2) 바로 그렇게 진리는 인간과 만난다. 그러나 진리는 "그저 마음에 들고 편안하고 환영할 만하기에 쉽게 이해되는 현상"(IV/3, 435)이 아니다. 오히려 진리는 "인간의 느낌, 욕구, 생각, 견해, 꿈에 대해 **낯선 종류**의 현상, 말하자면 우리와 날카롭게 대립하면서 우리를 경악하게 하는 현상으로서"(478) 우리와 만난다. 그 진리는 바로 "**십자가의 말씀**"(436)이다. "진리는 곧바로 인간에게 말을 건네지 않는다. 오히려 진리는 인간과 대립하며, 그와 함께 인간의 대립을 유발한다"(435). 진리는 인간에게 "거치는 것"(509)이고 "부딪쳐 넘어뜨리는 것"이다. 인간은 진리를 "두려워하게 된다"(507). 그래서 인간의 기만은 자신에게 괴로움을 주는 진리의 가시를 회피하면서 진리를 "…보다 덜 부담이 되는" 말로 "가공하고 번역하고 조작하고 변경하려고 한다"(510). 왜 진리는 그런 가시를 지니는가? 그 이유는 하나님께서 우리에게 진리를 말씀하시는 사건이 진리가 기만과 투쟁하는 사건이기 때문이며, 그 사건을 통해 우리가 유사 진리들로 삶을 은폐한 채 실제로는 기만 속에서 살고 있다는 사실이 드러나기 때문이다. 여기서 관건은 그것이 은혜의 사건이라는 사실이다. 그러나 은혜는 기만이 자신 안에서 편안히 쉴 수 있다는 의미가 아니고, 오히려 진리이신 그

분이 진리를 자기 스스로 부정하는 자와 철저히 대립하신다는 의미이며, 그래서 기만이 자신의 투쟁을 통해 언젠가 빛으로 드러나 제거될 것이라는 의미를 갖는다. 이와 같은 사건 안에서 하나님 자신은 기만의 존재에 노출되신다. 그 결과 "우리는 하나님을 찾아야 한다고 주장하는 바로 그곳—흔히 말하는 어떤 높은 곳—에서 하나님의 발견을 기대할 수 없게 된다." 오히려 우리가 하나님을 찾을 수 있는 곳은 현실성 전체 안에서 다름 아니라 "바로 우리 자신의 존재가 위치하고 있는 곳, 우리가 그 현실성을 직접 대면하고 있는 곳, 다시 말해 우리 자신의 현실성의 중심인 곳이다. 바로 그곳에서 "우리의 현실은 앞서 말한 부끄러운 지점, 곧 우리 모두가 각각 벌거벗은 모습으로 그저…서 있게 되는 지점으로 환원된다"(480). 하나님이 인간을 수용하신다는 것은 기만 속에 살아가는 인간의 도착성(倒錯性)을 받아들이신다는 것이다. 그러나 그때도 진리는 거짓말하는 자인 우리가 "우리 자신의 현실성, 곧 모든 허상을 벗은 인간적 현실성의 거울" 앞에 세워지는 방식을 통해서만 우리에게 들려진다. "그렇게 해서 인간은 하나님과 관계되고, 이웃 인간과도 관계를 맺게 된다.…그러나 거기서 누가 기꺼이 그분을 바라볼 수 있겠는가?" 바라보기만 해도 모든 것이 끝장나는 바로 그분 말이다. "십자가에 못 박히신 그분은 그와 같이 진리를 말씀하신다." 진리는 십자가에 못 박히신 그분과 다르게 말하지 않는다(479f.).

(3) 진리는 십자가에 못 박히신 분의 인격으로서 우리와 만난다. 그 인격은 "순종의 의무를 지게 된" 우리에게 우리 자신을 **요구**하는 말씀"을 전하신다(511). 바로 여기서 그 인격은 다시 한 번 기만과 대립하고, 기만은 그 인격에 저항하는데, 기만은 무엇이든 진리로 받아들일 수 있음에도 불구하고 한 가지만은 받아들이지 못한다. 그것은 진리가 우리 자신을 요구한다는 것이다. 그래서 기만은 그 요구를 왜곡하여 진리를 길들이고

"사유화"하려고 온갖 시도를 하게 된다(510. 513). 그 결과 인간은 진리를 자신의 손에 쥐게 되고, 진리는 인간에게 계율이 된다. 진리가 인간의 관심에 따라 조작될 수 있고 구성될 수 있는 것이 되고, 인간의 정신적 소유물이자 생산물이 된다. 나아가 인간은 그런 진리와 함께 (혹독한, 그러나 혹독해서 다른 사람들과 갈등에 빠지게 되면 적당한) 요구를 하는데, 자신이 스스로 만들어내어 다른 사람들에게 부과하는 기준에 따라 그렇게 한다. 그래서 인간은 자신의 능력을 미심쩍게 사용했을 때 비로소 기만의 삶을 살게 되는 것이 아니라, 첫 걸음부터 기만 속에서 살게 된다. 진리 안의 삶이 시작되는 곳은 그 진리가 우리에게 거부할 수 없는 요청을 제기하는 곳이다. 거부할 수 없는 것은 주먹으로 강경하게 요구해서가 아니라, "**가시관을 쓴 왕**"(450)이고 보좌 위의 어린양(459)이지만 그럼에도 불구하고 보좌에 앉은 **왕**이신 그분의 무저항 속에서 요구되기 때문이다. 그 왕이 우리를 진실로 우리 자신에게 혹은 우리의 "방종"(517)에 넘겨주지 않으심으로써, 그 왕이 우리를 그분 자신에게 붙들어 매심으로써, 그 결과 우리에게는 진리를 "우리 자신의 기초지식으로 취급하여 개선하거나 방어함으로 옹호"하려는 일 없이 오직 "아무런 요구도 없는 최고의 순종"의 의무만 남게 됨으로써, 진리는 우리와 실제로 만난다. 그때 우리는 "꼭두각시 인형이나 장기판의 말"로서가 아니라 우리의 "자기 규정" 안에서 진리를 올바르게 긍정하도록 자유롭게 된다(515). "진리가 너희를 자유롭게 하리라"(요 8:32). 이 진리는 우리가 임의로 선택하고 활용할 수 있는 자유의 결과가 결코 아니다.

허상의 권세

진리만이 기만의 가면을 벗길 수 있다. 기만은 "자기 자신이 기만으로 특징지어지지 않도록 매우 조심한다." 그런 기만을 "자신의 힘으로 진리로부터 구별하려는" 사람은 주의해야 한다. 그는 "단지 기만의 또 다른 형태를 진리로 제시하게 될 수 있기 때문이다.…그러나 진리, 곧 참된 증인이신 예수 그리스도께서는, 기만을 실수 없이 구별해낸다"(505). 그분이 기만을 진리와 모순되는 대칭 상으로 폭로한다. 왜냐하면 기만은 진리와 대립하면서도 진리와 유사한 모습을 취하기 때문이다. 가장 심각한 기만은, 사실 이것이 가장 위험한 것인데, 단순한 허구가 아니다. 기만은 "진리를 마치 자신의 것처럼 착복하여 집어 삼키고, 능력껏 소화시켜 자기 속에 넣는다.…실제의 노골적인 기만은 언제나 진리의 냄새를 풍긴다." 기만은 "의와 거룩, 지혜, 초연함과 용의주도함의 얼굴을 지니고, 또한 열정, 엄격함, 에너지의 모습을 지니며, 그 밖에도 인내, 하나님 사랑과 이웃 사랑의 빛나는 얼굴을 갖고 있기도 하다.…기만의 짧은 다리는 그런 얼굴들을 지니고 다닌다. 그 짧은 다리는 분명 강력한 다리들이며, 보폭은 넓고 아주 넓은 다리들이다!"(504) 왜냐하면 진리가 어떤 사람에게 가까이 다가오면 올수록, 진리를 기만으로 왜곡하여 이용할 위험은 그만큼 더 커지고 끔찍해지기 때문이다. 그렇기에—근대가 시작된 이래로 인류의 진보를 믿어 왔던 믿음과는 반대로—우리의 역사적 영역이 "우리가 꿈꾸고 싶은 것처럼 어둠이 감소시킨 것이 아니라 오히려 어둠을 증가시키고 짙게 만든 무대"라는 사실은 충분히 이해할 만하다(453). 그리스도인들은 자신들에게 알려진 계시 안에서 진리와 관계하기 때문에 그리스도교적인 기만은 "기만의 근원 현상"이며(519), 이것과 비교할 때 다른 모든 기만은 단지 "근원이 겉으로 드러난 현상들"일 뿐이다(521). 따라서 진리를 인식하는 그리스도인들이 누군가 하는 질문에 대해, 그들은 자신에게 가까이 놓인 혼동 곧 진리와 비진리 사이의 혼동에 대항하여 아무리 비판적으로 싸워도 충분하지 않다는 사실을 인식하는 사람들이라고 말할 수 있다.

기만이 스스로 진리의 겉모습을 띠는 것은 기만의 본질에 속한다. 그러나 바르트는 **단지 겉모습뿐임**을 강조한다. 바로 이 사실이 기만의 권세를 그것의 모든 가공할 만한 특성에도 불구하고 처음부터 (그 자체로서가 아니라 진리에 대한 관계에서) 무기력한 힘으로 만든다(505). 그 사실은 기만이 분명 "비본원적"임을 증명한다. 기만은 진리에 독립적으로 맞설 대안을 낼 만큼 "본원적인" 것이 못된다. 그렇기에 "기만이 대체하고 싶어 하는 그분(곧 그런 반대 세력을 다스리시는 주님)의 아주 작은 말씀 한 마디면 그 세력을 무너뜨릴 수 있다"(503). 그러나 그렇다고 해서 기만이 우리에게 행할 수 있는 것이 적은 것은 아니다. 기만은 진리의 겉모습을 띤다. 왜냐하면 기만은 진리(바로 그 기만의 정체를 폭로하는 진리!)를 전제하고 오직 그런 방식으로만 자신을 제대로 유지할 수 있기 때문이며, 그래서 기만은 진리를 직접적으로 부정하지는 않고 오히려 "외관상으로" 인정하면서 그 진리 속에 자신을 숨기기 때문이다. 그 결과 기만은 엄청난 권세, 곧 우리를 능가하는 권세의 특성을 얻는다. 그 결과 기만은 우리에게 분명해지는 "반대-계시"(432)의 성격을 띠게 된다. 반대-계시는 자신의 비은폐성을 드러내시는 하나님의 진리의 계시에 대립되고 반대되는 성격을 가리킨다. 이와 같은 반대-계시는 본질상 그리고 우리 자신에 의해서는 제거될 수 없는 **은폐**(Verbergung)인데, 이것은 기만을 기만으로 볼 수 없게 만드는 것이다. 기만은 진리의 겉모습을 취함으로써 자신이 유사 진리이며 비진리라는 사실을 볼 수 없게 만든다. 기만은 세련된 기술로 연막을 치는데, 그것이 바로 기만의 거짓활동이며, 그것을 위해 기만은 진리의 겉모습을 한 채로 진리를 이용한다. 즉 기만은 "진리를 이용하여 진리를 침묵시키고, 그렇게 함으로써 진리의 참된 증인을 침묵하게 만들려고 [시도한다]. 그리고 (기만은) 그 참된 증인을 후원하고 해석하며 길들이고 풍토에 적응시키고 순응하게 만들면서, 그리고 조용하지만 분명하고 큰 효과가 나타나도록 수정하면서 자신의 한가운데로 받아들인다"(504). 기만은 진리의 가시를 가능한 철저히 제거한 뒤에 진리를 사용함으로써 진리를 거짓으로 변질시킨다. 다시 말해 진리와 모순으로 대립하면서 기만은 진리를 세 가지로 취급한다. (1) 우리가 생각해낼 수 있는 모든 것으로 임의로 채울 수 있는 그 자체로 중립적인 이념으로 취급한다. (2) 기만은 어떤 진리의 상을 만든다. 그 상은 우리가 소원하는 것, 우리에게 유용한 것, 그리고 우리에게 부족한 것과 일치한다는 인상을 우리에게 남긴다. (3) 기만은 우리 자신을 요청하는 진리의 요구를, 우리가 장악하여 운영하고 있는 그 진리를 수단으로 하여 우리가 스스로 요구할 수 있는 것이라고 왜곡시켜 해석한다.

진리를 그렇게 다루는 가운데 진리는 우리를 위한 것으로 변한다. 우리와 마주 대하여 존재하는 대신, 진리는 우리 손안에 있는 것이 된다. 진리에 관한 우리의 개념과 일치하는 것에 근거하여 우리가 진리로 **여기는 것**이 진리가 된다. 진리는 우리가 참되다고 규정하는(be-stimmen) 것이 옳다는(stimmt) 확정의 결과물 내지 생산물이다. 단지 진리로-보이는 것(Wahr-Scheinliche)만이 진리로 통용된다. 어느 정도 "관용적인" 관점에서 본다면 이런 의미를 갖는다. 우리에게 진리는 언제나 우리가 진리라고 여기는 것에 관한 다양한 파악들 중 하나로서 존재할 뿐이다. 또는 이렇게 말할 수도 있다. 가장 큰 다수를 위한 가장 큰 성과를 기대할 수 있는 이해를 진리로 삼아야 한다. 그러나 권위적인 관점에서 진리란 이런 의미를 갖는다. 외부 기관들이 우리에게 어떤 것을 **반드시** 진리로 여겨야 한다고 말해주는 것 외에는 진리가 없다. 물론 이것은 우리가 그들의 명령을 내면화된 형식으로 우리 자신에게 스스로 말할 때, 진리가 된다.

바르트가 볼 때 이 두 가지 관점은 서로 대립하며 주장하는 것처럼 그렇게 서로 멀리 갈라져 있지 않다. 나아가 바르트는 현대적 권위주의의 근원이 현대적 자유주의 안에 있다고 말한다.[88] 왜냐하면 "누가 우리 자신의 가슴 속에 있는 어떤 신보다 더 나쁜 독재적 전횡을 일삼을 수 있겠는가?"(I/2, 749) 그리고 비록 그가 외부 세계를 향하여 관용을 베푼다고 해도, 그는 "비관용의 최악의 형태"(326)만을 베풀 뿐이다. 왜냐하면 그는 자기 자신을 (하나님으로부터 분리되어) **절대화**하는 인간적 주체이기 때문이다. 이런 주체의 "자유"는 진리에 이르지 못한다. 특히 그런 주체의 자유는 자신의 한계를 설정하는 시도에서 둑이 터진 것과 같다는 사실에서, 따라서 독재를 통한 한계설정에 굴복할 준비가 되어 있다는 사실과 관련하여 그렇다고 말할 수 있다. 스스로를 절대화하는 주체라는 근원으로부터 언제나 그 이상의 계속적인 독재가 이어지는 것이 당연하지 않은가? 그러한 독재의 근원이 밀봉되지 않는 한, 그것들은 매 시대마다 같은 일을 할 수 있게 된다. 그것은 다름 아니라 인간이 자신의 심정에 비추어 진리로 여기고 싶은 것의 후견자가 되고, 그것 아래 진리를 위치시키는 것이다.

그렇게 스스로 진리라고 여기는 것에 자족하는 것은 앞서 말한 진리에 대한 "가장 겸허한 순종"과 비슷한 것처럼 보일지 몰라도, 그 둘은 낮과 밤처럼 서로 상이하다. 첫 번째 경우에서 인간은 상대적으로라도 진리와 관계하는 것이 아니고, 단지 인간 스스로가—절대화하든지 상대화하든지 상관없이—진리라고 여기는 것과 관계할 뿐이다. 그것은 인간이 유사 진리들을 기획하는 가운데 생산한 **허상**이며, 인간이 스스로 만들어 진리라고 말하는 그림이다. "인간은 이와 같이 자신의 **기만**을 통해 생산된 **허상**과 더불어 **살아갈** 수밖에 없다. 이제 사물들은 인간이 보는 방식에 따라 존재하게 된다. 물론 그것은 사물 그 자체는 아니고, 하지만 인간과의 관계 안에 있는 사물이다. 인간은 그런 사물을 소유하고 경험할 수밖에 없

---

[88] *Der deutschen Kirchenkampf* (1937).

으며, 사물들은 그렇게 인간에게 작용한다"(IV/3, 540). 바로 이 점에서 볼 때 유사 진리의 작용이 얼마나 강력한지 이해될 수 있다. 유사 진리는 바로 인간을 그것 자체의 행위자이자 희생자로 만든다는 점에서 강력하다. 이것은 한편으로 이렇게 설명될 수 있다. 인간은 그런 허상과 함께—그것이 "진리의 냄새를 풍기면" 풍길수록, 허상이 단지 인간이 만든 모조품이라는 사실을 숨기면 숨길수록 그만큼 더 큰—권력을 휘두르고 사물들을 지배하게 된다. 사물들은 반드시 인간이 보는 그대로 존재**해야만** 한다. 인간은 모든 것을 자신이 보는 그 모습에 예속시킨다. 다른 한편으로 바로 그렇게 하여 허상은 인간 위에 권력을 행사하게 된다. 비록 허상은 인간의 손으로부터 유래했지만, 이제 그것은 인간을 손아귀에 쥐게 되고 인간 자신이 허상의 생산품이 된다. "왜곡된 허상 그 자체가 인간 위에 군림하는 실재와 권세가 되는데, 인간은 바로 그 허상을 기만을 통해 생산한 자다. 허상이 인간의 현존재를 지배하고, 규정하며, 한계 짓고, 특성화한다. 인간은 세계와 자기 자신을 왜곡, 전도, 곡해하고 그런 상태로 경험하며, 그런 왜곡, 전도, 곡해 속에서 세계와 인간은 그런 허상들 속에서 스스로를 묘사한다. 이제 인간은 자신의 객관적인 현실로부터 소외된 현실, 곧 객관적인 현실과 모순되는 어떤 주관적인 현실 속에서 살아가게 된다"(같은 곳).

이와 같이 병존하는 상반된 상태 안에서 기만된 유사 진리는 섬뜩한 변증법에 참여한다. 바르트는 하나님으로부터 소외되었기에 자기 자신으로부터 소외된 인간이 만들어 낸 모든 생산물이 그 변증법 속에 있다고 본다(CL, 363-366). 이미 바르트는 이른 시기에 "주님 없는 권세들"[89]이라는 표제어 아래서 그것을 말한 바 있다. 주님이 없는 자는 우선 하나님으

---

[89] 비교. *Römerbrief* 1, 20, 27, 34, 219, 348, 466 등등.

로부터 소외된 인간이다. 그는 하나님을 도외시함으로써 하나님의 영역 안에서 하나님을 향해 존재할 수 있는 "자유로운 주체"가 되는 것도 포기한 인간이다. 그 결과 인간은 끔찍하게 강력한 환상의 "파국적인" 연쇄반응을 유발한다. 다시 말해 인간은 "절대적으로" 존재하기를 원하지만, 결코 그가 의도한 대로 세계의 주님이 되지는 못한다. 그것은 자신을 주권적인 존재로…내세우는 인간의 "**신화**이고, 단지…**환상**일 뿐이다. 인간이 자신을 그렇게 여길 때―더 깊은 자의식으로…그렇게 하면 할수록 그만큼 더―**정반대**의 사건이 그에게 일어난다. 즉…하나님이 인간을 해방하는 역사 곁에 이제는 인간이 자신의 삶의 가능성들을 해방시키는 역사가 나란히 흐르게 된다. 후자는 인간 자신의 소원, 노력, 의지를 권력을 통해 제압해가는 역사인데, 권력이란 인간 자신의 능력이 지배하는 초월적인 힘을 가리킨다. 인간의 능력들은 이제 인간이 그것들을 사용하게 됨으로써…주님 없이 세계 안에 거주하는 권세들이 된다. 물론 인간은 그런 권세들을 지배할 수 있다고 믿는다.…그러나 실제로 그 권세들은 이제 인간의 손을 벗어나며…인간 없이, 인간의 배후 및 위에서, 그리고 인간에 대항하여 절대적인 힘으로서 제멋대로 행동하게 된다"(CL, 365).

유사 진리로 변장한 비진리는 위와 같은 변증법의 한 가지 사례다. 진리를 인간이 조작할 수 있는 물건으로 변형시키면, 그것은 그 즉시 역으로 인간을 마음대로 조작하기 시작한다(CL, 388). 여기서 유사 진리로 위장한 비진리는 단순한 한 가지 사례 그 이상이다. 왜냐하면 비진리는 그런 변증법적 과정에서 스스로 작용하기 때문이다. 그러한 비진리는 "**주님 없는 권세들**"이라고 말해진다. 왜냐하면 그것들은 단지 **겉모습**으로만 주님이기 때문이다. 그것들은 인간을 진정으로 자신들의 권세 안에 두지 못한다. 그러나 하나님은 인간을 자신의 손에 안에 두시며, 그 하나님 앞에서 겉모습의 주님들은 무력하다. 물론 그것들도 인간에 대해서는 권세를 갖는다. 단지 인간에 의해 기만적으로 창작해내어 높은 지위에 앉힌 통치권으로서 그렇게 한다. 그러나 그런 "주님 없는 권세들"도 실제적인 권세들과 똑같은 통치권을 행사한다. 그것들은 "사회를 지탱할 뿐만 아니라, 사회를 추진하며" "정치, 경제, 학문, 기술, 문화 안에서 인간의 진보, 퇴보, 정체의 **동인과 선도자**"의 역할을 담당한다(368f.). 물론 그런 주님 없는 권세들은 날조된 권세들로서—야수와 같이 방랑하는 "주인 없는" 짐승들처럼—허위 통치권을 행사한다. 그것은 하나님의 친인간적인 통치권에 모순되는 "반인간적이고 인간을 적대시하는" 권세이고, 개인에게나 공동체에게나 파괴적일 뿐인 권세다. 그리고 "인간이 **하나님**으로부터 **벗어나는** 것처럼, 그러한 주님 없는 권세들은 인간과 **분리됨**으로써"(절대화됨으로써!), 인간을 극도로 압제하게 되고, 인간은 그 권세들로부터 자신의 힘으로는 벗어날(구원받을) 수 없게 된다(397f.). 인간이 그것들로부터 벗어날(구원받을) 수 있는 것은 오직 하나님을 통해서다. 인간은 오직 하나님의 화해의 나라 및 평화와 진리의 나라가 다가올 때, 그래서 주님 없는 권세들이 "실제 모습인 실체화된 허구들로 연기처럼" 흩어질 때, 그런 권세들로부터 벗어날 수 있다. 이것은 "주님 없는 권세들이 인간에게서 **빼앗은** 자유, 곧 인간의 능력을 넘어선 자유를 인간에게" 되돌려 주기 위한 것이다(405). "진리 외에 어떤 것, 진리보다 못한 어떤 것은 그 권세들에…필적하지 못할 것이다. 그 어떤 정화된 생각도, 선한 의지의 노력도, 그 어떤 학문이나 기술도…그 권세들을 당해내지 못할 것이다. 그것과 강하게 맞설 수 있는 것은 **진리**뿐이다. 진리는 물론 그것을 즉각적으로, 근본적으로, 궁극적으로 능가한다. 그러나 전적인 진리요 참된 진리여야 한다. 그것은 **하나님**의 진리, 그분의 나라의 진리, 그분의 천사의 진리여야 한다. 주님 없는 권세들은 바로 그 진리의 모방을 목표로 삼았고, 그것을 모방하는 가운데 그렇게 강력하게 되었다. 다른 어떤 진리들은 그런 주님 없는 권세들에 필적하지 못한.…오직 **하나님의 진리가** 그것들을 끝장낸다.…하나님의 진리는 진리 그 자체가 스스로 말하게 함으로써 기만을 진리 자신과 구분하며, 그렇게 하여 기만을 기만으로 드러낸다. 이것이 주님 없는 권세들을 끝장내는 방법이다"(III/3, 620).

종교의 기만

바르트가 볼 때 "하나님의 진리가 기만으로" 바뀌는 일(롬 1:25; 비교. I/2, 335)이 가장 섬뜩하게 일어나는 곳은 **종교**다. 바르트의 종교비판은 바르트가 정치적 "레비아탄"(Leviathan, 괴물) 그리고 그것과 "가장 가까운 친척"인 금권정치(CL, 379)에 가했던 비판의 정점이다. 그의 종교비판은 스스로 진리를 자처하는 기만에 대한 그의 비판적인 분석의 구조 안에서 수행된다. 여기서 바르트가 기만에 대해 말하는 것은 종교에도 최고로 해당한다. 종교가 파악하는 것은 그 종교가 사람들 앞에서 주장하는 것과는 반대로 "결코 진리가 아니며, 철저히 그리고 전적으로 허구다. 이 허구는 하나님과 아주 조금만 관계가 있는 것이 아니라 전혀 관계가 없다. 종교가 이해하는 것은 하나님을 대적하는 신(Gegengott)이며, 이것은 진리가 인간에게 다가올 때 그렇게 인식되고 무너져야 하는 것이다. 그러나 그 대적자는 오직 진리가 다가옴**으로써** 그 자체로 그리고 허구로 인식될 수 있다"(I/2, 331). 종교는 "계시를 통해 우리에게 제공되고 묘사되는 하나님의 현실성의 자리에 인간이 자의적 및 자력으로 기획한 하나님의 상(像)을 세운다"(329). 그다음에 인간은 그 상(像)에 굴복한다. 왜냐하면 이제는 그 상(像)이 인간을 실제로 지배하기 때문이다. "인간은 종교 안에서 계시의 대체물을 스스로 조달함으로써 계시를 거부하고 또 계시에 대해 자신을 폐쇄한다"(330f.). 그래서 계시는 "**하나님 없는 인간의 둘도 없는 용건**"이 된다(327). 가장 날카로운 표현으로부터 결코 물러서지 않았던 이와 같은 바르트의 문장은 많은 반감을 불러일으켰고, 그래서 사람들이 그 문장의 의미를 충분히 이해하려고 시도한 적은 드물었다. 우리는 그 문장의 이해를 시도해 보자!

우선 바르트의 문장들은 **타종교들**에 대한 "그리스도교"의 비판이 아니다. 그리스도인들이 종교비판을 수행하는 것이 아니라, 오히려 그리스도인들이 종교비판의 대상이다. 그렇다. 그 비판은 "누구보다도 그리스도교 종교에 속해 있는 우리 자신에게 적용되어야 한다." 그 비판은 가장 먼저 "우리에게로" 향해져야 한다. 왜냐하면 그 비판은 종교 위에 내려지는 "하나님의 **계시의 판결**"이기 때문이다. 따라서 그 비판은 최고로 엄격함에도 불구하고 또한 긍휼의 판단이며, "진·선·미"에 대해 맹목적으로 분노하고 야만적으로 "논쟁하는 것"이 아니다. "자세히 살펴보면 진·선·미는 거의 모든 종교 속에서 발견된다. 물론 우리가 우리 종교에 확신을 갖는다면 그 안에서 특별히 풍부하게 발견할 수 있을 것이다"(I/2, 327). 위에 말한 계시의 판결을 깊이 숙고하는 사람은 그 문제를 "**인내**"하며 말하게 될 것이다. 그러나 이것은 다음과 같은 사람의 절제와 혼동되어서는 안 된다. 그는 "자신만의 종교를…가지고 있고 남모르게 그 종교에 열심이지만, 그러나 자제할 줄 안다. 왜냐하면 그는 자신의 종교가 유일한 것이 아니며, 광신은…좋지 않고 오히려 사랑이 첫째요 마지막인 말이 되어야 한다는 사실을 스스로 말했거나 혹은 들었기 때문이다. 또 그 인내는 더 많이 안다고 자처하는 계몽주의적 인간의 현명한 기다림과도 혼동되어서는 안 된다.…그런 유식자는 많은 종교들을 역사 속에서 서서히 발전하는 어떤 완전한 종교라는 관념을 관점으로 삼아…관찰할 수 있다고 생각한다. 또한 그 인내는 역사적 회의주의자가 지닌 상대주의 혹은 무관심과 혼동되어서도 안 된다. 그런 회의주의자는 종교적인 현상들의 영역에서 진리와 비진리를 묻지 않는다. 왜냐하면 그는 진리란 모든 진리를 의심하는 특수한 형태 안에서 인식되어야 한다고 생각하기 때문이다." 오히려 그 인내는 "하나님께서 하나님 없는 인간을 그의 종교와 함께 은혜로 하나님 자신과 화해시키셨다는 사실"을 아는 지식으로부터 온다. 그 인내는 하나님 없는 인간이, 마치 발버둥치는 아기를 엄마가 품에 안듯이, 하나님께 대한 거역에도 불구하고 하나님에 의해 이끌리며, 그를 위해 결정했고 실행하신 구원 안으로 옮겨지는 것을 본다. 그 인내는 하나님 없는 인간을 개인적으로 찬양하지도 비난하지도 않고, 오히려 그 인간의 상황을 이해한다.…그것은 그 상황 그 자체가 의미 있기 때문이 아니라, 그것이 밖으로부터, 즉 그리스도로부터 의미를 얻기 때문이다"(326).

그렇지만─또한 그렇기 때문에─위에서 말한 하나님의 판결은 그 모든 사랑에도 불구하고 엄격한 것으로 이해되어야 한다. 바르트는 여기서 종교 개념을 전제한다. 이 개념은 계몽주의가 만들어낸 것이었고, 그래서 계몽주의적으로 변형된 진리 개념과 병행되는 것은 우연이 아니며, 라가르데(P. de Lagarde)에 따르면 그 개념은 성서적인 계시 개념과 "가장 첨예하게 대립"된다(309). 여기서 "대립"은 계시의 제거로 이해되어서는 안 된다. 오히려 "종교"는 계시의 전제, 계시의 기준, 계시의 필연적인 준거 틀로서 이해되고 있고, 거꾸로 말하자면 계시는 종교의 술어로, 종교 안에 현존하는 소여성 가운데 한 가지 가능성으로 이해된다. 그래서 계시는 우리가 "계시 없이도" 소유하고 인식할 수 있는 것이 된다(315). 그 결과 근대적인 정의에 따른 종교는 "인간이 계시 없이도 소유할 수 있고 실제로 소유하는 하나님 관계"다(같은 곳). 이제 "종교"는 인간 안에서 어떤 "종교적 영역"(슐라이어마허)을 발견할 수 있다고 신뢰하고 의도하면서 **인간을** 관찰하는 것이라고 말해진다. 자신 안에 있는 그 영역에서 인간은 신적인 것 혹은 신적인 것을 행해 개방될 수 있는 능력을 발견하며, 자기 자신을 스스로 신적인 것과의 관계 안에 두거나 아니면 그 관계를 획득하려고 시도한다. 그 결과 종교는 인간이 추구하는 **대상**이 아니라 인간적인 **추구** 그 자체에, 그리고 그것을 통해 얻게 되는 것에 집중한다. **이와 같은** 이해의 테두리 안에서 "계시"를 말하면, 그것은 인간에게 아무런 새로운 것도 의미하지 않고, 오히려 그 테두리 안에 이미 주어져 있는 어떤 것을 표현하는 데 그친다. 바르트에게 이와 같은 종교 이해는 어쨌든 많은 종교들 가운데 있는 특정한 유일무이성의 "종교"를 어떻게 이해해야 할지를 말해 준다.

이 종교 이해는 또한 인간이 누구인지도 말해준다. 그 인간은 하나님께서 자신의 계시 안에서 하나님 자신과 결합시키시는 인간이다. 여기서 말하는 인간은 하나님으로부터 분리된, 하나님 없는 인간인가? 맞다. 그러나 인간은 바로 그 사실을 부인한다. 그는 종교에 매우 몰두해서 자신이 이미 오래 전부터 하나님과 관계하고 있다는 겉모습을 보임으로써 그 사실을 부인한다. 그렇게 해서 그는 "하나님의 계시란…인간의 **종교적** 세계 속에서는 하나님의 **은폐성**"이 되고 만다(307)고 주장함으로써 그 사실을 숨긴다. 이와 같은 사태 안에서 하나님의 계시는 어떤 "중립적인 상태"에서 우리와 만나는 것이 아니라, 오히려 자신들의 하나님 없음을 부정하고 하나님의 계시에 대한 자신들의 의존성을 부정하는 **종교적** 인간들과 만난다. 다시 말해 "계시는 스스로 하나님을 인식하려고 시도하는 인간과 만난다. 계시는 계시에 상응하여 행동하는 우리"가 아니라 오히려 "계시와 맞서 **대적하는**" 우리를 만난다(329). 하나님의 계시는 인간의 종교 세계의 은폐성을 벗어나 감추어질 수 없는 것 즉 진리로서 나타난다. 하나님의 계시는 **종교** 안에서 인간이 숨기는 것을 **계시**로 폭로한다는 점에서 그렇게 된다. 계시는 인간이 이미 알고 있는 것을 전하지 않는다. 계시되는 것은 인간이 부분적으로 알고 있거나 기대할 수 있는 것도 아니다. 오히려 계시되는 것은 인간이, 특별히 계시가 인간과 만나는 바로 그때, 자신의 종교 속에서 부정하는 바로 그것이다. 다시 말해 인간이 종교를 통해 대적하려고 하는 바로 그것, 종교적 인간으로서 더 이상 전혀 필요하지 않다는 주장과 함께 회피하려는 바로 그것이 계시된다. 인간이 종교—이것은 "이론적 무신론보다 더 나쁜 형태다"(CL, 212)—속에서 부정하는 것은 인간 자신이 죄의 용서를 필요로 한다는 사실과 그 용서를 받을 자격이 없다는 사실이다. 이것은 인간이 종교적 본질 안에 있다고 해도 그러하며, 아니 바로 종교적 본질 **안에** 있기 때문에 그러하다. 우리는 종교의 "모든 증상들 가운데 가장 심각한 증상을 기억해야 한다. 그것은 교회가—세상이 아니라 교회가—그리스도를 십자가에 못 박았다는 사실이다."[90] 그렇기에 계시는 오직 자신의 편에서 인간과 대립하는 가운데 인간과 만날 수 있다. 그렇게 인간과 만나면서 계시는 자신이 처음으로 인간에게 주는 그것을 인간이 어떻게든 이미 가지고 있다는 주장은 허구임을 밝혀 주고, "종교란 말하자면 펼쳐진 손이고 그럴 때 그 손은 하나님의 계시에 의해 채워질 것"이라는 사실도 밝혀준다(I/2, 330). 그렇게 되면 인간은 그 모든 것을 자신의 손 안에서 임의로 처리할 수 있게 된다. 계시는 인간에게서 가면을, 즉 종교라는 허상 아래 자신의 하나님 없음을 감추는 수단으로 삼는 가면을 벗긴다.

바르트에 의하면 그러한 허구의 폭로에는 두 가지 측면이 있다. 첫째, 계시는 인간이 하나님에 관해 말할 때, 인간은 단지 하나님에 관해 말하는 것처럼 속이고 있을 뿐이라는 사실을 말해준다. "모든 종교적인 요청을 외적으로 충족시켰다고 해도" 그때도 인간은 단지 "인간 자신…의 존재와 소유의 거울상"을 마주 보고 있을 뿐이다(345). "우리가 하나님을 세

---

[90] *Römerbrief* 2, 372f.

계를 다스리는 보좌에 앉혀드린다고 할 때, 그 하나님은 우리 자신을 의미한다. 우리는 하나님을 '믿는다'고 하고서는, 우리 자신만을 의롭게 하고 향유하고 경외한다."[91] 바르트는 구약성서의 우상 금지가 바로 그것에 항의한다고 말한다. 구약성서의 우상금지는 "종교학이 상투어처럼" 즉 하나님의 형상은 단지 신성이 머무는 "외적인 형태"일 뿐이지 실제로 하나님의 본질과 동일하지 않다고 말하지는 않는다. **그렇기 때문에** 하나님은 "어떤 인간적인 작품에 의해도 형상화될 수 없다.…왜냐하면 하나님은 자신의 말씀과 계시 안에서…배타적으로 그분 자신에게만 증언"하고자 하시기 때문이며, "진리는 오직 진리를 통해서만 인간에게 도달할 수 있기 때문이다. 만일 인간이 자기 자신의 힘으로 진리를 붙잡으려고 하면, 인간은 처음부터 과녁에서 벗어나게 된다." 그렇게 하면 인간은 언제나 자기 자신만을 붙잡게 되는데, 그것은 하나님으로부터 분리된 존재다. "종교란 이와 같이 스스로를 **붙잡는 행위**이며, 그래서 종교는 계시와 대립된다." 종교란 "오직 하나님만이 하실 수 있는 것, 곧 진리 인식과 하나님 인식을 스스로 만들어내려는…만용의 시도, 그러나 무기력한 시도다. 그 인식은 오직 하나님이 인간에게 창조해주실 때만 인간에게 가능해진다(330f.). 둘째, 계시가 인간에게 말해주는 것은 인간이 의로움과 거룩함을 얻으려고 종교적으로 추구할 때, 단지 **그것을 향해** 노력하는 것처럼 속고 있을 뿐이라는 사실이다. 왜냐하면 그는 실제로는 단지 "자기 자신을 의롭게 하고 거룩하게 하려고" 시도하는 데 그치기 때문이다(338). 종교 속에서 바로 그런 시도를 행하는 것은 인간이 하나님에 관해 말한다고 하고서 실제로는 자기 자신에 관해 말하는 것과 크게 다르지 않다. 이런 시도에 붙들릴 때 인간은 계시를 거역하여 대립할 수밖에 없다. 왜냐하면 인간은 계

---

[91] *Römerbrief* 2, 19f.

시가 인간에게 약속하는 구원을 인간 스스로 이루어낼 수 있다고 생각하기 때문이다. 그러나 계시가 인간에게 구원을 약속하는 것은 계시가 종교의 그런 시도를 반박한다는 것을 뜻한다. 이것은 바르트에 의하면 업적의 의에 반대하여 신구약성서가 증언하는 내용이다(339-343). 인간은 그 어떤 의미에서도 자기 자신이 의롭고 거룩하다고, 나아가 구원을 받았다고 스스로 인정할 수 없다. 자신의 입으로 그렇게 말하는 것은 인간 자신에 대한 인간 자신의 판단으로서 기만이 될 것이다. 진리란 계시된 하나님 인식으로서만 진리일 수 있다. 진리는 예수 그리스도 안에 있다." "하나님이 그리스도 안에서 세상을 하나님 자신과 화해시킴으로써" 그리스도께서는 "하나님을 세상과 화해시키려는 모든 인간적인 노력을 대신 짊어지신다"(336).

기만은 오로지 진리에 의해서만 정체가 폭로되고, 기만 자체를 통해서는—기만은 본성상 유사 진리 안에 숨기 때문에—결코 가면이 벗겨지지 않는다. 이 명제에 상응하는 것은 특별히 종교가 자신이 하나님 없는 인간들의 관심사라는 사실을 스스로 밝혀낼 수 없다는 점이다. 종교도 "진·선·미"의 그림 아래 자신을 은폐한다. 바르트에 의하면 종교에게는 최종적인 "불필요성"과 "약점"의 징표로 여겨질 수 있는 "내재적인 문제점" 이 두 가지로 지적된다. 하나는 신비주의인데, 거기서는 "모든 외적인 것은 단지" 내적 현실의 "허상"이다(348). 다른 하나는 무신론이다. 무신론은 "종교가 말하는 초월세계"를 부정함으로써 다른 종류의 "진리-도그마들"로 무장한 "가면 쓴 종교들"로 쉽게 변질된다(351f.). 그러나 이 두 가지는 종교를 지양하지 못한다. 한편으로 이 둘은 종교를 부정하기 위해서는 종교를 필요로 하기 때문이며, 다른 한편으로 둘은 모두 자신의 가장 내적인 특성, 곧 "인간의 자기 자신에 대한 믿음"(343)을 먹고 살아가기 때문이다. 이것도 또한 인간이 종교 없이 살 수 있다는 기만을 의미할 수 있다. "어떤 종교가 사멸되었다면, 그것은 지금까지 다른 종교가 승리했기 때문에 그렇게 된 것이다. 신비주의와 무신론의 공격…때문에 그렇게 된 것이 아니다"(353). 모든 종교가 각각 자신이 옳다고 주장하는 것은 "(오직) 하나님의 계시를 통해 부정된다. 하나님의 자기 자신을 제시하시는 계시는…하나님과 인간 사이에 하나님 자신이 세우신 평화의 사역으로서 진리이기 때문이며, 그 외에는 다른 어떤 진리가 없고 그 진리 앞에는 단지 기만이…있을 뿐이기 때문이다"(356). 이 사실을 지각하는 그리스도인들은 계시 속에서 종교 위에 내려진 판결로부터―종교 자체와 마찬가지로―벗어나기가 어렵다. 바로 그리스도인들이 종교 자체보다 "가장 철저하게" 그 판결에 해당한다고 여겨야 할 것이다. "그러나 비그리스도인들은 그들 속에서 우리가 우리 자신을…재인식하는 한에서만 그렇게 된다. 다시 말해 비그리스도인들과의 연대 속에서 우리는 회개 그리고 희망에서 그들보다 앞서며, 그 판결에 먼저 굴복한다. 이것은 우리가 계시의 약속에 참여하기 위해서다"(358). 그렇게 하여 "계시에 의한 종교의 지양(Aufhebung)"은 단순히 종교의 부정을 의미하지 않는다. "종교 위에 내려진 판결은 타당한 것이고 바로 그 타당성 때문에 종교는 계시 안에서 마땅히 지양되지만, 그럼에도 불구하고 종교는 계시에 의해 유지되고 계시 안에서 안전하게 머물며, 계시를 통해 의롭게 되고…거룩해질 수 있다." 인간의 종교적 자의식 때문이 아니라 하나님의 은혜에 힘입어 "참된 종교가 존재한다. 이것은 의롭다고 인정받은 죄인이 존재하는 것과 마찬가지다"(357). 참된 종교의 진리는 이렇게 설명될 수 있다. 우리의 종교가 우리를 하나님과 결합시키시는 것이 아니라, 오로지 하나님께서 우리의 종교에도 불구하고 그리고 바로 우리의 종교 안에서 하나님 자신을 의롭게 하고 거룩하게 하시면서 자신을 우리와 결합시키신다. 우리는 하나님의 칭의와 성화 안에서, 그리고 칭의와 성화로부터 살아감으로써 자유하게 되며, 우리의 종교에도 불구하고 우리의 종교 안에서 하나님께 영광을 돌려드리게 된다. 자유롭게 된 우리는 비그리스도교적인 종교를 가진 이웃들과 함께 연대하고 희망하면서 교류할 수 있게 된다.

진리의 증언

기만의 "거대한 힘과 많은 간계"는 이제 인간의 진리 인식을 방해할 정도로 막강하거나 교활하지는 않다. 만일 우리가 진리의 참된 인식이 존재한다는 것을 고려하지 않는다면, 그것은 "진리의 진리"인 계시를 부정하는 것이 될 것이다. 만일 우리가 기만의 힘과 교활함에 놓인 한계에 대해, 그리고 진리와 기만 사이의 구분에 대해 무지하다면, 우리는 진리를 사칭하는 기만을 기만이라고 부를 수 없을 것이며, 우리 자신을 가면이 벗겨진 기만자로 고백할 수도 없을 것이다. 바르트에 의하면 진리의 인식이 존재한다는 기대는 어떤 가정이 아니라 현실, 곧 진리가 실제로 등장한 현실에 근거한다. 바로 예수 그리스도께서 "참된 증인"(IV/3, 425)이시다. "그분이 자기 자신에 관해 증언하심으로써 진리를 증언하신다"(507). 그분은 "은혜와 진리가 충만하신"(요 1:4) 분이며, 그의 은혜는 진리이고 그의 진리는 곧 은혜다. 이와 같이 그리스도는 진리의 "보증인"(IV/1, 150)이시며, 모든 사람의 "동시대인"으로서 진리를 우리에게 보증하신다(IV/3, 572). 어떤 중립적인 "사물"이 아니라 바로 "그분"의 인격이 진리 인식을 제공한다. 그분이 우리에게 진리를 인식하도록 하실 때, 그분의 진리 증언은 새로운 증언, 곧 진리 증언을 향한 소명을 불러일으킨다. 그분은 **죄인들을** 부르신다(674). 그분의 부르심을 따를 때, 그들은 다른 모든 사람과의 "완전한 연대성"(610f.)으로부터 벗어나지 않는다. 왜냐하면 그들은 바로 자신들이 기만자로서 책임이 있음을 알기 때문이다. 그러나 그들이 이

전에 부정했다는 것을 지금은 알고 있다는 사실은 그들이 진리의 증언과 마주쳤다는 사실을 보여주며, 그리고—"진리 그 자체로부터 주어지는 자유를 통해"(II/1, 234)—이제는 진리의 증언에 참여하게 되었음을 알려준다. 이와 같은 일은 자동적으로 일어나지 않는다. "그러한 일은 역사 안에서 일어나는 위대한 비판적 순간들이었고 지금도 그러하다.…그 순간들 속에서…인간적인 예지와 통찰을 통해서가 아니라, 그때 그곳에서 다시 한 번 들었던 참된 증인(예수 그리스도!)의 말씀의 힘 그리고 성령의 힘 안에서, 단순하지만 너무도 찬란하고 깊은 근심을 주면서도 마찬가지로 깊은 위로를 주는 실상에 대한 어떤 잠정적인 발견에 이르게 된다. 그것은 기만은 아무리 최고의 형태라고 해도 그저 기만…일 뿐이라는 사실이다"(IV/3, 506f.).

진리의 증인(예수 그리스도!)을 통해 진리를 향한 눈, 그리고 진리와 단지 진리처럼 보일 뿐인 기만 사이의 구분에 대한 눈이 열린 사람들은 그와 함께 **또한** 진리의 증인들이 된다. 그러나 그들은 그리스도와 함께하는 진리의 증인이지 그리스도처럼 되는 것은 아니다. 그리스도와는 달리 단지 부르심을 받은 **죄인들**로서 증인이라는 사실이 그들은 그리스도와는 다른 방식의 증인들임을 보여준다. 그들이 진리를 증언할 때, 진리는 그들 자신과 결코 동일하지 않고 오히려 그들에게 낯선 것이다. 진리는 오직 그리스도 안에서만 그들에게 "보증"된다. 그들은 정확하게 말한다면 진리의 단순한 증인들일 뿐이다(700). "단순한"이라는 말은 그들이 진리도 아니고 진리를 소유하지도 못함을 뜻한다. 그들은 진리를 그들이 마음대로 처분할 수 없고 또 임의로 사용할 수도 없다. 그들은 지속적으로 진리에 의존해 있고, 단지 진리가 그 자체로부터 그들에게 매순간 새롭게 열릴 것을 기다릴 수밖에 없다. 진리가 그들에게 열릴 때도, 그들은 진리를 단지 가리킬 수 있을 뿐이다. 그러나 그들은 그렇게 할 수 있고 마땅히 그렇게 해야 한다. 진리가 그들에게 알려진 것은 그들의 "자기 목적"을 위한 것이 아니고, "자기 추구"(650)를 위한 것은 더욱 아니다. 그들은 다른 사람들을 위해 진리를 비축할 수 없고, 진리를 다른 사람 앞에서 숨길 수도 없으며, 진리를 다른 사람들에게서 떨어뜨려 놓을 수도 없다. "부르심을 받는 것은 사명을 받는 것을 뜻한다"(658). 그것은 다른 사람들에게 진리를 증언해야 하는 사명이다. "그들은 하나님 자신이 그들에게 앞서 말씀하신 것을 증인으로서 말해야 한다"(661). 그들은 이전에 자신들에게 "앞서 말씀하신 것"을 신중하게 고려하면서 증언해야 한다. 그러나 그들은 또한 자유 가운데, 하나의 인간으로서, "칸트가 참된 '계몽'의 본질이라고 칭송했던 용기를 가지고, 자신의 고유한 오성을 사용하게 된다"(608).

그들은 단지 진리의 증인들일 뿐이고 진리를 마음대로 처분할 수 없다. 이 사실은 바르트의 사고를 통해 한 번 더 새롭게 조명된다. 진리의 참된 증언들, 즉 "참된 말씀들"은 그리스도교 **안에서만**이 아니라 **밖에서**도, 다시 말해 세속세계 안에서도 발견될 수 있다는 것이다. 교회 공동체는 "그러한 말씀들이 있고 공동체가 그 말씀도 들어야 한다는 사실"을 마땅히, 나아가 "반드시 고려해야 한다"(128). 물론 그런 말씀들은 공동체 안에서 저 유일한 참된 증인(예수 그리스도!)의 참된 말씀을 대체할 수 없고 단지 보충만 하는 것도 할 수 없다. 그러나 이 말씀들이 유일한 참된 말씀과 일치한다면, 교회 공동체는 그 말씀들을 "**참된 말씀들**로 인정해야 한다.…그 말씀들도 객관적으로 (언제나 그렇듯이 주관적인 전제를 가지고 있을 수 있지만) 유일한 말씀과 최고로 직접적인 관계 안에 있을 수 있는 것이다. 그 말씀들은 교회 공동체가 자기 자신으로부터 창조해낸 것이 아니며, 그래서 교회 공동체가 그런 말씀들에 반대하는 말을 할 수 있다는 것은 확실하다"(141). 물론 교회 공동체는 "어떻게 한 인간이 세상의 저 외적인 혹은 내적인 어둠으로부터 벗어나 참된…말씀들을 말할 수 있는지를 명료화할 수도 개념화할 수도 없다"(139). 그것에 대해 교회가 제시할 수 있는 것은 오직 다음과 같은 한 가지의 근본 이유뿐이다. "예수 그리스도 안에서 하나님과 화해된 세계 안에는 하나님으로부터 단지 자기 자신에게로 버려진 세속성도 없고, 하나님의 통제로부터 벗어난 세속성도 없다. 세속성이, 인간적인 눈으로 보고 인간적으로 말해서, 무죄성, 절대성, 절대적인 하나님 부정에 가장 위험한 방식으로 근접하는 것처럼 보이는 곳에서도 그런 일은 없다"(133). 다시 말해 교회 공동체는 하나님이 다스리시는 영역은 교회의 영역보다 훨씬 더 크며, 정말로 교회 밖으로도 연장된다는 사실만을 제시할 수 있다. 따라서 그리스도인들은 "선한 목자(예수 그리스도!)의 음성을 세속성 안에서도 들어야 한다. 그러나 거기서 들려오는 다른 음성들로부터 선한 목자의 음성을 구분할 수 있어야 한다. 공동체가 거기서도 그분의 음성을 듣는 것은…그만큼 더 확실하고도 깊이 있게 (하나님의 말씀에 봉사)할 수 있기 위해서이고, 그분의 말씀에 대해 그만큼 더 낫고 주의 깊고 믿을 만한 봉사자가 되기 위해서다"(131).

그러나 사람들이 진리에 대해 표면상 혹은 실제로 양립이 불가능할 정도로 서로 다르게 증언하고 싸우며, 무엇이 정말로 진리인지 혹은 자칭 진리인지를 묻는 것은 어떻게 된 일인가? 레싱(G. E. Lessing)의 우화가 있다. 똑같아 보이는 세 개의 반지 가운데 하나만 진짜 반지인데, 반지의 주인들은 각자가 자기 것만 진짜이고 다른 것은 가짜로 여긴다는 우화다. 이 비유 속에서 전제되듯이 "진짜 반지는 증명할 수 있는 것이 아니었다." 바르트는 레싱의 대답을 이렇게 이해했다. 진짜 반지는 분명 존재한다. 그것 외에 다른 반지들은 진짜가 아니다. 여기서 모든 반지들이 비슷해 보인다고 해서, 그 반지들이 진짜인지 가짜인지를 묻는 문제는 아무래도 상관없다고 말해서는 안 된다. 그러나 이제 참여자들 가운데 어느 한 사람도 자신의 반지의 진성성과 관련하여 단순히 그 반지가 우연히 자신의 손에 있기 때문에, 단지 그래서 자신의 반지가 진짜라고 주장해서는 안 된다. 이 문제는 오직 "성령과 능력의 증거"만이 해결할 수 있다.[92] 어떤 그리스도인이 진리를 증언하도록 해방되었다는 사실은 "그 그리스도인이 말해야 하는 것이 아니라, 사람들이 인지할 수 있어야 한다. 그 사실이 그의 증언 속에서 실제로 인지되는 것 외에 달리 다른 방법이 있을 수 없고 있어서도 안 된다. 이것은 단지 그의 목소리의 음색이나 음향이 주는 신뢰성 안에서만이 아니라 바로 다음 사실에서 외적으로 분명히 드러난다. 그것은 하나님의 사역이 하나님의 말씀이고…말씀의 진리는 말씀의 증언을 받는 모든 사람의 삶 속에서 각각 경험될 수 있어야 한다는 사실이다"(IV/3, 775). 우리의 말이 진리라고 **증언**하는 것, 그것이 참이라는 사실은 우리가 증명할 수 없다. 왜냐하면 진리는 "자신의 원천을 인간 안에 두고 있지 않기 때문이다. 그렇기에 진리를 인식하고 말하는 것, 진리 그 자체를 확정짓고 진리로부터 그리고 진리 안에 사는 것은 인간의 능력과 속성에 달려 있지 않다. 오히려 진리는 본래적 및 결정적으로 하나님 곧 이스라엘 안에서 말씀하고 행동하신 주님의 특권에 속한 속성이며, 정확하게 볼수록 더욱 철저히 그렇게 나타난다.…인간의 진리는 그것의 근원, 대상, 기준을 하나님의 진리와 신실하심 속에서 얻는다." 그러므로 진리의 증명은—이것은 성령과 능력의 증명이다(비교. IV/1, 726)—오직 하나님 자신만이 행하실 수 있다. "진리의 완성된 사역은 언제나 하나님 자신의 일이고 우리의 일이 될 수 없다"(II/1, 233f.).

진리가 우리에게 인식될 때 주어지는 세 가지 측면에 상응하여 바르트는 인간의 진리 증언을 세 가지로 특징짓는다. 첫째, 진리의 증언은 그 어떤 원리도 주장하지 않으며, 그 어떤 단순히 형식적인 올바름도, 우리의

---

[92] *Protestantische Theologie*, 228-231, 비교. *KD* IV/1, 726.

인식과 개념 사이에 그 어떤 단순한 일치도 주장하지 않는다. 오히려 진리의 증언은 진리의 계명을 명하신 살아 계신 분과 분리될 수 없는 관계에 있고, 그렇기에 근본적인 도움을 줄 수 있는 어떤 특정한 내용과도 불가분의 관계에 있다. 그 내용은 구체적인 관계들 속에서 항상 새롭게 존중되어야 한다. 이것의 의미는 바르트가 칸트의 질문에 대해 칸트와는 다르게 대답했던 것에서 분명해진다. 칸트는 사람이 친구의 목숨을 구하기 위해 거짓을 말해도 되는가라고 물었다. 이에 대해 칸트는 부정적으로 대답한다. 그 이유는 진리 계명에서 요청하는 자기 자신에 대한 정직성이 친구의 생명을 위협하는 원인일 수 없기 때문이었다. 1942년에 네덜란드의 저항세력이 바르트 자신에게 전해온 질문, 즉 올바른 국가를 위하고 강도국가에 저항하는 투쟁의 맥락에서 진리 계명의 "특수한 (예외적인) 이해"가 가능한가라는 질문에 대해, 바르트는 칸트와는 다르게 긍정적으로 대답했다.[93] 그 이유는 계명이 보류되어도 되는 것이어서가 아니라, 오히려 "인간에게 주어진 참된 말씀"은 "하나님이 계시하신 의지에 대한 행동하는 고백"으로 이해되어야 하기 때문이었다. 그 투쟁에 참여하는 형태로 하나님의 뜻에 신앙고백 하는 것이 자신의 양심에 비추어 옳다고 생각한 사람은 그 투쟁을 통해 "자신의 말도 그와 같은 참여 속에서 행하여진다는 진리를 보여준다.…그에게는 어떤 상황 속에서도 이웃에게 **유일무이한** 말씀을 전할 책임이 있는데, 그는 바로 그 투쟁 속에서 그리고 투쟁과 함께 그 말씀을 자신에게 주어진 진리의 말씀으로 전하게 된다.…목적이 아니라 하나님의 인식된 의지에 대한 순종이 모든 수단을 거룩하게 한다. 반면에 하나님의 의지에 대한 불순종은 모든 수단을—그것이 자칭 '참된' 말씀이라고 해도—욕되게 하고 죄가 되게 한다."

---

[93] Eine Schweizer Stimme, 248f.

둘째, 바르트에 의하면 진리의 증인이 자신의 증언으로 인해 흔히 곤궁에 빠지는 것이 진리 증언의 특징이다. 그는 "때로는 적극적인 저항 행위보다는 어떤 특정한 행동에 불참함으로써, 때로는 자신의 말보다는 침묵을 통해 인식"된다(IV/3, 712f.). 비록 어떤 불쾌감도 불러일으키지 않으려고 의도해도, 그는 기만 속에 있는 세계의 낯선 진리 곧 유사 진리를 기만으로 폭로함으로써, 그 세계를 기만으로부터 해방하기 위해 십자가에 못 박히신 분의 진리를 증언함으로써 반감을 불러일으키게 된다. "증언의 직무를 **실제로 수행**한다면, 그는 자신의 주변 세계에 피해를 주는 것을 피할 수 없고, 자신의 증언으로 주변 세계를 압박하게 되는 것도 피할 수 없으며, 그 압박에 대해 주변 세계는 반작용할 것임에 틀림없고, 계속 그럴 것이다"(706). 그때 그는 차라리 "잊혀진 진리들"을 기억해내려는 처지가 될 것이다(H. Stoevesandt). "세계는 종교와 관련해서는 많은 것을 눈감아 주지만", 이 증언만큼은 도무지 견딜 수가 없다(711). "그렇게 되면 세계는 그 증언이 어떻게든 감당하려면 어떤 약화된 형식 안에서 그것을 수용해야 하는지를 생각하거나"(714), 아니면 증언자를 "평화교란자"로 몰아 축출하려는 시도를 한다(715). 그때 증인이 결코 해서는 안 되는 한 가지가 있다. 그것은 증인이기를 포기하고 그 대신에 "내면성의 저 먼 섬나라로 후퇴하는 것"이다(706). 그렇게 하지 않은 증인은 "저항할 힘이 없고 쉽게 상처를 받는" 사람이며, 그의 "**유일한** 사법적 수단과 권력"은 자신의 증언뿐이다(719f.). 그러나 그의 "작은 고난" 속에서 그리스도의 고난은 계속된다(729).

비록 "주변 세계로부터…핍박을 받는 자"(709)이지만, 그는 "슬픈" 사람은 아니다(759). 왜냐하면 그의 고난은 "봉사하는 것"이기 때문이다(704). 만일 그가 그러한 고난 속에서 동시에 "철저하게 은폐된 사람"이 아니라면(738), 그는 진리의 증인이 아닐 것이다. 그는 고난 속에서도 신실하고, "성령에 대한 신뢰를 잃지 않는다. 왜냐하면 사람들이 진리에 반대하여 무슨 말을 하건 간에 진리가 진리로 머무를 수 있도록 성령께서 항상 보살피셨기 때문이다."[94] 만일 교회가 그러한 진리의 증인이라면, 교회는 "전체주의 국가와 전체주의적인 세계에 맞서 완전히 평화적이고 기쁘게—항상 그렇게 주먹을 불끈 쥐지 않고서도—보다 더 효과적인 해법을 발견할 수 있는 놀라운 가능성을 갖게 된다. 교회는 기다릴 줄 안다. 교회는 그것이 부질없는 기다림이 아니라는 것을 안다." 교회는 "세계, 사회, 국가의 모든 전체주의는 본래적으로 거짓-신들이고 기만임을 안다. 사람들은 결국 기만을 두려워하지 않을 수 있게 된다. '기만은 짧은 다리를 가지고 있다.' 교회 안에서 사람들은 이 사실을 안다. 교회가 기만을 진지하게 여기면, 기만은 패배한다. 교회는 기만을 가장 침착하게 그리고 가장 평화롭게 기만으로 다루어야 한다. 그리고 교회가 겸손하게 살아갈수록, 그래서 우리는 인간일 뿐이고 우리 자신 속에 수많은 기만이 있다는 사실을 알게 될수록, 교회는 기만에 맞서 '하나님이 통치하고 계신다'는 사실을 더욱 확실히 알게 될 것이다." 그때 교회는 "자신의 과제로 인해" 아무리 어려운 상황에 처하게 된다 해도 "미래를 두려워하는 일은 금지될 것이다."[95]

셋째, 바르트에 의하면 진리의 증인은 진리를 통해 자유를 얻게 된다. 이 사실은 증인이 아무런 조건 없이 진리의 **요청**에 사로잡힘으로써 밝혀지는데, 이것이 진리 증언의 세 번째 특징이다. 그렇게 할 때 그는 "(자신의 유일한 가능성으로 남은) 홀로 필연적이신 한 분(예수 그리스도!)의 현실성이라는 지반에 자신을 위치시킴으로써, 그에게 겉보기에 무한히 제공되는

---

[94] *Gespräche 1964-1968*, 425f.
[95] *Gespräche 1959-1962*, 353f.

가능성들의 대양으로부터 치유되어 탈출하게 된다"(IV/3, 762). 진리는 꺾이지 않기 때문에 인간은 항상 진리에 영광을 돌려야 하며, 진리에 대한 **자기 자신**의 인식에 영광을 돌려서는 안 된다. 우리가 진리의 타당성을 결정적으로 인정한다고 해도, 다른 한편으로 우리는 "인간이 스스로 생각하고 말하는 것은 언제나 한계를 갖는다"는 사실을 "철저히 겸허하게" 직시해야 한다.[96] 진리는 그것의 선한 내용과 분리될 수 없기에 인간은 진리의 요청에 따라 "자기 자신만을 위해 존재하는…비참"과 "벌거벗은 사적 실존의 욕망으로부터" 벗어나 "공동체로 인도된다."(761). 여기서 인간은 진리의 요청에 따라 진리를 어떤 사람에 **반대**해서 단호히 증언하지 않으며, 진리를 전해 받는 사람이 자신의 인위적인 증언 기술의 대상인 것처럼 여기지도 않는다. "증인은 자신의 이웃에게 불편을 주어서는 안 된다. 증인은 이웃을 객체로 '다루지'도 않는다. 증인은 아무리 최선의 의도를 갖고 있다고 해도 이웃을 자신의 행위의 대상으로 삼지 않는다"(I/2, 488). 왜냐하면 그가 증언하는 진리는 "**사물**의 강압적 지배로부터 **인간**과 **인간적인** 것이 이루는 자유의 나라로 인도하기 때문이다." 하나님은 "어떤… 멋진 사물이 되신 것이 아니라 인간이 되셨기에…하나님께서는 한 인간의 가장 작은 한숨과 가장 작은 웃음이 가장 중요하다는 기관들의 존립보다, 가장 훌륭하다는 기구들의 설치와 운행보다, 가장 높고 깊다는 이념들의 전개보다 더 중요하다"(763). 진리의 증인은 한편으로 진리가 자신에게 부과하는 요구를 자기 자신을 위해 제기하는 요구로 만들어서는 안 된다. 다른 한편으로 그 증인은 모든 사람이 각각 "참된 말씀들"을 주장할 수 있다는 가능성을 고려해야 한다. 그렇기 때문에 진리 증언의 자연스러운 실행 형식은 대화다.

---

[96] *Letzte Zeugnisse*, 35.

"나와 너는 대화해야 하고, 나와 너는 들어야 한다. 나아가 서로서로 얘기해야 하고, 서로서로 들어야 한다. 이것 가운데 어떤 요소도 빠질 수 없다. 그것은 언어의 인간적 의미다.…언어는 포괄적으로 말하면 상호 발언과 상호 발언을 서로 듣는 것, 서로 말을 건네는 것과 서로 건네진 말을 듣는 것이다"(III/2, 302f.). "말하든 듣든 우리의 말의 대부분은 비인간적이고 야만적인 일거리가 된다. 왜냐하면 우리는 서로에게 말하지 않고, 서로 들으려고 하지 않기 때문이다. 우리는 우리 자신을 추구하지 않으면서, 우리 자신을 스스로 도우려 하지 않으면서 말한다. 우리는 우리 자신을 발견하려 하지 않으면서, 우리 스스로 도움을 받으려고 하지 않으면서 듣는다"(311). 그러나 진리의 증인들은 어떤 경우에도 자신들이 증언하는 진리를 그것의 선한 **내용**으로부터 분리시킬 수 없다. 대화의 **형태**로부터 그런 어떤 분리를 허락받을 수 없기 때문이다. 다른 사람들에 대한 "무제한적인 개방성"은 "낯선 사람들 속에서 오늘부터, 아니 오늘 이미 내일의 형제들을 내다보고, 그들을—어떤 일반적인 인간으로서가 아니라—그저 있는 그대로 사랑하게 되는 무조건적인 준비 자세로부터 온다(어떤 일반적인 인간애라는 것은 구약성서에도 신약성서에도 없다!). 바로 이것이 "그리스도교적인 소통방식"이다(IV/3, 568). 마찬가지로 진리의 증인들은 대화의 형태로부터 진리란 상대적이고 구속력이 없다는 결론을 허락받지도 못한다. 진리의 증인들은 오로지 양편에 구속력이 있는 진리의 요청이라는 전제 아래에서 대화를 이끌어갈 수 있다. 그래서 바르트는 대담하게도 이렇게 말할 수 있었다. "우리가 교의학적인 비관용 속에서 서로 진정으로 맞서는 곳, 바로 그곳, 오직 그곳에서 우리는 언제나 서로 대화할 수 있으며, 나아가 풍성한 결실을 맺는 대화를 할 수 있을 것이다. 왜냐하면 그곳, 오직 그곳에서 서로에게…무언가 **말할 것**을 가지고 있기 때문이다"(I/2, 924).

5 ▪ 복음과 율법: 윤리학
진지한 요청과 함께 주어지는 권고

복음과 율법의 관계

그리스도교 윤리학을 향한 바르트의 출발점은 "복음과 율법"이라는 단단한 공식인데, 또한 이것은 그의 교의학을 최강으로 지탱해주는 골격에 속한다(IV/3, 427). 복음은 하나님께서 우리를 **위해**(für) 원하시는 것을 뜻하는 반면에, 율법은 우리**로부터**(von) 원하시는 것이다. 이 두 가지는 같지 않다. 그러나 양쪽에서 하나님은 동일한 하나님이시다. 그분은 인간에게 관계되시고, 인간도 그분께 관계된다. 그렇기에 양자는 분리될 수 없다. 하나님이 어떤 것을 제공하실 때(bieten), 제공되는 그것 안에는 반드시 **명령**(Gebieten)이 포함된다. 하지만 하나님께서 어떤 것을 명령하실 때(gebieten), 그 명령은 언제나 그분의 **은혜**의 수여(Darbeieten) 안에 있다. 그러므로 그분의 계명은 결코 짐이 되는 "율법"이 아니다. 하나님의 은혜는 명령적이고, 하나님의 계명은 은혜롭다. "하나인 하나님의 말씀이 복음 **그리고** 율법이다. 복음과 무관한…율법은 없고, 율법 없는 복음도 없다.…말씀은 먼저 복음이고, 그다음에 율법이다. 시내 산에서 언약궤가 십계명의 돌판을 그 안에 보관하듯이, 복음은 율법을 포함하고 자신 안에 봉인한다. 하나인 하나님의 말씀은…그분의 은혜의 사역으로서 **또한** 율법이고, 인간의 자기 규정에 대한 앞선 결정이며, 인간에게 자유를 요청하는 동시에 그 자유의 사용을 조정하고 판단한다.…하나인 하나님의 말씀이…그분의 은혜의 사역으로서 우리에게 관여할 때, 그것은 우리의 존재 및 행위가 그 말씀의 존재 및 행위와 일치하게 되는 것을 목표로 한다.… 복음의 직설법이 **효력**을 나타낼 때, 그 문장의 마침표는 **감탄부호**가 되며, 그 문장 자체가 명령문으로 변한다"(II/2, 567).

이와 같은 진술은 율법의 종교인 유대교로부터 분리되어 나온 그리스도교와는 갈등을 일으킨다. 그리스도교는 자신을 복음의 소유자로 여기기 때문이다. 또한 그 진술은 가톨릭적인 그리스도교와도 갈등을 일으킨다. 이 그리스도교는 단지 수동적으로 수용할 수 있을 뿐인 은혜의 외투 아래서 백성 전체를 합체시키고, 자신의 평신도들을 수동적으로 만들며, 그리스도교 자체가 성직자들의 은혜로부터(그리고 "은혜"의 기관으로부터) 벗어나지만 않으면 충분하다고 여긴다. 또한 위의 진술은 믿음이 행위의 의와 대립하는 것으로 보는 루터의 인식과도 갈등을 일으킨다. 여기서 바르트는 "자신이 최종적으로는 그렇게 나쁘지는 않은 루터교인이 된 것은 아닌지"라고 묻기까지 했다(IV/3, 428). 그럼에도 불구하고 그의 견해는 루터교의 비판을 받았다. "(그리스도 외에) 다른 누구에게도 구원이 없다는 그리스도-중심적인 신앙고백은 본질상 하나님 앞에서의 의로움이 율법의 행위로부터―그 행위가 어떤 것이든지 관계없이―결코 나올 수 없다는 반명제적인 의미를 갖는다고 한다. 오직 믿음으로 얻는 의라는 복음은 단지 모든 율법적인 유보조항으로부터 자유로울 때만…그것이 약속하는 평화와 자유를 줄 수 있다"[97]는 것이다. 하지만 이와 같은 루터교의 비판은 바르트에게 그다지 적중하지 않는다. 왜냐하면 "복음의 직설법"은 **효력**을

---

[97] G. Ebeling, *Lutherstudien* III, 566.

발휘하고 있고, 율법적인 유보조항에 예속되지 않기 때문이다. 오히려 루터교의 비판은 어떤 다른 것을 가리키고 있다. 복음의 위로는 자신 안에 율법이 없다는 데 있고, 복음은 율법으로부터 자유로운 현실성이라는 것이다. 나아가 하나님의 율법은 다음과 같은 두 가지 기능에서 그런 복음의 현실성보다 앞선다고 한다. 율법은 죄인에게 (1) 율법 조문을 외적으로 강요함으로써 죄를 범하지 않도록 막아주며, (2) 인간의 고유한 내적인 무능력을 의심하게 만들어서 복음의 인지를 위한 준비단계를 마련해 준다.

루터교의 이런 비판에 따르면 하나님의 율법은 거꾸로 복음이 없고 은혜도 없는 현실성으로 이해될 수밖에 없다. 이 이해의 결과는 율법과 관련된 신적인 특성이 명령된 것의 내용 안에서가 아니라, 오히려 그것의 "법률적인" 강제성의 성격 안에서 나타난다는 것이다. 이에 따라 성서가 증언하는 "유대적인" 계명들의 자리에 어떤 다른 "법"이 자의적으로 들어설 수 있게 된다. 다른 법은 "권위"를 지닌 규정들, 자연법의 필연성, 사회적 "질서들", 기술적 혹은 경제적 제약들 등을 가리킨다. 이와 같은 법규들은 그것을 위반하는 행위를 제거할 수 있는 규정을 자체 안에 포함하기에, 이제는 은혜의 복음이 용서하는 "죄"는 과연 무엇인가라는 물음이 다가온다. 어떻든 은혜의 복음은 그런 법규들이 시행되는 것과 사람들이 그것에 참여하는 일에 관여하지 말아야 한다. 이와 함께 **그리스도교** 윤리학은 인간이 그런 법규들 없이 행하는 것을 보다 더 양심적으로 행할 수 있도록 도와주기 전에는, 불가능하게 된다. 이때 그리스도인들의 윤리 행위는 다른 모든 사람의 것과 비슷해져서 단지 **세상**의 법규들을 따르는 것이 될 것이다.

이와 같은 사상이 정말로 루터로부터 유래한 것인가? 그것은 어쨌든 근대 윤리학이 하나님이 명령하신 것들의 속박으로부터 해방되는 맥락 안에서 처음으로 윤곽을 형성했고, 부분적으로는 그 해방을 촉진했으며, 부분적으로는 그것에 대한 반작용을 표현하기도 했다. 그 해방의 결과로 루터교인들이 "돌이킬 수 없는"[98]이라고 부르는 것, 곧 세계 내적인 "삶의 영역들의 자율성"이라는 주제가 형성되었고, 정치적, 경제적, 그리고 그 밖의 행위들이 그 자율성과 그것의 강압을 따라야만 했다. 이 행위들은 보통은 다수의 요청들이 서로 다투며 일으키는 갈등 안에 있었지만, 그럼에도 불구하고 "객관적"이고 일반적으로 인정되는 기준을 갖고 있었다. 물론 그 기준들은 그리스도교적인 믿음의 인식과는 무관한 타당성을 가져야 했다.[99] 근대 신학자들은 이 주제를 승인한 다음 믿음을 사적인 영역 안으로 철수시켰고, 동시에 윤리학에게 바로 그런 세속적인 자율성에 대한 책임을 떠맡겼다. 이에 따라 바르트의 스승이었던 빌헬름 헤르만은 다음과 같은 근본 도식을 말했다. 세계 현실성은 보편적으로 통찰될 수 있고 우리의 행위를 인도해야 하는 법칙들에 의해 규정되는 반면에, 종교는 인간 개인의 내적인 삶 안에서 자신의 영역을 갖는다.[100]

윤리학의 그와 같은 해방은 동시에 영원한 윤리적 위기를 불러일으켰다. "우리는 무엇을 행하여야 하는가?"라는 질문이 더 이상 **하나님의** 계명에 의해 대답될 수 없다고 생각될 때, 그렇다면 무엇이 우리에게 구속력을 갖는 명령일 수 있는가? 그렇다면 타락의 사건에서 "선과 악"을 알 수 있게 된 인간(창 3:5; IV/1, 254.497f.; III/4, 356)이 스스로 법을 정하는 자와 심판자가 될 수 있다는 말인가? 인간이 과연 그렇게 할 수 있는가? 왜냐하면 "우리는 우리 자신으로부터 우리가 원하는 것은 알 수 있지만, 우리가 마땅히 행하여야 하는 것은 알 수 없기 때문이다"(II/2, 727). 앞서 말

---

98 비교. Trillhaas, *Ethik*, 12.
99 M. Weber, *Ges. Aufs. z. Religionssoziologie*, Bd.1, 552.
100 *Ethik*, 5. Aufl. 1913, 92ff.

한 신학적 윤리학의 사상은 여기서 위협해오는 윤리적 자의성에 대응하고 그것을 제어하려고 했지만, 단지 세계 내적인 "자율성"과 "질서"가 불가피하다는 주장에 몰두했을 뿐이었다. 그 사상은 그 주장에 대가를 치러야만 했다. 왜냐하면 여기서 관건은 **법**—혹은 **하나님의 율법**—인데, 그 사상은 어떤 한도에서 여기서 명령하는 자가 다른 어떤 권세자가 아니고 하나님이신지를 설명할 수 없었기 때문이다.

바르트는 근대 윤리학이 은혜의 복음으로부터 분리되는 해방을 직시하면서 "복음과 율법"에 관한 자신의 주제를 전개한다. 그러나 바르트는 그것과 단순히 논쟁만 하려고 했던 것은 아니며, 그런 윤리학을 차단시킬 수 있는 어떤 납득하기 어려운 "그리스도교적인" 특수-윤리학을 추진하려고 했던 것도 아니다(II/2, 577ff.). 바르트는 복음을 인정하는 영역으로부터 이탈해버린 그와 같은 윤리학을 눈앞에 두고서(569ff.) 두 가지 명제를 확정했다. 첫째, 비그리스도교적 윤리학의 현존은 "인간에게 선사된 하나님의 은혜의 진리, 곧 선에 대한 질문을 너무도 근원적으로 제기해서 인간이 사실상 그 질문으로부터 벗어날 수 없게 만든다는 진리를…확증한다." **그리고** 그런 윤리학은 "인간이 하나님의 **은혜**로부터, 곧 선에 대한 질문을 제기하지만 또한 미리 앞서서 답을 제시해주는 은혜로부터 벗어나려고 한다는 사실을…확증한다. 그러므로 **윤리**에 대한 앞서 말한 일반적인 개념은 주목할 만하게도 **죄**의 개념과 정확하게 동시에 발생한다!" 두 가지 명제는 서로 일치한다. 전자는 그리스도교 윤리학의 개방성을 보증하는데, 개방된 그리스도교 윤리학은 비그리스도교적인 윤리학으로부터 배우고 그것을 통해 스스로를 수정할 수 있다. 이것은 인간이 자기 자신으로부터 충분한 정보를 얻을 수 있기 때문이 아니고, 시종일관 자기 자신 안에 폐쇄되는 어떤 "자율성"이란 하나님의 은혜로 인하여 우리에게는 존재하지 않기 때문이다. 둘째 명제는 그리스도인들의 이와 같은 경험이 실수하지 말아야 하는 것을 확실히 말해준다. 그것은 그리스도인들의 윤리학이 비그리스도교적인 윤리학으로부터 어떤 것을 수용하기 위한 기준이 선에 대한 일반적인 개념이 아니고, 하나님께서 자신의 은혜의 계시 안에서 행하고 인식되도록 하신 바로 그 **특정한 선**이라는 사실이다. 이 두 가지 명제는 모두 스스로 비신학적인 윤리학자라는 자의식을 가지는 사람들에 대해 그리스도교적인 윤리학이 자신을 비판적으로 개방해야 한다는 것을 경고음과 함께 알려준다.

나아가 바르트는 근대 **신학**이 윤리학의 과제를 취급했던 특정한 방식에도 논쟁적으로 관여한다(I/2, 877ff.). 근대 무신론이 생성된 것에 대해 신학도 함께 책임을 져야 한다고 보았던 것처럼, 그는—양자는 서로 관계되어 있다—윤리학이 신학으로부터 해방된 것에도 신학이 져야 할 책임이 있다고 보았다. 바르트의 무신론과의 논쟁이 신학이 주장한 거짓 신상에 대한 신학적 비판을 통해 **간접적**으로 진행되었던 것처럼, 또한 저 해방과의 논쟁도 신학이 윤리학을 취급하는 어느 정도 문제가 있는 방식에 대한 신학적 비판을 통해 **간접적**으로 수행된다. 바르트에 의하면 신학의 그런 탈선은 이미 17세기에 시작되었다. 그 신학은 "그리스도교 교리 가운데 이러저러한 부분 영역에서만이 아니라, 교의학 전체가 인간의 존재와 행동을 서술하는 윤리학에 철저히 관계된다는 사실을 명확하게" 이해하지 못했던 것이다(877). 탈선한 근대 신학은 인간이 무엇이 선인지를 두말할 것도 없이 이미 알고 있다는 인상을 주었다. 물론 그 인식은 하나님께서 우리에게 행하신 바로 그 선한 것의 인식의 외부에 있는 어떤 다른 원천으로부터 온 것이었다. 그 결과 근대 신학은 교의학에 대한 의혹을 불러일으켰다. 그것은 교의학이란 삶과 동떨어진 "교리"를 취급하는 반면에, 우리는 윤리학 안에서 비로소 삶에 본래적이고 중요한 주제를 다루게 되는 것이 아닌지라는 의심이었다. 이 의혹이 계속 발전해서 마지막에는 다음과 같은 결과에 도달했다. "교의학과 윤리학이라는 두 과목이 분리되는 것만이 아니라…교의학에 대한 윤리학의 근본적인 우위가 원칙으로 여겨지기 시작했다"(879). 이와 같이 신학은 현대가 하나님의 계명으로부터 스스로를 해방시킨 것에 책임이 있게 되었다. 바르트는 이 해방과 함께 던져진 문제들을 검토하면서, 이런 일이 벌어진 것에 대해 신학이 책임져야 하는 지점을 지적한다. 그는 먼저 신학에게 묻는다. 우리는 정말로 성서가 증언하는 하나님의 계명으로부터 세계 내적인 자율성에게 전권을 위임할 수 있는가? 그리고 그는 자신의 논지의 핵심을 이렇게 서술한다. 그리스도교 윤리학이 하나님의 율법(Gesetz)과 관계할 때, 그것이 **율법**인가 아닌가의 문제가 아니라 그것이 **하나님의** 율법인가 아닌가의 문제가 윤리학의 올바름을 결정하는 요소가 된다.

하나님과 맘몬의 대립

"복음과 율법"이라는 바르트의 주제, 그리고 그것에 신학적으로 상응하는 진술 곧 "교의학 자체가 윤리학이고 윤리학 또한 교의학이다"(I/2, 888)라는 진술을, 그가 그것을 발견하게 된 맥락 안에서 살펴보자! 1933/34년에 복음으로부터 분리된 율법의 범주는 개신교 신학자들을 전체주의적-민족주의 국가 지도자를 긍정하도록 만드는 데 결정적인 역할을 담당했다. 에르랑엔의 신학자들은 이렇게 설명했다. **하나**가 아니고 **두 가지**의 하나님의 말씀이 있다. 곧 복음과 율법이 그것이다. 율법은 하나님의 계명으로부터 자유로운 "용서의 복음"보다 앞선다. 율법은 "변경될 수 없는 하나님의 의지"로서 "현실 전체 안에서" 우리와 만나고 우리에게 "의무를 준다.…이것은 가족, 민족, 인종과 같이 우리를 예속하는 자연 질서"에 대한 의무이며, 또한 "경건하고 신실한 지도자"에 대한 의무다. 하나님께서는 그 지도자를 통해 "훈육하고 존경"받는 "선한 정권을 우리에게 마련해 주고자 하신다."[101] 프리드리히 고가르텐은 하나님의 율법이 국가와 민족 안에서 일어나는 국가-사회주의(나치) 운동을 통해 오늘의 세대와 구체적으로 만난다고 선언했고, 그것은 "엄격"하지만 그러나 "진정한 율법"이라고 말했다.[102] 이 율법은 "특수하게 '그리스도교적인' 혹은 '성서적인' 어떤 율법"을 배제한다. 나아가 교회는 민족성 안에 주어진 (외적인) 율법의 "관리자와 보호자"가 되어야 하고, 이에 더하여 용서의 복음을 선포해야 한다. 이때 용서의 복음이 외적인 "율법"을 공격하는 일은 없다. 왜냐하면 "정부의 권력기관"은 그런 복음을 기대하고 있기 때문이다. 이 사실은 복음 자체가 사람들이 위반할 수도 있는 하나님의 율법을 자신 안에 포함하고 있음을 의미할 수도 있다. 하지만 여기서 용서는 율법과는 다른 것, 곧 내적인 절망의 어떤 일반적인 형태와 관계된다.

이런 주장에 대응하여 바르트는 복음과 율법의 **일치성**을 발견했다. 이것은 지도자에 대한 순종과 하나님께 대한 순종을 동일시하는 것이 잘못된 길로 들어섰던 옛 신학의 열매라는 발견이었다. 바르트의 새로운 통찰은 1935년 9월의 설교에서 등장했다. 그것은 그 주제에 관련해서 언제나 듣게 되는 마태복음 6:24의 말씀이었다. "너희가 하나님과 재물(맘몬)을 겸하여 섬기지 못하느니라!" 이에 더하여 바르트는 이렇게 말했다. "복음이 없는 율법은 우리를 아무런 희망도 없이 하나님과 맘몬을 동시에 섬기도록 만들 것이다. 그러나 복음 없는 율법이라는 것은 없다. 오로지 복음 안에 있는 율법이 있을 뿐이다."[103] 삶이 두 부분으로 나누어져서 한편으로 하나님을, 다른 한편으로 "맘몬"을 섬긴다는 인상이 바르트에게 계속

---

101 J. Gauger, *Chronik der Kirchenwirren*, 222.
102 *Einheit von Evangelium und Volkstum?*, 21,17.
103 *Fürchte dich nicht!*, 97.

남아 있었다. 그것은 신학의 과제로서의 윤리학을 포기한 결과였다. 하나님의 은혜가 그 자체로 또한 **명령**한다는 것을 이해하지 못하면, "사람들이 그리스도교적인 삶의 형성에 필수적인 **규범**을 찾을 때 복음을 지나쳐 버리는 결과는 피할 수 없게 될 것이다. 그들은 복음 안에서는 단지 칭의의 은혜에 관한 위로의 말씀만을 들었다고 주장할 것이다. 그다음에 성서적인 혹은 자연법적인 숙고를 통해서나 아니면 단순히 역사적 관습을 통해 형성된 어떤 **율법**을 질문하고 취하게 될 것이다. 이것은 우리가 어떤 이중적인 복식부기의 삶에 빠진다는 것, 단지 죄를 용서하는 권한만을 가지신 예수 그리스도 밖에 있는 어떤 왼쪽의 나라에서 또한 다른 주님에게도 굴복한다는 것을 의미할 것이다"(IV/2, 571; 비교. III/1, 476). 바르트에 의하면 "맘몬"은 그런 다른 주님들의 총괄개념이다.

그러므로 바르트의 발견은 우리가 하나님의 율법을 국가-사회주의적인 국가의 우연적인 존재와 동일시해서는 안 되고, 나아가 세상 권세의 그 어떤 요구와도 동일시해서는 안 된다는 것을 의미한다. 따라서 하나님께 대한 순종과 "맘몬"이 지닌 **어떤** 형태에 대한 순종이 결합되어서는 안 된다. "맘몬"은 주님이고 신이며 "자기 자신을 절대화하려는 어떤 '권세'의 영"이다(CL, 380; 비교. IV/2, 189). 그것은 바르트가 "주님 없는 권세들"이라고 부르는 것의 총괄개념이다(CL, 378ff.).[104] 그것들은 현실적이고 무시무시한 **권세들**(Gewalten)이다. 그것들은 인간에게 강제성과 필연성을 부과해서 억압하고 인간을 착취한다. 그러나 바르트의 진단은 이렇다. 그것들은 **거짓된** 통치권, **불법적인** 권세, **탈취한** 권력을 행사하기 때문에, 단지 그런 견딜 수 없는 것들만 행할 뿐이다(무엇이든 견딜 만한 것이 되려면 그 권세는 마음으로부터의 긍정을 얻어야 한다!). 왜냐하면 우리가 그것들 안에서 관

---

[104] 위의 II.4장의 p. 251f.에서 제시된 맥락을 비교하라.

계하는 것은 단지 **인간의** 고유한 가능성들이기 때문이다. 이 가능성들의 결과는 인간이—하나님으로부터 분리된 결과로서 또한—인간으로부터 분리되며, 그 결과 인간이 그것들을 소유하는 것이 아니라 그것들이 인간을 소유하게 되는 것이다(365f.). 그 권세들은 인간을 지배한다. 그러나 그것들이 행사하는 것은 거짓된 통치권이기 때문에, 그것들의 요구는 진정한 신적 계명으로 이해될 수 없다. 그 권세들은 하나님처럼 명령할 수 없다. 그렇다면 우리를 "그런 주님 없는 권세들"에 굴복시키고 순종하게 만드는 것이 율법에 담긴 하나님의 뜻인 것처럼 말하는 앞서 말한 복식부기란 처음부터 있을 수 없는 것이다.

하나님께 순종하는 것은 맘몬에게 순종하지 않는 것이다. 하지만 우리는 우리에 대한 양쪽의 요구를 어떻게 분별할 수 있는가? 바르트에 의하면 그것은 오로지 하나님이 자신을 인간과 결합시키신 그 현실성을 우리가 바라볼 때 가능하다. 그 현실성 안에서 하나님은 자신을 우리에게 계시하시고, 우리를 무죄방면과 의무 요청 사이의 특정하고 끊을 수 없는 관계 앞에 세우신다. **바로 이** 관계가 앞서 말한 복식부기, 곧 하나님과 맘몬을 **동시에** 섬기는 것을 **불가능**하게 만든다("너희는…못하느니라"). 이와 함께 바르트는 나치의 통치를 율법의 범주를 통해 신학적으로 인준했던 이유에 대해 근본적인 질문을 던진다. 어떤 계명이 **하나님**으로부터 온 것이고 우상인 "맘몬"으로부터 온 것이 아니라는 것을 우리는 어디서 알 수 있는가? 이미 이 질문에서 복음과 율법의 일치라는 바르트의 주제는 양자의 혼합을 뜻하지 않는다는 사실이 분명해진다. 그 주제는 복음뿐만 아니라 율법도 어떤 다른 곳이 아니라 하나님께서 규정하신 영역에 **함께 속한다**고 말한다. 이미 이 질문에서 바르트는 **모든** 법이 하나님의 율법이라는 앞서 말한 잘못된 견해를 거부한다. 그렇게 말하면 **하나님**께서 율법을 명령하신다는 사실이 그것을 하나님의 율법으로 만드는 것이 아니라, **법이**

요청하는 특성이 그렇게 만든다는 결과가 되기 때문이다. 이 문제에 대해 바르트는 단순히 율법의 내용 혹은 기능에 관한 어떤 바람직한 관계를 묻지 않는다. 오히려 그는 **근본적인 질문을 던진다. 율법**을 **하나님의 율법**으로 만드는 것은 무엇인가? 여기서 바르트는 **율법**의 특성이 아니라 그것의 **수여자**를 묻고 있다. 하나님의 율법이 무엇인지, 그분의 율법이 정말로—우리에게 무엇이 요청되는지 그리고 그렇게 요청되는 목적이 무엇인지와 관계없이—필연성의 기능으로 환원될 수 있는지의 물음은 그곳에서 그 계명의 수여자가 **누구인지**를 분명히 말할 수 있을 때 결정된다는 것이다.

우리의 출발점은 다음과 같다. 만일 하나님께서 우리에게 자신을 계시하지 않으셨다면, 우리는 하나님을 알 수 없고 그분을 율법의 수여자로 알 수도 없으며, 그래서 그분의 율법 자체를 알 수 없게 된다. 여기서도 마찬가지로 하나님께서 우리에게 얼굴을 향하신다는 것, 그리고 자신을 계시하신다는 것은 그분의 은혜다. 이때 하나님, 그분의 은혜, 그분의 계명이 **서로 함께** 우리에게 전달되어 알려지게 되고, 그 결과 우리는 이렇게 말할 수 있게 된다. 우리에게 은혜를 베푸시는 바로 그 동일하신 하나님이 또한 우리에게 명령하시며, 은혜가 우리에게 관계되는 것과 마찬가지로 그분의 계명도 우리에게 관계된다. 어떻게 그럴 수 있는가? 바르트에 의하면 하나님의 계시는 결정적으로 부활의 계시다. 예수 그리스도의 죽은 자들 가운데서의 부활 안에서 하나님의 판결이 내려지며, 그 판결 안에서 하나님은 십자가에서 자신을 헌신하신 자와 동일시되신다. 그 결과 십자가는 우리와 하나님 사이의 화해의 사건으로, 하나님의 **은혜**의 사건으로 계시된다. 그 결과 자신을 헌신하신 자는 높여지신 분으로 계시되고, 그분에게는 "모든 권세가 주어진다"(마 28:18). 그것은 하나님과 화해된 자들을 그분 자신 및 그분의 뜻에 따라 요청할 수 있는 권세다. 이것이 하나님의 **계명**이다. 하나님께서 무엇을 주실 때 이것 혹은 저것만이 아니라 하나님 자신을 선사하시는 것처럼, 계명 안에서 인간에 대해 하나님이 원하시는 것도 이것저것만이 아니라 바로 인간 자신이다. 그러므로 "하나님의 뜻과 그분의 율법은 모든 사물 안에서, 모든 사건 안에서 우리에게 알려지는 것이 아니다. 그렇게 알려져서, 말하자면 그 뜻과 율법에 대한 우리의 인식이 우리 자신의 고유한 이론들과 해석들로 만족하고 그 이상의 다른 어떤 것도 요구하지 않게 되는 것이 아니다.… 하나님의 율법을 알려주는 것은 우리의 이론들과 해석들이라는 휘장을 둘로 찢어 가르면서 자신을 은혜로 드러내시는 하나님의 뜻이 담긴 사건이다. 하나님의 율법을 그 사건이 아닌 다른 어떤 사물로부터, 다른 어떤 사건으로부터 읽어내려는 것은 불확실하고 위험할 뿐만 아니라 처음부터 왜곡된 것이다. 바로 그분의 은혜의 사건이 **계시됨으로써**, 우리에게 **율법**도 계시된다."[105] 우리는 오로지 **하나님**을 알게 되는 곳에서만, 또한 하나님의 **율법**도 알 수 있다. 그런데 우리는 하나님을 오로지 그분의 **계시** 안에서만 안다. 그러므로 우리는 그분의 **계명**을 오로지 그분의 **은혜**와의 관계 안에서만 알게 된다.

이제 우리는 하나님께 순종하는 것과 맘몬에게 순종하는 것이 서로 대립하고 서로 배척한다는 사실을 분명히 알 수 있다. 하나님께 대한 순종에서 중심 문제는 단순히 한분 하나님 대신 **다른** 어떤 "주님"에게 굴복하는 것이 아니다. 오히려 문제는 하나님과 맘몬이 "통치"라는 공통분모 위에 함께 서는 것이고, 그래서 명령하는 자가 서로 호환될 수 있는 어떤 종류가 되는 것이며, 그래서 하나님께 대한 순종이 자신만을 위한 배타성을 주장할 때 그것이 마치 다른 명령자들과의 경쟁에서 오는 질투에 근거하는 것처럼 여겨지는 것이다. 하나님은 단지 맘몬과 약간 다른 어떤 주님이신 것이 아니다. 하나님은 그것과 전혀 다른 방식으로 주님이시다. 그

---

[105] *Evangelium und Gesetz*, 9.

것은 너무도 달라서 우리는 하나님을 일련의 "주님 없는 권세들"의 연장선상에 위치시킬 수 없고, 하나님께서 우리를 바로 그 권세들로부터 해방시키지 않으시면 우리는 하나님께 순종할 수도 없다. **하나님**의 계명은 그분의 은혜로운 **계약** 의지와의 관계 안에 있다. 계약의 "목적"과 "의미"는 하나님께서 자신을 인간의 파트너로 만드시는 것이고, 인간이 "자신의 전적인 비-신성 안에서도…하나님의 참된 파트너"가 되도록 하는 것이다(III/1, 207; II/2, 134). 그 인간은 독립적으로 행동하는 파트너이고 "하나님의 행동의 단순한 객체"에 그치지 않는다(III/3, 74; IV/3, 1082). 하나님의 선하심은 그분이 계명 안에서 인간을 억압하지 않으며, 오히려 그분의 계약의 동반자로 삼으신다는 사실에서 나타난다. 바르트에 의하면 인간의 독립적인 행위는 은혜의 계약을 스스로 **세우는 것**이 아니고, 하나님이 은혜롭게 세우신 계약에 대해 **믿음을 고백**하는 것이다. 하나님은 은혜 가운데서도, 동시에 마찬가지로 또한 **윤리적 요구** 안에서도 인간이 그 고백을 **행하도록** 그를 하나님 자신에게로 취하신다. 바로 그와 같이 하여 하나님의 진정하고 적법하고 명령적인 **통치**는 **은혜** 안에서 인간과 만난다. 그 통치는 하나님이 은혜로 세우신 계약에 힘입어 이미 인간의 **존재**인 바 바로 그것이 **되고** 감사하라고 명령한다. 그 존재는 하나님의 파트너로서의 인간이다. 그 통치는 어떤 낯선 것을 요구하는 것이 아니라, 이미 계약의 하나님께 속해 있는 사람에게 요구한다. 그 하나님께 순종한다는 것은 그분의 파트너로서 그분의 계약에 속해 있다는 것을 행동으로 긍정하는 것이다. 그래서 이렇게 말해진다. "은혜는 단지 수용되고 경험되는 것에 그치고자 하지 않는다. 은혜는 통치하려고 한다.…은혜는 자신의 존재인 바의 선한 행위를 외부에 불러일으키려고 한다. 그러나 은혜는 계약의 주님이신 하나님께서 바로 그 계약의 동료에게 명령하심으로써, 통치한다.…통치가 없는, 은혜의 윤리적 요청이 없는 어떤 은혜는 존재하지 않는다"(II/2, 10f.). 이와 같이 하나님의 계명은 하나님과 맘몬을 **동시에** 섬기는 그릇된 행위를 배제한다.

성취된 율법

하나님의 계시 안에서 그분의 율법을 인식한다는 것은 어떤 의미를 갖는가? 우리는 이 점을 보다 상세히 이해해야 한다. 계시가 우리에게 하나님의 순수한 은혜를 보여준다면, 그와 동시에 계시가 명령과 함께 우리와 만난다면, 그때 계시는 은혜를 그것과 결합되는 조건들에 의해 틀림없이 불확실하게 만들지 않겠는가? 하나님의 순수한 은혜가 자체 안에 우리에 대한 계명을 포함하고 있다면, 그 점에서 어떻게 하나님께서 우리에게 은혜를 베푸신다고 말할 수 있는가? 여기서 바르트의 의도가 "복음과 율법"의 사이의 관계를 정의하려는 것이 아님은 분명하다. 오히려 그의 의도는 양자의 의미 자체를 새롭게 규정하는 것이었고, 하나님의 은혜 자체를 명령법으로, 하나님의 율법 자체를 은혜로 이해하려는 것이었다.

이제 많은 논쟁이 있었던 바르트의 명제가 소개될 차례다. 하나님의 말씀은 "내용에 따라서는 복음이고 형식에 따라서는 율법이다"(II/2, 567). "형식과 내용"이라는 개념은 아리스토텔레스적인 의미로 표현된 것이 아니다. 만일 그렇다고 한다면 단순히 재료에 불과한 복음이 율법적인 형식을 통해 비로소 자신의 참된 본질을 획득한다는 뜻이 되어버린다. 복음이 자체의 비율법적인 형식을 갖지 않으면 율법화되어버릴 것이라는 항의도 여기서는 적절하지 않다.[106] 복음이 무엇인지를 규정하면서 바르트는 복음의 "율법에 대한 **우선성**"[107]을 주장한다. 왜냐하면 복음은 우리와 하

---

[106] E. Jüngel, *Kirche und Staat*, 103.

나님 자신을 결합시키신 하나님만이 **홀로** 우리를 위해 그리고 우리에게 행하실 수 있는 것을 선포하기 때문이다. "형식"이라는 개념은 **율법**[108]을 이해할 때 비로소 역할을 담당하기 시작한다. 그 개념은 율법적인 "형식"이 자신을 채우는 복음의 "내용"과 분리될 수 없다는 사실을 말해준다. 만일 분리된다면 그 형식은 끔찍하게 오용될 것이다. 우리는 "독일 그리스도인"(Deutsche Christen, 나치 운동 안에서 하나님 나라를 예감한다고 주장했던 독일교회 내부의 정치 운동—역자 주)에 대한 바르트의 비판에 주목해야 한다! 그들은 복음이 "오늘날…대단히 특정한 형식을 취해야 하며" 민족과 인종의 구호에 적합한 형식이어야 한다고 주장했다. 그리고 그것이 주어진 "하나님의 율법"으로 존경받아야 한다는 것이었다.[109] 또한 우리는 바르트가 에밀 브룬너에게 말한 "아니오!"를 주목해야 한다. 브룬너는 "하나님의 계시는 어떤 '질료'"와 같고, 이것과의 관계에서 언제나 책임이 있는 인간은 그 질료를 위한 "형식"이며, 결과적으로 전자의 내용은 후자의 형식 안으로 맞춰 넣어져야 한다고 말했다.[110] 하지만 바르트는 그렇게 되면 어떤 경우든 복음의 내용의 형식은 본질적으로 **파괴**될 것이라고 비판했다. 브룬너의 견해를 거부하면서 동시에 바르트는 "루터교"의 주장을 공격하지 않을 수 없었다. 그것은 율법에서 신적인 측면은 요청으로서의 **단순한** 형식일 뿐이고, 이 형식에 어떤 내용이 채워지는가는 그 형식 자체와는 관계가 없다는 주장이었다. 바르트의 반대 주장은 이렇게 전개된다. 하나님께서 계시 가운데서 또한 우리에게 명령도 하신다면, 그분의 계명은 **결코** 단순한 요청의 형식, 곧 자의적인 내용들로 채워질 수 있는 형식에 그치

---

107 *Evangelium und Gesetz*, 5.
108 같은 곳, 11.
109 *Für die Freiheit des Evangeliums*, 11.
110 K. Barth, *Nein! Antwort an Emil Brunner*, TEH14, 25.

는 것이 아니다. 오히려 그 내용에는 오로지 **한 가지**가 있을 뿐인데, 그것은 그 형식과 분리될 수 없고, 그 내용이 없는 계명은 **하나님의** 계명이기를 그치게 된다. 그 내용은 하나님의 은혜로우신 무죄방면과 위로의 권고가 담겨 있는 복음이다.

하나님의 계명은 언제나 내용으로 가득 차 있고(성취되어 있고), 그렇기에 우리가 임의로 채울 수 없는 계명이다. 그것은 복음으로 가득 채워져 있다. 십계명을 주실 때 하나님께서 자신의 백성을 위해 행하신 것에 대해 먼저 말씀하시는 것처럼, 하나님의 계명도 하나님께서 자신의 명령의 대상이 되는 사람들을 위해 이미 수행하신 선하신 행위들과 언제나 관계가 있다. 하나님의 율법의 "형식"은 그들에 대한 하나님의 선하신 뜻과의 일치를 목표로 한다는 점에서 복음과도 **일치**한다. "인간은…은혜로우신 하나님의 파트너로 규정되었다.…(그렇기에) 그는 하나님이 은혜를 베푸시는 대상으로 존재해야 하며, 그런 존재로서 말하고 행동해야 한다." 바로 그 은혜가 "그의 행동을 규정하여…하나님의 행동과 상응하도록, 나아가 일치하도록 만든다." "우리는 무엇을 행하여야 하는가? 우리는 그 은혜에 상응하는 것을 행하여야 한다"(II/2, 639f.). 그래서 바르트는 모든 "행위의 의로움"을 거부한다. 인간에게 필수적인 것이 하나님께서 그에게 선사하신 은혜에 대한 응답뿐이라면, 그가 어떻게 그 은혜를 받을 자격이 있겠으며, 은혜의 효력을 자신이 앞서 성취한 어떤 조건을 통해 발생시킬 수 있겠는가? "행위의 의"에 대한 이와 같은 제한은 그 자체만의 강조점을 지니고 있다. 이미 1922년에 바르트는 이렇게 말했다. "은혜는 인간이 무엇을 할 수 있다거나 해야만 한다는 것, 혹은 아무것도 할 수 없다거나 해서는 안 된다는 것을 뜻하지 않는다. 은혜는 **하나님**께서 어떤 것을 행하신다는 것, 그것도 모든 것이 아니라 대단히 특정한 것을 행하신다는 것을 뜻한다." 그리고 계속해서 말하기를, 바로 이와 같은 "은혜는 윤리학에 대해서도 충분하다."[111] 행위의 의로움이 왜곡되어 있다는 것은 인간이 스스로 **행동**해서 하나님의 은혜에 수동적으로 상응하려고 한다는 사실이 아니다. 왜곡되어 있는 것은 그것이 은혜와 일치하기보다는 은혜와 모순되고 경쟁하는 행위라는 사실이다. 그러므로 인간이 은혜를 긍정하고 그것에 상응함**으로써 행동**하는 곳에서, 행위의 의로움은 바로 그런 인간 자체에 의해 부정된다.

이 점에서 선과 악에 대한 바르트의 특성화된 규정이 모습을 드러낸다. 선은 은혜를 행동으로 긍정하는 것이고, 악은 은혜를 행동으로 부정하는 것이다. 그렇기에 불의한 자들이 아니라 오히려 자칭 "선하게" 행동한다고 말하는 스스로 의로운 자들이 가장 심각한 윤리적 문제가 된다. 바르트에 의하면 죄는 그것의 **핵심**에서 은혜의 대적이다. 죄는 불신앙이며, 이것은 "모든 죄의 원형과 근원"이다(IV/1, 460). 죄는 오만과 태만이라는 이중적 형태 안에서 은혜를 대적한다. **오만**(458ff.) 안에서 인간은 오로지 하나님만이 행하실 수 있고 행하시는 그것을 자기가 행한다고 참칭한다. 그와 함께 그는 하나님의 복음에 모순되는데, 여기서 복음은 인간이란 하나님께서 은혜 가운데 그에게 행하시는 바로 그것으로만 살아갈 수 있다고 말해준다. 그러나 복음의 의를 인정하는 대신에 그 인간은 (그는 하나님이 행하시는 것을 결코 행할 수 없다) 바로 그 은혜로우신 하나님의 자리에 다른 어떤 은혜 없는 "율법적인" 신을 위치시키고, 그 신을 통해 스스로 상상한다. 마치 그가 자신이 행하는 것, 성취해야만 하는 것에 의해, 그리고 스스로 자기 자신에게 베푸는 은혜에 의해 살아가는 것처럼 상상한다. 그 결과 그는 은혜를 상실하며, 하나님 없는 사람이 되고, 나아가 비인간적으로 된다. 그러나 그는 해서도 안 되고 할 수도 없는 것을 행하려고 함으

---

[111] *Römerbrief* 2, 196, 423.

써, 마땅히 행해야 하고 행하도록 허락되어 있는 것을 행하지 않게 된다. 이것이 **태만**의 죄다(IV/2, 452ff.). 태만 안에서 인간은 복음과 일치하는 하나님의 율법과 모순이 된다. 여기서 율법은 하나님께서 그가 할 수 있는 것, 행하도록 허락된 것, 해야 한다고 명령하신 것이 무엇인지를 말해준다. 그것은 그 인간에게 수여된 은혜에 비추어 할 수 있는 것이고, 그것을 행하는 것은 그에게 남은 유일한 가능성이다. 그것은 은혜에 감사하는 응답을 행동으로 하나님께 올려드리는 것이다. 하나님께 속한 자들이라고 고백하라는 하나님의 요구를 수용하는 대신, 그와 반대로 우리는 우리 자신을 은혜 없는 자로, 자기 자신에게 위임된 자로 여긴다. 그때 우리는 "자신의 내면에만 머무르려고 하는 자" 혹은 하나님께서 은혜로 가능하게 해주신 우리 자아의 배후로 "퇴각한 자"가 되고, 우리의 행동은 그런 태도에 의해 규정된다(457). 이것도 하나님의 은혜에 대한 투쟁이다.

그런데 하나님의 율법은 어떻게 인간을 복음과의 일치성 안으로 이끄는가? 그것은 율법이 복음의 "형식"으로서 스스로를 창조하고 형성하는 형식이라는 점에서 그렇게 된다.[112] 그 형식은 복음에 상응한다. 그것이 복음처럼 또한 **자기 자신 안에서** 이미 성취된, 나아가 본질적으로 **성취된** 율법이라는 점에서 그렇다. 그것은 바르트에 의하면—두 가지 측면을 지닌 은혜의 계약에 상응하여—이중적 방식으로 성취되었다.

첫째, 율법은 "우선 자기 자신을" 인간과 "결합시키신"(II/2, 821) 하나님의 은혜의 행동을 통해 성취되었다. 그 결과 하나님은 인간에게 요청하실 수 있게 되었고, 스스로 인간에 대한 책임을 떠맡으셨다(567). 그렇기에 우리와 만나는 하나님의 율법은 어떤 추상적인 법령이 아니고 하나님 자신이 행동으로 이행하고 성취하신 율법이다. 이 율법 안에서는 선과 악이

---

[112] *Evangelium und Gesetz*, 11.

근본적으로 결정되어 있어서 우리가 그것을 더 이상 결정할 필요가 없다. 그 율법이 시초부터 향해진 대상인 인간들은 그 율법 안에서 하나님께서 그들에 대한 책임을 떠맡으셨기 때문에 하나님 자신의 소유로 다루어진다. 그러므로 하나님의 계명은 "객관적으로 존재하는 것이 아니다." "이것이 사실상 진리다. **하나님께서** 자신의 계명을 주신다." 그러므로 우리는 "다음 사실을 아무리 강조해도 지나치지 않는다." "하나님의 **계명**이라는 개념 아래서…우리는 하나님의 **행동**을…이해해야만 한다"(II/2, 608f.). 하나님의 계명은 자신 안에서 정지한 채 휴식하다가 때때로 정지 상태로부터 벗어나 무엇이 명령되어야 하는지 묻는 어떤 하나님의 인간에 대한 추상적인 요구가 아니다. 왜냐하면 "하나님은 자신의 행동 안에 계시기" 때문이다. 이것은 깊은 의미로 이해되어야 한다. "하나님은 오로지 자신의 행동 안에서 하나님 자신의 본래 존재로서 **존재**하신다"(II/1, 305). 하나님은 은혜롭게, 의롭게, 자유롭게 **행동**하심으로써 은혜로우시고, 의로우시고, 자유로우시다. 하나님의 의지의 **내용**으로서의 그분의 은혜는 "우리에 대한-은혜로운-행동"이 아닌 다른 그 어떤 **형식**으로도 주어지지 않는다. 복음의 형식으로서의 하나님의 계명은 우선적으로 그와 같은 하나님의 "실천"이며(II/2, 810), 그렇기에 필연적으로 바로 그 **내용**의 형식이다. 그러므로 하나님의 계명은 우리에게 요구되는 실천에 대해 추상적으로 말하지 않는다. 오히려 그 계명은 우리의 모든 실천보다 앞서는 하나님의 실천에 대해 먼저 말한다. 하나님의 계명은 하나님이 자신의 입장에서 언제나 이미 행동으로 성취하신 계명이 아닌 다른 어떤 것으로서 우리와 만나지 않는다. 우리에게 주어진 계명은 이미 하나님께서 자신이 명령하신 것을 스스로 행하심으로써 성취된 것이다. 그러므로 하나님의 계명은 그분의 은혜에 낯선 어떤 것이 아니고, 그 은혜의 "형식"이다.

둘째, 하나님의 계명은 또한 **인간**의 편에서도-저 한 분에 의해-성취되었다. 그분은 **우리의 자리**에 서셨고, 정확하게 우리의 자리 곧 우리가 본성적으로 하나님께 불순종하는 바로 그 자리에서 "죽음에 이르기까지, 곧 십자가의 죽음에 이르기까지" 하나님께 순종하셨다(빌 2:8). 그분은 바로 그 자리에서 우리의 불순종에 대한 하나님의 "아니오"를 수용하셨다. "그 예수에게 권위를 부여하신 분은 바로 하나님이셨다.…바로 그 하나님께 예수는 순종하셨다. 예수는 어떤 운명의 권세에 굴복한 것이 아니고, 스스로 수립한 어떤 규정을 끝까지 지킨 것도 아니었다. 그것은 하나님께서 받아들이고 품에 안으신 자, 그래서 하나님의 존엄하심에 깊이 경악해야 했던 자의 순종이었다. 그래서 그는 자신을 전적으로 하나님의 처분에 맡겨야 했다. 그것은 자유로우신 하나님께 대한 자유로운 인간의 순종이었다. 바로 그렇기에 그것은 바른 순종이었다"(II/2, 623). 하나님이 우리에게 어떤 것을 요구하실 수 있는 것은 "그분 자신이 인간이 되셨고, 인간으로서 순종을 요청하실 뿐만 아니라 또한 그것을 행하셨기 때문이다. 그분은 선을 행하심으로써…자기 자신을 우리를 위해 헌신하심으로써, 선에 대해 말씀하신다"(627). 바르트는 예수의 순종의 결정적인 행동을 예수의 **기도**에서 본다. 기도에서 예수의 순종은 사실상 성숙하고 자유로운 것이며, 맹목적이고 노예적인 것이 아님이 드러났고, 하나님께 대한 그의 고유한 대답 안에서, 곧 인간의 행동으로 일어난 하나님과의 교제 안에서 계약이 인간의 편으로부터 완성되었기 때문이다(134). 이와 같이 예수께서 순종을 **우리의 자리에서** 행하심으로써, 또한 **우리의 자리에서** 하나님의 율법은 **성취**되었다. 은혜로우신 하나님의 계명이 **우리**와 만날 때, 그것은 하나님의 실천에 의해 성취되었을 뿐만 아니라 또한 그것에 상응하여 인간의 편에서도 **성취된 율법**이며, "생명의 영의 법"이다(롬 8:2; II/2, 643).

그러므로 바르트에 의하면 율법은 **복음으로** 채워져(성취되어) 있을 뿐만 아니라 또한 율법**으로서도** 성취되어 있다. 그것은 완전히 복음에 의해서만 형태를 갖춘다. 그래서 그것은 **은혜로 가득 찬**(성취된) 율법이 아닌 다른 어떤 형태로서는 우리와 만나지 않는다. 바로 그 율법의 성취를 우리가 행동으로 확증할 수 있는 유일한 길은 우리가 "너의 본래 존재인 바 바로 그것이 되어라!"라는 말씀을 듣는 것이다. 이제 우리는 바르트의 결론을 이해하게 된다. 하나님의 율법이 그것의 성취(그것을 가득 채운 것)로부터 분리될 때, 그것은 어떤 요청의 **단순한** 형식이 되어버린다. 그때 그 율법은 어떤 이상(理想), 곧 그 자체로서는 성취되어 있지 않기 때문에 인간이 우선적으로 성취할 수 있는 이상이 된다. 그때 인간은 율법을 "오용"[113]하게 되는데, 이것은 율법이 지켜지든지 아니면 성취되지 않든지와는 무관하다. 그곳에서 인간은 하나님이 아닌 다른 어떤 것에 순종하게 된다. 그 결과 "복음 없는 율법이 우리를 아무런 희망도 없이 하나님 **그리고 맘몬을 동시에 섬기도록 내버려두게 된다**."[114] 거기서 죄는 "자신의 최고 작품"을 빚어낸다.[115] 왜냐하면 죄의 본래적인 문제는 "율법들"을 어기는 것이 아니기 때문이다. 그렇다고 하면 죄는 율법을 지키면 없어질 것이다. 다시 한 번 말하자면 죄의 본래적인 문제는 스스로 의롭다고 하는 것이다. 이것은 하나님의 계명이 그 자체로는 성취되지 않은 것, 은혜가 없는 율법이어서 우리가 그것을 성취시켜야 하는 것이라는 잘못된 이해를 뜻한다. 바르트가 볼 때 이와 같은 자기-칭의는 율법을 스스로 성취할 수 있다고 신뢰하는 것일 뿐만 아니라, 오히려 그것을 성취할 수 없다는 사실을 신뢰하지 않는 것이다. 그러나 우리가 그 율법을 성취된 것으로 받아들인다면, 우리는 그것이 하나님의 요구임을 알 수 있게 된다. 그것은 율법의 행위란 "하나님의 행위를 바르게 수용하는 자의 행위이고, 영원히

---

[113] 같은 곳, 17.
[114] *Fürchte dich nicht!*, 97.
[115] *Evangelium und Gesetz*, 17.

그렇게 될 것"이라는 사실을 수용하라는 요구다(II/2, 638). "이스라엘이 하나님의 계명을 **지켰을** 때…하나님이 그들의 구원과 의로움이시라는 사실을 알고 경험하게 되었으며, 그 결과 필연적으로 하나님의 자유로우신 은혜를 찬양하게 되었다"(IV/1, 26). 복음이 율법의 "형식"을 갖는다는 사실은 인간이 자신에 대한 복음의 효력을 위해 "무언가"를 행하여야 한다는 것을 뜻하지 않는다. 오히려 그 사실은 복음이 그에게 적중해서 그를 하나님의 소유로 취한다는 것을 뜻한다. 물론 그는 그 이전에 이미 하나님의 소유였다. 이렇게 하나님의 소유가 된 자는 복음에 책임을 지면서 **상응**해야 한다.

책임성

"하나님께서 **스스로** 인간을 위해 책임지는 자가 되실 때, 또한 그분은 인간도 책임의 존재로 만드신다"(II/2, 567). 이때 "책임성은 인간 실존 전체의 의미에 해당한다"(10). 그렇기에 하나님의 계명은 우리가 비로소 성취하는 것이 아니라 우리를 위해 이미 성취된 것이다. 그런 것이 아니고서는 계명은 우리와 만나지 않는다. 그렇기에 하나님의 은혜도 우리와 만날 때, 우리를 요청하시는 바로 그 하나님을 위해 반드시 우리 자신을 요청한다. 이 관점에서 앞서 말한 "루터교적" 표상은 거부되어야 한다. 그 표상은 마치 하나님의 은혜는 죄의 용서에 국한되는 반면에 하나님의 율법이 우리를 우리 자신에게 새롭게 위임해서, 우리가 세계 "질서" 혹은 오늘의 용어로는 "전문가의 유능함"에 굴복하게 되는 것처럼 주장했다. 그러나 하나님의 계명의 은혜는 인간이 자기 자신에게 맡겨져 있다는 것이 "단순히 말해 진리가 아니"라는 사실에 놓여 있다. "오히려 인간은 머리이신 예수 그리스도에게 속해 있다. 인간은 그분의 몸의 지체이거나 앞으로 그렇게 될 것이다. 그분은 교회의 주님이시고 또한 우주의 주님이시며, 아직 혹은 앞으로도 그분을 믿지 않는 자들의 주님이시기도 하다"(599). 은혜 가운데서 인간을 위한 책임을 스스로 짊어지시는 하나님께서 인간을 요구하실 때, 그 요구는 인간의 모든 믿음의 효력보다 앞선다. 그렇기에 믿음의 본질은 단순한 수용적 수동성이 아니다. 믿음 안에서 다음과 같은 사건이 일어난다. 인간을 위해 스스로 책임지시는 하나님이 인간에게 **말을 건네시고** 인간은 하나님 곁에서 **대답**을 발견한다. 하나님께서는 이와 같은 방법으로 인간을 책임지는 존재로 만드신다.

하나님께서 인간을 책임적 존재로 만드셨다는 것은 인간이 하나님에 상응하는 특정한 관계 안으로 취해졌음을 뜻한다. 이것은 인간도 "행동 안에 있는 존재"의 형태를 갖는다는 것을 말한다. "인간은 **행동함으로써** 비로소 인격적 존재로서 **실존한다**"(572). "우리가 행하는 것, 바로 그것이 우리의 존재다. 인간이 먼저 실존하고 그다음에 다른 조건들 가운데서 또한 행동을 하는 것이 아니다. 오히려 인간은 행동함으로써 실존한다"(I/2, 887). 이 말은 "나는 나의 행위다"라는 사르트르의 실존주의[116]로부터 그리 멀리 떨어져 있지 않다. 다만 구분이 필요하다. 여기서 인간은 행동할 수 있는 자유로 선택되어 있는 것이지 저주 아래 있는 것이 아니다. 그다음에 다른 구분도 명확해진다. 루터에 의하면 "인간적 측면에서 볼 때 복음에는 필연적으로 수용적 수동성이…상응하는 반면에, 전혀 다른 방향으로 향하는 바르트의 인간론은…인간을 행동하는 자 그리고 자기-자신을-규정하는 자로 이해하기 때문에, 복음은 행동하는 존재로서의 인간을 요청하는 율법의 형태로 즉각적으로 인도한다."[117] 우리는 여기서 바

---

[116] E. Jüngel, *Barth-Studien*, 203.
[117] 같은 곳, 1205.

르트와 루터의 차이가 실제로 그리 큰지 질문해야 한다. 왜냐하면 바르트는 여기서 행위가 인격을 만드는 것이 아니고 인격이 행위를 만든다는 루터의 근본 명제를 자기 방식으로 수용하고 있기 때문이다. 또한 바르트도 인격이 자신의 자아를 구성한다고 말하지는 않는다. 그것은 하나님의 은혜가 "구성한다." 하나님께서 우리를 그분과 연합할 가치가 있다고 여겨주시는 것이다.

그러나 하나님의 은혜가 인간을 위해 스스로 짊어지시는 책임성을 자체 안에 포함하는 것처럼, **우리에게** 미치는 그 은혜는 우리 존재의 바탕이 되는 **우리의** 행위에 대한 하나님의 요청을 자체 안에 포함한다. 그러므로 은혜의 전달 안에서 하나님의 율법은 지양되지 않고 오히려 명확하게 드러난다. 그러나 루터는 지양된다고 말하는 듯이 보인다. 바르트가 그렇게 말하는 것은 율법은 "너는 마땅히…해야 한다!"라는 추상적 요청에 놓여 있다고 보는 루터의 전제를 거부하기 때문이다. 이 추상적 전제는 인간이 해야 한다는 그것을 할 수 있는지 묻지 않고, 명령받은 그것을 행하기 위해 그가 필요로 하는 것을 제공해주지도 않는다. 바르트는 이와 같은 은혜 없는 계명은 하나님의 율법이 아니라고 말한다. 하나님의 율법은 언제나 은혜로 가득 찬(성취된) "형식"이고 결코 은혜 없는 것이 아니다. 하나님이 은혜 가운데 인간을 위한 책임을 스스로 짊어지셨고 **그와 함께** 우리에게 주시는 그분의 계명은 "성취"되었기에, 그 계명은 언제나 이미 **성취된** 계명으로서 우리에게 다가온다. 하나님의 계명은 우리에게 아직 성취되지 않는 율법을 우리가 반드시 우선적으로 성취해야 한다고 말하지 않는다. 그 계명은 우리에게 우리는 이미 성취된 계명에 단지 응답하면서, 책임성과 함께 **동참**(anschließen)하라고 말한다. 한 번 더 말하자면 하나님의 계명은 인간이 "실천에 옮겨야 하고" 실현시켜야 하는 어떤 이상으로 이해되어서는 안 된다. 그런 행동에서 인간은 사실상 자기 자신에게 위임되고, 명령된 것을 넘어서라는 요구를 끊임없이 받게 될 것이다. 오히려 하나님의 계명은 인간을 이미 개방된 **현실성** 안에 위치시킨다. 그것 안에서 그는 단지, 요한적으로 말하자면, 스스로 서서 머물기만 하면 된다. 그의 행동은 글자 그대로 단지 "예수를 **뒤따름**"이고 다른 어떤 것일 수 없다.

하나님의 율법은 은혜의 복음을 통해 "형성"되기(형식을 갖추기) 때문에, 율법 자체도 은혜의 **특성**을 갖는다. 그렇기에 율법을 지키는 행위는 강제적인 필연성이 아니라 자유로운 허용의 특성을 가지며, 어떤 낯선 규정의 처분에 굴복하는 것이 아니라 하나님의 실천에 상응하는 자기 규정의 특성을 갖는다. 바울이 진노를 불러일으키는 끔찍한 죽음의 율법에 대해 서술할 때(롬 8:2; 4:15), 바르트에 의하면 그는 루터교 전통이 주장하는 것처럼 율법의 적법한 "사용"—물론 이것은 하나님께서 우리에게 율법을 주신 목적이다—을 말하고 있지 않다. 오히려 바울은 율법을 **자기**-의로 바꾸는 통상적인 **오용**에 대해 말하고 있다.[118] 죄를 용서하는 복음은 오용을 선하다고 말하는 것이 아니라 제거한다. 율법이 아니라 그것의 오용이 제거되는 것이다. 오용되지 않은 율법, 하나님께서 복음 안에서 신적 의지에 따라 사용하도록 바르게 수여하신 그 율법은 우리를 복음에 응답하는 긍정으로 인도하고, 복음과 일치하는 행위를 우리에게 요구한다. 이 율법은 우리에게 생명을 선사하는 법이다(롬 7:6; 8:2). 그것은 선하다(롬 7:12).

바로 그 선한 법, 즉 "율법적으로" 오용되지 않은 법에 대해서는 다음과 같이 말해질 수 있다. "하나님의 계명을 다른 모든 계명으로부터 구분하는 형식은 그것이 **허용**이라는 점에서 본질적이다. 그것은 특정한 **자유**를 **수여**한다. 다른 모든 계명은 어디서인가는…인간을 간섭하며, 항상 그

---

[118] *Evangelium und Gesetz*, 15-18.

렇지는 않다고 해도, 거칠게 떠미는 것이다. 그때 인간은 어떤 한 가지 측면에서―최악의 경우는 자기 자신에게 스스로 계명을 부과하는 것으로 시작하는 경우다―고통을 당하게 된다. 다른 계명들은 모두 다 그 인간에게 자유를 주는 것은 위험할 것이고, 그는 그 자유를 틀림없이 오용하게 될 것이라는 불신을 공공연히 말한다.…그것들은 아주 다양한 측면에서 두려움을 불러일으킨다. 그것들은 두려움을 밑에 깔고 인간에게 말을 건네고, 그에게 직접 두려움을 불어넣으며, 그를 두려움 안에 계속 붙들어 둔다. 그것들이 명령하는 것은 본질적으로 금지이고, 가능한 모든 허용의 거부다.…그러나 하나님의 계명은 인간을 자유 안에 위치시킨다. 하나님의 계명은 허용한다. 그것은 바로 그렇게 명령하며, 다른 어떤 방식도 아니다. 물론 하나님의 계명도…'너는 해야 한다!'와 '하지 말아야 한다!'라고 구체적으로…말하지만, 그래도 그것은 허용한다.…하나님의 계명과 다른 계명들이 같은 것을 행한다고 해도, 그것은 전혀 같은 것이 아니다. 하나님의 계명은…인간에게 강요하지 않고, 오히려 강제 행위를―인간은 그런 행위 아래서 살아왔다―폭파시킨다. 하나님의 계명은 불신이 아니라 신뢰와 함께 인간과 만난다. 그것은 인간의 두려움이 아니라 용기에 호소하며, 인간에게 두려움이 아니라 용기를 불어넣는다. 이렇게 되는 것은 그 계명이…하나님의 은혜의 형태를 갖고 있기 때문"이다. "우리의 등에 놓인 **쉬운** 멍에와 **가벼운** 짐은…우리를 신선하게 회복시키는 것을 의미한다. 하나님이 우리에게 계명을 주실 때, 그분은 우리에게 바로 그 쉬운 멍에와 가벼운 짐을 준비해주신다." 하나님의 계명 아래서 신선하게 원기를 회복하지 못한 사람은 "순종이 아니라 오히려 하나님께 불순종하는 인간"이다(II/2, 650f.).

그러므로 바르트의 윤리학은 전개되는 내용의 관점에서 보면 **자유의 윤리학**이다. 바르트의 **창조 윤리**는 **안식일** 계명을 정점에 위치시킨다. 안식일은 "아무것도 하지 않는다"(Nichtstun)는 것이 아니라 "행하지-않음"(Nicht-tun)이라는 의미로 초대한다. 다시 말해 우리는 "축제를 이해하고" 주목하지 않는 한, 어떤 계명도 이해할 수 없다는 것이다(III/4, 54f.). 안식일 계명은 우리에게 "우리 자신이 원하고 성취할 수 있는 모든 것을 멀리하고⋯우리를 위한 **하나님**의 존재와 우리를 위해 그분이 행하고자 하시는 것"을 주목하라고 지시한다. 그 계명은 "전능하신 하나님의 은혜가 (인간 자신의 행동의) 전체에 걸쳐서 최초이자 최종의 말씀이 되게 하는 것, 그 행동에 그런 말씀을 부여하는 것"을 목표로 삼는다. 그 계명은 인간이 "자기 자신 혹은 타자들 혹은 우주에게 말할 수 있는 '예'로부터 살아가야 한다"는 강제성으로부터 그를 해방시킨다. 안식일 계명은 인간이 자신과 타자에 대한 노동 안에서 "행동적인 '예'를 말하는 것"을 금지하는 것이 아니라 오히려 그렇게 하라고 그를 해방시킨다. 그때 그의 행동 그 자체는 자유의 특성을 나타낸다. 다시 말해 "그가 일할 **수 있다**는 것은 그가 정복한 것이나 그의 소유가 아니라 자유로운 선물이고, 그가 일**해야 한다**는 것은 그가 발견한 것이 아니라 하나님이 맡기신 사명이다"(58f.). **바르트의 화해 윤리**는 "은혜의 하나님께 대한 **외침**"이라는 근본 개념에 토대를 두고 있다. 이것은 기도가—예수의 기도에 상응하여—인간이 자신의 **성숙성**을 행동으로 확증하는 **근원적** 행위임을 의미한다. 기도는 하나님으로부터 분리되는 어떤 해방 안에서가 아니라 하나님과 연합하는 자유, 곧 **하나님의 자녀**의 자유 안에서 행하여진다(113f.). 기도 이후에 비로소 가능해지고 바르게 기대되는 다른 모든 행위는 인간 자신의 고유한 사역으로 건너가기 위해 하나님의 은혜를 신뢰하는 행위가 아니고, 그 은혜를 신뢰하고 그것에 응답하는 행위로 규정된다. 이것은 거꾸로 인간이 은혜를 통해 "탈진하거나 과도한 권세를 갖게 되는 것이 아니라, 다만 자신의 발로 스스로 일어서게" 되는 것과 마찬가지다(IV/4, 25).

하나님의 계명의 "해야 한다"(Sollen)는 "해도 좋다"(Dürfen)이다. 또한 바르트는 역으로도 말한다. 참된 "해도 좋다"는 "해야 한다"이다. 이때 "해도 좋다"의 자유는 제약되거나 나아가 철회되는 것이 아닐까? 이 문제는 정확하게 자유와 공동체적 연합 사이의 관계에 대한 유비가 된다. 그 관계에 따르면 자유는 공존을 향한 그리고 공존 안에서 이루어지는 자기 규정이다. 앞에서 바르트가 개인의 독립적인 자유를 거부했던 것처럼, 여기서는 "해도 좋다"가 왜곡되어 모든 것을 스스로 허용할 수 있다는 인간적 자의성으로 변질되는 것을 거부한다. 이런 자의성은 하나님의 계명과 정면으로 **대립**된다. 그렇게 대립되는 것은 "인간에게 참된 자유가 선사되지 않았기 때문이 아니라 오히려 선사되었기 때문이며, 그래서 인간은 자신의 자의성 안에서는 참된 자유를 가질 수 없기 때문이다." 그렇게 행할 때 인간은 단지 어떤 "낯선 주님과 폭군들"의 노예적인 율법에 빠질 뿐이다. 하나님의 율법은 "우리가 언제나 단지 우리 자신과 대립할 때만 우리와 대립한다"(II/2, 660f.). 자의성은 자유가 관계, 특별히 하나님께 대한 관계로부터 벗어날 때 생긴다. 자유는 오로지 그 관계 안에서만 참으로 존재할 수 있기 때문이다. "해도 좋다"가 "해야 한다"가 되는 것은 우리가 오로지 하나님과의 연합 안에서만 자유롭다는 사실을 그것이 지켜줄 때다. 하나님은 은혜로 우리를 하나님 자신과의 연합 안에 붙드시는 분이다. "해도 좋다"가 "해야 한다"가 되는 것은 그 허용과 함께 **하나님**께서 또한 사랑 안에서 우리에게 허용하신 **모든 것**이 우리에게 사실상 허용되어 있다는 것을 우리가 굳게 신뢰할 때다.

바르트는 "해도 좋다"와 "해야 한다"의 개념―이것은 하나님의 율법을 준수하는 행동을 특징짓는 개념이다―과 겉으로는 역설적으로 보이는 "자유로운 순종"의 개념을 결합시킨다. 이것의 의미는 강제된 혹은 맹목적인 순종이 순종이 아닌 것은 불순종의 자유가 자유가 아닌 것과 마찬가지라는 것이다(비교. II/1, 38.; III/4, 12). 자유로운 순종에서 관건은 물론 **자유**인데, 이것은 "독립적으로 활동하는 자유로운 주체들"에 의해 행사된다(IV/3, 383). "독립성이라는 망상을 공유하는 가운데 독립적이지 못하게 된 인간들의 어떤 그룹에 속한 인형들, 곧 인형극 끈으로 연결되어 조종되는 인형들"의 실존은 **죄**에 **빠져** 있는 실존이다(IV/1, 517). 하나님의 은혜는 그런 죄로부터 해방시킨다. 은혜를 통해 인간에게는 "미성숙성이 아니라 성인이 되었다는 선고가 내려지며, 인간은 성인의 대우를 받는다"(IV/4, 25). 그러나 이 자유는 우리에게 **선사되는** 자유다. 이 자유는 은혜 덕분이다. 하나님께서는 은혜 안에서 인간을 위한 책임을 떠맡으시고, 그 책임을 인간 자신의 책임성의 근거로 삼으셨다. 그 결과 자유 자체는 그와 같은 은혜에 행동으로 바쳐지는 감사에 놓여 있다. 그렇기에 그 자유는 하나님이 창조하신 관계 **안에서** 인간이 자신을 확증하는 것, 그래서 인간은 오로지 하나님이 자신과 인간을 위해 선택하신 바로 그것, 그리고 그에 상응하는 것만을 선택한다는 확증이다. 그것은 하나님의 계약 안에서 인간이 자신을 규정하는 것이다. 그 규정 안에서 인간은 인간적 자기 규정보다 앞서는 하나님의 규정에 속한다(II/2, 192ff.). 이와 같이 그 자유는 인간의 자유로운 **순종의 자유**다.

하나님의 명령을 받는 사람들의 **행동**이 "해도 좋다"와 "해야 한다"의 개념을 통해 규정되는 것처럼, 바르트에 의하면 하나님의 계명이 **선고하는 것**도 두 가지 개념을 통해 서술될 수 있다. 그것은 하나님의 명령의 **구체성과 불변성**의 개념이다(737ff.; III/4, 5-34; CL 3-9). 이 개념 쌍도 마찬가지로 공동체적 연합 안에 있는 자유의 인식에 상응한다. 하나님의 자유에 상응하는 것은 하나님의 계명이 우리에게 언제나 구체적 계명으로서 만난다는 사실이다. 하나님께서 자신을 규정하신 그 연합에 상응하는 것은 그분의 명령의 지속성이다. 한편으로 바르트는 하나님의 계명이 보편적인 법령이라는 생각을 거부했다. 그런 법령은 언제 어디서나, 그것이 적합하든지 그렇지 않든지, 반드시 "글자 그대로" 준수되어야 하고, 만일 적합하지 않다면 우리가 우리의 적용 기술들을 동원해서 적합하도록 만들어야 하는 것이다. 첫 번째 경우에 우리는 물론 어떤 법령을 준수하겠지만, 그러나 그와 함께 머지않아 하나님께는 더 이상 순종하지 않게 될 것이다(예를 들어 히틀러를 암살하려고 했던 것은 하나님께 대한 순종이었을 수 있고, 그런 상황에서 살인 금지 계명을 추상적으로 지키려는 것은 오히려 하나님께 대한 불순종이었을 수도 있다[119]). 두 번째 경우에 우리는 계명을 구체적으로 지키는 가운데 사실상 하나님을 따르는 것이 아니라 우리 자신의 **해석** 곧 지금 **우리**가 필요하다고 여기는 해석을 따르게 된다. 양쪽의 경우 모두에서 하나님의 계명은 우리 손에 주어진 것으로 여겨지고, 우리는 각각의 경우에 하나님이 우리에게 원하시는 것을 미리 혹은 우리 자신을 통해 알고 있다는 셈이 된다. 양쪽의 경우 모두에서 우리는 행위를 실행하는 가운데 실제로는 명령하시는 하나님 앞에 서는 것이 아니라 우리 자신에게 내맡겨져 있다. 바르트는 이와 같은 표상을 결의법(Kasuistik, 궤변으로 도덕적·법률적 문제를 해결하는 방식—역자 주)이라고 불렀다. 그리고 그것에 반대해서 하나님의 명령은 시초부터 **구체적인** 명령이라고 주장했다. 하나님의 계명은 계속해서 하나님의 손에 머문다. 살아 계신 하나님은 항상 자유로우셔서, 바로 지금 그분의 의지에 상응하는 것을 매 순간 새롭게 결정하실 수 있다. 그렇기에 우리는 구체적으로 명령되는 것이 무엇인지를 매 순간 새롭게 인지해야 한다. 그렇기에 우리는 우리의 상황에서 어떻게 하나님께 순종해야 하는지를 매순간 새롭게 물어야 한다. 그 물음에 대한 해명, 그리고 그것의 실천도 하나님께 대한 순종의 행위여야 한다. 그렇지 않다면

---

[119] 히틀러 암살의 문제성에 관하여 비교. KD III/4, 513.

그것은 하나님의 계명으로부터 벗어나는 자의성이 된다.

다른 한편으로 바르트는 **결정주의**(Dezisionismus, 모든 문제가 선행하는 사건이나 현상에 의해 결정된다는 주장-역자 주)라는 생각도 거부한다. 이것은 명령된 행동을 하나의 고립된 행위로 환원시키는 것을 뜻한다. 그와 동시에 이것은 바르트가 창조 질서 혹은 유지 질서에 관한 신(新)루터교적 교리로부터 멀어졌다는 것을 뜻한다. 하지만 그 교리도 그런 결정주의와는 반대되는 것이었다. 창조 혹은 질서 유지가 의미하는 것은 국가기관, 가족, 민족, 또한 1933년에는 인종과 같은 불변요소들이었다. 그 교리는 이런 질서들이 창조 안에서-비록 타락한 상태라고는 해도-확인될 수 있는 것이고, 그것들도 스스로 혹은 신적으로 명령을 내린다고 주장했다. 그래서 우리는 그 명령에 순응해야 한다는 것이다. 하지만 바르트는 그런 질서들을 주장하는 것은 자의적이라고 여겼다. 그런 자칭 질서들이 우리에 대해 정말로 계명의 성격을 가질 수 있는지 미심쩍다는 것이었다. 거기서는 하나님이 아닌 다른 어떤 타자가 명령하고 있을 수도 있다. 물론 그럼에도 불구하고 하나님의 명령의 불변성은 말해져야 하는데, 바르트는 그것을 다른 방식으로 규정한다. 그 불변성은 다음 사실에 놓여 있다. 성서가 증언하는 하나님의 계명은 우리와 관계되는 구체적인 형태 안에서 언제나 특정하게 고정된 불변의 맥락을 나타내 보인다는 것이다. 그 맥락 안에서 계명이 통고될 때, 그것은 질서들이 아니고 **관계들**이며, "그 안에서 하나님의 계명은 우리에게 언제나 반복해서 발견되고, 그 안에서 우리는 우리의 행동을 통해 계명과 이러저러하게 언제나 반복해서 다시 만나게 된다"(III/4, 23). 바르트에게 그 관계는 하나님과 인간 사이의 관계, 인간과 이웃 인간 사이의 관계, 한 사람의 자기 자신에 대한 관계, 그리고 하나님의 역사가 기한이 정해져 있는 인간과 맺는 관계를 의미한다. 이와 같은 맥락은 하나님의 계명이 아니고, 그 계명이 우리와 정규적으로 만나는 장(場)이다. 어쨌든 그 맥락은 하나님께서 우리에게 명령하시는 노선을 지속적으로 제시해준다. 그 계명은 하나님의 구체적인 명령이다. 왜냐하면 그것은 그런 관계성 안에서 통고되고 관계를 바르게 형성하며 공동체적 연합에 적합한 명령이기 때문이다. 그렇기에 개인 윤리와 사회 윤리 사이의 어떤 분리는 있을 수 없다!(III/4, 532)

"세상" 안에 있는 그리스도인들의 행동

그리스도인은 하나님과 맘몬을 동시에 섬길 수 없고, 스스로를 계시하시는 하나님의 계명 외에 다른 어떤 것도 그에게 근본적인 구속력을 갖지 못한다. 그래서 바르트는 묻는다. 그것은 그가 "복음과 율법"의 발견을 배경으로 하여 이미 시끄럽게 알려졌던 물음, 곧 교회와 **정치**(Polis)의 관계에 대한 물음이다. 그 발견과 함께 바르트는 그 당시에 지배적이었던 한 가지 도식을 내려놓았다. 그것은 교회는 단순히 복음만 선포하고, 반면에 율법은 외적으로 국가에 의해, 정확하게는 "권력기관"(Obrigkeit)에 의해 효력을 인정받는다는 도식이다. ("권력기관"이라는 개념을 바르트는 1946년에 모든 종류의 공공 단체들의 책임성을 표현하기 위해 "시민 공동체"[Bürgergemeinde]라는 용어로 대체했다. 우리는 그것을 정치라고 부르기로 한다.) 그 도식과는 달리 만일 국가가 하나님의 율법을 구현하지 않고, 그래서 하나님의 율법이 단지 복음의 계시라는 맥락에서만 알려진다면, 그때 교회는 정치와 어떤 관계를 맺어야 하는가? 교회는 그 밖의 세계로부터 고립된 섬을 형성해야 하는가? 혹은 교회는 정치를 그리스도교적으로 지배하는 것이 바르다고 여겨야 하는가? 교회에 속한 지체들은 하나님의 율법이 아닌 다른 법에 의무를 느끼고 있는 사람들과도 협력할 수 있어야 하는가?

바르트가 현대의 세속적인 정치를 인정한다는 것에는 의심의 여지가 없다. 국가적인 과제에 스스로를 제한하지 않는 국가는 "우상화된 교회"에 지나지 않는 것처럼, 순수하게 교회적으로 행동하지 않는 교회도 정도를 벗어나 "성직을 수행하려는 국가"가 될 것이다.[120] 1935년에 바르트는 이렇게 설명했다. 교황 콘스탄티누스(664-715년) 시대에 있었던 교회와 국가의 결합, 곧 "**그리스도교적**-시민적 혹은 **시민 사회적**-그리스도교적인 시대는 지나갔다.…이것은 우리가 지금까지 알고 있었던 형태의 그리스도교는 끝났음을 의미한다.…세상은 (교회에 대해)…다시 자신의 자유를 획득하고 있다.…그러나 동시에 복음에게도 세상에 대한 그것의 자유가 되돌려지고 있다." 교회의 이 자유는 "세상**으로부터의** 자유"가 아니고, 위의 결합 안에는 없었던 "세상 **안에서의** 자유"다.[121] 이 자유는 어떤 "그리스도교 국가"라는 소원, 나아가 자칭 "올바른 국가에 대한 특정한 그리스도교 교리"라는 것도 포기한다.[122] 이 포기는 세계를 지배하는 것을 적법하게 여기는 교회적 권리주장에 대한 포기를 전제한다. 그런 주장은 교회가 스스로 약속된 그리고 증언되어야 하는 하나님 나라가 되려고 하는 것에서 온다.[123] 정치, 곧 "세상"의 나라는 당연히 하나님 나라가 아니다. 그러나 그 나라에게는 하나님 나라가 약속되어 있다. 하나님 나라가 교회인 것도 아니기에, 하나님 나라는 믿는지 안 믿는지 혹은 무엇을 믿는지와 관계없이 인간들이 공동으로 살아가는 삶의 영역이기에, 그 나라는 세상의 나라 안에 "숨겨져 있다."[124] 특별히 "세상으로부터의 자유"가 교회에게 허용되지 않을 때 그 은폐성이 교회에게 의미하는 것은, 교회의 지체들이 약속

---

120 *Rechtfertigung*, 31.
121 *Das Evangelium in der Gegenwart*, 1935, 33f.
122 *Christengemeinde und Bürgergemeinde*, 18f.
123 같은 곳, 10f., 15.
124 같은 곳, 7.

된 하나님 나라의 은폐성에 상응하여 이 시공간 안에서는 단지 그들의 열매를 통해 인식될 수 있을 뿐이고, 단지 "익명적"으로, 즉 그리스도교적인 이름 아래서가 아니라 확신을 주는 논쟁들과 행동들 안에서만 앞에 나설 수 있다는 사실이다.[125]

그러나 그렇게 말하는 것은 "복음은…그것의 시초부터 정치적이다"[126]라는 바르트의 진술과 모순되지 않는가? 어떻게 바르트는 그렇게 말한 후에 "하나님의 의에 대한 믿음으로부터 대단히 특정한 정치적 문제 및 과제가 직접 뒤따라온다"라고 말할 수 있는가?(II/1, 434) 어쨌든 위에서 말한 내용은 다음과 같은 사실을 우리에게 제시해준다. 세상으로부터의 자유는 사실상 세상 안에서의 자유와 다르며, 양자의 구분에도 불구하고 그리스도교는 정치적 과제에 대해 긍정적인 관계를 맺을 수 있다. 물론 그것은 그리스도인들이 자의적으로 설정하거나 자칭하는 관계가 아니고, 그렇기에 그들이 스스로 벗어날 수 있는 관계도 아니다. 그 관계는 하나님께서 정하신다. 하나님 나라가 세상의 나라 안에 숨겨져 있다면, 하나님 나라는 "세상의 나라가 일으키는 혼돈의 한가운데서 약속으로서" 현재하고 있는 것이다. 왜냐하면 예수 그리스도께서는 "교회의 주님이실 뿐만 아니라…정치적 질서를 요청하시는 형태 안에서 또한 세상의 주님이시기 때문이다. 모든 인간에게 각각 통고되는 그와 같은 질서의 요구는 특별한 어떤 세상의 법이 아니라, 오히려 교회 안에서 선포되고 또한 세상에 대해서도 효력이 있는 유일한 **하나님의 율법**에 근거를 두고 있다."[127] 이 사실은 정치 자체가 하나님의 **은혜의 질서**[128]에 힘입고 있음을 의미한

---

125 같은 곳, 51.
126 같은 곳, 149.
127 *Gotteserkenntnis und Gottesdienst*, 205.
128 *Christengemeinde und Bürgergemeinde*, 13.19.

다. 정치는 외적으로 의, 평화, 자유를 배양하려고 노력할 때 그 은혜에 상응하게 된다. 이 일이 정치 안에서 이루어질 때 "**세상** 안에서도 예배, 곧 **정치적인 예배**"가 드려지게 되고, 로마서 13:1에 따르면 그런 책임을 지는 사람들은 "하나님의 봉사자"(leiturgoi)[129]다. 이 일은 그리스도인들의 정치적 활동을 통해 일어나는 것이 아니다. 그것은 그들의 개별적인 활동과는 무관하게 효력을 나타낸다.

그러나 바로 이런 이유에서 그리스도인들은 그러한 정치적 예배에 참여할 때, 은혜로 명령하시는 하나님께 대한 믿음에 대해서도, 세속적 정치에 대한 책임자들에 대해서도 어떤 낯선 것을 행하지 않는다. 그렇기에 그들은 그 믿음을 벗어나 자신의 "고유한" 사명으로 치우칠 수가 없다. 그렇기에 그들은 하나님의 계명에 대한 순종을 — 만일 자신들의 "세상 안에서의 자유"를 부정하지 않으려면 — 어떤 내면의 영역에 제한해서는 안 되며, 하나님의 계명이 아닌 다른 어떤 권위적 법률에 굴복해서는 안 된다. 하나님의 약속된 나라가 정치 안에 숨겨져 있기는 해도 그럼에도 불구하고 분명히 현존하는 것처럼, 그리스도인들도 비록 정치 안에서 "익명적"으로 행동하지만, 그런 가운데 교회 안과 마찬가지로 교회 밖도 다스리시는 동일하신 하나님의 유일한 계명의 척도를 보류해서는 안 된다. 그들은 "국가의 시민으로 존재할 것이다. 그러나 그들이 시민에 불과한 것은 아니고, 최초의 혹은 마지막 시민인 것도 아니다. 그들의 예배는 정치적 예배 안에서 시작하지 않는다. 오히려 하나님께 드리는 예배는 정치적 예배를 포함할 뿐이다"(II/2, 808). 그것을 포함하게 되는 것은 하나님의 계명의 선하심이 그리스도인들의 존재를 공동체로 규정하기 때문이다(794). "하나님의 계명은 모든 시대들과 공간들, 모든 민족들과 영역들 안에서 그것

---

[129] *Gotteserkenntnis und Gottesdienst*, 207.

이 완전한 의미에서 선하다는 사실을 통해 인식된다. 바로 그렇기에 하나님의 계명은 다양한 영역에 직면해서도, 다시 말해 우리의 하나님 관계와 인간적 관계, 우리의 자연적인 존재와 은혜 아래에 있는 존재, 우리의 외적인 삶과 내적인 삶, 우리의 교회 안에서의 입장과 국가 안에서의 입장에 각각 적용될 때도 나누어져서는 안 된다. 우리는 그것을 한편으로 그리스도교적인 계명과 다른 한편으로 자연적 질서들로 갈라놓아서는 안 된다. 그 계명은, 아무리 그것이 구체적인 내용에서는 서로 다르게 들릴 수 있다고 해도, 여기서나 저기서나 동일하다." 그것은 은혜로우신 하나님의 선하신 계명이다(795).

왜 그리스도인들은 정치적 예배에 참여해야 하는가? 그것은 "그리스도인들 자신"[130]을 위한 것은 아니고, 교회를 보호하거나 교회적인 이해관계를 위한 것도 아니다. 국가가 독재를 행사해서 교회의 자유로운 공간을 해치려고 위협하기 때문에 교회가 불가피하게 국가에 저항하게 되는 특수한 경우라고 해도, 그 저항은 (전체주의 국가여서는 안 되는) 바른 **국가**를 위한 것이다. 여기서 교회는 "국가의 정의"를 위해 앞으로 나서며, 국가가 교회가 증언하는 하나님 나라와 **인간적으로** 상응하도록 돕는다.[131] 이 사실은 두 가지로 설명될 수 있다.

(1) 하나님의 계명이 주는 자유에 따라 교회는 그곳에서 언제나 또 다시 각각의 **구체적인 사안**에 개입하게 된다. 하나님의 계명은 "원칙"과 혼동되어서는 안 된다. 교회가 져야 하는 의무는 "어떤 자연법에 대한 것이 아니라 그들의 살아 계신 주님께 대한 것이다. 그렇기에 교회는 결코 '원칙적으로' 사고하거나 말하거나 행동하지 않는다.···그렇기에 교회는 정

---

[130] *Christengemeinde und Bürgergemeinde*, 25.
[131] 같은 곳, 29.

치적 역사의 체계화나 그 역사에 직접 참여하는 것을 거부한다. 그렇기에 교회는 새로운 현상들을 새롭게 평가하는 자유를 보존한다. 교회가 과거에 관습적인 궤도 위에 있지 않았던 것처럼, 오늘날에도 그런 궤도 위에서 계속해서 굴러가도록 속박되어 있지 않다."[132]

(2) 하나님의 계명의 불변성에 따라 그리스도인들이 정치 안에서 각각의 구체적인 사안에 개입했을 때 지켜야 하는 특정한 "노선들"이 있다.[133] 근본 노선은 "공동체 안의 자유"라는 표어로 표현될 수 있다. 다시 말해 그것은 국가가 "자유에 기초해서…공익"[134]을 도모하도록 만들기 위한 개입이다. 이 사실에 민주주의가 상응한다. 민주주의는 단순히 몇 사람이 "국민"을 다스리는 것이 아니라 "법, 사회 공동체의 의무, 자유"가 다스리는 것이다.[135] 여기서 사안(Sache)이 인간을 지배해서는 안 된다. 일이 인간에게 봉사하는 것이 아니라 인간이 일에 봉사할 때, 인간은 즉시 관료주의의 지배를 당하고 경제적으로 수탈된다.[136] 그때 인간의 삶에 진정으로 필요한 것은 언제나 더 많은 사물을 소유하려는 인위적으로 만들어진 욕구에 의해 소외된다. 그런 사물은 인간에게 실제로 필요하지도 않은 것이다. 그곳에서 인간적인 실존은 디딜 바닥을 상실한다(III/4, 616f.). 이와 반대로 그리스도인은 정치에서 "인간이 만물의 척도(!)"라는 노선을 결단해야 한다.[137] 여기서 그리스도인들은, 인간이 인간에 대해 자유를 빼앗고 공동체의 외곽으로 내모는 폭력 행사에 반대하여 개입해야 한다. 그리스도인들은 그리스도께서 타락한 자들과 연대하신 것처럼—"모든 거짓된

---

132 *Offene Briefe*, 159.
133 *Christengemeinde und Bürgergemeinde*, 22.
134 Texte zur Barmer Theologischen Erklärung, 200.
135 *Eine Schweizer Stimme*, 165.
136 *Christengemeinde und Bürgergemeinde*, 32f.
137 같은 곳, 33.

공명정대함을 던져버리고"¹³⁸—눈길을 우선 "아래"로, 사회적·경제적 약자들이 있는 곳으로 돌려야 한다. 나아가 그리스도인들은 정치 안에서 "사회적 불의에 대한 숙고"로 밀고 나가야 하며, 반사회적인 관계들의 "변경"에 대해 질문해야 한다(IV/3, 1023).

교회는 그런 정치적 참여의 과제를 어떻게 실행할 수 있는가? 바르트에게 이것은 어떤 특별한 윤리학의 문제가 아니고, 교회가 정말로 전적으로 하나님을 바라보느냐의 문제다. "교회가 이미 자신의 실존 안에서…하나님의 율법, 그분의 계명, 그분의 질문들, 그분의 권고들, 그분의 비판들을 세상을 위해, 또한 국가와 사회를 향해 드러내고 이해할 수 있게 만들지 않는다면, 그것은 교회가 아닐 것이다."¹³⁹ 교회가 교회로서 바르게 **존재**한다면, 그 교회는 반드시 정치와의 관계 안에서도 바르게 행동할 것이다. 바르트는 그 행동의 두 가지 형태를 알고 있다. 하나는 **비판적** 형태인데, 하나님의 계명의 자유에 상응하며, 교회의 "예언자적인 파수꾼 직무"와 관련된다. 여기서 교회 혹은 그 안의 몇 사람은 하나님께 직접 호소하면서, 그리고 실명으로 현실 정치의 문제에 대해 용기 있게 증언할 것이다. 이것은 교회를 통해 로비 활동을 하는 것이 아니라 국가가 **바르고 의로운** 국가가 되도록 압박하는 것을 뜻한다. 이와 같은 증언은 지속적으로가 아니라 "경우에 따라" 행하여진다.¹⁴⁰ 그 증언은 교회가 자신의 살아 계신 명령자에게 전적으로 헌신하는 가운데 변화하는 상황을 그때마다 새롭게 판단할 준비가 되어 있어야 한다는 사실을 전제한다. 파수꾼 직무는 다수가 두말할 것도 없이 동의하고 있는 어떤 것을 종교적으로 과장하는 일에 봉사하지 말아야 한다. 이것은 그 직무의 본질에 속한다. 그 직무가

---

138 같은 곳, 34.
139 *Evangelium und Gesetz*, 11.
140 *Offene Briefe*, 159.

발언하는 것은 다른 사람들이 침묵함에도 불구하고 여기서 침묵은 죄라는 인식 때문이다. 그렇기에 그 증언은 본질적으로 비판적이며, 그 증언과 함께 그리스도인은 "시류를 거슬러 헤엄쳐야 한다."[141]

정치적 예배의 다른 한 가지 방식은 "긍정적인 협력"[142]이다. 이것은 하나님의 계명의 불변성과 공동체적 연관성에 상응한다. 여기서 그리스도인들은 정치와 대립하는 것이 아니라 직접 그 안에 들어가 있다. 이 경우에 그리스도인들은 자신의 행동 기준을 직접적으로 주장하지 **않으며**, 단지 그 기준으로부터 알게 된 것과 그 결과를 적용하면서 행동한다. 그것은 "결단의 형태를 취하는데…그것은 형식과 내용에 따라 또한 다른 시민들의 결단과 같은 것일 수 있다.…이때 그들의 신앙고백의 유무는 관계가 없다."[143] 여기서 그리스도인들은 비그리스도인들과 공존하는 삶을 증명해야 한다. 다시 말해 세상 안에 있는 그리스도인들의 자유는 비그리스도인들로부터 분리되는 자유가 아니고, 오히려 타자들과 공동체를 이룰 수 있는 능력을 허용하는 자유임을 제시해야 한다. 하나님이 정치의 세계 안에서—비그리스도인들은 그렇게 믿지만—현존하지 않으시는 것이 아니기에, 그리스도인들은 정치 안에서 그들과 협력할 때도 하나님의 계명이 아닌 다른 어떤 기준을 사용할 수 없다. 그때도 동일한 기준이 그들에게 주어진다. 비록 단지 암묵적으로만 그 기준과 관계할 수 있다고 해도 그렇다. 그리스도인들이 행동할 때 다른 사람들과 솔직하게 협력할 수도 있고 그들과 갈등을 빚을 수도 있지만, 그러나 그리스도인들의 목표는 언제나 "시민 사회를 위한 최선의 행동이 무엇인지를 찾는 것"[144]이다. 복음

---

141 이것은 바르트가 Predigten 1913, 595이래로 흔히 사용했던 어법이다.
142 *Gotteserkenntnis und Gottesdienst*, 212.
143 *Christengemeinde und Bürgergemeinde*, 49.
144 비교. 같은 곳, 54.

그리고 그것 안에 포함된 은혜로우신 하나님의 율법에 상응하여 그리스도인들은 그와 같은 "세상 안에서의 자유"를 갖는다.

6 ▪ 선한 창조
창조의 근거와 보존

하나님 없이 생각된 창조의 위험성

바르트는 우리가 창조를 철회될 수 없는 **선한** 현실성으로 인식할 때, 그것이 **하나님**이 행하신 사역임을 비로소 인식하게 된다고 말했다. 미스코테(K. H. Miskotte)[145]는 이 진술을 읽고 바르트의 창조론이 훌륭하다고 생각했다. 바르트의 창조론은 실제로 그렇게 말한다. "우리는 여기서 그와 다르게 혹은 불확실하게…생각하거나 말할 수 있는 자유를 갖고 있지 않다. 창조의 그리스도교적인 인식은…하나님의 선하신 기쁨(Wohlgefallen)이 창조의 뿌리, 기초, 목적이라고 말한다.…그리스도교적으로 인식된 창조는 선하신 기쁨이다"(III/1, 379). 우리는 여기서 멈칫하게 된다. 바르트는 "자연신학"과 투쟁한 것으로 유명하지 않은가? 그 유명세는 그의 신학이 (사도신경의) 창조 조항과는 단절된 관계 안에 있다고 말하지 않는가? 그래서 사람들은 바르트를 새로운 마르키온[146]이라고까지 부르지 않았는가? 마르키온은 구원자 하나님에 비하면 창조자 하나님은 마치 하나님을

---
[145] K. H. Miskotte, *Über Karl Barths KD*, 14f.
[146] A. Jülicher, *Ein moderner Paulusausleger*, 194f.

대적하는 자처럼 보인다고 말했었다. 그런데 그런 바르트가 지금 창조자에게 의미 깊은 찬양을 올려드리고 있다! 그는 이전에 "자연신학"에 대해 "아니오"라고 말했던 것을, 나아가 바로 그 신학은 그런 찬양을 드릴 능력조차도 없다고 말했던 것을 아마 잊지는 않았을 텐데도 말이다.

바르트는 그와 같은 내용을 전쟁의 적나라한 공포가 진행 중이었던 1942년에 이미 집필하기 시작했다. 이 사실을 생각할 때, 우리는 다시 한번 멈칫하게 된다. 바로 그런 상황 안에서 그런 찬양을, 다시 말해 결코 철회될 수 없는 창조자 하나님의 선하신 기쁨이라는 찬양을 드렸다면, 바르트의 신학은 이 땅의 온갖 고통에는 눈을 감은 것인가? 아니다. 바르트는 그 상황의 끔찍함을 정확하게 인지하고 있었다. 그는 파괴된 예루살렘을 "바로 눈앞에" 두고 "하나님의 선하신 행동"이 그치지 않을 것을 찬양했던 예언자 예레미야와 같이 하나님의 선하심에 대해 말했다.[147] "예루살렘의 거주자들은 죽임을 당하거나 끌려갔다.…성전은 무너졌고, 하나님 자신은 자기 백성 이스라엘에게, 그리고 바로 그…예언자에게 낯선 자가 되고 원수가 되었다. 이 일이 우리에게 얼마나 가까운가?" 우리는 "우리가 지금까지 이해하고 설교하고 실천해왔던 그리스도교가 무너져 내려 쌓인 무수한 폐허 더미 앞에 서 있다. 지금까지 우리가 하나님이라고 여겨온 어떤 존재가 거주하고 있다고 생각했던 바로 그곳에서, 오늘날 우리 인간은 도무지 이해할 수 없는 어떤 어두운 얼굴만을 발견하고 있다." 이와 같이 바르트는 폐허가 된 그리스도교를 말한다. 그것이 하나님의 창조에 관한 신학적 논의에 영향을 주지 않았을 리는 없다. 그러므로 우리가 여기서 힘써야 하는 일은 "우리가 하나님이라고 여기는 어떤 얼굴"의 배후에서 **참하나님**의 얼굴을 다시 발견하는 것이다. 여기서 발견되어야 하는 하

---

[147] Predigt über Klagelieder 3, 21 (1944), in: *Fürchte dich nicht!*, 280.

나님의 얼굴은 바로 "창조자 하나님의 긍정(Ja)" 곧 짙게 드리워진 암흑 속에 홀로 빛을 비추실 수 있는 분의 긍정이 아니겠는가? 물론 우리는 엄청난 파멸의 힘을 간과할 수 없다. "인간이 무(das Nichtige)와 대면하는 것은 오늘날에는 (대단히 특별한) 방식으로 발생하고 있다." "이 충격을 알지 못하는 사람은…우리 시대의 사람으로서 생각하거나 말할 수 없고, 다른 사람에게 우리 시대를 이해시킬 수 있는 가능성을 빼앗긴 셈이 된다"(III/3, 397).

하지만 "고통과 죽음의 바다"[148]에서 창조자 하나님의 얼굴, 그분의 선하심은 어떻게 다시 발견될 수 있는가? 바르트는 1933년 이래로 저질러져온 폭력적인 일들이 옛날의 나쁜 나무가 맺은 악한 열매들이라고 생각했다(III/1, 476). 이 점에서 창조자 하나님의 "예"(긍정)를 발견하려 했던 바르트의 일련의 시도들이 잘 이해될 수 있다. 바르트는 자신의 창조론에서 이전과는 비교가 안 될 정도로 날카롭게 근대 사상과 논쟁했고, 그 과정에서 그 사상의 한 줄 한 줄마다 나쁜 열매를 맺은 나쁜 나무라는 명칭을 붙여 나갔다. 그리고 그는 17세기 이래로 숙명적인 오류의 길로 들어섰던 역사를 뒤돌아보았다.

그 잘못된 길은 우리가 하나님을 역사적인 은혜의 계시 안에서가 아니라 일반적인 창조 안에서 인식하고, 후자를 전자에 대한 기준으로 삼아야 한다는 잘못된 견해에서 시작되었다. 그 결과 하나님은 어떤 다른 **길**로 행하는 분일 뿐만 아니라, 나아가 **타자**로 이해된다.[149] 그 하나님은 은혜 가운데 인간과 결합하는 하나님이 아니고, 세상에 대해 추상적으로 **홀로** 존재하고 실존하는 하나님이며, 은혜를 베풀면서 인간에게로 향할 수

---

[148] *Fürchte dich nicht!*, 277.
[149] 데카르트와의 논쟁을 비교하라. *KD* III/1, 401–415.

없는 하나님이다. 또한 인간 역시 하나님의 다가오심 없이도 그분을 알 수 있고 홀로 존재하는 자인데, 이 점에서 인간은 하나님과 너무도 닮은 존재다. 어떤 관계도 없이 홀로 존재하는 인간에게 하나님이란 인간과의 관계를 설정하면서 다가오시는 **대상**이 아니고, 그저 현존하는 "**사유의 사물**"일 뿐이다. 그렇게 무관계성으로 사고된 하나님은 사실상 세계와 어떤 관계도 갖지 않는다. 여기서 "세계는 하나님에 의해 전혀 변화될 수 없는" 방식으로 작동한다.[150] 그렇기에 인간이 하나님을 인식하려고 할 때 매개체가 되는 "자연"도 "은혜 없는" 무관계의 존재로 생각된다. 18세기의 "기계로서의 세계"는 19세기의 "거대한 기계-세계"를 초래했고, 이것은 "자연"을 **인간**의 객체로 취급했다. **과학**은 "할 수 있는 것"이 "반드시 해야 하는 것"인지를 묻지 않았고(비교. II/2, 733), 할 수 있는 모든 것을 반드시 해야 하는 것으로 이해했으며, 그것을 "작업의 열정"을 가지고 실행했다. 그 열정은 "인간이 이룬 문명의 단계들 가운데 최소한 하나가 곧바로 거대한 붕괴를 일으킬 것이라는 징조였다. 일은 더 이상 그렇게는 진행될 수 없을 것으로 보였다"(III/4, 638).

"우리는 많은 것, 나아가 점점 더 많은 것을 할 수 있고 원하고 성취하지만, 바퀴는 비밀리에 헛돌게 된다. 왜냐하면 우리는 권력을 원하고 사용하는데, 그것은 우리가 근본에서는 필요로 하지 않는 것이기 때문이다. 우리는 구원을 위해 그것을 차라리 알지 못하는 편이 나았을 것이고, 그것을 욕망하거나 그 욕망을 실행에 옮기는 것은 더욱 불행한 일이다. 사태는 이렇게 진행될 수밖에 없다. 우리가 현실적인 삶을 위해 실제로 필요로 하는 수준을 터무니없이 넘어서는 권력인 기술(Technik)은 근본적으로 자기 자신이 의미와 목적이 되고 스스로 존속하고 스스로를 갱신할 수 있

---

150 Hugo Grotius. E. Wolf, *Große Rechtdenker*, 247에서 그렇게 묘사됨.

게 되며, 계속해서 문제가 있는 새로운 욕구를 불러일으키게 된다. 그 결과 기술은 매우 불합리하게도 장애를 일으키고 파괴하는 기술이 되며, 전쟁과 파멸의 기술이 된다. 그러나 인간은 기술을 '영혼이 없는 것'이라고 비난해서는 안 된다. 오히려 인간 자신에 대해 권력을 소유하려는 비이성적인 의지를 비판해야 한다. 인간 자신이 근대 기술의 문제다"(III/4, 451).

인간이 문제인 것은 그가 창조를 하나님 없이 **사유된** "세계", 하나님 없이 **손에 넣을 수 있는** "세계"로 **만들었기** 때문이다. 세계는 자아가 없는[151] 사물들의 세계이고, 그저 현존한다. 자아는 그 세계 안에서 자신이 속해 있는 영역의 한 부분으로 파악될 뿐이다. 자연은 인간의 의도에 따라 처분될 수 있는 물질 덩어리다. 인간은 자연 그 자체를 잘라 가질 수도 있고 거부할 수도 있으며, 무가치하게 만들 수도 있고 파괴할 수도 있다. 이것은 바르트가 쇼펜하우어에게서 들은 것이다(III/1, 383ff.). 쇼펜하우어는 자유의 가장 직접적인 행위는 순수하게 허무한 것이 무로 회귀하는 것을 긍정하는 것이며, 그것을 구원으로 여기고 축제를 벌이는 것이라고 말했다. "인간이…하나님의 자리에 섰다고 해도, 그것으로 인간이 얻는 것은 거의 없다"(388). 쇼펜하우어 뒤로 니체가 따라온다. 니체는 "이웃 인간 없는 인간성"을 주장한다(III/2, 276-290). 인간은 너무도 무절제하고 배려심 없는 존재이며, 선과 악을 뒤로 던져버린 채 약자와 도무지 함께하지 못하는 존재이고, 가난한 자와 작은 자를 짓밟는 초인 곧 비인간이다. 그의 뒤로는 다윈주의가 뒤따른다(92ff.). 다윈주의의 문제는 인간과 동물을 함께 묶어서 본다는 것이 아니라, 인간성을 동물을 기준으로 하여 정의한다는 데 있다. 동물과의 구분을 상실한 후에 인간은 주변 세계와 진정한 관계를 이룰 능력도 상실한다. 왜냐하면 인간의 인간성은 본능적 충동의 실

---

[151] 바르트는 J. G. 피히테를 그렇게 이해한다. *KD* III/2, 113-128.

현 안에서 찾아지기 때문이다. 우리는 오늘날(!) 그런 세계관이 남긴 "악한 열매들을 수확하고 있다." "인간에게서 진정한 인간성을 박탈하는 것, 인간을 생명의 일반적인 역동성에 속한 한 가지 지수(指數)로 이해하는 것은 반드시 복수가 뒤따라오는 시도이고, 그것은 이미 복수했다"(98).

이와 같은 사상가들은 카오스를 탐구하지 않았다. 그들은 단지 근대 사회의 해석자였다. 바르트는 이와 같은 잘못된 길의 시작에 대해 그리스도교 신학에게도 책임이 있다고 본다. 그는 옛 신학 안의 "복식부기"(성서와 세상의 책을 동시에 사용하는 것—역자 주)가 그것의 "역사적인 원인" 가운데 하나라고 꼽는다. 옛 신학은 한편으로 죄와 용서를 결합시키는 관점에서 그리스도 안에 있는 하나님과 인간 사이의 은혜의 계약을 힘주어 말하기는 했다. 그러나 다른 한편으로 옛 신학은 넓은 분야—국가론이나 창조론—에서는 대부분 그 결합의 관점에서 시작하지 않았다. 옛 신학은 그곳에서는 어떤 다른 책을 펼쳤고, 하나님에 관하여 말하겠다고 했을 때도 은혜로 우리와 결합하시는 하나님을 빠뜨리고 말했다. "계몽주의의 태양은 그 두 권의 책들 사이의 손익계산이 조만간 초래하게 될 것을 계시했다. 아무도 두 주인을 섬길 수는 없다. 이 과정의 결과가 언제나 그러했듯이 사람들이 다른 주인을 섬겼다면, 그때 사람들은 나쁜 나무에서 자라나는 열매들에 대해 놀라서는 안 될 것이다"(III/1, 476).

이와 같은 길 전체, 곧 은혜의 계약을 창조를 기준으로 하여 해석하고 그다음에 창조를 계약 없이, 그래서 또한 하나님을 전혀 고려하지 않고 해석하는 것, 그 결과 "자연"을 인간이 처분할 수 있고 부정할 수도 있는 덩어리로 이해하게 되고, 마지막으로 인간을 이웃 인간 없이 그리고 동물적 충동을 기준으로 이해하는 길은 바르트에 의하면 그 출발점 가운데 하나를 신학 안에, 곧 하나님이 인간과 세계 없이 홀로 존재한다고 생각하고 하나님을 창조의 관점에서 바라보면서도 하나님이 창조와 본질적으로 결합되어 있지 않다고 보는 신학 안에 두고 있다. 그렇게 생각하는 신학은 위의 잘못된 길로 들어서는 것을 가능하게 만들었고, 그 길이 진행되는 모든 단계에서 무기력하게 바라만 봐야 했으며, 나아가 앞서 도입해 사용해온 "복식부기"를 근거로 삼아 그 길을 좋게 평가해야만 했다. 여기서 우리는 왜 바르트가 그 길을 벗어나는 것이 "**매우** 심각하고 또 **매우** 위중한 책임의 과제"로 보았는지를 이해할 수 있게 된다(III/2, 282).

우리가 유일하게 할 수 있는 일은 이와 같은 잘못된 길의 **시초**에서 **그것**과 맞서 싸우는 것이다. 우리는 그런 신학이 "복식부기"를 통해, 다시 말해 **세계 없는** 어떤 하나님이라는 주장을 통해 사실상 그런 길로 들어서게 만드는 잘못에 대해 바로 그 출발점에서 비판해야 한다. "신학이 세상의 학문들로부터 당하는 핍박은, 그것이 처음에 신학 자체의 (이론들로 화려하게 강조된) 하나님-학문에 의해 더 강력하고 효과적으로 핍박을 받았기 때문에, 나중에는 보다 더 견디기 쉬웠을 것이다"(III/1, 5). 그것이 핍박인 것은 인간이 마치 하나님이 없는 것처럼 행세할 때 하나님의 존재가 위태롭게 되기 때문이 아니라, 신학 안에서 하나님이 인간으로부터 분리되고 인간에게 굴복한 것으로 생각될 때 인간의 존재가 위태로워지기 때문이다. 이와 같이 바르트의 창조론은 그가 전쟁 동안 생각했던 신학적 과제의 맥락 안에 있었다. "교회 안에서 예수 그리스도께서 홀로 통치하신다는 고백은 세상 안에서도 계속 실행되고 성취되어야 한다."[152] 그렇게 할 때 비로소 신학은 **다른** 오류 곧 "자연신학"에 맞설 수 있게 된다. 자연신학은 하나님, 그분의 계시, 그분의 은혜를 "세상"을 기준으로 삼아 생각하려고 한다. 그 결과 도달하게 되는 결론은 자연신학이 하나님 그리고 그분의 은혜와 계시를 전혀 생각하지 않고 오직 세계만을 비밀리에 하나님 없이,

---

[152] Eine Schweizer Stimme, 6.

은혜 없이, 비인간적으로 사고하게 된다는 사실이다. 이에 맞서 신학적 창조론은 다음 사실을 진지하게 고려해야 한다. 믿음은 "반드시 먼저 하나님을 '바라보아야' 하며, 믿음 안에서 하나님의 특별한 계시를 보아야 하고…그다음에 비로소 일반적인…피조물의 역사 곧 '자연사'를 보아야 한다"(III/3, 51; III/1, 172).

계약의 하나님이 바로 창조자이시다

물론 창조론의 목표가 위에서 말한 두 가지 오류를 벗어나 어떤 새로운 신상(神像)을 제작하는 것은 아니다. 창조에 대한 어떤 새로운 견해, 그리고 어떻게 우리가 자연을 지금까지 잘못 취급했던 것보다 더 좋게 취급하는 쪽으로 건너갈 수 있는지에 대한 어떤 새로운 견해를 고안해서 위의 숙명적인 발전을 극복하려는 것은 정신 나간 짓이다. 세계 없는 어떤 하나님, 그리고 하나님 없는 세계라는 관념이 반박되어야 하는 이유는 그것이 이미—성서가 증언하는 하나님의 말씀을 통해—반박되었기 때문이다. 하나님의 말씀의 빛에서 볼 때, 위의 두 가지 길이 **잘못된** 길임이 통찰된다. 그 오류의 당혹성은 성서가 증언하는 하나님의 말씀을 다시 한 번 새롭게 주목하라고 추진한다. 하나님의 말씀에 새롭게 주목할 때, 우리는 우리가 숙고한 것이 아니라 하나님께서 만드신 창조의 **현실성**이 위의 두 가지 길을 지배했던 견해를 반박한다는 사실을 **발견**하게 된다. 이에 따라 바르트의 창조론의 중심 내용은 창세기 1장과 2장의 주석으로 전개된다.

하나님의 말씀의 내용은 계약이다. 계약 안에서 하나님께서는 자신의 (타락한) 피조물과 연합을 이루시고, 피조물을 하나님 자신과의 연합 안으로 옮겨 놓으신다. 이것은 두 가지 사실을 포함한다. 그것은 하나님이 세계 없는 하나님이 아니시고, 그래서 창조는 하나님 없는 세계가 아니라는 사실이다. 바르트에 의하면 창조의 현실성과 선함은 이 사실에 근거한다. 이 사실을 이해하기 위해 우리는 다음과 같은 내용을 분명히 알아야 한다.

(1) 창조자를 인식하려면, 우리는 반드시 **하나님**을 알아야 한다. 그렇다. 우리는 먼저 계시로부터 그분이 바로 **계약**의 하나님이신 것을 배워야 한다. 우리는 그것을 계약의 계시 없이 관찰된 창조로부터 배울 수 없다.

(2) 하나님은 계시 안에서 바로 **자기 자신**을 결정하시기에, 그분은 계시의 하나님이 아닌 다른 분이실 수 없다. 그렇기에 그분은 또한 창조 안에서도—여기서는 다른 방식으로 행동하시지만—**동일하신 분**이며, 자신의 피조물과 연합하시고 피조물을 자신과 결합시키신다.

여기서 우리는 바르트의 창조론을 관통하는 이중 명제를 발견한다. "인간과 맺은 하나님의 계약의 역사, 곧 예수 그리스도 안에서 시작, 중심, 종말을 갖는 역사는…창조의 목적 그리고 창조 자체와 마찬가지로 창조사의 시작이다"(III/1, 44). "창조는 계약의…**외적** 근거이다"(107). "계약은 창조의 **내적** 근거이다"(261). 첫째 명제는 창조와 계약 사이를 **구분**(unterscheiden)하고, 창조는 오로지 계약으로부터만 올바로 이해될 수 있다고 말한다. 둘째 명제에 따르면 창조는 "하나님께서 자신의 내적인 의지와 결의에 따라 외부로 향하시는 유일한 사역 가운데 한 가지 특별한 계기"(44)일 뿐이다. 그러므로 우리는 양자를 **분리**(trennen)해서는 **안 된다**.

계약이 창조를 자신의 외적인 근거로 전제한다는 것은 바르트에 의하면 계약의 **형식적인** 전제임을 뜻한다. 창조가 계약을 자신의 내적인 근거로 전제하는 것은 창조의 **내용적인**(materiale) 전제임을 뜻한다(262). 이것은 복음과 율법에 관한 바르트의 주제를 생각나게 한다. 율법은 복음의 형식이고 복음은 율법의 내용(Inhalt)이다.[153] 율법이 임의로 채워질 수 있

---

[153] 제5장을 보라.

는 "형식"이 아니고 **하나님**의 율법은 오로지 **복음**의 형식인 것처럼, 창조도 임의로 규정될 수 있는 중립적인 것이 아니고 **하나님**의 창조로서 오로지 **계약**으로부터만 이해될 수 있다. 복음이 내용에서는 율법보다 앞서고, 율법에게 복음과 일치하는 형태를 부여하는 것처럼, 계약은 내용에서는 창조보다 앞서고 창조를 "선하신 행동"으로 규정한다. 복음을 추상적으로 이해할 때 끔찍한 율법의 오용이 일어날 수 있는 것처럼, 선한 창조에 대한 악한 오용도 일어날 수 있다. 창조가 피조물을 자신과 결합시키시는 하나님을 도외시한 채 죄인들의 손에 떨어질 때 그렇게 된다. 그리스도의 화해 안에 계신 하나님께서 복음을 통해 선한 율법이 오용되는 것을 막으시는 것처럼, 같은 사건을 통해 선한 창조도 보호하신다.

창조가 계약의 외적 근거라는 명제는 창조와 계약 사이의 구분(Unterschied)을 표현한다. 이스라엘이 계약의 하나님께 대한 믿음에 이어서 나중에 창조자 하나님에 대한 믿음을 고백하는 것처럼, 우리도 그리스도 안에서 일어난 계약의 성취를 통해 우리와 결합하시는 하나님을 알고 그 하나님**으로부터** 창조를 인식할 때, 창조를 창조자의 사역으로 바르게 인식할 수 있게 된다. **그래서** 바르트는 창조는 **단지** 은혜의 계약을 위한 **형식**일 뿐이라고 말한다. 창조는 "은혜의 계약의 역사가 일어날 수 있는 **공간**을 마련하는 일이다. 이 역사는 그것이 활동하기 위한 공간, 그리고 인간 실존과 인간 세상을 필요로 한다. 창조는 그것들을 마련한다"(III/3, 46). 창조는 "인간과 맺은 계약의 역사가 **가능해지는 것**"이다(III/1, 44). 하나님께서 그것을 가능하게 만드신다. 창조를 이와 같이 **형식적**으로 규정하는 것은 창조와 계약 사이의 비가역적인 관계를 확정한다. 다시 말해 우리는 하나님의 은혜의 계약의 계시에서 하나님의 사랑을 이미 알고 있을 때, 창조를 계약의 하나님의 선하신 사역으로 인식할 수 있다. 창조를 단지 그 자체로만 관찰한다면, 우리는 그 인식에 도달하지 못한다. 형식적인 규정도 피조물이 오직 하나님의 사랑의 대상이기 위해, 하나님의 사랑을 받기 위해, 그리고 자신도 하나님을 사랑하기 위해 창조되었다는 사실의 생생한 인식을 도와주려고는 한다. 그러나 계약의 사건 안에서 비로소 피조물의 현존재의 의미가 분명해진다. 그것은 (계약의) 외적인 전제의 설정이 바로 그 목적을 위한 것이라는 의미다. 이 전제는 하나님께서 피조물을 사랑하시는 근거이고, 인간이 가져다 붙인 전제가 아니다. **하나님**만이 피조물을 사랑하기 위한 그 전제를 만들고 설정하실 수 있다. **하나님**께서 계약을 위해 피조물을 **전제**(앞서-설정)하신다. 그래서 그분은 피조물의 현존재의 **현실성**을 보장하신다. 피조물은 이 현실성을 폐기할 수도, 바르게 보존할 수도 없다. 그것은 계약 자체에 손댈 수 없는 것과 마찬가지다.

계약이 창조의 내적 근거라는 명제는 계약과 창조의 일치성을 표현한다. 위의 첫 명제가 자연신학을 거부하듯이, 둘째 명제는 "복식부기"를 거부한다. 복식부기는 하나님이 완성하신 현실성, 그리고 하나님도 없고 은혜도 없이 생각된 세속적인 자기 법칙성의 현실성의 공존을 뜻한다. 둘째 명제는 이스라엘과 맺은 계약이 그리스도 안에서 성취될 때 행동하셨던 바로 그 동일하신 하나님이 창조 안에서도 행동하신다고 말한다. 계약이 창조의 내적 근거이기 때문이다. 바로 그 하나님이 피조물의 현존재를 전제하심으로써, 하나님께서는 피조물보다 **앞서 존재**하신다. 하나님은 피조물을 자신의 계약의 파트너로 규정하시는 계약의 하나님으로서 피조물보다 앞서 계신다. 그러므로 어떤 중립적인, 자의적으로 취급할 수 있는 현존재란 있을 수 없다. 왜냐하면 피조물에 대한 하나님의 **사랑**이 그 피조물의 **실존**보다 앞서기 때문이다. **그렇기에** 피조물은 이미 사랑받고 있는 상태가 아니라면 결코 현존재 안으로 등장할 수가 없다. 그렇기에 현존한다는 것이 피조물에게 **좋은** 일이라는 것은 미리 앞서서 결정되어 있다. 그러므로 최근의 비평가들이 첫째 명제를 추상적으로 이해한 뒤, 바르트 자신이 앞서 말한 "복식부기"를 용인했다고 책임을 추궁하는 것은 틀린 추론이다. 그런 비평가는 창조를 텅 빈 공간인 것처럼 보았고, 하나님의 사랑이 담긴 계약의 실재성이 창조를 가득 채우고 있음을 몰랐거나 혹은 다른 것들, 예를 들어 인간의 자의적인 처분권이 가득 채우고 있다고 생각했다. 계약의 "형식적" 전제로서의 창조는 계약과 동일한 형태이기에, 창조는 그와 같이 가득 채우고 있는 실재성과 분리될 수 없다. 계약이 창조의 목적이라는 사실은 창조 안에서 결정되는 피조물의 현실성에 나중에 추가된 것이 아니다. 그 사실은 다른 역사와 마찬가지로 창조사에 뒤따라오는 것일 수 없다. 오히려 그 사실은 창조 그 자체 및 피조물의 본질과 실존의 특성을 결정한다. **그렇기에** 창조는 **단순히** 외적인 전제에 그치지 않고 오히려 뒤따라오는 계약사의 선취다. 나아가 창조는 "이스라엘의 역사 안에서, 그리고 최종적으로는 하나님의 아들이 육체로 나타나시는 역사 안에서 만나서 하나를 이루게 될 모든 요소"를 자체 안에 포함하고 있다(III/1, 262).

이와 같이 첫째와 둘째 명제는 서로 일치한다. 첫째 명제는 창조가 자체적으로 결정된 고립된 삶을 영위하지 않는다고 말한다. 둘째 명제는 계약의 하나님의 은혜가 자신만을 위한 고립된 영역을 형성하지 않는다고 말한다. 첫째는 세계 없이 생각되는 하나님에 대한 상상을 금지하고, 둘째는 하나님 없이 생각되는 세계를 금지한다. 첫째는 "**모든 것**을 믿음 위에" 두며, 둘째는 "믿음을 현실성 **전체**와 관계시킨다." 양자는 함께 말한다. "자연의 왕국 안에…모든 개별적인 특성과 관계없이 은혜를 목표로 하지 않는 것, 그리고 은혜로부터 유래하지 않은 것은 아무것도 없다. 홀로 독립된 삶을 스스로 영위하는 것 혹은 독립된 통치권을 스스로 행사하는 것도 없다. 거꾸로 은혜의 영역에서 일어나는 새롭고 특수한 사건 가운데서 자연에 속하지 않은 어떤 공간을 차지하는 것은 아무것도 없고, 모든 것은 창조로부터 이해되는 자연이다"(III/1, 67). 바르트에 의하면 양쪽 명제 모두는 하나님께서 이스라엘과 계약을 맺으시고 그 계약을 예수 그리스도 안에서 성취하셨다는 사실에 대한 신앙고백이다. 바로 그 계약을 통해 양자 곧 창조와 계약의 비동일성 및 서로에 대한 관계성이 결정된다. 양쪽 명제를 함께 생각하면 양자의 비동일성이 하나님과 그분의 은혜가 비워진 어떤 "세계"를 가정하지 않는다는 것은 분명하다. 양자가 같지 않은 것은 창조와 계약의 관계가 계약으로부터 결정되고, 계약을 추상화하면서 창조로부터 생각될 수는 없다는 사실에 있다. 양자의 동일성을 주장한다면, 그것은 양자를 어떤 다른 "패러다임"[154] 안에서 생각했고, 나아가 계약의 하나님의 자리에 어떤 다른 신을 위치시켰음을 뜻하게 될 것이다. 그런 다른 신은, 인간이 그 신에 대해 말할 수 있으려면 인간이 스스로 그것에 신성을 부여해야만 한다는 인상을 통해 인간과 접촉한다. 그런 신을 인식하기 위해 우리는 하나님이 계약 안에서 공개하신 것과 같은 말씀에 대한 믿음을 필요로 하지 않는다. 그런 신은 이스라엘과의 계약 안에서 그리고 예수 그리스도 안에서 행동하시는 하나님의 자유로운 은혜와 반대되며, 은혜 없는 자이고 다른 신이다. 이것의 의미는 두 가지다. 사람들은 그런 신이 그것에 예속된 것에 비해 추상적으로 우월하다고 생각할 수 있다. 혹은 사람들은 그런 생각이 적절하지 않은 듯이 보일 때, 창조자와 피조물의 대면을 불분명하게 만들거나, 피조물이 그 신에게 의존한다고 생각하는 것과 마찬가지로 그 신도 소위 "피조물"에게 의존한다고 생각한다. 그것은 피조물을 협력-창조자로 선언하는 것이고, 우리—파괴적 반달족인 우리—에게 선한 창조를 보증할 권리를 신속하게 위임하는 것이다. 그 결과 이 모든 것이 계약의 하나님의 말씀과 사역보다 앞서는 전

---

[154] J. Moltmann, *Schöpfung, Bund und Herrlichkeit*, 212.

제가 되고, 말씀과 사역은 그 전제를 따라야만 한다는 셈이 된다. 그러나 바르트에 의하면 그런 전제는 아주 위험한 오해의 결과다. 하나님의 은혜의 계약은 그런 모든 생각과 모순되기 때문이다. 그렇기에 바르트는 계약과 창조의 비동일성을 주장한다.

양자가 동일하지 않다고 해서 서로 무관한 것은 아니다. 양자 사이에는 분명하고 확고한 **관계**가 있다. 이 관계는 일반적으로 전제되는 것이 아니라, 자신의 계약 안에서 행동하시는 하나님이 선사하는 것이다. 그렇기에 창조는 계약보다 앞서 놓인다거나 그래서 계약이 따라야 하는 어떤 전제된 현존이 아니다. 오히려 그 반대가 맞다. 계약의 하나님은 자신의 말씀과 사역 안에서 **자기 자신을** 창조의 전제로 놓으시고, 창조로 하여금 하나님 자신에 상응하도록 만든다. 그러므로 창조는 그 자체로 계약인 것도 아니고, 계약을 위한 중립적인 무대 장치인 것도 아니다. 창조는 계약에 **상응한다**(entsprechen). 창조와 계약이 완전히 같은 것도 아니고 서로 분리될 수 있는 것도 아니라는 관계의 설정은 창조가 계약에 **적절하게 상응하는** 현실성이라는 긍정적인 인식으로부터 이루어진다. 이와 같은 창조는 오로지 그것이 상응하는 것 곧 계약으로부터 열린다. 이 상응관계의 본체(analogans)는 하나님의 계약과 그것이 예수 그리스도 안에서 성취되는 것이고, 본체에 상응되는 것(analogatum)은 창조다. 바로 이것이 "계시의 유비"(analogia revelationis, III/3, 59)다. 바르트는 이 유비를, 일반적인 창조의 관점으로부터 계약을 파악하려고 하는 "존재의 유비"(analogia entis)와 정면으로 대립시켰는데, 존재의 유비에 따르면 인간은 자신의 존재에 상응하는 결합 관계에 근거하여 하나님을 스스로 추론할 수 있다고 한다.[155] 그런데 창조는 어떤 점에서 계약에 상응하는가? 그리스도 안에서 성취된 계약

---

[155] 비교. E. Jüngel, *Barth-Studien*, 210ff.

이 인간과 결합하시는 하나님 그리고 하나님과 결합된 인간 사이의 공동체적인 연합을 뜻한다면, 창조가 계약에 상응하는 것은 창조 안에 두 가지의 참된 사실이 포함되어 있음을 말해준다. (1) "하나님은 홀로 계시지 않는다." (2) "또한 인간도 홀로 존재하지 않는다"(III/1, 26f.).

(1) 하나님이 홀로 계시지 않는다는 것은 하나님께서 자신과 구분되는 것에게 현존재를 선사하신다는 것을 뜻한다. 선사하신다(gönnt)! 왜냐하면 하나님은 홀로 존재하지 않기 위해 **반드시** 피조물을 창조해야만 하시는 것은 아니기 때문이다. 삼위일체 하나님은 영원 안에서 이미 혼자 계시지 않는다. 그러므로 하나님이 자신과 구분되는 것에 현존재를 부여하실 때, 그것은 순수한 선물이다. 하나님이 그 타자와 함께 "현실적으로 홀로" 계시지 않으려고 하실 때, 그 타자는 하나님으로부터 정말로 **구분되는 것**이고, 어떤 신적인 "유출"(Emanation)이 아니다. 그러므로 하나님의 "홀로-존재하지-않음"은 피조세계가 **고유한 현실성**을 가질 수 있는 근거가 된다. 이 사실과 함께 바르트는 끊임없이 새로 등장하는 범신론에 경계선을 긋는다. 창조자와 피조물 사이의 구분, 그와 함께 하나님이 선사하심과 인간에게 선사되는 것 사이의 구분을 부정하기 때문에, 범신론은 "어떤 형태를 갖는다고 해도 하나님뿐만 아니라 피조물에게도 폭력과 강압을 가하는 견해다"(III/3, 98). 동시에 바르트는 세계를 가상(Schein)으로 이해하려는 것에도 경계선을 긋는다. 그런 시도는 현대적 상상의 결과로서 세계가 마치 생각된 것, 곧 인간적 자의식의 계기에 불과한 것처럼 여긴다. 그때 인간은 그런 어떤 세계를 처분할 수 있고, 임의로 찢거나 버릴 수도 있으며, 혹은 "관대히 묵인"할 수도 있다. 그러나 창조자가 입은 손상은 즉시 피조물의 **현실성**의 손상이 된다. 그 현실성을 보장하는 것은 오직 하나님이시며, 하나님이 "현실적으로 홀로 계시지 않는다"는 사실이다. 피조물의 현실성은 "하나님이 존재하심에 힘입어 존재할 수 있다"(III/1, 395).

(2) "또한 인간도 홀로 존재하지 않는다"라는 것은 단순히 인간이 본질상 **어떤** 타자와의 관계 안에 있다는 것만을 뜻하지 않는다. 그것은 인간이 **하나님**께 의존한다는 사실을 말한다. 인간은 "자기 스스로 근거를 마련해서" 그 위에 존재하는 것이 아니다. 하나님은 하나님이기 위해 인간을 필요로 하지 않으시지만, 인간은 인간이려면 하나님이 필요하다. "인간은 오로지 하나님이 살아 계시기 때문에 살아 있다"(27). 그러나 이 사실이 추상적으로 인간의 "절대 **의존**의 감정"(슐라이어마허)을 가리키는 것은 아니다. 왜냐하면 인간 존재의 근원이 되시는 그분은—그렇기에 첫째 걸음이 먼저 내딛어져야 한다—자신의 피조물에게 현존재를 **선사**하시는 하나님이시기 때문이다. 피조물에 대한 하나님의 사랑이 피조물의 존재보다 앞서기에, 피조물의 현존재는 하나님이 그것을 선사하셨다는 사실에 힘입고 있기에, 피조물이 창조자에게 의존한다는 것은 그것의 현존재 그 **자체**가 "하나님으로부터 버림을 받을 수 없는 존재"임을 뜻한다. 그러므로 하나님께서 피조물에게 장차 행하게 되실 어떤 것이 좋은 것이 아니라 피조물의 현존재 그 **자체**가 좋은 것이다. 그렇기에 피조물이 지니는 한계도 그것의 선하게 창조된 존재의 특성에 속한다. 그렇기에 악은 하나님의 피조물이 아니다. 그렇기에 피조물의 현존재 그 자체는 사실상 하나님의 그와 같은 사랑 그리고 그와 같은 선물에 대한 찬양이다(IV/3, 796). "하나님이 홀로 계시지 않는다"는 사실이 창조의 **현실성**을 보증하듯이, "인간이 홀로 존재하지 않는다"는 사실은 그 현실성의 **선함**을 표현한다. 전자가 창조란 단지 사유에 불과하다는 주장을 배제하듯이, 후자는 실존은 단지 타락한 것(파울 틸리히)이라는 주장을 배제한다. 피조물이 자신의 현실성을 스스로 보증할 수 없듯이, 그 현실성에게 선한 존재로서의 본성을 피조물 스스로 부여할 수 없고, 그렇기에 그것을 스스로 제거할 수는 더욱 없다.

(3) 하나님 그리고 인간도 홀로 존재하지 않는다는 것, 그래서 창조는 현실적이고 선하며 계약에 적절하게 상응하는 현실이라는 것을 우리는 어디서 아는가? 그 사실은 진실이라고 가정되는 것은 결코 아니지만, 그러나 일반적으로 명확한 것도 아니다. 그것은 **믿음**의 진리, 곧 하나님의 말씀을 통해 우리에게 열려질 때만 우리가 알 수 있는 진리다. 이와 같은—이스라엘의 역사 안에서 공표되고 예수 그리스도 안에서 "육신"이 되셔서 우리와 같은 피조적 존재를 취하신—말씀 안에서 유일무이하신 하나님 곧 창조주께서 우리에게 말을 건네신다. 그래서 우리는 이 말씀에 근거한 믿음의 인식 안에서 하나님을 우리의 창조자로, 우리 자신을 그분의 피조물로 인식한다. 이 인식은 창조라는 작품이 "어떤 침묵하는 운명", "어떤 불합리한 삶의 충동", "어떤 무언의 벌거벗은 사실성"이 아니라는 인식을 자체 안에 포함한다. 이런 잘못된 인식은 온갖 종류의 자의적인 해석과 "세계관들"을 향해 열려 있다. 하지만 창조 안에는 이미 위에서 말한 그 말씀이 작용하고 있다(III/1, 122; 비교. III/2, 390ff.). 하나님은 창조 안에서 행동하실 때, 그 하시려는 것을 우리에게 말씀해주지 않은 채 "단순히" 행하기만 하지 않으신다. 물론 창조는—그렇기에 창조는 믿음의 진리다—삼위일체 하나님의 사역이고, 또한 우리에게 작용하시는 성령의 사역이기도 하다(III/1, 59ff.). 그러나 바르트는 칼뱅의 인식을 수용한다. 다시 말해 여기서도 성령은 하나님의 "말씀"과 분리되지 않으며, 그래서 창조의 논의에서 우리는 "그리스도로부터 멀어지는 그 즉시 전체적 및 개별적인 오류를 피할 수 없게 된다."[156] 그리고 바르트는 히브리서 11:3("믿음으로 모든 세계가 하나님의 말씀으로 지어진 줄을 우리가 아나니")을 인용한다.[157]

---

[156] J. Calvin, *Auslegung der Genesis*, 8. 비교. *KD* III/1, 32f.
[157] *KD* III/1, 2.5.17.19. 비교. 요 1:3.

"그렇기에 예수 그리스도께서는 말씀이시며, 말씀이 우리에게 창조의 인식을 중재한다. 하나님께서 말씀을 통해 창조를 완성하셨을 때, 그분은 바로 그 말씀이셨기 때문이다"(III/1, 29). 그래서 "말씀은 피조물과 만나실 때, 정말로 자기 소유 안으로 오신" 것이다! 피조물이 그분의 소유라는 것은 피조물이 "하나님의 **말씀**의 작품으로서…그분이 말하신 것에 상응하여" 생성되었음을 뜻한다(122). 그래서 우리는 하나님의 말씀이 열어주시는 것에 따라 창조를 계약에 적절히 상응하는 현실성으로 인식하게 된다.

창조에 대한 하나님의 지속적인 긍정

창조가 선한 존재라는 인식을 위협하는 것은 바르트에 의하면 신(新)개신교주의의 주장이다. 이 주장은 창조를 그것의 "보존" 안으로 끌고 들어가며, 그다음에는 "계속적 창조"(creatio continua)로 이해하려고 한다.[158] 이 견해는 성서가 증언하는 창조주에 대한 믿음이 아니라, 생성 혹은 생성된 것에 대한 일반적인 경험을 자신의 인식의 원천으로 삼았다. 그렇기에 그 견해는 하나님과 세계 사이의 **상호관계**라는 표상을 내용으로 채택해야 했고, 그 내용에서 하나님은 세계의 한 부분이 된 나머지 하나님 자신을 최우선적으로 "생성되는 자"(Werdener)로 여겨야 하는 위험이 나타났으며, 인간은 신격화되어 근엄한 **협력 창조자**가 되는 위험에 처했다. 협력 창조자로서 인간은 창조를 개선할 수 있는 능력을 손에 쥐었으며, 이것은 창조를 파괴할 수도 있고 그다음에는 그런 재앙으로부터 그것을 보호할 수도 있다는 것을 의미했다. 창조가 어느 정도 선한가라는 문제는 이제 인간의 협력 작용에 달려 있게 된다. 그렇기에 인간은 창조가 정말로 선

---

158 비교. 예를 들어 F. Schleiermacher, *Der christliche Glaube*, 188ff.

한지 도대체 알 수가 없다. 인간이 그 문제를 계속해서 불안정하게 만들 능력을 갖고 있기 때문이다. 그렇기에 인간은 창조가 그럼에도 불구하고 선하다는 것 혹은 최소한 최선의 길 위에 있다는 것을 자기 확신에 근거해서 (단지) 상상할 수밖에 없다. 그렇기에 인간은 자신이 어떤 점에서 **피조물**인지 설명하는 것에 애를 먹는다. 왜냐하면 인간은 자신의 피조성을 계속 넘어서고 있기 때문이다. 또한 **창조자**가 누구신지 말하는 것도 무척 힘들게 된다. 왜냐하면 앞서 말한 단순한 생성, 곧 작용과 작용된 것 사이의 "생명" 과정을 신적인 것이라고 불렀기 때문이다. 이 모든 이해는 인간이 **스스로** "창조한" 믿음을 한계 없이 성장시키는 정신적 동력이 아닌가?

바르트는 왜 이와 같이 현대주의적인 "계속적 창조"론을 반대하는가? 그는 어쨌든 그것의 부분적인 진리는 인정하기는 한다. 다시 말해 우리는 단지 과거에 계셨던 창조자를 믿는 것이 아니라 지금도 계시는 창조자를 믿는다(I/2, 771f.; III/1, 64). 그러나 바르트는 창세기 1:31-2:3에서 하나님이 하늘과 땅을 완성하시고 그것을 보시기에 좋았다고 말씀하신 후에 "그가 하시던 모든 일"을 그치고 안식하시면서 창조의 사역을 계속하지 않으셨다는 사실 안에서 유익한 의미를 찾아낸다. 그는 이렇게 대답한다. "성서의 창조주 하나님은 생산물의 무한한 배열 안에서 자기 자신을 전개하는 세계원칙이 아니시다. 하나님의 자유는 그분의 창조행위가 그분 자신이 규정한 **한계**를 갖는다는 사실에서 예시된다. 하나님의 사랑은 그분이 제한되고 특정한 대상으로서의 피조물에게, 오직 그것에게만 전적으로, 얼굴을 향하시고 그것을 **만족**시키신다는 사실에서 예시된다"(III/3, 6). 위의 세계원칙―이것은 인간에게도 영혼을 불어넣어 "일련의 생산품들의 배열 안에서" 인간 자신을 전개하도록 할 수 있다―은 "자기 자신에게 속하지는 않는다." 그것은 어쩔 수 없이 어떤 더 높은 필연성에 "굴복해야 한다. 오직 자기 자신의 행위를 결정하고 제한할 수 있는 존재만 자유로운 것이다." 그런 세계원칙은 "겉으로는 사랑으로 가득 찬 대양처럼 보일 수 있지만 실제로는 전혀 사랑하지 않으며, 사랑의 모든 가능한 대상들을 지나쳐서 단지 자기 자신의 그림자만 쫓도록 저주받은 것일지도 모른다. 사랑은 특정하고 제한된 대상을 갖는다. 사랑은 바로 그런 대상에 의해 자기 자신도 제한되고 특정되는 관계다. 하나님은 그렇게 사랑하신다"(III/1, 242f.).

하나님께서 자신의 창조행위를 제한하신다는 사실에 상응하는 것은 한편으로 피조적 존재가 "**그것의 한계 안에** 존재한다는 사실이다. 피조물은 여기서 시작해서 저기서 그쳐야 한다.…그것은 여기서는 자유롭지만, 저기서는 속박되어야 한다.…여기서는 개방되지만…저기서는 폐쇄된다. 피조물은 이것은 이해하지만 저것은 이해하지 못하고, 이것은 할 수 있지만 저것은 할 수 없다." 피조물이 이와 같은 한계 안에서 존재해야 한다는 것은 "불완전성도 아니고…어두운 숙명도 아니다." 이와 같이 제한된 존재는 피조물에게 주어진 기회를 뜻한다. 그것은 "자유, 곧 자신만의 것을 경험할 수 있고 자신만이 할 수 있는 것을 행하고 그것에 만족할 수 있는 자유를 뜻한다. 바로 이 자유 안에서 피조물은 하나님으로부터 직접 유래하고 하나님께로 나아간다." 피조물에게 이 자유가 주어져 있다는 점에서 "그것은 하나님의 기뻐하심의 대상이고…피조물이 이 자유를 바르게 사용할 때, 그것은 창조자께 찬양을 올려드리게 된다. '내가 살아 있는 동안 내 하나님을 [노래]하리로다'(시 104:33). 불완전성에, 저 어두운 숙명에 부딪치게 되는 것은 오로지 피조물이 자신의 한계를 인식하지 못할 때, 혹은 그 경계선을 올바로 지키지 않으려고 할 때뿐이다." "피조물 가운데 오로지 인간만이 하나님에 의해 자신이 한계 안에 놓인 것, 그리고 자신의 한계 안에 머무는 것을 거부하는 불가능한 가능성을 가지고 있는 것으로 보인다. 그렇다고 해도 다른 모든 피조물과 마찬가지로 인간도 사실상 선하게, 바로 그렇게 선하게…유지된다는 사실에는 아무런 변경도 없다"(III/3, 96f.).

하나님께서 자신의 창조행위를 제한하신다는 사실은 다른 한편으로 그분은 자신이 창조하신 피조물 외에 그분 자신으로부터 구분되는 다른 어떤 현실성도 원하지 않으신다는 것을 뜻한다. 다시 말해 하나님께서는 창조된 현실성을 진정으로 원하신다. 그분은 피조물에게 신실하시고, 한계 안에 주어진 피조물의 실존이 바르게 "유지"되도록 돌보신다. 만일 창조자가 "제작자"라면, 그래서 피조물은 그의 "제품"이라면, 제작자가 "제품의 존재를―제작이 완전하면 할수록 그만큼 더 쉽게―자신의 뒤로 넘기고 그것 자체에 내맡겨둘 수 있게 된다." 그러나 "창조자께서는 자신의 피조물에게 그렇게 하지 않으신다"(8). 그렇게 하지 않으시는 것은 그분이 피조물과 함께 계약 안에 함께 머물기를 원하시기 때문이다. 계약은 이스라엘과 맺으셨고 예수 그리스도 안에서 모든 인간을 위해 성취된 계약을 뜻한다. 그렇기에 우리는 믿음 안에서 우선 그곳(계약)을 바라보아야 하며, 그곳에 근거하여 다른 곳(창조)을 바라보아야 한다. 이 계약의 체결에 피조물의 현존재가 전제되듯이, 하나님께서 이 계약 안에서 피조물을 긍정하실 때 피조물의 존재 그 자체를 함께 긍정하셨듯이, 그분은 계약에서 보여주신 그 신실하심으로 피조물이 (각자의 한계 안에서) **지속적으로 현존하도록** 돌보신다. 그리고 계약의 역사를 향한 그분의 염려를 조정하셔서 피조물의 현존재가 주어진 기한 안에서 살아갈 수 있도록 배려하신다(43). 피조물에 대한 하나님의 이와 같은 배려를 계약의 역사 안에 있는 그것의 내적인 의미로부터 분리시킨다면, 하나님은 더 이상 "이스라엘의 왕" 곧 **그러하신 분**으로서 또한 만물을 섬세하게 다스리는 "세상의 왕"이신 "이스라엘의 왕"이 아니신 셈이 된다. 그때 (먼저 이스라엘에 대해) 치명적인 숙명이 지배하고 "아돌프 히틀러가 즐겨 입에 올렸던 '섭리'라는 단어"

를 끌어들이거나(37) 혹은 "어떤 신에 대해…피조물의 확실한 공간을 스스로 확보하면 할수록 그만큼 더 피조물의 자유에 유리하다고 주장하며 반역하는 일이 일어나게 된다"(166). 그러나 세계를 유지하고 다스리는 분이 **계약**의 하나님이라면, 피조물은 자신의 실존의 외적인 유지에 대해서도 그분께 진정으로 **감사해야** 한다. 그때 하나님의 창조의 행위가 (안식에 의해) 제한된 것이라는 사실의 선한 의미로서 다음 사실이 분명해진다. 그것은 하나님께서 피조물을 "그것 자신 혹은 "운명"에 내맡기지 않으시며 "피조물이 역사의 주님이신 하나님과 사귐을 갖도록 하시고 피조물에게 끝까지 신실함을 유지하신다는 사실이다." 그때 피조물의 자유도 인식된다. 다시 말해 "피조물은 하나님의 직접적인 현재 안에서, 그분의 직접적인 보호와 인도하심 아래서 그분께 봉사할 수 있게 되고, 그렇게 하여 자신의 고유한 의미와 목적을 성취할 수 있게 된다. 그때 피조물은 자신의 고유한 영예를 획득하고 자신의 고유한 기쁨 가운데 실존하게 된다"(12).

그러나 창조의 선함과 유지는 악의 사실성을 통해 의문시되지 않는가? 그렇지 않으면 여기서 바르트는 많이 인용되듯이[159] 악을 무해화하고 있다고 말해야 하지 않는가? 악을 지칭하는 바르트의 용어는 "무"(das Nichtige, III/3, 327ff.)다. 이것은 단순히 없다는 뜻 혹은 존재하지 않는다는 뜻이 아니고, 이중의 의미를 갖는다. 무는 피조물을 파괴하는 힘을 갖고 있으며, 창조주는 그런 무를 단순히 허무한 것으로 만들 수 있는 권능을 갖고 계신다. 무는 하나님 "아래 놓인" 요소이지만, 그러나 피조물보다는 "우월한" 요소다(87). 바르트는 이 내용을 하나님의 추상적인 전능성 혹은 피조물의 추상적인 연약함으로부터 도출하지 않는다. 하나님이 악보다 우위에 계신 것은 그분이 무가 피조물에게 말하는 "부정"을 예수 그

---

[159] 비교. 예를 들어 G. C. Berkouwer, *Der Triumpf der Gnade*, 198-206; 비교. 235.

리스도의 죽음 안에서 **하나님 자신**에게 관여되도록 만드셨기 때문이다. 그 결과 무는 "하나님의 고유한 일"(89)이 되었고, 무의 무화시키는 위협은 더 이상 인간의 일일 수 없게 되었다. 인간이 악에 굴복하고 그것의 파멸적인 힘에 떨어지게 되는 것은 오로지 그가 무를 허무한 것으로 만드시는 하나님을 도외시할 때이며, 그래서 무와의 "투쟁"을 "인간 자신의 고유한 일"로 만들 때다. 이와 함께 "거대한 재앙"이 돌입한다(413). 한편으로 인간은 악의 "견딜 수 없이 끔찍한 사실성"(408.329)을 **무해화**하는 "무의 착각"에 빠진다(335ff.). 그 착각 안에서 인간은 무를 과소평가하게 되고, 그 결과 자신이 무를 처치할 수 있다거나 혹은 어떻게든 무와 타협할 수 있다고 믿게 된다. 그렇게 하는 가운데 인간은 자동적으로 자기보다 우월한 무를 시야에서 놓치게 되고, 착각하여 무라고 여긴 것 혹은 자신의 우월성 아래 있다고 느껴지는 어떤 것과 상대하게 된다. 다른 한편으로 인간은 바로 그렇게 하는 가운데 하나님과 그분의 은혜를 거역하여 투쟁하게 된다. 그는 자신이 우월하게 물리치려고 하는 바로 그 악에 빠지고, 악에 "직접적으로 협조"하여 악을 "유지"시킨다(341). 그것은 단지 악이 인간보다 우월하다는 것을 드러내줄 뿐이다. 이와 함께 인간은 하나님 곧 위협받는 자신의 피조물과 긍휼로 연대하시면서 무의 파멸성을 자신의 일로 만드신 하나님을 부정한다. 그러나 다행히도 인간은 그것을 단지 부정만 할 수 있을 뿐이다. 인간은 하나님께서 무보다 우월하시고, 무와 헛되이 투쟁하지만 오히려 그것을 강하게 만들 뿐인 인간보다 "우월"하시다는 사실의 효력에는 전혀 관여하지 못한다. 파멸의 위협을 받는 인간에게 남은 가능성은 자신의 믿음을 **돌이키는 것** 말고 다른 무엇이겠는가? 그것은 자기 치유의 기술들에 대한 믿음으로부터 무를 허무하게 만드시는 하나님께 대한 믿음으로 돌이키는 것이다! 그렇게 해서 존재를 위해 필요한 모든 용기를 얻어오는 것이다! 그것은 악과 결별할 수 있는 용기이고,

피조물에 대한 **하나님의** 전적인 긍정으로 향하는 용기다. 그 긍정 안에는 악에 대한 **하나님의** 전적인 부정이 포함되어 있다.

창조 그리고 그것의 선함과 마찬가지로, 창조의 선함을 폐기하려는 무 그리고 그것의 무력함도 바르트에 의하면 오로지 하나님의 계약 안에, 그것의 그리스도 안에서의 성취에 근거하고 있으며, 오로지 계약으로부터 인식될 수 있다. 무가 무력하다는 명제가 의문시되는 것은 "우리가 창조와 계약을 (그다음에는 물론 구약성서와 신약성서를!) 서로 떼어 놓을 때"이며, "계약의 진리가 이미 창조의 비밀이고 또한 계약의 비밀이 창조의 선함을 이미 자체 안에 포함하고 있다"(380f.)는 사실을 알지 못할 때다. 그러므로 창조의 선함은 하나님의 계약에 상응한다. 계약의 하나님과 그분의 행동이 창조를 전제한다는 점에서 그렇다. 하나님께서 피조물을 "무(Nichts)로부터" 창조하셨다는 것은 "창조에서 하나님이 원하시는 것을 원하지 않는 것으로부터 구분하셨음을 뜻하며, 이 구분에 근거하여 그분이 원하신 것에 존재를 부여하셨음을 뜻한다." "하나님께서는 그 구분을 **바르게 유지하심으로써** 피조물을 유지하신다"(83). 그러므로 무도 "하나님 없이 우연히 생긴 것이 아니고, 오히려 그것 나름의 방식으로…하나님에 의해(durch Gott) 등장한 것이다"(87). 하나님은 자신이 긍정하는 피조물을 원하실 때, 피조물을 부정하는 어떤 것, 그래서 하나님이 원치 **않는** 것(nicht wollen)도 동시에 원하게 되신다(wollen). 하나님이 그것을 원하시는 것은 오로지 그것을 부정하시기 때문이다. 하나님이 그것을 부정하시는 것은 그것이 피조물을 부정하기 때문이다. 그렇기에 무는 하나님의 피조물에 속하지 않는다. 그것은 오로지 하나님이 긍정하신 피조물과 하나님이 부정하시는 것 사이의 구분에 근거해서 **있다**. 왜냐하면 무는 피조물의 현존재와 그것 안에서 전해지는 하나님의 선하신 의지를 부정하기 때문이다. 하나님께서 무를 부정하시는 것은 그것을 부정성 안에서 "유지"하시려는 것이 아니라 그것을 소멸로 규정해서 "근거 없는 것"으로 만드시기 위함이다(416f.). 이 모든 진술은 오로지 계약으로부터, 또한 화해를 통한 그것의 성취로부터 감행될 수 있다. 바로 그 계약이 창조의 내적 근거라면, 결과는 이렇게 된다. 계약에서 공표된 긍정, 곧 (무에 빠져 있는) 피조물에 대한 하나님의 긍정이 피조물에 관한 하나님의 근원적인 결의를 계시하고 확고하게 만드는 것처럼, 그래서 하나님의 긍정이 피조물의 실존보다 앞서는 것처럼, 하나님의 부정이 피조물의 실존의 파멸보다 앞선다. 바로 그 시초의 긍정과 함께 하나님께서는 무에게 시초부터 "아니오"를 말하셨고, 무가 어떻게든 현존하게 된 이후에 그렇게 말씀하신 것이 아니다. 하나님이 미리 앞서 긍정하기 전에 피조물이 현존할 수 없는 것과 마찬가지로, 무도 언제나 이미 하나님이 저주하신 **"비존재의 존재"**(87)로서만 현존할 수 있는 것이지, 창조자 혹은 피조물 안에 근거를 갖는 어떤 것으로서 현존할 수 있는 권리를 갖는 것이 아니다. 그렇기에 창조는 **철회될 수 없이** 선하다. 또 그렇기에 하나님에 의한 피조물의 유지는 하나님이 피조물을 긍정해주신다는 사실에 놓여 있다. 또 그렇기에 약속된 **"새 창조"**는 하나님이 선하게 만드신 창조를 다른 어떤 것으로 대체하는 것을 의미하지 않는다. 새 창조는 선한 창조를 부정하는 모든 악을 결정적으로 제거하는 것인데, 이 제거는 세계 내부의 그 어떤 것에 의해서도 불가능하고 오로지 하나님만이 홀로 행하실 수 있다(IV/1, 52; IV/3, 259). 그 제거의 결과는 "비존재의 존재"가 심판을 받아 소멸되는 것이다. 계약의 성취 안에서 이와 같은 새 창조가 세계 안으로 돌입했다(IV/1, 343). "하나님께서 세상을 하나님 자신과 화해시키심으로써, 세상에게 화해에 상응하는 미래를 선사하셨다"(IV/3, 363).

피조물

하나님이 창조하신 피조물에 관한 바르트의 피조물론은 놀랍게도 우주론이 아니다. 그것은 **인간론**과 거의 동일하다. 이 사실은 근대의 인간 중심주의의 색채를 띠는 것처럼 보인다. 인간 중심주의는 인간 이외의 피조물을 숙명적으로 멸시해서, 그것을 소홀히 취급해도 되는 사물들 혹은 인간의 수탈의 대상이 되는 재료들로 여겼다. 그러나 바르트의 경우에는 그렇지 않다. 비록 바르트가 오늘날 인간 중심주의에 대한 유일한 대안이라고 주장되는 생명 중심주의(Biozentrik)를 대변하지는 않았다고 해도 말이다. 하지만 바르트는 다윈과의 대화에서 다음과 같은 생각에 열려 있었다. 소위 "인간보다 훨씬 열등한 단계에 있다고 하는 생명체들이 놀라운 잠재력을 가지고 있고, 그것들은 그에 상응하는 인간의 가능성을 압도하는 경우가 많다." 이 점에서 인간은 자신을 "더 높고 더 나은 존재"로 서술할 수 있는 "정당성"을 갖지 못한다. "인간이 매우 자랑스러워하는 정신" 곧 그것을 근거로 인간이 동물보다 우월하다고 자랑하는 정신이 오히려 "인간의 질병으로 이해"될 수 있을지 누가 알겠는가?(III/2, 104) 그렇다. 바르트에 의하면 올바른 인간론은 인간이란 무수한 생물 가운데 하나일 뿐임을 명확하게 이해한다. 인간은 "중요한 맥락들 안에서 가장 사소한 존재일 수 있고, 인간보다 훨씬 우월한 피조적인 원소들과 요소들에 가장 깊이 의존하는 부분적인 형상일 뿐이다"(III/2, 2). 바르트는 창세기 1장의 주석을 통해 이 내용을 강조한다. 식물이 동물보다 앞서 창조되었다는 것은 식물의 세계가 의심의 여지없이 그 자체의 목적으로 창조된 것을 말해준다. 왜냐하면 식물은 인간 없이 살 수 있지만, 인간은 식물 없이는 살 수 없기 때문이다. 이 점에서 인간은 "모든 피조물 가운데 가장 큰 결핍을 지닌 존재"다(III/1, 160). 알베르트 슈바이처의 견해를 수용하면서 바르트는 이렇게 선언한다. "(생명을) 하나님이 주신 선물로 다루는 사람은 그것을 가장 먼저 경외와 함께 다루게 될 것이다. 경외는 인간이 자신보다 우월한 대상과 마주치는 어떤 사실성 앞에서 놀라서 바라보는 것, 겸허해지는 것, 부끄러워하는 것을 뜻한다. 숭고함, 높은 가치, 거룩함, 비밀이 그를 강제하여 그 대상과 거리를 갖도록 하고, 사려 깊고 조심스럽게 그 대상과 관계하도록 만든다"(III/4, 384). 그래서 바르트는 모든 도살장 위에 불붙는 활자들로 로마서 8:19f.의 말씀을 써놓아야 한다고 생각했다. 그것은 "피조물이 고대하는 것" 곧 지금 생명으로부터 죽음으로 옮겨지는 피조물을 해방시켜 줄 자에 대한 기다림의 말씀이다. 결론을 말하자면 사람들이 바르트에게서 어떤 인간 중심주의를 이해하려고 하는 것은 "인간은 끝까지 땅에 충실해야 한다"(III/2, 2)라는 바르트의 명제를 간과한 것이다.

어떤 경우든 인간이 자신의 어떤 내재적인 특성, 지능, 혹은 어떤 "불멸의" 영혼 때문에 다른 피조물과 구별된다는 생각은 배제된다. 그런 생각은 육체적인 측면을 무시할 때 나타난다. 인간이 하나님의 다른 피조물들 가운데 있는 하나의 피조물이라면, 그런 무시를 정당화할 수 있는 어떤 이유도 있을 수 없다. 그런 무시는 교회 안에서 긴 전통으로 이어져왔지만, 유물론의 "영혼 없는 인간상"이라는 반격이 등장하도록 자극했을 뿐이다. 그런 무시는—항상 특정한 시대의 "지배 계층"을 편들면서!—"영혼과 육체"라는 이원론의 관점에서 "물질, 육체적인 삶, 경제적 문제 등을 밝히는 일에 무관심하지 않았으며, 그것에 책임이 있지 않은가? 그런 무시는 스스로 경직되어 하나님의 심판과 약속이 인류 전체에 관계된다는 것을 사회에 증언하는 대신에, 영혼 불멸을 가르치지 않았는가?"(III/2, 467) 그러나 인간은 오직 "동시에 전적으로 영혼과 육체 둘 다"(446)인 피조물이다.

그렇다면 왜 바르트는 피조물론을 인간에 제한하는가? 부정적인 이유는 이렇다. 그는 아리스토텔레스에서 시작되어 현재까지 활발히 논의되는 이론을 위험한 사변이라고 비판한다. 그 이론에 따르면 인간은 대우주를 품고 있는 소우주이고, 그런 방식으로 전체의 한 부분이다. 이 사상은 근대의 많은 생태 윤리학의 출발점이 되었다. 그 견해에 따르면 인간은 바깥의 피조세계 안에 존재하는 모든 것을 자기 자신 안에서 발견할 수 있고, 그래서 자기 자신으로부터 피조세계를 연역할 수 있으며, 인간 자신의 생명 개념(III/4, 376f.)을 외부 세계에 투사할 수도 있다. 그 견해는 "우주의 본질이 인간의 본질 안에 포함된 채 결정되어 있어서 우주는 그 자체를 특징짓는 인간과의 관계를 넘어설 수 없고, 인간과 무관한 어떤 다른 차원에서는, 그리고 어떤 다른 의미에서는 존재할 수 없다고 말한다. 우리는 그런 어떤 다른 차원을 전혀 알지 못한다.… 우리는 우주를 오로지 인간과의 관계 안에서만 안다. 그러나 우리는 우주의 본질 전체가 인간과의 관계를 벗어나지 못한다고 가정할 만한 어떤 정당성이나 가능성도 갖고 있지 못하다"(III/2, 15f.). 그런 가정은 위험하다. 그것이 인간 중심적인 관점을 단지 겉으로 보기에만 극복했기 때문이며, 실제로는 아주 미묘하고 새로운 방식으로 인간을 "만물의 척도와 총괄개념"(16)으로 이해하기 때문이다. 그러므로 바르트가 피조물론을 인간에 제한한 것은 인간 이외의 피조물들에 대한 인간의 겸손에서 온 것이고, 그들의 비밀에 대한 경외, 그리고 그들의 존재가 인간과의 관계에서 비롯되지 않는다는 사실에 대한 존중에서 온 것이다. 이와 같은 겸손은 하나님께서 그것들을 창조하셨다는 것, 그래서 그것들이 "하나님께 낯선 것이 아니라는 것"을 인정할 때 가능하다. 인간 이외의 피조물들도 하나님 앞에서 현존하고 있고, 그들 사이에서는 그들만의 고유한 찬양이 발견되며, "하나님과 그들 사이의 고유한 관계"(17)가 있는데, 이것은 인간을 경유하거나 매개된 것이 아니다. 인간은 그 관계의 사실성을 창조주 하나님께 대한 믿음 안에서 인정하게 되며, 그와 함께 그 피조물들도 "인간과 함께 하나님과의 계약 안에" 있고, 그래서 인간의 "이웃들"이라는 사실도 인정하게 된다(III/1, 199). 그러나 그 관계의 내적인 특성이 숨겨져 있기에, 인간은 그 다른 피조물들이 그것들의 존재 의미를 하나님께로부터 수여받고 있으며 또 그것들이 인간을 위해 현존하는 것이 아니라는 사실을 진지하게 고려해야 한다. 이것은 "인간이 다른 피조물을 오만하고 임의로 취급하는 모든 일"을 뿌리로부터 불가능하게 만든다(170). 피조물론을 인간론에 제한한 것은 이와 같이 중요한 생태학적인 의미를 갖는다.

이 제한의 긍정적인 이유는 신학이 책임성 있게 말해야 하는 만물의 척도가 인간이 아니며, 또 인간이 "생명"이라고 여기는 것의 개념도 아니라는 사실에 있다. 인간에게 "만물의 척도"는 **하나님의 말씀**이고, 물론 이 말씀은 **인간**을 향해 말해진 말씀이다. 그러나 그와 함께 인간은 인간이란 자신이 이미 알고 있는 커다란 생물학적 전체성 안의 한 부분에 지나지 않는다는 사실을 인식하도록 초대된다. 인간은 이 인식을 회피할 수 없고, 미리 앞서 논쟁한다고 해도 마찬가지다. 여기서 인간적 인식에는 반드시 배워야 할 어떤 것이 주어진다. 왜냐하면 하나님의 말씀 안에서 하나님이 누구신가를 알게 되면서 그와 동시에 인간은 이 말씀이 향하는 대상 곧 인간이 누구인가도 알게 되기 때문이다. 하나님은 인간과 계약을 맺으신 하나님이고, 인간은 하나님과의 계약 안에 있는 존재다. 이 계약이 **인간**을 향해 있다는 것은 다른 피조물에 대한 인간의 우월성을 앞서 확정하는 것으로부터 유도되지 않으며, 그런 우월성을 보증하는 가운데 그 계약이 발생하는 것도 아니다. 하나님과의 계약에 대해서는—인간은 자기편에서는 가장 사소하고 가장 의존적인 생물이다—하나님께서 하필이면 인간과 그 계약을 체결하셨다는 사실 외에는 다른 어떤 이유도 없다. 물론 그 사실을 통해 인간의 "특수한 지위"가 발생한다(III/2, 18). 그것은 인간이 하나님의 계약의 파트너라는 자격을 갖게 되는 것이다. 하나님과의 계약을 통해 얻는 인간의 자격에 상응하여 그의 피조성은 분명히 **공존**(Koexistieren)으로 규정된다. 인간의 피조성이 그것이라면, 모든 피조물을 창조하신 하나님의 선하신 의지가 인간의 그와 같은 규정 안에서 드러난다. "인간과 맺은 하나님의 계약이 공개됨으로써, 우주 역시 바로 그 계약 안에 포괄되어 있다는 사실도 드러난다." 왜냐하면 "인간의 창조자이신 그분은 또한 만물의 창조자이시고, 만물에 대한 그분의 의도는, 이것이 아직 우리에게는 숨겨져 있다고 해도, 인간에 대한 그분의 공개된 의도와 다른 것일 수 없기 때문이다"(19). 인간과 맺은 하나님의 계약 안에서 우주의 의미 역시 계시된다. 우주의 의미도 각각의 종들의 공존으로 규정되어 있다는 것이다. 그러므로 인간은 그와 같은 공존에 책임을 져야 한다. 먼저 인간 **자신**이 다른 종들과 공존할 수 있을 때, 인간적 책임으로 참되고 바르게 행사하는 셈이 된다. 왜냐하면 "인간이 존재한다는 것은 우주와 함께 있음"을 뜻하기 때문이다(14).

이웃-인간성

이제 바르트는 자신의 인간론에서 결정적으로 이렇게 선언한다. 피조물인 인간은 인간이 아닌 다른 생물들과의 관계에서도 관계성을 본질로 갖는데, 왜냐하면 인간은 그보다 앞서 자기 자신과의 관계에서도 공존으로 규정된 **관계적** 본질로서 존재하기 때문이다. 바르트에 의하면 그렇게 규정된 인간은 하나님 자신과의 상응관계 안에, 다시 말해 "관계의 유비"(*analogia relationis*) 안에 있다(III/2, 390f.). 하나님께서 하나님 자신을 외부에 있는 인간과의 관계 안으로 규정하실 수 있는 것처럼(하나님은 자신의 내부에서 삼위일체적 관계 안에 계신 존재이기 때문에 그것이 가능하다), 인간 또한 자신을 규정할 수 있다. 나아가 자기 자신 안에서 풍부한 관계를 지니시는 하나님이 자신을 인간과의 관계 안에, 다시 말해 그리스도 안에서 성취된 인간과의 계약 안에 두심으로써, 인간도 관계적 본질 곧 공존을 향한 그 계약에 상응하는 본질이 된다. 바르트의 이와 같은 진술은 그리스도의 계시로부터 온다. 예수 그리스도께서는 "참인간"이시다. 참인간은 인간에 대한 이상(Ideal)이 아니다. 그것이 이상적 인간이라면 죄인도 "현실적인 인간"으로서 마주 설 수 있을 것이다. 오히려 참인간은 "현실적 인간"이다. 죄인은 "현실적 인간"과 맞서 싸우지만 그것으로부터 벗어날 수는 없다. 참인간의 본질은 우리가—자신에 대한 경험으로부터 혹은 죄와 접촉하지 않은 듯이 보이는 우리 안의 어떤 참인간의 계기들을 여과하는 것을 통해—미리 정의한 뒤, 그것을 예수 안에서 발견할 수 있는 것이 아니다. 참되고 현실적인 인간은 있는 그대로의 인간 **그 자체**도 아니고 죄인도 아니다. 오히려 하나님께서 예수 그리스도 안에서 보시고 창조하시고 상실되지 않도록 하신 그 인간이다. 그는 하나님께서 얼굴을 향하시는 인간, 하나님과의 **계약 안**에 있는 인간이다. "우리의 자기 인식은 (그러므로) 이차적으로 뒤따르는 행위일 뿐이다"(61). 우리의 피조적 인간성은 하나님께서 그것을 계약 안에 있는 바로 그 인간과 상응하도록 하셨다는 사실로부터 존재한다. 이와 같이 하나님께서 인간과 맺은 계약은—하나님께서 인간을 계약의 파트너로 만드셨고 이와 함께 인간은 비로소 진정한 인간이 된다—"인간 존재의 특정한 관계들의 전제와 범위 아래서 발생한다.⋯비록 그 관계들은 전부 죄에 의해 규정되어 있지만, 그것들의 구조는 죄에 의해서도 **변화하지 않는다**"(46). 바르트에 의하면 인간의 피조적 본성은 하나님과 인간의 결합 안에서 하나님에 의해 주어지는 인간적 존재인데, 이것은 특정한 관계들 안에 있다. 인간은 그 관계들에 대해 범죄할 수 있지만, 그것들을 없애지는 못한다. 피조물 인간은 본질적으로 관계의 존재이고, 오직 그런 존재로서만 자유롭다. 바르트는 인간이 네 가지 관계 안에서 존재한다고 본다. (1) 하나님 관계, (2) 이웃 관계, (3) (육체의 영혼으로서의) 자기 자신에 대한 관계, (4) 시간에 대한 관계.

네 가지 관계의 의미는 특별히 두 번째 관계에서 분명해진다. 그것의 주제는 인간의 인간성이 이웃 인간과의 관계 안에 있다는 것이다. "인간성은 그것의 근본 형태에서 **이웃-인간성**이다"(344). 나아가 "인간은 나와 너의 만남 속에서 존재한다. 물론 인간은 이 사실에 대해 실천적·이론적으로 저항하고, 고독한 인간인 것처럼 행세하며, 그에 따른 인간론들을 등장시킨다. 그러나 그렇게 하는 것은 단지 그 인간이 자기 자신에게 모순된다는 것을 증명할 뿐이고, 위의 인간성의 근본 형태를 벗어버릴 수 있다는 것을 뜻하지 않는다. 인간은 이웃-인간적으로 존재하며, 다른 어떤 것으로서 존재할 수 있는 선택권을 갖고 있지 않다. 인간은 바로 그 근본 형태로서 존재한다." 이웃-인간성으로서의 인간됨은 인간이 애써 수고하여 획득해야 한다거나 그다음에 그것을 인간성으로 타당하게 지속시키기 위해 계속 계발해야 하는 어떤 미덕이 아니다. 오히려 "이웃-인간적이지 않은 인간은 인간이 아니다"(IV/2, 474). 그런 인간은 자신의 고유한 본질과 모순된 상태에 있다. "그러나 그 인간이 바로 그 고유한 본질을 벗어날 수 있는 것은 아니다"(III/2, 344). 그가 그 본성을 벗어날 수 없다는 점에서, 이웃-인간성은 하나님과 인간 사이의 계약의 현실성을 반영하는 **비유다**. 또한 이웃-인간성은 예수 그리스도 안에서 그 계약이 성취되는 것을 바라보는 **희망**이다(같은 곳). 인간이 이웃-인간성으로부터 벗어날 수 없다는 점에서, 인간이 그 본성에 상응하여 이웃-인간적으로 행동하는 것이 **필요**하다. "그리스도인에게 바로 이 이웃-인간성이 없다면…하나님께서 행하시는 죄의 용서에 대해 그가 아는 모든 것이 무슨 소용이 있겠는가?"(399) "폭군과 노예 사이에는 진정한 만남이 있을 수 없다. 있다고 해도 그것은 곧바로 거짓 만남이 된다. 한쪽 혹은 다른 한쪽이 그 만남을 폭군과 노예 사이의 만남으로 이해하고 또 그렇게 실현하게 될 것이라는 점에서 그렇게 된다. 자유로운 공기 안에서, 오직 여기서만, 만남은 진정한 것이 될 수 있다. 양쪽이 모두 자유로워야 동료라고 할 수 있다.…그때 양자 사이에서 일어나는 것, 오로지 바로 그것만이 인간성이다"(326).

바르트의 이와 같은 이해는 마르틴 부버의 나-너-인격주의와는 구분된다. 바르트가 말하는 이웃-인간성은 피조물로서 인간의 **존재**에 속하고, 지양될 수 없는 "인간적 특성의 중심"이라는 점에서 그렇다(348). 그렇기에 이웃-인간성에 대한 범죄는 그렇게도 파괴적이다. 바르트에 의하면, 예를 들어 현대적 학문성의 문제는 그것이 중세 "수도원의 골방"에서 출발했다는 데에 있다. 그것은 "'너'가 빠진 '나'만의 (남성적인) 사변"에서 시작되었다는 것이다. 여성적인 "너!" 없이 "한계 없이 추상적으로 방황하는 나"는 바로 "악마적인 폭군의 세계"다(349f.). 20세기의 대 재난 이후에 바르트는 "오늘날" 중요한 것은 인간성의 문제라고 생각했다. "인간성은 **이웃-인간**의 권리, 가치, 거룩함의 관점에서 전적으로 새롭게 발견되어야 하고, 인간과 인간 사이의 소외, 중립성, 대립은 그것의 뿌리로부터…비인간적인 것으로 인식되고 배척되어야 한다"(273)는 것이다. 바르트에 의하면 신학적 인간론은 여기서 특별한 책임을 져야 한다. 그것은 이웃-인간성을 설명해줄 수 있고 또 마땅히 설명해야 하기 때문이다. 이웃-인간성은 어떤 요청이 아니다. 오히려 그것은 "인간적 현존재의 어느 누구도 손댈 수 없는 연속체"다(349). 인간성을 상실한 인간이 그 본성으로부터 벗어날 수 없는 것은 하나님 없는 인간이 하나님으로부터 벗어날 수 없는 것과 마찬가지다.

그런데 어떤 점에서 인간은 이웃-인간으로부터 벗어날 수 없고, 그가 이웃-인간성에 대해 그렇게도 수치스런 비행을 저지를 때조차도 그렇게 할 수 없는가? 바르트는 이렇게 대답한다. 홀로 있는 인간 **그 자체**라는 것은 존재하지 않고, 인간은 오로지 남자와 여자라는 이원성 안에서만 존재한다는 점에서 그렇다. 이것은 인간들 사이의 **다른** 모든 구분은 이와 같은 "구조적 차이"(344)에 의해 상대화되고 새롭고 유익하게 재조명된다는 것을 뜻한다. 하나님께서 인간을 **남자와 여자**로 지으셨다는 것(창 1:26f.; 2:28ff.)은 "인간성의 마그나 카르타"이다(351). 왜냐하면 이 구절은 인간성이―어떤 명령을 따랐을 때 비로소 그렇게 되는 것이 아니라―**본질적으로** 이웃-인간성이라는 사실을 말해주는 본문이기 때문이다(물론 인간은 자신의 이와 같은 본성과 모순될 수도 있고 그것에 상응할 수도 있다). 그렇다. 바르트는 이와 같은 이원적인 실존 형태 안에서 인간의 "하나님 형상"을 본다. 인간 안의 하나님 형상은 상처받을 수는 있지만, 결코 지양될 수는 없다. 그것은 오로지 공존으로서 존재하시는 하나님 자신의 형상과 관계되기 때문이다. 이와 같은 바르트의 주제는 여러 측면에서 논쟁의 대상이 되고 있다.[160] 이 주제를 이해하려면 바르트의 진술이 하나님의 창조 사역과의 유비 안에서 구성되고 있다는 점에 주목해야 한다.

(1) 창조가 **현실적인** 것은 하나님께서 자신과 **구분되는** 것에게 현존재를 선사하셨기 때문이다. 이와 마찬가지로 이웃-인간성이 존재할 수 있는 것도 오로지 인간들 사이에 진정한 그리고 지양될 수 없는 대상이 있기 때문이다. 다시 말해 남자와 여자가 구분되기 때문이다. 여기서 바르트는 남자와 여자 사이의 구분을 우리가 정의할 수 없다는 점을 강조한다. 만일 그렇게 한다면 우리가 남녀의 역할을 각각 지정하게 되는 대가를 치러야 하고(그것은 견딜 수 없는 가운데 억지로 견뎌야 하는 역할일 것이다), 나아가 보통은 남자가 여자를 지배하는 것을 돕게 될 것이다(여자가 그런 "지배권"

---

160 KD III/1, 202ff.; 329ff.; III/2, 344ff.; III/4, 127-272.

의 일부를 획득하려고 투쟁한다고 해도 크게 달라지는 것은 없다).

(2) "하나님으로부터-오는-존재" 안에 있는 피조물의 현실성이 **선한 현실성**인 것처럼, 남자와 여자의 함께함 안에서도 혼자 있는 것이 사실상 좋지 않다(창 2:18)는 사실이 드러난다. "여기서는 모든 것이 근본적으로 이원적이다. 그것은 동일한 본질과 동일한 가치를 지닌 두 파트너 사이의…이쪽과 저쪽이다"(III/2, 352). 이 둘은, 서로 "함께 있음"을 자유롭게 긍정하는 가운데(III/4, 184), 함께 있으면서 서로 바라보고 묻고 서로 책임을 수용하는 가운데(185-187), 결혼 관계 안에 있든지 밖에 있든지와는 관계없이, 각각 **자기 자신**이 된다.

(3) 현실적이고 선한 창조의 구조가 오로지 성서의 증언을 통해서만 우리에게 열리는 것처럼, 구분되지만 관계 안에 있는 남자와 여자의 특성도 그렇다. 성서는 겉으로는 남자를 앞세우고 여자를 뒤따르게 하는 매우 가부장적인 진술로 가득 차 있는 것처럼 보이지만, 그런 특징적인 진술 안에서 남자와 여자의 특성이 밝혀진다. "남자가 여자보다 우선하거나 우위에 있어야 한다"거나 혹은 여자들이 "자신보다 우위에 있는 파트너의 힘과 무력행사의 대상"이라고는 "그 어디서도" 말해진 적이 없다(192). 바르트의 성서 해석에 따르면 남자는 "**여자를 향해**" 존재하고, 여자는 "**남자로부터**" 존재한다(III/2, 352). 이 문장에 대한 바르트의 이해는 이렇다. 남자는 "여자를-향한-존재"로서—이것은 그의 "봉사의 우선권"(III/4, 190)이다—여자에게 자신을 먼저 지칭되는 자로 증언하고, 그녀의 대상의 "현실성"을 증언하는 증인이어야 한다. 남자에게는 여자의 고유하고 자유롭고 성숙한 존재를 존중해야 할 우선적인 책임이 있다(여자를 억압함으로써 보이지 않게 만드는 것에 저항해야 한다). 여자는 "남자로부터-오는-존재"로서—이것은 "여자의 영예"(195)다—자신을 두 번째로 지칭되는 자로 증언하고, 둘 사이의 관계적 "인간성"을 증언하는 증인이어야 한다(190f). 여자에게

는 공동체적 존재가 갖는 선한 의미를 드러낼 책임이 있다(홀로 있는 존재가 되려는 남자의 비인간적인 충동에 저항해야 한다). 이와 같이 바르트는 남자와 여자가 각각 자신의 특성 안에서 공동 인간성을 위해 서로를 필수적으로 필요로 한다는 사실을 제시하려고 했다.

여기서 바르트의 의도는 인간성이 본질적으로 이웃-인간성이고, 이것을 부인하는 것은 비인간성이라는 사실을 밝히는 것이다. 이웃-인간성은 하나님은 참으로 홀로 존재하지 않으시며, 그렇기에 인간도 참으로 홀로 존재하지 않는다는 사실을 증언한다. 그것은 인간의 피조성이 하나님이 인간과 맺으신 계약에 상응한다는 것을 증언한다. 그것은 인간으로서 존재한다는 것은 선한 것이고 하나님의 창조 역시 선한 것임을 증언한다. 가장 긴급한 것, 바르트에 의하면 그래서 카오스의 위협을 받은 창조에 직면하여 반드시 행해져야 하는 것은 창조주 하나님께 대한 믿음인데, 창조주는 긍휼히 여기시는 하나님과 동일하신 분이다. 인간이 바로 그 하나님께 대한 믿음 없이 카오스를 조종하려고 하면, 그는 카오스 곧 무의 파멸시키는 권세가 불러일으키는 세력에 참여하게 될 것이다(III/3, 409ff.). 그 위협 앞에서 가장 중요한 것은 믿음이다. 그것은 하나님께서 창조주이시고, 그렇기에 그분의 창조는 선하다는 사실을 믿는 믿음이다. 복음과 율법의 상관관계를 고려한다면, 이 믿음 안에서 우리가 행하여야 할 온갖 종류의 일이 주어지는 것은 분명하다. 그러나 인간의 어떤 행동이 불완전하거나 나쁘게 된 창조를 선하게 혹은 더 낫게 만든다는 식의 일은 있을 수 없다. 우리가 해야 할 일은 인류의 원수와 하나님의 선물을 조롱하는 자에 대항하여 하나님의 창조가 현실이라는 것 그리고 선하다는 것을 고백하는 것이다.

7 ▪ 죄론과 칭의론

죄의 억압

전쟁이 끝난 후 바르트는 죄론을 집필하며 이렇게 서술했다. "6백만 명의 유대인이 학살당했고 화염이 하늘로부터 떨어졌다.…온갖 종류의 비참과 곤경이 인간을 덮쳤지만, 그러나 그 모든 것은 왔다가 사라졌다.—꽃잎 위에 바람이 불 때 꽃은 잠시 고개를 숙이지만, 바람이 멎으면 그것은 다시 일어난다." 그 모든 "상실감과 저주"가 우리를 너무도 생생하게 사로잡기는 했어도 "우리가 그것으로부터 다시는 빠져나갈 수 없을 정도는 아니었다"는 것이다.[161] 악의 실재가 방금 전 과도하게 발생한 것은 사실이다. 인간은 집단을 이루어 괴물이 되었다(IV/2, 496.f.). 그럼에도 불구하고 악은 그들의 내면에 죄의식을 불러일으키지는 못했다. 저질러진 악한 일들 전체를 바라보면서도 사람들은 단지 "슬퍼하지 못하는 무능력"(A. M. Mitscherlich)만을 드러내었을 뿐이다. 바르트는 20세기에 행해진 거대한 규모의 불의한 일과 그 시대 사람들의 죄의식의 상실 사이에 놓인, 경종을 울리는 불균형 관계를 직시하면서 죄론을 써나갔다. 하인리히 히믈러

---

161 *Christliche Lehre*, 38; 비교. *KD* III/3, 397.

는 유대인 학살의 끔찍함과 관련된 그 불균형 관계를 이렇게 고전적인 형식으로 표현했다. "그것을 견뎌냈다는 것, 그 가운데서도 흐트러지지 않은 자세로 살아 있었다는 것, 그것이 우리를 강하게 만들었다."

우리는 악한 사건과 죄의식 사이에 어떤 근본적인 관계가 놓여 있지는 않은지 질문하게 된다. 이것은 우리 시대에 죄에 대한 인식이 없었기 때문에 그와 같은 악이 과도하게 실행될 수 있지는 않았는가 하는 물음으로 이어진다. 어떻든 죄의 개념은 현대에 이르러 위기에 빠졌다. 이 문제는 다음과 같은 질문으로 구체화될 수 있다. 교회가 죄라고 불렀던 것은 사회적 관습과는 배치되는 규칙 위반 정도로 설명될 수 있지 않은가? 그래서 다수가 악이라고 부르는 것은 평균적인 규범에서 벗어난 이탈자를 가리키는 것이 아닌가? 그래서 교회가 악이라고 여기는 것은 하나님이나 화해와 같은 것의 도움 없이 사회적 합의만으로도 다룰 수 있지 않은가! 악하다고 말하는 어떤 규범은 역사적으로 보면 계속 변하고 있지 않은가? 그래서 어제는 경멸과 함께 금지되었던 것이 내일은 도덕적이라고 인정되거나 그 반대의 경우도 있지 않은가?(비교. IV/1, 443) "소위 악이라는 것"(K. Lorenz)은 생물학적으로 이해할 때 인간이 아직 진화에 충분히 적응하지 못한 것이라고 말할 수 있지 않을까? 혹은 심리학적으로는 내면화된 아버지 상 혹은 어머니 상으로부터 이탈하는 치명적인 수치라고 이해될 수 있지 않을까? 사회학적으로는 환경이 강요하는 피할 수 없는 손상, 혹은 정치적으로는 지배계급이 소시민들을 수동적인 상태로 유지시키기 위해 고안해 낸 채찍이라고 말할 수 있지 않을까? 이와 같은 질문들이 귓가에 들려올 때, 교회가 죄에 대해 말하는 분위기는 상당히 엷어지지 않겠는가?

물론 바르트도 죄에 대한 그런 해석들을 세상 밖으로 몰아낼 수 있다고는 생각하지 않았다. 죄를 그와 같이 해석하는 사람들을 질책해서 죄의

"문제"는 그들이 홀로 해결할 수 없는 것임을 밝히고 그들을 교회가 매개하는 "은혜"에 의존하게 만드는 것은 바르트의 관심사가 아니었다. 바르트가 그런 일에 관심이 없었기에 사람들은 바르트를 죄를 무해화하는 사람, 나아가 죄를 부정하는 사람으로 여기기도 했다.[162] 하지만 바르트는 신학자들이 죄에게 거대한 현실성의 특성을 부여하고 죄가 소위 보편적인 조명력을 갖는다고 강조하여 그런 사람들을 가르치려고 하는 것이 아무런 의미가 없다고 보았다. 그 대신에 바르트는 죄의식이 사라지는 것—이것은 인간성 안에서 과도한 악이 지배하게 되는 것과 손에 손을 잡고 간다—을 자신의 죄론의 중심 주제로 삼았다. 그는 그 주제를 이렇게 표현했다. 죄의 행위 가운데 정점을 찍는 것 곧 "모든 죄 가운데 죄"(II/2, 839)는 "내가 죄인이 아니라고 하는 것, 내가 그 사실을 부정하고 논쟁하고 억압하려고 하는 것"이다. 이것은 죄란 그것이 가장 은밀할 때 가장 섬뜩하다는 것을 뜻한다. 죄는 예의 바른 것, 정상적인 것, 불가피한 것의 예복을 걸칠 때, 다시 말해 자신의 행위가 "본래적으로 **선하다**"는 자기 해석의 능력을 가질 때 가장 위험한 능력을 발휘하며, 인간이 자신의 판단에 따라 어떤 것을 위반했을 때 그렇게 되는 것이 아니다(IV/1, 443). "선한 것, 나아가 최고로 선하게 보이는 것의 타락"(549)이 죄론의 본래적인 문제다. 그렇다. 바르트는 이렇게 말하려고 한다. 죄의 최악의 형태는 하나님의 선하신 은혜와 맞서 싸우려고 애쓰는 인간의 형태다. 죄가 마치 죄가 아닌 것처럼 보이는 빛나는 외양 안에 자신을 숨길 수 있는 능력을 가지고 있다면, 그 가면은 어떻게 벗길 수 있을까?

바르트에 의하면 죄 인식의 소멸은 하나님 인식의 소멸과 관계가 있다. 왜냐하면 "죄 인식은⋯**하나님** 인식의 특정한 양식에 관계되기 때문"

---

162 G. C. Berkouwer, *Der Triumpf der Gnade*, 305에서 묘사되는 C. van Til.

이다(397). 그러므로 신학은 신론에 대한 책임과 함께 죄론에 대해서도 책임을 져야 한다. 그러나 바르트는 현재의 신학이 "세상"으로 하여금 죄를 깨닫도록 해주는 가장 적절한 교사라고 말하지는 않는다. 바르트가 볼 때 현대신학은 자체의 방식으로 죄 의식의 소멸에 사실상 상당한 정도로 기여했기 때문이다. 그렇기에 여기서 그의 사유의 길은 이렇게 진행된다. 바르트는 교회 밖의 세속화와는 단지 간접적으로만 다투지만, 그러나 교회 안의 세속화와는 훨씬 더 강력하게 논쟁한다. 그는 죄 인식의 위기와는 단지 간접적으로만 다투지만, 그 위기에 대한 신학의 책임과는 직접적으로 논쟁한다(III/3, 355ff.; IV/1, 413ff.). "여기서 이런 결과(죄의 무해화)를 원치 않는 사람"은 "먼저 그 전제(신학적 죄론의 오류)를 원하지 말아야 할 것이다"(IV/1, 430). 바르트가 신학의 책임성이 놓여 있다고 본 곳은 다음에 요약 인용된 두 가지 문장에서 설명된다. 두 문장은 서로 내적인 관계 안에 있다.

첫째, "신론 안에 다른 무엇보다도 가장 위험한 오류가 있다. 그것은 하나님이 무(혹은 악)에 다소간 접촉되지 않고 관여하지 않으신 채 바라만 본다는 생각이며, 그에 따라 인간이 스스로 주체가 되어 그것과의 투쟁을 다소간 독립적인 자신의 과제로 떠맡아야 한다는 생각이다"(III/3, 415). 바르트에 의하면 이와 같은 잘못된 교리가 현대신학의 죄론 안에 자리를 잡았는데, 이에 대한 책임이 종교개혁에도 아주 없지는 않다. 종교개혁 신학 안에는 하나님의 율법에 대한 이해가 불분명했기 때문이다(IV/1, 404ff.). 바르트는 종교개혁 신학의 죄 인식은 인정한다. 종교개혁에 따르면 인간은 자신의 죄를 인간 자신으로부터 인식하지 못하고, 하나님께서 그것을 율법을 통해 드러내어 주실 때 비로소 인식할 수 있다. 그러나 바르트는 죄인들에게서 죄의 가면을 벗겨주는 바로 그 율법이 복음을 "공허화"한 상태에서 이해되었다는 점을 비판한다(403). 하나님께서 차후에 죄와

"접촉"하셨다는 사실이 복음에서 빠졌다는 것이다. 복음으로부터 분리되고 복음보다 앞서 있는 율법 안에서 하나님은 악과 "접촉하지 않고 관여하지 않은 채 마주 대면하여" 계신다고 생각된다. 그러나 이 분리의 결과는 치명적이다. 그것은 종교개혁자들 사이에서는 아직 성서적 의미와 결합되어 있었던 율법(Gesetz)이 17세기 이래로 "자연법"(Naturgesetz)과 동일시되었다는 사실을 가리킨다. 자연법은 인간에게 선천적이고 또 인간 안의 도덕법과 하나다. 이것은 인간이 죄인임에도 불구하고 어떤 선한 것 곧 죄를 판단할 수 있는 척도를 자신 안에 여전히 지니고 있다는 것을 의미한다. 이것은 인간이 죄인임에도 불구하고 자신의 죄로부터 스스로 멀어질 능력과 선한 의지를 계속해서 지닌다는 것을 의미한다. 인간의 자기 판단에 의해 성취된 죄의 인식은 필연적으로 자기 용서에 도달한다(429). 죄의 책임을 판단하는 일에서 하나님을 배제하면, 죄를 최종적으로 용서하는 일에서도 반드시 그렇게 된다. 이때 인간의 자기 용서는 우리가 죄를 마치 개인적인 "업무 재해"와 같이 여기도록 만든다. 우리는 죄를 인간 안의 도덕적인 것 혹은 "선한 중심"으로 여기며, 그것이 올바른 이해라고 생각한다. 여기서 필연적으로 간과되는 것은 그렇게 주장된 인간 안의 "선한 중심"이 사실상 악의 원천이라는 사실이다. 왜냐하면 그 중심은 개별적인 잘못에 대해 언제나 변명하려고 하고 또 자기 자신을 그 잘못들로부터 구분하며, 그것들을 자기 밖으로 내버리거나 아니면 자기 자신 안에 억압하려고 하기 때문이다. 인간이 "자기 죄와 투쟁하는 것을 자신의 독립적인 과제로 삼는 곳"에서는 이와 같이 죄의식이 사라지는 일이 벌어지게 된다.

두 번째 문장은 죄의 문제를 다른 측면에서 그려준다. "그리스도교의 화해론이 다른 모든 것보다 가장 위험한 교리가 되는 경우가 있는데…그것은 화해론이 자신의 관건이 되는 다음과 같은 경고의 목소리를 듣지 않는 경우다. 즉 우리가 망쳐놓은 것을 하나님께서 다시 선하게 만드신다는 사실이 우리가 악한 것을 선하다고 말할 수 있다는 뜻은 아니다"(IV/1, 74; 비교. II/2, 847). 우리가 선한 것을 악하게 만들려고 하지 않는 한, 그렇게 말할 수는 없다. 우리가 악한 것을 선하다고 말하는 오류는 그보다 더 큰 오류에 근거하고 있다. 그것은 우리가 악하게 만든 것을 하나님이 도로 선하게 만드신다는 사실로부터 잘못 유추하여 하나님께서 우리가 악하게 만든 바로 그것이 선하다고 말씀하시는 것처럼 착각하는 것이다. 이 오류는 하나님의 화해가 마치 죄와의 화해인 것처럼 잘못 생각하는 것으로부터 비롯된다. 바르트는 이 오류에 대해서도 종교개혁의 책임이 아주 없지는 않다고 생각한다. 종교개혁 신학은 그리스도 안에서 인간을 위해 발생한 화해의 의미를 충분히 명확하게 설명하지 못했기 때문이다. 종교개혁은 화해에 근거해서 인간이 "죄인인 동시에 의인"이라고 대답했다. 바르트는 이 대답이 옳다고 여기고 자주 그것을 반복하지만, 그러나 동시에 그 대답이 구성되는 구조에 대해 질문한다. 그 대답은 "복식 부기" 아래 있는 정체된 삶으로 인도하지 않았는가? 그래서 사람들은 **한편**으로는 "죄의 용서를 위해 죽으신 주님 예수 그리스도 아래서" 살고, 그와 동시에 **다른 한편**으로는 "왼편에 속한 자들의 나라 안에서" 그분도 없고 은혜도 없이 살아갈 수 있게 되지 않았는가?(IV/2, 571) 그 결과 이쪽과 저쪽의 영역에서 바로 그 "동시에"라는 삶은 "가능하기는 해도 머물기에는 도무지 적합하지 않은 어떤 상태"가 되어야 하는데, 그렇게 되지 못한 것이 아닌가? 다시 말해 그리스도인들은 바로 그 "동시에"를 어떤 기괴한 것이 아니라 오히려 정상적인 것, 연민에 찬 것, 철저히 유지할 만한 가치가 있는 것으로 여기게 된 것이 아닌가?(CL, 316.256) 바로 그 "동시에"가 죄인들의 삶 가운데서 계속해서 효력을 나타내고 있다는 점에서, 화해는 마치 "말로만" 발생한 것이라는 의혹, 혹은 "마치 발생한 것처럼" 보일 뿐이라는 의혹 아래 놓이게 된다. 그렇다면 화해는 무슨 소용인가?

바르트는 종교개혁 이후 신학사에서 전개된 죄와 은혜의 새로운 관계를 직시하며 똑같은 질문을 던졌다. 하나님의 율법이 인간에게 수용될 때 그것이 인간의 자기 판단을 위한 기준이 되는 것처럼, 죄 아래 그리고 은혜 아래 있는 존재도 영혼의 현실성 안에 주어져 두 가지로 나타나는 존재상태로 이해되었다. 그러나 이제 여기서 개혁자들이 그와 같은 복식부기를 가장 단호하게 배제하지 않았다는 사실이 얼마나 숙명적인 결과를 불러왔는지 알 수 있게 된다. 이제 죄와 은혜라는 양자는 동일한 한 영혼의 현실 안에서 공존함으로써, 서로 다투고 대립되는 상태에 있는 것이 아니라 서로 용납할 수 있는 어떤 것으로 여겨졌다(IV/1, 417). 이제 죄는 인간 안에 있는 아직 불완전한 것, 미성숙한 것으로, 은혜는 인간 안에 현존하는 개선을 향한 추진력으로 이해되었고, 그래서 양자는 전체적으로 의미 있게 진행되는 과정에 속한 각각의 계기들이 되었다. 이제 죄를 그것의 부정성에도 불구하고 근본적으로는 생산적인 것으로 보려는 생각이 멀지 않은 곳에 놓인다. 거기서 죄는 더 좋은 개선으로 나아가는 진보를 성취하기 위한 어떤 필연적인 것이며, 혹은 인간이 정말로 자유로워지기 위해 반드시 취해야 하는 가능성이라고 한다. 그렇게 해서 죄는 현존재에 속한 것, 선이 배제하지 않는 것, 오히려 선에 참여하는 가능성으로 이해된다. 왜냐하면 악도 용인될 수 있는 것으로서 배제될 수 없고 또 배제되어서도 안 되는 것이기 때문이다. 이제 우리는 그것과 함께 살아야 한다.

바르트에 의하면 이와 같은 현대적 죄론이 초래한 두 가지 측면의 결과가 현대에 이르러 죄의식이 사라지는 과정에 신학적으로 기여했다. 양쪽 모두에서 죄는 무해한 것이라고 여겨졌고, 인간에게 죄로 인한 어떤 신적인 화해란 근본적으로는 필요하지 않은 것으로 이해되었다. 한편으로 인간은 자기 스스로 죄를 용서할 수 있기 때문이고, 다른 한편으로 죄를 더 높은 곳으로 나아가려는 과정의 한 계기로 관용할 수 있기 때문이다. 인간이 죄라고 부르는 것이 방해가 된다고 느껴질 때 인간은 그것을 제거할 수 있고, 아니면 그것이 반드시 방해가 되는 것은 아니라고 생각하면서 감내할 수도 있다. 바르트는 이와 같이 죄를 무해화하는 관점이 위험하다고 말한다. 왜냐하면 진정한 죄는 결코 무해하지 않기 때문이며, 오히려 무해성의 가면 아래 자신을 숨기면서 주변을 그만큼 더 많이 먹어치우고 황폐화시킬 수 있기 때문이다. 또한 바르트는 그와 같은 신학적 죄론을 죄에 대한 그보다 약간 덜 무해한 관점에서 직접적으로 수정하려는 시도는 막다른 골목에 빠져드는 것이라고 본다. 죄가 일으키는 손상이 그것의 뿌리에서 관찰되고 수정되지 않는다는 점에서 그렇게 본다. 그런 죄론들도 어떤 근본적인 통찰을 자기 방식대로 부정적으로 확증해주기는 했다. 다시 말해 인간은 자신의 진정한 죄를 깨달을 수 없다는 것이다. 우리가 죄를 앞에서 말한 죄론들이 그리는 것보다 훨씬 더 현실적으로 묘사한다고 해도, 여전히 우리는 죄를 무해한 그림 아래 은폐시킬 뿐이다. 우리가 죄와의 투쟁을 "우리 자신의 독립적인 과제로 삼고" 우리 자신을 그 주체로 이해한다는 점에서 그렇게 된다.

불쌍히 여기시는 심판자

우리는 다시 한 번 강조한다. "신론 안에 다른 무엇보다도 가장 위험한 오류가 있다. 그것은 하나님이 무(혹은 악)에 다소간 접촉되지 않고 관여하지 않으신 채 바라만 본다는 생각이며, 그에 따라 인간이 스스로 주체가 되어 그것과의 투쟁을 다소간 독립적인 자신의 과제로 떠맡아야 한다는 생각이다"(III/3, 415). 위에서 말한 죄의 손상은 이와 같은 죄론의 오류가 통찰되고 수정될 때, 그것의 뿌리로부터 통찰되고 수정될 수 있다. 그 오류는 악과 "접촉하지 않고 그것에 관여하지 않으신 채 바라보기만 하는" 어떤 하나님에 관한 이론을 뜻한다. 하나님께서 악에 노출되어 있고 그것에 관여하신다는 사실은 죄의 현실성과 위험성이 **하나님께서 그것과 맞서 싸우시는** 곳에서 비로소 우리에게 인식될 수 있다는 사실을 뜻한다. 그곳에서 비로소 죄는 숨어 있던 곳으로부터 끌려나오고 얼굴에서 가면이 벗겨진다. 죄는 자신을 우리에게 나타내지 않으려고 숨어 있었고, 자신을 무해한 것으로 보이게 하려고 가면을 쓰고 있었다. 그곳으로부터 비로소 죄에 대한 명제가 우리에게 분명히 말해진다. 그것은 "모든 죄 가운데의 죄"는 인간 자신이 죄인임을 부정하는 것, 자신의 현실적인 죄를 무해화하는 것, 나아가 보이지 않게 만드는 것이라는 명제다. 죄는 하나님께서 그것과의 투쟁을 실행에 옮기시는 곳에서 우리에게 인식될 수 있는 것이지, 하나님께서 말하자면 죄와 접촉하지 않고 그것에 관여하지 않으신 채 바라만 보시는 곳, 그것을 단순히 **금지**만 하시는 곳에서는 인식될 수 없다. 복음이 하나님께서 악에 노출되어 계시고 악과 투쟁하신다는 사실을 말해 줄 때, 그 복음으로부터 분리된 율법은 죄의 현실성과 위험성을 우리에게 제시해 줄 수 없다.

하나님께서 죄와 "접촉하시고 그것에 관여하시는" 사건, 곧 죄에 노출되시고 그것과 투쟁하시는 사건은—이것이 바르트의 중요한 발견이다—예수 그리스도의 십자가 안에서 세상이 하나님과 **화해**하는 사건(고후 5:19)과 동일하다. 오직 이와 같은 화해의 현실성에 대한 인식으로부터 출발할 때, 또한 우리는 죄의 인식에 도달할 수 있다. 우리는 가장 먼저 화해의 **현실성**을 이해해야 하며, 그것을 통해 불가피하게 화해의 **필연성**을 이해하게 된다. 그것은 우리가 죄인이고, 그래서 우리에게 화해가 필요하다는 사실이다. 화해의 필연성의 증명은 화해의 외부에 놓여 있지 않다. 다시 말해 그 증명은 화해 자체가 확증하는 화해의 필요성과 무관하게 독립적으로 존재하지 않는다. 화해의 현실성은 화해가 우리에게 없어서는 안 되는 것이라는 증명을 스스로 동반한다. 화해의 현실성은 하나님께서 예수 그리스도 안에서 우리의 자리에 서셨고, 우리를 하나님으로부터 갈라놓는 죄를 스스로 짊어지셨다는 사실을 뜻한다. 우리의 화해 안에 그 누구도 아닌 바로 **하나님 자신**이 우리를 위해 등장하셨다. 이 사실로부터 우리는 다음 사실을 비로소 인식할 수 있다. 죄는, 그것이 너무도 견딜 수 없는 것이어서 우리 자신이 감당하거나 제거할 수 없다는 사실이 인식되는 곳에서만 인식될 수 있다. "인간의 타락의 기괴한 특성"은 하나님께서 "그것의 극복을 위해…그리고 인간의 구원을 위해 예수 그리스도 안에서 하나님 자신을…버리셨다"는 사실에서 분명히 드러난다(IV/1, 456). 우리의 죄는 그것의 극복을 위해 하나님 자신의 개입이 필요할 정도로 심각한 것이다. 따라서 우리는 죄를 우리 스스로 용서할 수 없고, 우리가 나서서 죄와 투쟁할 수도 없다. 다시 말해 **우리**가 맞서 투쟁할 수 있다고 생각하는 것은 아직 우리의 현실적인 죄가 아니다. 죄인들이 하나님과 화해하는 화해의 현실성은 이와 같은 사실을 계시한다. 또한 그것은 우리가 행할 수 있는 모든 죄보다 더 큰 죄가 무엇인지도 계시한다. 그것은 우리가 죄와 맞서 싸울 수 있고, 홀로 그 투쟁을 수행할 수 있다고 주장하는 것이다. 그것은 죄를 부정함으로써 죄가 절정에 달하도록 도와주는 것이다. 그것은 우리 안에 어떤 선한 소양이 있어서 우리가 죄를 우리 자신으로부터 분리시킬 수 있고 나아가 우리 자신을 죄로부터 해방시킬 수 있다고 자신하는 것이다. 죄는 하나님께서 우리를 하나님 자신과 화해시키신 바로 그 화해 사건과 직접 맞서 싸우기 때문에 더욱 큰 죄가 된다. 하나님께서 우리의 죄를 피하지 않고 관여하심으로써 우리가 하나님과 화해될 수 있었다는 사실은 우리가 더 이상 "우리 자신을 죄로부터 구분"할 수 없다는 것을 뜻한다(447). 그렇다면 우리가 죄를 **소유**하는 것이 아니라 우리 자신이 죄인으로서 **존재**한다. 그렇다면 우리는 단순히 어떤 것을 하나님께 용서받는 것이 아니라, 우리 자신의 **존재**가 하나님과 화해된다. 그렇지 않다면 아무것도 아니다.

하나님께서 우리의 죄를 피하지 않고 직접 관여하신다는 사실, 그렇게 하여 예수 그리스도의 고난 안에서 우리를 하나님 자신과 화해시키신다는 사실은 계속해서 하나님의 **낮아지심**을 가리킨다. 하나님 자신이 그곳에서 고난당하는 인간과 하나가 되심으로써 고난의 낮아지심 안에 계셨다. 그때 "하나님의 신성의 특성과 본성은 감소하거나 변화하지 않았고"(200), 그러나 또한 그분의 낮아지심의 진지한 심각성도 전혀 약화되지 않았다. 여기서 우리는 깊은 뿌리를 내린 "하나님의 본질에 대한 표상을 수정해야 한다"(203). 이와 같은 낮아지심이 하나님께 외적인 것이 아니라는 사실, 나아가 그리스도의 신성은 바로 그분의 낮아지심 안에서 입증된다는 사실이 과연 신성모독의 명제인가? "유대교와 이슬람교는 그리스도교의 신앙고백을 고소할 때"(200) 그렇다고 대답한다. 그러나 그것은 신성모독이 아니고 있는 그대로의 그리스도교적인 신앙고백이다. "하나님이 모든 상대적인 것에 오로지 절대적으로 철저히 대립하기만 하고…모든 낮은 것에 대해 오로지 높은 곳에서 철저히 대립하기만 한다…는 주장이 있다. 이와 같은 주장은, 하나님께서 예수 그리스도 안에서 실제로 바로 그와 같이 낮아진 자로서 **존재**하고 **행동**하신다는 사실에서 근거 없는 것으로 입증된다. 낮아진 자로서 **행동**하심으로써, 하나님께서는 그렇게 행동하는 것이 철저히 하나님의 **본성**에 속한다는 것을 증명하신다." 하나님은 하나님이기를 그치지 않으신 채 그렇게 자기를 버리실 수 있다(202-204). 하나님께서는 십자가의 가장 끔찍한 것을 피하지 않고 관여하시면서 그것과 마주 대하신다. "영원한 아버지께서는 영원한 아들을 나사렛 예수라는 인간과의 동일성 안으로 보내심으로써, 그에게 닥쳐올 일을 그 아들과 함께 겪으셔야 하고 그것을 스스로 짊어지셔야 한다. 이것은 그 일을 우리로부터 취하고 우리에게서 제거하시며, 그래서 그 일이 우리에게는 더 이상 닥치지 않도록 하기 위함이다. 예수 그리스도 안에서 하나님 자신(바로 이 하나님이 한 분이신 참하나님이시다!)이—아버지께서 영의 합일 안에서 아들과 함께—그 인간이 쓰라린 종말에 이르기까지 겪어야 했던 고통을 겪으셨다. 하나님과 그 인간 사이의 갈등과 그 인간 위에 드리워진 곤경이 바로 하나님 자신 안에서 우선적으로 그리고 최고로 경험되고 전달되었다. 겟세마네와 골고다 사건의 의미인 바로 그와 같은 하나님 자신의 고통에 비한다면, 욥의 고통 혹은 이 세상의 모든 고통이란 무엇이겠는가?"(IV/3, 478)

높은 곳과 낮은 곳에 동시에 계실 수 있다는 것은 명백히 하나님께 적절한 속성이다(IV/1, 213). 이 진술이 이 세상 안에 있는 "높은 곳-낮은 곳-관계"를 하나님께 투사한 뒤 승인한 것이라는 항의[163]는 다음과 같은 핵심을 놓치고 있다. 이 진술은 (하나님의 아들이 아버지-하나님보다 열등하다는) 종속론 그리고 (하나님의 아들은 비세상적인 하나님의 단순한 현상 방식에 불과하다는) 양태론에 반대하는 결정적으로 중요한 교회적 결단이다. 그런 두 가지 이단은 "예수 그리스도의 십자가를…회피하려고 한다"는 점에서 병들어 있다. 종속론은 낮아지신 자를 단지 비본래적인 **하나님**으로 여기고, 양태론은 하나님을 단지 비본래적으로 **낮아지신 자**로 이해하기 때문이다. 그러나 우리는 하나님과 낮아지신 자 모두를 **본래적**이라고 이해할 때, 화해를 바로 이해하게 된다. 또한 그때 우리는 여기서 발생한 수난도 이해하게 된다. "수난은…하나님의 활동"이고 행동이다. 그것은 "한 인간의 자유로운 행동 및 고난과 일치하는 하나님의 행동이다. 여기서 바

---

[163] J. Moltmann, *Gott in der Schöpfung*, 258.

로 그 인간의 행동과 고난은 하나님 자신이 행하신 것, 그래서 하나님 자신의 수난으로 묘사되고 이해되어야 한다"(269f.). 이 사실을 읽지 못하면, 화해에 관한 신약성서의 소식은 이해될 수 없다. 그 소식에 따르면 낮아지신 자는 자신의 수난 안에서 죄의 비참 안에 있는 인간과 연대하시면서 우리와 똑같이 고통을 당하셨다. 만일 그 인간과 함께하시는 하나님의 긍휼하심이 단지 무기력한 동정에 그친다고 가정하면, 그의 비참은 그것이 아무리 유감스럽더라도 그대로 지속될 수밖에 없을 것이다. 그러나 우리와 함께하시는 하나님의 긍휼하심 그리고 악에 관여하심은 다음과 같은 점에서 결정적이다. 즉 그 낮아지신 자는 **"우리를 위해"** 고난당하셨으며, 이것은 그분이 우리가 할 수 없는 것을 행하시고 우리가 겪을 수 없는 것을 겪으셨음을 뜻한다. 그래서 그것은 가장 순수하게 우리의 유익을 위해 발생한 것이다. 바로 이와 같은 점에서 그 사건은 "모든 시대와 공간들 안에 있는 모든 인간을 위해" 죄인으로서 존재하는 그들의 상황을 "가장 결정적인 의미에서 객관적으로 **변경**시켰다"(270). 그 사건은 비참한 상황을 지속시키는 것이 아니라 오히려 "하나님의 혁명"(609.627)이다.

여기서 분명히 밝혀야 할 것이 있다. 화해는 하나님께서 인간과 화해하려고 **계획만** 세우신 것이 아니라는 점이다. 그리스도 안에서 세상이 하나님과 화해하는 일은 하나님께서 죄 및 죄의 행위자들과 현실적으로 **투쟁**하시는 형태 안에서 완전히 실행되었다. 죄에 스스로 노출되심으로써 하나님께서는 그것과 투쟁하시며, 자신과 또한 우리를—왜냐하면 화해는 우리를 위해 발생하기 때문에—죄로부터 분리하신다. 바르트에 의하면 이렇게 말할 수 있다. 화해는 하나님께서 불의와는 가장 무자비하게 화해하지 않는 방식으로 성취된다. 화해는 죄의 긍정이 아니라 부정이고, 용인이 아니라 심판이며, 나아가 죄 그리고 죄에 빠져 죄를 실행하는 주체를 파멸시키는 것이다. 만일 화해가 이와 같은 형태를 갖지 않는다면, 그것은 죄를 무해화하는 "값싼 은혜"(238)를 베푸는 셈이 된다. "그러므로 화해의 중심이자 관건은 죄의 **제거**다"(278). 중요한 것은 "어떤 신적인 무효화나 복수"가 아니다. 그런 것은 화해를 잘 조율하려는 의도에서 충족을 위한 희생제물을 바치려는 시도와 관련되어 있다. 오히려 중요한 것은 "하나님의 **사랑**의 극단적 성격이다. 그 사랑은 오로지 인간의 죄에 대한 진노를 완전히 실행함으로써…자기 자신을 '충족'시킬 수 있다"(280). 하나님의 진노는 하나님의 사랑을 "소멸시키지 않고 불타오르게 만든다"(546). 그것은 바로 그분의 사랑 안에서 원하시는 **정의**의 표현이다. **그분의** "사랑은 불의를 기뻐하지 않는다"(고전 13:6). 사랑은 정의를 실행한다. 실제로 불의를 의라고 말하는 것은 왜곡된 사랑이다. 불의에 가담하여 공범이 되는 것은 은혜를 상실한 행위다. 비록 그것 아래서 수동적으로 고통만 당한다고 해도 마찬가지다. 화해 안에서 나타나는 하나님의 긍휼하심은, 바르트가 강조하는 것과 같이, 그 무엇과도 비교할 수 없는 **의로운 행위**의 형태를 갖는다. 그 행위 안에서 하나님께서는 은혜를 통해 의를 실행하심으로써 죄의 불의를 극복하신다. 여기서도 중요한 것은 불의를 "징벌"하는 것이 아니고, 그것을 제거하는 것이다. 중요한 것은 원천에서 새어나오는 것에 대해 단순히 분노하는 것이 아니고, 죄가 끊이지 않고 터져 나오는 그 원천을 마르게 만드는 것이다(279). 화해의 현실성 안에서 의로움과 은혜가 서로 다른 것도 아니고 대립하는 것도 아니라 오직 **하나**라는 사실을 읽지 못하면, 우리는 은혜가 무엇인지도 의로움이 무엇인지도 알 수 없게 될 것이다(비교. 260).

바르트는 화해 안에서 하나님의 은혜로우신 의로움의 행위가 성취되는 방식을 "우리의 자리에서 심판 당하신 심판자"(231)라는 형식으로 표현한다. 십자가에 못 박히신 분이 "우리를 위해" 고난당하셨다는 사실, 그분이 "우리의 자리"에 서셨고 우리를 대변하셨다는 사실을 이해하기 위해서는 다음 사실을 보아야 한다. 즉 그분이 그와 동시에 신적인, 결정적인, "종말의 날"의 **심판자**로서 우리에게 **행동하셨고**, 최후의 심판의 법정에서 내려질 그분의 판결이 우리 위에 내려지고 집행되었다는 사실을 반드시 보아야 한다(240). 이것을 먼저 말하지 않는다면, 그분이 그곳에서 짊어지신 우리와 함께하는 연대성은 우리의 죄의 불의함과 한 패가 되는 것으로 보일 것이고, 단지 타자에 의해 불의를 겪는 일에 지나지 않는다고 격하될 것이다. 두 경우 모두에서 불의는 그분에 의해 심판받지 않은 채로 남게 된다. 그분에 의해! 왜냐하면 그분이 "우리의 자리"에 서셨다는 것은 우리 자신이 심판자의 기능, 곧 마치 우리가 행할 수 있는 것처럼 생각하는 그 기능으로부터 해고되었다는 것, 나아가 면제되었다는 것을 뜻하기 때문이다. 여기서 "육체는 가장 강렬한, 가장 큰 기쁨에 찬, 가장 진지한 육체가 되는 본래적 장소에 도달한다. 이곳에서 인간은 더 이상 아무것도 말할 것이 없다"(254). 왜냐하면 "모든 죄의 본질과 근원은 인간이 스스로 자기 자신에 대한 심판자이려고 하는 데 놓여 있기 때문이다"(241). 이것은 단순히 우리가 아닌 어떤 다른 이가 심판자라는 뜻이 아니다. 그분은 우리와 전혀 다른 분이시다. 바로 그분이 **참된** 심판자이시다. 우리의 자기 판단은 최종적으로는 언제나 죄를 무해화하는 쪽으로 흐르고, 죄에 대한 심판의 판결을 슬쩍 넘어간다. 하지만 우리를 위한 그분의 판결이 은혜의 판결이라고 해도, 그것이 죄의 불의에 대한 의로운 심판을 희생시키는 판결은 아니다. "심판자가 아니신 분은… 말하자면 세상의 구원자도 아닐 것이다." 여기에는 어떤 모순도 없다. 왜냐하면 그 심판은 "선하신 행동"이기 때문이며, 세부적인 판결이 어떻게 내려지든지 간에 심판자이신 그분은 "의를 보호하고 불의를 배척함으로써 평화를 염려하는 분이기 때문이다"(238). 이와 같은 맥락에서 바르트는 "하나님은 왜 인간이 되셨는가?"에 대해 대답한다. 바로 "세상을 심판하시기 위해서다"(243). 나아가 그분이 그와 같은 심판자이신 것은 그분 위에 놓인 어떤 규범을 존중해서가 아니고(그것이 우리가 제정한 규범이라면 더욱 아니고), 오히려 그분 자신의 인격 안에서 그리고 그 인격의 판결 안에서 의로운 법을 규정하시기 때문이다. 이와 같이 "그 심판자는 모든 의로움의 기준이시다"(240).

그분이 "세상의 구원자이신 것은 그분이…물론 대단히 놀라운 방식으로 세상의 심판자도 되시기 때문이다"(238). 우리 죄인을 위한 그분의 판결이 완전한 무죄방면이라는 사실에는 어떤 모순도 있을 수 없다. 왜냐하면 그 판결은 최후의 심판의 법정에 앉으신 심판자의 것이기 때문이다. 우리에게 말해진 하나님의 "예"는 물론 "아니오" 아래 감추어져 있다. "예"는 "아니오"가 죄를 짊어진 그 인간에게 적중하는 것과 동시에 선고된다는 한에서 그렇다. 그는 "우리를 위해 고통당하신 자"이고 "우리의 자리"에 서신 분이다. 심판자이신 그분은 불의를 행하여 그분이 부정하셔야만 하는 자들의 책임을 스스로 떠맡음으로써 그 일을 행하신다(259). 그분은 그 일을 행하셔서 "사람들이 불의를 행하는 곳에서 의로운 행위가 이루어지도록" 만드신다(261). 그분은 그 일을 행하시면서 "죄인들의 길을 마지막까지 가신다. 그 길은 죽음 안에, 멸망 안에, 하나님으로부터 멀어진 자의 한계 없는 고통 안에 쓰라린 종착지를 두고 있다." 그렇게 해서 그분은 죄인들과 그들의 죄를 (그분 자신의 인격 안에서) "그들에게 합당한 **비존재**"에게 넘겨준다(278). 이와 같이 그분은 심판자로서 "우리의 자리에서 심판 당하신 자"이시다. 그분 안에서 우리에게 판결이 내려지고 집행된다. 그것은 우리 죄인들을 끝장내는 것이고, 그래서 있는 그대로의 우리는 아무런 희망도 갖지 못한다. 그러나 우리는 있는 그대로의 우리가 위치한 장소에 더 이상 서 있지 않다. 그 장소는 그분이 차지하셨다. "우리의 죄는 더 이상 우리 것이 아니다. 왜냐하면 그것은 그분의, 곧 예수 그리스도의 죄이기 때문이다. 하나님께서—아버지께 순종하는 아들이신 그분 자신이—우리의 죄를 그분 자신의 것으로 만드셨다. 그와 함께… 그분은 그 죄와 그것을 행하는 자인 우리 자신을 심판하셨다!"(261) "우리의 **죄인으로서의 존재**는… 이제 **그분의** 손 안에 놓여 있다"(266) 이것이 우리가 올바른 죄의 인식을 오로지 그분 안에서 찾아야 하고 우리의 공허한 자기 관찰이나 그 관찰로부터 추상화된 "율법" 안에서 찾아서는 안 되는 결정적인 이유다. 성 금요일의 뒤편으로 되돌아가서 아무런 희망도 없는 추상성에 빠지지 않으려면 우리는 반드시 그렇게 해야 한다. 다른 한편으로 그분이 우리의 자리에서 죄인의 길을 마지막까지 가실 때, 그분이 어떤 불의한 것을 행하신 것은 아니다. 오히려 그분은 아버지의 뜻에 따라 "우리의 자리에서 하나님 앞에서 의로운 것, 그래서 참으로 **의로운 것**을 행하셨다"(282). 왜냐하면 그분은 자기 자신 그리고 불의를 행하는 자—이들을 위해 그분이 등장하셨다—에게 대적하며 하나님께 의로움을 돌려드렸기 때문이다. 이렇게 해서 그분은 "새로운 인간"이고, **우리**는 그분이 우리를 위해 서 계신 "우리의 자리"에서 의로운 인간이다(283f.).

바르트는 이와 같은 "위대한 화해의 날"을 "새 하늘과 새 땅이 동터오는 날"이라고 불렀다(285). 왜냐하면 이 날은 하나님의 영원하신 뜻이 시간 안에서 실행되는 날이기 때문이다. 그 뜻은 하나님이 인간과, 또한 인간이 하나님과 연합하는 것이다. 그러나 이 인간은 죄인이다. 그래서 실행되는 하나님의 뜻은 "인간이 유익을 얻도록 하기 위해 하나님은 잃으신다는 것"(II/2, 177)이다. 하나님은 바로 **이것**을 원하신다. 하나님께서는 그곳에서 원하시는 바로 그것을 화해 안에서 **행하시며**, 하나님 자신이 심판하신 "악의 세계"와 "접촉되지 않은 순수한 신적 존재"를 포기하신다(178). "그분은 골고다의 십자가를 그분 자신의 왕관으로 선택하신다. 그분은 아리마대 사람 요셉의 정원에 있는 무덤을 자신이 살아 계신 하나님으로서 존재하는 장소로 선택하신다. 바로 **이와 같이** 하나님께서는 세상을 사랑하신다!"(180) 이 사랑이 우리 죄인들에 대한 칭의다. 그러나 그 사랑은 그 것 이상이다. "불의한 인간에 대한 바로 그 칭의의 사역 안에서 **하나님**께 서는 우선적으로 또한 **하나님 자신을 의롭게 하신다**"(IV/1, 626). 죄는 단 지 인간만 의문스럽게 만드는 것이 아니다. 죄 안에는 "하나님 자신이 견 딜 수 없다고 여기시는 어떤 것이 있다. 그것은 하나님의 사역 전체, 그분 이 창조하신 세계 전체"를 위협하고 그분이 피조물과 맺은 계약을 위태롭 게 만드는 것이다(455). 죄는 어떻게 화가 나신 하나님을 달랠 수 있는가 라고 묻지 않는다. 오히려 죄는 창조 안으로 돌입한 카오스를 직시할 때 과연 하나님이 창조자와 주님이 맞는지 혹은 아닌지를 묻는다(627). 하나 님이 인간을 그분 자신의 계약의 파트너로 삼으셨다고 하는데, 그렇다면 "그분은 자신의 손을 인간에게 헛되이 내미신 것이 아닌가?"(628) 죄가 하 나님의 창조의 작품을 위협할 때 그 당사자는 하나님이시기 때문에, 오로 지 하나님 자신만이 죄와의 투쟁을 수행하실 수 있다. 하나님께서는 화해 안에서 그런 질문들을 제거하시고 그것을 긍정적인 대답으로 변화시키는 방식으로 죄와 싸우신다. 하나님께서는 그렇게 하심으로써 자기 자신을 의롭게 하신다.

"은혜의 정의"[164]

하나님의 화해의 목표는 인간을 의롭게 하는 것이며, 죄를 행하는 불의한 자인 인간이 하나님 앞에서 의로운 자가 되는 것이다. "칭의론의 진리가 없다면, 아마도 진정한 그리스도교 교회란 없었을 것이고 지금도 없을 것 이다"(583). 그런데 그 진리는 어떻게 이해되는가? 설령 우리가 죄인이 오

---

[164] *KD* IV/1, 244.

로지 하나님의 은혜를 통해 의로운 인간이 된다는 가정을 받아들인다고 해도, 그때 죄인이나 의인은 단지 명목상으로만 그런 것이 아닐까? 예를 들어 은혜라는 것은 단순히 사람을, "마치" 그가 정말로 그런 것처럼 가정하면서, 의롭다고 불러주는 것이 아닐까? 실제로 그 사람은 전혀 그렇지 않은 데도 말이다. 우리는 다음 문장을 기억하고 있다. "그리스도교의 화해론이 다른 모든 것보다 가장 위험한 교리가 되는 경우가 있는데…그것은 화해론이 자신의 관견이 되는 다음과 같은 경고의 목소리를 듣지 않는 경우다. 즉 우리가 망쳐놓은 것을 하나님께서 다시 선하게 만드신다는 사실이 우리가 악한 것을 선하다고 말할 수 있다는 뜻은 아니다"(IV/1, 74). 이 경고는 이미 말해진 것으로부터 온다. 우리가 악하게 망쳐놓은 것을 하나님께서 선하게 만드실 때, 하나님께서는 그것을 선하다고 평가하는 것이 아니라 오히려 심판하시기 때문이다. 하나님께서 화해 안에서 인간에게 "예"라고 말씀하실 때, 하나님께서는 죄와 그것의 행위자에게 "어떤 은폐된 '예'도 없는 '아니오'"를 말씀하시기 때문이다(432). 또한 그렇기에 우리도—죄인들의 칭의의 이해에서—하나님께서 선하게 만드신 것을 긍정할 때, 악한 것을 선하다고 말해서는 안 된다.

의롭게 하는 은혜를 오해하여 마치 그것이 악한 것을 선하다고 부르는 것처럼 잘못 생각하지 않으려면, 은혜가 의로움을 대신하는 것이 아니라 오히려 하나님의 의로우신 행위의 형태 안에서 발생한다는 사실을 알아야 한다. "죄인을 의롭게 하시고 은혜의 하나님으로서 등장하시는 바로 그 하나님이 의로움을 소유하시고 의로움 가운데 계신다.…이것이 칭의 사건의 중추다"(592). 하나님이 가지신 의로움은 "인간을 위해 그리고 인간을 향해" 지양될 수 없는 의로움이다. 하나님께서는 인간에 대해 "변함없이 의로움 가운데 계신다. 그것은 자신을 인간의 창조자와 계약의 주님으로 선택하시고 그렇게 되신 하나님의 의로움이다.…물론 인간은 타락할 수도 있다.…인간은 하나님 나라 곧 의의 나라로부터 바다 없는 곳으로 추락할 수 있다. 그러나 하나님께서 그를 위해 그리고 그를 향해 가지고 계신 의로움은 없어지지 않는다." 그러므로 우리가 인간의 불의를 "인간의 사적인 일"로 생각한다거나, 불의 안에서 인간이 "하나님의 심판"에 굴복하지 않아도 된다고 생각하는 것은 잘못이다. 하나님의 의는 "효력이 있을 뿐만 아니라 실제로 실행되는 의로움이다. 그 실행은 우선 하나님 자신을 위한 것이지만(그분은…살아 계신 하나님이기 때문에!), 또한 계약의 파트너인 피조물로서 인간 곧 불의한 자로서도 그 의로움에 여전히 예속되는 인간을 위한 것이기도 하다"(596f.).

죄인에게 은혜를 베푸는 칭의의 적법한 행위는 바르트에 의하면 두 가지 측면을 가지고 있다. 칭의는 한편으로 하나님의 **심판**이라고 말해진다. 칭의는 "인간의 불의 그리고 불의를 행하는 자로서의 인간이 하나님의 심판 안에 설 수 **없음**"을 뜻한다. 그렇기에 칭의는 "불의 그리고 불의를 행하는 인간이 하나님 안에서 부정, 제거, 폐기, 파괴됨을 뜻한다"(597). 칭의가 이와 같은 심판이기에 그것은 "작은 일로 봐주기"(666)가 아니다. 봐주기는 봐주는 대상을 그냥 내버려둔다. 그것이 앞에서 말한 복식부기이든지, 아니면 현대주의적인 의미에서 죄와 은혜를 서로 양립할 수 있는 두 가지 형태로 보든지 관계없이 말이다. 바르트의 저작에서 하나님의 심판이라는 개념은 자주 오해되었다. 바르트에게는 심판이 없다거나, 아니면 그가 옛 전통처럼 심판을 하나님의 은혜 개념과 반대되는 것으로 사용했다는 것이다. 하지만 바르트는 이 개념을 포기될 수 없는 것으로 생각했고, 새롭게 해석했다. 하나님의 심판은 하나님의 의로움의 행위이고, 하나님의 은혜와 반대되지 않는다. 오히려 심판은 은혜의 특정한 형태다. 이 형태 안에서 은혜는 인간의 불의와 결코 합치되지 않는다. 어떤 추상적인 하나님이 인간의 불의와 대립하면서 불의를 은혜를 통해 희석하거나 무해화하는 것이 아니다. 바로 은혜의 하나님께서 죄와 "행동으로-대립"하신다고 생각될 수밖에 없다(IV/2, 449). 하나님의 심판은 하나님의 은혜 **안에** 있는 **특정한** 계기이며, 그 계기에 힘입어 은혜는 그것이 단 한 번도 선하다고 부른 적이 없는 죄의 불의 및 그것을 행하는 자와 "행동으로-대립"한다. 그렇기에 "하나님의 은혜는 그분의 심판이 없다면 은혜가 아니다"(IV/1, 545). 그렇기에 하나님의 심판은 (우리가 그것을 알 수 없다고 해도, 601) 결코 은혜 없는 심판이 아니며, 오히려 "치유의 효력으로 불타는 그분의 사랑"이다(546, 비교. 242). 그렇다. 그렇기에 바르트에 의하면 심판은 하나님의 은혜의 예정의 "모든 시간적 실현의 총괄개념"인데, 예정 안에서 하나님께서는 하나님으로부터 분리된 죄인들에게 "아니오"를 말씀하시는 가운데 그들은 하나님 자신의 사람들로 취급하신다(II/2, 819). 그렇다. 그래서 바르트는 이렇게 말할 수 있었다. "인간 그 자체가 (바로 이 인간이) 사라지고 죽어야만 한다는 것도 은혜다"(IV/1, 604).

이와 같은 맥락에서 칭의는 두 번째 측면을 갖는데, 이것은 내재된 불가피성 때문이 아니라 칭의의 적법한 행위 안에 있는 하나님의 은혜의 능력 때문이다. 이것은 "하나님의 **의로움**을 **세우는 것**이고, 하나님 앞에서 의롭게 된 새로운 인간의 **삶**을 이끌어내는 것이다"(619). 하나님께서 불의를 행하는 인간을 소멸로 유기하신다면, 인간을 위한 그리고 인간을 향한 그분의 의로움은 포기되는 것이 아닐까? 물론 그런 인간은 하나님의 의로움이 위에서 말한 심판의 형태에서 끝나서는 안 된다고 항의할 권리를 갖고 있지 않다. 나아가 그 인간은 자신의 불의 안에서 하나님의 의로움의 실행에 근거하여 반드시 "죽어야" 한다. 이때 그의 불의에는, "죽은 자들의 부활"의 기적이 없다면, 어떤 저편(Jenseits)도 없다(620). 그러나 칭의의 소식은 이 기적을 선포한다. 부활은 인간이 이전에는 불의하다가 그 다음에는 의롭게 된다는 어떤 내재적인 변화를 의미하지 않는다. 오히려 부활은 "인간이 자신의 불의로부터 의로움으로, 죽음으로부터 생명으로 건너감"(621)을 뜻한다. 부활은 "정반대되는 것으로부터의 창조"(creatio ex contrario)인데, 그것도 분명히 **창조**다! 부활은 하나님의 심판에 관하여 말한다. 그 심판 안에서 "자기 자신을 불의 안에 위치시키는 자가 이미 의로움 안에 놓였고, 죽은 자가 이미 깨워졌고 살아 있다"(661). 그러므로 칭의는 "인간을 다스리는 하나님의 통치권을 수립하는 것이다. 그 통치는 죄가 필연적이라는 인간의 주장과 위엄 가운데서 맞선다. 그 통치는 인간이 죄 안에 머물 수밖에 없고 그래서 머물도록 허용되어야 한다는 인간의 주장을 더 이상 저항할 수 없는 상태로 만들며 반박한다"(II/2, 863).

바르트는 죄인의 죽음이 어떤 경우에도 "단지 명목적인 것"으로 이해되어서는 안 된다고 온 힘을 다해 강조한다. 만일 그렇게 이해된다면, 그것은 "이원론"이 될 것이다. 그 안에서 인간은 "이쪽저쪽을 왔다 갔다 하면서" 다소간 죄가 있는 것처럼 행동하다가 그다음에는 전적으로 죄가 있다고 판단되는 것을 거부할 것이다. 그 결과 그런 이해는 "모든 자연적인 구원 종교와 삶의 철학의 근본도식"에 도달할 것이다. 그것은 인간이 불완전하다는 것을 아는 "**경험적 현실**"과 "**이상적 현실**"을 마주 대립시킬 것이다. 이상적 현실 안에서 인간은 어떤 의인이라는 이상에 따라 자신의 본질의 본래성을 애써-추구하고 자신을 그렇게 연마하는 인간이다. 나아가 바르트는 우리가 칭의를 현실로 이해해야 한다고 온 힘을 다해 강조한다. 하나님께서는 "이쪽에서도 저쪽에서도 어떤 '가상에 불과한 것'을 창조하지 않으신다. 불의한 인간의 제거에서도, 의로운 인간을 이끌어내실 때도 그렇게 하지 않으신다. 오히려 이쪽에서와 마찬가지로 저쪽에서도 실재성이 창조된다"(IV/1, 605-608). 불의한 인간을 죽이는 것과 의로운 인간의 부활은 **실제로** 발생한다. 그것은 우리 안에서가 아니라, 우리의 자리에 오셔서 서 계신 예수 그리스도 안에서 발생했다. 이와 같이 두 가지 측면을 지닌 우리의 의로움은 바로 그 점에서 "우리에게 **낯선** 의로움"(613)이다. 이어서 바르트는 바로 그 낯선 의로움이 그럼에도 불구하고 **우리의** 의로움이라는 사실을 강조한다. 그것은 예수 그리스도께서 우리의 자리에 서시고, 그 결과 우리 자신도 그 자리에 있을 수 있다는 사실과 마찬가지로 진실이다. "그분의 역사 그 자체가 **우리의** 역사이고…그것도 우리의 **가장 본래적인** 역사다"(612). 그분이 당하신 죽음과 함께 "우리의 불의는 현실적으로…소멸되었다"(617f.). 그리고 "그분의 의로움은…**우리의** 의로움이다"(620). 우리는 이 모든 내용을 배타적-그리스도론적으로만 이해하여 마치 "그분의 불타는 사랑"이 우리에게는 관계되지 않는 것처럼 생각해서는 안 된다. 그분 안에서 발생한 것은 "우리의 일이다. 그분 안에서 우리는 우리 자신을 회복하게 된다.…모든 전설과 신화의 세계들이…우리에게서 벗겨지고…우리의 모든 경험적 혹은 이상적 자아상들의 건너편에서 진정으로 그리고 본래적으로 **우리 자신**일 수 있게 되며, 그래서 참되고 현실적으로 앞서 말한 심판 곧 건너감 안에 위치한 인간일 수 있게 된다"(612).

이 과정에서 우리에게 수여되고 "우리에게 관계되는" 역사는 물론 예수 그리스도의 역사와 동일하지는 않다. "우리는…그분 안에 있다고 해도 그분 자신이 되는 것은 아니다"(613). 그렇다고 해서 그분이 그곳에서 **우리를 위해** 행하고 고통당하고 수용하신 것이 또 다시 새롭게 반복되어야 하는 것은 아니다. 그러나 그것은 단순히 우리의 지성적 행위 안에서만이 아니라 삶의 행위 안에서 인정되고 인식되기를 원한다. 다시 말해 우리는 그리스도 안에서 우리의 옛 삶 아래 그어진 삭제하는 밑줄을 다시 반복하여 그을 필요가 없고, 그분의 부활 안에서 새로운 삶을 향해 열려진 문을 다시 새롭게 열 필요가 없다는 사실을 이해해야 한다. 우리에게 관계되는 역사는 밑줄 긋기와 문 열기를 우리 삶 안으로 가져와서, 우리를 길 위에 위치시키고 그 길 위에서 앞으로 나아가게 만든다. 그 길 위에서 우리의 옛 삶은 삭제하는 밑줄에 힘입어 언제나 우리의 과거가 되며, 우리의 새로운 삶은 열려진 문을 통해 언제나 새롭게 우리의 미래가 된다. 그 길 위에서 그분을 향해 나아가는 가운데 우리는 "모든 현재의 순간에 저 과거 그리고 이 미래와 동시적이고"(639), 모든 순간에 **전적으로** 죄인 그리고 **전적으로** 무죄 방면된 자 및 의롭게 된 자이다(643.672). 이 길 위에서 앞으로 나아가는 것은 원을 반복해서 도는 진행이 아니다. "정원에 난 길은 원을 그릴 수 있다. 그러나 정원에 난 길은 바른 길이 아니다. 바른 길에는 시작이 있고 그것과 구분되는…목적이 있다"(622f.). 바로 그 길의 목적은 우리의 존재인데, 그것은 오로지 순수하게 의로운 인간이고, 의와 불의가 영원히 공존하는 어떤 존재가 아니다(673).

이 관점으로부터 많이 논의되는 바르트의 표현이 조명된다. 그것은 죄를 "절대적인 불가능성"의 가능성이라고 부르는 표현이다(454). 이것은 언제나 또 다시 반복해서 사실상 발생하는 죄의 어떤 불가능성과 그것의 이론적 불가해성을 추상적으로 가리키지 않는다. 그 표현이 말하는 것은 하나님께서 그리스도 안에서 우리를 위해 우리의 죄에 그으신 삭제의 밑줄 안에서 우리 죄의 모든 근거를 제거하셨고, 그것이 너무도 근본적이어서 인간은 자기 자신 안에서도 죄를 향한 어떤 이유를 더 이상 가질 수 없다는 사실이다. 그럼에도 불구하고 우리가 죄를 범한다면, 그것은 근거 없는 것을 행하는 것이고, 그렇기에 그것은 그만큼 더 수수께끼와 같은 것이며 "영원히 과거인 것, 없어진 것, 근절된 것"(618)이다. 죄를 범하는 것은 단순히 무엇을 하지 말라는 금지 명령을 받고서 그것에 위배되는 것을 행하는 것이 아니다. 우리의 바른 행위가 단순히 명령에 근거할 수 없고 복음을 통해 성취되었으며 그리스도 안에서 여전히 성취되는 하나님의 계명에 근거를 두어야 하는 것처럼, 죄도 단순히 금지 명령을 위반하는 행동이 아니라 그리스도 안에서 옛 사람이 죽임을 당하여 근거를 상실한 자가 행동하는 것이다. 죄의 핵심은 "비도덕"이 아니고 은혜의 대적이다.

이런 맥락에서 생각한다면 여기서 죄 인식은 더 이상 불가능하다고 말해야 하는가? 왜냐하면 죄는 이제 "더 이상 실제로 활동하지 못한다고 여겨지기" 때문이다.[165] 우리가 바르트에 따라 죄의 용납될 수 없는 특성을 오로지 하나님께서 그것을 그리스도 안에서 스스로 짊어지셨다는 사실만 직시하며 인식한다면, 그때 죄는 언제나 이미 제거된 것으로 인식될 수 있을 것이다. 실제로 "인간은 오로지 **용서받은** 죄로부터…그것이 **죄인**지 안다"(II/2,860). 그런데 여기서 죄는 너무 가볍게 취급되지 않는가? 이런 결론은 다음과 같은 결정적인 사실을 간과하기에 너무 성급한 것이다. 그것은 바르트에 의하면 인간이 스스로 죄와 맞서 싸울 수 있다고 생각하고 그래서 화해가 그에게 아직 은폐되어 있는 한, 그에게는 아직도 죄가 은폐되어 있다는 사실이다. 하나님의 화해가 우리에게 계시될 때, 그와 함께 무엇보다도 우리의 죄가 우리에게 계시된다. 하나님의 무죄방면 안에서 우리는 두 가지를 우리 뒤편에 두게 된다. 용서받지 못한 **그리고** 인식되지 못한 죄가 그것이다. 동시에 우리는 두 가지를 우리 앞에 두게 된다. 용서받은 죄 **그리고** 용서의 빛 안에서 폭로된 죄가 그것이다. 왜냐하면 "용서받은 죄는…잊혀진…죄가 아니기 때문이다. 죄가 용서되었다는 것은 우리에게 회개가 더 이상 필요하지 않다는 뜻이 아니다.…자기 죄를 인식하지 못하고 고백하지 못하는 사람, 죄가 마음속 깊은 곳에서 고통을 일으키지 않는 사람, 계명의 고소 아래 서 있지 않은 사람, 모든 인간적인 확실성을 뒤흔드는 책임성 곧 인간이 자신의 존재와 행위에서 하나님 앞에서 수행해야 하는 책임성을 굳게 붙들지 않는 사람, 그런 사람은 하나

---

165 Ebeling, *Lutherstudie*, 564.

님의 심판 안에서 자유롭게 되고 의롭다고 칭함을 받은 사람이 아닐 것이다"(845). 다시 한 번 말하지만 우리가 우리 죄를 떠맡을 수는 없다. 그러나 그리스도께서 우리의 죄를 짊어지신 "비판적 화해"에 상응하여 우리도 무엇인가를 짊어질 수는 있다. 그것은 위에서 말한 자기 비판적인 책임성이다. 우리는 하나님께서 우리 죄인들에게 말씀하신 화해의 "예"에 상응하여, 그리고 우리의 죄에 대해 말씀하신 화해할 수 없는 "아니오"에 상응하여, 그분의 은혜에 대한 감사 그리고 동시에 회개 안에서 살아가게 된다. 회개는 바르트에 의하면 조건이 아니고, 죄인들의 은혜로운 무죄방면의 결과다. 회개를 최우선적으로 가능하게 하는 것은 무죄방면이다. 그러므로 우리를 회개에 이르게 하는 것은 하나님의 선하심이다(롬 2:4; 비교. II/2, 860).

한편으로 복음 안에 함축된 율법의 인식에 대한 한 가지 특별한 의미가 이와 함께 명확해진다. 죄를 인정하라는 단순한 요청이 아니라 화해의 복음만이 "슬퍼할 줄 모르는 무능력"을 극복할 수 있다. 인간은 자신이 용납되고 있다는 것을 알 때 비로소 자신의 잘못을 인정할 만큼 자유롭게 된다. 반면에 미리 앞서 자신의 벌거벗음이 노출될 것이라는 두려움에 사로잡힌다면, 그는 죄를 사소하게 취급하고 남에게 미루고 추방하기 위해 온갖 노력을 다할 것이다. 그러나 벌거벗음을 숨겨주는 곳에서 그는 더 이상 도피처를 찾지 않아도 된다. 죄의 용서는 죄의 억압과 다르다. 억압 안에서 죄는 실제로는 제거되지 않고 무의식 속으로 밀어 넣어지며, 그곳에서 죄는 은밀한 방식으로 계속 활동한다. 죄의 억압 안에서 살아가는 삶은 은혜를 상실한 실존이다. 하나님의 은혜에 감사하며 살아가는 삶은 죄가 더 이상 억압될 필요가 없다는 사실에서 증명된다.

다른 한편으로 위에서 서술한 내용은 진정한 회개란 우리가 다른 사람에게서 기대할 수 있는 것이 아니라 먼저 우리 자신의 것이라는 사실을 말해준다. 그리스도인들이 화해가 무엇인지를 안다면, 그때 그들은 언제나 반복해서 "내 탓이오"를 말하며 자신의 가슴을 두들기게 될 것이다. 그때 그들은 서로의 잘못을 오로지 서로 함께하는 연대성 안에서 다루게 될 것이다. 성서는 이 문제와 관련하여 "밖에서 일어나는 일을 완전하고 정확하게 알고 있고, 그래서 근본적으로는 창밖을 내다보며 외인에게 '너희 악한 자들이여!'(비교. 마 7:11)라고 말하지 않는다. 성서가 흥미를 갖는 죄인은…세상 사람이 아니고 그리스도인이다.…그리스도인은 이것을 우선 결정적으로 자기 자신에 대해 알고 말해야 하며, 그다음에야 비로소 다른 모든 사람에게도 말할 수 있다"(CL, 36f.).

화해의 효력

우리는 바르트의 핵심적인 정의로 나아간다. "화해는…하나님과 인간 사이의 **계약의 성취다**"(IV/1, 22). 이것은 화해가 계약의 전제 및 범주 안에서 발생한다는 것을 뜻한다. 화해는 인간의 죄에 대한 하나님의 반작용이다. 그러나 단지 기계적인 반작용에 그친다면, 그것은 반작용의 대상이 일으키는 소용돌이에 휩쓸리는 위험에 빠진다(비교. I/2, 709!). 화해가 단지 죄에 대한 반작용에 불과하다면, 죄는 그것을 계속해서 "의문스럽게" 만들고, 나아가 "불가능하게" 만들지 않겠는가?(IV/1, 71) 이와는 다르게 하나님의 계약의 의지는 반작용(Reaktion)이 아니다. 그것은 모든 죄보다 앞서는 하나님의 영원한 의지의 행위(Aktion)다. 죄는 이 행위보다 너무 늦게 와서 그것을 의문스럽게 만들 수가 없다. 하나님의 행위가 하나님 자신의 계약의 의지를 성취할 때 물론 죄의 방해에 부딪치게 되고, 그것은 사실상 죄에 대해 반작용하는 형태를 취하게 된다. "하지만 그 **반작용**(Reaktion)은 하나님의 의지를 시간의 시초에서 확정하고 진행시킨 **행위**

(Aktion)의 연속과 노선 안에서 발생한다." 그렇기에 그 반작용은 "바로 그 것의 특수한 형태 안에서 하나님의 **계약**을 실행한다"(37). 이 문장은 이렇게 말한다. 하나님이 인간에게 관여하시는 것은 단지 인간의 죄 **때문**만이 아니다. 만일 그렇다고 한다면 죄가 하나님이 인간에게 관여하시는 것의 전제가 되어버릴 것이다. 그렇게 된다면 한편으로 하나님은 죄에 의존하신다는 셈이 되고, 죄는 영원한 것으로 간주될 것이다. 그렇게 된다면 다른 한편으로 인간이 죄를 범하지 않는 경우에 하나님은 인간이 없는, 비인간의 하나님이 되어버릴 것이다. 위의 문장은 또한 이렇게 말한다. 죄는 하나님이 자신을 인간과 결합시키는 것을 방해할 수 없다. 화해의 실행은 오로지 "그럼에도 불구하고"의 성격, 곧 하나님이 항의하신다는 성격을 갖는다는 것을 의미한다(73). 죄에 대한 반작용(Reaktion)으로서의 화해가 시간의 시초에 실행(Aktion)하신 하나님의 계약 의지의 범주 안에 있기에, 죄는 화해를 넘어설 수 없고 오히려 화해가 죄를 극복한다. 죄가 방해한다는 것은 하나님께 대해서는 단지 인간과 이제야 **비로소 올바르게** 결합하실 수 있음을 뜻할 뿐이다(같은 곳).

화해는 하나님의 실행하시는 계약 의지의 내부에서 발생하고 그 계약 의지와 분리될 수 없다. 그렇기에 화해는 바르트에 의하면 계약 안에서 우연히 발생하는 사건이 아니며, 계약에 없어도 되는 것, 그것 없이도 계약이 존속할 수 있는 것이 아니다. 계약이 화해로 "**성취**"되지 않는다면, 그것은 "허공으로 치닫거나" "공허 안으로 추락"할 위험에 처한다(72). 여기서 우리는 앞에서 서술했던 내용을 기억할 필요가 있다. 바르트에 의하면 하나님의 계약은 "하나님과 인간 사이"에 맺어진 어떤 일반적인 것이 아니고, 오히려 근원으로부터 구체적으로 **이스라엘**과 맺어진 계약이다. 이스라엘, 곧 "이스라엘을 선택하시는 은혜"를 통해 하나님의 인간적 계약-파트너이고 "야웨의 아들"인 그 이스라엘이다!(181f.) 그렇기에 화해가 계약의 내부에서 발생한다는 것은 "신적인 필연성"(184f.)이며, 구체적으로 말하자면 "말씀은…어떤 일반성 안에 있는 '육체'가 아니라 유대적인 육체가 되셨다"(181f.). "왜 하나님은 인간이 되셨는가?"라는 안셀무스의 질문에 그렇게 대답된다. 구약성서의 지반 위에서 계약은 "파괴와 지양의 위협을 받는 연합"이 되었기 때문이다. 위협은 계약 파트너의 계약 "위반"으로부터 온다. 이와 같은 맥락에서 예수 그리스도의 오심은 이스라엘의 계약이 다른 어떤 것으로 **대체**되었다는 것이 아니고, 오히려 그 계약이— 화해를 통해!—**성취**되었음을 뜻한다. 화해는 바로 그 계약의 "확증"이며(71), 화해가 없다면 계약은 단지 "공허한 곳"을 가리킬 뿐이다. 그러나 계약은 이제 허공을 가리키지 않는다. 계약이 화해를 통해 성취되었다는 사실이 철회될 수 없기 때문이고, 화해는 바로 하나님의 계약의 은혜가 "그 은혜를 입을 **자격이 없는 자**에게 주어지는 은혜로, 또 **타락한 죄인들**을 위한 은혜로 예시되고 확증된다"는 사실을 뜻하기 때문이다(73). 그렇기에 교회 밖에 있는 이스라엘이 그리스도에게 말하는 "아니오"는 이스라엘 자신과 맺어진 계약을 지양하는 것이 아니라 오히려 확증한다. 계약의 성취에 힘입어 이스라엘은 영원히 선택된 상태로 머문다. 이스라엘의 계약이 그와 같은 방식으로 성취되었기에, 그 계약은 이제 그런 계약의 당사자가 될 자격이 없는 민족들을 위해서도 개방되며 "하나님과 **인간**"사이의 계약이 된다. 그렇기에 이방 민족 가운데 계약으로 부르심을 받은 자들이 화해의 **효력**을 "타락한 죄인들"을 위한 은혜로 확신할 수 있게 되는 것은— 여기서 바르트는 그리스도교 전통을 깊이 수정한다—오로지 그들이 그 효력을 우선 이스라엘을 위한 것으로 인정할 때이고(비록 그리스도를 부정하는 이스라엘이라고 해도), 또한 이스라엘의 영원한 선택을 고백할 때다. 이것을 고백하지 않는 그리스도교는 화해의 효력을 확신할 수 없게 될 것이다. 그때 그리스도교는 최소한 그 확신을 자기 확증, 자기 행동, 자기 추천의 대용품으로 채우게 되는 위험 안에 지속적으로 위치하게 될 것이다. 또한 이것은 그런 행위를 막아주시는 분을 멀리하고 그분과 분리되는 위험을 동반한다.

이와 같이 이스라엘은 하나님과의 계약 안에 있고 그 계약은 영원히 지속되며, 화해는 바로 그 선택의 근거다. 이 사실이 위의 온갖 대용품들을 무력하게 만든다. 이스라엘의 선택과 계약의 근거인 화해는 또한 **세상**이 하나님과 화해하기 위한 근거가 된다. 바르트는 여기서도 마찬가지로 우선하는 특수성 안에서 보편성을 생각한다. "세상"이 하나님과 화해되었다는 것은 그것을 통해 "모든 시대와 공간의 모든 사람에 대하여…그들의 상황이―그들이 알든지 모르든지 관계없이―객관적이고 결정적으로 **변경**되었다"는 사실을 뜻한다. "그들이 알든지 모르든지"라는 것은 이래도 좋고 저래도 좋다는 뜻이 아니다. 왜냐하면 화해를 알지 못하는 사람은 화해되지 않은 채 남아 있기 때문이다. 이것은 하나님, 이웃, 자기 자신과 대적하는 상태다. 바르트는 화해의 인식이 믿음의 인식이라고 본다. "화해를 하나님의 행동으로 인식하는 것, 그리고 화해를 통해 모든 사람을 위해 일으켜진 세계 상황의 변경을 인식하는 것은…자명하게도 오로지 믿음의 결단 안에서만 성취될 수 있다. 하나님의 화해의 행동은 믿음에게는…순종으로 인도하는 하나님의 말씀이 되고…믿음 안에서 예수 그리스도의 수난은 바로 그 믿는 자 자신을 위한 것이 되는 동시에 현실적으로 세상을 위해 발생한 것으로 증언된다"(270). 믿음은 바르트에 의하면 화해의 현실성에 대한 승인, 인식, 고백이다(847ff.). 물론 하나님께서 믿음의 "전제"를 창조하신다. 인간의 행위로서의 믿음은 진리를 **인지**(Wahrnehmen)하는 것이지, 인간이 없으면 진리가 아닌 어떤 것을 진리로 **만드는 것**(Wahrmachen)이 아니다. 믿음은 화해의 효력에 대한 조건이 아니고 그것의 결과다. 믿음의 긴급함은 믿음이 없다면 화해가 무효가 된다는 이유에서 요청되는 긴급함이 아니다. 화해가 **효력**이 있기 때문에, 또한 그것은 믿는 자를 위한 것이며, 그렇기에 화해는 자신을 인지하라는 초대이기도 하다. 믿는 자는 화해가 그것을 아직 인지하지 못하는 모든 사람에게 효력이 있다는 사실을 알지 못하면, 화해를 인지할 수 없다. 그렇기에 그는 믿는 즉시 그것을 모든 사람에게 증언해야 한다는 책임성도 함께 인지하게 된다. 그러나 믿는 자가 화해를 진리로 만들어야 하는 것은 아니다. 그렇기에 그의 증언은 "자기 추천"과는 전혀 다르다. 자기 추천은 자의적인 자기 확증에 봉사하는 것이고, 그래서 다른 사람들을 억압할 뿐이다(I/2, 368).

화해는 인간이 그런 대용품을 추가해서 효력을 갖게 되는 것이 아니다. 믿음도 그런 식으로 이해되어서는 안 된다. 올바른 믿음은 그런 대용품과 맞서 투쟁한다. 화해가 효력을 갖는 것은 하나님께서 그것에게 하나님 자신의 행동으로서의 가치를 부여하시기 때문이다. 그러므로 우리는 화해가 "하나님의 영원한 의지"의 시간적인 실행임을 인정해야 한다(II/2, 176ff.). 그러나 화해의 효력은 우리가 임의로 멀어질 수 있는 어떤 확고한 반석과 같은 것이 아니고, 어떤 중요한 역사적 사실과 같은 것도 아니다. 역사적 사실은, 우리가 그것을 알든지 모르든지 관계없이, 서서히 밀어내어 옮겨질 수 있다. 화해는 과거의 한 때에 일어난 것이 아니라 "영원히 유일회적으로 발생했다. 화해는 이미 내려졌고 철회될 수 없고 능가될 수 없는 결정이다.…이와 같이 하나님께서 세상을 사랑하셨다. 이것만이 **사실**이고 **효력**이 있다. 이것으로써 상황은 객관적으로 **종료된** 셈이 되어야 하고, 미래에도 그럴 것이다. 이것을 얼마나 많은 사람이 알고 있는가, 혹은 세상이 그것에 대한 어떤 입장을 취하는가 하는 것은 관계가 없다. 화해는…멀리 있는 목적을 향해 계속 진행되어야 하는 과정이 아니다. 화해는 어떤 반복도, 연장도, 더 이상의 완성도 필요로 하지 않는다. 화해는—하나님이 그리스도 안에서 화해의 주체이시기에—유일회적인 사건으로서의 완전한 충만 안에서 모든 시간에 대해 현재적이며, 동시에 모든 시간에 대해 모든 시간을 최종적으로 종결하는 임박한 미래다"(IV/1, 81). 화해는 효력이 있다. 왜냐하면 그것은 언제나 새롭게 그리고 도처에서 효력을 창조하기 때문이다. 화해는 "특정한 영역을 넘어서서 **퍼지는**(übergreifen) 사건이고…일반적인 인간의 삶을 **포괄하는**(umgreifen) 사건이며…원칙적으로는 모든 인간을…그러나 사실적으로는 그리스도인을 **선별하는**(ausgreifen) 사건이다. 선별된 인간은 화해를 수용하고 그것에 참여하게 된다"(IV/3, 322). 이 사건에 힘입어—그것의 주체가 그리스도이시고 교회가 아니기 때문에—화해자 하나님께서는 "비그리스도교 세계"에 **알려지지 않은** 것이 아니라 오히려 "매우 잘 **알려져**" 있다(CL, 194). 이것은 그분이 교회에게 **알려져** 있을 뿐만 아니라 "또한 **알려져 있지 않은**" 것과 마찬가지다(222). 두 가지 사실 모두는 이렇게 말한다. "화해자 하나님께서는 아직 목적에 도달하지 않으셨고, 목적을 향한 도상에 계신다"(IV/3, 377). 이미 효력이 있는 것이 여전히 효력을 창조해야만 한다는 낮은 수준에서 하나님 자신이 고통을 겪고 계시며, 화해 안에서 "무"가 된 악이 "불가능한 가능성"으로서 아직도 여전히 가능하다. 악은 "물러나는 그림자"로서 자신의 파멸시키는 소멸성 안으로 우리를 끌고 들어가려고 애쓰는 중이다. 그러나 그것은 단지 물러나는 그림자이며, 단지 불가능한 가능성일 뿐이다. 그런 것으로서 악은 이미 자신보다 우월한 것으로 결정된 효력에 저항한다. 그러나 그와 같은 악은 화해자께서 나아가고 계신 그 목적을 변경할 수 없고 의문스럽게 만들 수도 없다.

그런데 그 목적은 바르트의 사고 체계 안에서 어떤 "**만인화해**"를 뜻하지 않는가? 바르트는 이와 관련하여 세 가지 요점을 제시한다. 첫째, 만인화해론은 인간이 스스로 심판자 하나님의 보좌에 앉는 것이다. 그분의 심판은 물론 은혜의 심판이지만, 그러나 자유로운 은혜의 심판이다. 우리의 과제는 단지 "화해에 봉사하는 것"이고, 화해의 증인이 되는 것이다(IV/1, 81). 봉사의 과제는 우리를 "**선포**라는 **열려 있는** 상황" 안에 위치시킨다 (II/2, 528). 선포가 열려 있는 것은 얼마나 많은 사람이 그것을 믿는지와 관계없이 그것이 항상 개방되어 있기 때문이 아니고, 그것이 "하나님의 은혜의 **자유**를 존중하는 가운데" 발생해야 하기 때문이다. 그 자유는 하나님이 복음의 선포를 들려주시려고 하는 사람들을 은혜 가운데서 선택하고 부르시는 자유다. "그 선택과 부르심으로부터 그 어떤 법칙이나 필연성도 도출되지 않는다. 은혜로우신 하나님께서 어떤 개인을 반드시 선택하거나 부르실 필요가 없는 것처럼, 인간 세상 전체도 마찬가지다. 하나님의 선택과 부르심으로부터 그 어떤 역사의 형이상학도 생성되지 않으며, 오직 그것을 증언해야 하는 필연성만 뒤따라온다"(462).

둘째, 하나님의 은혜는 만일 심판이 없다면 은혜가 아니다. 그렇기에 우리는 그분의 심판 아래서 먼저 저 사람들을 바라보지 않으면 은혜를 인식할 수 없다. 그들은 보통 우리에게 만인화해가 의심스럽게 느껴지도록 만드는 사람들이다. 우리는 하나님의 은혜의 심판이 언제나 **우선적으로 우리 자신**에게 관계된다는 것을 보아야 하고, 다음과 같이 진지하게 질문해야 한다. 어떻게 해서 하필이면 우리가 그분의 은혜를 입게 되었고 그것으로부터 배제되지 않았는가? 이 질문은 바르트에 의하면 "하나님의 이름을 모독하는" 최악의 그리스도교적인 형태를 산산조각낸다. 그것은 "하나님을 **자기 집단만의 소유**로 만들려는" 시도(Nostrifikation)다. 그런 일을 할 때 그리스도인들은 자신들의 일을 하나님의 일과, 또 하나님의 일을 자신들의 일과 동등하게 놓는다(CL, 214f.). 그러나 그 질문은 인류를 소위 믿음을 가진 "신앙인"과 믿음이 없는 "불신앙인"으로 확고하게 나누는 관습, 곧 신앙인으로는 보통 "나"를 헤아리고, 불신앙인으로는 특정한 다른 사람을 생각하는 그런 관습을 뒤흔든다. 그래서 그 질문은 은혜의 증명을 위해 먼저 된 자를 나중으로, 나중 된 자를 먼저 된 자로 만드시는 하나님의 주권성을 기억하게 한다(비교.II/2, 330f.).

셋째, "예수 그리스도 안에 있는…하나님 그리고 인간의 현실성 안에, 물론 대단히 기대되기 어렵다고는 해도, 저 마지막 심판의 위협이 사라졌다는 사실이…포함될 수 있다는 열린 입장을 절대로 취하지 말아야 할" 어떤 정당한 이유는 없다. "지금 그렇게도 오만하고 왜곡된 상황을 그렇게도 강력하게 제한하는 현실성은, 우리가 그것의 변질되지 않은 진리를 아주 잠시 동안만 인정한다면, 명백하게도 하나님의 **영원한** 인내와 구원의 사역을 지시하지 않는가? 그래서 사실상 '만인화해'의 사역이 발생했다는 방향을 가리키지 않는가? 만일 이와 같은 현실성이 우리가 '만인화해'를 직접 판단하는 것만큼은 확실히 금지한다고 해도, 그것은 그보다 더욱 확실하게 우리가 만인화해를 **희망**해야 하고 또 그것을 위해 **기도**해야 한다고 명령하고 있지 않은가?" 그것에 상응하여, 그리고 모든 반대에도 불구하고, "주님의 인자와 긍휼"은 무궁하시리라!(애 3:22f.31; IV/3, 550f.)

8 ▪ 승리의 영

성령론

성령을 잊어버림?

바르트에 대한 한 가지 비판이 그의 신학의 길에 부담을 주어왔다. 그것은 바르트가 성령에 관하여, 그리고 성령이 인간 존재의 안팎에 행하시는 작용에 관하여 충분히 말하지 않았다는 비판이다. 이 비판은 여러 가지 이유에서 제기되었다. 예를 들어 1981년에는 바르트의 성령론이 그리스도론의 "그늘에 가려" 최근의 은사 운동 영역의 성령 중심적인 관심사를 바르게 평가하지 못했다는 주장이 있었다.[166] 이미 1936년에도 바르트의 신학은 "성령의 권능적인 활동을 실제로 인식"할 능력을 갖추지 못했다는 비판이 나왔었다. 그러나 이것은 "북유럽 인종"의 "지도자"(히틀러)에게서 나타났던 (소위) 성령의 활동을 인식하지 못했다고 지적하는 것이었다.[167] 어떻든 바르트는 자신의 신학 여정의 마지막에 이르렀을 때, "사도신경의 제3조항 즉 성령의 신학의 가능성을 주도적이고 결정적으로" 주목했다.[168] 이것은 바르트의 실제 생각과 다른 사람들이 판단했던 바르트의 생각 사

---

[166] Ph. Rosato, *The Spirit as Lord*, 181. 183.
[167] F. Mund, *Pietismus*, 14ff.
[168] *Nachwort*, 311.

이의 간격을 가리키고 있지 않는가?

바르트는 이미 오래 전에 성령의 신학의 "가능성"을 깊이 숙고했고 또 그것에 대해 설명했다.[169] 그리스도교 신학은 "하나님을 인간에게 말해진 아버지의 **말씀**으로 인식하며, 또한 아버지 그리고 말씀의 **영으로** 인식하는데, 영은 인간으로 하여금 그 말씀을 인지하도록 해준다. 그러므로 그리스도교 신학은 하나님을 대상으로 탐구할 때, 단지 **하나의** 중심만 가지려고 해서는 안 된다." 그리스도교 신학이 (사도신경의) 첫 번째 혹은 두 번째 조항만을 중심으로 삼으려고 하면, 그것은 형이상학이나 신비주의가 되고 말 것이다. "순수한 말씀론은 성령이 곧 말씀이 인지되는 신적인 현실성이라고 생각한다. 이것은 순수한 성령론이⋯말씀이란 우리에게 그 말씀이 주어지는 신적인 현실성이라고 생각하는 것과 같다." 전자는 바르트가 추구했던 그리스도교적인 하나님의 말씀의 신학이다. 이 신학의 장점은 성령의 신학을 자체 안에 포함하고 있다는 사실에서 드러난다. 후자는 바르트의 "성령의 신학"인데, 바르트는 그것을 종교개혁자들이 추구했던 것이라고 말했다(I/2, 228). 다시 말해 성령의 신학은 하나님께서 하나님 자신의 얼굴 앞에 세우신 인간, 곧 하나님의 은혜를 입은 인간에 관한 교리다." 이 신학의 장점은, 만일 그것이 "신학이 아닌 다른 어떤 것"이 되지 않으려고 한다면, 역으로 그 신학의 중심이 "참으로 성령의 **신성**"에 있다는 것을 스스로 제시할 수 있는가에 달려 있다. 이 경우에 성령의 신학은 전자의 그리스도론적인 신학의 정당성과 "근본적으로 동일한 정당성"을 갖게 된다. 그렇게 해서 두 신학 모두는 다른 방식이기는 해도 동일한 것을 말하게 된다.

바르트가 자신의 사고에서 하나님 말씀론이라는 그리스도론적인 신

---

169 *Protestantische Theologie*, 410-412.

학에 우선권을 주었던 것에는 이유가 있었다. 결정적인 이유는 근대의 상황에서 성령의 신학이 심각한 오해들 속에 노출되었다는 두려움이었다. 바르트는 성령의 신학이 신(新)개신교주의의 "관심사"였을 수도 있지 않을까라고 빈번히 질문했다.[170] 그러나 그는 "신 개신교주의 전체가 사실상 이 지점에서는 실패했다"고 판단했다. 왜냐하면 신개신교주의는 하나님을 향한 인간의 자유를 "스스로 모든 것을 지배하려는 인간"에 대한 상세한 규정으로 이해함으로써 "성령의 신성을 망각했기" 때문이다(I/2, 228). 성령이 하나님이심을 잊어버렸다는 것은 성령에 관하여 충분히 언급하지 않았다는 것이 아니라, 성령의 신성을 더 이상 존중하지 않았다는 것을 뜻한다. 거기서 성령은 "우리 자신에 고유한 피조적 정신 혹은 영성의 삶이라고 알려진 것과 동일시되었다."[171] 바로 이와 같은 "'정신적 삶'이 풍부해진 이 시대에 성령의 개념은 불가능하게 되었다." 왜냐하면 "성령은 하나님이시고 그렇기에 믿음의 대상이기 때문이다. 바로 이 사실이 우리의 모든 문화를 관통하는 전제, 곧 현대적이면서도 완전히 근거가 없는 '정신의 소유'라는 전제에 대항하여 그리스도교 사상에 경계선을 설정해준다."[172] 이것은 철학자 하인리히 바르트(H. Barth)가 자신의 형인 칼 바르트에게 알려주었던 내용이다.

바르트는 이러한 현대적인 영 개념이 확고하게 자리를 잡게 된 책임이 우선적으로 헤르더에게 있다고 보았다. 헤르더는 칸트의 "지성주의"에 반대하여 "느낌"과 "경험"에 기초한 한 가지 표상을 제시했는데, 그것은 "살아 있는 영을 매로 하여" 만물 곧 하나님과 피조물 모두를 서로 끓어오르게 만드는 어떤 생명에 관한 표상이었다. "단지 좁은 자아의 기억을 벗

---

[170] *KD* I/2, 228.275; *Protestantische Theologie*, 411f.; *Nachwort*, 311.
[171] H. Barth / K. Barth, *Zur Lehre vom heiligen Geist*, 41.
[172] 같은 곳, 33, 35.

어날 수만 있다면 / 당신의 영은 모든 영혼 속에 살고 / 당신의 심장은 천 개의 심장 속에서 뛰고 있구나! / 그렇다면 당신은 만물에 작용하는 영원하신 한 분 하나님…"[173] 바르트는 슐라이어마허에게서도 "주관적인 흥분과 동일시"되는 영의 이해를 본다. 이 이해는 인간 정신의 "지고한 상승"을 잘 알지만 그럼에도 "하나님은 정말로 하나님이시고 영은 정말로 영이시지만, 생명의 흐름이 아니라는" 사실은 모르고 있다.[174] 이 시기에 바르트는 도처에서 "성령이 우리 자신이 지닌 정신의 창조력으로" 그리고 인간의 자기 이해 안에서 "위를 향해 열려 있는" 어떤 것으로 곡해되는 것을 보았다. 마지막으로 바르트는—"오랜 기간의 비극적인 전개 끝에"—성령이 트뢸치에게서는 "개인들의 직접적인 종교적 생산성"과 동일시되는 것을 보았다.[175]

이와 같은 성령론들은 후기 바르트는 물론 초기 바르트가 보기에도 이미 "성령 망각"이었고 성령의 신학이 아니었다. 왜냐하면 거기서 성령은 **하나님의** 영으로 생각되지 않았기 때문이다. 여기서 인간의 영은 오직 자기 자신만을 생각하고, 심지어 자신이 신적이라고 혹은 자신의 내면이 하나님을 향해 열려 있다고 생각한다. 하지만 이런 생각은 곧바로 복수를 당한다. 그 결과 하나님의 말씀 또는 아들은 더 이상 하나님이 아니게 되고, 최고로 잘해야 "반신"(半神)으로 생각된다. 왜냐하면 여기서 인간의 내면은 이미 당연히 하나님을 향해 열려 있다고 생각되기 때문에, 하나님의 자기 계시이신 하나님의 아들을 더 이상 필요로 하지 않기 때문이다. 같은 의미에서 "신약성서의 그리스도가 반신에 불과하다면…그분에 대한 믿음도 당연히 인간적인 가능성이 되어 버린다.…그렇다면 그 믿음을 창

---

[173] *Protestantische Theologie*, 285f.
[174] Schleiermacher, 62f., 429.
[175] *Zur Lehre vom heiligen Geist*, 46, 44, 41.

조하는 성령의 신성도 사실상 필요 없게 된다. 그렇다면 '성령'이라는 이름도 잘해야 특별히 깊이 있고 진지하며 생동감 있는 '진리의 확신' 또는 '양심의 경험'을 지칭하는 데 그치게 될 것이다"(I/1, 482). 이런 생각이 얼마나 위험한지, 그리고 교회 안에서 어떻게 필연적으로 분열을 초래하고 마는지는 바르트가 1934년 베를린에서 독일 그리스도인 연맹을 향해 다음과 같이 외쳤을 때 번쩍이는 빛과 함께 드러났다. "우리는 다른 영을 가지고 있다."[176]

바르트는 그와 같은 영 개념 속에서 영에 관한 진술이 부족하다고 본 것이 아니라 성령의 신성에 관한 인식이 아예 상실되었다고 보았다. 그렇다면 바르트 자신이 성령론을 경시하지 않았다는 사실은 분명해진다. 그런 영 개념을 옹호하는 사람들에게는 바르트가 그것에 반대하는 것이 성령론을 경시하는 것으로 보일 수도 있지만 말이다. 비록 성령에 관하여 충분히 말하지는 않았지만, 바르트에게 관건은 성령의 **신성**에 대한 인식을 비판적으로 새롭게 회복하는 것이었다. 이것이 옳다면, 다음 사실도 뒤따라 분명해진다. 우리가 위에서 말했던 첫 번째 가능성에 따라 바르트의 신학이 그리스도론적인 하나님의 말씀의 신학이라고 할 때, 여기서 그가 근대 신학에 나타난 성령의 **신성**에 대한 망각을 바로 전반적인 **"영의 망각"**(그리스도론적 집중 – 역자 주)을 통해 치유하려고 시도했다고 주장하는 것은 있을 수 없는 일이다. 그런 식으로 주장한 끝에 시계추가 그리스도론적인 신학 쪽으로 기울었다가 이제는 다시 영 개념을 중심으로 하는 신학 쪽으로 옮겨질 수도 있는 것처럼 생각해서는 안 된다. 오히려 우리는 그리스도론적으로 구성된 바르트의 신학이 특정한 성령론을 이미 내포하

---

[176] *Gottes Wille und unsere Wünsche*, TEH 7, 4; 비교. schon *Reformation als Entscheidung*, TEH 3, 22.

고 있다는 사실, **그리고** 바르트는 분명히 신개신교주의의 성령론에서 상실된 성령의 신성에 대한 인식을 재발견하려고 시도했다는 사실을 정확하게 주시해야 한다. 앞으로 성령의 신학을 전개하려고 하는 사람은—바르트는 물론 그것이 충분히 가능하다고 여겼다—성령의 신성에 관한 바르트의 질문을 아무리 진지하게 다루어도 지나치지 않을 것이다.

그러나 말씀의 신학이든 성령의 신학이든 상관없이, 바르트에 의하면 "성령의 사역을…인간 자신의 독단적인 관찰의 대상으로 만드는 것보다 더 심각한 오해는 없다." 그렇게 한다면 결과는 "그리스도가 더 이상 인식될 수 없고 단지 지극히 인간적인 것만 발견되는 것으로 끝나거나…아니면 우리가 인식할 수 있는 인간적인 사건 곧 지극히 인간적인 것이 그리스도와 혼동되고 나아가 동일시되는 것으로 끝나게" 될 것이다. "성령이 그리스도와 분리되면, 그때 성령은…언제나 조만간에 전혀 다른 어떤 영으로, 다시 말해 종교적 인간의 영으로 잘못 해석되었으며, 그다음에는 인간 일반의 정신 그 자체로 이해되거나" 또는 일반적인 피조물의 영으로 곡해되었다(I/2, 271.273).

바르트에 의하면 성령의 사역을 추상적으로 이해하는 **단순한** 계시신학은 "형이상학"에 그치게 된다. 그런 계시신학은 계시를 객관주의적으로 바라볼 것이며, 계시가 완성된 자료로서 인간에게 제시되어 있다고 생각할 것이다. 이때 인간은 그렇게 제시된 자료를 가지고 무엇인가를 시작할 수 있다. 바르트는 이런 객관주의적인 신학이 앞서 말한 영 개념을 공통분모로 삼는 근대 신학의 앞뜰에 있었다고 추측한다. 그렇다면 앞서 말한 저 근대적인 영의 신학은 그런 계시신학이 일으킨 신학적 손상을 바로 잡으려고 시도했던 반작용으로 이해될 수 있다. 그러나 그 시도는 또 다른 신학적 손상을 일으켰다. 그것은 그 신학이 그렇게 이해된 계시 곁에 다른 계시를 고안해 내고, 그것의 의미 안에서 하나님의 영과 인간의 영을 혼합시킨 것이다. 이 사실은 그와 같은 영 이해가 일으킨 손상이 제거될 수 있으려면, 앞서 말한 계시신학이 일으킨 손상이 근대 신학의 앞뜰에서 먼저 제거되어야 한다는 것을 뜻한다. 다시 말해 다음 사실이 통찰되어야 한다. "객관적인 계시 그 자체… 곧 인간 안으로 침투해 들어가지 않는 계시는 여럿 가운데 하나인 우상이며, 아마도 그 가운데서 최악의 우상일 것이다.… 만약 주관적인 것이 객관적으로 이해된 계시에 나중에 덧붙여지는 것으로 파악된다면, 객관적인 것은 분명 사전에 하나의 우상으로 파악된 것이다. 그렇다면 그렇게 덧붙여지는 주관적인 것도 곧바로 또 하나의 우상으로 제시될 것이라는 사실은 거의 틀림이 없다"(I/2, 258.260).

성령의 신성

우리가 성령을 **하나님**으로 인정한다면, 그때 그것은 첫 걸음에서 이미 "결정"이 내려졌음을 뜻한다. 그 결정에서 중요한 것은 성령의 인식에 기준이 되는 원천이 인간이 스스로 확정한 경험이나 감정에 있지 않다는 사실이다. 경험과 감정들은 언제나 불확실한 것이다. 또한 그 결정에서 다음 사실이 중요하다. 만일 "인간에게 행동하시는 성령이 **하나님**이시라면" "우리에게 행동하시는 성령의 사역은 **계시**이고, 성령의 인식은 **계시**의 인식이며, 그 인식은 계시의 **증언**에 근거한다. 그러므로 우리는 하나님이 인간에게 그리고 인간들 가운데서 계시되시는 현실성에 관련하여 성서가 아닌 다른 어떤 인식의 원천으로부터 무언가를 경험하게 되리라고 기대해서는 안 된다. 오히려 우리는 바로 이 측면에서도 성서가 인식의 원천으로서 충분하다는 사실을 직시해야 한다"(I/2, 227).

만일 계시를 단순히 "객관적 계시 그 자체"로 이해할 수 없다면, 계시는 어떻게 이해되어야 하는가? 바르트는 이렇게 말한다. "하나님이 인간에게 하나님 자신의 영(Pneuma)을 주신다는 것, 그리고 인간이 그 영을 받는다는 것은 하나님께서 인간에게 오셔서 하나님 자신을 인간을 향해, 또한 인간을 하나님 자신을 향해 개방시킨다는 사실을 말한다"(I/1, 472). 이것은 무엇을 뜻하는가? 더구나 "말씀의 성육신"(요 1:14) 안에서 하나님은 이미 인간에게 오시지 않았는가! 이것은 성령 안에서 이전에 이미 인간에게 오셨던 분이 지금 인간에게 오신다는 사실을 의미한다. 그러므로 우리는 동일한 계시 안에서 두 가지 행위를 보아야 한다. 동일한 계시 안에서! 그 사실은 "성령의 제3왕국"론을 거부한다. 이 이론은 중세에 등장했고 레싱(Lessing)이 근세에 수용했었다. 성령의 제3왕국론 때문에 사람들은 "역사적인 그리스도를 소위 시대에 뒤떨어진 낡은 것으로 무시해도 된다고 생각했다." 이것은 바르트에 의하면 성령을 그리스도로부터 분리시켜 인간의 영으로 해체시키는 사상이다(I/2, 273). 나아가 이 사상은 "소위 우리 모두 안에 살아 있다고 알려진 영"에 근거해서 이제 믿음은 "어떤 낯선 사역"을 하게 되었는데, 그것은 "맘몬"과 "민족주의"에 봉사하는 것이었다.[177] 바르트의 이런 주장은 마치 그리스도의 계시와는 다른 어떤 영의 계시가 있을 것이라는 상상, 곧 그리스도의 계시의 내용과 다른 어떤 새로운 것이 계시된다는 상상을 거부한다.

이제 하나의 계시 안에 두 가지 행위가 구분되어야 한다. 복음 안에 하나님의 율법이 내포되어 있듯이, 그리고 하나님께서 우리를 위해 행하시는 것 속에 하나님께서 우리와 함께 행하려고 하시는 뜻이 "내포"되어 있듯이—내용적으로 이것과 비슷하게—그리스도의 계시 안에는 성령의 사역이 "내포"되어 있다(I/1, 262). 동일한 계시 안에 일어난 두 가지 행위를 서로 구분하는 특징을 표현하기 위해 바르트는 몇 가지 "개념 쌍"을 사용

---

177 *Reformation als Entscheidung*, TEH 3, 20f.

한다. 예를 들어 "과거 한 때 시간 속에서 발생한 예수 그리스도의 역사(그때 거기, *illic et tunc*)가" 성령 안에서(지금 여기서, *hic et nunc*) "특정한 인간에게…그들이 새로워지는 사건이 된다(IV/4, 29). 다른 예도 있다. 하나님이 예수 그리스도 안에서 자기 자신을 자신의 말씀을 말하는 자로서 계시하시듯이, 마찬가지로 하나님은 성령 안에서 인간들을 자신의 말씀을 수용하는 자로 만드신다(I/2, 270). 계속해서, 그리스도 안에서 모든 인간을 위해 원칙적으로(*de iure*) 일어났던 것이 성령 안에서 구체적 인간들을 위해 실제로(*de facto*) 효력이 있는 사건이 된다(IV/2 578). 계속해서, 그리스도 안에서 발생한 하나님과 세상의 화해는 인간의 동의와 관계없이 타당한 "객관적 계시"이며, 성령이 인간 안에서 그런 동의를 불러일으키는 화해의 효력은 "주관적 계시"다(I/2, 260). 계속해서, 인간이 하나님을 마음대로 다룰 수 없고 하나님 인식을 위한 인간의 자연적인 인식능력은 문제가 있다는 점에서 그리스도의 계시가 동시에 하나님의 "은폐성"인 반면에, 성령 안에서 우리는 하나님이 "자신을 열어 보이시는" 계시의 형태와 관계한다(I/1, 350f.).

이와 같은 구분들은, 만일 하나님의 계시가 객관적 계시 그 자체로만 이해되거나 또는 과거의 사실 그 자체(*brutum factum*)로만 이해된다면, 계시가 사실상 심각하게 오해된다는 사실을 명확히 보여준다. 그때 하나님의 계시는 인간의 개입을 통해 비로소 현실성, 현재성, 활동성을 획득하는 것으로 오해된다. 이런 이해는 자동적으로 업적 칭의와 연결되거나 또는 신적인 것을 "체득"하는 과정에서 하나님과의 신비적인 직접성을 체험할 수 있다는 상상과 연결된다. 계시는 이런 이해를 배척한다. 왜냐하면 계시는 본질적으로 "전달하고 소통하는 사건"이기 때문이다(IV/3, 7). 전달과 소통의 사건으로의 "객관적 계시"는 바로 성령 안에서 "스스로를 증언하고" 스스로를 현재화하며, 스스로를 살아 있는 것으로 입증하며, 그와 함께 자기 자신을 인간의 "동시대인"으로 만든다(IV/3, 571f.). 다시 말해 "객관적 계시"는 인간에게 낯선 "상대자"로 머물러 있는 것이 아니라 오히려 자기 자신을 우리에게 "전달한다"(IV/3, 618; IV/2, 737). 하지만 "객관적 계시"는 그 자체로서 "완전성"(완료형)의 성격도 갖고 있다. "다 이루었다"(요 19:30; I/2, 260). 이 완전성은 성령의 주관적 사역이 "객관적 계시"의 내용을 넘어서는 그 어떤 것도 제공하지 않고 오히려 객관적 계시 안에 "포함" 되어 있음을 의미한다. 그러나 그 완전성은 계시가 자체 안에 폐쇄되어 있음을 의미하지는 않는다. 계시의 내용의 핵심은 연합, 곧 하나님이 자신을 우리와의 관계 안에, 또한 우리를 하나님과의 관계 안에 놓으신 그 연합이다. 그와 같은 계시가 "우리를 위해" 발생하고, 십자가에 달리신 분이 살아 계신 분으로서 십자가에서 성취된 화해의 사건을 **계시**하신다. 이와 동시에 계시는 자기 자신으로부터 출발하여 자기 자신을 넘어서면서 모든 시대의 인류 안으로 침투해 들어가며, 성령의 사역 안에서 모든 시대와 모든 장소에 있는 각각의 인간과 관계하는 역동적인 사건으로서 그들의 삶 속으로 침투해 들어간다. "객관적 계시"가 은폐의 형태를 취한다는 사실은 "하나님이 자기 자신을 드러내시는 것이 주권적인 신적 자유의 행위"(I/1, 334)임을 의미한다. 그러나 이 사실이 하나님이 인간에게 이미 오셨던 것을 철회할 수 있다는 것을 의미하지는 않는다. 오히려 그것은 객관적 계시의 객관성은 계시의 내부로부터 스스로 열린다는 것을 의미하며, 따라서 인간이 임의로 접근하여 취할 수 있는 객체가 아님을 뜻한다. 만일 인간이 임의로 취할 수 있다면, 그때 계시는 인간의 손 안에서 사실상 우상이 되고 말 것이다.

성령의 사역은 "그리스도, 곧 말씀을 넘어서는 인간의 어떤 새로운 가르침, 조명, 운동으로" 이해될 수 없다. 이 사실의 좋은 의미(I/1, 475)는 성령의 활동 안에서 그리스도께서 우리 곁에 오신다는 것이며, 특정한 사람들에게 계시가 **계시된다**는 것이다. 다시 말해 객관적 계시는 "주관적인 것" 안으로 "침투해 들어오고" 그 결과 계시는 "우리 안에…각인된다"(I/2, 261). 그렇기에 인간에게 작용하는 성령의 활동은 인간들이 계시를 인식하는 것을 목표로 삼는다. 그러나 바로 그 "인식론적인 것(Noetisches) 은 전인(全人)을…반드시 변화시키게 되는"(IV/3, 343) 신성의 존재적인 것(Ontisches)을 지니고 있다(211). 성령의 활동이 창조적인 이유는 하나님이 인간을 우선 계시의 수용자로 만들기 때문이다(I/2, 230). 다시 말해 하나님은 아무도 없는 곳에 사람들이 하나님 자신에게 접근할 수 있는 통로를 창조하시고,[178] 그렇게 하여 인간들이 계시에 참여할 수 있도록 보장하신다(I/1, 475). 교회의 권위적 법정이 그것을 보장하는 것이 아니다(I/1, 243). 비록 하나님이 "교회라는 공간 안에서"(I/2, 230) 객관적 계시에 속한 "하나님이 주신 특정한 표지"를 사용하여 그 일을 하신다고 해도, 교회는 그 보증과 관계가 없다. 또한 그 보증은 인간이 개인적으로 계시를 수용함으로써 일어나는 것도 아니다. 비록 주관적인 계시가 계시에 대한 우리의 "인간적인 참여"를 목표로 한다고 해도, 그렇지 않다(I/1, 289). "하나님 자신이, 오로지 하나님만이 홀로" 그것을 보증하신다(I/1, 230).

그러므로 "성령의 활동에 관한 명제들에서 그것들의 주어는 하나님이지 인간이 아니다." 그리고 "어떤 의미에서도 그 명제들은 인간에 관한 명제로 곡해되어서는 안 된다"(I/1, 485). 성령의 활동은 우선 인간이 할 수 없는 것을 하나님이 하신다는 사실을 밝혀준다. "우리가 성령 안에서 참으로 하나님을 향해 자유롭게 된다는 사실로부터, 성령이 아니고서는 우리가 달리 하나님을 향해 자유로울 수 없다는 사실이 이미 결정되어 있다"(I/2, 265f.). 바르트에 의하면 이 점에서 하나님의 영은 근대적인 영 이

---

[178] *Unterricht I*, 243.

해의 기둥을 무너뜨린다. 바로 인간 안에 하나님을 향한 주어진 능력이 있다는 주장이 뒤집어진다. 인간이 자기 스스로를 계시의 참여자로 만들 수 없다는 인간적인 무능력은 보편적으로 통찰될 수 있는 진리가 아니다. 오히려 인간은 자신의 관점에서는 그 진리를 강력하게 부인한다. "인간은 성령을 경험하고 나서야 비로소…자신이 계시의 수여에 대해 어떤 고유한 가능성도 가지고 있지 않다는 사실"을 알게 된다(I/2, 280). 그렇다. 그때 성령이 인간적인 자기 이해를 주장하는 우리를 하나님과 동등한 파트너로 인준해 주리라는 생각은 거짓으로 폭로된다(IV/3, 513). 인간이 계시 곁에 현존하는 것이 인간의 선천적인 능력에 근거한다면, 인간은 "계시 안에서…자신의 방식대로 주님"이 되는 셈이며, 따라서 인간은 계시가 마치 "객체인 것처럼" 마주 대할 것이고, "계시를 마음대로 제어"할 능력을 갖게 되었다고 생각할 것이다. 아니다. 인간은 오직 성령을 통해서만 계시 곁에 현존할 능력을 얻는다. 그때 그에게는 "그가 과거에 인정하지 않으려 했던 것"이 말해지며, 그는 "소위 자기 자신의 집에서 의문스런 존재"가 된다(I/1, 491).

그러나 이와 같은 부정적인 면은 긍정적인 것의 뒷면이며, 여기서 "성령의 위로의 직무와 심판의 직무 사이에는 그 어떤 작은 모순"도 없다(I/2, 267). 왜냐하면 하나님께서 계시 곁에 위치한 우리의 현존재를 배려해주신다는 바로 그 사실이 우리에게로 향하는 하나님의 **은혜**의 완성이기 때문이다. 하나님이 "객관적 계시" 안에서 우리에게로 향하신다는 것(Zuwendung)은 완전하고 자유로운 은혜다. 그러나 하나님이 우리를 계시가 도달하는 수용자로 만드신다는 사실 또한 완전하고 자유로운 은혜다. 하나님의 영이 인간의 영과 하나가 되어버리는 곳에서는 두 가지 현상이 발생한다. 한편으로 **자유로운** 은혜를 굴복시키면서 "하나님과 인간 사이의 진정한 대면이 사라진다." 이것은 인간이 스스로 "일으켜낸 합일의 경험"을 통해 자기 자신 안에서 신적인 것을 발견하고 나아가 자신을 신적이라고 발견하는 신비주의다.[179] 다른 한편으로 하나님의 **완전한** 은혜를 굴복시키는 업적 칭의의 "악한 영"[180]이 갑자기 나타난다. 이것은 소위 자기 자신을 넘어설 줄 안다는 인간적 능력이 하나님께로 나아가는 것이라고 주장하는 인간 안에서 일어난다. 바르트는 고대 교회의 신학사에서 이와 반대되는 의미 있는 발전이 일어난 것을 본다. 성령의 신성에 관한 교리가 "삼위일체론의 발전 과정에서 마지막 단계를 형성하게 된 것은 논리적으로 아주 적절하다. 그 교리는 (가톨릭적인) 은혜론에…문제가 생기기 이전에 필연적으로 형성되어야 했다. 그러나 오직 믿음에 의한 칭의라는 교리를 주장했던 종교개혁도 이 교리를 배경으로 할 때 비로소 이해될 수 있다"(I/1, 491). 만약 계시를 "수여하는 것과 수령하는 것" 모두가 순수한 은혜라면, 인간에게 자신을 현실적인 **은혜**의 하나님으로 보이도록 인간을 배려하시는 분도 **하나님**이시다. 이것은 계시 안에서 인간에게 향하는 분이신 하나님께서 이제는 자기 자신을 인간에게 수용되도록 직접 내어주신다는 것을 뜻한다. 성령의 신성은 계시를 목적으로 이끄는 바로 이 **은혜** 안에서 증명된다. 성령의 신성은 성령이 "객관적 계시"—하나님은 객관적 계시 속에서 은혜 가운데 자기 자신을 인간과의 연합으로, 또한 인간을 하나님 자신과 연합으로 규정하신다—에 **상응**한다는 사실에서 증명된다. 이것은 성령이 은혜 가운데 인간을 객관적 계시에 상응하게 만드신다는 것을 뜻한다. 다시 말해 성령의 **신성**은 성령이 **예수 그리스도**의 영이라는 사실에서 증명된다. "성령은 하나님의 영이시다. 왜냐하면 성령은 말씀의 영이시기 때문이다. 바로 그렇기 때문에, 그리고 오직 그런 이유에

---

179 비교. *KD* IV/3, 620; I/1, 505.
180 *Zur Lehre vom heiligen Geist*, 63f.

서 우리는 성령 안에서 하나님을 향한 눈과 귀를 얻게 된다"(I/2, 271).

이제 하나님의 말씀을 말하는 분처럼, 그리고 하나님이 말하신 말씀("아들")처럼, 그 말씀의 목표-도달로서의 성령도 마찬가지로 **하나님**이시라면, 우리는 하나님을 삼위일체적으로 생각할 수밖에 없다. 하나님은 우리에게 다음과 같이 행동하신다는 점에서 하나님이시다. "아버지"께서 자신을 "아들" 안에서 "성령"을 통해 계시하신다. 또는 바르트의 표현에 따른다면, 말씀을 말하시는 분은 그 말씀의 형태 안에서 우리에게 말을 건네시고, 그와 동시에 우리를 하나님이 말을 건네신 자 그리고 그 말씀에 응답하는 자로 만드신다(비교. I/1, 493). 그렇다면 성령에 대해서도 다음과 같이 말할 수 있다. 성령은 "계시 사건 속에서 비로소 하나님의 영이…**되시는 것**(wird)이 아니다." 성령이 계시 속에서 하나님의 영으로서 행하시는 것은 "계시 사건 속에 있는 주관적인 계기 또한 하나님 자신에 속하는 본래적인 것(das Eigentliche)이기" 때문이다(489). 만일 하나님이 피조물과의 관계를 통해 비로소 하나님이 **되신다면**, 그때는 하나님 자신이 하나의 피조물이거나 또는 (자기 자신을 신격화하는) 피조물의 피조물이 될 것이다. 성령이 "하나님 자신에게 속한 본래적인 존재"가 아니라고 하면, 피조물이 하나님과 관계를 갖는 것은 하나님에게는 낯선 것, 즉 피조물에게 가능한 도움을 받고서야 비로소 실현될 수 있는 어떤 것이 될 것이다. 아니다. 그와 반대로 삼위일체적인 하나님의 존재가 그 관계를 가능케 하는 조건이다. 하나님 자신이, 하나님만이 홀로 자기 자신과 우리 사이, 우리와 하나님 자신 사이에 관계를 이루신다.

우리가 하나님의 계시를 세 개의 계시들로 잘못 이해하지 않으려면, 삼위일체를 "근대적인 개념과 의미에서" 세 분의 주체적 위격들의 집단이라고 생각해서는 안 된다. 오히려 우리는 (바르트가 말하는 것처럼) "한 분이신 신적 주체"의 세 가지 "존재방식들"(Seinsweise)로 이해해야 한다(493).

마찬가지로 우리가 성령을 말씀의 계시 밖에 존재하는 또 다른 하나의 계시로 이해하지 않으려면, 또한 삼위일체에서도 마치 "아버지"가 상이한 두 "아들들" 혹은 "말씀들"을 낳는 것처럼 생각되어서는 안 된다. 오히려 성령은 "아버지" 그리고 "아들" 사이의 관계를 이루는 신적 현실성으로 생각되어야 한다. 이것은 어떻게 이해될 수 있는가? 바르트는 삼위일체론을 "하나님은 사랑이시다"라는 명제에 대한 설명으로 본다. 이것의 의미는 다음과 같다. 하나님은 "이미 자기 자신 안에서, 이미 영원 전부터…고독한 존재, 자기 만족의 존재, 자기 의존적 존재이기를 (거부하신다)." 왜냐하면 하나님은 ("아버지"로서) "타자를 향해"("아들"을 향해) 존재하시며, "하나님은 타자와 함께, 나아가 바로 타자 안에서 자기 자신을 가짐으로써 자기 자신이고자" 하시고, 동시에 하나님은 자기 자신 안에 있는 타자이신데, 그 타자 또한 그러한 하나님에 일치하여 "자기 자신이 유래하는 원천"이신 그분 없이는 자기 자신을 가지려고 하지 않는다. 이와 같이 이쪽에서 저쪽으로, 저쪽에서 이쪽으로 운동하는 하나님의 존재 안에서 "아버지"와 "아들"은 "성령"을 산출한다. 성령은 "고독한 존재의 거부"이며 "사랑의 법과 현실"이다. 그러나 사랑은 하나님보다 우위에 있는 어떤 것이 아니다. 왜냐하면 "사랑의 법과 현실"은 하나님 자신이기 때문이다. "화해에서 우리와 만나고, 화해로부터 뒤로 바라보면 이미 창조에서 우리와 만나는 그 사랑은…하나님이 먼저 자기 자신 안에서 사랑이시기 때문에, 참된 사랑이다"(570f.).

사랑이 화해 안에서 우리와 만나는 것은 성령 하나님께서 인간을 실제로(*de facto*) 화해에 참여하도록 해주시기 때문이다. 그러나 "화해로부터 뒤로 바라볼 때" 사랑은 이미 창조에서 우리와 만난다. 이 사실의 인식은 "오직 계시에 근거해서 그리고 믿음 안에서" 도달될 수 있고, "예를 들어 자연신학의 대상"(495)이 아니다. 물론 창조가 하나님과 구분되는 현실성으로서 현존해야 하고 피조물이 살아 있어야 하나님이 사랑 안에서 그것들과 만날 수 있다는 것은 사실이다. 그러나 이와 같은 전제는 피조물이 스스로 설정한 것이 아니다. 만일 그렇게 되면 사랑 안에서 일어나는 신적인 만남은 차후적으로 그 전제 안에 놓이고, 그 만남에 대한 피조물의 우선권 아래 굴복해야 하는 셈이 될 것이다. 아니다. 하나님이 그 전제를 **창조하신다**. 사랑 안에서 이루어지는 만남에서 하나님은 그 전제를 자기 자신 그리고 자신의 행동에 적용하신다. 따라서 그 전제는 오직 "그곳으로부터 뒤로 전망될 수" 있을 뿐이다. 하나님은 피조물을 다음과 같은 방식으로 하나님 자신에게 전제하신다. 피조물은 자신의 고유한 현실성 속에서 시초부터 하나님이 긍정하고 그 존재를 허락하신 것이다. 이것이 "말씀을 통한" 창조다. 그와 함께 하나님께서는 피조물에게 그것의 고유한 생명도 주시고 보존하신다. 이것은 "창조의 영"이신 성령의 활동이다(같은 곳; III/2, 429). 성령은 창조의 영으로서, 소위 "창조된 영"과 동일시되어서는 안 된다! 성령은 창조주와 피조물이 혼합되고 심지어 그 자리가 바뀔 수도 있는 어떤 범신론의 원리가 아니다. 성령은 **하나님**이시다. 모든 동물도 포함하는 "생명의 유일한 근원"(III/2, 425)이신 하나님이다. "모든 동물들은 창조주 하나님의 영을 통해 살며, 그들은 육체의 영혼이다"(431). 물론 이것은 먼저 인간에게 해당한다. 하나님이 계시 안에서 인간에게 직접 다가오셨기 때문이다. 인간은 피조물로서 하나님 없이 살 수 없다. 그러나 하나님이 그런 인간적 본성의 한 부분이신 것은 아니다(414). 인간은 살기 위해 하나님께 의존해야 한다. 인간은 "성령"이 아니기 때문에 오직 "성령을 가짐으로써", 아니 "성령이 그 인간을 가지심으로써" 살 수 있다(425f.). 성령은 인간을 "주체로 만들며", "육체를 지닌 영혼으로 그리고 영혼을 지닌 육체로" 만드신다(437. 426). "바로 이와 같은 관점에서 이미 성령은 인간이 살 수 있음을 뜻하고 성령이 없음은 인간이 죽어야 한다는 것을 의미한다"(432). "피조물은 살기 위해 **창조주**를 필요로 한다. 다시 말해 창조주와의 **관계**를 필요로 한다. 그러나 피조물은 그 관계를 창조할 수 없다. **하나님**이 피조물 가운데 직접 현재하심으로써 그 관계를 **창조하신다**.…자유로우신 하나님께서는 피조물 가운데 현재하실 수 있으며, 그 관계를 창조하고 그럼으로써 피조물의 생명이 되실 수 있다. 이와 같은 자유 안에 계신 하나님, 바로 그분이 하나님의 영이시다"(I/1, 473). 창조자의 영으로서 성령은 인간에게 생명을 주신다. 이것은 성령이 하나님의 계약과 화해의 행동 안에서 올바르게 활동하실 수 있기 위해서다.

성령의 현재

성령의 신성을 인식함으로써 얻게 되는 한 가지 결과는 그분이 우리에게 주시는 은사가 그것의 수여자로부터 분리된 채 그 자체로 추상적으로는 파악될 수 없게 된다는 사실이다. 그렇게 추상적으로 파악하면 "믿는 자와 믿음의 대상의 혼동, 혹은 사랑하는 자와 사랑받는 대상의 혼동"(I/1, 513)이 일어나는데, 성령의 신성의 인식은 그것에 반대한다. 오히려 성령의 은사는 하나님과 인간 사이의 구분을 확립한다. "성령은 우리 자신과 동일하지 않고 앞으로도 그렇게 되지 않을 것이다"(476). 성령이 인간에게 무슨 일을 일으킨다고 해도 "성령은 **인간의** 영이 아니고 여전히 **하나님의** 영이다." "인간 존재의 안팎에 행하여지는 성령의 능력 행사는 성령의 '기뻐하시는 뜻대로' 하는 사역이다. 그러나 성령은 그것에 대해 누구에게도 빚진 것이 없고, 그 사역이 실현될 때도 누구에게도 빚지지 않을 것이다"(IV/3, 1082). 성령의 은사는 "인간에게 부어진 은총의 특성과는 아무런 관계가 없다"(I/2, 289). 이 부정적인 표현은 성령의 은사에 관해 말해질 수 있는 모든 긍정적인 것을 전부 포괄하는 괄호에 그치지 않는다. 오히려 그 부정은 긍정적인 것들을 비로소 올바르게 명백히 제시한다. 왜냐하면 성령의 은사 속에 있는 하나님의 영과 인간의 영 사이의 구분은 그저 추상적인 간격을 의미하는 것이 아니라, 오히려 하나님의 영이 인간의 영 안으로 흡수되지 않는 것처럼 인간의 영도 하나님의 영 안으로 흡수되지 않는다는 사실을 의미하기 때문이다. 바로 그렇게 하여 성령이 주어진 인간은 "자신의 **고유한** 영 속에서 **성령과 함께**" 특정한 방식으로 살아가고 행동할 수 있게 된다(IV/3, 1082).

그렇다면 성령은 인간에게 무슨 일을 일으키는가? 바로 이것이다. "계시의 객관적 현실이 인간들을 위해 현존한다는 사실이 하나님 자신에 의해 그 인간들에게 입증된다. 그 결과 인간들은 자신의 현존재를 더 이상 자기 자신으로부터가 아니라 오로지 계시의 현실로부터만 이해하며, 따라서 이제는 계시 없는 이해가 아니라 오직 계시와의 관계 속에서만…자신의 현존재를 이해할 수 있게 된다(I/2, 253). 이 관계는 우리에게 역사하시는 성령이 가져다주는 새로운 것이며, 계시를 인지하기 위한 신적인 가능성에 우리가 참여하는 것을 뜻한다. 나아가 그 관계는 세계와 함께하시는 하나님의 역사의 큰 맥락에 우리가 "현실적이고 구체적으로 참여"하는 것을 의미한다(IV/3, 687). 그러나 "그 맥락에 참여한다는 것이 우리 자신의 정체성의 지양을 의미하지는 않는다. 그런 참여를 무아지경이나 황홀경에 빠진 의식 상태 쪽으로 이해하려는 것은 언제나 심각한 오해를 초래했다. 물론 그런 의식 상태는 존재하기는 하지만, 그것은 언제나 인간의 정체성-**의식**을 지양시켜버린다. 그런 상태들은 그저 그런 것에 불과하기 때문에, 우리는 하나님의 가능성이라는 진정한 기적을 그런 종류의 비정상적인 현상이나 아니면 어떤 놀라운 현상으로 해석해서는 안 된다. 우리는 무엇보다도 진정한 기적의 관건은 우리 자신에게 일어나는 하나님의 기적임을 알아야 한다. 그 기적은 "우리 자신의 고유한 체험과 행동 속에서, 우리가 우리의 인간적 실존이라고 부르는 자기 규정의 행위 속에서 성취된다"(I/2, 290).

그러나 자신의 정체성을 유지하면서 스스로를 규정하는 인간은 자신에 대한 성령의 사역을 통해 성령과의 관계 속에 놓이며, 이 관계 속에서 인간은 오직 성령의 규정을 통해 인간으로서 존재할 수 있다. 그 규정 속에서 인간은 하나님의 계시를 향해 자유롭게 된다. "바로 이 자유는 하나님의 말씀 즉 예수 그리스도께서 인간에게 **불가항력적으로** 스승(Meister)이 되시는 곳에 있다.…만약 인간이 어떤 다른 스승 아래 그렇게 불가항력적으로 서 있다면 그것은 병든 상태일 것이다. 그러나 여기서 그것은 정상적일 뿐만 아니라 유일한 가능성이다. 성령의 부어짐은 하나님의 말씀을 거부할 수 없는 인간의 스승으로 높이며, 인간들을 불가항력적으로 그 스승의 다스림 아래 세운다.…바로 이 사건 속에서 다음과 같은 일이 발생한다. 하나님이 인간이 되셨다는 사건으로부터 우리에게는 인간이 하나님을 가진다는 사실이 현실이 된다.…바로 이 사건 속에서 인간은 하나님의 그와 같은 가능성에 참여하는 자가 된다. 다시 말해 하나님을 통해서 하나님을 향해 자유롭게 된다"(I/2, 294f.).

하나님의 말씀의 "스승 되심"(Meisterschaft)은 성령이 "우리를 자유롭게 하시는" 그 자유와 대립하지 않는다. 그 자유는 인간을 특정한 노예로 만드는 것, 즉 자기 자신을 계시의 수용자가 되지 못하게 만드는 무능력과 대립한다. "인간은 너무나 속박되어 있기 때문에 현실적인 계시를 받아들일 수 없을 정도로 무능력하고 부자유하다." 그리고 "인간은 현실적인 계시에 대해 부자유하기 때문에 속박되어 있다." 성령이 우리에게 주시는 자유는 "예를 들어 그런 속박으로부터의 자유에 그칠 수 없다.…그 자유는 결정적으로 바로 그 '할 수 없음' 즉 저 무능력으로부터의 자유임이 틀림없다. 다시 말해 그것은 하나님의 현실적인 계시를 향한 자유다."

그것은 "이래도 좋고 저렇게도 할 수 있는 어떤 막연한 자유가 아니다. 오히려 그것은—하나님 자신의 자유에 상응하는 자유로서—하나님을 향한 인간의 자유다." "하나님의 말씀을…현실적으로 들을 수 있는 능력을 가진 사람…바로 그가 자유로운 사람이다." 바로 이 점에서 "진정으로 자유로운 사람은…하나님의 종으로서 자유롭다"(벧전 2:16!). 다시 말해 성령의 "역사는 자유 안에서 일어나는데, 그것은 하나님을 주님으로 갖는 자유를 말한다"(I/1, 478-480).

여기서 자유와 하나님의—종의—존재가 서로 상충하지 않는다는 것은 하나님의 자녀의 개념에서 예시되고, 그 개념은 무엇보다도 성령의 은사를 표현한다. 성령이 창조하시는 것은 "하나님의 자녀들의 삶"(I/2, 404)이다. 성령의 작용이 미치는 모든 것은 그 삶을 목표로 한다. 성령은 이미 "예언자들을 통해 말씀하셨고", 특별히 하나님의 아들과의 연합 속으로 받아들여진 인간 예수의 근원이시다. "하나님의 자녀가 되는 것과 성령을 받는 것은 하나이고 동일한 것이다"(I/1, 481). 바르트에 의하면 이 개념은 어떻게 우리가 자유롭게 되어 하나님과 그분의 말씀을 따를 수 있게 되는가라는 문제에도 답을 준다. 인간은 성령을 통해 하나님의 자녀로서 **존재**함으로써 자유롭게 **된다**(480). 성령이 하나님의 자녀로서의 존재를 인간의 본질로 만드심으로써, 그것은 인간의 삶 전체를 포괄하는 방식으로 자녀로서의 삶을 규정한다. 그들은 행동 속에서도, 내면과 외부의 삶에서도, 개인적인 혹은 다른 이와의 공동체적인 삶 속에서도 하나님의 자녀로서 존재한다(I/2, 405f.).

성령은 인간에게 하나님께 묶인 자의 자유를 보장하신다. 다시 말해 그것은 하나님께 매이는 가운데 누리는 자유, 즉 하나님의 자녀로서의 자유다. 그것은 한 인간이 "이전에는 멀리 떠나고자 했던 그 하나님께로 이제는 달려갈 수 있는" 해방을 의미한다. 동시에 그것은 자기 자신으로부터 달아나고자 하는 시도를 저지하는 해방이기도 하다. 또한 그것은 "인간이 결국에는 자기 자신에게, 이성에 도달하는 것" 그래서 자기 자신이 될 수 있다는 것을 의미한다(IV/4, 31). 성령이 "인간에게 자신의 신적인 권능을 경험하게 하시는 것"은 "인간을 앞질러서 지배하고 억누르는 것을 의미하지 않으며, 또한 성령이 인간에게 얻고자 하시는 것을 강요하는 것도 아니다. 성령은 인간을 물건처럼 다루지 않으신다. 성령은 인간을 자유로운 주체로 대하시고, 또 자유로운 주체의 근거를 마련해 주신다. 성령은 인간을 하나님의 파트너로서 스스로 서게 하신다. 성령은 인간이 스스로 서고 걷기를 원하시며, 인간이 스스로 믿고 사랑하고 희망하기를 원하신다.…성령은 인간의 마음을 밝히고 인간의 양심을 인도하며 인간의 지성에 확신을 심어주는 하나님, 짧게 말해 인간을…내면으로부터 '논리적으로' 설득하는 권능의 하나님이시다"(IV/3, 1081f.). 바로 이 점에서 "건강한 인간 지성에게 성령보다 더 친밀한 친구는 없다"(IV/4, 31). "2곱하기 2는 4이고 5가 아니라는 지성적인 사실"은 인간에게 "특별히 값진 계시다"(III/3, 183).

구별

성령을 인간의 영과는 다른 하나님의 영으로 이해하지 않으면, 그리스도인과 그들을 둘러싼 세계를 혼합하여 양자를 동일시하는 것을 정당하게 생각하는 어떤 잘못된 영의 개념이 형성된다. 성령이 하나님의 영으로 알려진다면, 그때 성령의 은사를 받는 것은 우선 바로 그런 "세계"와의 동일시로부터 역으로 우리를 불러내는 것을 의미하게 된다. 하나님의 영(pneuma)은 "거룩하다"고 말해진다. "그 영의 의미는 거룩하게 만드는 것(성화), 곧 하나님의 영을 받은 사람들을 구별하고 붙들고 점유해서 탁월한 존재로 만드는 것이기 때문이다. 그 사람들은 성화를 통해 그런 탁월한 존재가 되는데, 그것은 그들 자신으로부터 오는 힘으로는 그렇게 존재할 수도 없고 앞으로 그렇게 될 수도 없는 존재다. 다시 말해 그들은 하나님께 속한 사람들, 하나님과 현실적인 연합을 이루는 사람들, 하나님 앞에서 하나님과 함께 살아가는 사람들이 된다"(I/1, 472). 예수 그리스도 안에서 하나님께서는 자기 자신을 죄인들과, 또한 죄인들을 자기 자신과 연합시키신다. 이것이 복음이다. 성령께서 우리를 바로 그 하나님을 향해 개방시키신다면, 그때 그분은 그와 함께 우리를 그쪽으로 나아가도록 구별하신다. 그때 성령은 우리에게 도전해오는 정당한 하나님의 요청의 형태로서, 즉 우리를 하나님 자신의 소유로 요청하시는 형태로서 우리와 만나신다. "우리는 다른 모든 권위에 대해 아무리 깊이 (스스로) 복종한다고 해도…우리 자신은 여전히 독립적일 수 있다. 다른 모든 권위는 최소한 우리가 그것을 권위로 인정했다는 점에서, 우리의 독립성을 막을 수 없다.…그러나 성령의 부어짐은 그것과 다르다. 성령의 부어짐 안에서 인간은 말씀 **아래** 서게 된다. 왜냐하면 그것은 **하나님의** 말씀이기 때문이다.…말씀은 인간을 **통치한다**.…그 밖의 다른 모든 것은 바로 이 실재성의 작용이다. 다시 말해 인간은 거부할 수 없이 궁극적으로 자신의 왕을 얻었다. 이와 같은 근본 관계의 내부에서…계시 사건 전체가 발생한다. 그 근본 관계는…공기 또는 공간과 같고, 그 속에서 하나님의 편에서는…화해, 은혜, 도우심, 또는 심판과 같은 것들이 발생하고, 인간의 편에서는 믿음과 불신앙, 혹은 순종과 불순종 같은 것이 발생할 수 있다(I/2, 296).

성령 안에서 우리에게는 무엇인가가 요청된다. 왜냐하면 "하나님이 인간에게 향하게 하셨던" 하나님의 말씀이 성령 안에서 우리에게 도달하기 때문이다. 그 말씀은 "**인간과 직접 관계되고 인간을 요청하며 인간을 사**

로잡는 말씀이다"(886). 바르트는 여기서 "인도하심"(Weisung, 지시)이라는 개념을 선호한다. 성령을 "받고 그 안에 거하는 것은 모호하고 낭만적인 모든 비밀의 존재와는 거리가 멀다. 오히려 그것은 인도하심을 받고 그것을 따르는 것을 의미한다. 성령 안에서 '존재'한다거나 혹은 성령 안에서 '행한다'는 것은 인도하심 아래 있다는 것이며, 그것이 결정하는 대로 서기도 하고 가기도 하는 것을 의미한다.…그리스도교 공동체는 이와 같은 인도하심 아래서 스스로를 건립하는 백성으로서 실존한다. 어떤 사람이 그리스도인인가 하는 것은…언제나 그의 존재가…그와 같은 인도하심에 의해 규정되었는가에 따라 결정된다"(IV/2, 404f). "'성도들'이란…거룩하신 한 분이 특별히 은혜롭게 개입하시는 가운데 그분의 인도하심을 받아 자신들의 존재가 근본적으로 변화된…사람들이다"(591). 여기서 바르트의 인도하심(Weisung)의 개념은—성령을 통한 인간의 성화를 표현하기 위해—"자리 지정"(Einweisung), "책망"(Zurechtweisung), "가르치심"(Unterweisung)이라는 세 가지 측면으로 설명될 수 있다.

(1) "자리 지정"이라는 개념은 어떤 특정한 "출발하는 자리"를 가리키면서 그 자리를 "확정하는 성격"을 갖는다. 이 개념은 우리에게 말한다. "이미 너의 존재인 바 바로 그것이 **되어라!**" 성령은 말하자면 "인간 예수의 능력과 통치를, 예수께서 살아 계시고 우리를 위해 살아 계신다는 사실, 또한 그분 안에서 그리고 그분과 함께 우리도 살아 있다는 사실을 바로 지금 여기에 존재하고 우리에게 효력이 있는 **전제**로 만드신다. 성령은 우리에게 모든 경우에 그리고 유보 없이 우리가 어디에 속해 있는지를 보여준다. 왜냐하면 우리는 거기에 있고 다른 어떤 장소를 결코 **가질 수 없**기 때문이다"(IV/2, 495f.). 그 전제는 우리의 성화가 이미 현실이고 단순한 혹은 이상적인 요청이 아니라는 것, 그래서 우리가 비로소 실현해야 하는 것이 아니라는 것을 의미한다. 예수 그리스도 안에서 "일어난 인간의 높

여김(Erhöhung), 곧 하나님과의 연합으로의 높여짐"이 바로 그 현실이다. "이 높여짐에 힘입어 그 참된 새로운 인간 속에서 만인의 성화는 이미 일어났고 현실이다"(173). 따라서 성령이 인간에게 베푸시는 인도하심은 "인도하심과 함께 인간에게 주어지는 은혜"의 형태다(605). 이 은혜는 우리에게 우리의 지정된 자리로 안내한다. 그곳은 이미 실현된 성화가 우리에게 효력을 발생하고, 우리는 오로지 "그분의 거룩하심의 증인"(590)이 되며, 나아가 거룩하신 그 한 분을 뒤따르는 곳이다. "그들은 예수 그리스도께서 부르셨기 때문에 이미 그분의 사람들이다." 따라서 성령의 인도하심 가운데 예수 그리스도를 뒤따르라는 부르심이 우리에게 주어질 때, 그 부르심에 대해서는 "어떤 정당한 반대와 저항"도 있을 수 없다. 또한 그 부르심은 어떤 능력의 유무에 근거하지도 않는다. 이와 같이 자리를 지정해주시는 성령 안에서 우리는 "계명의 형태인 은혜"(605)를 만나게 된다. 이것은 항상 또다시 아직도 지정된 출발의 자리에 있지 못한 것처럼 "행동하는" 우리에게 놀라게 만드는 "격려"를 통해 다음 내용을 각인시켜주기 위함이다. "이미 너의 존재인 바 바로 그것이 **되어라!**"(407)

(2) "책망"이라는 개념은 "비판적 성격"(413)을 갖는다. 이 개념은 인간이 "앞에서 말한 출발의 자리에서 자신에게 선사된 자유를 사용하지 않는 것"과 관계가 있고, 가능한 모든 것을 선택할 수 있음에도 "저 출발의 자리에서 자신에게 가능한 유일한 것을 선택하지 않고 오히려 그리스도 안에서 폐기된 것, 불가능한 것을 선택하는" 부자유와도 관계가 있다(410). 성령은 비판적으로 역사하신다. 성령은 자신이 역사하는 인간 안에서 **새** 사람과 **옛** 사람을 **분리**시키기 때문이다. "새 사람은…인간이 그렇게 되도록 허락을 받았고 실상은 인간 그 자신인 존재이고…**옛** 사람은 인간 예수의 실존 안에서 이미 극복된 존재다.…그러나 옛 사람은 아직도 여전히 혹은 언제나 또다시 마치 자기가 자신의 권리와 공간을 가진 것처럼 타자인

우리 안에서 스스로 자극하고 운동한다.…성령께서는 전자에게는 '예'를, 후자에게는 '아니오'를 말씀하시고, 옛 사람을 반대하고 새 사람을 위해, 부자유에 대항하고 자유를 위해, 불순종에 대항하고 순종을 위해, 죽음에 대항하고 우리의 생명을 위해, 많은 불가능한 것에 대항하고 유일하게 가능한 것을 위해 싸우신다. 이때 우리는 성령의 투쟁이 얼마나 격렬한가를 인식하게 된다. 성령은 이 싸움을 격렬하게 주도하고 인간을 전장으로 밀어 넣으신다"(411).

성령의 책망은 특히 죄가 태만이라는 사실을 드러낸다. 태만 그 자체에 문제가 있는 것은 아니다. "교회의 부속건물 안에 태만을 숭배하는…작은 제단을 쌓을 수 있지도 않은가?"(III/4, 636) 그러나 태만은 어떤 거짓된 "절대적" 신의 역할을 스스로 꿈꾸는 교만과는 달리(IV/1, 468f.) 인간이 자기 자신의 뒤편에 머무르려고 한다는 점에서 죄다. 태만한 인간은 인간이 마땅히 그 안에 존재해야 하는 현실성, 곧 하나님과의 연합으로 높여진 현실성의 뒤편에 머물려고 하는 것이다. 태만은 인간 예수 안에서 이미 성취되어서 이제는 우리도 성취할 수 있는 복음의 계명과는 반대 방향으로 향한다는 점에서 죄다. 복음의 계명에 따르면 하나님이 부여하신 인간의 가치는 의기소침해지지 않거나 비굴해지지 않고, 오히려 자신을 일으키고 바르게 서서 앞으로 나아가는 데 있다(IV/2, 427ff., 453ff.). 하나님과 대립하고, 그 결과 "자기 자신과도 대립하여 자신을 구제불능의 위험 속에 빠뜨리는 인간은…버림받게 될 것이다.…만약 자기 자신과의 대립을 수행하는 가운데 그가 부딪쳐 추락하는 인간 예수 안에서 그보다 우월한 **하나님**의 반박이 그와 마주 서지 않는다면, 다시 말해 성령이 그를 책망하지 않는다면, 그는 버림받게 될 것이다"(459). 이 책망을 받는 인간들은 태만 가운데 **방해받는** 죄인들이다. "화해되지 않은 인간은…그런 방해를 받지 않은 죄인"인데, 물론 그도 "저지당하는 것과 불안"을 안다. 그러나 그는 거기로부터 도망가거나 그것과 타협하는 데 성공한다.…그런 사람을 더 이상 이겨낼 수 없을 정도로 방해하기 위해서는 사람의 아들의 인도하심, 곧 성령의 사역이 필요하다"(593). 그것은 "회개로의 일깨움"(626)이다.

(3) "가르치심"의 개념은 특정한 행위로 안내한다는 점에서 "긍정적 성격"(405)을 지닌다. 성령께서 인간으로 하여금 "자기 자신과 자신의 상황을 점검하도록 유도하고 또한 자신의 가능성들과 선택을 매우 신중하게 숙고하도록" 유도하는 것이 성령의 가르치심에 속한다. 그것은 "모든 신학적 윤리학의 과제"다. 신학적 윤리학은 우리에게 제시되는 많은…가능성에 직면하여 **하나님**이 그에게 무엇을 원하시는지를…묻도록 인도한다는 점에서 신학적이다.…하지만 성령은 신학적 윤리학자보다 조금 더 높은 곳에 계신다! 말하자면 성령은 하나님의 뜻이 어떻게 지금 여기의 특정한 인간에게 구체적으로 관계되는지를…열어 보이시는…분이다.…그러므로 성령은…최고의 신학적 윤리학자가 단지 묻기만 할 뿐인…그것을 **행하신다**.…성령의 가르치심에 대해서는 오직 가장 구체적인 순종이 있을 뿐이다"(416). 이와 같은 성령의 가르치심 안에서 인간에게 적중하는 것은 하나님과의 연합으로 높여진 예수의 부르심이다. 부르심과 함께 예수께서는 태만에 사로잡혀 있는 "세상"의 나라를 하나님 나라와 대면시키고, 세상으로부터 나오도록 불러내신다. 그것은 "이전에 인간에게 당연하다고 여겨졌던…모든 칸막이 집으로부터 나오라!"는 부르심이며 "그다음에는 "단순히 내면적인 것이 그치는…운동의 칸막이 집으로부터 나오라!"는 부르심이다. "그런 내적인 운동 속에 있는 인간은…자기가 할 수 있을 것도 같고 또 하고 싶기도 한 이러저러한 일들에 대해…딱정벌레처럼 껍질 속에 숨어 그저 숙고와 구상만 할 뿐이지, 임시적으로나마 실천하지 않으려고 하고 할 수 없다. 왜냐하면 그런 인간은 그 일들에 대

한 심사숙고를…아직 마치지 못했기 때문이다!"(611). 그렇다. 그것은 "주어진 현존"의 세계로부터 나올 것을 요청하는 부르심이다. "주어진" 세계는 "절대적 가치와 타당성을 요구하면서" 지배하고 있으며, 또한 그런 가치의 지배는 바로 그 세상을 "태만한 인간의 세상"으로 만든다. 그것은 "하나님과 다투는 세상이며, 그렇기에 자기 자신 안으로 끊임없이 함몰하고, 또 그렇기에 하나님의 화해와 평화를 필요로 하는 세상이다." "인간이 자기 자신으로부터 행하는 것"은, 비록 그것이 세상을 거부한다고 해도, "언제나 반복해서 그 세상을 인정하고 강화시키는 데 이르고 만다." 그러나 인간은 앞서 말한 예수의 부르심을 통해 세상의 속박으로부터 그리고 세상과 "동일시되는 것"으로부터 "벗어나라는 음성을 듣는다." 예수 안에서 세상과의 단절은 이미 성취되었다. 부르심을 받는 인간은, 비록 어떤 세상과 싸우려고 하지는 않겠지만 그 세상에 "거치는 것"이 될 것이며, 세상으로부터 어느 정도 "고난"을 받게 될 것이다(614-618).

파송

만일 하나님의 영을 통해 생명력을 얻는 것이 순수한 하나님의 은혜로 이해되지 않는다면, 성령을 받는 것은 어떤 "거룩한 이기주의"(IV/3, 878)라는 정지 상태에서 끝나게 될 것이다. 그런 이기주의 속에서 조용히 혹은 공개적으로 다른 사람보다 높이 올라가려는 경쟁이 발생하고, 또한 일종의 고도의 "자본주의" 속에서 이익을 점유하고 사유하려는 생각이 일으켜지며, 결국 영을 통해 정당화되는 수익자-현존재에 도착하게 된다. 이런 현존재에게는 근본적으로 다른 사람들은 필요하지 않다(비교. 874). 그러나 "교회 공동체를 불러 모으고 건립하시는 성령의 활동은…공동체의 존재 자체를 새롭게 특성화하고, 고양시키고, 심화시키고, 풍성하게 만든다는 막다른 골목에서 끝나지 않는다.…교회 공동체의 존재는…그 자체가 목적인 것이 아니다." "세상**으로부터** 불러냄을 받은 교회 공동체는 이제야 비로소 올바로 세상 **안으로** 가라는 부르심을 받는다. 세상으로부터 벗어난다는 것의 진정성은 바로 그 '벗어남'과, 그것의 뒤에 틀림없이 뒤따라오는 세상 '안으로' 사이에 아무런 멈춤이 없다는 사실에 달려 있다. 다시 말해 교회 공동체가 세상으로부터 구분되는 것과 세상 안으로 향하는 것은 하나의 운동 안에서 일어난다"(같은 곳). 세상과 구분되는 교회 공동체의 모든 "특성"은 세상 **안에서** 자신에게 맡겨진 사역을 위한 "교회의 무장"이다(657). 이것은 자세히 이해되어야 한다.

　우선 성령을 통한 성화는 단순히 개인들에게 먼저 일어나지 않는다. 성화는 이렇게 즉 "하나님께서 자신을 위해 거룩한 자들로 구성된 백성을 창조하심으로써" 일어난다. "그들은 자신들의 죄에도 불구하고 만민 가운데서 하나님 편에 설 수 있는 자유를 가진—그런 자유 속에서 **살아가기** 위해 하나님으로부터 자유를 **받은!**—사람들이다. 이 백성의 특별한 존재도 자기 목적이 아니다. 오히려 그 백성은 "하나님이…**세상**을 사랑하셨던 그 사랑의 증인"이 되기 위해 존재한다. 그 백성은 "하나님의 거룩하심에 대한 피조물의 유비"로 구별되었다. 하나님께서는 거룩하심 가운데 그 백성 및 세상 전체와 마주 대면하시고, 세상과 구분되지만 세상에게로 향하신다." 그들은 구약에서는 "거룩한 백성"이고, 신약에서는 "거룩한 교회"(sancta ecclesia)다. 이 백성의 존재의 목적인 봉사와 관련하여 다음 사실이 주목되어야 한다. "신약성서의 '성도들'(거룩한 자들) 그 자체는 오로지 **다수**로서 존재한다. 물론 그들 모두에게 해당하는 거룩함은 하나의 거룩함이다. 그러나 그것은 공동체적으로 주어지고, 개인에게 주어지지 않는다.…**한 분** 거룩하신 자께서 **다수의** 성도들을 **창조하신다**"(IV/2, 578-580).

무엇이 이와 같은 다수의 성도들을 그리스도교 공동체로 만드는가? 사귐의 본능이나 소속감, 혹은 그런 의미로 이해된 "공동의 영"(슐라이어마허)이 공동체를 만드는 것이 아니다. 성령이 그들을 교회 공동체로 만드신다. 그러나 성령이 그저 다양한 사람들을 함께 모아 그렇게 만드시는 것이 아니다. 오히려 성령은 예수 그리스도와 (아마도 끊임없이 그분으로부터 멀어지려고 애쓰는) 사람들을 "함께 묶고 함께 유지시키신다." 다시 말해 "하나님의 일과 인간의 일, 하늘의 일과 땅의 일, 존재와 행동, 창조자의 자유 및 행동과 피조물의 자유 및 행동을 함께 묶고 함께 유지시키신다." 물론 이때 성령은 양자를 동일시하거나 혼합하거나 교환하지 않고, 하나를 다른 하나로 변질시키거나 다른 하나 속으로 사라지게 만들지도 않고, 오히려 양자를 병렬로 놓고, 정확하게 평행을 이루게 하고, 서로 조화를 이루게 하며, 현실적으로 통일되도록 결합하신다"(IV/3, 871). 이와 같이 성령은 "평화의 끈"(870)으로서 계시의 사역 안에서 자신의 내재적 삼위일체의 존재와 일치한다. 이와 같이 성령은 은혜 가운데서 "머리는 몸 없이, 몸은 머리 없이 존재하지 않고 오히려 머리이신 예수 그리스도께서 자신의 공동체와 **함께** 그리고 그 **안에** 계시며, 그분의 몸 즉 공동체도 그분과 **함께** 그리고 그분 **안에** 있다는 것이 항상 새로운 현실과 진리"가 되도록 만드신다(872).

그러나 성령은 단순히 그리스도와 일반적인 의미의 "어떤" 교회를 함께 묶고 유지하는 것이 아니고, 오히려 그리스도와 공동체 및 그것의 지체들의 말과 행동을 구체적으로 함께 묶고 함께 유지시키신다. 이와 같은 연결에 근거해서 그들의 말과 행동은 그리스도께서 공동체와 지체들을 부르시는 목적으로 향한다. 그 목적은 하나님의 "말씀에 봉사하는 것"이고 하나님 말씀을 "**증언**하는 것"이다(I/2, 477f.). "교회는 증인의 직무를 뜻한다"(468). 교회는 그 이상도 아니고(이 봉사는 하나님의 행동과 동일하지 않다), 그 이하도 아니다(하나님의 행동은 아무 말 없이 "받기만 하면 되는 것"이 아니다). "오직 성령이 너희에게 임하시면 너희가 권능을 받고…내 증인이 되리라"(행 1:8).[181] 왜냐하면 그리스도께서 성령을 통해 특정한 사람들의 "동시대인"이 되어 "그들을 그분 안에서 체결된 계약의 파트너로 여기고 그들에게…말을 건네시며, 그들의 존재를 요청하시기 때문이다"(IV/3, 577). "그리스도인은 증인**이다**." 이때 "그가 그럴 능력 혹은 가치가 있는지, 그 자신에게 증언을 위한 특별히 의지가 있는지, 그가 그것에 대한 특별한 성공을 확신할 수 있는지는 묻지 않는다"(698). 묻지 않는 이유는 오로지 예수 그리스도께서 말씀과 행동 속에서 성령을 통해 **자기 자신**을 그에게 증거하심으로써, 그 인간은 증인이 **되기** 때문이다.

교회 공동체의 지체들은 우선 공동체 속에서 서로에 대한 증인들이다. **사랑** 안에서 우선 여기 공동체 속에서 그런 증인이 된다. 왜냐하면 그들이 증언해야 하는 사랑은 "바로 그와 같이 하나의 단체로 결속되어가는 상호 관계와 상호 결합 속에서 나타나야 하기 때문이다"(IV/2, 922). 여기서 관건인 사랑은 "사람들이 서로에 대해 가지는 호의와 그것으로부터 증명할 수 있는 친절함이 물론 그쳐서는 안 되지만 그러나 또한 그칠 수도 있는 곳에서 시작된다"(930). 동료 인간이 나에게 "이웃"이 되면서 내게 "치명적인 골칫거리"를 선사하는 바로 그곳에서 사랑은 생성된다. 왜냐하면 나는 그 동료 인간을 더 이상 피할 수 없고, "나는 원래 나의 실존을 이런 공존과는 전혀 다른 방식으로 소유하기를 원하기 때문이다"(I/2, 476). 사랑은 하나님의 사랑 즉 사랑의 "법과 현실성"을 증언하는 것인데, 바로 그 현실성이 성령이다. 다시 말해 사랑은 하나님이 자기 백성 곧 나와 이웃 둘 다를 사랑하고 계시며, 그 둘이 재차 하나님을 사랑할 수 있게 되었다

---

[181] 비교. *KD* I/1, 477; I/2, 468; IV/3, 698, 715, 915.

는 사실을 다른 사람들에게 보증하는 것이다(IV/2, 929). "양쪽 어느 편도 완전하게⋯사랑하지 못한다." 오로지 "성령을 통해 그들은 자유롭게 되고 또 **그렇게** 사랑할 수 있게 **된다**. 성령 안에서 모든 개인은 타자와 실천적인 관계 안에 놓이며, 그 속에서 그는 사랑받는 존재로, 또한 재차 사랑할 수 있는 존재가 된다. 여기서 가장 성령이 충만한 사람은 항상 가장 사랑이 넘치는 사람이 될 것이다.⋯그러나 그들의 사랑의 실천이 용서로부터 살아가는 삶을 없어도 되는 것으로 만드는 것은 결코 아니다. 오히려 죄인 한 사람이 (자신의 이러저러한 죄에도 불구하고!) 다른 죄인을 (그의 이러저러한 죄에도 불구하고!⋯) 이웃으로 사랑할 수 있게 되는 것은 용서에 대한 믿음을 실천적으로 확증한다"(928).

이와 같이 사랑 안에서 서로에게 복음을 증언하는 것은 "세상 안으로 교회 공동체를 파송하기 위해 준비시키는 것"이다(944). "그들이 서로에게 증인이 되어 증언하는 것은 그들이 하나님의 백성으로서 함께 세상 안에서 모든 사람에게 증언해야 하는 바로 그것이다"(924). 그렇기에 그리스도교 공동체는 그 자체가 목적이 아니고 "세상을 위한 공동체"다. "교회 공동체는 무자아적으로(ekstatisch), 중심을 자신의 외부에 두고(ekzentrisch) 존재한다. 자신이 속한 세상 속에서도 교회 공동체는 자기 자신과 관계하는 것이 아니라, 철저히 세상과 즉 자신의 주변 환경과 관계되어 존재한다. 교회 공동체는 자신의 생명을 다른 인간적 피조물을 위해 내어주고 버림으로써 그것을 구원하고 유지한다." 그와 같이 우선적으로 "하나님께서는 세상을 위해 현존하신다. 예수 그리스도의 공동체도 우선적으로⋯하나님을 위해 현존함으로써, 그것에게는 또한 세상을 위해 현존하는 것 외에⋯다른 아무런 가능성도 남아 있지 않게 된다." "교회 공동체가 자신의 외부에 놓인 중심 주위를 회전할 때, 그 중심은 그저 세상 그 자체가 아니라 바로 하나님의 현존의 목표인 세상이다"(IV/3, 872).

이웃한 세계 속으로 교회 공동체를 파송하는 것은 상이한 것과의 동화(同化)를 통해 자신을 관철하고 추천하고 확증하려는 갈망에 근거해 있지 않다. 반대의 경우도 있다. "만일 교회 공동체가 자신의 순수성과 선한 명성을 보호하겠다는 의도로 세상과의 위험한 조우를 회피하려고 한다면, 그때 교회는 세상과…동일시되고 말 것이다. 오로지 자기애, 자기 권리, 자기 방식만 생각하면서 주변 환경으로부터 분리되려고 하는 공동체는 세상이 너무 쉽게 자신과 비슷하다는 것을 발견할 것이다. 세상 안에는 개인단체들, 이익단체들, 정신적 노선들, 국가들, 종교들, 당파들, 그리고 모든 종류의 이교들이 있고, 이것들 각각은 자신의 일이 선하다고 확신하는 가운데 서로 다툼으로써 함께 무너지며, 각각은 두려워하면서 다른 모두에 대해 경계선을 정하고 그 경계를 관철시키는 일에 몰두한다"(886f.).

이웃한 세계 속으로 교회를 파송하는 근거는 하나님이 세상을 사랑하신다는 사실, 그리고 하나님이 그리스도 안에서 세상을 하나님 자신과 화해시켰다는 사실이다. 다시 말해 성령이 교회 파송의 근거다. 성령은 "교회의 현존재 그 자체 너머로, 그리고 교회의 지체들이 받고 경험하고 체득하는 모든 것 너머로…교회를 이끌고 추진하고 충동한다. 교회는 이같은 성령의 인도하심과 이끄심을 **따름으로써** 진정한 예수 그리스도의 공동체가 되고 또 그렇게 존재한다"(874f.). 그리스도께서 자기 백성에게 "그들의 인간적인 사역 곧 위탁된 증언의 수행을 위해 힘과 자유와 능력을 (주시는 것은) "성령의 사역"이고 인간 자신의 능력이 아니다(869). 이것이 교회 공동체가 "세상" 속에서 증언을 행하는 방식을 결정한다. 교회는 성령을 통해 눈이 열리고 그리스도 안에서 세상에 비치는 생명의 빛을 볼 수 있다는 사실이 교회와 세상의 "가장 큰 차이점"이다. 교회는 열린 눈을 갖고 있기에 "세상과 자신의 연대를 인식하고 증명해야 한다.…세상과 연대한다는 것은 세상과 완전히 연결되어 있음을 의미하고, 세상의 상황에 주저함 없이 참여함을 의미한다. 그것은 창조로부터 세상에 주어진 약속에 참여하는 것, 세상 안에서 지배하는 교만, 태만, 기만에 대한 자신의 책임에 참여하는 것, 모든 것과 연결된 위기 아래서 겪는 세상의 고통에 참여하는 것, 그러나 무엇보다도 우선 예수 그리스도 안에서 예시되고 선사된 하나님의 자유로운 은혜에 참여하는 것, 그래서 또한 세상의 희망에 참여하는 것을 의미한다"(884f.). 이와 같은 연대에 대해 실제로 노동자들을 대상으로 목회하는 목사들은 이렇게 말한다. "성인들은 지옥까지 함께 내려간다"(Les saints vont en enfer, 886). 그리스도 안에서 이미 하나님과 화해된 자인 타자 속에서 우리가 우리의 형제자매를 인식할 때 우리는 그 연대성을 실천하게 되고, 그때 우리는 형제자매들의 비참을 "직접 함께 겪게 된다"(393). 그리스도께서 때로는 회개한 자보다 회개하지 않은 자를 더 사랑하실 수도 있다는 가능성을 열어놓고, 우리가 교회에서뿐만 아니라…모든 개인들 속에서 예수 그리스도의 증인과 이웃을 기대할 때, 우리는 그 연대성을 실천하게 된다(I/2, 468; IV/3, 422).

밖으로 나가기

성령은 하나님의 영이시고, 예수 그리스도의 전적이고 자유로운 은혜의 영이시다. 그렇기에 성령은 우리를 세상과 같아진 상태로부터 불러내어 구별하시고, 또한 자기 목적성으로부터 불러내어 세상으로 파송하신다. 그리고 이제는 소유의 성향으로부터 밖으로 불러내신다. 이와 함께 성령은 앞서 언급했던 현대적인 영 이론과 정면으로 맞서신다. 그 이론은 하나님의 영을 인간의 정신과 혼동함으로써 소유의 성향을 지지했는데, 이것은 우연이 아니었다. 성령론은 하나님이 인간에게 현재하시는 문제를 다루기에, 현대인은 움켜쥐고 취하고 소유하려는 자신의 욕망을 강화하기 위해 바로 이 문제에 집중했던 것이다. 바르트는 이런 욕망의 "정신"을 "개인주의화"(Individualisierung)라고 불렀다. 그 인간은 자기 자신을 철저히 개인으로 이해한다는 것이다. 여기서 "개인"은 "나누어지지 않았고 나누어질 수도 없는 본질", 다시 말해 "하나님의 궁극적 현실성과 최소한… 유사관계에 있는 본질"로 이해된다. 그 본질은 자기 자신 안에서 "영원, 전능, 지혜, 선, 영광" 같은 것도 발견하며, "그것의 현재는 인간으로 하여금…자기 자신을 "은밀한, 그러나 그 자신에게는 최고로 현실적인 왕으로 높이는 것을…허락하고 또 명령한다." "개인주의화는 인간에게 대상이 되는 외적인 것의 내면화다. 이를 통해 외적인 것은 자신의 대상성을 빼앗기게 된다. 그것은 잡아먹히고 소화되어 인간의 내면이 되어버린다." 이와 동시에 개인주의화는 "외화인데…인간이 자신의 내면을 외부로 투사한다는 점에서 그렇다. 이제 내적인 것은 완전히 바깥에 존재하게 되어 자신을 대상에게 강요하고, 자기 자신을 대상과 동일시한다. 개인주의화란 자신의 지배를 목적으로 하여 대상을 강제로 점유하는 것이다."[182]

성령이 예수 그리스도 안에 있는 하나님의 전적이고 자유로운 은혜의 영이고 또 하나님의 영이라면, 성령은 새로운 사고를 불러일으키심으로써 이와 같은 성향과 정면으로 대립한다. 성령은 "소유"에는 어떤 근거도 제공하지 않으신다. 성령은 소유의 "정신" 즉 "자본주의의 정신"(M. Weber)을 제거하신다. "성령을 가지고 있는 것은 **하나님께** 신뢰를 두는 것이지, 하나님을 **가지는 것**에 신뢰를 두는 것이 아니다"(I/1, 485). 성령의 거룩하심에 참여하는 것은 **낯선 거룩함**(aliena sanctitas)에 대한 참여다(IV/2, 527). 따라서 그 참여는 우리에게 선사되는 하나님의 은혜에 우리 자신이 "그것의 소재의 증가분을 첨가하는 것"을 의미하지 않으며, 그래서 인간의 "사

---

[182] *Protestantische Theologie*, 92f.

적인 종교적 필요성을 충족시키는 것"이나 "스스로 구원을 찾는 것"에 대한 확증도 아니다(I/2, 258). 왜냐하면 우리는 성령 안에서 "구원자 하나님"을 인식해야 하기 때문이다. 그때 우리는 구원을, "바로 우리 자신의 존재를 (구원 받은 자로) 주장해야 한다는 점에서, 오직 **미래적인** 것 즉 하나님으로부터 우리에게 다가오는 것으로 이해해야만 한다"(I/1, 486). 따라서 우리는 그렇게 규정된 인간의 삶을 "어제 모아둔 자본의 이자로" 살아가는 모습으로 생각해서는 안 되고,[183] 오히려 항상 그날 벌어 그날 먹고 사는 방랑자의 모습으로 이해해야 한다. "성령의 모든 은사는…하나님의 백성과 그 개인들을…이와 같은 방랑을 향해 강하게 만든다." 그것은 부활의 날로부터 시작하여 "영원한 미래"로, "하나님의 영원한 생명에 참여하는 곳"(IV/2, 948)으로 향한 방랑이다. "방랑하는 하나님의 백성으로서의 그리스도교 교회 공동체의 실존"은 "자기 목적이 아니고 사적인 일도 아니며, 오히려 공적인 일"이다. 하나님의 백성은 이 세상에게 "새로운 형태의 세계가 다가오는 것과 옛 형태가 사라지는 것"을 보여주어야 하기에, 공동체의 실존은 공적인 일이다. 공동체는 다른 사람들을 그와 같은 도상의 존재로 초대해야만 한다(IV/3, 397f.).

그와 같은 방랑의 길로 내모는 것은 무엇인가? 예를 들어 어떤 이상향을 스스로 정하고 도달할 수 있다고 생각한 다음에, 그것에 비추어 측정되는 결핍의 경험들인가? 미래로 나아가기보다는 차라리 이미 도달한 것을 즐기려고 하는 시대적 분위기에 맞추어 이와 같은 방랑을 어느 정도 늦출 수도 있는 것인가? 거꾸로 묻자면 "'앞으로 전진'이라는 도무지 멈추지 않는 압력 아래 놓인 삶이 과연 살아갈 만한 삶인가?"(397) 무엇보다도 거기서는 현재가 "진공"으로 이해될 것이다. 이 진공 안에서 한때 오셨던

---

[183] *Einführung*, 182.

분 그리고 언젠가 오실 분인 그리스도는 단지 "가장자리에서"만 등장하시고, 중심부는 "그리스도를 대체한 어떤 그리스도교"가 차지할 것이다. 그때 그 진공 안에 존재하지 않는 예수 그리스도의 대리인은 "자연적 본성"의 인간일 것이며, "특별히 그리스도인"이 될 것이다. 그리스도에게는 앞서 말한 결핍의 경험에 대한 논쟁 혹은 극복의 과제만이 이러저러하게 위임될 것이고, "그리스도는 인간이 그분에게 승인하는 역할만을 감당하게 될 것이다"(404f.).

그러므로 우리를 진정한 방랑으로 내모는 것은 바로 우리의 현재 속에 생겨난 그와 같은 "진공"에 대한 생각의 부정이다. 그것을 부정하는 것은 다름이 아니라 "성령의 약속"이다. 이것은 "(예수 그리스도께서) 우리 가운데, 우리 곁에, 우리 안에 직접적이고 즉각적으로 현재하고 행동하고 계신다"는 약속이다. 이 현재와 행동을 통해 성령은 자기 자신을 우리의 현재 속에서 우리 모두의 타당한 희망으로 만드신다(405). 이와 같이 우리에게 주어진 성령의 약속에 근거해서 우리의 현재는 앞서 말한 진공이 아니게 된다. 그러므로 "우리가 이 시대에서 모든 피조물과 더불어 구원과 완성, 즉 최후의 형태로서 예수 그리스도의 오심을…탄식과 함께…기대한다는 것"은 "그리스도인들이 그 최후의 미래의 보증 혹은 처음 익은 열매로서 자신들에게 주어지는 영이 마치 결핍된 것처럼 보인다고 불평할 이유가 있다는 것"을 의미하지 않는다. 만일 우리의 현재가 단지 "사소한 사물들의 시대"에 불과하고 무엇보다도 성령의 약속으로 충만한 시대가 아니라면, 한 가지 위험이 대단히 긴급하게 닥칠 수 있다. 그것은 "우리가…다가오고 있는 새 세계와 그것의 질서를 그리워하고 기대하는 가운데서도, 바른 위로를 얻지 못하고 깨어 있지 못하거나 아니면 심지어 실망에 빠지는" 위험이다(414f.).

우리를 앞으로 나아가게 하는 것은 현재 우리에게 결여된 것이 아니라 오히려 주어져 있는 성령, 곧 **약속**으로서 주어져 있는 성령이다. 바르트에 의하면 이것은 두 가지 의미로 이해된다. 하나는 "**성령께서 약속하신다**"는 것이다. 그리스도를 이미 알고 있는 자들, 그리스도의 오심을 "구원자요 완성자"의 오심으로 아는 자들, 그리고 "그리스도께서 이끌어내시는 새로운 세계 형태를 세상의 궁극적인 미래와 자기 자신의 최종적인 미래로 인식하는 자들에게 성령은 약속하신다." 성령은 예수 그리스도의 오심을 약속하시는데, 이 약속은 그분이 현재하고 계신다는 확증과 연결되며, 미래를 향해 나아가는 그들의 길에서 그리스도께서 도와주실 것이라는 확증과도 연결된다(406). 예수 그리스도께서는 이와 같은 사람들의 희망이다. 그들은―"다른 사람들과 마찬가지로 아직 완전히 구원에 이른 것은 아니지만"―이미…성령의 약속을 받은 사람들이고 "성령의 힘으로 미래를 향한 도상에 있기 때문이다(408).

다른 하나는 "**성령이 약속되었다**"는 것이다. 예수 그리스도를 아직 알지 못한 자들에게도 성령이 약속되었다. 그들은 성령의 약속을 "단순히" 받지 못한 자가 아니고 "아직" 받지 "못한" 자들이다. 그 결과 그들은 자신들의 "자의성, 우연, 스스로 창작한 운명, 또는 자신의 어두운 충동에 의존"하고 있다. 그러나 "그들에게도 결여되지 않은 것이 하나 있다. 이것은 그들에게 결여되어 있는 다른 모든 것보다 더욱 중요하다. 그것은 바로 성령이다. 예수 그리스도께서 부활하심으로써 또한 그들에게도…성령이 약속되어 있다. 그들은 비그리스도인들이지만 '성령 없는 삶'으로…심판을 받은 것은 아니다." 그렇기에 "예수 그리스도께서는 그 사람들에게도 희망이 되신다"(408-410).

이것은 "구분되지만…하나"다. 성령의 약속은 그리스도인과 비그리스도인을 구분하지만 **동시에** 결합한다. 이 사실이 그들 모두의 현재를 공허하지 않게 만든다. 왜냐하면 그 현재는 약속이 비어 있지 않기 때문이다.

그리고 이 사실은 그리스도인들을 현재를 넘어 미래로 나아가도록 추진한다. 왜냐하면 여기서 관건은 미래의 약속이기 때문이다. 그래서 그들 모두는 모든 사람을 위한 희망 가운데 미래로 향하는 길을 나선다. 성령의 약속이 그들을 그 길 위에 위치시켰고, 그들과 동행할 것이다. "성령이 그들의 길이요, 그들이 당연히 그리고 마땅히 그 길을 **가야 한다**는 확증이시다"(406f.). 그들은 현재의 공허함의 느낌으로부터 그 길을 나서는 것이 아니다. 오히려 그 길을 나서는 것은 예수 그리스도께서 자신의 계시 속에서 "계시의 현재적인 충만함으로부터 미래의 충만함으로" 향하는 길을 가시기 때문이며, 그들이 "계속 진행되는 예수 그리스도의 예언자적 사역의 동반자들로서 그 길을 가도록 허락받았기 때문이다"(415.422). 그러나 이 과정이 그들을 교만하게 만들 수는 없다. "성령의 약속을 받은 바로 그 사람만큼 깊은 탄식을 해야 할 필연적인 이유를 가진 사람이 또 누구겠는가?"(423) 가장 불안한 사람들보다 더 불안해하면서 그는 이렇게 묻는다. "온 세상의 위로자시여, 당신은 어디에 계십니까?" 그가 불안한 것은 바로 그 미래의 위로를 확신하기 때문이며, 그 위로로 채워진 미래를 향해 확신하며 나아가기 때문이다. 그래서 그는 "성령의…인도하심에 순종하면서…'내가 네게 보여'주겠다(창 12:1)라고 하신…그 땅을 향해…항상 새롭게 출발한다"(IV/4, 221.43).

9 ▪ 함께 나아가기

교회론

궁지에 몰린 교회

바르트는 우리 시대에 "우리가 지금까지 알고 있던 형태의 그리스도교"는 종말을 고하고 있다고 생각했다.[184] 그것은 4세기경에 "국민, 사회, 국가와 합쳐지고…그 안으로 이동해서" 형성된 서구 그리스도교를 가리킨다(IV/4, 185; 비교. IV/3, 18f.). 그리스도교는 "한편으로 문명, 문화, 국가권력과 다른 한편으로 교회 사이의 실천적인 일치"를 전제해왔다. 그리스도교는 "그리스도인의 실존과 비그리스도교인의 실존이 하나로 합쳐지는 혹은 최소한 합쳐진 것으로 보이는 사회"에서 존속했다. 그와 함께 "전통에서 유래하는 것을 자동적으로 수용하는 그리스도교성"은 자명한 것으로 여겨졌다(IV/3, 602f.). 그 결과 서구에서는 "인내심을 갖고 참아야 하는 유대인들을 제외하고는 모두가—필연적으로 제국에 속해야 했던 것과 마찬가지로 자명하게—교회에 필연적으로 소속되어야 했고, 그래서 서둘러 그리스도인이 되지 않았던 사람은…아무도 없었다"(IV/4, 185). 그러나 이런 형태의 그리스도교는 "그것이 아무리 끈질기게 스스로를 유지하려고

---

[184] *Das Evangelium in der Gegenwart*, 33.

시도해도…이미 역사적으로는 **불가능**하게 되었다. 그리스도교적인 서구는…더 이상 존재하지 않는다"(IV/3, 603). 과거에 존재했던 교회와 사회의 통일된 관계가 도피해 들어갔던 "민족교회"도 바르트가 보기에는 붕괴하고 있었다.

우리는 그런 통일성의 표징 아래 있었던 그리스도교를 어떻게 판단해야 하는가? 바르트에 의하면 그것은 한편으로 **비판적으로** 이해되어야 한다. 그것은 자신의 현존재에 대한 보장을 얻기 위해 세상의 권세에 적응해야 한다는 유혹에 굴복한 형태이며, 역으로 그것은 교회가 그런 권세의 현존재를 보증해주어야 한다는 의무와 결부되어 있다.[185] 그 결과 "슈바벤, 알레만, 작센, 프랑크, 영국, 이탈리아, 스페인, 헝가리 지역의 원시적이고 이교적인 사람들은 각각의 사회에서, 비록 사제의…옷을 입기는 했으나 자신들만의 활기 찬 삶을 살아가는 데 방해를 받지는 않았다"(IV/3, 603). 이 과정에서 교회라는 소금은, 땅에 대해 반드시 짜야 함에도 불구하고, 짠 맛을 잃어갔다(마 5:13). 그러나 바로 그와 같은 과정은 약속에 가득 찬 비유라고 **긍정적으로** 이해될 수도 있다. 그 과정은 한편으로 위의 사실에도 불구하고 예수 그리스도 안에서 발생한 하나님의 성육신에 대한 부적절하지 않은 반향의 발생으로 이해될 수 있고, 다른 한편으로는 멀리 떨어져 있지만, 그러나 그 자체로 기뻐할 수 있는 세계 곧 다가오는 하나님의 세계의 후광으로 이해하거나 "하나님과 그리스도의 나라가 이 세상에서 펼쳐질 것이라는…약속의 잠정적인 성취"로 이해될 수도 있다.[186]

서구에서 시민적 그리스도인의 존재가 자명하다는 생각이 멈춘 상황에서, 바르트는 그 과정에 대한 **두 가지** 해석 모두에서 타당성을 본다. 앞

---

[185] 위의 논문, 30f.
[186] 위의 논문, 32.

서 말한 (교회와 사회의) 통일성 안에 그동안 드물지 않게 터져 나왔던 위험 곧 복음에 **충실하지 않게 되는** 위험이 은폐되어 있다고 해도, 그리스도교는 "전면적인 멸망 곧…(그것의 지금까지의) 형태가 몰락"할 것을 두려워해서는 안 된다. 오히려 교회는 이렇게 심사숙고해야 한다. 우리는 어쩌면 "세상 안에서 교회 공동체가 행해야 하는 일 및 봉사와 관련하여, 교회가 어느날 다시…세상으로부터 인정받는 어떤 가치도 없이…시민, 사회, 국가의 한가운데서 작고 낯선 모임으로서" 혹은 유동적인 형제자매의 사귐으로서 "존재해야만 하고 또 그럴 수밖에 없다는 사실을 기뻐해야 하며 그 사실에 익숙해져야 할지도 모른다"(IV/4, 185). 다른 한편으로 두 번째 해석에 따라 앞서 말한 (교회와 사회의) 통일성 안에 **축복**이 숨겨져 있다고 한다면, 그리스도교는 교회의 위축이 자동적으로 건전성의 회복을 뜻할 것이라는 환상 앞에서 그렇지 않다고 말하는 경고의 목소리에 귀를 기울여야 하며, 교회라는 소금이 짠 맛을 잃어버리지 않으려면 땅에 속해 있어야 한다는 사실을 건강하게 기억해야 한다. 우리는 이 해석으로부터 분명히 알 수 있다. 교회와 사회 사이의 관계가 통일성이 아니라 분리되어야 한다는 주장은 역사적인 현상일 수는 있지만 신학적인 명제는 될 수는 없다. 그것은 교회의 외적 형태를 만들어가는 것에 관한 어떤 계명도 아니다. 그 주장은 단지 냉철하게 인지해야 할 **상황**을 지시하고 있을 뿐이며, 교회는 그 상황 안에서 단지 인간적인 통찰력에 의지하여 현존하고 있다. 그렇기에 그 주장은 그런 상황에서 교회를 그리스도의 교회로 만드는 것이 무엇인지를 교회로 하여금 사려 깊게 영적으로 숙고하도록 만드는 자극제가 된다.

바르트가 보았던 교회론의 과제는 지금까지의 교회의 형태가 존속하도록 보장하려는 어떤 이론이 아니었고, 전혀 다른 어떤 교회를 예측하는 것도 아니었다. 오히려 그 과제는 현 상황에서 교회에게 약속된 진정한 존재가 무엇인지를 묻는 것이었다. 그러므로 현 상황과 논쟁을 벌이는 것은 바르트에게는 우선적인 과제가 아니다. 그는 두 가지 서로 다르지만 그러나 관련되는 개념을 논의한다. 그것은 교회의 앞서 말한 근대적 상황에 대한—근본적으로는 잘못된—반응이다. 그것은 어렵지 않게 이해된다. 바르트는 두 가지 핵심 용어를 통해 그 개념을 설명한다. (1) 교회가 낯선 존재가 되는 위험(세속화), (2) 교회가 자신을 영화롭게 하는 위험(성례전화)이 그것이다(IV/2, 754). 혹은 (1) 외부 지향적인 "결함이 있는 교회", (2) 내부 지향적인 "과잉의 교회"(CL, 224.227). 혹은 (1) (세상을 향해) "곁눈질 하는" 교회, (2) (세상 안에서 갖는 자신의 사명에 관련하여) "게으른 교회."[187]

"결함이 있는 교회란 주님을 바라보면서도 불안해하고, 그보다 더욱 불안하게 다른 편에 있는 세상을 바라보는 교회다. 그 교회는 걱정에 가득차서 자신을 세상과 비교하며, 모든 경우의 수에 따라 열심히 이쪽에서 저쪽으로 또 저쪽에서 이쪽으로 오가며 접촉점을 찾으려고 하고, 이쪽과 저쪽을 연결하는 다리가 있지 않을까 노심초사하는 교회다. 그 교회가 가장 소중히 여기는 단어는 "그리고"라는 작은 단어다"(CL, 225). 그것은 결함이 있는 교회다. 왜냐하면 그런 교회는 복음을 "세상"에 적응시키고, 그렇게 하여 복음을 낯선 것으로 만들어버리기 때문이다. "교회는 자신의 주변세계에 의해 혹은 스스로 그것과 관계를 맺으면서 복음의 법과…동일하지 않은 어떤 법을 결정할 때, 언제나 소외된다"(IV/2, 755). 교회가 언제나 매우 자연스럽게 그런 일이 (복음의) "수신자들"을 위해 필요하다고 주장할 때, 교회의 소외는 발생한다. 그다음에 사태는 이렇게 진행될 것이다. 교회가 수신자들을 **그런 식으로** 바라보고 대하는 동안, 교회가 정말로

---

[187] *Die Schrift und die Kirche*, 29f.

그들에게 주어야 하는 것이 무엇인지는 점점 더 불분명해질 것이고, 나아가 그들에게 줄 수 있는 것이 도대체 남아 있는지가 불확실해질 것이다. 왜냐하면 그 수신자들은 교회가 주겠다고 하는 그것을 이미 가지고 있다고 말할 것이기 때문이다. 교회의 소외는 또한 그 소외가 실제로는 전혀 소외가 아니라는 이론을 제시할 때도 발생한다. 그 이유는 서구에서는 "고대 문화 및 많은 민족적 특성들 곁에, 많은 다른 토양에서 자라난…오랜 혹은 새로운 학문, 기술, 예술, 정치 곁에, **또한 그리스도교**의 영향력이 다소간 개입하면서 인간 사회를…규정해왔기 때문"이라는 것이다. 여기서 문제가 되는 것은 그리스도인의 존재와 "서구인"의 존재가—표면상으로는 앞서 말한 교회와 사회의 중세기적인 통일성으로부터 구조되는 것으로 보이면서—일치한다는 것만이 아니다(IV/3, 600). 정말로 문제되는 것은 교회가 이제는 지속적으로 적응의 압력 아래 놓인다는 것이며, 이미 많은 점에서 교회를 더 이상 필요로 하지 않는 사회 안에서 그 사회가 마련해주는 "작은 자리"(CL, 230)만 차지해야 한다는 사실이다. 자리를 지정해준 사회는 아직도 쓸모가 있으려면 이러저러해야 한다는 처방전도 교회에게 함께 제시한다.

이런 이해는 그리스도인의 존재의 자명성이 점점 사라지게 만드는 잘못된 진행을 불러일으킨다. 왜냐하면 교회의 과제에 담긴 문제를 그렇게 이해할 때 주어지는 대답은 내적 의존성이라는 특성을 갖기 때문이다. 그 교회는 "곁눈질"한다. 왜냐하면 그 교회는 결정적인 지점에서 하나님 대신 "사명을 수여하는" 인간을 바라보기 때문이다. 그 관점에서 교회는 어떤 집의 건축에 비유되는데, 건축자는 그 집을 지을 때 가능한 한 많은 개방된 문과 창문들을 갖도록 온갖 염려를 다한 뒤에, 그 염려가 집을 지탱할 든든한 토대를 마련하기 위한 것이었다고 확신한다. 바르트는 사회의 점점 더 많은 영역이 교회에 대해 독립성을 요구할 때, 교회는 새로운 자유의 선언으로 대처해야 한다고 보았다. 다시 말해 교회도 스스로 사회에 대해 독립적이라고 이해해야 하고 "자신의 신앙고백과 인식을 위한 전적으로 새로운 자유를 향해 부르심을 받고 있음"을 알아야 한다는 것이다.[188] 이 사실은 종교개혁자들이 교회적 행위와 국가적 행위 사이를 구분했던 것과 일치한다. 이 구분의 영향력은 16세기 동안에는 감추어져 있었다. 왜냐하면 그때는 교회와 국가의 통일성이 여전히 존속하는 중이었기 때문이다. 하지만 개혁자들은 그 구분을 철저히 긍정했고, 이것은 "열광주의자들"에 대한 그들의 입장에서 나타난다. 이 통일성이 붕괴된 이후에 개혁자들의 결정은 다시 한 번 새롭게 숙고되었으며, 이렇게 말해졌다. 교회가 자유롭게 되는 것은 사회가 교회에게 (아직도) 지정해주는 공간 안에서가 아니라, 복음이 교회에게 허용하는 공간으로 만족할 때다. 그것은 "복음을 통해서만이 아니라 또한 외부 세계 즉 자연 및 역사적인 힘과 권세들의 방향과의 관계를 통해 주어지는 모든 전제, 속박, 의무들로부터 벗어나는 자유"다.[189]

다른 한편에는 "자기를 영화롭게 하는" 교회가 있다. 이것은 "교회가 적응한다는 사실보다는 교회가 자기 자신을 주장한다는 사실을 통해" 확증된다. "세상의 한가운데서…자신도 독립된 하나의 세계"라고 주장하는 것이다(IV/2, 756). 이런 교회는 "**과잉**"(Exzeß)의 교회"다. 교회가 "자기 자신의 유익을 위해", 자기 자신을 세상과 구분하고 특성화하기 위해, 자기 자신의 요구를 내세우고 관철시키기 위해 주님을 필요로 한다는 점에서 그렇고, 또한 "교회가 자기 자신을 자랑하기 위해 그분을 찬양한다"(CL, 225)는 점에서 그렇다. 이런 교회는 세상에 대한 자신의 독립성을 강조한다.

---

[188] *Das Evangeilum in der Kirche*, 34.
[189] 같은 곳.

그러나 과거와 같은 무조건적이고 승리적인 우월감에서가 아니라 오히려 "세상"에 대한 화기애애하고 평화로운 제안으로 이렇게 말한다. 교회의 내부에서 우리를 만족시키는 것, 그리고 교회의 과거의 영광 가운데 우리가 아직도 보존하고 있는 것은, 그것이 교회 담장 밖의 어느 누구에게도, 심지어 우리 자신에게도 구속력이 없다는 사실을 우리로 하여금 긍정하도록 만든다. 여기서 교회는 사라져가는 그리스도인의 존재적 자명성에 대해 좁은 보호구역 안으로 퇴각함으로써, 다시 말해 "내부 지향적인 교회"가 됨으로써 대응하고 있다(같은 곳). 바르트에 의하면 이 과정이 "성례전화"다. 교회가 "자신의 내부에서 이리저리 흔들리는" 세계 "그 자체"로 변형되는 것이다. 이와 같은 성례전화도 일종의 교회의 세속화인데, 앞서 말한 세속화 곧 세상을 성례전화하려는 방향으로 접어들었던 교회의 세속화와 마찬가지다. "이쪽에서 교회는 세상과 **비슷**해졌고, 저쪽에서는 세상으로부터 **벗어났다**. 교회가 정신을 집중하여 하나님의 요청을 옹호하려고 하지 않고 자기 주장만 내세웠기 때문이다!"(IV/2, 757) "교회 자신이 세상 한가운데서 스스로 세상적이려고 하지 않았다면…세상과 연대하려고 하지 않았다면…어떻게 교회가 세상과 비슷해질 수" 있겠는가!(IV/3, 884)

바르트가 볼 때 교회가 그런 식으로 보존하려고 하는 독립성이란 단지 "형식적인 독립성"[190]에 지나지 않는다. 또한 그것도 교회와 사회의 통일성이 붕괴되는 것에 대한 잘못된 반응이다. 그 독립성은 교회가 세속화되어가는 세상으로부터 점점 더 멀어져 자기 자신 안으로 퇴각하고, 그다음에 자기 스스로 어떤 특별한 존재가 되려고 시도할 때 얻어지지 않는다. 교회는 자신의 독립성을 오로지 **복음**을 통해 얻는다. 다시 말해 "교회

---

190 비교. *Theologische Existenz heute!*, 32.

는 복음에게 그 자체의 자유를 허용하고, 복음의 타당성이 어디까지 도달해야 하는지에 대해 뒤따라 확증하기를 중단하지 않음으로써"[191] 그 독립성을 얻고 소유한다. 이에 따라 교회가 독립적으로 되는 것은—"하품을 수고스럽게 참으면서"[192]—이제 막 위태롭게 해체되려고 하는 전통들을 보호하고 지킬 때가 아니라, 바로 복음이 교회 자신에게 규정하는 과제를 언제나 새롭게 확증해 나갈 때다.[193] 교회가 자유롭게 되는 것은 자기 유지에 몰두할 때가 아니라, 바로 교회 안에서 선하신 목자의 음성이 들려올 때다. 교회는 그 목소리의 부르심을 받았으며 "세계 안에서의…어떤 책임을 벗어나는…자유가 아니라, 오히려 세계 **안에서** 그리고 세계를 **향해** 교회 자신의 파송에 상응하여 자신의 책임성과 함께 살아가는 자유를 뜻한다."[194] 교회의 이와 같은 자유는 교회 자체를 주변세계로부터 분리하여 울타리를 치는 것일 수 없다. 오히려 그 자유는 교회가 주변세계에 대해 어떤 중요한 의미를 갖기 위한 전제조건이 된다.

교회다운 참된 교회

바르트의 특징적인 교회 이해는 교회와 사회의 통일성이 붕괴되는 시기에 교회에 한 가지 진정한 가능성을 지시해준다. 우리는 그와 같은 이해를 1933년에 바르트가 말한 표제어에 따라 이렇게 말할 수 있다. "교회는 **반드시 교회로서 존재해야 한다**(sein)."[195] 이 표제어는 그 당시 교회 지도

---

191 *Für die Freiheit des Evangeliums*, 7.
192 *Die Schrift und die Kirche*, 29.
193 *Theologische Existenz heute!*, 36.
194 *Das Evangelium in der Gegenwart*, 34.
195 *Für die Freiheit des Evangeliums*, 6.

부가 외치던 구호, 곧 "교회는 교회로서 **머물러야** 한다(bleiben)!"[196]와는 다른 의미를 갖고 있다. 이 구호의 의미는 교회가 자신의 실체와 존재 상태를 해치려고 다가오는 변화들로부터 자신을 보호해야 한다는 것이었다. 그러나 바르트는 묻는다. 그렇게 할 때 교회는 갱신을 필요로 하는 어떤 것을 고집스럽게 간직하는 결과가 되지 않는가? 그렇다. 교회가 자신의 메시지를 "누구도 손댈 수 없이" 보존해야 하는 것으로 여기고, 그것을 언제나 새롭게 확증해야 하는 것으로 이해하지 않을 때, 교회는 그렇게 하여 "승리"하는 것이 아니라 오히려 "그리스도의 존재로서의 교회"라는 자신의 존재를 부정하게 된다.[197] 그러나 바르트의 표제어도 교회가 반드시 교회로 **되어야 한다**(werden)는 것을 의미하지는 않는다. 다시 말해 마치 지금은 서류상으로만 교회인 것을 "새 질서"[198]에 의거해서 특정한 이상적인 교회의 표상에 따라 탁월하게 "참되고" "살아 있는" 교회로 만들어야 한다는 것을 뜻하지 않는다. 그 표제어는 "현실에 실존하는 교회"에다 어떤 소원하는 교회의 상[199]을 덮어씌우는 것을 뜻하지 않는다. 오히려 그것은 그와 같이 자의적으로 설정된(그것에 추가적으로 성서구절이 첨부된다고 해도 달라지지 않는다) 목표에 따라 형성된 교회란 필연적으로 소외로 규정된 교회가 아닌지를 물으며, 하나님의 말씀으로부터 유래하지 않고 그 말씀에 대한 "순종으로부터" 생성되지 않은 교회인지, 그래서 실제로는 교회가 **아닌 것인지**를 묻는다.[200]

그 표제어는 아무 의미도 없는 동어반복이 결코 아니다. 이 사실은 그

---

[196] J. Gauger, *Chronik der Kirchenwirren*, 93.
[197] *Theologische Existenz heute!*, 36; *Texte zur Barmer Theologischen Erklärung*, 34.
[198] 이것은 그 당시의 독일 그리스도인(Deutschen Christen)의 표상이다. 비교. Gauger, 위의 책, 67.
[199] 이와 같이 바르트에 반대한 사람은 K.-W. Dahm, *Identität und Relität der Kirche*, 80f.
[200] *Theologische Existenz heute!*, 8.

것의 해석에서 나타난다. 그 명제의 제1절이 말하는 "교회"는 보이지 않는 교회이며, 사도신경에서 "나는 공교회를 **믿습니다**"로 고백되는 교회다. 그러나 이 교회는 애써 추구하여 도달해야 하는 어떤 이상이 아니다. 바르트는 그 **교회**를 우리가 장차 실현해야 할 교회라고는 결코 말하지 않았고, 이미 실현되어 있는 "현실적인"(wirkliche, 참된) 교회라고 불렀다. 현실적인 (참된) 교회는 "외관상의 (거짓) 교회"(IV/2, 695-699)와 구분된다. "실제로 실존하는" 보이는 교회는 그런 거짓 교회가 **될 수** 있다(앞서 말한 "나는 공교회를 믿습니다"라는 고백을 도외시한 채 자신을 이해할 때 그렇게 된다!). 그러나 보이는 교회라고 해서 필연적으로 혹은 본질적으로 거짓 교회로서 **존재**하는 것은 아니다. 이 사실로부터 우리는 분명히 알 수 있다. 우리가 믿음을 고백하는 그 교회와 관련하여 우리는 "교회의 가시성을 지나칠 수 없고, 그것의 이 세상적이고 역사적인 형태를 무관한 것이라든가 적대적인 것으로 부정해서도 안 되며, 나아가 가시성을 필요악", 다시 말해 "성령과 영들의 비가시적인 공동체를 위한 필요악"으로 취급하려고 해서도" 안 된다. 그렇게 한다면 그다음에는 틀림없이 "어떤 환상의 나라"로 날아가게 될 것이다(IV/1, 729f.). 우리는 보이지 않는 교회가 언제나 오로지 "실제로 실존하는" 교회 **안에** 있다고 믿어야 한다.

그러나 바르트는 보이는 교회를 그와 같은 보이지 않는 교회와 동일시하는 것에 대해 단호하게 경고한다. "그런 교회에게는 화가 있다!"(734) 왜 그런가? 왜냐하면 그런 교회는 외적 현상의 상(像)에서 혹은 자신의 대변자들 사이에서 언제나 어느 정도만 "선하게" 혹은 전혀 선하지 않게 현존하기 때문이다! 나아가 결정적인 이유는 그 교회는 엄격하게도 **예수 그리스도**의 교회이기 때문이다. 물론 이것은 예수께서 교회를 다스리거나 대표하는 "객체"가 되신다는 뜻은 아니고, 또 그렇게 하심으로써 교회가 다소간에 빛이 난다는 뜻도 아니다. 혹은 교회가 어떤 문화사적인 전통으로부터 "그리스도교적"이라는 술어를 스스로 부착했다는 뜻은 더욱 아니다. 예수 그리스도의 교회의 최우선적인 의미는 그분이 교회의 본래적인 **주체**라는 사실이다. 그러므로 "**교회**의 존재는 **그분**의 존재의 술어다"(IV/2, 741). 그분은 교회나 교회 안의 어떤 법정이 대리할 수 있는 분이 아니다. 오히려 그분 자신이 교회를 불러 모으고, 건립하고, 파송하신다.[201] 교회는 "그분의 몸"이며, 몸으로서 교회는 "현실적"이다. 교회는 자기 자신의 힘이 아니라 그분에 의해 예수 그리스도의 현실적인 (참된) 교회일 수 있다. 교회를 창조하고 유지하고 앞으로 추진하는 그분의 작용이 교회를 그렇게 만든다. 그분이 홀로 교회의 토대를 닦고 건축하고 다스리신다. 그동안에 교회 안에 있는 사람들은 "일에 손을 대기도 하지만…또한 손을 펴지 않거나 때로는 편안하게 무릎 사이에 넣고 있을 수도 있고" 혹은 "루터의 표현으로는 '빌립보나 암스도르프와 함께 뷔르템베르크 맥주를 마실 수도 있다'"(IV/2, 714f.). 다음 명제는 성립되지만, 그 역은 성립되지 않는다. "**그분**이 존재하심으로써, **교회**는 존재한다"(IV/1, 738). 이 사실은 참된 교회가 절대적으로 볼 수 없는 것은 아니지만, 그러나 오직 믿음 안에서만 "볼 수 있다"(733)는 것을 의미한다. 믿음은 예수 그리스도를 믿음으로써 또한 교회도 믿으며, 그리스도께서 자기 사람들 없이 계시지 않는다는 사실 (III/3, 307; IV/2, 717; IV/3, 605), 그리고 그 모든 것이 교회의 보이는 실존을 통해 증언된다는 사실도 믿게 된다. 믿는 자는 그와 함께 자기 자신도 그리스도의 사람들에 속한 한 사람이라고 믿게 된다. 이와 같은 바르트적인 의미에서 교회의 실존은 믿는 자의 개별적인 실존보다 필연적으로 앞선다.

여기서 볼 수 있는 현상으로서의 교회, 즉 "**보이는** 존재로서의 교회는…자신의 **보이지 않는** 존재에 대한 증인이다"(IV/1, 734). 보이는 실존

---

[201] 이것은 *KD* IV/1-3 안의 교회론의 세 가지 측면이다.

안의 교회는 "최선의 경우에도…저 현실적인 (참된) 교회…그리고 그 안에서 활동하시는 그리스도에 대한 **모호한** 증언"에 그친다(IV/2, 699). 그러나 이 사실이 "보이는 것은 보이지 않는 것을 증언한다"는 명제를 변경시키지는 못한다. "공교회를 믿습니다"라는 고백은 "보이지 않는 것, 곧 **볼 수 있는 것**의 비밀에 대한 믿음"을 고백하고 있다. 인간은 **보이지 않는** 교회에 대한 믿음 안에서 보이는 교회의 작업 및 투쟁의 영역 안으로 입장하게 된다. 왜 작업 및 투쟁의 영역인가? 왜냐하면 보이는 것의 영역에 있는 교회는 자신의 "보이지 않는" 비밀에 대한 증언을 다소간 흐려 놓거나 아니면 그것에 책임을 져야 할 상황에 처할 수 있기 때문이다. 그때 교회는 그리스도께서 교회 자체 안에서 증언하신다는 사실, 그렇기 때문에 교회 자신이 "참된 교회"일 수 있다는 사실을 증언하지 못한다. 그때 교회는 교회를 교회 되게 만드신 예수 그리스도의 교회라는 사실에 상응하지 못하고, 오히려 그것과 모순된 상태에 빠진다. 그때 교회는 "거짓 교회"가 된다. 그렇다. 그때 "교회는 교회로서 존재하기를 그친다."[202]

이와 같은 사실은 이렇게 말한다. 교회의 위협은 교회 밖의 권세들로부터 주어지는 것이 아니라 "교회 자체의 잘못"이다.[203] 이것의 역은 성립된다. "교회가 교회로서 **존재**하는 곳에서 교회는 이미 **구원**받았다. 내부로부터 온 것만큼 강한 압제가 외부로부터 교회에게 닥친 적은 없다."[204] "교회는 흔들리기는 하지만 결코 침몰하지 않는다"(루터, IV/3, 967). 하지만 이 진술이 그런―그렇게도 악한―위험에 처한 교회가 "교회의 실체에 반하는 음모"[205] 외에 다른 어떤 일로 성공할 수 있다고 말해주지는 않는

---

[202] *Für die Freiheit des Evangeliums*, 9.
[203] 같은 곳.
[204] *Theologische Existenz heute!*, 37.
[205] *Götze*, 29.

다. 교회가 자기 스스로를 교회로 **만들 수 없는** 것처럼, "참된 교회"로서의 자기 자신을―왜냐하면 교회의 머리는 그리스도이시기 때문에―스스로 **폐기**할 수도 없다. "교회는 거지가 될 수도 있고, 장사꾼처럼 처신할 수도 있으며, 자신을 창녀로 만들 수도 있다. 이런 일은 과거에도 있었고 지금도 있다. 그럼에도 불구하고 교회는 여전히 그리스도의 신부로 남아 있다"(IV/1, 772). 교회는 자신의 실체에 대해 자기 모순에 빠질 수 있다. 그러나 그때 교회의 "실체"(Substanz)가 자기 모순에 빠지는 것은 아니다. 오히려 우리는 이런 상황에서 "보이는 교회의 작업 및 투쟁 영역" 안에 놓이게 된다. 우리는 교회를 위해 일하고 투쟁해야 한다. 교회가 지금의 보이는 형태 안에서―여전히 지속되는 모든 모호성에도 불구하고―자신의 실체와 더 이상 모순되는 것이 아니라 오히려 일치하도록, 그래서 자신이 예수 그리스도의 교회이고 그분이 불러 모으고 건립하고 소명을 주신 교회, 그분이 토대를 마련해주셨고 그래서 그분께 속하고 그분께 순종하는 교회라는 사실을 증언하게 되도록, 일하고 투쟁해야 한다. 이와 같은 의미에서 교회는 그리스도의 교회로서 갖는 참된 존재에 상응하게 되며, 자신의 보이는 실존이 위치하는 증언의 토대 위에서 **존재**하게 된다.

이상이 바르트의 특징적이고 날카로운 **교회 비판**의 맥락이었다. 바르트는 이렇게 말했다. 사람들은 교회 안에서 "새장에 갇혀 창살에 계속 부딪치는 새"와 같을지도 모른다.[206] "우리가 우리 목사들에 대해 말할 때보다 더 심각하게 하나님의 진노에 대해 말하게 되는 곳이 어디 또 있는가?"[207] 교회는 "처음부터 하나님 질문과 관련하여 깨어 있었다기보다는 잠들어 있었다고 해야 할 것이다."[208] 그렇다. "세상이 아니라 오히려 **교회가** 그리

---

[206] *Dogmatik im Grundriß*, 172f.
[207] *Wort Gottes*, 118f.
[208] 같은 곳, 72.

스도를 십자가에 못 박았다."²⁰⁹ 바르트는 베드로전서 4:17을 자주 인용했다. "하나님의 심판은 하나님의 집에서" 시작된다는 것이다. 왜냐하면 교회에 대한 심판은 믿지 않는 자들에 대한 심판보다 더욱 위중하기 때문이다. 그런 이유로 루터교회의 비숍 마이저(Meiser)는 1934년에 바르트를 고백교회로부터 떨어뜨려 놓으려고 했다. "바르트와 함께 교회를 지어갈 수는 없다"는 것이었다.²¹⁰ 그러나 오히려 그가 그렇게 함으로써 실제로는 "교회의 파산"²¹¹을 촉진하지는 않았는가? 어쨌든 바르트가 쓴 다른 방향을 가리키는 문서도 발견된다. "교회나 목사직을 버린 결과의 무의미성은 스스로 목숨을 버린 결과만도 못하다." 교회를 비판하는 자들은 "구명보트로 옮겨 타려고 하지 않고…엔진실의 자기 자리나 함교(배를 조종·지휘하기 위해 갑판 맨 앞 한가운데에 높게 만든 갑판—역자 주)에 **머물러** 있으려고 한다."²¹² 우리는 물론 "교회라는 존재 전체"에 대해 "혐오감"을 느낄 수도 있다. "그러나 우리는 도피해서는 안 된다."²¹³ 그래서 본회퍼의 1933년의 제안, 곧 교회 안에서 자행되는 파시스트적 비행 때문에 (그 안에 남아 그들에 맞서 투쟁하는 대신) 교회를 버리자는 제안은 바르트에게는 이해할 수 없는 것이었다.²¹⁴ 마지막에는 교회 비판가가 더욱더 "성직자적"²¹⁵이지 않았는가?

양쪽 입장 사이에 놓인 겉으로 보이는 모순은 우리가 다음 사실을 이해할 때 분명하게 해명된다. 여기서 관건은 어떤 비판가가 교회를 자신의 생각에 따라 개조하려는 것이 아니다. 예를 들어 그런 시도가 좌절되어

---

209 *Römerbrief* 2, 372f.
210 H. Proling heuer, *Der Fall Karl Barth*, 41.
211 T. Rendtorff, *Radikale Autonomie*, 178f.
212 *Römerbrief* 2, 321.
213 *Dogmatik im Grundriß*, 173.
214 D. Bonhoeffer, *Ges. Schr.* Bd. 2, 126-130.
215 K. G. Steck, in: *Reprint von TEH*, Bd. I, 1980, XI.

실망한다거나, 목표했던 성과를 거두어서 만족하게 된다는 것이 아니다. 오히려 "교회는 주님의 비판이라는 불 아래 서 있다"(IV/1, 770). "살아 계신 주님이 교회를 그 비판에 굴복시키신다"(773). 보이는 실존 안에 있는 교회가 자신이 예수 그리스도의 교회라는 사실과 모순될 때, 주님은 그 교회에 반박하는 선고를 내리신다. 그렇기 때문에 교회에 속한 지체가 행하는 교회에 대한 비판은 바로 그 "교회의 주님이 행하시는 비판"을 지시할 뿐이다. 그렇기 때문에 지체들이 행하는 비판은 오직 교회와의 "연대성" 안에서, 비판자 "자신"이 먼저 바로 그 그리스도의 비판에 굴복함으로써 행하여질 수 있다. 그때 교회는 그 비판에 굴복하게 된다. 그렇기 때문에 모든 교회 비판은 교회가 "자신이 예수 그리스도의 교회"라는 사실과 모순되는 것이 아니라 일치하는 것을 목표로 삼게 된다. 다시 말해 교회를 "그것의 **본래적인** 토대 위에…비록 교회는 이제 막 그 토대를 부정하려고 할지도 모르지만, 새롭게 그리고 더 낫게 근거시키는 것"을 목표로 한다(같은 곳). 교회는 그런 비판에 언제나 노출되어 있다. 만일 교회가 "세상으로부터 오는 그 비판"을 "단지 틀린 것 그리고 의롭지 않은 것"으로 여기고 거부한다면, 그것은 오만한 일이 될 것이다(770). 교회는 그 비판을 교회가 반드시 **교회**로서 존재하기 위한 요청으로 이해해야 할 것이다.

그렇게 이해된 교회 비판은 각각의 순간에 구체적인 형태를 취할 수 있다. 그것은 교회의 세속화에 대한 비판일 수 있고, 다른 때는 교회의 성례전화에 대한 비판일 수도 있다. 때로는 "교회는 반드시 시대정신과 동행해야 한다…는 오해"[216]를 비판해야 하고, 때로는 "언제나 너무 늦게 서른 살이 되어서야" 용기를 낸다는 것[217]을 비판해야 한다. 이 모든 것에서

---

[216] *Predigten 1913*, 597.
[217] *Die Theologie und die Kirche*, 102.

그 비판이 목표로 삼은 것은 오직 한 가지, 곧 교회가 교회 자신을 자신의 머리와 혼동하는 것이다. 이것은 교회의 모든 형태에서 "교회의…실체에 반하는 음모"[218]로 나타난다. 초기 바르트의 신론적 질문이 "'어떻게 인간이 그것을 **행하는가**(macht)가 아니라 어떻게 인간이 그것을 **행할 수 있는가**(kann)?"[219]였다면, 그 질문의 배후에는 위의 교회 비판이 놓여 있다고 할 수 있다. 첫째 질문이 독립적인 의미를 갖는 곳에서 교회는 자기 자신을, 신적인 것을 파악하고 소유하며 이제는 그것을 나누어줄 수 있는 어떤 존재로 여기게 된다. 그 나눔은 교회에 주어진 특성의 증명을 위한 내향적인 것일 수도 있고, 일반적 기대에 적응하려는 외향적인 것일 수도 있다. "어떤 영원한 것을 자칭 소유하고 향유하고 나누어준다는 것", 바로 이것이 그런 교회가 지닌 "종교의 현혹케 하는 악행"이다.[220] 왜냐하면 그런 교회는 자신의 교회적 존재로서의 결정적인 행위에서 자신의 머리에 의존하고 있음, 그분께 간구하는 것, 그분의 말씀의 수용과 들음, 그분께 순종함을 이미 해결된 것으로 취급하여 뒤로 넘겨버리고, 자신이 "소유한 것" 그리고 바로 그런 "소유" 안에서 스스로 하나님의 편에 혹은 하나님의 자리에 서 있다고 주장하기 때문이다. 나중에 바르트는 이와 같은 악행을 "하나님의 권한의 사유화"라고 불렀다. 그때 교회는 하나님의 일을 자기 자신의 일로, 자기 자신의 일을 하나님의 일로 참칭한다. "이제 교회는 자신을 하나님께로 합병하든지, 아니면 하나님을 교회 자신에게 합병시킨다"(CL, 214f.).

"교회의 주님이 내리시는 비판의 불"은 바로 그런 혼동과 맞선다. 그것은 교회가 자신이 영속적으로 의존해야 하는 토대를 스스로 소유하고 있

---

[218] *Götze*, 28.
[219] *Wort Gottes*, 103.
[220] 같은 곳, 93.

다고 생각하는 혼동이다. "비판의 불 아래" 놓인 교회는 "붐비는 큰 시장보다는 공동묘지에" 비유된다.[221] 그때 교회는 오로지 자기 자신을 넘어서서 우리 및 모든 사람에게 약속된 것을 지시할 수 있다. 그렇지 못할 때 교회는 사람들에게 어리석은 일을 칭찬하는 기업체가 되거나 혹은 구석에서 속임수를 쓰는 마술에 빠지기도 한다. 그러나 교회는 그렇게 행함으로써 자신이 구세주가 아님을 드러낸다. "그 교회에는 구세주가 '없다.' 교회는 스스로 구세주를 마련할 수도 없고 처분할 수도 없다. 구세주는 교회에게 약속되어 있다. 교회는 언제나 그분을 수용할 수 있을 뿐이며, 그분께 순종하고"(IV/2, 741), 그다음에 그분을 "**증언**할 수 있을 뿐이다. 그러나 보이는 형태의 교회가 자신의 보이지 않는 존재에 대한 증인 그 이상의 더 나은 것이 되려고 할 때 그렇게 하는 만큼 자신의 능력을 잃게 되며, 하나님의 의지와 행동을 그만큼 쓸모없는 것으로 만들고 만다. 교회가 자신을 단지 역사적인 요소로 묘사하고 주장하고 관철하고 전달하기를 고집할 때, 다시 말해 교회의 토대가 되고 교회를 다스리시는 예수 그리스도 그리고 성령의 권능의 자리에 스스로 서서, 자신의 명예, 성례전…규정들, 영적 능력, 혹은 자신의 실존의 의미에 대한 통상적인 개념에서의 권능을 보유하고 있다고 주장할 때"(IV/1, 734), 교회는 그렇게 된다.

    그때 교회는 더 이상 **그분**에 대해 말하지 않는다. 왜냐하면 교회는 자신이 그분을 증언해야 하는 바로 그 정확한 자리에서 **자기 자신**의 모습을 드러내 보이기 때문이다. 교회는 그렇게 하여 한 가지를 요청하게 되는데, 그것은 교회 자신이 전혀 관철시킬 수 없고 사실상 철회해야만 하는 것이다. 다시 말해 교회는 자신을 자기 목적으로 삼아 자신을 둘러싼 장벽 안으로 끌고 들어오고 세상은 세상대로 가도록 놓아 보내거나, 아니면 어떤

---

221 *Vorträge 1922-1925*, 312.

유행하는 소비 성향에 발맞추어 자기 자신을 세상 안에 위치한 또 하나의 **세상**이 되도록 만든다. 그 결과 교회는 사람들에게 불의를 행하게 된다. 그 결과 교회는 한편으로는 세상에게 복음을 전해주지 않음으로써 세상을 **소홀히 대접**하게 되며, 아니면 교회는 사람들이 인간적으로 최선이라고 여기는 것을 그들의 손에 놓아줌으로써 세상을 미성숙하게 보고 **후견인 노릇**을 하게 된다(IV/3, 944ff.). 이런 잘못된 걸음 가운데 교회가 다른 어떤 것보다도 가장 크게 모순을 일으키게 되는 대상은 자신이 **예수 그리스도의 교회**라는 이해다. 왜냐하면 자신을 예수 그리스도와 혼동할 때 교회는—자신에게 주어진 과제를 소홀히 여기고 행하지 않는 가운데—그리스도께서 행하시는 것을 자신이 행한다고 참칭하게 되는데, 이것은 그분이 그것을 행하지 않아 책임을 지셔야 한다는 잘못된 주장 아래서 말해진다. 교회가 자신을 그리스도와 혼동하는 것은 사실상 교회가 그리스도를 대신하여 행동하는 바로 그 장소가 그분이 차지해야 하는 장소라는 사실을 부정하는 것이다. 그것은 그분이 살아 계신 자로서, 그리고 인간들을 중보하는 자로서 현재하시는 분이라는 사실도 부정한다. 그러나 교회가 반드시 믿어야 하는 것처럼 그리스도께서는 살아 계신 자이기 때문에, 교회는 그분이 행하시는 것을 스스로 행하려고 할 것이 아니라, 단지 그것을 증언해야 한다. 교회는 반드시 그렇게 해야 하고, 마땅히 그렇게 해야 하며, 그렇게 행하도록 교회에게는 허용되어 있다.

바르트 교회론에서 중심이 되는 증인이라는 개념에는 교회의 과제가 갖는 제약성이 내포되어 있다. 그것은 교회의 과제가 그리스도의 행동에 단지 대답할 수 있을 뿐이고 그것과 일치할 수는 없다는 제약이다. 교회가—바르트는 불트만 **그리고** 한스 우어스 폰 발타자르와 논쟁하는 가운데 이렇게 말했다—자신을 "예수 그리스도의 역사를 실현시킬 수 있는, 그리고 부분적으로는 이미 실현시킨 **대변자의 영역**" 혹은 "그분의 존재와 행동의…반복"으로 생각하는 곳에서 한 가지 질문이 제기된다. 그것은 혹시 "예수 그리스도께서는 그분 자신을 대변하거나 반복한다고 하는 많은 성자들의 장엄한 영성 안에서" 더 이상 교회적 믿음의 "**대상과 근원**"이 되지 못하고 계신 것이 아닌가? "하나님의 구원의 행동과 그것에 대한 응답으로서 우리 편에 일어날 수 있는 것…은 서로 구분되는 별개의 것이다.…여기서 양자의 혼동이 일어나면, 모든 것이 위태로워진다.…예수 그리스도의 존재와 행동은 어떤 반복도 필요로 하지 않는다. 그분의 존재와 행동은 그분 자신의 진리와 능력 안에서 오늘도 현재하고 또한 활동 중이다"(IV/1, 858f.). 이것이 핵심이다.―그분이 교회를 교회로 만드시며, 교회는 바로 이 결정적인 지점에서 "무방비 상태로" 그분에게 의존해 있다는 사실을 고백해야만 한다(IV/3, 722).

교회들의 연합

교회를 그리스도의 증인으로 이해하는 것은 우선은 긍정적 의미를 갖지만, 그러나 그것으로부터 앞서 말한 부정적인 것도 비로소 자명해진다. 증인 개념의 장점은 그 두 가지를 **동시**에 말해준다는 데 있다. (1) 증인으로 부르심을 받은 자는 "하나님의 **행동**을…눈으로 보고 귀로 들은 증인들이다. 그 행동은 신약성서 안에서 하나님이 완성하신 유일무이한 행동을 뜻하고, 그것은 그 자체로 그 부르심을 받은 자에게 향해진 그리고 그가 인지한 말씀이다. (2) 증인은 자신이 하나님의 행동으로 보고 하나님의 말씀으로 들은 것을 다른 사람에게 진술하라고 부르심을 받은 사람을 뜻한다. 그는 그것을 아무런 권리주장 없이 오로지 신실하게 제시하고 전달하고 선포해야 한다"(IV/3, 679). 증인의 존재에 대한 이와 같은 이중적인 규정은 한편으로는 교회가 자신이 제시해야 하는 것을 스스로 만들어내거나 관리할 수 없다는 것, 다른 한편으로는 교회는 자신의 모든 일을 자기 목적적으로 추진해서는 안 된다는 것을 뜻한다. 그 규정은 교회의 사역이 두 가지 분리된 행위로 쪼개지지 못하도록 막는다. 그것은 교회가 우선은 수용하고, 그다음에 "소유"하며, 그다음에 자신이 가지고 있는 것을 스스로 향유하거나 아니면 타자에게 전달하는 나누어진 행위를 가리킨다. 그러나 교회가 하나님의 행동의 증인이 된다는 것은 자기 자신도 이미 그 증언의 수용자의 입장에 서 있음을 뜻한다. 교회는 자신이 증언해야 하는 하나님의 행동을 "아무런 권리 주장도 없이 오로지 신실하게" 증언해야 한다. 그렇게 할 때 교회는 자신이 증언해야 하는 그것을 마치 스스로 이해한 것처럼, 혹은 스스로 소유하는 것처럼 증언하지 않게 되고, 오히려 지속적으로 그것과 대면하는 입장에 **머물러** 있게 될 것이다.

같은 내용이 다음과 같이 다른 관점에서 강조될 수도 있다. "교회 공동체는 인간적으로 **연합**된 공동체다. 그것은 잠정적으로 특수한 방식으로 인간 예수의 자연적이고 역사적인 주변 환경을 형성한다. 이때 교회 공동체의 **특수성**은 교회가 세상에게 교회 자신의 실존을 통해서도 그분을 증언해야 한다는 것, 그리고 세상 전체를 그분에 대한 믿음으로 불러들여야 한다는 것을 뜻한다. 그리고 교회의 **잠정적인 특성**은 교회가 그와 같은 자신의 직무와 사명에 힘입어 자기 자신을 넘어서는 곳, 즉 인류 공동체를 가리킨다는 데 있다. 교회는 인류를 향한 증인이고 전령이다"(II/2, 216). 우선 바르트가 중요하게 생각했던 한 가지 의견이 강조되어야 한다. 그것은 교회가 "자신의 실존을 통해 증언하는" 증인이 되는 것은 그 실존의 이러저러한 개별적 활동에 의한 것이 아니라, 교회를 교회되게 하는 참된 교회적 존재 때문이라는 사실이다. 앞서 말한 이중적인 의미에서는 이렇게 말할 수 있다. 교회가 증인이 되는 것은 그리스도께서 교회를 그분 자신의 사역과 말씀의 "주변 환경"으로 만드시기 때문이고, 그분 자신이 교회에게 보고 들을 것을 주시며, **그래서** 교회가 자신에게 주어진 보고 들을 것을 실제로 보고 듣기 때문이다. 그리고 교회는 그렇게 해서 자신의 보이는 형태 안에서, 그다음에는 또한 자신의 여러 사역들과 기관들 안에서 보고 들은 것과 일치하려고 시도함으로써 증인이 된다. 바르트에 의하면 이와 같이 "자신의 실존을 통해" 주어지는 증언은 교회가 교회 밖의 세상에게 줄 수 있는 증언 가운데 가장 확신에 찬 것일 수 있다.

교회가 자신의 실존을 통해 증언한다는 것은 교회가 **연합된 공동체**가 됨으로써 증언한다는 것을 뜻한다. 교회는 같은 생각을 하는 사람들끼리 자의적으로 결집해서 생긴 것이 아니다. 교회의 규정은 특수한 방식으로 예수의 "주변 환경"을 형성하라고 부르심을 받았다는 데 있다. 그런데 그분—그분 안에서 하나님은 자신을 인간과의 연합으로 그리고 인간을 하나님 자신과의 연합으로 규정하셨다—에 상응하는 것은 바로 공동체를 이루는 것이다. "어떤 사적인 그리스도교로서 적법하다는 것은 있을 수가 없다." "믿음으로 일깨워지는 것과 공동체의 일원이 된다는 것은 하나이고 동일한 것이다"(IV/1, 768f.). 둘 중 어느 하나가 빠지면 종교적 개인주의나 자신에게 속한 지체만 관리하고 "돌보는" 종교 기관의 위험이 생긴다. 이 둘은 서로 깊이 연관되어 있다. "공동체는 그리스도인들 안에서, 그리스도인들은 공동체 안에서 살아간다"(769). 공동체는 "처음에는 서로 흩어져 목적을 추구하고 어쨌든 공동으로 협력하지는 않았던 한 무리"의 사람들이 하나의 "공동 존재"로 결집되는 것을 뜻한다. 그들은 "견고한 결합" 안에 있지만, 그러나 그것은 "자유 안에 있는 결합"이다. 그 가운데 어느 누구도 "개별자이기를 그치지 않고, 각각의 사람은 자신의 특수성 안에 있으면서 다른 특수성을 지닌 타자와 결합된다." 그들은 그들을 자신과 결합시키시는 그리스도와의 결합 안으로 옮겨진다. 그때 그들은 그분에 상응하여 "서로 결합하며 공동 존재를 이루는데, 이것은 세상 안에서 그들이 봉사하기 위해 필요한 것이다"(IV/2, 718f.). 그렇기 때문에 예배(공동 봉사)는 "성만찬에서…정점에 도달한다는 점에서…모든 요소에서 **친교**(Kommunion)"다(723).

교회 안에 다양한 은사들이나 크고 작은 지역적인 다양성이 아닌 "모든 교회 분열"은 바르트가 보기에 "추문"(스캔들)이었다. 그런 분열은 요한복음 17:21에 따르면 세상 안에서 행하는 교회의 봉사를 신뢰할 수 없는 것으로 만들기 때문이다(IV/1, 754-756). 이런 추문은 "교회적인 특성의 제거"를 통해, 다시 말해 "스스로 선택한 어떤 초교파를 향한 길"을 통해 극복되지 않는다. 왜냐하면 "관건은 **예수 그리스도**의 공동체의 통일성이지, 외형적으로 만족할 만한 어떤 결합된 삶이나 상이한 종교 단체들의 공동 협력이 아니기 때문이다." 이런 추문에 직면해서 바르트는 오직 하나의 길을 본다. 그것은 모든 종파들이 우선적으로 "자기 자신을…진지하게 돌아보아야 하는 길이고, 자신의 위치를 고수하는 것을 필연적으로 여기지 말고…오히려 자신을 넘어서서 하나의 교회를 향한 길로 나아가는 길"이다(757-756). 그렇게 해서 펼쳐지는 길은 어떤 종파적인 자기 주장이 아니라 자기 비판적인 물음으로 성취될 수 있다. 그것은 어떤 권리로 각각의 종파가 스스로를 예수 그리스도의 교회로 이해할 수 있는가라는 물음이다. 이 물음 아래서 각각 자신의 갱신을 추구할 때 그 길은 펼쳐질 수 있다. 그렇게 한다면 모든 사람이 예수 그리스도 안에 있는 교회는 하나의 교회로서 **존재**하며, 교회 분열이란 죄인 동시에 "존재론적으로 불가능한 것"(756)임을 알게 될 것이다. 물론 이것은 마치 "예수 그리스도"를 모든 종파들의 최소한도의 합의처럼 생각한다는 의미가 아니고(교회들의 분열이 심각해지는 것은 그들이 바로 그분을 바라보는 가운데 불일치하기 때문이다), 저 "참된 교회" 즉 "나는 공교회를 믿습니다"라는 고백의 대상인 교회가 언제나 이미 **하나**로 존재한다는 의미에서 그렇다. 그렇기 때문에 교회의 통일성은 교회들이 스스로의 힘으로 실현할 수 있는 것이 아니라 언제나 다만 발견될 수 있을 뿐이다. 그 통일성은 교회들이 보이는 형태들의 분열에도 불구하고 자신들이 믿는 그리스도 안에 이미 현존하는 통일성에 새롭게 상응하려고 시도할 때 발견될 수 있다.

바르트가 교회 공동체를 예수의 "자연적이고 역사적인 주변 환경"이라고 불렀을 때, 그것은 교회만이 아니라—이것이 바르트의 가장 놀라운 주제다—이스라엘도 포함하는 이중적 형태의 공동체를 뜻한다. 그것은 "이스라엘 민족…(그리스도의 탄생 이전과 이후!) 그리고 동시에 유대인과 이방인으로 구성된 교회"를 포괄하는 공동체다(II/2, 218). 그 공동체는 **하나**의 계약이라는 활의 몸통과 같고, 이스라엘과 교회 전체 위에 펼쳐져 있다"(IV/1, 749). 이와 같은 바르트의 진술은 한때 강력한 영향력을 행사했던 슐라이어마허의 주제와 반대된다. 슐라이어마허는 이스라엘과 교회가 두 가지 서로 다른 종교라고 말했는데, 이 주장에 대해서는 유대인 선교냐 혹은 대화적인 관용이냐라는 질문은 의미가 없으며, 그 둘이 내용적으로는 서로 대립되지만 역사적으로는 서로 관련이 있는 종교라는 설명도 적절한 대답이 되지 않는다. 적절한 대답은 다음과 같은 통찰로부터 주어진다. 이스라엘은 예수의 **"자연적인"** 주변 환경이다. 왜냐하면 예수는 "처음부터 이스라엘에 속한 사람"이고, "혈과 육을 통해 유다-이스라엘 출신으로서 그들의 장막으로" 선택되셨기 때문이다. 이 사실이 "이스라엘의 예정을 확증하며"(II/2, 231f.), 예정은 그 민족에 **속한** 지체들에게 해당한다. 교회는 예수의 **"역사적인"** 주변 환경이다. 사람들은 그 안으로 "부르심"을 받고 "이스라엘 집의 손님으로서…**이스라엘**의 예정 안으로 수용된다"(IV/3, 1005). 이와 같이 이스라엘과 교회는 서로 구분되는 가운데서도 하나님의 한 공동체다.

이스라엘과 교회는, 서로 구분되지만, 함께 하나가 되어 세상에 대한 하나님의 증인이 된다. 이스라엘은 자신이 하나님의 백성으로 선택되었음을 증언한다. 이 선택은 본래 이방인을 배제하는 것이다. 이스라엘은 "하나님의 심판"에 대해 증언하는데, 이것은 이른바 "자연신학"에 대한 심판이다. 자연신학은 하나님의 은혜를 부정하면서 모든 인간들 각자에게 하나님께 대한 적합성이 내재해 있다고 주장한다. 교회는 "하나님의 긍휼하심"에 대해 증언한다. 이것은 본래 하나님의 선택에서 배제되었던 자들을 하나님의 공동체 안으로 불러 참여시키는 것을 뜻한다(II/2, 226ff.). 이스라엘과 교회를 **하나**의 공동체로 만들고 양쪽의 증언을 **통일**시키는 것은 교회가 아닌 이스라엘, 곧 그리스도께 아니오를 말하는 이스라엘 안에서는 볼 수 없는 분 곧 **예수 그리스도**이시다. "그분 앞에서 우리는 참하나님과 투쟁하고 있는 유대인 그리고 거짓 신들과 평화롭게 지내는 이방인이지만, 그분은 우리 모두를 '살아 계신 하나님의 자녀들'로 묶으신다."[222] 그분이 양자를 그렇게 보시는 까닭은 그분의 화해 안에서 그 투쟁은 "해결된 투쟁"(229)이 되었기 때문이다. 그렇기에 이스라엘은 그리스도에 대한 아니오에도 불구하고 여전히 하나님의 선택 안에 머문다. 그러나 본래 그 선택에서 배제되었던 자들은 더 이상 배제되지 않는다. 다시 말해 거짓 신들과 평화롭게 지내던 자들이 그들의 "자연적인" 구속 상태로부터 벗어나도록 부르심을 받으며, 교회 공동체 안으로 불러들여진다. 이들이 예수 그리스도를 믿는다면, 이들은 그리스도께 아니오를 말하는 이스라엘이 할 수 없는 그것을 반드시 행하여야 한다. 다시 말해 이들은 "이스라엘보다 앞서면서 하나님의 공동체의 통일성을 고백해야 한다"(294). 이들이 이 고백을 소홀히 할 경우—이 고백을 방해하는 것은 교회 안에 있는 유대인들의 일이다—그때 그들은 "교회로서 존재하기를 그칠 것"이며, 세

---

[222] *Die Kirche Jesu Christi*, 17.

상에 대해 "아무것도 말할 것이 없게 될 것"이다(257). 바르트는 그 고백을 소홀히 하는 것이 "그리스도의 몸에 있는 상처 가운데 가장 심각한 것"이라고 말한다(IV/3, 1007).

성숙해가는 교회 공동체

교회는 공동체를 뜻한다. 그렇다면 개인은 아무런 권리도 갖지 못하는가? 이에 대해 바르트는 말한다. "오로지 자기 자신만을 위해 개인적인 그리스도인이 되려는 사람은…그리스도인이 아니다"(IV/1, 768). 그러나 그는 이렇게도 말한다. "강요받아 믿는 어떤 그리스도인은 그리스도인이 아니다"(IV/3, 608). 이 진술로부터 다음 사실을 배우는 것이 중요하다. 그리스도인의 존재의 자명성이 상실된 것은 사람들이 점점 더 관습적인 모범을 따르는 것이 아니라 자율적인 결정에 따라 행동하게 되었다는 사실과 관계가 있다. 이 사실은 어떤 믿음이 올바른지 내가 스스로 선택할 수 있다는 생각을 통해 종교의 영역에도 영향을 미쳤다. 이것은 계몽주의가 우리의 미성숙성으로부터 벗어나자는 구호를 외쳤던 결과였다. 교회는 이 구호에 어떻게 대처해야 하는가?

우선 앞서 말한 입장들과 관련하여 두 가지 대답을 생각할 수 있다. 한 가지 대답은 내가 그와 같은 과정은 돌이킬 수 없는 것이라고 선언하고, 내 믿음의 자율성에 대한 그런 요청 자체를 종교적이라고 해석하는 것이다. 그렇다면 나는 교회는 떠나게 되지만, 그러나 떠나려는 이 결정이 아직은 종교적인 자율성의 행위이기 때문에 종교를 떠나는 것은 아닌 셈이 된다. 그때 교회 안에 머무는 것도 나의 자유로운 선택의 표현일 것이기에, 교회를 떠나는 사람들과 교회 안에 머무는 사람들은 종교적인 결합을 이루게 된다. 다른 한 가지 대답은 믿음의 문제에 관련된 자율성이란 그리스도교적이지 않다고 선언하는 것이다. 이 입장에 따르면 자율성의 근본 명제는 아무리 늦게 잡아도 믿음의 단계에 이르러서는 한계를 갖게 된다. 그것은 아마도 그 이전일 수도 있는데, 인간이 자기가 생각하는 것보다 훨씬 더 많이 지배를 당하거나 혹은 필연적으로 그렇게 되기 때문이다. 이 입장에서는 어쨌든 나는 하나님께 대한 믿음을 스스로 선택할 수가 없다. 왜냐하면 나는 오로지 하나님의 은혜에 의지하여 살아가기 때문이다. 은혜는 언제나 전적으로 선사될 수만 있지, 내가 스스로 취할 수는 없다.

첫 번째 입장은 인간적인 자율성의 권리를 주장한다. 이때 하나님의 은혜와 그리스도교적인 믿음의 근거는 필연적으로 희미해진다. 두 번째 입장은 믿음을 은혜와 굳게 결합시킨다. 이때 자율성은 필연적으로 믿음의 문제에서 배제된다. 첫 번째 입장에서 교회의 실존적인 존속은 교회 자신이 자율성의 일반적인 요청에 순응하는 것에 달려 있고, 두 번째 입장에서는 교회가 그 요청으로부터 선을 그어 자신을 지키는 것에 달려 있다. 여기서 바르트는 제3의 길을 간다. 그는 성숙한 자율성이라는 현대적인 상황에 직면하여 교회에게 약속된 존재가 무엇인지를 다시 한 번 새롭게 숙고한다. 그래서 그는 이렇게 말한다. "사람들은 오늘날 너무도 기꺼이 그리고 자주…하나님 앞에서 자칭 **성숙해진** 세상에 관하여 말한다.… 하지만 나의 관심을 더 많이 끄는 것은 그런 세상이 아니라 하나님과 세상에 대해 **마땅히 성숙해져야 하는** 인간, 곧 성숙한 그리스도인과 성숙한 그리스도교다"(IV/4, X). 이어서 질문이 제기된다. "세상(근세)이 성숙해진 것은…어쩌면 그 결과 교회도 자신만의 특수한 방식으로…성숙해져야 한다는 긍정적인 의미가 아닐까?"(IV/3. 21) "자신만의 특수한 방식"은 복음의 진리를 신학적으로 숙고하는 것을 뜻한다. 그리고 "긍정적인 의미"는 성숙성의 요청에 직면하여 복음이 성숙성에 대해 자신을 어느 정도까지 개방할 수 있을지에 대한 숙고를 뜻한다.

바르트의 이와 같은 주장은 인간이 자신에게 부과된 규정들을 "하나님이 주신 것"으로 여기고 "하나님의 은혜"로 수용해야만 한다는 널리 퍼진 그리스도교적 전통과 논쟁하는 가운데 드러난다. 여기서 바르트가 예수 그리스도 안에서 계시된 우리를 위한 하나님의 은혜가 오로지 하나님의 주도권에 근거되어 있다는 사실을 문제 삼은 것은 아니다. 바르트가 문제시한 것은 그 은혜가 마치 일방적인 하나님 관계에 근거한다고 생각하는 것, 그래서 인간은 그 관계에서 단지 수동적인 객체로서만 존재한다거나 인간은 "정지"[223]되어 자유를 잃고 행동할 수 없다고 생각하는 것이었다(바로 근대적 자율성이 이렇게 항의하며 도전했었다). 그러나 그런 은혜는 은혜를 상실한 은혜일 것이다. 이 지점에서 바르트는 교회가 생각을 바꾸어야 할 좋은 이유가 있다고 보았다. 하나님께서 자신의 은혜를 예수 그리스도 안에서 우리에게 계시하셨다면, 그것은 하나님께서 "우리와 함께 하시는 하나님"(임마누엘)이신 그분 안에서 우리를 하나님 자신의 파트너로 얻으시려는 것이다. "하나님은 강제하거나 억압하거나 마비시키지 않으신다.…하나님은 우리를 **황폐**하게 만드는 어떤 '누미노제'가 아니시다. 그런 것에 의해서 우리는…몸이 굳거나 말을 잃게 될 뿐이다. 우리는 그런 것에 대해서는 피해야 한다는 의지가 생기지 않더라도 반드시 피해야 한다"(IV/3, 607).

그렇다면 하나님의 은혜는 이렇게 이해될 수 있다. 은혜 안에서 인간은 "특별한 방식으로 독립적인" 그리고 "성숙해진 피조물"로 진지하게 여겨질 수 있다. 이와 같은 은혜는 "어떤 경우에도 운명적 사건이라는 특성

---

[223] 이와 같이 바르트에 반대한 사람은 T. Rendtorff, *Radikale Autonomie*, 170. 이에 대한 반론은 이미 *Römerbrief* 2, 157f.에 있다.

을 갖지 않는다. 그런 사건에서 우리는 근본적으로는 단지 도구로서 그 곁에 현존할 뿐이고"(145), "인형"(IV/3, 607)으로서 혹은 "기계의 톱니바퀴"로서 존재할 뿐이다. "자유로우신 하나님께서 예수 그리스도 안에서 성령의 사역을 통해…원하고 창조하시는 것은 바로 자유로운 인간, 곧 하나님의 우선적인 규정 아래서 인간 자신을 스스로 규정하는 자율적인 인간이다"(IV/4, 39; 비교. II/2, 194f.). 인간을 "하나님의 파트너"(IV/4, 179)라고 부르는 것은 인간의 **성숙성**을 긍정하는 것이다. 물론 여기서 자유는 어떤 고립된 개인의 자의적인 자유를 뜻하지 않는다. 자유는 오직 파트너 됨 안에 있는 자유이며, 특정한 관계성, 곧 하나님과 함께하고 또 인간과 함께하는 공동체성 안에 있는 자유다. 그렇기에 하나님의 은혜에 근거하는 성숙성은 "교제하는 삶을 향한 자유이고, 하나님과…연대하며, 그렇게 해서 또한…인간들과도 연대하는 자유인데, 이들은 화해의 연대성 안에 있는 그의 동료들이다"(IV/3, 285).

이상으로 미루어보면 바르트의 제3의 길은, 지체들로 이루어진 교회 공동체의 깊은 곳을 휘젓는 인간적 자율성의 요청을 직시할 때 명확해진다. 그 길은 그 요청을 그대로 수용하지도 않고 단순히 거절하지도 않는다. 그 길은 그 요청을 교회 안에서 선포되는 복음에 근거하여 각각 차별적으로 긍정한다. 이와 같은 긍정이 행하여지면, 교회가 나아갈 방향성도 함께 제시된다. 다시 말해 교회가 어떤 길을 취해서 자신의 걸음을 오늘로부터 내일로 옮겨야 하는지도 제시된다. 복음 자체가 "화해의 연대성 안에서" 자유로운 동료성을 요청한다면, 그때 교회에게 제시되는 길은 "그리스도교적인 민주주의"[224]의 건설을 향한 길이다. 그때 교회 안에서 그리스도교적인 삶을 시작한다는 것, 곧 세례는 다른 것으로 대체될 수

---

[224] *Die Theologie und die Kirche*, 82.

없이 고유한 성숙성을 긍정하는 행위가 아닌 다른 그 무엇도 의미할 수가 없다(IV/4, 144f.204ff.).

하나님의 은혜에 대해 우리 편에서는 단지 수동성만이 상응한다고 이해될 때, 그것이 교회 안에서 일으키는 결과는 그런 은혜를 전달하는 기관과 그것을 수용하는 회중이 격식을 갖추어 마주 대면하는 것이다. 그러나 자율성의 요청을 직접 수용하는 것은 교회로 하여금 자신의 직무 개념을 엄격히 이해하도록 만들었다. 자율성이 많은 가능성이 있는 시장에서 소비할 수 있는 자유를 뜻한다면, 사람들이 소비의 욕구 가운데 "교회"를 통해 만족시킬 수 있는 어떤 종교적인 것도 갖게 된다면, 그때 그런 교회는 그런 욕구를 유능하게 충족시키는 직무 기관의 종사자들로 구성될 것이다. 그러나 교회가 자신의 교유한 과제를 복음으로부터 수용하고 공동체의 모든 지체들의 성숙성이 하나님의 은혜의 복음에 상응한다면, 바르트에 의하면 그때도 여러 가지 교회적 직분의 구분이 없지는 않겠지만(각각의 직분을 수행하는 사람들은 그들의 성숙성을 인정받은 뒤 선발되어야 할 것이다), 그러나 이 구분이 위에서 말한 것과 같은 직무 기관과 회중 사이의 격식적인 대면 곧 우월한 입장과 열등한 입장의 대면을 불러오는 것은 아니다.

"살아 계신 주님 예수 그리스도께서는 그분의 살아 있는 공동체와 직접적으로 관계하신다. 그 관계는 이러저러한 질서를 갖춘 대표 체제에 의해서도, 인간이 고안해낸 권력 서열에 의해서도 매개되지 않는다."[225] 그런 체제에 근거하는 교회들은 "모순"속에서 살아간다. 그것은 교회가 공동체의 지체들을 너무 적게 신뢰하고, 직분자들을 너무 많이 신뢰한다는 모순이다. 그것은 지체들에게는 인간적인 자의성에서 오는 염려를 충분히 생각해주지 못한다는 것, 직분자들에게는 부주의하게도 "육신으로 그의 힘

---

[225] *Die Schrift und die Kirche*, 37.

을 삼게"(렘 17:5) 만드는 모순이다.[226] 나아가 교회 안에는 "성직자들과 평신도가 따로 있을 수 없고, 가르치기만 하는 교회와 단지 듣기만 하는 교회도 있을 수 없다. 왜냐하면 교회에 속한 한 지체는 자신의 자리에서 각각 전체를 뜻하기 때문이다."[227] 이와 같이 탁월하게 성숙한 형태의 교회는 교회가 자율성의 요청에 직면하여 스스로 형성해나가야 할 목표다. 교회가 그 방향으로 나아가고 있는지에 대한 한 가지 측정방법은 "나 자신이 무언가가 필요하다고 느낄 때 나는 교회에 간다"라는 생각이 "나는 교회에서 필요로 하는 사람이다"라는 생각으로 바뀌었는지를 알아보는 것이다.

울타리 너머로 열려 있는 무리

나면서부터 저절로 그리스도인이 되는 일이 사라진 것은 또 다른 문제를 일으킨다. 많은 사람이 교회를 단지 예외적으로만 필요로 하거나 혹은 전혀 원하지 않을 때, 교회는 무슨 쓸모가 있는가? 이것은 교회에게 상처를 주는 질문이기에 교회는 얼른 그 질문을 외면하고, 교회의 옹호자들에게는 교회가 제공하려고 시도하는 모든 봉사활동들을 헤아려보도록 시킨다. 그러나 그런 반응에서 다음 질문이 쉽게 은폐된다. 그 모든 것은 필요한 것인가? 그렇게 시행되는 것 가운데 상당부분은 행하지 않아도 되는 것 혹은 다른 사람이 해도 되는 것이 아닌가? 교회에 속한 많은 지체들은 혹시 교회가 존재하지 않게 된다고 해도 정말로 무엇인가 부족함을 느낄 것인가? 그것은 그들에게 없어도 되는 것이 아닌가? 오히려 교회가 없다

---

[226] 같은 곳, 42f.
[227] 같은 곳, 39.

면 그들은 더 나은 상태에 있게 되고 부족한 것은 어떻게든 다른 방식으로 조달할 수 있지 않은가?

이와 같은 질문에 대해 서로 다른 입장에서 두 가지 대답이 있을 수 있다. 첫째, 교회가 자신에게 아직 남아 있는 공간 안에서 과거로부터 눈앞에 그려왔던 자신의 상을 존속시키는 것을 목적으로 삼는 것이다. 그것은 그리스도를 대리하는 직제를 통해 "교회의 백성"에게 구원을 수여하는 것을 뜻한다. 그러나 과거에 일반 백성 전체와 일치했던 교회 백성이란 것이 사라지고 없다면 어떻게 되는가? 다른 백성은 어떻게 되는가? 그들은 구원으로부터 배제되는가? 둘째, 교회가 자신의 목적을 사회가 교회 자신에게 부여한 영역 안에서 종교적 욕구를 충족시키는 것에 두는 것이다. 그렇게 할 때 교회는 단순히 교회의 백성들만 취급하는 것 **그 이상**을 행할 수 있게 된다. 하지만 그것에는 조건이 있다. 그것은 사회의 다른 부분들은 비종교적으로 작동하고, 단지 종교의 작은 구역만이 교회 활동의 대상이 된다는 조건이다. 그나마 이 구역마저도 공공연한 **그리스도교적인** 활동은 없어야 한다는 요청 아래 있을 수 있다.

여기서도 바르트는 제3의 길을 간다. 그 길에서 바르트는 그리스도교 교회의 특수성을 질문하는 첫 번째 입장과 비교회적 백성과의 접촉을 묻는 두 번째 입장을 서로 연결시키려고 시도한다. 나아가 그는 교회가, 언제나 그래왔던 것처럼, 근세에도 이미 바로 그 길을 걸어왔다고 확정한다. 다시 말해 교회는 교회 밖의 사회적인 현실 안에서 "교회가 무슨 소용이 있는가?"라는 질문에 전례가 없는 방식으로 자신을 개방시켰고, 교회 안의 문제들을 드러내어 보였다(IV/3, 20). 그는 바로 그 길 위에서 교회를 강하게 만들려고 했고, 위의 질문을 직시하며 교회에게 약속된 존재가 무엇인지를 신학적으로 숙고했다. 그는 여기서도 그리스도교적인 믿음의 중심에 대한 숙고에 몰두했다. 그는 이렇게 물었다. 하나님께서 예수 그리스도 안에서 그리스도가 아니라 바로 인간이 되셨다는 것, 그리고 그분 안에서 다름 아니라 **세상**을 사랑하셨고 세상과 화해하셨다는 것은 무엇을 뜻하는가?(560ff.). 이 사실은 교회가 그것을 전달할 때만 교회 밖의 세상에 대해 타당성을 갖게 되는 것이 아니다. 그것은 교회만 그것을 알고 있으려고 할 때도 타당하다. "예수 그리스도의 공동체는 자신의 주님을 형편없이 잘못 알고 있을지도 모른다. 공동체가 저기 세상에서 일어나는 사건들이 바로 주님의 영역 안에서 그리고 그분의 통치 아래서 발생하는 것임을 오해할 때 그렇게 되고, 그곳의 사건들이 하나님과 관계가 없다거나 다른 어떤 신과 관계가 있다거나, 예수 그리스도 안에서 예시된 은혜의 의지와는 다른 어떤 하나님의 의지와 관계가 있다고 생각할 때 그렇게 된다"(786f.). 그렇기 때문에 교회 공동체는 "하나님의 은폐된 길을 고려해야 한다. 그 길 위에서 하나님께서는 예수 그리스도 안에서 발생한 화해(요 10:16)의 능력이 또한 교회 밖에서도, 다시 말해 세상 안에서 행해지는 교회의 사역과는 다른 방식으로 작용하도록 하실 수 있다. 하나님께서는 물론 부르심을 받은 자들을 돌보시지만, 교회가 한 번도 다가간 적이 없는 사람들도 우리가 알지 못하는 전혀 다른 방식으로 돌보아주셨고 지금도 돌보고 계실지도 모른다"(IV/1, 769). 그러므로 "은폐되신 하나님"과 계시되신 하나님이 다르다는 주장을 거부하는 것은 "세상"에 대한 그리스도인들의 관계에 대해 대단히 중요한 실천적인 의미를 갖는다.

하나님께서 그리스도 안에서 **세상**과 화해하신 것은 교회에게 이런 의미를 갖는다. 화해의 현실성은 교회가 반드시 세상을 깨워 현재화시켜야 하는 어떤 현실성이 아니다. 왜냐하면 그 현실성은 성령의 사역을 통해 세상 자체 안에서 소통되고 현존하기 때문이다(IV/1, 320f.; IV/2, 163). 그렇다면 교회는 왜 필요한가? 놀라운 대답이 기다리고 있다. 교회가 존재해야 할 궁극적인 필연성은 없다. 어떤 경우든 전체 사회 안에 어떤 종교적인 구역이 반드시 있어야 한다는 식으로 내려지는 사회적인 결론도 없다. "세상은 물론 예수 그리스도가 안 계신다면…틀림없이 멸망할 것이다. 그러나 세상은 교회가 없다고 해서 멸망하지는 않는다"(IV/3, 946). 이 사실이 "그리스도는 그분의 사람들 없이 계시지 않는다"(Christus nicht ohne die Seinen)는 명제와 모순되는 것은 아니다. 오히려 이 명제의 역과 모순된다. 교회 안에서 인식되는 것 가운데 교회 밖에 대해서도 타당하지 않은 것은 없고, 교회 밖에서 인식될 수 없는 것도 없다.[228] 교회를 다른 곳과 구별하는 것은 교회 안에서는 하나님이 세상을 그리스도 안에서 자신과 화해시키셨다는 사실이 **알려져 있다**는 사실이다. 교회와 그 밖의 세계 사이의 구분은 인간이 교회 안에서는 구원을 얻고 교회 밖 세상에서는 구원을 얻지 못한다는 데 있지 않다. 이런 의미에서 바르트는 "교회 밖에는 구원이 없다"(Extra ecclesiam nulla salus)는 명제를 수정한다(IV/1, 769). 수정의 의미는 그 구분이 유동적이고 개방적인 것이지, 어떤 절대적인 경계선을 지시하지 않는다는 것이다. 바르트가 말하는 특별한 그리스도교적인 성숙성은, 정확하게 말하면, 교회의 지체들을 특징짓는 것이 바로 화해의 현실성에 대한 **인식**이라는 사실에 놓여 있다. 여기서 "인식"이라는 개념이 분명히 이해되어야 한다. 그리스도인들이 화해의 현실성을 참된 것으로 만드는 것(wahrmachen)이 아니고 다만 그것을 인지하는 것(wahrnehmen)이다(IV/3, 78ff.). 그러나 그 개념이 어떤 지성적인 과정을 가리키는 것은 아니고 믿음, 사랑, 희망 안에서 전인(全人)을 규정하는 삶의 실천을 가리킨다(422ff.). 이어서 바르트는 그리스도인을 그리스도인으로 만드는 것이 다음과 같은 사실보다 약한 의미로 값싸게 이해되어서는 안 된다고 강조한다. "살아 계신 예수 그리스도께서 특정한 사람들을 그들의 삶의 역사 가

---

[228] 비교. E. Mechels, *Kirche und gesellschaftliche Umwelt*, 289ff.

운데 특정한 시기에 그들과 동시대인이 되셔서 그들의 길 위에서 그들과 만나시며", 그들에게 그분 자신이 모든 인간을 위한 분이심을 "알리시고", 그들에게 "말을 건네시고, 그분 자신을 인정할 것을 요청하신다"(577).

중요한 것은 바로 그 인식이 어떤 정적인 소식의 전달이 아니라는 사실이다. 그 인식은 우리를 운동하게 만든다. 그 인식이 **세상**이 하나님과 화해되었다는 사실의 인식이라면, 그것은 우리를 그 즉시 교회 밖의 세상과의 **관계** 안에 위치시킨다. 교회가 없어도 세상은 멸망하지 않는다는 것이 사실인 것처럼, 교회는 "자신의 상대편인 세상이 없다면 멸망하게 된다"라는 것 또한 사실이다(946). 교회의 특성이 하나님께서 세상과 화해하셨다는 사실의 **인식**이라면, **그와 함께** 교회는 자신의 주변세계에 대해 화해의 **증언**으로 부르심을 받고 있는 것이다. 이제 교회는 무슨 소용인가라는 물음에 대한 바르트의 대답이 주어진다. 교회는 그런 증인이 되기 위해 존재한다! 교회와 사회가 분리되어 교회가 자기 자신 안으로 퇴각하거나 혹은 사회에게 그것의 "최종적인 욕구들"을 "만족"시켜주겠다고 제안하게 되는 것은 교회에 닥친 **위험**이 아니다(I/2, 368). 바르트는 이와 같은 과정이 오히려 교회를 위한 **기회**가 될 수 있다고 가르쳤다. 왜냐하면 교회는 이 과정을 통해 자신의 **대상**이 생성되고 있다고 이해할 수 있기 때문이다. 그 결과 교회는 복음의 증인으로서 자신 밖의 사회와 만나고 연대할 수 있게 된다. 바르트의 신학에서는 교회 안에서의 직무 기관과 회중 공동체 사이의 고전적인 대립이 교회 공동체와 그 밖의 사회 사이의 대면으로 대체된다. 물론 과거의 대면에서처럼 한쪽이 지배하는 패턴은 새로운 대면 안에는 없다.

우선 교회의 과제를 이와 같이 새롭게 규정하는 것은 교회가 비교회적인 세상과 결속해야 한다는 것이 아니라, 교회가 자기 이해를 자기 목적으로 삼는 것을 막아준다는 의미를 갖는다. "교회는 인간으로 구성된 피조물, 곧 본성에서 자신과 다른 그 밖의 인간적 피조물을 위해 존재하도록 규정되어 있는 피조물이다. (오직) 이 과제를 실행할 때만 교회는…또한 자기 자신을 위해서도 현존할 수 있다.…교회는…자신의 중심을 자기 외부에 두면서 실존한다. 교회는 자신이 속한 세상 안에서도 자기 자신에 관계되는 것이 아니라, 철저하게…자신의 주변 세계와 관계를 이루며 존재한다. 교회는 교회 밖의 인간적 피조물을 위해 개입하고 헌신함으로써 자기 자신의 생명을 구원하고 유지한다.…교회의 움직임의 중심점이 교회 자신의 외부에 놓일 때, 그 외부는 (비록) 세상 그 자체는 아니지만"―그렇게 된다면 교회는 치명적인 적응의 압박 아래 놓이게 될 것이다―"하나님께서 염려해주시는 세상"이다. 이 사실이 교회로 하여금 자기 목적적인 결속체가 되지 않도록 해주고, 너무 많은 에너지를 교회 내부의 교회 자체적 일에 소모하지 않도록 막아준다(IV/3, 872).

이것으로부터 교회의 파송이 교회의 존재에 없어서는 안 되는 것이라는 사실이 분명해진다. 교회가 교회로서 존재하고, 그리스도께서 묶어주신 그대로 공동체로서 결합되어 있다면, 그때 교회는 이미 "세상"에 대한 증인이고, 하나님께서 그리스도의 화해 안에서 "원칙적으로"(de jura) "인간 세상 전체"를 위해 결정하신 것의 "잠정적인 묘사"다(IV/2, 701f.). 이 사실로부터 바르트가 전체 공동체의 성숙성을 강조했던 것이 이해될 수 있다. 성숙성은 교회가 교회 밖의 사회에 대해 그것의 상대자로서 증인이 되려고 할 때 필수조건이 된다. 성숙한 교회는 가장 우선적으로 어떤 교회기관이 내는 **단일한** 음성의 자리에 "그리스도교적인 증인들의 **다양성**"이 등장하도록 허용한다(IV/3, 988). 이와 같은 증언으로 "서품"을 받은 사람은 바르트에 의하면 교회의 직분자들만이 아니다. "교회적인 봉사로…서품을 받은 사람은…세례를 받은 그리스도인 전체다"(IV/4, 221). 여기서 우리는 다시 한 번 바르트를 이해하게 된다. "교회의 표지"는 설교와 성만찬만이 아니고, 성숙한 교회 전체가 자신의 주변 세상에 대해 그와 같은 증언을 실행하는 것(IV/3, 883.887.964), 곧 새로운 "교회적 세상성 혹은 세상적 교회성"을 등장시키는 것이다(37).

마지막으로 강조해야 할 것이 있다. 교회는 그 과정에서 **단지** 증인일 수만 있지, 구원의 매개자일 수는 없다는 사실이다. 교회는 스스로 중재할 수 없는 현실성, 곧 세상과 하나님과의 화해의 현실성을 스스로 창조할 수 없다. 하나님께서 그것을 창조하신다. 그렇기 때문에 교회는 자신의 증인의 직분을 수행하면서 주변 세상에 대해 어떤 낯선 간섭도 하지 않는다. 교회가 화해의 인식 안에서 증언하는 것은, 그것이 **세상**과 화해하는 현실성이기에, 교회의 주변 세상은 원칙적으로 그것을 인지할 수 있다. 바로 이 사실이 교회를 유혹으로부터 막아준다. 그것은 세상을 바로 그 현실성 없이 바라보려는 유혹이며, 그다음에 그런 "세상"을 위해 교회 자신의 증언을 변형시키고 적응하려는 유혹이다. 또한 그 사실은 교회의 선교가 "자기 추천"의 의미로 이해되는 것도 막아준다. 그것은 "인간의 필요성이나 요청과 관련된 이런 저런 그리스도교의 '자랑'을 위한" 이해를 가리킨다(I/2, 368). 또한 그 사실은 교회 공동체가 자신의 증언을 듣는 수신자들과의 관계에서 후견인의 역할을 하지 않도록 막아준다. 다시 말해 교회가 증언의 수신자들에게 마치 자신이 구원에 필요한 사물들의 "소유자이고⋯관리인인 것처럼" 행동하지 않도록 막아준다(IV/3, 948). "후견인 역할이란⋯인간이 마치 다른 인간이 자신의 객체인 것처럼 권력을 행사하는 것, 마치 다른 인간이 자신의 고유한 능력의 재료인 것처럼 취급하는 것을 뜻한다"(950). 교회는 **증인**으로서 오로지 "내부에 있는 이방인들과 연대함으로써 외부에 있는 이방인과의 연대성"을 확증해야 한다.[229] 그리

---

[229] *Theologische Fragen und Antworten*, 102.

스도교적인 증언은 "내가 이웃과 나누어야 하는 인사이고, 예수 그리스도의 형제이기에 또한 나의 형제인 한 사람을 발견하기를 기대하는 나와 그의 공동체성의 선언이다.…증인은 자신의 이웃의 권리를 침해해서는 안 된다.…증언은 하나님의 은혜의 자유를 최고로 존중할 때, 그렇기에 또한 이웃을 최고로 존중할 때 행하여질 수 있다. 그 이웃은 내게는 아무것도 기대하지 않고, 모든 것을 오직 하나님으로부터 기대하도록 해야 한다"(I/2, 487). 그러나 나는 그 이웃에게 한 가지를 기대할 수 있는데, 그것은 "참된 말씀"을 듣는 것이다(IV/3, 144ff.). 열린 교회는 이와 같이 스스로를 나타내게 된다.

10 ▪ 제한된 시간

시간과 영원의 종말론

시간의 상실

초기 바르트에 대한 비판 가운데 하나는 그가 "시간과 영원 사이에 균열"을 일으켜놓았다는 것이다. "시간 안에는 영원한 것의 그 어떤 계시도 없다." "영원은 시간을 단지 한 걸음 한 걸음씩 뒤로 밀어낼 뿐이다."[230] 이에 더하여 바르트는 1920년에 실제로 오버베크(F. Overbeck)와 함께 다음과 같이 외치지 않았는가? "그리스도교인 것은 역사가 아니고, 역사적인 것은 그리스도교가 아니다. '역사적인 것', 곧 시간에 굴복한 어떤 그리스도교란 불합리한 것에 지나지 않는다."[231] 하지만 빈델반트(W. Windelwand)는 현대적 사유의 특성을 이렇게 표현했다. "역사성은 인간 본성의 기초적 존재양식으로서 우리의 현존재 전체를 운명적으로 지배하는 것이다. 이 점이 새롭게 이해되어야 하지 않는가?"[232] 바르트는 빈델반트의 견해를 부정한 것일까? 그 결과 바르트는 시간적인 것은 세속성에게 맡겨버리고, 자신은 신학적 현실성의 담론 안에서 멀리 떨어진 저편의 세상으로

---

[230] H. W. Schmidt, *Zeit und Ewigkeit*, 31.34.36f.70.
[231] *Die Theologie und die Kirche*, 9.
[232] *Lehrbuch der Geschichte der Philosophie*, 618.

퇴각한 것은 아닐까?

　그러나 현대성 안으로 밀고 들어온 "시간의 주제"는 바르트의 교의학 안에서 두드러지게 넓은 공간을 차지한다. 바르트는 시간의 주제를 현대적으로 다루는 중에 그리스도교 신학이 그 주제와 반드시 비판적으로 대면해야 한다는 일종의 도전을 받고 있다고 느꼈다. 그는 잘못된 시간 개념이 주변의 지적 세계를 지배하고 있다고 보았다. 그것은 시간을 "절대적 시간", "절대적 현실성", 혹은 "우리가 속한 영역의 벌거벗은 구조"로 파악하는 오류였다. 그렇게 이해되는 시간에는 전제조건이 있으며 "그 조건은 다른 어떤 조건에도 굴복하지 않는 것이다. 그렇다면 그 전제조건은 무한정 지속되는 관계, 질서, 권세이고, 우리는 어떤 경우에도 그것에 전적으로 굴복해야만 한다. 그렇다면 그것은 우리의 감옥 주위를 둘러싸고 있는 깨뜨릴 수 없는 장벽이다. 그렇다면 우리의 자칭 자유로운 행위는 단지 그와 같은 장벽의 내부에서 연출되고 있을 뿐이고, 그 장벽들이 의미하는 것 전체는 단지 그런 장벽으로서 그곳에 현존한다는 사실이며, 그 결과 우리의 현존재의 의미 전체도 그런 장벽 내부의 현존재라는 사실에 그치고 만다. 그런 (절대적 시간이라는) 장벽으로 둘러싸인 우리는 아직 구원을 받지 못한 상태가 아니라 오히려 절대적으로 구원을 받을 수 없는 상태에 있다. '하나님이 없는 자에게는 평화가 없다'"(IV/3, 390f.).

　평화가 없는 까닭은 여기서 "하나님이 없는 시간 개념"(III/2, 669)이 등장했기 때문이다. 이 개념은 차후에 "'하나님'이라는 단어"(668)를 그 안에 보충해 넣는다고 해도 전혀 나아지지 않는다. 이때 하나님이란 단지 피조물이 취하는 "관념적인 현존재 형식"(677)에 지나지 않으며, 여기서 피조물은 자기 자신을 절대화하고 그 결과 자신의 시간도 절대화하는 피조물이다. 그렇게 이해되는 어떤 시간 안에서 하나님은 진실로 등장하실 수가 없다. "절대적 시간"이란 **하나님 없는** 시간이다. 그런 시간은 하나님 없이 사유되기 때문에, 절대적인 것, 무한한 것으로 규정되고 신격화되며, 결국 "크로노스라는 신"이 된다(III/2, 547). 절대적 시간은 "그때 시간의 **무한성**이라는 형이상학적 표상 안에서 자신의 적절한 표현을 발견한다"(620). 바르트는, 시간의 흐름을 두려워하는 가운데 그것에 무한성을 부여하려는 여러 가지 시도가 동일한 도식 안에서 일어나는 변주라고 본다. 다시 말해 인간은 고대 그리스인의 방식에 따라 "어떤 무한한 존재자의 세계 안에서 자신의 기원과 관련을 맺게 된다"라고 생각하거나, 아니면 "매 '순간' 영원하다"(슐라이어마허)는 점에서 자신에게 하나님과의 유사성이 있다고 생각하든지, 아니면 기술 시대 안에 있는 인간은 "무한한 진보라는 표상"에 헌신하고 있다고 주장한다. 이런 견해들은 하나님이 마치 자신을 유한한 모든 것과 구분하기를 열망하시고, 자신이 여전히 그렇게 구분되는 무한성에 머물러 있음을 확실히 감독하시려는 것처럼 생각하고 있다! 하지만 참하나님은 "무한성"이 결코 아니다. 하나님은 자신을 계시하심으로써 "시간의 무한성이라는 표상"과 다투신다. 이런 표상을 가지면 인간은 하나님에 대한 이해를 그르칠 뿐만 아니라, 시간 안에 있는 자신의 존재도 잘못 이해하게 되고, 그 결과 손상되고 왜곡된 시간 개념을 준비하는 셈이 된다.

인간 자신이 시간을 손상하고 왜곡시킨다. "절대적"인 시간, 다시 말해 하나님으로부터 분리된 시간은 **자기 자신**을 절대적이라고 설정하는 인간의 생산품이다. 그렇기 때문에 인간은 시간성을 자신의 통치영역으로 삼고 그것에 대한 전권을 주장한다. 현대가 "역사"(Geschichte)라고 부르는 것은 하나님의 의지, 말씀, 사역을 도외시한 것이며, "사실적 역사"(Historie)라는 개념으로 지칭되는 추상물이다. 그런 역사는 바로 "인간의 오만이 고안해낸 것"이다(IV/1, 563). 그렇게 하여 인간은 말하자면 과거를 정복한다. "어떤 한 세대 전체가 자신의 현재는 물론 알지 못하는 사이에 미래에 대한 자신의 믿음에 대해서도 갈피를 잡지 못하게 되었을 때, 그 세대는 역사주의로 향하며, 모든 것이 과거의 어느 시기에는 무엇이었고 또 어떠했는지를 낭만적으로 혹은 엄밀하게 묻게 된다"(III/2, 645). 그런데 왜 인간은 그것을 묻는가? 아마도 그는 "그 모든 것이 단지 과거의 그때만, 다시 말해 그 자신 없이 오래 전, 그것도 아주 오래 전에 존재했었다는 사실을 견딜 수 없기 때문일지도 모른다.…그는 그런 과거의 삶의 공간이 한 번도 자신의 것인 적이 없었다는 사실을 견딜 수 없을지도 모른다. 그래서 그는 역사를 단순히 발생했다는 사실에 버려둘 수가 없다. 그래서 그는 과거의 역사와 자신의 현재 사이에 벌어져 있는 균열을 채우려고 시도한다. 역사를 질문하면서, 역사를 발견하면서 그 균열 안으로 몸을 던진다.…'역사 안으로의 도피'…사람들은 흔히 그런 과정을 그렇게 비판적으로 평가하곤 한다." 나아가 그 과정은 "최고의 활력을 지닌 정복 전쟁의 진군으로, 시간의 제한성에 대한 정열적인 돌격으로…서술되지 않는가? 그 과정에서 인간이 원하는 것은 (시간이 아니라) 자기 자신의 연장이 아닌가?" 그러나 이와 같은 과업 곧 "실상은 거인이 취하는 거대한 과업은 그것의 모든 형태에서 최종적인 무기력함이라는 뇌우를 맞고 있지 않은가?" 왜냐하면 우리는 "우리 자신의 시대를 넘어서려는 그런 시도에서…애써 도달하려고 하는 공간, 즉 우리가 존재하지 않았던 과거의 영역에 결코 도달하지 못할 것"이기 때문이다. 언제나 우리는 단지 그 영역에 대한 그림만 소유하게 될 것이다. "우리의 존재를 시간 안에서 뒤쪽으로 연장하려는 그런 시도는 결코 성공하지 못할 것이다"(700f.).

그런 시도는 이번에는 시간의 앞쪽으로 향할 수도 있다. "어떤 한 세대 전체가 아무것도 과거로부터 배운 것으로 시작할 줄 모를 때, 그 세대는 큰 목소리로 '시대정신'을, 곧 자신의 고유한…시대를 찬양하게 된다. 그 다음에 그 세대는 '진보의 신봉자'가 된다." 여기서 우리는 위와 정반대인 방향으로 날아가게 된다. 말하자면 우리는 "과거의 성당, 감옥, 여관, 카타콤으로부터 나와 **오늘**의 빛 안으로, **내일**의 날들이라는 더 큰 빛의 약속을 지닌 채, 날아 들어간다"(646). 물론 그것을 저지하는 물음이 있다. 모든 것은…다르게 다가올 수 있지 않으며, 모든 것은 미래에 이르면 전혀 현실적인 것이 아닐 수도 있지 않은가? 또한 설령 미래에 현실적인 것이라고 해도 오히려 그것이 그 미래를 위협하는 것일 수도 있지 않은가? 그러나 다음과 같은 확신이 그런 물음을 이겨낸다. 뜻이 있는 곳에 길이 있다. 또 지금까지 한 번도 좌절되지 않았던 미래를 향한 시도도 그 물음을 이겨낸다." 그러나 이 승리는 "자가 처방한 모르핀 주사의 효력 그 이상에 비교되어야 한다." 왜냐하면 "우리는 현실적으로 다가오고 있고 모든 정황에서 그렇게 위협해 올 미래를 어떤 경우에도 능가할 수 없기 때문이다. 지금 우리 손 안에 있는 것은 우리 자신이 기획한…미래의 그림들이지, 우리가 여기서 중요하게 다루려고 하는 미래 그 자체가 아니다"(657).

(1) 자기 자신을 절대적으로 규정하고 자신에게 어떤 제한을 두지 못하는 인간은 그런 종류의 시간을 한계가 없고 "무한한" 영토, 그렇지만 자신이 장악할 수는 있는 영토로 취급한다. 그러나 그 결과 인간은 실제로는 고독해진다. 고독 속에서 그의 절대적 시간의 무신성이 드러난다. 왜냐하면 시간의 신격화 과정에서 바로 하나님 곧 본질상 고독하지 않으신 하나님이 빠졌기 때문이다. 무한한 시간의 인간은 고독한 인간이다. 이것은 그가 단지 과거와 미래에 대해 자기 자신이 기획한 그림들과 대면하기 때문만은 아니다. 진짜 이유는 그의 생산품 곧 시간의 무한성이라는 표상이 즉시 자체의 동력을 개발하고, 거꾸로 자신의 생산자를 지배하기 시작한다는 것에 있다. 시간이 절대적인 것은 그것이 자기 자신을 절대화하는 인간과 동질적인 생산품이기 때문이다. 그 결과 시간 안에 있는 인간의 존재는 "인간 자신이 사냥감이 되고 마는 저 불행한 사냥"(IV/2, 532)이 된

다. 이제 "추격인 동시에 도피" 혹은 "도피인 동시에 추격"이라 할 수 있는 그의 존재는 "무한하다"(III/2, 620). 그렇게 해서 그가 빠져들게 되는 불안, 염려, 두려움은 서구의 노동자들에게는 "의무적인 노동"을 추구해서 그것을 덮게 만들고, 동구의 노동자들에게는 다소간 "체념"의 태도를 취해서 그렇게 하도록 만든다(IV/2, 534). 그러나 양편의 어느 쪽도 혹은 양편의 문화를 서로 교환해본다고 해도 그 불안, 염려, 두려움을 실제로 극복하지는 못한다. 왜냐하면 시간은, 우리가 시간을 "추상적 시간"으로 규정하는 곳에서는, 필연적으로 "우리의 손가락 사이로 빠져나가 흩어질 뿐만 아니라, 우리 자신마저도 시간에 씻겨 내리기 때문이다"(IV/3, 390).

바르트에 의하면 시간의 무한성이라는 표상의 역설적 의미는 인간이 실제로는 거기서 시간의 곤경 안에 위치하게 된다는 사실이다. "인간은 그와 같은…시간의 상실 안에서 살아간다. 그 인간은 창조주 하나님으로부터 **소외**되었고, 그 결과 자기 자신에게도, 자신의 피조물로서의 본질에 대해서도 **소외되었다**"(III/2, 623). 바로 시간의 상실 안에서! 무한한 시간이라는 소원은 인간 자신이 거기서 스스로 약속했던 것과 정반대의 것을 인간에게 선사했다. 그것은 상실된 시간이다. "바로 그 무한성이라는 착각"이 인간에게 의미하는 것은 "그가 모든 방향에서 사냥감으로 추격을 당해야 한다는 사실"이며, 그래서 그는 어떤 시간도 가질 수 없다는 사실이다(III/4, 679). 그는 시간을 소유할 수 없기 때문에 다른 사람에게서 — 남의 시간을 빼앗으며 짜증나게 하는 사람으로서 — 시간을 빼앗을 수는 있지만 그에게 시간을 선사하지는 못한다. 그의 삶은 "낭비되고 황폐화된 많은 '때'"가 모인 역사가 된다. 그 역사는 이렇게 묻는다. "이것이 전부라면 그 모든 것은 도대체 무슨 의미인가?"(IV/2, 502; 477) 그렇게 해서 그의 삶은 엉망이 된다. "언제나 그는 너무 늦게 오든지 아니면 너무 일찍 온다. 그는 깨어 있어야 할 때는 잠자고, 조용히 잠을 자야 하는 곳에서는 흥분되어 깨어난다. 그는 말을 해야 할 곳에서는 침묵하고, 침묵이 가장 좋은 선택인 곳에서는 길게 말을 한다. 그는 울어야 하는 곳에서는 웃고, 위로를 받고 미소를 띠어야 할 곳에서는 운다. 그는 규정이 지켜져야 하는 곳에서는 예외를 만들고, 자유를 선택할 수 있는 곳에서는 법규를 따른다. 그는 기도해야 할 곳에서는 목공 일을 하고, 열심히 일해야 하는 곳에서는 기도한다. 그는 실존적 결단이 중요한 곳에서는 역사적 심리학적으로 관찰하고, 정말로 역사적인 관찰이 우선적으로 필요한 장소에서는 성급한 결정을 내린다. 논쟁이 불필요하고 나아가 해악이 되는 곳에서 그는 언제나 논쟁하며, 가장 침착하게 공격을 감행해야 하는 곳에서는 사랑과 평화에 관하여 연설한다"(IV/2, 465).

물론 현대적 시간 개념에 대한 바르트의 비판은 단지 **간접적**으로만 실행되었다. 다시 말해 그 비판은 그 개념이 "하나님 없는 시간 개념"이라는 점에서만 행해졌다. 바르트는 소위 "절대적"이고 무한하다고 파악된 시간, 우리가 지배하고 또 우리를 지배하는 그 시간 안에서 근본적인 모순을 보았다. 그런 시간 개념은 하나님과 모순되며, 그 개념 안에서 우리는 벌을 받아 하나님을 혼동하게 된다. 나아가 그런 시간 개념은 하나님이 이미 마련해 놓으신 현실성, 곧 우리의 시간을 치유하며 규정하는 현실성과도 모순된다. 이 현실성은 위의 치명적인 시간 개념을 오직 신학적으로 수정할 수 있는데, 이때 신학은 그 현실성에 대한 자신의 부족한 이해와 관련하여 자기 자신도 수정해야 한다. 신학은 그런 "하나님 없는 시간 개념"이 하나님의 **영원성**의 사고에 대한 신학적 오류의 증명서라는 사실을 알아야 한다. 신학은 하나님의 영원성을 **무시간성**으로 파악한다면, 신학 자체가 앞에서 말한 시간의 **무한성**이라는 표상을 불러일으키게 된다는 사실을 알아야 한다. 그때 "절대적인", 하나님으로부터 분리된, 하나님 없는 시간은 자신의 신학적인 뿌리를 소위 "절대적인", 피조된 시간으로부터 분리된, 비인간적인 어떤 영원성 안에 두게 될 것이다. 신학은 그와 같은 무시간적이고 비인간적인 어떤 하나님의 영원성의 사고를 제거해야 할 충분한 이유를 가지고 있다. 오직 그렇게 할 때 신학은 저 치명적인 시간 개념을 극복하기 위한 자신의 몫을—간접적으로—감당하게 될 것이다.

영원하신 하나님은 시간을 가지신다

그러므로 "신학적 영원성의 개념은 시간 개념과 반대되는 추상적 개념에 빠져든 바벨론 포로의 상황으로부터 해방되어야 한다"(II/1, 689). 영원의 개념은 "반드시" 해방되어야 한다. 왜냐하면 성서가 증언하는 하나님은 결코 그런 포로 상태에 계시지 않기 때문이다. 시간과 대립되면서 비시간성으로 정의되는 어떤 하나님의 영원성은 비인간적이다. 왜냐하면 그때 시간 안에 있는 인간 존재는 그 자체가 하나님으로부터 멀어진 것을 뜻하고, 시간 안에 있는 인간적 실존도 "영원하신 창조자를 마음대로 처분할 수 있는 실존, 그리고 인간 자신이 정한 법칙성 안에 있는" 실존으로 허용되어야 하기 때문이다(693). 그런 영원성은 깊은 의미에서도 비인간적이다. 왜냐하면 어떤 무시간적으로 사고된 하나님이란 분명 단지 "시간의 상실" 안에서 자기 자신으로부터도 소외된 인간의 신격화된 거울상에 지나지 않기 때문이다. "마치 하나님이 영원히 시간을 갖지 않으시는 것처럼, 바로 그분의 영원성 때문에 시간을 갖지 않고 그래서 우리를 위한 시간도 전혀 소유하지 않으시는 것처럼 생각하는 것은 정말로 허용될 수 없는 신인동형동성론이다.⋯만일 그렇다고 한다면⋯추상적인 비시간성이 영원에 대해 말해질 수 있는 본질적인 것이 될 것이며⋯그런 비시간성은 시간과 너무도 유사한 것이 될 것인데⋯실제로 그것은 우리의 성찰의 거울상이고, 우리의 '무한성의 착시' 안에서 황폐화되고 상실된 시간의 모형인 것이다." 그와 같은 표상은 "한 가지 치명적인 가상"을 산출할 것이다. 그것은 "시간이 없으면 영원도 없다"라는 가상이다(689f.).

그러나 성서가 증언하는 계시에 따르면 영원하신 하나님께서는 의지를 행사하시고 그렇게 하실 수 있으시며, 그분은 "우리에게 시간을…선사"하실 뿐만 아니라 동시에 그분 "자신도 시간을 취하신다"(694). 그렇다. "하나님은 자기 자신을 계시하신다…라는 명제는…'하나님은 우리를 위해 시간을 취하신다'라는 명제와 동일한 의미다"(I/2, 50). 이것은 하나님께서 경우에 따라 시간 안에서 이것 혹은 저것을 행할 수 있는 어떤 외적인 조건만을 가리키지 않는다. 오히려 하나님께서 우리를 위한 시간을 가지신다는 것은…신적인 계시와 그 안에서 실행된 화해의 선하신 뜻이 가득 흘러넘친다는 것을 뜻한다. 하나님이 자신을 계시하실 때 나타내신 이름 그 자체가 무시간적인 신의 표상에 대한 반박이다(II/1, 695). 그렇다. "자기 자신 안에서만 영원한 신, 그래서 우리를 위한 시간을 갖지 않는 어떤 신은 하나님이 아니다." 신구약성서가 전하는 소식이 시간 안에서 발생하는 **역사**에 관한 구체적인 소식이라는 맥락이 그 사실을 증언한다. 이 점은 다른 어떤 종교적 전승이나 철학에 대해서도 그렇게 말해질 수 없는 특성이다. 또한 그 사실은 다음과 같은 의미도 갖는다. "성서가 우리에게 증언하는 하나님과 피조물 사이의 관계는—신화가 그것에 대해 말할 수 있는 것과는 날카롭게 반대되면서—언제 어디서나 현존할 수 있는 어떤 관계(예를 들어 무한과 유한, 정신과 물질, 선과 악, 완전성과 불완전성, 주권자와 종속된 자 사이의 관계 혹은 그와 비슷한 것)가 아니다"(III/2, 630f.). 오히려 이런 관계들은 하나님의 자기 관계를 통해 비로소 생길 수 있는데, 하나님의 자기 관계는 시간 안에서 구체적으로 발생했고 또 지금도 발생하는 구체적인 역사 안에서 실현된다.

이 모든 것이 영원과 시간을 동일시해야 한다는 뜻은 아니다. 시간은 창조와 함께 시작된 하나님의 피조물이다. "오직 하나님 자신만이 영원하시다." 그렇기 때문에 피조물은, 비록 하나님이 그 피조물을 하나님 자신의 영원성에 참여하도록 고양시키신다고 해도, 여전히 피조물이기를 그치지 않으며 "피조물 자신이 하나님이 된다거나 스스로 영원해지는 일은 없다." 하나님이 영원하시다는 것은 그분이 "지속적으로 현존"하실 수 있을 만큼 "자유로우시다"는 것을 뜻한다. "지속적인 현존이 가능한 것은, 시간이 그분을 지배하는 것이 아니라 하나님이 지속적으로 현존하는 분으로서 시간을 다스리는 모든 권세를 갖고 계시기 때문이다"(II/1, 686f.). 영원하신 자로서 그분은 "시간에 의해 제약되지 않으시며, 오히려 자유 안에서 시간을 철저히 제약하신다"(698). 하나님의 존재가 시간에 힘입은 것이 아니라, 모든 시간적인 존재는 자신들의 실존을 하나님께 의지하고 있다. 시간과 영원 사이의 구분이 희미해지는 곳에서는 그 통찰도 불분명해진다. 이 구분을 분명히 알아채지 못한다면, 하나님의 영원성은 시간 안에서 실존하는 인간이 투사한 생산물이라고 또 다시 오해될 것이다.

그러나 그 구분이 시간과 영원 사이의 대립을 뜻하지는 않는다. 하나님의 영원성이 모든 시간의 조건이라는 점에서, 영원은 시간에 대해 긍정적인 관계를 맺는다. 하나님이 시간을 가지실 때, 그것을 위해 시간이 반드시 창조되어야 하는 것은 아니며, 시간적인 존재에게 말하자면 반드시 시간이 수여되어야 하는 것도 아니다. "하나님은 시간을 갖고 계신다. 그것은 그분의 영원성 안에 있는 참된…시간이다"(697). 영원히 살아 계신 자이신 그분은 시간을 소유하시며, 그 안에는 진정한 "이전", "동안", "이후"가 있다. 그러나 이 셋이 각각 나누어져 분리되는 일은 없다(685). 하나님은 우리가 있기 이전에 "계셨고", 우리가 존재하는 동안 "계시며", 시간이 더 이상 없을 때도 "계실" 것이다. 바르트는 이와 같은 삼중성을 하나님의 "시간 이전의 특성", "시간 초월 혹은 시간 동반의 특성", "시간 이후의 특성"이라고 각각 이름을 붙였다(700.702.709). 그리고 그는 이와 같은 삼중적 특성을 하나님의 영원한 "준비" 즉 그분이 실제로 행하시려는 것을 행하기 위한 준비라고 불렀다. "그분은 시간을 창조하시고 유지하심으로써 **우리에게** 시간을 주신다. 그분은 스스로 시간적으로 되심으로써 **우리를 위한** 시간을 취하신다"(697f.). 삼중적 특성에 힘입어 양쪽의 사건은 모두 하나님의 본질에 일치하는 것이고 하나님께 낯선 어떤 일이 아니다. 그 특성에 힘입어 하나님께서는 영원 안에 계시면서도 모든 시간적 존재에게 각각의 모든 순간에 활동적으로 현재하실 수 있을 만큼의 자유와 능력을 갖고 계신다. 하나님의 영원성은 "모든 시작점에서 시작하는 것, 모든 결과 안에서 지속되는 것, 모든 종말 안에서 끝나는 것"이다(688). 그 특성에 힘입어 계시 안에서 영원이 시간화 되는 가운데 "우리를 위한 시간을 갖는 분이 바로 하나님 **자신**이라는 사실, 바로 그분 자신이 우리를 위한 시간으로 **존재하신다**는 사실"(690)이 발생한다.

이 모든 것은 하나님의 계시에 근거하고 있는 명제들이다. 하나님의 영원성이 "시간적인 현실성"을 배제하는 것이 아니라 포함한다는 것을 말하지 않는다면, 하나님의 계시는 올바로 이해되지 않은 셈이 된다. "계시는 시간 안으로 들어간다. 아니다, 계시는 시간을 취한다. 아니다, 계시는 시간을 창조한다"(I/2, 55). 하나님이 계시 가운데 우리 쪽으로 향하시는 과정에서 우리를 위한 시간을 가지신다는 것은 우리의 왜곡된 시간 곧 "절대적"이고 "타락한" 시간과 논쟁하기 위한, 그리고 손상 입은 우리의 시간을 치유하기 위한 특수한 형태를 취한다. 하나님은 그런 우리의 시간을 소멸하지 않으신다. "하나님은 시간을 정상적으로 회복시키신다. 그분은 시간의 상처를 치유하신다"(III/1, 80). 계시는 하나님이 우리를 위한 시간을 가지셨다는 사실을 도외시하고서는 우리가 하나님의 영원성을 이해할 수 없음을 의미한다. 나아가 계시는 우리를 위한 시간을 취하신 그분이 또한 우리에게 시간을 **선사**하신다는 사실을 도외시하고서는 우리가 우리의 피조적인 시간도 이해할 수 없다는 것을 의미한다. 선사된 시간은 하나님과 함께하는 생명의 시간이며, 영원하신 하나님과 연합을 이루는 시간이다. "하나님 없는 시간 개념"에 불과한 "우리의" 시간은 하나님과 함께하는 시간이 아니다. 하나님께서는 그런 우리의 시간 안으로 들어오실 수 없고, 그런 시간을 가지실 수도 없다. 만일 그렇게 하신다면 그것은 그런 왜곡된 시간에게 "아니오"를 말씀하는 것이 되고, 그것을 내버리고 소멸하는, 지나간, "낡은" 시간으로 만드시는 것이 되며, 그다음에 "하나님 자신"과 우리에게 새로운 시간을 "창조"하시는 것이 된다. 그래서 바르트는 계시를 인간의 역사 안으로 편입시키는 현대적인 추세에 반대하여 이렇게 말한다. "계시가 역사의 술어가 아니라 역사가 계시의 술어다"(1/2, 64). 계시가 역사의 술어라고 한다면, 그것은 계시가 "낡은" 시간 안의 한 가지 요소라는 것을 뜻하며, 그래서 그 시간을 확증할 수는 있겠지만, 그것을 "낡은 것"으로 만들거나 무효화할 수는 없을 것이다. 실제로 "'시간 안에 계신 하나님'은…계시의 거치는 것이다." 왜냐하면 계시는 "시간 안에서…교란의 중심"이 되기 때문이다. 그 중심에서 우리는 "하나님으로부터 시작하여 우리의 가장 본래적인 영역 안으로 침입하는 공격"을 당한다. 그것은 "우리가 시간을 갖고 있다는, 하나님으로부터 분리된 저 절대적인 시간을 소유하고 있다는 망상에 대한 공격"이다(68). 그때 우리는 계시 안에서 필연적으로 인식하게 된다. "우리가 '시간'이라고 말하고 의미하는 그것은 그 중심에서…오로지 그곳에서만 현실적으로 존재한다. 그리스도와의 동시성 안에서 우리는 진정한 시간을 갖는다." 그것은 우리의 타락성이 치유된 시간, 새롭고 현실적인 시간, 곧 하나님과 함께하는 시간이다(73).

왜 하필이면 **그리스도**와의 동시성 안에 있는 시간인가? 왜냐하면 그분과의 연합 안에서 우리는 그분이 열어주신 새로운 시간의 현실성에 참여하기 때문이다. 그분 안에서 하나님은 세상을 하나님 자신과 화해시키신다. 그리스도는 "사람들 앞에 서신 하나님의 대리자"이시다. 그리스도 안에서 영원하신 하나님은 인간들을 위한 시간을 취하시며, 그들이 "하나님 없이" 정의하여 타락하고 왜곡시킨 시간을 소멸하고 선한 것으로 만드신다. 동시에 그리스도는 "하나님 앞에 서신 인간의 대리자"이시다. 그리스도 안에서 사람들은 하나님이 인간을 위해 시간을 취하셨다는 것에 힘입어 새로운 시간을 얻게 되며, 하나님과 함께 그 시간을 소유하게 된다(비교. III/2, 527). 그래서 우리는 예수 그리스도의 현재를, 그분과의 동시성을 필요로 한다. 이것은 상실된 시간으로부터 구원받은 시간을 얻기 위해서다. 그런데 우리는 어떻게 그리스도와 동시적으로 되는가? "인간들이…예수와 동시대인이 **되거나** 그렇게 **현존**하는 것은 아니고, **예수**께서 그들에게 동시대인이 되어주시고 그렇게 현존하신다.…그래서 그들은 자신들의 오늘, 곧 바로 지금의 현존재를 예수의 뒤를 직접 따르는 삶으로 이해할 수 있고, 실제로 필연적으로 그렇게 이해한다. 그것은 '그리스도 안에 있는 삶'이다"(561). 그런데 그분은 그들에게 어떻게 동시대인이 되시는가?

바르트는 그리스도의 계시를 "시간의 성취" 내지는 "하나님의 시간"으로, 혹은 "영원한 시간"으로 이해한다(550f.557). 이것은 계시를 무시간적이고 단지 상징적일 뿐인 신화 안에서 가현설적으로 해소하는 모든 시도에 반대하면서, 계시는 "다른 모든 시간 가운데 놓인 하나의 시간이며, **일회적**(einmalig)인 그리고 **과거 특정한 때**(damalig)의 시간으로서 시작과 지속과 종말을 갖는다"라고 주장한다. 만일 하나님의 아들의 성육신 안에서 그분이 취하신 시간이 "다른 모든 시간들"과 마찬가지의 시간이 아니라면, 하나님은 시간 안에 있는 인간 존재를 긍정하지 않으신 것이고 또 인간을 타락한 시간으로부터 구원하지 않으신 셈이 된다. 그러나 만일 다른 모든 시간 안에서 "철저한 **제약**"인 그것, 일회성과 과거의 특정성으로 정해지는 기한인 그것이 그 시간 안에서는 오히려 "출구"가 되지 않았더라면, 하나님의 아들이 취하신 그 시간은 시간의 **성취**나 **하나님**의 시간일 수 없을 것이며, 모든 시간 안에서 모두에게 효력이 있는 시간일 수 없을 것이다(537). 그 시간은 그런 제약을 갖지 않고 오히려 모든 시간을 향해 열린 출구라는 사실이 바로 그 시간을 "영원한 시간"으로 만든다.

바르트에 의하면 부활의 시간이 갖는 의미는 다음과 같다. "**인간 예수**는 그와 같은 시간 안에서 **명백하게도 하나님의 방식으로** 그들(제자들) 가운데 계셨다"(537). 그분의 부활은 그분이 지상의 삶에서 겪은 일회적이고 특정한 과거의 시간을 넘어서는 그 이상의 어떤 시간을 가지셨다는 것을 의미하지 않는다. 오히려 그분의 부활은 그분의 지상의 시간이 "하나님의 방식 안에 있는" 시간으로 볼 수 있게 되었음을 뜻한다. 다시 말해 그분의 시간은 영원한 시간이며, 이전, 지금, 이후가 있는 시간이지만 그 셋이 결코 나누어져 분리되지 않는 시간임이 나타났다. 그래서 이제 현재는 그것의 이전과 이후를 "성취"(충족, erfüllen)하며, 그 결과 그분은 "결코 과거에 '아직 존재하지 않은 적'이 없고 또한 미래에 '더 이상 존재하지 않을 때'도 없다"라고 말해야 한다(573; 비교.I/2, 58). 그분은 모든 시간에 대해 현존하신다. 그분은 앞서 말한 시간을 삼중적인 차원에서, 그리고 자기 자신을 각각의 차원 안에서 동시적인 현존으로 만드는 분이시며, 바로 이 사실이 "역사적 예수"라는 추상화되고 해부된 형태에 반대하여 반드시 말해져야 한다. 물론 여기서 시간들의 구분이 희석되어서는 안 된다. 시간 이전에 계셨던 그분은 현재 그리고 미래에 계시는 그분과는 구분된다. 그러나 과거, 현재, 미래 안에서 그분은 다른 분이 아니시고 동일하신 예수 그리스도이시다. 그분 안에서 하나님은 세상을 하나님 자신과 화해시키셨다. 바로 그 동일하신 분이 요한계시록 1:8에 따르면 "이제도 있고 전에도 있었고 장차 올 자"이시다(558). 오셨던 분 곧 "시간의 시초에 이미 계셨던 분"이 바로 오실 분이었고, 오늘 오시는 분이며, 오셨던 바로 그분이 종말의 때에 다시 오실 분이다. 바로 이와 같이 참으로 영원하신 자는 인간과 함께하기 위해 인간을 위한 참된 시간을 가지시며, 그 시간을 수용하신다. 바로 이와 같이 하나님께서는 인간들에게 시간을 **선사**하신다. 그 시간은 하나님 없는 시간이 아니라 하나님과 함께하는 시간이며, 타락한 시간이 아니라 진정한 시간이다.

참된 시간의 선물

인간은 "만일 하나님과 함께 있지 않다면, 시간 안에 있지 않다." 자신이 마치 하나님 없이 존재하는 것처럼 처신하는 사람은—그것이 그의 죄다—동시에 자신이 마치 시간 안에 있지 않은 것처럼 행동하게 된다. 그는 마치 자신이 시간으로부터 해방된 것처럼 행동하고, 어떤 무한한 시간이라는 틀린 영원성을 꿈꾸는데, 실상 그는 참된 시간을 전혀 갖지 못한 채 꿈꾸고 있을 뿐이다. "이제 그는 시간 안에 있다. 그렇다면 그는 하나님 없이 존재하는 것이 아니다. '인간'을 말하는 사람은 '시간'을 말하게 되며, 그와 함께—그가 알든지 모르든지 관계없이—근본적으로는 먼저 '하나님'을 말한 것이다. 그분은 인간을 위한 시간을 가지심으로써 인간을 위해 존재하는 하나님이시고, 인간에게 자신의 시간을 선사하는 하나님이시다"(634). 시간은 하나님의 선물이다. 이와 같이 선사된 시간, 선물로 수용된 시간만이 참된 시간이다. 죄 가운데 하나님으로부터 분리된 인간이 자신의 시간을 시간이란 하나님의 선물이라는 사실로부터 분리시킨 뒤, 시간을 시간의 수여자로부터 분리시켜 이해할 때, 그와 함께 그는 자신의 시간을 그 자신으로부터 분리된, 흘러가는, 도망가는, 그래서 이미 타락한 시간으로 만들게 된다(III/1, 78).

계시 안에 계신 하나님께서 인간을 위한 시간을 취하실 때, 하나님이 자신의 영원성을 시간으로 변화시키는 것은 결코 아니다. 이것은 말씀의 성육신 사건에서 하나님의 본성이 인간으로 변화하는 것이 아닌 것과 마찬가지다. 그때 하나님은 영원하신 분으로서 시간적인 존재를 취하신다. 이것은 인간과 함께 계약 안에서 살아가기 위한 것이며, 그 존재가 하나님 자신과 함께 계약 안에서 살아가도록 해주시기 위한 것이다. 하나님께서-스스로-시간을 취하시는 것은 인간들에게서 시간을 뺏는 것이 아니고, 오히려 그들에게 시간을 선사한다. "시간 안에 있는 인간 예수의 실존은 시간이 모든 경우에 하나님이 원하셔서 창조하신 실존 형식, 곧 하나님이 인간에게 주신 것이라서 참된 인간적 실존 형식이라는 사실을 보증해준다"(628). 하나님께서 인간 예수 안에서 정말로 모든 시대의 인간을 위한 시간을 가지셨다면, 또한 인간도—각각 자신의 시대 안에서—시간을 갖는다. 그때 인간은 하나님과 함께 시간을 갖는다. 하나님이 인간들과 함께 계심으로써, 인간들에게 시간이 **수여**된다. 그때 하나님과 분리된 죄인은 인식할 수 없었던 것이 이제 인식될 수 있게 된다. 그것은 시간을 갖는다는 것이 인간에게 자연스럽다는 사실이다. "하나님의 현존과 선물에 힘입어 인간적 본성에 시간성이 속하게 된다(634)." 그것은 물론 죄로 손상되기는 했지만 그러나 완전히 제거되지는 않은 **선한** 본성이다. 그 선물이 **하나님의** 선물이라면, 그것은 결코 파괴될 수 없는 **선한** 선물이다.

하나님께서 자신의 피조물을 위한 시간을 가지시는 것이 그분의 모든 선하신 뜻의 총괄개념인 것처럼, 인간들이 서로를 위한 시간을 갖는 것도 모든 인간성의 총괄개념이다. "내가 누군가에게 나의 시간을 현실적으로 선사한다면, 그때 나는 그에게 내가 줄 수 있는 가장 본질적이고 최종적인 것, 말하자면 나 자신을 선사하는 것이다"(I/2, 60). "인간성은 **시간성**이다. 시간성은… **인간성**이다"(III/2, 629). 바르트는 이렇게 강조한다. 인간이 홀로 있지 않을 때, 오직 그때만 인간은 인간적이다. 자기 자신만 관찰하는 사람, 홀로 살아가는 사람, 고독한 사람은 비인간적이며 시간을 소유하지 못한다. 만일 시간 안에 있는 인간 존재가 하나님의 선물이라면, 인간이 그것을 그렇게 인식한다면, 그때 그는 그 선물 안에서 자신의 존재가 "관계-안에 있는-존재"임을 인식하게 된다. 인간성은 "관계-안에 있는-존재"다. 인간은 우선 하나님과의 관계 안에 있고, 이 관계는 인간적 본질에 속하는 이웃 인간성 안에서 확연히 드러난다. 이웃 인간은 단순히 나의 관념 안에서만, 나의 의식의 한 부분으로서만 존재하지 않는다. 하나님도 그렇게 존재하지 않으신다. 나의 자아와 현실적으로 구분되는 이웃 인간 "너"가 나를 만날 때, 그 "너"는 시간 안에 있으며, 그래서 동시에 나의 자아에게 시간 안에 있는 나의 고유한 존재를 확증해주는데, 그때 나의 존재는 나의 고유한 동료애의 인간성이다.

바르트에 의하면 인간이 시간을 갖는다는 것 전체는 다음 사실에 의존한다. 인간은 그런 선물에 힘입어 참된 시간을 **얻게 되며**, 그 선물이 인간에게 주어지는 것은 인간을 위해 시간을 가지신 하나님께서 예수 그리스도 안에 현존하셨기 때문이다. 부활의 소식에 따르면 "또한 오늘 우리의 날도 살아 계신 예수 그리스도의 날이라는 것은 확실하다. 우리의 날은…우리 모두가…악한 생각, 말, 행위에 빠져 죄를 짓는 날일 수도 있고…죄로 인한 것이든지 무죄한 것이든지 관계없이 너무도 많은 고통이 지구를 뒤덮은 날일 수 있으며…죽음이 어떤 생명을 끝장내는 일이 한 순간도 멈추지 않는 날일 수 있다. 우리의 날은 마귀와 귀신들의 날일 수 있다.…우리의 날은 그런 날이다. 그러나 이 모든 것 가운데 결정적인 것은 없다. 결정적인 것은 오로지 그 날이 또한 **예수 그리스도의 날**이라는 사실이다. 그것은 그분의 현재, 그분의 생명, 그분의 행위와 말하심의 날이며…완전한 의미로 말하자면 그분의 **재림**의 날이다. 그 날은 그분이 과거에 오셨을 때 그분의 삶과 말씀과 사역 안에서, 고난과 죽음 안에서, 그분의 시대를 향한 하나님의 행동으로서 발생하고 성취되었던 것이 이제는 세상 전체와 모든 인간에게 계시되는 날이다. 우리는 일차적으로 세계사, 문화사, 혹은 교회사의 크고 작은 인물들과 동시대인이 아니다.…우리는 일차적으로 **예수 그리스도와 동시대인**이다. 우리의 눈이 감겨 있든지, 열려 있든지, 아니면 껌벅거리고 있든지 관계없이, 그분의 행동에 대한 우리의 증언이 수동적이든지 능동적이든지 직접적이든지 관계없이 그렇다. 그분은 다른 모든 사람보다 각각의 사람에게 더욱 가깝고, 본래적인 이웃이시며, 우리 모두의 선한 사마리아인이시다." 그리고 "우리는—알든지 모르든지, 알려고 하든지 그렇지 않든지 관계없이—그분의 **옆에**, 그분과 **함께** 현존한다. 그분의 오늘은 진실로 우리의 오늘이고, 우리의 오늘은 그분의 오늘이다"(IV/3, 418f.).

시간의 흐름 그 자체 혹은 "시간의 흐름을 측정하게 해주는 수백만 개의 시계의 동일한 형태의 시계추 운동에 따른 각각의 시간 단위" 그 자체가 우리에게 의미 있는 것이 아니라, 위로해주시는 하나님의 현재가 그것들을 비로소 현실적인 현재로 만들고, 우리에게 중요하고 절실하고 의무를 부여하는 현재가 되게 한다. "바로 그 신적인 위로의 현재로부터 각각의 현재는 '오직 지금뿐이며 다른 순간은 없다!'를 의미하게 된다.…우리가 지금 알게 모르게 일축하는 것이 정말로 작고 없어도 되는 일에 불과한지, 혹시 그것이 시간 안에 있는 우리의 존재 전체에 대해 과거로나 미래로나 결정하게 될 전환이 아닌지를 누가 알겠는가? 그런 순간들이 있다. 아니, 엄격하게 말하면 아마도 이렇게 말해야 할 것이다. 오로지 그런 순간들만 존재한다.…지금은 꿈꾸는 시간이 아니다. 지금은 깨어나야 하는 순간이며, 수용하거나 행동해야 하는 순간, 말하거나 침묵해야 하는 순간, 예 혹은 아니오를 말해야 하는 순간이다. 지금 이 순간 나는 어떤 기억된 혹은 기대된 상, 어떤 환영 혹은 나 자신의 이상을 나의 대리자로서 등장시켜 내보낼 수 없다.…지금 이 순간 나 자신이 밖으로 나가야 하며, 나 자신의 존재로서 내 자리에 있어야 한다.… 왜냐하면 우리는 지금 이 순간에 존재함으로써, 하나님 앞에 그리고 하나님 아래 있기 때문이다. 그렇기에 우리는 지금 이 순간의 중요성으로부터 도피할 수 없고, 지금 이 순간을 소홀히 하거나 오용하는 것에 대해서는 어떤 변명도 있을 수 없게 된다. 그렇기에 우리의 지금에는 그분의 은혜와 긍휼하심이 없는 순간이 없다. 그래서 우리의 현재에는 가장 진지한 기쁨이 넘치게 된다. 하나님이 먼저 그리고 본래적으로 현재하시는 분이기 때문에 우리는 그분의 현재 안에 있고…그분에게 버림을 받은 것이 아니며…그분은 죄를 용서하시고…잘못 행한 자녀들을 보호해주시며…지친 방랑자들이 작고 비틀거리는 걸음을 계속 내딛도록 붙들어주신다.…그분은 우리의 어리석음 너머에서 지혜로우시고, 우리의 악함 너머에서 선하시며, 우리가 깊이 잠들어 과거와 미래에 대해 꿈꾸고 있을 때도 깨어 계신다. 다시는 되돌아오지 않을 지금 이 순간을 우리가 진지하게 이용해야 하는 그곳에 그분은 계신다. 그때 그분은 우리가 인식하지 못하고 사용하지도 못하고, 아니면 오용하는 그분의 특수한 현존 안에서 그냥 헛되이 현재하신 것은 아닌 셈이 되실 것이다"(III/2, 641f.).

바르트에 의하면 우리의 과거도 시간의 선물에 속한다. 나는 지금 이 순간에 존재하는 나로서 도대체 과거를 가지고 있는가? 당연히 과거는 마치 내가 마음대로 다룰 수 있는 무엇인 것처럼 보인다. 나는 그것을 기억할 수도 있고, 아니면 망각을 통해 그것으로부터 벗어날 수도 있을 것 같다. 그러나 나는 그렇게 할 때 정말로 과거를 소유하는가? 과거라는 말은 "내가 그 당시에 무엇이었고 어떻게 존재했는지"를 뜻한다. "과거라는 단어는 잔인할 정도로 명확하다. 그것은 지나간 것이고 한때 있었던 것이며,

'소멸'한다는 의미에서 본질이 사라진 것을 뜻한다!"(644) 과거로부터 남은 것은, 세상을 떠난 사람의 경우에 그렇듯이 "까맣게 잊은 현실성의 바다 한가운데서…아직 기억되고 있는 섬과 같은 현실성이다." 그것은 "한때 현재였지만 지금은 더 이상 현재가 아닌 어떤 것의 그림자를 끄집어내어 건지려고 시도하는 주관적인 우연성 혹은 주관적인 예술이다"(617f.). 그러나 실상은 그렇지 않다. 우리가 현재를 소유하는 것이 오로지 우리에게 현재하시는 하나님께서 그 현재를 우리에게 주시기 때문인 것과 같이, 마찬가지로 오로지 하나님께서 보존하고 발견하고 덮어주신 과거, 곧 하나님 안에서 그리고 하나님에 의해 우리에게 주어지는 과거가 아니라면, 우리는 과거를 소유할 수 없다. 우리가 존재했다는 것은 우리가 하나님의 손 안에 있었음을 뜻한다(651). 왜냐하면 "**우리**가 먼저 존재했던 것이 아니기 때문이다. **하나님**이 먼저 계셨다. 하나님께서 이미 그때도 우리의 창조자, 구원자, 보호자이셨고, 그분은 그때도 그분 자신에 대한 우리의 반역에도 불구하고 우리를 보살펴주기를 그치지 않으셨다.…그분이 먼저 높은 곳에 계셨고, 그다음에 우리가 거기 깊은 곳에 있었다"(647). "그분이 이미 그때 우리를 사랑하셨다. 이것은…우리의 그 당시의 존재가 그분의 사랑의 대상으로서…그분의 눈 안에 있었고, 그래서 진실로 현실적으로 존재하기를 결코 그치지 않았음을 의미한다"(49). 하나님은 과거의 존재 그대로 지금도 존재하시기에, 우리의 과거가 여전히 그분의 사랑의 대상으로 머무는 현실성과 그 특성에 우리로 하여금 참여하도록 해주신다. 이와 같은 참여를 통해 하나님은 우리가 우리의 과거와 자유롭게 관계할 수 있도록 해주신다. 그 결과 우리는 "역사의식"을 갖고 살 수 있게 되며, "과거를…우리 자신의 유익을 위해 날조하려는 일"로부터 해방되며, 또한 "과거 그때에 의지해서 살아가려는 일"로부터도 해방된다(651f.). 그 결과 우리는 "잊어도 되지만, 반드시 잊어야만 하는 것은 아니다." 억지로 잊을 필요는 없는 것이다. 왜냐하면 "망각의 강요는 기억의 강요와 마찬가지로 나쁜 것이기 때문이다." "얼마나 많은 재앙이 그런 강요된 기억으로부터, 말하자면 하나님의 의지에 반하여 '강제된' 기억들로부터 비롯되었는가!"(651-653)

바르트에 의하면 우리의 미래 역시 시간의 선물에 속한다. 나는 지금 이 순간에 존재하는 자로서 도대체 미래를 가지고 있는가? 지금 이 순간에 "현재의 한계를 앞 방향으로 초월"해서 미래를 "예기"할 수 있다는 점에서, 내가 미래를 갖는다는 것은 자명한 일로 보인다. 그러나 그때 나는 정말로 미래를 소유하는가? "내가 가득 차 있는 어떤 미래는 나의 참된 미래가 아니다. 그것은 미래에 대한 보증도 되지 못한다. 그것은 단지 지금 내가 **마치 나 자신**이 참된 미래를…가지고 있는 것처럼 생각하며 살고 있다는 사실만 증명할 뿐이다." 그런 미래는 "아무 곳으로도 인도하지 않는 어떤 준비에 그친다.…나의 현재의 저편은 또한 시간 안에 있는 나의 존재 전반의 저편일 수 있다"(654f.). 그러나 여기서도 이렇게 말해져야 한다. 우리의 과거 및 현재와 마찬가지로 우리의 미래도 하나님의 손 안에 있다. 하나님께서 우리가 미래에 살아 있게 될 것을 보증하신다. "지금과 동일하게 내일도, 나아가 여러 해가 지나서도 존재할 것은 우리가 아니라 먼저 **하나님**이시다. 하나님은 그때도 우리의 창조자, 구원자, 보호자이실 것이며, 그때도 우리를 위해 우리에게 신실하실 것이다." "먼저" 하나님이 계실 그 미래는 "추상적으로" 생각되어서는 안 되고, 피조물에 대한 하나님의 의도 곧 그리스도 안에서 계시되고 성취된 거룩하고 선하신 의도와 분리해서 생각해서도 안 된다. 우리는 무엇이 될 것인가? 어떤 경우에도 우리는 하나님 아래 그리고 하나님과 함께 존재하게 될 것이며, 하나님이 사랑하시는 자들이 될 것이다. 하나님은 지금 이미 미래에 우리에게 나타나실 바로 그분으로서 현재하시기에, 우리가 미래에 장차 그분이 사랑하시는 자들이 될 그 현실성과 그것의 특성에 참여하도록 해주신다. 이와 같은 참여 안에서 우리는 자유를 얻어 우리의 미래와 관계할 수 있게 된다. 그 결과 우리는 미래에 대한 우리의 염려를 주저할 필요가 없이 하나님의 염려에 맡길 수 있게 되고, "내일에 대해 책임지는 오늘의 삶을 자유 안에서" 살아가게 되며, "그때 우리 자신이 미래를 정복했다고 생각하지 않게 된다." 그 결과 우리는 다른 한편으로 미래에 어떤 경우에도 우리의 행위와 계획들을 심판하시는 심판자와 만나게 될 것이라는 사실에 대해 염려하지 않을 수 없게 된다. 그러나 우리의 위로는 바로 그 심판자로부터 온다. 하나님이 "우리의 심판자이시고, 그 심판자는 전능하신 권능의 긍휼 안에서 처음부터 우리를 위해 개입하셨던 바로 그분이시다"(662-665).

시간 위에 두는 은혜로운 제한

피조적인 시간이 본질적으로 제한된 기간의 시간이라는 것은 바르트의 시간 개념에 결정적인 핵심이다. 그렇다. 바르트는—성서와 유대인의 보존 외에—시간적 제한성 안에 놓인 인간의 **보존**만이 아니라, 인간의 시간적인 **종말**의 사실성까지도 하나님의 선하신 섭리의 표징으로 이해할 수 있었다(III/3, 256ff.). 하나님에 관한 사고가 우리로 하여금 시간의 제한성을 넘어서도록 해주는 것은 아니다. 그런 사고에서 하나님이란, 가면을 벗겨보면, 인간이 스스로 한계를 벗어나고 자기 자신을 절대화하는 것을 돕는 보조적 사고임이 드러난다. 이 점에서 종교의 문제, 그리고 종교가 무신론과 비밀리에 맺은 협약이 예시된다. 왜냐하면 한계를 벗어난 무제한적이고 무한한 시간이란 바로 하나님 없는 시간이며, 그것의 뒷면에는 하나님 없는 시간을 소유하려는 인간이 전혀 시간을 갖지 못한다는 사실이 놓여 있다. 이것은 어떤 혼란스런 결과를 불러일으킨다. 그것은 인간이 "오로지 하나님과 함께 '예'를 말할 수 있는 것, 곧 우리는 언젠가 더 이상 존재하지 않게 될 것이라는 사실에…스스로 '예'라고 말할 수 없다는 것이다." 하나님이 없다면 인간은 그 사실의 인식을 회피할 것이다. 예를 들어 그는 "그의 영혼의 어떤 무한성, 소위 불멸성"을 지어내거나, 혹은 "어쨌든 나는 아직 지금은 죽지 않았다"라고 말할 것이다. 또는 그는 개인은 아니더라도 어떻게든 종은 살아남게 될 것이라고 자신을 위로할 것이다. 이 모든 것은 "전형적인 두려움의 사고"이고, 하나님 없이 사고하는 인간의 표징이다. 이런 인간은 그런 사고를 통해 "자기 자신을 **유지**"할 수 없으며, 자신의 고유한 유한성의 사고를 허용할 수 없을 만큼 허약한 자아를 가지고 있다(III/4, 678). 그런데 그와 반대로 그에게 "죽음을 기억하라!(*Memento mori*)가 실제로 하나님을 기억하라!(*Memento Domini*)"(679)가 된다면, 그는 자기 자신을 유지할 수 있게 되고, 자신의 시간의 제한된 기간에 대해 '예'를 말할 수 있게 된다.

시간의 덧없음은 삶이 유일회적인 기회가 아니라 오히려 하나님의 선물이라는 사실을 깨닫게 해준다. 마찬가지로 시간의 덧없음은 삶이 유일회적인 기회로서 제한된 기간이라는 사실이 아니라 오히려 **하나님**께서 그 삶에 제한을 두셨다는 사실을 인식하게 해주는 원천이기도 하다(669). 인간보다 무한히 우월한 어떤 절대자가 인간의 죽을 수밖에 없는 숙명을 통해 자신의 우월성을 과시하려는 것이 아니다! 그렇게 이해되는 어떤 신은 인간에게 그 신을 피하여 앞서 말한 하나님 없는 시간 안으로 도피하는 정당성을 부여할 뿐이다. 그 인간은 그때 프로메테우스를 불러내게 되는데, 프로메테우스는 자신의 유한성의 운명을 "찬양하는 대신 두 주먹을 쥐고 위협"하려고 했다(III/2, 622). 그러나 '인간의 시간적인 제약성이 "짐이 되는 것은, 그가 하나님 아래 그리고 하나님과 함께 기쁘고 겸손하게 인간으로서 즉 시간적으로 존재하는 대신, 하나님이 되려고 하고 그래서 영원히 존재하려고 할 때다"(III/2, 622). 그런 인간 곁에 현존하는 어떤 하나님이란 인간이 가진 소원의 거울상에 지나지 않고 단지 자칭 하나님일 뿐이며, 그런 하나님께 시간적으로 존재하는 것은 무조건 회피해야 하는 결함을 뜻한다. 그러나 우리와 관계하시는 하나님은 인간에게로 향하시는 하나님, 인간을 긍정하고 그에게 "은혜로우신" 하나님이시다. 바로 이 하나님이 우리를 창조하셨다는 것이 선하신 뜻이고 결함이 아니라면, 그 하나님이 제한된 기간 동안만 존재하도록 창조하셨다는 것도 선하신 뜻이고 결함이 아니다. 피조물이 제한된 기간 안에 존재한다는 것이 바로 하나님의 선하신 뜻임을 인식할 때, 인간은 자신의 제한된 기간의 존재를—그 선하신 뜻을 감사하는 마음으로 따르면서—기뻐할 수 있게 된다.

이와 같은 대담한 사고는 물론, 바르트 자신이 인정하듯이, 두 가지 심각한 항의와 마주친다. 첫째, 인간적인 삶이 "지속되어야 한다고 요구하고, 그래서 자신의 시간에 대해 일정한 기간이 규정되는 제약성을 거부하는 것"은 단지 "오류와 자만"인 것만은 아니다. 나아가 "우리가…간단하게 단지 정해진 기간의 시간을 가질 수밖에 없다는 것에 동의하는 것"은 바르게 이해한다면 "타락에 의한 혼동"에 속하는 것이다. 그래서 "인간의 삶이 지속되어야 한다는 요구가 방해를 받는 곳"에서는 인간의 자기 소외가 발생한다(672f.). 어떤 추상적인 삶의 욕망으로부터가 아니라, 인간의 존재가 하나님과 함께하는 존재 그리고 인간과 함께하는 존재로 규정되어 있다는 사실로부터 그 주장은 타당하다. 바로 이 규정으로부터 삶이 (죽음 없이) 지속되어야 한다는 주장은 정당성을 얻는다. 그렇기 때문에 인간은 죽는 것이 아니라 살기를 원하고, 병드는 것이 아니라 건강하기를 원할 수 있다. 병드는 것을 거부하는 "한 방울의 결단, 의지, 저항하는 행동"이 "넓은 대양을 덮은 자칭 그리스도교적인 겸손보다 낫다"(III/4, 419). 단지 그것만이 아니다. 바르트는 자살에 대한 생각으로 괴롭힘을 당하는 사람에게 반드시 다음 사실을 이해시켜야 한다고 주장한다. "너는 **의무적으로**(mußt) 살아야 하는 것이 아니라, 살아 있을 수 있도록 **허용되어**(darfst) 있다!"(464) 그렇기 때문에 모든 삶은 "**경외**"할 가치가 있다. 경외는 삶에 대한 모든 불경한 부정이나 해체에 반하여 삶을 보호하기 때문이다. 삶의 의지를 향한 자연적인 충동이 경외를 명령하는 것이 아니다. 자연의 충동은 상황에 따라서는 매우 다른 것을 명령할 수도 있다. 그 충동은 자신의 삶을 위해서는 타인을 희생시켜 목적을 달성하기도 하며, 그것이 약해졌을 때는 스스로 목숨을 끊기도 한다. 경외를 명령하는 것은 그 충동이 아니라 하나님의 선하심이다.

그런데 하나님이 정하신 시간의 기한에 따라 이 세상의 삶을 마치는 것이 어떻게 하나님의 선하신 행동일 수 있는가? 피조된 생명은 그것의 근거가 하나님께 있고 자기 자신에게 있지 않기 때문에 무한**할 수 없다**는 생각은 여기서는 단지 잠정적인 것이다. 그것은 피조적 생명에게는 아직 자신의 규정과 일치하는 생명이 보장되지 않았기 때문에 무한**해서는 안 된다**는 생각과 비슷하다. 오히려 여기서 결정적인 통찰은 피조된 생명의 근거가 되고 그것에 정해진 기한을 두시는 분은 하나님이시기에, 우리를 제한하는 것도 추상적인 **시간**이 아니라 정말로 **하나님**이라는 사실이다. 그분이 우리의 "저편"(Jenseits)이시며, 그분이 "우리의 삶이 단절되는 곳에서, 우리의 시간의 경계선에서 우리가 만나게 되는 이웃"이시다(III/2, 685). 여기서 그분의 영원성은 시작과 끝을 자체 안에 포함하고 있다는 사실이 확증된다. 그렇기에 하나님께서는 우리의 시작과 끝에 현재하실 수 있다. 나아가 그분은 우리가 아직 존재하기 이전에도 존재하실 수 있으며, 이것은 우리의 이 세상의 존재가 사라진 뒤에도 여전히 존재하실 수 있는 것과 마찬가지다. 그 결과 우리는 "우리의 생명의 시작과 끝에 우리에게 놓인 제한이 분명해지는 곳에서…전적으로 홀로, 그러나 현실적으로 영원하신 하나님과 대면한다"(688). 그분은 시간 안에서 자신을 처음부터 은혜로우신 하나님으로 계시하셨고, 우리를 위해 전적으로 철저하게 개입해오셨으며, 인간과의 영원한 연합 그리고 인간의 하나님 자신과의 연합을 선택하셨던 분이다. 바로 이 하나님은 인간이 있기 이전에도, **그리고 인간이 있었던 때 이후에도** 인간에게 은혜를 베푸신다. 자기 자신은 물론 아무것도 그를 도울 수 없는 한계선에서, 그가 특별히 무와 대면하지 않을 수 없는 곳에서, 그에게 은혜를 베푸신다. 그곳에서는 하나님 외에 그 무엇도 멸망을 멈출 수 없고 도와줄 수 없다는 사실이 그에게 분명해진다. 하지만 하나님과 함께 할 때, 정말로 도움을 얻게 된다. "하나님이 기한을 정하신…우리의 시간은 그와 같은 **분명함** 가운데 그분의 **자유로우신 은혜**에 **자연적으로 가까워지는 것**을 뜻한다"(691). 우리의 시간적인 삶의 제약을 의미했던 "암벽들"은 그분의 은혜에 의해 피조된 삶의 공간을 "보호하고 막아주는 성벽"으로 변화하며, 이 세상의 삶은—"어머니의 품에 놓인 아기처럼"—"영원의 품속에 포괄된다"(II/1, 703; III/2, 690).

시간적인 종말을 하나님의 선하신 행동으로 이해하는 것에 반대하는 두 번째 항의에도 주목해야 한다. 그 이해는 삶이 끔찍하게 단절되는 죽음의 경험과는 정반대이지 않은가? 사실상 "'종말' 그 자체는…또한 그리스도인에게도 '여기까지이고 더 이상은 안 된다!'를 의미한다. 너는 너의 시간을 가졌지만, 이제 너의 앞에는 더 이상 시간이 없다. 너에게는 기회, 가능성, 힘이 주어졌었다.…이제 그것들은 지나갔고, 너는 다른 어떤 것을 기대할 수 없다.…이제는…달라질 것은 전혀 없고, 개선하거나 수정할 것도 없다.…'너는 앞으로 나아가야 한다. 하지만 너의 시계는 이제 멈추었다!'…모든 것은 그저 이와 같은 돌진이 아니었는가?—내적으로나 외적으로나 이 무슨 수고와 슬픔의 돌진이었는가?—모든 것은 가까이서 자세히 본다면, 결국 이런 잘못된 출발에 불과하지 않은가? 이제 그 모든 것은 정말로 **지나간 것**일 뿐이며, 그것과 관련된 모든 일은 궁극적으로 **이미 늦은 것일 뿐이다**"(IV/3, 1063f.). 이런 모든 생각은 끔찍하지 않은가? 우리가 종말의 순간에 어떤 순수한 무가 아니라 하나님께, 최후의 심판자에게 나아간다는 것을 생각하면 더욱 그렇지 않은가? 왜냐하면 "하나님으로부터 출발한 우리의 시작과 그분과의 최종적인 대면 사이에는 바닥도 없고 개선할 수도 없는 **죄책**(Schuld)의 사실성이 놓여 있기 때문이다." "우리의 종말이 다가온다는 것은…하나님의 판결과 그것의 집행이 다가온다는 것 말고 다른 무엇을 뜻하겠는가? 그 판결은 저주가 아니고 무엇이겠는가? 그 판결의 집행은…우리의 무가치하고 헛된 삶을 창조자의 눈앞에서, 죄를 범함으로써 우리가 이미 스스로 멀어져 갔었던 그분의 눈앞에서 추방하는 것이 아니고 무엇이겠는가?" 죽음은, 우리와 "사실상 그렇게 만나듯이", 바로 성서가 죽음을 그렇게 증언하듯이, "우리에게 내리는 하나님의 심판의 표징"이고, 하나님의 선하신 행동이다(III/2, 724f.). 나아가 죽음은 "마지막 원수"(고전 15:26)다. 그러나 우리는 하나님을 두려워해야 하고 죽음을 두려워해서는 안 된다. 또한 그렇기에 죽음을 "하나님이 지정하신 어떤 가혹한 심판의 표징으로" 두려워해서는 안 된다"(726).

그렇다. 우리는 두려워해서는 안 된다. 그러나 우리가 "하나님을 두려워하지 않을 수 있게 되는 것은 그분을 신뢰할 때이며, 그것도 근본적이고 전적으로 신뢰할 때다. 두려워한다는 것은 우리가 하나님을 신뢰하지 않음을 뜻한다"(743). 왜냐하면 하나님께서 자신의 아들 안에서 "최후의 원수"인 죽음과 투쟁하셨기 때문이다. 이것은 하나님 자신을 위한 것이면서 또한 우리의 유익을 위한 것이다. 그 투쟁은 이렇게 진행되었다. 즉 하나님께서는 죽음을 "예수의 죽음 안에서 바로 하나님 자신의 원수로 선언하고 또 그렇게 취급하셨다. 취급하셨다는 것은 하나님께서 그곳에서 인간 위에 내려진 법적인 결정의 자리에 대신 서셨다는 것을 뜻하며, 예수께서 인류를 위해 죽으심으로써 각각의 인간에게서 죽음을 벗겨내셨음을 뜻한다"(730). 그리스도께서 인류를 위해 화해의 사건으로 개입하심으로써, 죽음은 더 이상 멸망시키는 특성, 무에 넘겨주는 심판의 특성을 갖지 않는다. 이것은 바르트에 의하면 인간의 삶에 정해진 기한이 제거된다는 것이 아니라, 이제는 "종말과 저주, 자연적인 죽음과 징벌, 죽음과 죽음의 심판 사이"를 구분해야 한다는 것을 뜻한다(769). 우선 예수 그리스도의 죽음 안에서 그분의 "죽을 수 있음"(können)과 "반드시 죽어야 함"(müssen) 사이가 구분되어야 한다(비교. 767f). 예수께서 우리를 위해 죽음으로 내려가셨다는 것, 그 죽음 안에서 우리의 자리에 서서 실제로는 우리의 죽음의 고난을 겪으시면서 저주를 당하셨다는 것, 하나님으로부터 버림받는 고난을 스스로 짊어지셨다는 것은 죄가 아니고 자유로운 **은혜**다. 이 사실에 근거하여 **우리**의 죽음도 이제는 "종말"이 아니며, 더 이상 "저주"라고 말해지지 않는다. 죽음은 단지 끝일 뿐이며, 우리는 그것에 상응하여 구분할 수 있어야 한다. "우리의 죽음은 우리의 한계다. 그러나 우리의 하나님이 또한 우리의 죽음의 한계이시다." "우리는 언젠가는 더 이상 존재하지 않게 될 것이다. 그러나 하나님께서 그때도 우리를 위해 존재하실 것이다. 그래서 우리가 미래에 존재하지 않을 것이라는 사실은 어쨌든 우리에게 무를 의미하지는 않는다.…그래서 우리가 그분의 통치 아래 있고 그분의 소유이며 그분의 사랑의 대상이기를 그치게 되는 일은 어떤 경우에도 우리의 죽음 안에서 일어나지 않는다"(743). 그러므로 우리는 우리의 죽음을 저 최후의 원수로서 대면하지 않는다. 우리는 우리의 죽음에서 그 원수를 은혜로써 이겨내신 분의 손 안에 있게 된다. 그러므로 우리의 죽음의 "거대한 어둠"은 "이미 환한 빛으로 덮여 빛나고 있다. 그 빛은, 우리의 빛이 전혀 아니기 때문에, 배타적으로 하나님께만 고유한 빛이기 때문에…

죽음 안에 비치는 우리의 생명의 빛이며, 죽음으로부터 나와 죽음 너머로 건너가는 빛"이다(744).

그리스도교적인 희망

다음은 젊은 바르트의 유명한 문장이다. "철저하게 그리고 남김없이 종말론이 아닌 그리스도교는 **그리스도**와 철저하게 그리고 남김없이 아무런 관계가 없다.…희망이 아닌 것은…그리스도교를 해방시키는 것이 아니라 오히려 감금하며…하나님이 아니라 구원받지 못한 인간의 거울상이다. 비록 그것이 사회적 진보의 장엄한 건축이라고 해도, 비록 그것이 그리스도교적인 구원의 요란한 나팔소리라고 해도 그렇다!…우리는 희망할 수 있는 존재 밖에 다른 어떤 것, 어떤 더 나은 것이 되려고 할 수 있는가?"[233] 바르트 신학에 대한 비판 가운데 이와 같은 초기의 인식이 후기에 이르러서는 사라졌다는 주장이 있다.[234] 어떻든 후대의 바르트는 자신의 초기 진술들에 대해 이렇게 말했다. "사자는 포효했다!"(II/1, 715) 물론 그는 이 표현이 좀 더 상세한 의미로 이해되어야 한다고 덧붙였다. 바르트는 그리스도교적인 희망에 대해 말해져야 하는 것은 교의학에 대해서도 너무도 당연한 권리를 갖는다고 보았다. 그것이 위에서 포괄적으로 말한 인식의 노선 위에서 말해진다면 말이다. 그러나 그리스도교적인 희망을 주제로 논의하려면, 위에서 제시한 노선은 보다 더 상세하게 전개되어야 한다. 내용의 중심에서 그것은 예수께서 우리에게 명하신 기도에 대답해야 하는 과제를 갖는다. 그것은 "나라가 임하시오며"(마 6:10)의 기도다.

---

[233] *Römerbrief* 2, 298.
[234] 비교. J. Moltmann, *Theologie der Hoffnung*, 33f.

바르트는 "하나님 나라"의 개념에 대해 "하나님의 혁명"이라는 개념을 동의어로 사용할 수 있었다. 이 개념의 포괄적인 의미는 이렇게 설명된다. 하나님 나라는 현존하는 세상에 대해 철저히 **새로운 것**이고, 세상의 전적인 갱신을 이끌어낸다. 하나님 나라는 사변적 관념이 아니라 새로운 현실성이며, 그 자체가 새로움을 일으켜낼 수 있다. 그것은 새로운 존재로서 새로운 "의식"을 창조하고, 새로운 관계성의 앙상블을 일으켜내며, 사고의 전환을 가능케 하는데, 그 반대는 일어나지 않는다. 하나님 나라가 돌입해 올 때, 현존하는 세상에게 일어나는 것은 "거대한 단절이며, 이것은 세상과 역사의 한가운데서 홀로 참되고 궁극적인 단절이다." 이 단절은 "소위 모든 '소여성들'과 모든 자칭 자연적이라는 삶의 질서들, 모든 '역사적 권세들'을 깨부순다. 이런 것들은 스스로 절대적 가치와 타당성을 주장하면서, 직접적인 권위자로서—신화적이지만 그러나 또한 대단히 현실적으로 지칭되는 신들로서—하나님과 인간 사이 또한 인간과 이웃 인간 사이로 비집고 들어온 것들이며, 아니면 인간 자신이 그 사이로 밀어 넣은 것들이다. 그것들은 절대적이라고 규정된 고상한 것, 소유, 명성, 힘, 가족, 종교의 율법('여기서 만약 종교가 계시 종교라면 최악의 경우가 된다!') 등이다"(IV/2, 614f.). 하나님 나라는 "그 밖의 다른 모든 사건의 관점에서 볼 때는 철저하게 예기치 않게 그리고 이해될 수 없는 방식으로 발생한다. 그것은 지금까지 알려진 모든 사물의 지평을 위로부터 수직으로 꿰뚫는다. 하나님 나라는 **새로운** 차원 안에 있는 **인간적** 사고와 의지의 자유를 요청하고 창조한다"(CL, 402). 그렇기 때문에 하나님 나라는 세상—바로 이곳으로 하나님 나라는 돌입했다—에 속한 인간들이 "건설"할 수 없고(414ff.), 인간적 역사의 총합 내지 "총체성"일 수는 더욱 없다(426). "인간이 자기 자신으로부터 행하는 것—비록 그것이 세상(혹은 세상을 규정하는 권세들)에 반대하는 입장에서 취해진 것이라고 해도—은 언제나 또 다시 세상의 것을 확증하고 강화하게 되며, 세상의 통치권에 대한 새로운 형태만 불러올 뿐이다. 작은 혁명과 공격들, 곧 세상을 그때그때마다 정말로 뒤흔들었다기보다는 그렇게 한 것같이 보이는 혁명과 공격들은 세상에 실제적인 한계선만이라도 제대로 설치했던 적이 없고, 그것의 권세를 부순 적은 더욱 없다. 하나님 나라, 곧 하나님의 혁명만이 그 권세를 부순다"(IV/2, 615).²³⁵

하나님의 혁명은 지금까지 알려진 것에 대해 단순히 새로운 것에 그치는 것이 아니라 **유일무이**하게 새로운 것이다. 그것은 오직 하나님만이 이끌어낼 수 있는 것이기에 "**하나님**의 새로운 것"(CL, 427)이고, 하나님 자신과 동일하다. 이때 하나님은 지금까지 알려진 모든 것과 대면하는 행위 안에 계신 것으로 고려되어야 한다. "하나님 **나라**는…하나님 **자신**이며…하나님은 어떤 곳에 어떤 방식으로 **계시는** 것이 아니라…**오신다**.…오셔서 인간과 만나시는데, 인간은 하나님과는 전혀 다른 현실체(Wirklichkeit)다"(404). "하나님 나라"의 개념은 "종말론적 현실성"인 "**새 창조**"의 개념과 동일한 것을 말한다(III/3, 363).²³⁶ 이 현실성 안에서 왜곡된 세상 곧 하나님 나라의 도래를 통해 "옛 것"이 된 세상은 소멸하고, 오로지 하나님만이 창조하실 수 있고 옛 세상의 손상이 치유된 "새로운" 세계에 의해 대체된다. 여기서 "새 창조"의 개념은 바르트에 의하면 몇 가지 구별되는 의미를 지니고 있다.

한편으로 그 개념은 처음 창조의 자리에 어떤 더 나은 혹은 전혀 다른 두 번째 창조가 들어선다거나, 그 결과 첫 번째 창조는 파괴된다고 말하지 않는다. 만일 그렇게 된다면 하나님은 첫 번째 창조를 선하게 만들지

---

235 비교. *Römerbrief* 1, 24ff.
236 비교. IV/2, 696; *Das christliche Leben*, 403.

않으셨다는 셈이 되고, 그래서 첫 번째 창조는 그 자체로는 나쁜 현실성일 것이며, 새 창조는 오로지 첫 번째 창조의 부정을 통해서만 하나님이 선하게 창조하신 피조적 현실성에 도달할 수 있다는 뜻이 될 것이다. 그렇다면 새 창조의 새로움은 오로지 창조를 위협하는 멸망에만 관계될 것이다. 하지만 이 위협을 제거하는 것은 이미 태초에 하나님이 결정하신 것이며, 그 위협이 창조 안에 돌입한 이후에 결정하신 것이 아니다(III/1, 121).

다른 한편으로 "새 창조"의 개념은 창조가 단순히 타락 이전의 상태로 되돌아가는 것을 뜻하지도 않는다. 그렇다고 한다면 "자연신학"을 향한 문이 너무 쉽게 열리는 셈이 될 것이다. 그와 함께 죄가 건드리지 않은 어떤 무흠하다는 나머지가 하나님과 유사하고 하나님을 향해 개방된 인간적 본성으로 생각될 것이다. 하지만 바르트에 의하면 창조는 자신의 의미와 근거를 자기 자신 안에 갖고 있지 않다. 창조는 **계약**의 전제 곧 하나님이 설치하신 외적인 전제이며, 그것의 성취다. 바르트는 새 창조가 그 계약을 위협할 수 없고, 계약을 어떤 다른 것으로 대체할 수도 없다고 보았다. 오히려 새 창조는 오직 계약을 위협하는 멸망을 극복함으로써 이루어지는 그 계약의 완성과 함께 발생할 수 있다.

우리는 한 가지 결정적인 질문의 문턱에 서 있다. 우리는 하나님 나라의 도래를 어디서 아는가? 그 나라가 우리의 간구와 희망의 근거와 대상이라는 것, 그리고 그래야만 한다는 것을 어디서 아는가? "인간이 자의적으로 제작해낸…희망, 곧 인간적 세계사의 얽히고설킨 문제성의 최종적인 해결이 어떤 다소간에 순수한 초월성 안에서 발생할 것이라는 희망", 혹은 유토피아의 의미를 지닌 어떤 "소원의 사고"는 여기서 어떤 경우에도 대답이 될 수 없다(CL, 426f. 430). 도덕적인 혹은 그 밖의 어떤 노력들 안에서 일어난 인류의 진보가 기대했던 왕관을 쓰며 종결된다는 것도 대답일 수 없다. 그리스도교적인 희망은 "결핍의 산물"(III/2, 587)이 아니고,

현재 겪는 어떤 부족함의 경험을 통해 일으켜지지도 않는다. 그런 식으로 얻어지는 어떤 종말론은 거꾸로 희망 없는 현재의 관점에 의존할 것이고, 그 관점에 대한 흥미가 사라지면 심각하게 약화될 것이다(비교. II/1, 717). 아니다. 그리스도교적인 희망은 그것이—이미 구약에도 있지만 신약성서가 비로소 바르게 말하듯이—이 세상적인 것과 저 세상적인 것 사이의 대립을 우리가 돌파한다는 사실에 근거를 두며, 특정한 ("이 세상" 안에 있는) 완료형 안에 뿌리를 내리고 있는데, 그 완료형을 그 희망은 특정한 ("저 세상적인") 미래형 안에서 내다볼 수 있다.[237] 하나님 나라에 대한 희망은 "자신의 근거를, 그 나라의 도래가 임박해 있을 뿐만 아니라 **이미 사건**으로 발생했다는 사실에 둔다.…이미 발생한, 그래서 현재하는 그 나라의 도래로부터 신약성서의 공동체는 그 나라의 미래를 내다볼 수 있었다"(CL, 427).[238] 그렇기에 인간이 만든 것이 아닌 하나님 나라에 대한 희망은 단순히 인간이 생각한 것이나 고안해 낸 관념이 아니다. 왜냐하면 그 나라는 이미 현실적으로 돌입해 왔기 때문이다. "'하나님 나라가 가까이 다가왔다'는 것은 '말씀이 육신이 되어 우리 가운데 거하셨음'(요 1:14)을 뜻한다"(CL, 429). 영원하신 하나님께서 그 말씀 안에서 우리를 위한 시간을 취하셨다는 사실은 종말론적인 사건이며, 그것 자체가 하나님 나라가 도래한다는 것의 현재적 의미 및 미래적 의미가 무엇인가에 대한 실재적인 근거인 동시에 인식론적인 근거다. 예수 그리스도의 "오심", 곧 그분의 재림은 단순히 그분과 구분되는 어떤 현실성에 대한 그림이 아니다. 그것은 하나님 나라의 도래다. 그때 미래적 종말은 다름이 아니라 **예수 그리스도의 재림**이 될 것이다(CL, 431). 그것은 "어떤 더 나은 것 혹은 최고의 것이

---

[237] 비교. KD III/3, 175ff.; IV/2, 238.
[238] 비교. KD III/2, 586; IV/3, 1050f.

아니라…바로 **주님**이신 그분이 오시는 것"(III/2, 584)이 될 것이다. "새 창조"로서 그것은 이미 발생한 그분의 재림, 곧 부활의 오심 안에서 나타났었다. 그래서 공동체가 희망하는 것은 **"예수 그 자신"**이고, "어떤 추상적인 좋은 일의 연장"이 아니며, 다른 모든 좋은 일은 "그분의 나타나심에 동반되는 현상"으로 기대했다(589). 그분 자신이 하나님과 인간 사이, 그리고 인간과 이웃 인간 사이의 계약을 성취시키는 화해이시기에, 그분의 오심은 새로운 세계의 다가옴이다. "그분은 오셔서 정의를 창조하시고…그것을 그분께 속하는 세상의 바른 질서로 삼으신다. 그분은 오셔서 정의를 창조하심으로써 그분 자신과 인간들 사이의 관계, 그리고 인간들 서로에 대한 관계 안에 있는 불의를 제거하신다. 그분은 오셔서 모든 불의와 함께 주님 없는 권세들의 통치를 제거하시며…그 통치가 강탈해 갔던 자유 곧 인간 자신의 능력을 행사할 수 있는 자유를 인간에게 되돌려 주시고, 인간을 다시 땅을 다스리는 자로 세우시는데, 인간은 주님의 종으로서 당연히 및 마땅히 그런 존재여야 하는 것이다. 그분이 오실 때 '기뻐하심을 입은 자들 사이에 펼쳐지는 저 땅의 평화'도 함께 온다.…바로 그 땅의 평화는 하나님 자신이 왕과 주님으로서 오실 때, 그래서 그 평화를 창조하고 수립하실 때 실현되며, 그 평화는 바로 **하나님 나라**다"(CL, 405).

그런데 어떤 점에서 이미 발생한 하나님 나라의 도래는 그 자체를 넘어서서 미래의 도래에 대한 희망으로 밀고 나가는가? 더 정확하게 말하자면—신약성서가 자기 스스로를 이해하는 것보다 우리가 그것을 더 잘 이해하려고 하지는 말아야 한다—신약성서가 하나님 나라를 "이미 현재하는 것인 **동시에** 미래적인 것"으로 증언하는 것은 어떻게 이해되어야 하는가? 한편으로 우리는 부활의 사건을 주목해야 한다. 이 사건 안에서 예수의 지상에서의 역사 안에 감추어졌던 것이 공개되었다. 그것은 그분이 화해자이고 만물의 주님이라는 사실이다. 이 사실이 공개된 결과 미래에 일어날 일이 이미 그곳에서 발생했다는 것뿐만 아니라(III/2, 588), 또한 그 곳에서 발생한 것이 **미래에도 일어날 것**임이 알려졌다. 부활의 사건에서 그분은 제자들에게 "방금 완성된 그분의 역사의 **미래** 안에서 인식되셨 다"(CL, 440f.). 다른 한편으로 우리는 오순절 역사에 주목해야 한다. 그 사 건에서 성령의 능력은 인간들로 하여금 예수 그리스도의 미래 안에 그들 자신의 미래가 포함되어 있음을 깨닫게 해주셨다(442f.). 거기서 이미 발 생하여 성취된 것은 단순히 "과거 사건"이 아니라 동시에 미래적 성취의 약속이다. 왜냐하면 그것은 종말론적인 사건이며, 그렇기에 단지 역사적 인 과거로만 이해된다거나, 마치 그것이 부분적인 성취에 불과한 것처럼 이해되어서는 안 된다. 그것은 과거 사건인 동시에 현재와 미래를 성취하 는 완성이고, 이미 미래에 다가올 완성이 지금 이미 성취된 것 그리고 미 리 도래한 것이다. 이와 같이 과거에 오신 분은 동시에 미래에 오실 분이 시고, 믿음의 대상이신 분이 또한 희망의 대상이시며, 인간들 편에서는 큰 감사가 동시에 큰 희망이 된다. 이와 같이 "그 자체 안에서 (이미) 진리 인 것은 또한 언제나 또 다시 미래에도 진리가 될 것이며", 어떤 무규정적 인 시간 이후가 아니라 지금 그 마지막을 향해 달려가는 종말의 때에 그 렇게 될 것이고, 마침내 **단순히 현재적인** 진리가 될 것이다(IV/3, 1053). 그 렇기에 오신 분과 오실 분 사이에는 어떤 대립도 없다. 미래에 일어날 것 은 이미 공개되어 있다. 그렇기에 우리는 그것과 관련하여 어떤 운명적인 기분에 내맡겨지거나 인간이 스스로 붙들 수 있는 미래에 의지하지 않는 다. 오히려 우리는 미래에—희망에 찬 기쁨 안에서—이미 오셨던 분과 동 일하신 분을 기다린다. 그렇기에 그분을 기다리는 것은 본질적으로—인 내하는 동시에 조급해하면서—"가까이 있는 것에 대한 기대"다(III/2, 589). 만일 우리가 기대하는 분으로부터 어떤 멀리 떨어진 이상(Ideal), "언젠가 도달할 수도 있는 이상"을 생각한다면, 우리는 그분의 오셨던 존재를 단지 역사적으로만, 성령 안에서 오시는 그분의 현재를 단지 심리학적·사회학적으로만 이해하는 셈이다. 그때 우리는 그분을 희망할 수 없을 것이며, 이것은 우리가 그분을 믿을 수도, 사랑할 수도 없게 되는 것과 마찬가지다(592).

바르트는 예수 그리스도의 오심에 대한 인식을 그분의 재림의 삼중 형태로 설명하는 가운데 하나님 나라의 도래로 상세하게 전개한다. 삼중 형태는 (1) 부활 사건 안에서 나타나심, (2) 성령 안에서 지금 오심, (3) 그분의 마지막 "재림"이다(IV/3, 338ff.). 그는 우선 그분의 재림의 이 형태들이 "우리에게"는 서로 구분되는 사건이지만, "그분에게"는 하나의 유일한 사건(III/2, 588)이라고 말했다. 하지만 그는 나중에는 그분의 재림이 그 자체 안에서는 세 가지 형태로 이루어지지만 우리에게는 하나의 유일한 사건이라고 말했다. 여기서 관건은 예수 그리스도의 하나의 재림의 세 가지 형태인데, 이 형태들은 모두 특정한 "종말의 시간"이다. 우리는 "이미 나타난 자신의 종말을 향해 황급히 나아가는 시간의 계시 안에서, 그 시간을 공표하고 무력화시키면서" 살아간다. 그런데 무엇이 이 세 가지 형태를 구분하는가? 이 물음은 우선 예수 그리스도의 부활의 계시와 직면할 때 제기된다. 부활의 사건 안에서 제자들이 이미 "저 위대한 '다 이루어졌다!'(Consummatum est!)"와 마주했다면(III/2, 586), 부활의 사건이 이미 "그분 안에서 거룩히 여김을 받으신 이름의 계시, 그분 안에서 가까이 다가온 하나님 나라와 그분 안에서 이미 발생한 하나님의 뜻의 계시라면, 그리고 그분 안에서 이미 의롭게 되고 거룩하게 된 인간의 계시"라면, 그 사건은 어떤 점에서 "그것의 **완성을 향해** 여전히 나아가고" 있는 것일까? 바르트에 의하면 부활은 "그것의 내용을 보충하거나 능가되는 곳을 향해 나아가는 것이 아니다. 부활은 그런 것을 필요로 하지 않고, 그런 일은 일어날 수도 없다. 오히려 부활은 그것의 발생…방식에 관련된 가장 근본적인 변경과 확장"을 향해 나아간다(IV/3, 1036). 재림의 두 번째 형태에서 일어나는 변경과 확장은 하나님께서 아직도 여전히 시간을 허용하신다는 사실을 뜻한다. 허용된 시간 안에서 부활 사건을 통해 오직 제자들에게만 계시되었던 것, 곧 그렇지 않았다면 우리에게는 그 이후에 은폐되었을 것이 그들의 사역을 통해 알려지게 되고, 부활 사건에서 진리인 것이 성령을 통해 사람들에게 **들려지며**, 그 결과 그들이―"종말의 때의 공동체" 안에서―부활을 선포하고 세상에 증언하게 된다. 그와 함께 그들은 믿음과 돌이킴으로 일깨워지고, 그 결과 그들에게는 예수 그리스도의 마지막 재림이 통고된다. 단지 통고되는 것에 그치는 것은 소수만이 그 소식을 듣기 때문이며, 그들의 한가운데는 "믿고 사랑하는 사람 외에 또한 실수하고 죄를 짓고 탄식하고 울고 고통당하고 죽은 사람들"도 있기 때문이다!(586) 그럼에도 불구하고 바르트는 현재의 이 시간이 종말의 때라고 확신했다. 이 시간은 단순히 종말 **이전**의 시간이 아니고, 성령의 능력 안에서 예수 그리스도와 하나님 나라의 종말론적 도래의 형태가 진정으로 올바르게 나타나는 시간이며, "진공도 아니고 사소한 사물들의 시간도 아니며, 재림이 '지연'되거나 '멀리 머물러 있는' 시간도 아니다"(IV/3, 1037).²³⁹

그리스도교적 희망은 그리스도의 재림의 첫 번째와 두 번째 형태 안에서 양육된다. 또한 그 희망은 재림의 세 번째 형태, 곧 예수 그리스도의 마지막 오심을 향한다. 최종 재림 이후에는 더 이상 어떤 다른 오심도 필요하지 않고, 그 이후에는 어떤 시간도 더 이상 필요하지 않다. 최종 재림은 **완성**이고, 그렇기에 모든 시간의 **종말**이어야 한다. 시간이 종말을 맞아야 하는 것은 "이제는 그분과 함께 진행되는 역사 밖에 어떤 시간적인 역사"는 존재하지 않기 때문이다(II/1, 710). 그것은 완성이다. 왜냐하면 그때 하나님께서는 "모든 사역을 마치신 후에, 다시 말해 외부를 향한 그분

---

239 비교. III/2, 590,612.

의 의지를 완전하게 실행하신 이후에 안식하실 것이기 때문이다"(같은 곳). 그때 하나님께서 시간적으로 행하셔야 할 것은 아무것도 남지 않을 것이기에, 그 완성은 그분이 시간 안에서 인간을 위해, 그리고 인간과 맺은 계약을 성취하기 위해 행하신 것이 구원이고 결코 헛된 일이 아니었다는 사실을 명확하게 계시하게 될 것이다. "그의 (시간 안에서 증명된) **인자하심이 영원하고**"(시 100:5)의 말씀이 이루어질 것이다. 최종 재림은 이전에 은폐되었던 것을 그곳에서 **드러낼** 것이고, 그것에 모순되는 모든 것을 영원히 능가할 것이며, 그렇게 하여 모든 것을 제 위치로 돌려놓게 될 것이다. 마지막 미래는 "이미 왔던 나라가 승리 가운데서 **볼 수 있게** 되는 것"(III/2, 599)이다. 그것은 인간적 역사 안에 내재되었던 모든 존재와 의미를 인정해주는 계시가 아니고, 이미 시간 안에서 새롭고 또 모든 것을 새롭게 하는 존재로서 아직 은혜 없고 화해되지 않은 세상과 맞섰던 바로 그 나라의 계시다. 마지막 미래는 그 나라의 계시 "그 이상"은 아닐 것이다. 그렇게 된다면 하나님의 계약과 화해를 통한 그것의 성취와 모든 피조물을 향한 그것의 개방이 영원하신 하나님께서 시간 안에서 인간을 위한 사랑의 예시로 은혜 가운데 자신을 헌신하신 것을 단지 잠정적이고 상대적인 것으로 만들 것이며, 바로 그러하신 하나님의 신뢰할 수 있는 신실하심과 시간적 피조물에 대한 긍정의 말씀은 종말의 실체(Eschaton)에 노출되어 어떤 방식으로든 문제가 있는 것이 될 것이다. 나아가 그리스도교적인 희망은 바로 **그 나라**의 계시를 향한다. 우리는 그때, 비록 시간적으로는 단지 과거에 있었던 존재이겠지만, 하나님 앞에서 버림을 당하지 않는다. 왜냐하면 하나님께서 "만유 안에 계신 만유"(II/1, 710)가 되실 것이기 때문이다. 그렇기에 그와 같은 영원한 계시의 영광과 함께 인간의 "종결된 실존―그것이 미완의 작품과 같든지 혹은 그런 작품의 한 부분에 그치든지 관계없이―은 그분의 화해의 사역의 잘 익은 열매로, 그분 안에서 발생한 하나님의 뜻의 완전한 드러남으로 보일 것이고, 그 자체만의 빛을 가지고 보유하며 빛날 것이다. 그 실존은 그런 새로운 형태 곧 하나님의 아들의 형상과 비슷한 형태 안에서 하나님의 증인이 될 것이고…자신의 본래적인, 소멸하지 않는, 불멸의 존재를 '덧입을' 것이며…이와 같은 종말은 또한 목적이며, 목적으로서 또한 새로운 시작이 될 것이다. 그것은 그의 시간적인 실존 그리고 그 실존의 모든 내용을 **영원한** 빛 안으로, **영원한** 생명 안으로 고양시키는 시작이다. 그리스도인은 이와 같은 종말을 기다린다"(IV/3. 1065).

바르트는 이와 같이 완성된 그리스도의 재림 안에서 앞에서 말한 그리스도의 재림의 세 가지 형태에 따른 세 가지 차원을 구분한다. 그 차원은 그분의 최종적인 말씀 곧 "포괄적이고 직접적이며 종결하는 말씀"이다. 이 말씀은 참으로 모든 것을 실제로 인지하며 모든 모순과 저항을 물리친다. 그래서 우리에게 남는 유일한 가능성은 그분의 나라에서 영원히 사는 것뿐이다(1036). 그러므로 종말의 실체(Eschaton)는 이미 가까이 다가온 하나님 나라의 새로운 존재를 계시할 것이다. (1) **보편적인** 연장 안에서, 다시 말해 말씀과 말씀의 증인들이 지금 존속하는 세계와 마주 대하며 겪고 있는 소수자의 상황을 극복하는 가운데, (2) **배타적인** 적재력(積載力) 안에서, 다시 말해 그리스도인이 이미 의롭게 된 자들로서 아직도 여전히 죄인이라는 갈등을 제거하면서, (3) **최후의** 권능 안에서, 다시 말해 최후의 법정에서 내려지는 판결과 함께 그 나라의 존재를 계시할 것이다. 최후의 판결은 하나님의 "철저하게 **자유롭고** 우리가 철저하게 **받을 자격이 없으며** 그래서 철저하게 **주권적인** 은혜"가 바로 만유의 현존재가 참으로 감사해야 하는 유일한 현실성임을 밝히 드러낼 것이다(1053-1059). 여기서 바르트는, 사람들이 언제나 또 다시 묻는 것처럼, "만인구원설"(Apokatastasis)을 말하고 있는 것이 아닐까? 하지만 바르트는 다음과 같은 이유에서 그 교리에 반대했다. 그 교리는 "하나님의 본질이 무한한 잠재력을 지니고 있다는 가정과⋯관련이 있는 인간에 대한 낙관적인 판단"으로부터 만들어진 것이고, 그렇기 때문에 하나님의 은혜의 자유를 어떤 필연성이 되도록 강제하며, 죄에 대한 하나님의 심판을 그다지 심각하지 않은 것으로 약화시킨다.[240] 교회는 물론 "만인구원설"을 선포해서는 안 된다. 하지만 교회는 "은혜의 우월한 권능과 인간의 무기력한 악함 사이의 뚜렷한 대립을 약화시키지 않으면서, 또한 어떤 자의적인 이원론에 빠지지도 않으면서" 하나님께서 "'그분의 자비하심이 아침마다 새로운 것같이' 악인을 '영원히 유기하지 않으실 것'"(애 3:22f. 31)을 선포해야 한다. 선포할 뿐만 아니라 또한 믿고 희망해야 한다.[241]

희망한다는 것은 희망하는 사람이 그가 아직 희망하는 그 장소에 있지 않음을 뜻한다. 그는 희망하는 것에 대하여 최종 목적지 이전의 잠정적인 장소에 위치해 있다. 그렇기에 그의 행동도 단지 잠정적이고 최종 이전의 것일 수밖에 없다. 이것은 일반적인 상대주의에서 온 것이 아니라 다음과 같은 통찰의 결과다. "아직 멀리 있는 하나님 나라의 새로운 도래를⋯준비하는 것은⋯인간의 일이 될 수 없다." 그렇다. 그렇게 된다면 그것은 "거인주의이며, 이것의 결과는 온갖 종류의 크고 작은 혹은 가장 큰 기괴함, 황폐화된 환상들, 압제와 억압"일 뿐이다. 그러나 그렇다면 희망한다는 것은 "그 사이의 기간 동안에는 인간의 불의와 무질서와 그것의 결과를 묵인한다는 말인가? 생명, 자유, 평화, 기쁨이 땅 위에서 주님 없는 권세의 통치 아래서 치명적으로 위협을 받는 것과 계속해서 타협해야 한다는 말인가?⋯아니면 하나님이 최종적으로⋯개입하실 때까지는 모든 것

---

240 *KD* II/2, 325.461.467.
241 위의 책, 529; *KD* IV/3, 551; 비교. 골 1:20; 위의 책, 560.

이…점점 더 악화될 수밖에 없다는 회의적인 사변으로…만족해야 한다는 말인가?"(CL, 455-457.465) 만일 희망하는 자가 "마지막 종말 이전의 영역에는 종말에 대한 어떤 순수한 희망만 있을 뿐이고, 그래서 실제로는 희망이 없는 공허한 영역일 뿐이라는 관점에서" 살아간다면, 사정은 틀림없이 그와 같이 될 것이다(IV/3, 1075). 그러나 우리가 부활의 나타나심 안에서 지금 현재 일하시는 성령의 능력을 통해 이미 도래했던 하나님 나라를 믿는다면, 그래서 하나님 나라 안에서 도래한 종말의 새로운 빛이 지금 우리의 현재 안에 미리 비치고 있다는 것을 알 수 있다면, 우리는 최후의 종말 이전에 있다는 그런 어떤 종류의 공허한 영역은 생각하지 않게 될 것이다. 우리가 최후의 종말 이전에 지금 현재의 영역에서 이미 "종말의 통고"를 받고 있다면, 우리는 종말에 대한 희망 안에서 종말 이전의 일들을, 양자를 혼동하는 일 없이, 얼마든지 진지하게 수용할 수 있다. 그때 희망은 게으른 것이 아니라 행동하는 희망이 되고, 사적인 것에 불과한 것이 아니라 "공공성" 안에서 활동하는 희망이 된다. 그때 종말론은 윤리학을 포함한다. 그때 종말에 대한 희망 안에서, 오직 하나님만이 홀로 이끌어내실 수 있고 눈에 보이게 수립하실 수 있는 신적인 정의에 "상응"하여, 최후의 종말 이전의 시기는 "**인간적인 정의의 수립을 위한 책임**의 시간"으로 우리에게 허용된 것이라는 이해가 확고해진다. 그것은 그리스도인이 "노력하고 투쟁"해야 하는 책임이다. 그리스도인은 "인간 그 자체를 위해" 투쟁해야 한다. 그리스도인은 "인간의 문제, 인권, 가치가―당분간은 상대적이고 잠정적일 수밖에 없지만―어떤 점에서 얼마나 실현되는지 혹은 침해되고 있는지 유심히 관찰하고 질문하면서" 투쟁해야 한다(CL, 456f.463). 그와 함께 그리스도인은 하나님 나라의 도래를, **그 나라**의 정의가 새 하늘 아래 그리고 새 땅 위에 나타날 것을 통고한다. 그와 함께 인간적 삶과 공동체적 삶에 대한 그 나라의 질서가 수립될 것을 통고한다. 다시 말해 하나님의 피조물, 계약 당사자, 자녀인 인간을 치료하고 구원하고 보존하는 삶의 질서, 법질서, 자유의 질서, 평화의 질서, 기쁨의 질서가 수립될 것을 통고한다(454).

그 나라와 능력은 **그분의 것**이고, 또한 **통치**도 그렇다. 하나님의 영광은—이것은 마지막 계시 안에서 눈에 그려볼 수 있다—"하나님께만 고유한 가치이며…있는 그대로의 그분의 존재를…결코 우리가 예측할 수 없게 만든다"(II/1, 723). "그분이 자신을 예시하고 사랑을 나타내시는 진리, 능력, 행동"은 "하나님의 존재를 구성하는 모든 것이…갑작스레 분출되며 표현되는 현실성이다"(725). 그 현실성 안에서 "우리의 삶의 **모든 제각각**의 결함은 제거되고, 우리의 삶의 모든 의문들과 염려들, 세계와 우리 실존의 모든 수수께끼들…은 해명되고 해소되고…그 결과 그런 것들에 상응하는 어떤 독립적인 현실성은 더 이상 없다는 사실이 드러나고 조명된다. 하나님을 가진 자는 실제로는 모든 것을 가진 것이다. 물론 인간이 원한다고 해서 하나님을 갖게 되기란 어려울 것이다. 하지만 하나님이 그것을 원하신다면 그것은 대단히 확실해진다. 인간은 만족할 만한 방식으로" 하나님을 갖게 될 것이다(726f.). 이와 같은 자기 표현 안에서 "하나님은…기쁨을 발산하시는 방식으로 영광을 받으시며, 하나님의 존재의 모든 것은 아름다움이 된다"(739). "하나님은…**즐거움**을 선사하시고 **갈망**을 창조하시며 **향유**로 갚아주시는 방식으로 영광을 받으신다"(734). 이런 현실성을 기초로 하여 "하나님의 모든 피조물"은 "신성을 영원부터 영원까지 채우고 있는 환호에 대해 시간성 안에서는 물론 완전하지 못하지만 그러나 신실한 응답을 해야 할" 의무를 갖게 된다. 그것은 피조물이 하나님을 찬양하고 영광을 돌려드림으로써 이루어진다. "바로 이것이 모든 피조물에게 기대되는 것이고…바로 그것이 미래의 언젠가 갑작스레 표출될 피조물의 비밀이다." "**천사들**은 그것을 행한다…그러나 **가장 작은** 피조물도 역시 동일한 것을 행한다. 천사들은 그것을 우리와 함께 혹은 우리 없이 행한다. 그들은 그것을 우리에게 반대하기 위해 혹은 우리를 부끄럽게 하거나 가르치기 위해 행하기도 한다.…그리고 **인간**이 예수 그리스도 안에서 자신의 규정을 재수용하고 지금 여기서 이미 자신이 참여할 수 있게 된 약속과 믿음 곧 영광의 하나님의 미래적인 계시의 약속과 믿음 안에 있게 될 때, 그는 천상과 지상에서 울려퍼지는 창조의 합창 안으로 마치 부끄러워하는 지각생처럼 입장하게 될 것이다. 환호하는 그 합창은 결코 중단된 적이 없었고, 다만 언제나 고통당하고 탄식했을 뿐이며, 지금도 고통 속에서 탄식하고 있다." 왜냐하면 "바로 인간이 하나님의 영광을 향한 그 합창의 메아리를 이해되지 않는 어리석음과 감사하지 않는 마음 때문에 듣지 못하기 때문이고, 나아가 자기 소리를 그 안에 섞어 넣어 완전히 왜곡된 소리를 들으면서 자신을 둘러싼 주위에서 울리는 환호의 소리를 듣기를 거부하기 때문이다." 인간의 이와 같은 죄는 이미 그리스도 안에서 용서되었고, 영원한 영광이 있는 그곳에서 "우리 앞에서는 과거와 같이 더 이상 존재하지 않게 될 것이며", 그곳에서는 "피조물의 탄식도" 멈출 것이다. 왜냐하면 그 때는 인간도 정해진 명(命)대로 끝까지 살게 될 것이고 "하나님과 함께 기뻐할 것이기 때문이다. 하나님은 영원한 기쁨을 소유하시고 영원한 기쁨 그 자체이신 분이다"(731). 도래할 하나님 나라에 윤리가 상응하듯이 도래할 영광에는 미학이 상응하며, 양자는 일치하게 될 것이다. "아름답지 않은 것은 최종적인 의미에서…언제나 비도덕적이다." 아름다운 것은 (예를 들어 예술과 유머에서) "그것의 아직은 낯선 특성에도 불구하고 심각한 현재의 한가운데서 놀이로서" 미래의 것을 미리 연주해주며, 그렇게 하여 "눈물이 흐르는 가운데 웃을 수 있게" 해준다.[242]

---

[242] *Ethik* II, 438f.443.

Leidenschaft *Die grosse Leidenschaft*

참 고 문 헌

I. 칼 바르트의 일차문헌

Ad limina apostolorum, Zürich 1967.

Antwort an D. Achelis und D. Drews, in: *Zeitschrift für Theologie und Kirche* 19, Tübingen 1909, 479-486.

Das Bekenntnis der Reformation und unser Bekennen, Theologische Existenz heute 29, München 1935.

Briefe 1961-1968, hrsg. von Jürgen Fangmeier und Hinrich Stoevesandt, Zürich 1975. (영어. *Letters, 1961-1968*. Grand Rapids, 1981)

Calvin als Theologe, epd (Schweiz), Zürich 22.5. 1959, 3-4.

Christengemeinde und Bürgergemeinde, Theologische Studien 20, Zollikon-Zürich 1943. (영어. *Church and State*. Macon, Ga., 1991.)

Christliche Gemeinde im Wechsel der Staatsordnungen. Dokumente einer Ungarnreise. Zollikon-Zürich, 1948.

Der christliche Glaube und die Geschichte, in: Schweizerische Theologische Zeitschrift, 29. Jg., Zürich 1912.

Das christliche Leben. Die KD IV/4, Fragmente aus dem Nachlaß. Vorlesungen 1959-1961, hrsg. von Hans-Anton Drewes und Eberhard -Jüngel, Zürich 1976. (영어. *The Christian Life*. Grand Rapids, 1981. 한국어. 『교회교의학

IV/4』기독교서회.)

Die christliche Lehre nach dem Heidelberger Katechismus, Zollikon-Zürich 1948. (영어. *The Heidelberger Katechism for Today*. Richmond, 1964.)

Christus und wir Christen, Theologische Existenz heute. N.F. 11, München 1948.

Denken Heisst: Nachdenken, in: *Zürcher Woche*. Schweizerische überparteiliche Wochenzeitung, 15. Jg. Zürich, Nr. 24 vom 14. 6. 1963, 5-7.

Der deutsche Kirchenkampf, Basel 1937.

Dogmatik im Grundriß, München 1947. (영어. *Dogmatics in Outline*. London, 1949. 한국어.『교의학개요』복있는사람, 2015.)

Eine Schweizer Stimme, 1938-1945, Zollikon-Zürich 1945.

Einführung in die evangelische Theologie, Zürich 1962. (영어. *Evangelical Theology: An Introduction*. Grand Rapids, 1963. 한국어.『개신교신학 입문』복있는 사람, 2014.)

Ethik, Bd. I: Zürich 1973, Bd. II: Zürich 1978. (영어. *Ethics*, New York, 1981.)

Das Evangelium in der Gegenwart, Theologische Existenz heute 25, München 1935.

Evangelium und Gesetz, Theologische Existenz heute 32, München 1935.

Fides quaerens intellectum. Anselms Beweis der Existenz Gottes im Zusammenhang seines theologischen Programms, München (1931), Zürich 1958 (1981). (영어. *Anselm. Fides quaerens intellectum*. Richmond, Va., 1960.)

Freiheit, in: Freiheit. 여섯 번의 라디오 강연, Polis 7, Zürich 1960, 49-52.

Für die Freiheit des Evangeliums, Theologische Existenz heute 2, München 1933.

Fürchte dich nicht! Predigten aus den Jahren 1934 bis 1948, München 1949.

Das Geschenk der Freiheit. Grundlegung evangelischer Ethik, Theologische Studien 39, Zollikon-Zürich 1953.

Gespräch in Bievres 1963 (미간행).

Gespräche 1959-1962, hrsg. von Eberhard Busch, Zürich 1995.

Gespräche 1964-1968, hrsg. von Eberhard Busch, Zürich 1997.

Gottes Wille und unsere Wünsche, Theologische Existenz heute 7, München 1934.

Gotteserkenntnis und Gottesdienst nach reformatorischer Lehre. 20 Vorlesungen über das Schottische Bekenntnis von 1560, Zollikon 1938. (영어. *The Knowledge of God and the Service of God*. London 1938.)

Der Götze wackelt. Zeitkritische Aufsätze, Reden und Briefe von 1930 bis 1960, hrsg. von Karl Kupisch, Berlin 1961.

Karl Barth—Eduard Thurneysen Briefwechsel, hrsg. von Eduard Thurneysen, 2 Bde. (1. Bd.: 1913-1921, 2. Bd.: 1921-1930), Zürich 1973/74 (= *Bw. Th.* I + II).

Karl Barth—Rudolf Bultmann Briefwechsel, 1922-1966, hrsg. von Bernd Jaspert, Zürich 1966 (= Bw. B.), 1994. (영어. *Correspondence of Karl Barth and Rudolf Bultmann, 1922-1966*. Grand Rapids, 1981.)

Karl Barth zum Kirchenkampf. Beteiligung—Mahnung—Zuspruch, Theologische Existenz heute N.F. 49, München 1956. (영어. *The German Church Conflict*. Richmond, Va., 1965.)

Kerrl und die Bekenntniskirche, in: *Basler Nachrichten*, Basel, 1. Beilage zu Nr. 333 vom 4. 12. 1935.

Kirche in Erneuerung, in: *Freiburger Zeitschrift für Philosophie und Theologie* 15, Freiburg/Schweiz 1968, 161-170.

Die Kirche Jesu Christi, Theologische Existenz heute 5, München 1933.

Die Kirche zwischen Ost und West, Zollikon-Zürich 1949.

Letzte Zeugnisse, Zürich 1969. (영어. *Final Testimonies*. Grand Rapids, 1977.)

Lutherfeier 1933, Theologische Existenz heute 4, München 1933.

Die Menschlichkeit Gottes. Vortrag, in: Menschlichkeit, Theologische Studien 48, Zollikon-Zürich 1956. (영어. *The Humanity of God*. Richmond, Va., 1960. 이 영어책 안에는 *Evangelische Theologie*, Theologische Studien 49; 그리고 *Das Geschenk der Freiheit*, Theologische Studien 39에 있는 바르트의 두 편의 논문도 함께 실려 있다.)

Nachwort, in: *Friedrich Schleiermacher*, Schleiermacher-Auswahl, hrsg.

von Heinz Bolli, München/Hamburg 1968, 290-312. (영어. *The Theology of Schleiermacher*, pp. 261-79. Grand Rapids, 1982.)

Nein!. Antwort an Emil Brunner, Theologische Existenz heute 14, München 1934. (영어. *Natural Theology*. London, 1946. 브룬너의 논문과 함께 실려 있다.)

Offene Briefe 1945-1968, hrsg. von Diether Koch, Zürich 1984.

Der Pfarrer, der es den Leuten recht macht. Eine Predigt (Ez 13:1-16), Zofingen 1916.

Predigten 1913, hrsg. von Nelly Barth und Gerhard Sauter, Zürich 1976.

Predigten 1914, hrsg. von Ursula Fähler und Jochen Fähler, Zürich 1974.

Die protestantische Theologie im 19. Jahrhundert. Ihre Vorgeschichte und ihre Geschichte, Zollikon-Zürich 1947. (영어. *Protestant Theology in the Nineteenth Century: Its Background and History*. Valley Forge, Pa., 1972.)

Rechtfertigung und Recht, Zollikon 1938.

Reformation als Entscheidung, Theologische Existenz heute 3, München 1933.

Der Römerbrief, Bern 1919 [1. Fassung] (= Römerbrief 1) (neu hrsgb. Zürich 1985).

Der Römerbrief, 2. Aufl. in neuer Bearbeitung [1. Abdruck der neuen Bearbeitung], München 1922, 3판 1923(=Römerbrief 2), 12판 1978. (영어. *The Epistle to the Romans*. Oxford, 1933. 한국어. 『로마서 강해』 복있는사람. 2017.)

Rudolf Bultmann, Ein Versuch, ihn zu verstehen, Theologische Studien 34, Zollikon-Zürich 1952. (영어. *Kerygma and Myth*, vol. 2, pp. 88-162. London, 1962 안에 들어 있음.)

Rufe mich an!. Neue Predigten aus der Strafanstalt Basel, Zürich 1965. (영어. *Call for God*. New York, 1967.)

Suchet Gott, so werdet ihr leben!, Bern 1917.

Die Schrift und die Kirche, Theologische Studien 34, Zollikon-Zürich 1947.

Texte zur Barmer Theologischen Erklärung, hrsg. von Martin Rohkrämer, Zürich 1984.

Die Theologie Calvins, Vorlesung Göttingen Sommersemester 1922, hrsg. von Hans Scholl, Zürich 1993. (영어. *The Theology of Calvin*. Grand Rapids, 1982.)

Die Theologie Schleiermachers 1923/1924, hrsg. von Dietrich Ritschl, Zürich

1978. (영어. *The Theology of Schleiermacher*. Grand Rapids, 1982.) 이 책 각주에서는 Schleiermacher로 표기됨.

Die Theologie und die Kirche. Gesammelte Vorträge 2, München 1928. (영어. *Theology and Church: Shorter Writings*, 1920-1928. New York, 1962.)

Theologische Existenz heute!, Zwischen den Zeiten. Beiheft 2, München 1933 = Theologische Existenz heute 1 [ab 8. Aufl.]. (영어. *Theological Existence Today*. London, 1933.)

Theologische Fragen und Antworten, Zollikon 1957.

Unterricht in der christlichen Religion, I. Bd.: Prolegomena 1924, hrsg. von Hannelotte Reiffen, Zürich 1985. 이 책 각주에서는 *Unterricht I* 로 표기됨.

Unterricht in der christlichen Religion, II. Bd.: Die Lehre von Gott /Die Lehre vom Menschen. 1924/1925, hrsg. von Hinrich Stoevesandt, Zürich 1990. 이 책 각주에서는 *Unterricht II* 로 표기됨. (*Unterrich I*과 *II*의 영어. *Göttingen Dogmatics*. Grand Rapids, 1990.)

Vorträge und kleinere Arbeiten 1909-1914, hrsg. von Hans-Anton Drewes und Hinrich Stoevesandt, Zürich 1993.

Vorträge und kleinere Arbeiten 1922-1925, hrsg. von Holger Finze, Zürich 1990.

Wolfgang Amadeus Mozart. 1756/1956, Zollikon 1956. (영어. *Religion and Culture*, New York, 1959 안에 포함되어 있음.)

Das Wort Gottes und die Theologie. Gesammelte Vorträge [1], München 1924. (영어. *The Word of God and the Word of Man*. New York, 1957.)

Karl Barth und Heinrich Barth, Zur Lehre vom heiligen Geist, -*Zwischen den Zeiten*. Beiheft 1, München 1930.

II. 칼 바르트에 관한 이차문헌들

Amsterdamer Dokumente. Berichte und Reden auf der Weltkirchen-konferenz in Amsterdam 1948, hrsg. von Focko Lüpsen, Bielefeld (1948).

Assel, Heinrich, *Barth ist entlassen…. Neue Fragen im Fall Karl Barth*, in:

Zeitworte. Der Auftrag der Kirche im Gespräch mit der Schrift, FS für Friedrich Mildenberger, hrsg. von Heinrich Assel u.a., Nürnberg 1994, 77-99.

Balthasar, Hans Urs von, *Karl Barth. Darstellung und Deutung seiner Theologie*, Köln 1951. (영어. *The Theology of Karl Barth*. New York, 1971.)

Beintker, Michael, *Die Dialektik in der dialektischen Theologie Karl Barths. Studien zur Entwicklung der Barthschen Theologie und zur Vorgeschichte der Kirchlichen Dogmatik*. München 1987.

Berkouwer, Gerrit Cornelis, *Der Triumph der Gnade in der Theologie Karl Barths*, Neukirchen/Moers 1957. (영어. *The Triumph of Grace in the Theology of Karl Barth*. Grand Rapids, 1956.)

Bethge, Eberhard, *Dietrich Bonhoeffer*. Theologe—Christ—Zeitgenosse, München 1967. (영어. *Dietrich Bonhoeffer*. London, 1970.)

Blüher, Hans, und Hans-joachim Schoeps, *Streit um Israel. Ein jüdisch-christliches Gespräch*, Hamburg 1933.

Bonhoeffer Dietrich, *Gesammelte Schriften*, hrsg. von Eberhard Bethge, Bd. 2: Kirchenkampf und Finkenwalde. Resolutionen, Aufsätze, Rundbriefe 1933-1943, München 1959 (Ges. Schr. Bd. 2).

Bultmann, Rudolf, *Glauben und Verstehen: Gesammelte Aufsätze*, Tübingen 1933 u. ö. (영어. *Faith and Understanding*. London, 1969.)

Burgsmüller, Alfred, und Rudolf Weth, *Die Barmer Theologische Erklärung. Einführung und Dokumentation*, Neukirchen 1983.

Busch, Eberhard, *Karl Barths Lebenslauf*. Nach seinen Briefen und autobiographischen Texten, München 1975, Gütersloh 1994. (영어. *Karl Barth: His Life from Letters and Autobiographical Texts*. London and Philadelphia, 1976. 한국어. 『칼 바르트』 복있는사람, 2014.)

Calvin, Johannes, *Auslegung der Genesis*, in: ders., Auslegung der Heiligen Schrift, Bd. 1, übersetzt von Wilhelm Goeters, Neukirchen 1956.

Dahm, Karl-Wilhelm, *Identität und Realität der Kirche*. Zum Gespräch mit Karl Barth, in: *Unterwegs für die Volkskirche*. FS für Dieter Stoodt, hrsg. von Wilhelm-Ludwig Federlin und Edmund Weber, Frankfurt am Main/

Bern 1987, 71-85.

Drewes, Hans-Anton, und Hans Markus Wildi, *Bibliographie Karl Barth*, Bd. 1: *Veröffentlichungen von Karl Barth*, Zürich 1984.

Ebeling, Gerhard, *Lutherstudien*, Bd. 3: Begriffsunterscheidungen, Textinterpretationen, Wirkungsgeschichtliches, Tübingen 1985.

Eicher, Peter, *Gottes Wahl: Unsere Freiheit. Karl Barths Beitrag zur Theologie der Befreiung*, in: *Aufbrechen—Umkehren—Bekennen. Das Erbe Karl Barths für Kirche und Gesellschaft*, hrsg. von der evangelischen Akademie Baden, Herrenalber Protokolle 35, Karlsruhe 1986.

Evanston Dokumente. Berichte und Reden auf der Weltkirchenkonferenz in Evanston 1954, hrsg. von Focko Lüpsen, Witten 1954.

Feuerbach, Ludwig, *Das Wesen des Christentums* (1849), Leipzig 1957. (영어. *The Essence of Christianity*. New York, 1957.)

Frey, Christofer, *Die Theologie Karl Barths*. Eine Einführung, Frankfurt am Main 1988.

Gauger, Joachim, *Chronik der Kirchenwirren*, Bd. 2: Von der Barmer Bekenntnis-Reichssynode im Mai 1934 bis zur Einsetzung der Vorläufigen Leitung der Deutschen evangelischen Kirche im November 1934, o. O. 1935.

Gogarten, Friedrich, *Einheit von Evangelium und Volkstum?*, Hamburg 1933.

Graf, Friedrich Wilhelm, *"Der Götze wackelt?"* Erste Überlegungen zu Karl Barths Liberalismuskritik, in: *Evangelische Theologie*, Jg. 46, München 1986, 422-441.

Greschat, Martin (Hrsg.), *Im Zeichen der Schuld: 40 Jahre Stuttgarter Schuldbekenntnis: Eine Dokumentation*, Neukirchen 1985.

Greschat, Martin (Hrsg.), Die Schuld der Kirche. Dokumente und Reflexionen zur Stuttgarter Schulderklärung vom 18./19. Oktober 1945, München 1982.

Gutiérrez, Gustavo, *Die historische Macht der Armen*, Fundamental-theologische Studien 11, München 1984.

Härle, Wilfried, *Sein und Gnade: Die Ontologie in Karl Barths -Kirchlicher Dogmatik*, Berlin/New York 1975.

Heine, Heinrich, Heines *Werke*, Berlin/Weimar 1967.

Herrmann, Wilhelm, *Ethik*, Tübingen 1913.

Hirsch, Emanuel, *Das kirchliche Wollen der Deutschen Christen*, Berlin 1933.

Howe, Günter, *Gott und die Technik*. in: *Die Verantwortung der Christenheit für die wissenschaftlich-technische Welt*, hrsg. von Hermann Timm, Hamburg/Zürich 1971.

Jülicher, Adolf, *Ein neuer Paulusausleger*. in: *Anfänge der dialektische Theologie*, hrsg. von Jürgen Moltmann, Teil 1: Karl Barth, Emil Brunner, München 1962, 87-98.

Jüngel, Eberhard, *Barth-Studien*, Zürich/Köln/Gütersloh 1982.

Jüngel, Eberhard, *Karl Barth zu Ehren*. Ansprache, in: Karl Barth 1886-1968. Gedenkfeier im Basler Münster, *Theologische Studien 100*, Zürich 1969, 47-50.

Jüngel, Eberhard, *Zum Verhältnis von Kirche und Staat nach Karl Barth*, in: *Zeitschrift für Theologie und Kirche*, Beiheft 6, Tübingen 1986, 76-135.

Koch, Werner, *Karl Barths erste Auseinandersetzungen mit dem Dritten Reich*, in: *Richte unsere Füße auf den Weg des Friedens*. FS Helmut Gollwitzer, hrsg. von Andreas Baudis, München 1979, 491-513.

Krötke, Wolf, *Gott und Mensch als 'Partner'*. Zur Bedeutung einer zentralen Kategorie in Karl Barths Kirchlicher Dogmatik, in: *Theologie als Christologie. Zum Werk und Leben Karl Barths*, hrsg. von Heidelore Köckert und Wolf Krötke, Berlin 1988, 106-120.

Kupisch, Karl, *Karl Barth in Selbstzeugnissen und Bilddokumenten*, Reinbek bei Hamburg 1971.

Mann, Thomas, *Tagebücher 1933-1934*, hrsg. von Peter de Mendelssohn, Frankfurt am Main 1977ff.

Mechels, Eberhard, *Kirche und gesellschaftliche Umwelt*. Thomas—Luther—

Barth, Neukirchener Beiträge zur systematischen Theologie 7, Neukirchen 1990.

Miskotte, Kornelis Heiko, *Über Karl Barths Kirchliche Dogmatik*. Kleine Präludien und Phantasien, *Theologische Existenz heute!*, N.F. 89, München 1961 (Über Karl Barths KD).

Moltmann, Jürgen, *Gott in der Schöpfung*. Ökologische Schöpfungslehre, München 1985. (영어. *God in Creation*. London, 1985. 한국어.『창조 안에 계신 하나님』한국신학연구소, 1999.)

Moltmann, Jürgen, *Schöpfung, Bund und Herrlichkeit*. Zur Diskussion über Karl Barths Schöpfungslehre, in: *Zeitschrift für dialektische Theologie* 3 (1987), 191-214.

Moltmann, Jürgen, *Theologie der Hoffnung*. Untersuchungen zur Begründung und zu den Konsequenzen einer christlichen Eschatologie, München 1964/66. (영어. *Theology of Hope: On the Ground and the Implications of a Christian Eschatology*. London, 1967. 한국어.『희망의 신학』기독교서회 2002.)

Mund, Fritz, *Pietismus. Eine Schicksalsfrage an die Kirche heute*, Marburg 1938.

Prolingheuer, Hans, *Der Fall Karl Barth 1934-1935: Chronographie einer Vertreibung*, Neukirchen 1984.

Rendtorff, Trutz, *Radikale Autonomie Gottes*. Zum Verständnis der Theologie Karl Barths und ihrer Folgen, in: ders., in: *Theorie des Christentums*. Historischtheologische Studien zu seiner neuzeitlichen Verfassung, Gütersloh 1972, 161-181.

Rendtorff, Trutz (Hrsg.), *Die Realisierung der Freiheit. Beiträge zur Kritik der Theologie Karl Barths*, Gütersloh 1975.

Rendtorff, Trutz, *Theorie des Christentums. Historisch-theologische Studien zu seiner neuzeitlichen Verfassung*, Gütersloh 1972.

Rosato, Philip Joseph, *The Spirit as the Lord. The pneumatology of Karl Barth*, Edinburgh 1981.

Schlatter, Adolf, *Karl Barth's 'Römerbrief.'*, in: *Anfänge der dialektischen Theologie*, Teil 1. hrsg. von Jürgen Moltmann, München 1962, 142-147.

Schleiermacher, Friedrich, *Der christliche Glaube nach den Grundsäzen der evangelischen Kirche im Zusammenhange dargestellt*. Bd. 1 und 2, Berlin 1835/36. (영어. *The Christian Faith*. Edinburgh, 1928. 한국어.『기독교 신앙』 한길그레이트북스, 2006.)

Schleiermacher, Friedrich, *Über die Religion: Reden an die Gebildeten unter ihren Verächtern*, Berlin 1799. (영어. *On Religion*. London, 1894. 한국어.『종교론』기독교서회 2002.)

Schmidt, Hans Wilhelm, *Zeit und Ewigkeit: Die letzten Voraussetzungen der dialektischen Theologie*, Gütersloh 1927.

Scholder, Klaus, *Die Kirchen und das Dritte Reich*, 1. Bd.: *Vorgeschichte und Zeit der Illusionen*, Frankfurt am Main/Berlin/Wien 1977.

Scholder, Klaus, *Neuere deutsche Geschichte und protestantische Theologie: Aspekte und Fragen*, in: *Evangelische Theologie*, 23. Jg., München 1963, 510-536.

Sölle, Dorothee, *Stellvertretung*. Ein Kapitel Theologie nach dem Tode Gottes, Stuttgart/Berlin 1965.

Steck, Karl Gerhard, *Theologische Existenz heute. Rückblick und Ausblick*, in: *Theologische Existenz heute!*, hrsg. von Karl Barth und Eduard Thurneysen, Reprint der Hefte 1-77, Bd. 1: Hefte 1-31, München 1980.

Strauß, David Friedrich, *Der alte und neue Glaube*. Ein Bekenntnis, Leipzig 1872.

Trillhaas, Wolfgang, *Ethik*, Berlin, 1965.

Ullmann, Wolfgang, *Barth's zweite Wende. Ein neuer Interpretations-vorschlag zu Fides quaerens intellectum*, in: *Theologie als Christologie. Zum Werk und Leben Karl Barths*, hrsg. von Heidelore Köckert und Wolf Krötke, Berlin 1988, 71-89.

Visser't Hooft, Willem Adolf, *Ansprache*, in: *Karl Barth 1886-1968, Gedenkfeier im Basler Münster*, Zürich 1969, 51-53.

Weber, Max, *Gesammelte Aufsätze zur Religionssoziologie*, Bd. 1, Tübingen 1972. 이 책의 각주에서는 Ges. Aufs. z. Religionssoziologie로 표기됨.

Wildi, Hans Markus, Bibliographie Karl Barth, Bd. 2: Veröffentlichungen über Karl Barth, Zürich 1992.

Windelband, Wilhelm, Lehrbuch der Geschichte der Philosophie, hrsg. von Heinz Heimsoeth, Tübingen 1957.

Wolf, Ernst, Große Rechtsdenker der deutschen Geistesgeschichte. Ein Entwicklungsbild unserer Rechtsanschauung, Tübingen 1939.

Zahrnt, Heinz, Die Sache mit Gott. Die protestantische Theologie im 20. Jahrhundert, München 1966 u. ö.

Leidenschaft   *Die grosse Leidenschaft*

성 구 색 인

창세기
1장 348
1/2장 86, 102, 330
1:26f. 356
1:31-2:3 341
2:18 357
3:5 286
12:1 430

출애굽기
3:13f. 146
20장 297
20:7 121

시편
100:5 506
104:33 342

예레미야
7:23 188
11:4 188
30:22 188
31:31, 33 188

예레미야애가
3:22f.31 392, 508

에스겔
36:28 188

마태복음
1:23 162
5:13 432
6:10 497
6:24 72, 290
7:11 385
28:18 293

마가복음
1:15 501
19:34 198

누가복음
2:14 502

요한복음
1:11 201
1:14 67, 201, 400, 501
3:16 198, 241
3:30 27
8:32 257
8:34 226
8:36 221
10:16 462

17:21 227
19:30 198, 402

사도행전
1:8 422

로마서
1:25 265
2:4 384
3:4 251
4:15 307
7:6 307
7:12 307
8:2 302, 307
8:19f. 349
9-11장 86
9:4f. 201

고린도전서
13:6 372
15:26 495
15:28 505

고린도후서
5:17 502
5:19 367
5:21 198
12:9

빌립보서
2:8 199, 302

골로새서
1:16-18 113

디도서
3:4 161

베드로전서
4:17 444

히브리서
11:3 339

야고보서
4:7 26

요한계시록
1:8 482

인 명 색 인

고가르텐, 프리드리히(Gogarten, Friedrich) 55, 70, 211
골비처, 헬무트(Gollwitzer, Helmut) 146
구티에레즈, 구스타보(Gutiérrez, Gustavo) 35
그라프, 프리드리히 빌헬름(Graf, Friedrich Wilhelm) 70n.116
그로티우스, 후고(Grotius, Hugo) 326n.150
그뤼네발트, 마티아스 폰(Grünewald, Matthias von) 14
니체, 프리드리히(Nietzsche, Friedrich) 22, 42
다윈, 찰스(Darwin, Charles) 327, 348
담, 칼-빌헬름(Dahm, Karl-Wilhelm) 439n.199
데카르트, 르네(Descartes, René) 60
드 라가르데, 파울(de Lagarde, Paul) 267
라가츠, 레온하르트(Ragaz, Leonhard) 47
라데, 마르틴(Rade, Martin) 45
레싱, 고트홀트 에프라임(Lessing, Gotthold Ephraim) 132, 276
렌토르프, 트루츠(Rendtorff, Trutz) 166-167, 204, 444n.211, 457n.223
로렌츠, 콘라트(Lorenz, Konrad) 360
로자토, 필립(Rosato, Philip) 393n.166
루터, 마르틴(Luther, Martin) 26, 196, 442
마르키온(Marcion) 323
마우트너, 프리츠(Mauthner, Fritz) 117
마이저, 한스(Meiser, Hans) 444
만, 토마스(Mann, Thomas) 71n.122
메르츠, 게오르크(Merz, Georg) 55
메헬스, 에버하르트(Mechels, Eberhard)

인명색인 ■ 527

463n.228
모차르트, 볼프강 아마데우스(Mozart, Wolfgang Amadeus) 23
몰트만, 위르겐(Moltmann, Jürgen) 144n.31, 204n.56, 335n.154, 370n.163, 497n.234
문트, 프리츠(Mund, Fritz) 393n.167
미스코테, 코르넬리스 하이코(Miskotte, Kornelis Heiko) 64, 136n.26, 323
미트쉐어리히, 알렉산더/마르가레테 (Mitscherlich, Alexander/Margarete) 359
바르트, 요한 프리드리히(Barth, Johann Friedrich, Fritz) 22
바르트, 하인리히(Barth, Heinrich) 98, 395,
바르트-사르토리우스, 안나 카타리나 (Barth-Sartorius, Anna Katharina) 24, 26
반 틸, 코넬리우스(van Til, Cornelius) 362n.162
베르카우어, 코르넬리스(Berkouwer, Gerrit Cornelis) 344n.159, 361n.162
베버, 막스(Weber, Max) 286n.99, 426
베벨, 아우구스트(Bebel, August) 33, 36
보티첼리, 산드로(Botticelli, Sandro) 25
본회퍼, 디트리히(Bonhoeffer, Dietrich) 444n.214
볼프, 크리스티안(Wolff, Christian) 243
부르크하르트, 야코프(Burckhardt, Jacob) 21-22

부버, 마르틴(Buber, Martin) 355
불링거, 하인리히(Bullinger, Heinrich) 24
불트만, 루돌프(Bultmann, Rudolf) 55, 448
브룬너, 에밀(Brunner, Emil) 297
블로흐, 에른스트(Bloch, Ernst) 164
블룸하르트, 크리스토프(Blumhardt, Christoph) 82n.160
빈델반트, 빌헬름(Windelband, Wilhelm) 469
사르트르, 장 폴(Sartre, Jean Paul) 305
세이어스, 도로시 레이(Sayers, Dorothy Leigh) 21
셰익스피어, 윌리엄(Shakespeare, William) 21
쇼에프스, 한스 요아킴(Schoeps, Hans Joachim) 30
쇼펜하우어, 아르투르(Schopenhauer, Arthur) 327
숄더, 클라우스(Scholder, Klaus) 70n.116, 71n.123, 205n.57
쉐플러, 요한—앙겔루스 실레지우스 (Scheffler, Johann—Angelus Silesius) 46, 232
슈미트, 한스 빌헬름(Schmidt, Hans Wilhelm) 469n.230
슈바이처, 알베르트(Schweitzer, Albert) 348
슈테크, 칼 게르하르트(Steck, Karl Gerhard) 444n.215

슈퇴베잔트, 힌리히(Stoevesandt,
　　Hinrich) 279
슈트라우스, 다비트 프리드리히(Strauß,
　　David Friedrich) 117
슐라이어마허, 프리드리히
　　(Schleiermacher, Friedrich) 267,
　　338, 340n.158, 471
슐라터, 아돌프(Schlatter, Adolf) 54n.85
실러, 프리드리히(Schiller, Friedrich) 23
아리스토텔레스(Aristoteles) 296, 350
아이허, 페터(Eicher, Peter) 221n.67
아퀴나스, 토마스(Thomas von Aquin)
　　39, 121
안셀무스(Anselm von Canterbury) 63,
에라스무스 폰 로테르담(Erasmus von
　　Rotterdam) 22
에벨링, 게르하르트(Ebeling, Gerhard)
　　284n.97
오버베크, 프란츠(Overbeck, Franz) 54,
　　115, 469
요나스, 한스(Jonas, Hans) 35
울만, 볼프강(Ullmann, Wolfgang)
　　63n.102
윌리허, 아돌프(Jülicher, Adolf)
　　323n.146
윙엘, 에버하르트(Jüngel, Eberhard) 17,
　　163, 183n.51, 250n.87, 296n.108,
　　305n.116, 336n.155
죌레, 도로테(Sölle, Dorothee) 209n.63
차른트, 하인츠(Zahrnt, Heinz) 83n.161
칸트, 임마누엘(Kant, Immanuel) 61,
　　145, 243
칼뱅, 장(Calvin, Jean) 23, 84
켈러, 고트프리트(Keller, Gottfried) 21
코에힐린, 알폰스(Koechlin, Alphons)
　　21n.1
쿠터, 헤르만(Kutter, Hermann) 47
크뢰트게, 볼프(Krötke, Wolf) 209n.63
키에르케고르, 죄렌(Kierkegaard, Sören)
　　54
투르나이젠, 에두아르트(Thurneysen,
　　Eduard) 55
트뢸치, 에른스트(Troeltsch, Ernst) 396
트릴하스, 볼프강(Trillhaas, Wolfgang)
　　286n.98
틸리히, 파울(Tillich, Paul) 55, 59, 142,
　　338
판넨베르크, 볼프하르트(Pannenberg,
　　Wolfhart) 147
포이어바흐, 루트비히(Feuerbach,
　　Ludwig) 117, 167
폰 발타자르, 한스 우어스(von Balthasar,
　　Hans Urs) 54n.83, 60n.98, 85, 92
프라이, 크리스토퍼(Frey, Christopher)
　　88
프로메테우스(Prometheus) 491
피서르트 호프트, 빌렘 아돌프(Visser't
　　Hooft, Willem Adolf) 74
피히테, 요한 고트리프(Fichte, Johann
　　Gottlieb) 327n.151
하르낙, 아돌프 폰(Harnack, Adolf von)
　　38, 45

하우에, 귄터(Howe, Günter) 213n.66
하이네, 하인리히(Heine, Heinrich) 164
헤겔, 게오르크 빌헬름 프리드리히
    (Hegel, Georg Wilhelm Friedrich)
    173
헤르더, 요한 고트프리트(Herder, Johann
    Gottfried) 395
헤르만, 빌헬름(Herrmann, Wilhelm) 45
헤를레, 빌프리트(Härle, Wilfried)
    209n.62

호프만, 요한 크리스티안 콘라트
    (Hofmann, Johann Christian Konrad)
    61n.100
홉스, 토마스(Hobbes, Thomas) 183
히르쉬, 에마누엘(Hirsch, Emanuel) 21,
    70, 211
히믈러, 하인리히(Himmler, Heinrich)
    359
히틀러, 아돌프(Hitler, Adolf) 238, 343

주 제 색 인

계몽(Aufklärung) 41, 245, 250, 275
계시(Offenbarung) 63, 67, 89, 91, 95,
　　108, 118-119, 126-128, 133, 138,
　　144, 146-147, 172, 217, 219, 230,
　　231, 251, 252, 258, 267-268, 272,
　　296, 325, 331, 399-402, 404-406,
　　408, 414, 479-480, 498, 504, 506,
　　510
계약(Bund) 58, 95, 101, 105, 161, 185,
　　188-191, 195, 197, 200-203, 295,
　　330, 332-333, 335-336, 343, 346,
　　352-353, 378, 386-388, 484, 510
고독(Einsamkeit) 179, 227, 473
교의학(Dogmatik) 50, 56, 58, 60. 66.
　　83, 85, 87, 98, 288, 289, 470
교회(Kirche)
- 교회의 통일성(ihre Einheit) 433, 452
- 교회의 연합(Gemeinschaft) 449
- 교회의 머리(ihr Haupt) 68, 443
- 교회 비판(Kirchenkritik) 445-446
- 교회의 파송(ihre Sendung) 438, 465
- 보이는/보이지 않는 교회(sichtbare/
　　unsichtbare Kirche) 440
- 세상과의 관계(ihr Verhältnis zur Welt)
　　462-466
국가 사회주의(Nationalsozialismus)
　　290-291
기도(Gebet) 39, 51, 109, 200, 224, 309
기쁨(Freude) 40, 227, 323, 344, 503,
　　511
기술(Technik) 264, 326, 435, 471
만인화해(Allversöhnung) 390
맘몬(Mammon) 290-292, 400
무(Nichtiges)—악(das Böse) 362, 366
미학(Ästhetik) 511
믿음(Glaube) 62-63, 100, 108, 154,

159, 334, 350, 388, 407, 442, 463, 511
바르멘 선언(Barmer Erklärung) 73-74, 133-134
범신론/범재신론(Pantheismus/ Panentheismus) 337, 408
변증법(Dialektik) 55, 60, 262
복식부기(Doppelte Buchführung) 292, 328, 329, 333, 334
복음과 율법(Evangelium und Gesetz) 74, 283, 287, 289-290, 293, 296, 314
사랑(Liebe) 21, 98, 102, 108, 149, 219, 223, 227-228, 333, 372, 379, 407-408, 422-423, 463
사회적 과제(Soziale Aufgabe) 49
삼위일체(Trinität) 67, 92-93, 95, 100, 108, 238, 337, 339, 421
새 창조(Neuschöpfung) 347, 499-500, 502
서구(Abendland) 431-432
선포(Verkündigung) 133
성령(Geist, Heiliger) 91, 106, 396-397, 401, 403, 406-409, 414-416, 421, 425, 429, 504
성만찬(Abendmahl) 465
성서(Schrift, Heilige) 50, 131-132, 137, 188, 190, 291, 328, 357
성숙성(Mündigkeit) 182
성화(Heiligung) 108, 272, 413
세례(Taufe) 109

소통(Kommunikation) 145, 218, 401, 462
순종(Gehorsam) 155-157, 199, 224, 257, 261, 294, 310, 418
시간(Zeit)
- 현재/과거/미래(Gegenwart/ Vergangenheit/Zukunft) 482
- 역사(Geschichte) 26, 70, 100-101, 144, 151-152, 188, 201, 238-239, 263, 274, 331, 334, 339, 381, 401, 471-472, 480, 502, 506
시작(Anfangen) 43, 89, 156-157, 234, 331, 473
신개신교주의(Neuprotestantismus) 55, 58, 69-70, 340, 395
신비주의(Mystik) 232, 271-272, 394, 405,
신학(Theologie) 15, 26-27, 32, 38-39, 43, 45-46, 49, 55-56, 60, 71, 80, 85-86, 117, 119, 133, 135, 142, 157, 215, 247, 328-329, 394, 475
안식일 계명(Sabbatgebot) 103, 308-309
예수 그리스도(Jesus Christus)
- 부활(Auferstehung) 127-128, 135, 293, 379, 427, 504-505
- 그리스도론(Christologie) 397
- 그리스도 중심주의(Christozentrik) 67ff.
- 우리와의 동시성(Gleichzeitigkeit mit uns) 480-481

- 통치(Herrschaft) 176, 212, 264, 294, 496, 508
- 십자가(Kreuz) 26, 198, 367
- 성육신(Menschwerdung) 193, 195-198, 400, 481, 484
- 재림(Parusie) 501-502, 504-505, 507
- 진리의 증인(Wahrheitszeuge) 252, 259, 274-275, 279-282
- 하나님의 말씀(Wort Gottes) 55-56, 60, 89-90, 92, 102, 150, 153, 156, 163, 187, 284, 351, 396, 411

예정(Prädestination) 94-95, 216-217, 222, 240, 379, 453

용서(Vergebung) 363

유비(Analogie) 60, 141, 157-158, 226, 336, 356, 420

유신론(Theismus) 163-164, 168-170

윤리학(Ethik)
- 도덕신학(Kasuistik)/결정주의 (Dezisionismus) 313
- 책임성(Verantwortung) 66, 304, 351, 383, 384

은혜(Gnade) 49, 96-97, 99, 123, 138, 140, 153, 187, 193, 235, 240, 284, 295-296, 299-300, 306, 311, 318, 330, 336, 372, 391, 405, 416, 457, 462, 506-507

이성(Vernunft) 142, 144

이스라엘(Israel) 95, 98, 186, 188-194, 201, 387, 453, 454
- 교회(Kirche) 95, 107

이웃 인간성(Mitmenschlichkeit) 227, 352, 354-356, 358, 485

인간(Mensch)
- 피조물 인간(als Geschöpf) 104, 352, 353, 378
- 건강(Gesundheit) 33, 86
- 남자/여자(Mann/Frau) 356
- 이웃 피조물(Mitgeschöpfe) 348ff.
- 영혼/육체(Seele/Leib) 349
- 행동 안의 존재(Sein in der Tat) 97, 105

인문주의(Humanismus) 22

자연신학(Natürliche Theologie) 71, 133, 140, 144, 191, 323-324, 329, 454, 500

자유(Freiheit)
- 자율성(Autonomie) 45, 204, 286-287
- 공존 안의 자유(in Koexistenz) 219, 241
- 자의적 자유(Willkür) 98

자율성(Eigengesetzlichkeit) 45, 204, 286-287

전쟁과 평화(Krieg und Frieden) 77ff.

정의(Recht/Gerechtigkeit) 307, 318, 376, 509

정치적 예배(Politischer Gottesdienst) 317

종교/종교비판(Religion/Religionskritik) 265-266

종교개혁(Reformation) 362, 364-365

종말론(Eschatologie) 497

죄(Sünde)
- 오만/태만(Hochmut/Trägheit) 39, 299-300, 417, 425
- 기만(Lüge) 108, 246-253, 255-265, 274, 280, 369, 425, 460
- 죄의식(Sündenbewußtsein) 360

주님 없는 자의 폭력(Gewalten, herrenlose) 262-265, 291-295, 502, 508

죽음(Tod) 128, 198, 254, 302, 307, 325, 349, 374, 381, 417, 485-486, 491, 495, 497

증인/증언(Zeugenschaft) 36, 57, 90, 99, 107, 108, 127, 135, 186, 199, 202, 270, 502, 504

진리(Wahrheit)
- 진리의 증인(Wahrheitszeugnis) 252, 259, 274-275, 279-282

참회(Buße) 272, 384

창조(Schöpfung)
- 창조와 계약(und Bund) 101, 331
- 창조와 유지(ihre Erhaltung) 313

칭의(Rechtfertigung) 108, 123, 291, 377-378, 380

파트너 관계(Partnerschaft) 189-190, 295, 357, 457-458

하나님 나라(Reich Gottes) 22, 47-48, 80, 223, 315, 378, 498-500, 509

하나님 인식(Erkenntnis Gottes) 59-60, 62, 90, 122-126, 136, 138, 141

하나님 찬양(Lob Gottes) 110, 157, 267, 304, 324, 342, 350, 472, 491, 510

하나님(Gott)
- 절대성?(Absolutheit?) 175, 203, 276
- 단일성(Einheit) 198
- 낮아지심(Erniedrigung) 108, 128, 196, 369
- 영원성(Ewigkeit) 476, 478
- 자유(Freiheit) 92, 98, 103, 140, 188, 199, 203-214, 225, 280-284, 289, 301-302, 310, 312, 315, 318-319, 370, 402, 411, 436, 479, 494, 508, 510
- 대상(Gegenstand) 25, 62, 143-147, 277, 351, 407
- 신 존재 증명(Gottesbeweis) 60
- 영광(Herrlichkeit) 109, 426, 510
- 통치(Herrschaft) 176, 212, 294, 462, 496
- 생동성(Lebendigkeit) 45
- 인간성(Menschlichkeit) 161, 194-195, 327, 357, 361
- 행동 안의 존재(Sein in der Tat) 97, 105
- 은폐성(Verborgenheit) 126-127, 268, 401

하나님의 계명(Gebot Gottes) 94, 289, 293, 308, 312, 314, 320-321

하나님의 말씀(Wort Gottes) 55-56, 60, 89-90, 92, 102, 150, 153, 156, 163, 187, 284, 351, 396, 411

하나님의 심판(Gericht Gottes) 94, 99, 190-191, 372, 378, 381, 429, 454, 496
하나님의 자녀 됨(Gotteskindschaft) 52
하나님의 형상(Gottesbilder) 356
혁명(Revolution) 49, 371, 498
화해(Versöhnung) 95, 309, 332, 367, 371, 375-377, 390, 401, 409, 454, 463-465
희망(Hoffnung) 36, 77, 159, 425, 430, 463, 497, 500, 501, 509

위대한 열정
칼 바르트 신학 해설

Copyright ⓒ 새물결플러스 2017

1쇄 발행 2017년 5월 31일
4쇄 발행 2024년 10월 15일

지은이	에버하르트 부쉬
옮긴이	박성규
펴낸이	김요한
펴낸곳	새물결플러스
편 집	왕희광 정인철 노재현 이형일 나유영 노동래
디자인	황진주 김은경
마케팅	박성민
총 무	김명화 이성순
영 상	최정호
아카데미	차상희

홈페이지	www.holywaveplus.com
이메일	hwpbooks@hwpbooks.com
출판등록	2008년 8월 21일 제2008-24호
주 소	(우) 04114 서울시 마포구 신촌로28가길 29
전 화	02) 2652-3161
팩 스	02) 2652-3191

ISBN 979-11-6129-016-4 93230

책값은 뒤표지에 있습니다.